THINKr
新思

新 一 代 人 的 思 想

［英］理查德·埃文斯 著

韦斯琳 译

历史中的人生

霍布斯鲍姆传

ERIC
HOBSBAWM

A LIFE IN HISTORY

RICHARD J. EVANS

中信出版集团 | 北京

图书在版编目（CIP）数据

历史中的人生：霍布斯鲍姆传 /（英）理查德·埃
文斯著；韦斯琳译 . -- 北京：中信出版社 , 2022.6
书名原文：Eric Hobsbawm：A Life in History
ISBN 978-7-5217-3665-6

Ⅰ . ①历… Ⅱ . ①理… ②韦… Ⅲ . ①霍布斯鲍姆，
E.（1917 ~ 2012）－传记 Ⅳ . ① K835.615.81

中国版本图书馆 CIP 数据核字（2021）210362 号

历史中的人生：霍布斯鲍姆传
著　者：［英］理查德·埃文斯
译　者：韦斯琳
出版发行：中信出版集团股份有限公司
　　　　　（北京市朝阳区惠新东街甲 4 号富盛大厦 2 座　邮编　100029）
承 印 者：北京新华印刷有限公司

开本：787mm×1092mm　1/16　　　印张：48.75
插页：14　　　　　　　　　　　　字数：680 千字
版次：2022 年 6 月第 1 版　　　　印次：2022 年 6 月第 1 次印刷
京权图字：01–2019–4882　　　　　书号：ISBN 978–7–5217–3665–6
　　　　　　　　　　　　定价：168.00 元

目 录

序言

　　艾瑞克·霍布斯鲍姆在 2012 年去世，终年 95 岁。多年以来他一直是全世界最知名的历史学家，作品广为流传。他逝世的消息不仅在英国，甚至在印度和巴西等遥远的国家，都占据了媒体的头条。他的著作被翻译成 50 多种语言，大部分至今仍不断重印，尽管其中一些作品面世已有半个世纪之久。这些作品融合了精准的洞见、睿智的文风、鲜活的诠释和饶有趣味的细节，令数百万读者不忍释卷。仅在巴西一国，他的作品销量就将近 100 万册，《极端的年代》一书高居畅销书榜第一位长达数周。他的作品不但读者众多，其中提出的诸如"17 世纪的整体危机""传统的发明""社会性匪徒""漫长的 19 世纪"等一系列新概念，也对人们关于历史的思考产生了巨大而持久的影响。书中从工业革命时期的生活水准到民族主义起源的种种讨论，多年之后依然启迪着新的历史研究。

　　仅仅作为历史学家，艾瑞克·霍布斯鲍姆凭借其巨大声望和全球影响已值得立传，而他同时也是一名公共知识分子，以及左翼阵营的重要代言人，其影响力远远超出了英国。20 世纪 80 年代和 90 年代初，他是新工党崛起背后的政治讨论中的关键人物，而他在晚年却对自己曾经的角色感到后悔。2003 年当选为巴西总统的卢拉·达席尔瓦及其前任费尔南多·恩里克·卡多佐都曾明确表示艾瑞克影响了他们的思想。艾瑞克在印度和意大利左翼阵营中同样具有巨大的影响力。他并不满足于巡游于书房、图书馆和演讲厅之间的那种与世无争的学者生活，多年以来，他都被视为危险的政治活动分子并受到英国军情五处的监控。

这本书的标题名为"历史中的人生"，因为艾瑞克不仅是一位专业的历史学家，也是20世纪重大历史时刻的亲历者：从1933年纳粹在柏林掌权，到1936年法国人民阵线政府执政后的第一个国庆日，还有同年的西班牙内战；从1939年第二次世界大战的爆发，一直到冷战及其后的历史进程。他未发表的书信、日记，以及其他资料，都鲜活地反映了他的生平际遇：20世纪30年代的柏林、伦敦、剑桥和巴黎，40年代的英国军队，40年代晚期到50年代初肆虐的麦卡锡主义，1956年的共产主义危机，50年代末伦敦苏活区的爵士风潮，60年代至70年代席卷拉丁美洲的政治、社会巨变与同期在意大利崛起的"欧洲共产主义"，80年代英国工党内部的政治讨论，以及90年代法国文化精英的知识分子政治。

这是一部很长的传记，一方面是因为艾瑞克·霍布斯鲍姆本人高寿，他在90岁高龄时依然十分活跃，求知欲不减，始终关注政治，坚持写作和发表；另一方面也是因为我希望尽可能引用艾瑞克的原话来讲述他自己的故事。他是一位文笔引人入胜、扣人心弦的作者，这不但体现在他的专业领域，其他方面也是如此。他创作的短篇故事、诗歌、自然笔记、游记、政治评论、自述及其他类型的作品数不胜数。不论是过去发生的事情，还是自己的人生经历，他都知道如何把这些故事讲好。虽然艾瑞克的史学著作被翻译成几十种语言，在全世界畅销数百万册，但他的其他作品却鲜为人知。本书中提及的许多资料此前从未发表，其中大部分都十分精彩，值得更多读者关注。

任何试图为艾瑞克·霍布斯鲍姆立传的作者都无法绕过他的自传——

出版于 2002 年的《趣味横生的时光》*。他曾说过，这本书更多谈论的是公共事件而非个人经历。[1] 他的朋友伊莉斯·马里安斯特拉斯在读这本自传时曾指出"书里很少提及个人生平"。[2] 的确，就如斯蒂芬·科利尼所言，《趣味横生的时光》是一本"有趣的杂糅之作，个人色彩淡薄的自传。比起艾瑞克·霍布斯鲍姆的内心世界，读者从中了解到的更多是 20 世纪的社会和政治"。[3] 因此本传记在避免忽略艾瑞克学术和政治立场发展历程的同时，把关注重点放在了他的个人体验和内心世界上。我这么写是有充分理由的：艾瑞克认为自己的人生在广泛意义上并没有影响或塑造任何东西，他是被自己经历的时代塑造成了这个样子。[4] 就像他后来自己承认的那样，他是一个"内心千头万绪、受直觉驱动的历史学家，不太愿意做计划"。[5] 这本书会展示出作为一名历史学家，他的内心世界是如何被他所处年代的政治和历史背景，以及他的个人处境、人生追求和激情所塑造的。我尽力不让这本传记和《趣味横生的时光》有太多重复之处，但有些内容的重复无可避免，尤其是关于他早年生活的部分。此外，艾瑞克的自传是一本回忆录，而这本传记的大部分篇幅都基于那些记录他当年思想言行的资料。本书并不试图取代《趣味横生的时光》，而是希望读者能在对照阅读时有所受益、享受乐趣。

　　我和艾瑞克并非密友，但也相识已久。实际上，我对他太过崇敬，因此无法与他走得太近，因为我知道无论我们谈论什么，他一定知道得比我多太多。我和他远远谈不上观点一致，我一直倾向于社会民主主义，很难真正理解共产主义的基本理念，尤其是在深入了解民主德国的社会状况后——我在 20 世纪 70 年代初读博士期间，曾就此问题做学位论文研究。但历史学家的首要任务是理解那并不寻常且往往令人感到陌生的昔日世界，而不是加以鞭挞或者一味赞同。我想通过本书把艾瑞

---

* 霍布斯鲍姆的自传 *Interesting Times: A Twentieth-Century Life*, 中文名引用自 2010 年中信出版社的中文译本。——编者注

克·霍布斯鲍姆这个人呈现给 21 世纪的读者，让大家根据他的思想言行和作品做出自己的判断。

虽然艾瑞克曾卷入很多辩论和争议，但据我所知他并不是一个刻薄或是心怀恶意的人。和许多历史学家或学者不同，他从不"记仇"。他善良宽仁，相信是人就难免犯错。就像我希望在后文中呈现的那样，他热爱生活并且活得十分充实。我读他的作品越多（我的确读过他的绝大部分著作），就越感到他这个人（而不仅仅是作为历史学家）值得我敬仰，并遗憾未能在他生前与之深交。

在调研与写作的过程中，我欠下了许多人情。其中最重要的来自马琳·霍布斯鲍姆，她一直很支持我，提供了我在别处无法获得的信息和资料。我希望这本书能让她满意。如果不是英国国家学术院的现代史分部邀请我为霍布斯鲍姆撰写人物传记（学院会组织为每位过世成员撰写传记），我不会开始这项工作。拜访艾瑞克和马琳在汉普斯特德的家时，我看到大量保存在顶楼的私人文件，这使我确信这本传记会有充足的材料支撑。艾瑞克和马琳的女婿阿拉里克·班平亲切地指引我查询文件，并不时向我提供他们新发现的材料。艾瑞克的大部分文件都保存在华威大学的现代档案中心，我多次造访时都得到了中心职员热情又有效的帮助。我同时也要感谢位于卡弗舍姆的英国广播公司档案中心、位于奥斯汀的得克萨斯大学哈里·兰塞姆档案中心、英国国家档案馆、剑桥大学国王学院档案中心、剑桥大学丘吉尔学院档案中心、伦敦经济学院的英国经济与政治科学图书馆、曼彻斯特大学档案馆、曼彻斯特人民历史博物馆的劳工史档案研究中心、布里斯托尔大学图书馆特殊馆藏室、戴维·海厄姆版权代理公司、利特尔布朗出版社档案室、韦登菲尔德和尼科尔森出版社档案室、美国司法部（接受了我的信息披露申请）、比萨高等师范学校档案馆、位于华盛顿特区的美国大屠杀纪念博物馆馆藏部、位于巴黎的法国"人文科学之家"基金会档案馆、法国南特外交档案中心、维也纳犹太社区档案馆、维也纳费希特纳中学档案室、维也纳城市档案馆，以及同样位于维也纳的奥地利抵抗运动档案中心。由于这本书的大部分内容都基于未曾发表的文件资料，我没有做参考文献清单，同时也尽量减少注释。相关德语和法语资料由我翻译成英文，意大利语资料由格拉齐亚·斯基亚基塔诺翻译，葡萄牙语资料的翻译者则是安东尼奥·克斯腾茨基。霍布斯鲍姆家族目前还在向华威大学现代档案中心提供资料，如需获取霍布斯鲍姆家族的档案资料，或许可以联系档案中心。

利弗休姆基金会授予我的荣誉学术奖金支撑了本书的研究、写作，使我节省了大量时间，尤其需要感谢基金会的安娜·格伦迪在整个项目期间给予我的支持。十分感谢帮助我开展研究的罗伯托·阿斯马特·贝列萨、菲奥娜·布朗、斯蒂芬妮·陈、丹尼尔·考林、夏洛特·福彻、维多利亚·哈里斯、亚尼克·赫伯特、安东尼奥·克斯腾茨基、拉斐尔·克罗皮尤尼吉、乔安娜·朗根布林克、荷莉·麦卡锡、玛丽-安·米德尔库普、爱玛·诺特福什、格拉齐亚·斯基亚基塔诺。我对以下接受采访或提供资料信息的人士致以深深的谢意：朱迪思·亚当森、彼得·阿恰德、约翰·阿诺德、尼尔·阿舍森、莫里斯·艾马尔、琼·贝克维尔、洛吉·巴罗、亨利·贝格霍伊泽、费尔南多·恩里克·卡多佐、优素福·卡西斯、杰夫·克洛西克、罗德里克·弗拉德、埃里克·方纳、罗伊·福斯特、帕特里克·弗里丹森、朱迪思·弗里德兰德、马库斯·加斯帕林、爱德华·格洛弗、安德鲁·戈登、莉泽·格兰德、玛利亚-路易斯·赫勒、安吉拉·霍布斯鲍姆、安迪·霍布斯鲍姆、茱莉亚·霍布斯鲍姆、马琳·霍布斯鲍姆、安东尼·豪、布鲁斯·亨特、乔安娜·英尼斯、尼克·雅各布斯、马丁·雅克、艾拉·卡茨尼尔森、郭久亦、丹尼尔·李、乔弗里·劳埃德、弗里茨·卢斯蒂格、艾伦·麦凯、杰里米·马尔凯西、罗宾·马尔凯西、伊莉斯·马里安斯特拉斯、帕特丽夏·麦圭尔、艾伦·蒙哥马利、安德鲁·莫里斯、道格·芒罗、米歇尔·佩罗、理查德·普勒斯顿、斯图亚特·普罗菲特、理查德·拉思伯恩、加里·朗西曼、唐纳德·萨松、帕特·斯特劳德、帕特·塞恩、罗密拉·塔帕尔、基思·托马斯、约翰·汤普森、克莱尔·托马林、洛伊斯·温科特以及克里斯·里格利。我对此处未能提及的、其他接受采访的相关人士深表歉意，我相信这样的人还有很多。

感谢艾瑞克的遗作托管人布鲁斯·亨特和克里斯·里格利，他们允许我在本书中引用其版权范围内的材料。项目开始时，戴维·康纳汀在传记研究方面为我提供了一些睿智而重要的建议。瑞秋·霍夫曼，布鲁斯·亨特，马琳、茱莉亚和安迪·霍布斯鲍姆，还有克里斯·里格利都读过本书的打印稿，并在文稿润色方面提供了很多帮助。我在利特尔布朗出版社的编辑——兢兢业业的蒂姆·怀特宁，也做了大量工作。我要向蒂姆以及佐伊·古伦、佐伊·胡德、琳达·西尔弗曼、理查德·柯林斯、丹尼尔·巴拉多和克里斯廷·沙特尔沃思诸位利特尔布朗的同仁致谢，他们的努力使本书出版得顺利而愉快。

我在剑桥的沃尔夫森学院开始写作此书，初稿则在弗吉尼亚州里士满大学草木繁茂、宁静怡人的校园中完成。感谢这两所院校为我的写作提供了时间、空间和其他便利。我的朋友们也耐心地听我讲述项目内容，其中特别要感谢尼亚芙·加拉格尔、比安卡·高登齐和瑞秋·霍夫曼的支持。我对克里斯汀·L.柯顿感激不尽，她读了较早版本的草稿，从专业的角度检查了相关论据，并在写作和研究的全过程中不断给予我帮助。她在20世纪90年代初第一次见到艾瑞克后，就对我说未来艾瑞克的传记或许会由我撰写，和其他许多事一样，这件事也被她说中了。

——2018 年 8 月于赫特福特郡巴克韦

第一章

英国男孩

ERIC
HOBSBAWM

1917–1933

I

　　在霍布斯鲍姆的一生中，每当在各类表格上填写"出生地"时，他就不得不填上一个出人意料的地点——埃及的亚历山大城。霍布斯鲍姆认为很少有历史事件完全出于偶然，但讽刺的是，他出生前后的那个时代发生了太多惊人巧合的事件。而正如他后来所言，如果不是世界历史上一些重大事件的因缘际会，他或许就不会诞生在那个特定的时间和地点。

　　这些重大历史事件的头一桩，就是在 19 世纪沙俄帝国和波兰会议王国（Congress Poland）的冲突与矛盾。波兰王国在 1863 年民族起义失败后，被粗暴地并入俄罗斯帝国，独立王国身份和原有的政府机制被完全废止。生活在这片地区的大批贫困犹太族群，其权利和自由亦受到圣彼得堡沙俄政府的严厉压制。在波兰最贫穷的城镇里，人们只能靠繁重的手工劳作换来微薄的报酬，以此勉强维持生计，因此 19 世纪 60 年代之后越来越多的犹太人迁往英格兰和美国也就不足为奇。尤其是 19 世纪 70 年代中期沙俄与奥斯曼帝国战事正紧，被征入沙皇军队的危机感更是时刻困扰着年轻的犹太人。那些设法移居伦敦的犹太人开始在较贫困的东区形成一个独特的社群，1861 年的大英帝国人口普查显示，有 900 名犹太人生活在这一区域，而在 1881 年的调查中，这一数字达到了 4 500 人。[1]

在 19 世纪 70 年代中叶抵达伦敦的波兰新移民中，有一位叫作达维德·奥布斯鲍姆（David Obstbaum）的木匠。他大约出生于 1838 年，根据家族流传的说法，他是为了避免被征入沙俄军队，[2] 从波兰一路步行到汉堡。之后他又和第二任妻子罗莎从汉堡去了伦敦。罗莎本姓别尔科兹，大约生于 1852 年，比奥布斯鲍姆年轻得多，和他一样都是华沙人。这对夫妇带着两个孩子：奥布斯鲍姆前任亡妻于 1866 年生下的米莉，以及罗莎在 1871 年生下的路易斯。"奥布斯鲍姆"（Obstbaum）是德语（也许更可能是波兰王国犹太人通用的意第绪语）中"果树"的意思，但这个姓氏在英语中的发音有些拗口。达维德在伦敦登记移民信息时，伦敦东区的一位移民官员没听清他的姓氏，自作主张地在姓氏前加上一个不发音的"H"，同时又漏掉了中间不发音的"t"，于是把他的名字变成了"霍布斯鲍姆"（Hobsbaum）。[3]

这对夫妻在新的国家里安顿下来，过上了平淡的生活。1874 年 5 月 12 日，他们的第二个孩子菲利普在曼彻斯特出生——这位菲利普的孙子于 1932 年出生，也叫菲利普，后来成了著名的诗人、批评家和学者。[4]达维德与罗莎的第三个儿子亚伦，又叫欧内斯特，1878 年在伦敦出生，亚伦的女儿伊迪斯和玛格丽塔再度遭遇了英国文职人员对外国人名的处理疏漏，她们的姓氏在出生登记时被写作霍布斯本（Hobsburn）。1879 年，达维德和罗莎又迎来了女儿莎拉，她的小名叫茜茜。莎拉在 1909 年嫁给了路易斯·普雷希纳，后者也是中欧移民的后代。1916 年 11 月 16 日，莎拉和路易斯的儿子丹尼斯出生于斯托克纽因顿，该区位于伦敦东区的犹太人聚居地北部。丹尼斯后来成为出色的爵士乐评论家和唱片制作人，并在艾瑞克的生命中扮演了重要角色。[5]

整个家族在艾瑞克这一代共有 22 位成员，但他们散布世界各地，只有少数几位与艾瑞克有实际的联系，正如艾瑞克后来所言："我们……并不是一个非常亲密的家族。"[6] 艾瑞克的两位叔叔在他的生活中占据了重要地位，他们分别是 1889 年 4 月 25 日出生于伦敦东北部达尔斯顿的"西德尼"所罗门和 1888 年 7 月 9 日出生的亨利（大家都叫他哈里）。亨利的儿子罗兰是艾瑞克青少年时期最亲密的朋友。总的来说，达维德和罗莎的 9 个孩子里有 7 个活到了成年，表明这个家族的遗传体质还算强健，但他们都没能活到当代人眼中的老年人岁数。只有达维德第一任妻子所生的米莉免于这一命运，她在 1966 年以 99 岁高龄去世，此时她与丈夫移居美国已有 60 年。除了米莉和路易斯出生于华沙并与父母一同改变国籍成为英国公民，艾瑞克父亲的其他兄弟姐妹都在英国出生，且从出生起就是英国公民。他们的母语是英语，也很适应英国的文化和生活；实际上，就像艾瑞克后来所说："他们满怀热情地希望在名字、政治立场和文化趣味上都成为英国人。"他们大部分是手工匠人和普通职员，家族中没有犹太教义学习的经历或者经商致富的事迹，多数人都只接受过极其有限的正规教育。[7]

　　艾瑞克的父亲利奥波德·霍布斯鲍姆，大家口中的"珀西"，1881年 9 月 8 日在伦敦东区犹太人聚居点的中心区白教堂出生，他是达维德和罗莎的第五个孩子。达维德·霍布斯鲍姆年龄最大的两个儿子路易斯和菲利普追随父亲成了木匠，[8] 而包括珀西在内的其他孩子，或许是得益于 19 世纪 80 年代的英国在 5 到 10 岁儿童中推行的基础义务教育，实现了社会阶级的向上流动，成为较低层的中产阶级。欧内斯特当了电报员，后来又做了教师；哈里也是一名电报员，他的姐姐莎拉也成了教师；艾萨克受过药剂师的职业培训，后来成为矿业工程师；而西德尼一直是个不算成功的小商人。至此，纵观当时犹太移民社区的发展史，这个在 19 世纪 70 年代扎根伦敦的家庭并没有什么特别的故事。作为较早的移民，霍布斯鲍姆一家得益于维多利亚时代自由的移民政策，与后来的其他东欧移民相比占得先机，得以摆脱19世纪90年代至20世纪初东区犹太人聚居点凄惨、贫困的移民生活。[9]

大约在珀西成年的时候，第二个重要的历史事件对霍布斯鲍姆家族产生了影响。20世纪早期，英国是一个广阔的全球帝国的中心，其非正式的领土包括智利等南美国家，艾瑞克的叔叔艾萨克带着妻儿移居到了那里，开启了霍布斯鲍姆家族与这个国家长久的联系。从1869年开始，苏伊士运河就是维系大英帝国的重要纽带，它将英国通向印度的海路缩短了7 000公里。为了保护这条航路，英国在1882年凭借武力从奥斯曼帝国手中强行夺取了埃及的管理权。到19世纪90年代，埃及的主要行政机构及其人事安排都由英国把持，这为那些希望在海外工作的英国人提供了就业机会。[10]

珀西的哥哥欧内斯特在19世纪结束之前搬到了开罗，一开始在自由人民大学（The Free Popular University）任教，随后又在英国运营的埃及邮政局谋得差使，他后来根据这段经历写了几本不是很成功的小说（《十字与新月》和《德雷珀大厅》）。珀西成年后，欧内斯特建议他在邮政局里找一份适合的工作，于是珀西搬到开罗投靠哥哥。如此一来，他便进入了开罗和亚历山大城里的多国公民混居社区，这里的人大多说法语，社交生活也十分活跃。1913年欧内斯特和珍娜·克拉埃斯在开罗结婚，他们的两个女儿伊迪斯和玛格丽塔分别于1914年和1915年在这个城市出生。

同样是1913年，在亚历山大城外国人社交的主要团体之一——体育俱乐部——中，珀西·霍布斯鲍姆结识了18岁的内莉·格林，她是莫里茨·格林和艾妮丝汀娜（娘家姓弗里德曼）的三个女儿之一，全家都住在维也纳。莫里茨和他的妻子都被登记为犹太教徒，主要经营珠宝生意，家境也相对较好。内莉生于1895年4月7日，刚刚中学毕业，这对一个维也纳女孩来说已是少见，更何况她是以优异成绩毕业的。[11] 为了奖励她，父母决定让她出国度假。他们选择了亚历山大城，因为内莉的叔叔阿尔伯特就在那里扎根，他是一名成功的商人，经营着一间货物齐全的零售商店。珀西和内莉坠入爱河并决定结婚，两人迅速订婚并开始筹备婚礼。[12]

在筹备婚礼的过程中，他们再次领教了历史进程的变幻无常，这次他们遇上的是 1914 年爆发的第一次世界大战，奥匈帝国、德国、奥斯曼帝国和保加利亚组成同盟国，而另一阵营则是由英国、法国、俄国，以及后来加入的意大利与罗马尼亚组成的协约国。内莉在一间军队医院里当了一段时间的护士，在此期间她和珀西确定了自己的选择。因为内莉是奥地利人而珀西是英国人，两人在任何一方的国家结婚都不恰当（甚至连结识都是有风险的），因为这会让另一方作为敌国公民而遭到扣押。1915 年 5 月 1 日，他们最终在中立国瑞士的苏黎世结婚，婚礼由英国领事主持，英国外交大臣爱德华·格雷爵士也亲自为他们签署了一份特殊批文。[13] 在瑞士南部的卢加诺度过短暂的假期后，这对夫妇去了那不勒斯并继续前往罗马，意大利此时仍是中立国（虽然意大利和德国有正式的联盟关系，但直到 1915 年 5 月 23 日才正式加入协约国阵营）。他们从意大利乘船回到亚历山大城，邮政局的工作在等着珀西，他和妻子（此时已经随珀西加入英国国籍）也都有亲戚住在那里。[14]

在亚历山大城内，维多利亚时代晚期风格的体育俱乐部里有片高尔夫球场和赛马场，此地与海岸之间是城里经常举办体育活动的区域，1917 年 6 月 8 日，艾瑞克正是在这里出生。驻当地英国领事馆的 D.A. 卡梅隆先生不但把这孩子的出生日期搞错了（他登记成了 6 月 9 日），还在 6 月 12 日办理出生登记的时候拼错了艾瑞克的姓氏。当时德语里的 "au" 在英语里读作 "or"，而不是像现在这样按照德语的习惯发成 "ow"。大概是因为艾瑞克的父母没有逐一拼读字母，领事馆职员又听错了，于是把姓氏中的"u"记成了"w"。因此，孩子的名字就变成了艾瑞克·约翰·欧内斯特·霍布斯鲍姆（Eric John Ernest Hobsbawm）。他的首名来自比他早一年出生的表兄，即住在智利的"贝尔克"艾萨克·霍布斯鲍姆的第二个孩子。中间名"欧内斯特"则来自移居埃及的伯父。[15] 家族里的其他人继续使用带有"u"的"Hobsbaum"的姓氏拼法，除了少数家族成员的姓氏被有意或无意地拼写成其他形式，比如霍布斯本（Hobsburn）姐妹以及哈里的儿子"罗恩"罗兰，罗兰的姓氏在学校姓名牌上被拼作霍布斯博恩（Hobsborn），但他在学校正式使用的姓氏还是霍布斯鲍姆（Hobsbaum）[16]。

艾瑞克对他在埃及的生活并没有太多记忆，"除了努扎动物园的笼中小鸟，以及应该是希腊保姆哼唱过的一首希腊儿歌的一点片段"。[17] 就在他出生后的几个月里，第一次世界大战的僵局被俄国十月革命打破了，列宁和布尔什维克在圣彼得堡夺取了政权。艾瑞克生于布尔什维克革命之年，这看似只是一个巧合，然而，这也以某种方式预示着他未来选择的政治立场。

‖

1918年11月，"一战"结束。埃及的民族主义势力迅速崛起，在1919年演变为革命，并在三年后实现了埃及的独立，这让那些移居埃及的外国人感到不安。在这种情况下，内莉以最快的速度乘船至的里雅斯特，而此时奥匈帝国和意大利已经达成了停战协议，的里雅斯特随即被意大利占领。她在第一艘开出亚历山大港的蒸汽船——意大利邮船公司的"赫勒万号"——上度过了一段舒适的旅程，两岁的艾瑞克跟着母亲一同出发，珀西则在同年的初秋时节前往的里雅斯特与妻儿团聚。[18] 内莉的父亲在的里雅斯特的码头等待女儿和外孙，随后带着他们取道南部搭乘火车回到维也纳，并将他们安顿在自己与妻子艾妮丝汀娜居住的维也纳西郊魏森格伯街 14 号 3 楼的一间公寓中。艾瑞克曾经在 20 世纪 90 年代中期制作一部电视纪录片时重访旧地，他认出了当年父母带他搬进来时住的那个空房间。"这里变化不大。"他一边评论一边从街道对面打量着这栋坚固的石砌建筑物，但他并没有接受电视导演的邀请进入房屋。[19]

艾瑞克一家到达维也纳的几个月后，他的父亲用在亚历山大城邮政局攒下的充足的硬通货——英镑，租下了哈金区山中佐伊特别墅的二层公寓。这座别墅建于 19 世纪 80 年代，由卡尔·佐伊特·冯·勒茨恩伯爵建成自住。别墅是一栋相当宏伟的建筑，上覆四坡圆顶，宽敞的庭院是艾瑞克和住在一楼的戈尔德家孩子玩耍的地方。内莉和戈尔德家的主妇也交往甚密，她们在文学和文化方面趣味相投。[20] 战后的恶性通货膨胀使曾经富裕的佐伊特家族不得不出租这座别墅，在财力恢复之后，才终于收回别墅——这座建筑如今仍是佐伊特家族的产业。这段日子也许是艾瑞克儿时生活最优裕、最宁静平和的时光，虽然他因为搬家时鼻子受伤而很不好受。"艾瑞克情况很不好，他在发高烧，"他的母亲几年后回忆道，"我们 5 月搬到哈金区的时候，他的鼻子还缠着绷带，这不是刺伤，就是鼻子自己破了，可能正因如此伤口才一直没能痊愈。"[21]

艾瑞克童年时在维也纳的大家庭以两对夫妇为中心。第一对就是他的父母，珀西和内莉。1921 年他的叔叔西德尼加入了他们，有意思的是，西德尼在 1921 年 12 月 14 日迎娶了内莉的妹妹，被大家称为"葛蕾蒂"的葛蕾特·格林（生于 1897 年 9 月 21 日）。1926 年 7 月 30 日，他们的儿子彼得出生。[22] 20 世纪 20 年代的大部分时间里，西德尼和葛蕾特都住在维也纳，西德尼在那儿尝试经营过各种生意，直到 20 年代末才搬去柏林。[23] 这个大家族都住在维也纳的时候，艾瑞克和他的姨妈变得很亲近，1925 年他被送到阿尔卑斯山的一个疗养院，在那里待了一小段时间养病，在医生建议下陪同照顾他的就是葛蕾特。[24] 同艾瑞克关系亲密的还有他的外祖父和外祖母，以及与这个核心小家庭不时相聚的格林家表亲。格林三姐妹中的大姐玛丽安，小名叫咪咪（生于 1893 年 2 月 23 日），她和艾瑞克一家的关系没那么亲近，但也有联系。[25] 内莉的娘家亲戚弗里德曼家族也是这个大家族圈子的一部分。艾瑞克一家在英格兰也有亲戚。"如果说他们有什么特别像犹太人的地方，"艾瑞克曾经在给家庭成员的信里写道，"就是这种家族成员遍布五湖四海的感觉，以及在国与国之间迁徙的生活常态。"[26]

20 世纪 20 年代的艾瑞克就成长于这个维也纳中产阶级的社会圈子——尽管他与父母以及妹妹南希（1920 年 11 月 5 日出生）因为英国背景和国籍而没能完全融入其中。[27] 但是，他到晚年讲起德语还是"有一点儿老式维也纳口音的痕迹"，如同他后来陈述的那样："70 多年之后我的德语还保留着一些口音。"[28] 南斯拉夫、捷克斯洛伐克、匈牙利和波兰这几个奥匈帝国的"继承国"于战后独立之后，奥地利第一共和国并没有在昔日哈布斯堡帝国的剩余德语区塑造出强烈的国族身份认同。帝国的遗产到处可见：艾瑞克仍记得一个斯洛文尼亚保姆曾给他讲过其家乡流传的狼人故事；他的亲戚们都住在（或是来自）现在的波兰、罗马尼亚或者捷克斯洛伐克境内的城镇；维也纳公寓楼的包工头几乎都是捷克人。因此，与父亲的英国背景以及艾瑞克自己在亚历山大城的早期生活不同，他是在一个几乎真正的国际化环境中长大的。同时，中产阶级的通用语言一直都是德语，这给维也纳的中产阶级（包括与之高度融合的犹太人）带来一种凌驾于其他少数族裔之上的坚实的优越感。[29]

在战前维也纳市长卡尔·卢埃格尔的支持下，中产阶级里一小股强硬的反犹主义力量给这座城市造成了深刻的创伤。城市里 20 万有犹太血统的人都不能免于影响，他们占人口的 10%，包括霍布斯鲍姆和格林家族这些不信犹太教的群体，虽然珀西表示自己"无宗教信仰"（konfessionslos），但所有关于他及其家庭的官方文件都把他们归为犹太教信徒（mosaisch）。[30] 因此艾瑞克在维也纳上中学时，不用学习基督教的教义，而是被送到维也纳另一处犹太人的下午学习班，学习犹太宗教仪式和希伯来文，尽管他成年后把这些内容都忘得一干二净。[31] 到年满 13 岁有权宣布自己的宗教信仰后，他曾试图宣称自己不信仰任何宗教，但母亲阻止了他。尽管面临着恶意的偏见和负面的刻板印象，艾瑞克的母亲在他 10 岁的时候就坚定地告诉过他："你永远不可以用任何方式宣告你以犹太人身份为耻，即便是作势也不可以。"[32] 他一直记得这条嘱咐，并且在生命的最后时刻，坦陈自己始终竭尽所能地践行这一点。

在佐伊特别墅的家庭生活是平淡而有规律的。"我发现艾瑞克画了一幅画准备送给你做生日礼物，"内莉在 1924 年 8 月给葛蕾特的信中写道，"虽然他自己认为画得不太好。"她主要的烦心事是女佣干活不利索："她干起活来根本不像说的那样好。"这个女孩最后被解雇了，冬天里没有帮佣让内莉十分焦虑。[33] 1925 年春，她到英国去照料病重的姐姐咪咪，珀西和她的母亲则留下来照顾孩子。[34] 艾瑞克有三周假期，可以去柏林和他的姨妈葛蕾特待在一起。[35] 这一家人其实没有女佣也可以过下去，但在 20 世纪 20 年代的维也纳，用人是中产阶级的重要标签，因此就算不雇用人能减轻经济压力，内莉·霍布斯鲍姆也不愿如此。"千万别承认没有女佣你也能应付得了！"内莉告诉她的妹妹，"女佣就像食物或是头上的屋顶一样不可或缺。"[36]

霍布斯鲍姆家和格林家的境况都大不如前了。格林家的积蓄在奥地利与德国战后的大规模通胀中消失殆尽，珀西从亚历山大城带来的英镑也很快用完。对于一个会用"错失机会和抓住机会"[37]来回答"最擅长和最不擅长的事情"的自嘲者来说,战争结束后的维也纳并不是一个适合谋生的地方。维也纳挤满了教育背景优良、训练有素的公务员,他们曾经管理着哈布斯堡帝国,但现在失业了——除去居住在奥地利领土上600万讲德语的人民,他们已经失去了其他所有的管理对象。和他们一道陷入经济窘境的还有那些曾经仰仗哈布斯堡王朝和政府(如今业已消逝)庇护的商店主、律师、工厂主和贸易商人。在这种严峻的经济形势下,珀西·霍布斯鲍姆只能四处碰壁。[38]内莉通过把英文小说翻译成德语来贴补家用,但这并不是维持家庭生计的长久之计。[39]1926年5月13日,迫于经济压力的霍布斯鲍姆家从租金昂贵、绿树成荫的哈金区郊外的佐伊特别墅搬到了俭朴得多的奥伯圣法伊特区,住进艾因西德勒巷18号3层的一间便宜公寓。[40]

这次搬迁意味着艾瑞克不得不转学到新公寓附近的另一所小学去。他在那里适应得不错,从小学刚升入初中时,除了卷面不太整洁外,他所有的科目都得了高分。1928年的中学成绩单显示:他的神学、自然历史和声乐都是"优异",德语、历史、地理、体育则是"优",数学、绘画和写作是"良好"。艾瑞克显然是个模范学生,因为报告里他的操行评定为"优异"。1928年6月,他的老师们在报告里推荐他进入下一年级学习。但是不稳定的在校生活影响了艾瑞克的正常学习,让他不得不依靠自学。他大约从10岁开始广泛而深入地阅读,并在此后85年的人生中从未停止过。

他如饥似渴地阅读关于史前世界和自然环境的书籍杂志,成了一个热情而细心的观鸟人:1927年在雷滕格的乡村里度假时,他在施蒂里亚的山林中"第一次发现一只黑色的大啄木鸟,足足有1.5英尺〔约46厘米〕高,头冠火红,像个癫狂的小小隐士,独自在幽静山林里的空地上反复叩击着树桩"。[41]他也会和父母一起去剧院,在本地的电影院看查理·卓别林的默片。他会读流行的侦探小说，也擅长书写哥特字体的德文。艾瑞克还利用闲暇集邮，他后来还记得"英国邮票上不变的乔治五世头像，与其他国家乱七八糟的新邮戳、新名字以及各种新货币形成了鲜明的对比"。奥地利"在经济崩溃的年代里不停变换的硬币和纸币样式"加深了他的不安定感。他从周围的成年人那里了解到了"战争、崩溃、革命和通货膨胀"。[42] 在这个阶段，艾瑞克受到的教育启蒙来自母亲和学校，而不是父亲，[43] 因为父亲的藏书主要是包括吉卜林作品在内的探险故事（他可以"不假思索、囫囵吞枣地直接阅读"这些故事），以及一套丁尼生的诗集。

"他在学校表现不错，"艾瑞克的母亲在1929年1月写道，"不过他的操行还是有进步的空间。"但是她没有留下更多具体细节。[44] 艾瑞克的大多数科目成绩都很好，虽然他家经济窘迫，有时会纠结于是否满足他购买教材的需要，尤其是一本昂贵的教学地图册，尽管艾瑞克最终劝说母亲为他买下这本书，但她的不情愿还是给了他一种"危机感"。[45] "艾瑞克的成绩挺好的，"他母亲在1929年2月初写道，"他所有的主修科目成绩都是'优异'，（不知道为什么）只有历史和数学是'优'。"[46] 1929年上半年的成绩单显示艾瑞克的数学只拿到了"良"。他的神学、德语、地理、自然历史和声乐一直保持"优异"的等级，历史课的"优"被下半学年一连串的"优异"取代了，而其他科目包括新增的拉丁文课，也都是"优异"。但他在数学、体育和书法方面则是例外，表现评价一直停留在"良"。总的来说，学校对他的评语是"优异"，可以继续进入下一个年级学习。[47]

内莉明显下了很大功夫来鼓励艾瑞克认真阅读和学习。她也付出了爱和关怀，同时给予孩子情感和智力两方面的启发。实际上，比起有点冷漠的父亲，艾瑞克和母亲更为亲近。她是一个热切的英国迷，用了很多时间纠正和提升艾瑞克的英语写作和口语，坚持在家只准说英语。[48]

艾瑞克在 1929 年的学校报告中"母语"一栏里写着"英语-德语"。[49] 换句话说，他其实是个双语使用者，英语和德语都是他的母语。艾瑞克后来回忆，他的母亲"梦想有朝一日我能够在印度文官机构谋得差使——印度林业部门或许更不错，因为我对鸟类很感兴趣，这会让我（以及我母亲）更加接近她喜爱的《丛林故事》中的那个世界"。[50] 母亲在小说和短篇故事领域的创作经历，无疑对艾瑞克后来成为作家这一职业选择有所影响，也为他后来的英语和德语写作风格奠定了基础。

艾瑞克和父亲的关系看上去则远没有这么轻松。他后来将父亲描述为"聪明、平易近人、热爱音乐，各项运动都表现不错，同时还是一个具有冠军水准的轻量级拳击手"。[51] 珀西在 1907 年和 1908 年两次获得埃及业余轻量级拳击冠军。在艾瑞克的记忆（或许只是在照片）中，他"中等身材、肌肉发达，戴着一副无边框夹鼻眼镜，黑色头发被梳成中分造型，前额横亘着一道皱纹"。当时流行在相册里填写个人自述，珀西写过他最欣赏的男性特质是强健的体魄，[52] 这也难怪他经常会对自己那爱读书又爱幻想的儿子感到不耐烦了。珀西曾带着艾瑞克去看足球比赛，给他唱歌舞杂要剧里的曲子，让他在网球男女双打比赛中当球童，还试着教他打拳，但艾瑞克没有学会。[53]

很多年后，艾瑞克回忆起 9 岁或是 10 岁时发生的一件事，它集中展现出他和父亲在个性方面的鲜明对比：

> 他让我去拿一把锤子来钉钉子，应该是有把躺椅上的钉子松了。那时的我很沉迷史前故事，可能是因为我当时正在读松莱特纳尔的《穴居儿童》（*Die Höhlenkinder*）三部曲中的第一卷，书里讲两个像鲁滨孙·克鲁索一样的孤儿（他们彼此也没有亲属关系），在人迹罕至的阿尔卑斯山谷里重现了史前人类生活的各个阶段，从旧石器时代到奥地利典型的农家生活面貌在书中都有所体现。为了模仿他们在石

器时代的生活，我自制了一个石器时代的锤子，并很仔细地按照正确方式把它绑在木柄上。我把这个锤子交给父亲后，他的反应之愤怒使我无比惊讶。从那以后他经常说我动不动就让他生气。[54]

1929 年初，内莉从出版商那里收到翻译一本小说的预付稿费，补贴了这个家庭的收入，但这些钱远远不足以糊口。[55]1929 年 2 月初寒冷的冬天里，这个家庭只能负担得起公寓里一个房间的取暖花销。她承认"我经常手头上一个子儿都没有"。她能不付账单就不付，但是她知道灾难会随时降临到这个家庭。[56] 她拖欠了艾因西德勒巷公寓的租金，在杂货店里的欠账也越来越多。1928 年末，房东威胁要切断他们的煤气，接着又通知让他们搬走。[57]

Ⅲ

然而，还没等房东下最后通牒，一场意外的灾难突然降临。1929 年 2 月 8 日，内莉打开公寓的房门，发现敲门的是珀西·霍布斯鲍姆的同事，他们把珀西背了回来，放在门前过道处，接着就漠不关心地离开了。[58] 几分钟之后，珀西就去世了，年仅 46 岁。内莉心有余悸地记得濒死的丈夫躺在过道上，嘴里叫着她的名字。几年后回想起这场灾难事件，艾瑞克觉得自己当时的眼泪仿佛都很不真实。"你哭泣只是因为在这种情况下你应该哭泣。"[59] 然而，不管他与父亲有多疏远，这一灾难无疑对他的人生产生了深刻影响。珀西被认为是死于"心脏病"，他于 1929 年 2 月 11 日在维也纳中央墓园的 16 号墓区下葬，墓碑在第 8 排的 27 号。[60]艾瑞克和他的妹妹现在只能完全靠母亲抚养了。

内莉始终未能从这个打击中恢复过来。"这一切令我痛苦不堪，"她在一周后写道，"我的心已经碎了。"也许想到珀西的死让他不会再为家庭财务状况的恶化所扰，这能让内莉感到些许宽慰。"反正将来的情况是不会好转了，日子只会越来越糟，"她写道，"孩子们都很乖，尤其是艾瑞克，他像一个小大人。"[61]这也给了她一些安慰。"你根本想不到这孩子有多棒，"内莉在代替艾瑞克回复西德尼·霍布斯鲍姆的慰问信时写道，"要是他的父亲能看到就好了。"西德尼送来的不只是慰问，他还给内莉寄了一张支票。她感激地表示这能"让我再多撑一个月"。[62]然而到1929年3月底，她就不得不承认："我很快就一点钱也没有了。"[63]3月11日，他们被迫搬出公寓，住进维也纳第三区下魏森格伯街45号这个房租更便宜的地方。[64]这次搬迁对他们的财务状况并没有多大帮助。"我很难形容艾瑞克有多么乖巧、懂事和可爱，"她告诉妹妹葛蕾特，"我想努力让一家人都能过下去，结果却总是令人失望。"[65]当艾瑞克需要换一双鞋的时候——他的鞋子已经无法抵御冬天的冰雪了（他后来写道："我记得自己因为脚冻得发痛，在环城大街上哭了起来。"），内莉只能从犹太人慈善机构那里给他弄一双回来。[66]

她到柏林和西德尼、葛蕾特以及他们的儿子彼得一起小住了一段时间，希望换个环境能让她振作精神，她在1929年4月回到维也纳。在她寄给西德尼和葛蕾特表示谢意的信里附有一张11岁的艾瑞克用英语写的便条，这张出自稚嫩学童之手的纸条，留下了我们目前所拥有的艾瑞克的最早手迹：

亲爱的叔叔：

很抱歉我忘记了您的生日，补祝您生日快乐！希望您不会因为我这么晚才写信给您而生气。您一切都好吗？妈妈跟我讲了很多关于小弟弟和您家的故事，像是他（彼得）经常去动物园，在那里会如何玩耍等等。

妈妈昨天回到家了，那时我们刚刚吃完午饭并洗了碗。她也会写信给您。我们一切都好。昨天早上外婆也收到咪咪姨妈的信了。

奥托和沃尔特还好吗？

祝您生活愉快，一切顺利！[67]

爱你们的艾瑞克

6月份的时候艾瑞克又写了一封信，这次无疑也是在母亲的督促下写的。他刚过了生日，这封信是要感谢西德尼和葛蕾特送他的"一本《古代航海家》"以及10马克。"我不知道要拿这10马克做些什么，"他补充道，"我可能会留着等去英国的时候花。"[68]

此前艾瑞克的姨妈咪咪邀请他夏天的时候过去小住，他在学期结束后就到英国去和姨妈待在一起。[69]在去英国的路上，途经莱茵河和摩泽尔河交汇处的科布伦茨时，一个开着小轿车的德国人指给他看河对岸拿破仑时代建立的埃伦布赖特施泰因要塞上飘扬的三色旗，这旗帜标志着法国军队在"一战"后对该地区的占领，而法国对此地的管理在大约一年之后的1930年6月就要告终。[70]艾瑞克从那里到达法国海岸，横渡英吉利海峡抵达伦敦，住进哈里叔叔及其妻子贝拉的家里。在那里他认识了他们的儿子罗兰，罗兰喜欢别人叫他罗恩或者罗尼，虽然他家人更多叫他"霍比"。罗恩于1912年7月21日在伦敦东部和埃塞克斯交界的温斯特出生，[71]他比艾瑞克年长5岁。他带着艾瑞克乘公共汽车在伦敦观光，这是两个男孩亲密而重要的友谊的开端。[72]

一段日子之后，艾瑞克坐火车北上前往默西塞德郡的绍斯波特，住在姨妈咪咪经营的寄宿公寓里。他在这儿发现了《巫师》（The Wizard）之类面向英国男孩的历险故事周刊。这可比亲戚们从英国寄过来的学习书籍有意思多了。他"如饥似渴地阅读这些杂志，不但把所有零用钱都花在这上面，还将一大堆藏书带回了维也纳"。[73] 他头一回和同龄的英国男孩有了同样的体验。他也第一次开始写日记，后来咪咪把日记本寄给了他母亲。内莉把这本日记又转寄给了葛蕾特，但加上了留言："我不想把他的信寄给你，因为他的字写得太难看了，我简直为他感到羞愧。"[74] "孩子在英国玩得很开心，"她写道，"我也很感谢咪咪。"[75] 那一年的 7 月 29 日到 8 月 12 日，世界童子军大会在默西塞德郡阿普顿的艾劳公园举行，刚好在咪咪的寄宿公寓附近。这是一个在"一战"前创立的团体，目的是强健男孩们的体魄，让他们参与一系列户外实践活动，为其将来在生活中扮演独立军事侦察兵的角色做好准备。虽然艾瑞克没有参加童子军，但他花了很多时间参与大会活动。事实上，童子军激发了他的巨大热情，他回到维也纳后立刻注册为其中一员：这是他加入的第一个纪律严明、组织有序的团体，主要成员都是像他这样的中产阶级犹太男孩。在经历了维也纳毫无保障的生活和父亲的突然去世后，童子军为艾瑞克提供了他渴望的身份认同、安定和归属感。他后来写道："我成了一个无比热心的童子军。"他甚至招募了好几个朋友一同加入，还得到了一份由童子军创始人巴登-鲍威尔勋爵（Lord Baden-Powell）于"一战"前撰写的《童子军活动指南》，尽管艾瑞克承认自己"在野营活动或者团队合作方面并没有多大天赋"。[76] 他在学校里也收获了一些朋友，虽然彼此之间并不十分亲密。学校还会组织外出活动，其中包括艾瑞克的第一次溜冰体验，但只有童子军真正点燃了他的热情。[77]

与此同时，内莉通过做英语家教维持全家生计，不过教学对象主要是她的朋友或是朋友的孩子，他们用这种方式资助内莉，同时也保护了她的自尊心。艾瑞克也加入这个工作：他赚到的第一笔钱就是给母亲朋友的女儿补习英语，帮助她通过本地中学的入学考试。[78] 内莉也不用再给艾瑞克零用钱。珀西在英国的弟弟哈里也给了他们一些资助。内莉开始为里科拉出版社（Rikola-Verlag）把英语小说翻译成德语，这家出版社也出版过内莉根据亚历山大城生活经历所写的小说。她的英语技能还帮助她在亚历山大·罗森堡纺织公司（公司在维也纳和布达佩斯都设有分部）谋得了一份工作。[79] 艾瑞克一家的经济状况终于好转了。但到了 1929 年 11 月，内莉的身体状况"急转直下"[80]，几个月之后，她出现呼吸困难、高烧不退的症状，身体越来越虚弱。[81] 她的父母到公寓来帮忙，而她很快就虚弱到无法做任何工作了。[82] 医生诊断她染上了肺结核，此前她经常去丈夫的坟前，在湿冷的冬天久久伫立，又没有足够保暖的衣衫，这也许加速了病情的发展。她开始咯血，随后被送到阿尔卑斯山恩斯河畔魏尔村的疗养院接受治疗。[83]

由于内莉这个时候已经无力照看孩子，艾瑞克和南希被接到了舅父维克托·弗里德曼及妻子艾尔莎的家里，他们的儿子奥托比艾瑞克年长 10 岁，此时正在艾瑞克的叔叔西德尼和姨妈葛蕾特夫妇的柏林家中寄宿，相应地，维克托夫妇则要负起照顾艾瑞克的责任。艾瑞克同时也认识了他们的女儿赫塔，1911 年出生的赫塔此时还和父母住在一起，而和奥托见面则要等到艾瑞克去柏林的时候。这一时期，艾瑞克每天要坐公交车往返，从弗里德曼一家在维也纳第七区的公寓穿过城市中心到位于第三区的学校。然而身处疗养院的内莉，健康状况并没有好转。

1930 年 4 月，医生对内莉进行了肺穿刺，这在当时是针对肺结核的普遍疗法，但并不能治愈：抗生素要再过 20 年才开始产生影响。[84] 穿刺疗法需要很长的康复期。[85] 幸运的是，执掌"红色维也纳"的社会民主党推出的社会保险计划覆盖了这笔费用，因为内莉有固定的工作，符合保障条件。[86] 到 5 月初，内莉已经在疗养院里卧床休养 6 个星期了。[87] 艾瑞克和他的妹妹搬到母亲疗养院附近的魏尔村，和姨妈葛蕾特以及她的儿子彼得会合，在这儿，艾瑞克和他们在维也纳的房东之子哈勒·彼得成为朋友，哈勒的父亲是个铁路工人，并顺理成章地加入了社会民主党，哈勒也追随了父亲的脚步。艾瑞克后来写道："我得出个结论，那就是我也应该成为他们中的一员。"[88]

疗养院的治疗并没有缓解内莉的病情，到1930年9月她还待在那里。[89]她在给姐姐咪咪的信里写道："我现在仍然没有恢复健康，恐怕我已经无法康复了。"[90]当医疗顾问告诉她康复的希望很渺茫时，她写道："我的可悲之处在于身患重病，但这病又结果不了我——我一时半会儿还死不了。"[91]病情复发的时候，她开始担忧如果自己死了孩子怎么办，尤其是在她已于1929年底不得不从纺织公司辞职，主要靠翻译维持生活的情况下。[92]暑期结束前她把孩子送到柏林的西德尼夫妇家里小住。她后来写道："如今看来，艾瑞克已经没有更好的去处了。"[93]

新学期开始的时候，葛蕾特和西德尼带着孩子们回到维也纳，照顾了他们一段时间。"我现在好多了，"内莉在病床上情绪乐观地给南希写信道，"希望我能快点好起来，这样就能和你还有艾瑞克开心团聚了，你们都是好孩子，我为你们感到自豪。我唯一希望的就是你们一切安好。"[94]但西德尼夫妇不得不回到柏林，并在内莉的同意下带走了南希。内莉现在需要找人为艾瑞克提供食宿，因为她没法自己照顾这个孩子。她一共收到了"90封回复书信"。她在整理回复信件时写道："我首先找的是那些家里有花园的人家，因为艾瑞克和我一样讨厌城里。"最后艾瑞克住到了埃芬贝格尔太太家里，这位寡妇让艾瑞克在她家安顿下来，只收取一点日常生活的费用。她主要希望艾瑞克为自己8岁大的儿子伯特补习英语，伯特已经能讲一点英语，但是想要更正式地学习这门语言。[95]埃芬贝格尔太太的公寓在赫贝克街12号，位于威灵区西北边的郊区，那儿有犹太人中央公墓，是一个犹太居民分布较为密集的社区。[96]艾瑞克需要转学到另一所名为联邦第十八文科中学（Federal Gymnasium XVIII）的学校去，因为他现在住的地方离原来的学校太远了。[97]

艾瑞克被照顾得很好，内莉1930年9月19日在信里提到过这一点，[98]

但是他教英语缺乏经验、课时也不固定，这让埃芬贝格尔太太抱怨儿子的英语进步不大。艾瑞克于是加倍努力地教学，他最后在信里向母亲汇报说："现在埃芬贝格尔太太对我已经很满意了。""我现在每天都教课，"他写道，"埃芬贝格尔太太说我现在教得比以前好多了。"他对自己在学校的考试成绩毫不担心，他充满自信地写道："我一切都好，谢天谢地。"他仍然是一个忠实的童子军成员（"我们唱歌、玩耍和学习"）。[99] 他给母亲写了长长的信，其中一封让内莉有点沮丧，因为他在信中提到自己买了一套西服和一双鞋子。内莉理解儿子这样做的出发点是好的，但是她还是希望由自己来为儿子买他需要的东西，[100] 但艾瑞克已经开始变得独立。内莉在 1930 年 10 月 20 日给葛蕾特的信里写道："艾瑞克总是报喜不报忧。"他在学校里当了班长，有自己的朋友圈子，但是这些都不能弥补他破碎的家庭生活。他后来还记得自己曾经"坐在埃芬贝格尔太太花园的秋千上，试着记住树上黑鸟的歌声，并分辨其中不同的曲调"。他已经变成孤独的孩子，"与人没有亲密关系"。[101] 他的母亲则在信里写道："这孩子过着独立又充实的生活，我们任何人在他的生活中都没有一席之地。"[102]

"我的身体还是没有好转，"内莉在 1930 年 12 月 12 日给葛蕾特和西德尼的信里写道，"卧病在床，感觉自己正在发霉——我的工作和其他的一切境况都变得相当糟糕。"[103] 12 月上旬的时候，她计划让艾瑞克到柏林去和叔叔婶婶一起住。[104] 但她也担心他们会宠坏他：

> 艾瑞克还没告诉我他是否接受你们的邀请，但是我觉得他会想要去柏林，所以我也在等他的来信。不过看在上帝的分上请千万千万不要给他买圣诞礼物！你们打算给他买什么呢？他马上就要得偿所愿，得到一套童子军装备，所以他真的不需要什么别的东西了——柏林就是你们给他最好的礼物。你们就当是帮我个忙，别

给他买相机或者别的礼物。至于相机，不管怎么说，我觉得它终究还是太过贵重。[105]

1930年圣诞节前，艾瑞克短暂地探望了母亲，但是内莉发着高烧，在病痛之下没能好好陪陪孩子。[106]他和叔叔婶婶以及妹妹南希在柏林度过了圣诞假期。"他上一封信让我很感动，"他的母亲在他动身前往柏林不久后写道，"他写信说想和我一起过圣诞节，如果我想要他来陪我，或是我能在圣诞节前回到维也纳，他就不去柏林了，而且要到车站去接我！"她随后又补充道："但同时妈妈也写信告诉我，艾瑞克是多么高兴能去柏林。"[107]

内莉脖子上的淋巴结节肿大让医生确信她必须回到维也纳接受治疗。[108]新年的第一周，她就搬到了威灵郊区的一间医院，刚好在艾瑞克寄宿的埃芬贝格尔家附近。[109]她写道："我对回维也纳不抱什么希望。"[110]葛蕾特带着艾瑞克从柏林回到维也纳，艾瑞克继续此前在埃芬贝格尔家教英语的工作。内莉在信里则报喜不报忧："这个地方挺不错，食物和看护都很好，环境也很幽静。"[111]1931年5月，她的身体状况出现了短暂的好转："我觉得自己真的开始康复了。我不再整天昏睡，还能到户外散散步，看看报纸之类的。虽然还是有点咳嗽，但已经不像之前那样老是喘不过气来。"[112]但这只是回光返照。医生意识到她已经来日无多，建议她出院安顿。艾瑞克把这一段经历记录了下来：

母亲被转移到维也纳西郊普尔克斯多夫的一所花园疗养院，我在参加童子军露营活动前夕去探望过她，那是我们的最后一面。当时的细节我已经没有什么印象，只记得她那消瘦憔悴的病容。当时房间里还有别人，我不知道该说些什么，我目光投向窗外的时候意外发现一只蜡嘴雀，它的鸟喙十分有力，可以啄破樱桃的核，由于我此前一直寻找这种鸟但从来没有机会看到过，所以母亲留给我的最后回忆并不悲伤，反而带着意外看见珍禽时的喜悦。[113]

5月之后，内莉给妹妹葛蕾特写信的次数变少了，最后更是完全停止，她的病情急转直下，在1931年7月15日去世，年仅36岁。主治医生将她的死因诊断为肺癌加心力衰竭，以此避免当时社会上对肺结核仍存有的偏见。但内莉的死无疑是肺结核引起的。[114] 艾瑞克被从童子军营地召回参加母亲的葬礼。内莉于1931年7月19日在维也纳的新公墓下葬，和丈夫合葬在一起。[115] 艾瑞克在14岁这年成了孤儿。

IV

艾瑞克和母亲很亲近，这在他去英国以及后来内莉住院时写给他那些充满爱意的信里有所体现。[116] 回顾母亲的一生，艾瑞克认为她主要在道德方面影响了自己，她是个正直诚实的女子；在政治立场方面，她是欧洲统一的热忱支持者，并深受其早期倡导者库登霍夫–卡莱基伯爵（Count Coudenhove-Kalergi）的作品鼓舞。她是左倾自由主义者而并非社会主义者，并不鼓励艾瑞克关注政治话题，因为她觉得孩子年纪还小，无法理解那些问题。[117] 而最关键的也许是内莉活在文学的世界里，她是一位短篇故事作者、小说家及译者。1935年4月，当时住在伦敦的艾瑞克托人从维也纳运了一箱母亲的作品过来，他热切地希望了解"妈妈到底是一个真正的天才，还是仅仅有点才华，她写的东西是十分出色，还是马马虎虎"。箱子在6月到达伦敦后，他重读了母亲的一些信件，这些信勾起了他内心的伤感，母亲去世后再也没人叫他"亲爱的"了。[118] 很久以后，艾瑞克才阅读了母亲的小说，他折服于母亲那"优雅、流畅、和谐的文笔，以及在用德语写作时的仔细斟酌"，但他并不认为她是"第一流的小说家"[119]，17 岁时，他读了母亲在同样年纪写下的诗歌，在诗里感受到海涅、艾兴多夫以及其他德国诗人对母亲的影响，虽然并没有很好地融会贯通，但她的阅读面之广出乎艾瑞克意料，她的诗句带着"无由来的怀旧之情，是一种对当下的逃离"，流露出敏感和对温情的渴望，打动了艾瑞克。他认为母亲最擅长描写自然事物。他希望从诗中挖掘所有蕴藏的意义，因为这些诗歌中寄寓着在自己 14 岁那年去世的母亲的丰富情感，他自己也写道："我希望了解妈妈。"但是，他又不想只从感性的角度来看待母亲。"如果我要评价母亲，我必须用尽量客观的方式，从她作为一位女性、一名作者、一个母亲的角度来看待她。黏腻的感情迸发并不能让我更好地认识她。"艾瑞克持论的坦率和严谨甚至让姨妈葛蕾特大为吃惊。但是这终究只是对母亲作品的评价而已，艾瑞克的私人记忆中，对母亲的感觉仍然是鲜活而有温度的。[120]

艾瑞克对丧母的感受是很强烈的。[121] 在成长的过程中，他开始担心自己关于母亲的记忆会逐渐模糊，变成"一个有着乌黑双眼的幻影，而我已经无法描绘她的神情"。[122] 在母亲去世之前，艾瑞克已经经历了丧父之痛，但是母亲去世带来的情感冲击远大于丧父，对他而言是相当沉重的打击。为了消解自己在这些可怕的家庭悲剧中遭遇的"创伤、失落和不安"，他一方面沉湎于阅读、求知，一方面专注于组装矿石收音机这类独自完成的活动。后来的他回忆自己变得"像一台电脑……一个'回收站'，可以删除令人不快或是难以接受的信息"。[123] 这种性格对后来的他大有裨益。家庭的分崩离析使他的成长环境变得更不稳定。内莉没有留下钱款或任何真正值钱的东西。1929 年，她给艾瑞克开设了一个存有 3 000 奥地利先令的账户，给南希的账户则有 1 000 先令，但是他们要到成年之后才能把钱提取出来。兄妹俩现在没有任何依靠了。在寄宿埃芬贝格尔太太家之前，艾瑞克曾短期居住在外祖母艾妮丝汀娜·格林家中，不过警察局表示艾瑞克没有按照法律要求进行登记。现在，除了被正式指定为监护人的西德尼，艾瑞克和南希没有别的亲人可以投靠了。[124] 艾瑞克出生以来就保持着英国国籍，也一直被当作英国人看待，因此他并不后悔离开奥地利。"这个国家，"多年后他评论道，"从来都不是我的祖国。"[125]

1931 年 7 月 28 日，艾瑞克被送去柏林与妹妹团聚，西德尼在柏林的环球影片公司谋得一份工作，这是一间由德国人卡尔·莱默尔（Carl Laemmle）在美国创立的好莱坞电影公司。[126] 西德尼负责组织德国本地的电影拍摄以及宣传《科学怪人》之类的电影。《科学怪人》由波利斯·卡洛夫主演，为了在波兰市场打响名声，他声称自己的真名叫巴洛克·卡洛夫（实际上他本名叫普拉特）。一些不同寻常的人物开始陆续出现在霍布斯鲍姆家中，其中还有一名曾参与阿尔弗雷德·魏格纳某次探险的队员，他向艾瑞克解释了队长魏格纳的大陆漂移理论，并告诉他自己在格陵兰岛冬季探险时由于冻伤失去了所有的脚趾。[127] 西德尼此前从一位年迈的寡妇那里租下了阿沙芬堡街 6 号的一间公寓，公寓所在的威尔默斯多夫是柏林西边的郊区，就在动物园南边不远处。艾瑞克记得那间公寓隔音很差，墙壁薄得能在他的卧室听见叔叔婶婶和客人的晚餐谈话。[128] 但当时环球影片提供的薪水较高，足以让一家人搬到柏林西南一带的中产阶级社区利希特菲德去，艾瑞克还记得隔壁的户主是一位音乐家，拥有私家游泳池。[129]

西德尼和葛蕾特把艾瑞克送到了位于格鲁尼沃尔德街的亨利亲王文科中学，学校离他们初到柏林时的公寓很近，搬到利希特菲德的大住宅后，艾瑞克仍然可以骑自行车轻松往来于学校与住处之间。艾瑞克形容这间中学是"一所完全遵循普鲁士保守传统的学校……具备新教的精神、浓厚的爱国意识和保守氛围"。学校成立于1890年，名称来自威廉二世的弟弟亨利亲王。[130] 这间学校自创建之初就是一所典型的"人文主义文法学校"，只招收适龄男孩，注重古典著作、拉丁文和古希腊语教育，为学生们接受更广泛的博雅教育尤其是大学课程打下基础。和其他德国学校一样，亨利亲王中学没有制服，但学生可以自愿购买并戴上染成学校代表色的鸭舌帽，帽顶是皮质的，学生可以在上面系上表明自己班级的彩带。[131]

学校里的资深教师都是受过大学教育的学者，其中几位出版过署名的学术作品。[132] 艾瑞克觉得他们"几乎都是从夸张漫画里走出来的德国学校教师，方脸，鼻梁上架着眼镜，（尚未秃顶的人）全都理着小平头……所有人看上去都像是狂热保守的爱国分子"。[133] 教英语的佩策尔博士总是在课堂上称法国为德国的世代宿敌，曾在"一战"中当过海军军官、据说指挥过一艘 U 型潜艇的拉丁文老师巴尔杜因·费舍则习惯在维持课堂秩序时大喊："全体船员肃静！"[134] 艾瑞克和同学们还学会了在希腊文老师埃米尔·西蒙的课堂上转移重点，鼓励他回忆"一战"的情形。大部分课程都是冗长乏味的，卡尔-君特·冯·哈泽是艾瑞克的同班同学，"二战"结束多年后他成了联邦德国的驻英大使，据他回忆，当时的历史课主要教授古代史，从未涉及 20 世纪。[135] 艾瑞克后来承认：

> 在历史课上，我除了学完就忘的德国历代皇帝名号和年代，完全没有学到任何东西。教这门课程的是身材矮胖、年纪颇大、绰号"小水桶"的鲁班松老师。上课的时候他一边快步在我们中间走来走去，一边用米尺逐个指着我们提出"快说，'捕鸟者亨利'所处的年代"一类的问题。现在我晓得了，他那时跟我们一样觉得这种练习枯燥至极。[136]

鲁班松老师其实是一位出色的古典学者、人类学家和莎草纸文书专家，但是他的教学方式让艾瑞克至少在当时失去了对历史的兴趣。[137] 弗里茨·卢斯蒂格是和艾瑞克同期的学生，他后来回忆巴尔杜因·费舍老师"长时间地让我们连续听写拉丁文作家的名字"，课程"无聊透顶、十分低效"。[138] 只有少数老师受到学生的普遍尊敬，比如教历史和希腊语的阿诺德·博克博士，根据弗里茨·卢斯蒂格所言，他有办法"唤起和维持我们对课本的兴趣"。[139]

然而，艾瑞克在后来对学校的记录中传达出的沉闷和保守主义印象并不完全准确。他在那里读书的时候，学校正经历变革。魏玛共和国的普鲁士政府是德国历史上第一个民选政权，执政的社会民主党希望从根源上扭转被德国君主制和保守主义主宰的教育体系，并将其改造成为现代民主制度的基石。1925 年政府向普鲁士的学校颁布了与这一目标相适应的办学指南。[140] 1929 年，在亨利亲王中学担任校长多年的索罗夫博士（据弗里茨·卢斯蒂格回忆，他"长得很像俾斯麦，为人正直但难以亲近"）退休了，政府任命了一位社会民主党的成员为继任校长。他就是沃尔特·夏布伦，一个"无框眼镜后的双眼炯炯有神，发际线后移的小个子男人"，他很快开始推动学校的重大改革。[141]

夏布伦将现代作品引进文学课程，在歌德、席勒等传统作家之外，增加了毕希纳、尼采、托马斯·曼、易卜生和斯特林堡等人的作品。他把周一上午的晨祷（宗教集会）改成了师生间的非宗教集会，会上由一位老师向学生做道德训示，还有一位老师或几个学生进行音乐表演。他取消用希腊语表演校园戏剧的传统，取而代之的是现代英语话剧《旅程终点》（*Journey's End*），作者是 R.C. 谢里夫，剧名翻成德文是 Die andere Seite（"另一边"），剧里把"一战"描述为一场人类悲剧，这彻底背离了夏布伦的前任以及一些教职人员反复灌输的热烈的爱国主义。根据 1930 年至 1931 年的学校年报记载，学校图书馆终于可以提供"真正的现代作品"了。这些书籍包括贝托尔特·布莱希特和路德维希·雷恩等共产主义作家的著作。学校建起了新的科学实验室，配齐了设备。最有意思的是，夏布伦创办了由学生编辑撰写的刊物，成立了学生选举的学生委员会，甚至设立了一个学生法庭来解决学生私人物品受损赔偿等问题。[142] 他在庆祝魏玛共和国的立宪日时向全校发表演讲，表示他相信自从德皇被赶下台后，国家在朝好的方向发展。"我们的红砖楼里充满了全新的气象。"一位曾就读于此的学生在回忆录里如此写道。[143] 而根据弗里茨·卢斯蒂格的回忆，"大多数老师反对夏布伦校长的做法，因为校长是左派人士，而他们属于右翼阵营"，这不足为奇。[144] 一些老师甚至会在课堂上公开批评成立学生委员会的做法。[145]

夏布伦校长尤其热衷于组织学生郊游，他甚至写了一本书宣扬郊游的教育意义。仅仅在 1931 年，学校就组织了 5 次大规模的郊游，1932 年则有 11 次，他们去了柏林周边的乡村、勃兰登堡边区和更北边的梅克伦堡。男孩们要么在野外露营，要么住在青年旅馆。这种户外探险、接触自然的活动形式，是德国中学教育的核心传统，在 20 世纪早期青年运动——这些运动让许多中产阶级年轻人融入社会——中起着重要的作用。艾瑞克参加了这些活动，即使他并不喜欢男孩们对性话题的迷恋、晚间的下流谈话以及他们的流行音乐品味。[146] 艾瑞克更喜欢观鸟。他回忆自己曾从利希特菲德骑车到柏林西边的里姆恩斯特芬，这片地区树木葱郁，适合观鸟、拍照。他把自行车放在草地上，自己绕到池塘边。"我听到 10 米或 20 米之外不时传来的水花声，有鸭子在抖动翅膀，窸窣作响，我觉得它嘎嘎叫起来的样子很好玩。我很容易从大自然中获得满足感。"[147] 这也是艾瑞克喜欢参加学校赛艇俱乐部的原因之一，另一个原因是俱乐部看重的并不是竞赛求胜，而是让不同年纪的男孩在平等的前提下开展共同活动。俱乐部还拥有萨克罗湖禁渔区边上的一块草地，常常被叫作"我们的地盘"，只有经过一条狭窄的水道，被允许通行后才能进入。朋友们可以周末去那里组队划艇或是聚会，大家一块儿聊天，看看夏日的晴空，在傍晚回城前去碧绿的湖水中畅游一番。在我的人生中，那是我第一次也是唯一一次体会到体育俱乐部的意义。[148]

　　除了有限的训练和赛艇活动，男孩们还可以到柏林西边连片的湖泊间探险、花费大量时间在草地上打排球，抑或坐成一圈谈天说地。[149] 20 世纪 30 年代初，亨利亲王中学有 477 个学生和 29 个老师，还有一间附属的实科学校（Realgymnasium），那里教授拉丁文而不教希腊语，学生们以自然科学学习为主。大部分学生（学生总数有 388 人）是新教徒，另外有 48 个天主教徒、35 个犹太教徒以及一些信奉其他宗教的学生。艾瑞克被算作犹太人，但实际上大家都叫他"英国男孩"。[150] 同学们叫他"Hobsbaum"（"au"的发音是"ow"）；弗里茨·卢斯蒂格还记得自己好奇过，为什么这个英国男孩的名字听起来不那么英国。[151] 在一些教师，尤其是博克博士的影响下，即使在 1933 年 1 月希特勒当选德国总理后，[152] 学校里也并未出现明显的反犹主义。纳粹从 1933 年春天开始掌权，1932—1933 学年快结束的时候，夏布伦校长由于政治原因被纳粹政府撤职，接替他的是一个纳粹分子。新校长遭到了全校师生的蔑视，他们给他起了个外号叫"约兰特"，这名字来自当时奥古斯特·海恩里希（August Hinrichs）创作的流行喜剧《约兰特的烦恼》（Krach um Jolanthe），是主人公的一头猪。[153] 当备受尊敬的犹太裔数学老师所罗门·毕恩鲍姆（又叫"萨利"）在 1933 年由于民族背景被辞退后，学生们组织了一次请愿活动，希望校方能收回成命，虽然活动没有实现这个目的，学生们到这位老师家里去拜访，表达他们对老师遭遇的同情。高年级的学生在 1936—1937 年的冬天全部到老师家里探望过，一些毕业生很久之后仍然和老师保持着联系。即使在"二战"期间，奥托·路德（后来他化名延斯·雷恩，成为知名作家）还趁着他服役的U型潜艇在鹿特丹维修的空隙，赶回来看望老师。这次拜访不久后，毕恩鲍姆就被盖世太保逮捕了。在所谓的"工厂行动"中，他被送上载着最后一批犹太人的第36号列车，从柏林前往奥斯威辛，在集中营的毒气室里遇害。[154]

亨利亲王中学的学生来自受过教育的中产阶级家庭，即所谓的"Bildungsbürgertum"，其中不少人的父亲都是政府公务员。他们和自己的父母一样，是温和的保守主义者，如果说他们有政治立场的话。老师们在"一战"中的经历和对战后《凡尔赛和约》的愤恨必然会影响他们的政治观念。[155] 艾瑞克记得同学中只有一个人加入了纳粹组织，那是"一个非常愚钝的同学，他的父亲是希特勒手下的勃兰登堡省党部负责人"。[156] 艾瑞克在学校结交的朋友并不特别热衷于政治——事实上，在他印象中男孩们从未谈论过政治，即使在郊游探险期间那些深夜漫谈的晚上也是如此。[157] 他和赛艇俱乐部的积极成员恩斯特·维默尔很要好，与热爱音乐的汉斯·海恩茨·施罗德关系也不错，这个男孩会吹长笛，被称作"教室诗人"。艾瑞克和维默尔大多数时间讨论的是"克里斯蒂安·莫根斯特恩那些意义不大的诗作以及一些日常话题"，施罗德是腓特烈大帝的崇拜者，收集了很多他的军队士兵模型，但这些都没有妨碍他们成为朋友。艾瑞克离开学校后和这两个男孩都失去了联系，很多年后，艾瑞克发现他的朋友施罗德在纳粹掌权后加入了党卫军：虽然他在军乐队中任职，并没有参与大屠杀活动本身，但艾瑞克仍然十分震惊。施罗德最后在"二战"东线战场的战斗中阵亡。[158]

V

1931 年夏天来到柏林时，艾瑞克立刻见识到了两年前华尔街股市大崩盘引起的世界经济危机对这座热闹的德国首都的巨大影响。银行无法兑换存款，三分之一的劳动人口处于失业状态，资本主义的全面崩溃似乎就要来临。此前的人生经历让他觉得资本主义已经失败了，而现在简直是巨大灾难。"我们就像在泰坦尼克号上一样，"[159] 他后来写道，"每个人都知道这船要撞上冰山了。"这里的环境完全不同于 20 世纪 20 年代后期及 30 年代早期的英国，英国的"贫民阶层"在政治和经济上受到的冲击相对温和一些，而柏林面临的经济灾难看上去好像世界末日已经来临。在大萧条造成的巨大经济压力下，柏林经历着政党暴力的急剧抬头和政治体系的动荡。1919 年建立的魏玛共和国熬过了早期的暴动、暗杀活动、来自右派和左派的政权颠覆以及前所未有的恶性通货膨胀，在 1924 年后获得了短暂的稳定和繁荣。但是大萧条改变了一切。社会民主党赫尔曼·缪勒领导的联合政府倒台后，各个组成政党在如何应对当前形势的问题上未能达成一致。1930 年 3 月 30 日继任上台的是由海因里希·布吕宁领导的保守派天主教中央党。新政府不断利用《宪法》赋予当选总统的法令权来施行统治，以非常严酷的紧缩政策来减少政府开支。这些做法无疑加剧了社会矛盾，中产阶级组成的各自由保守党派也很快垮台了，选票流向希特勒的纳粹党。大萧条爆发之前，纳粹只是少数派政党，他们的领导人希特勒在国民心目中只是一个形象模糊的边缘人物：在 1928 年的大选中，他们获得的支持率还不到 2.6%。但自那以后，他们的支持率大幅跃进。1930 年夏，超过 400 万德国人把选票投给了纳粹党，1932 年 7 月，纳粹获得了 37% 以上的选票。民主政治体系正在逐步解体，国家立法机构德意志帝国议会几乎不再召开会议，因为相互反对的政党除了互相叫嚷之外无法达成任何共识。1932年5月末，布吕宁的政府被贵族弗朗茨·冯·巴本领导的反动派内阁取代，社会民主党主导的普鲁士政府随后亦被巴本强行解散。随着巴本寻求与纳粹党合作以取得民众支持，许多不满于社会民主党抵抗巴本政变不力的左翼人士认为，现在是由共产党人执政以避免法西斯主义的最好时机。[160]

艾瑞克在柏林期间经历了人生中第一次大规模的共产主义运动，这场运动无处不在：那些最坚定、最忠实的共产主义支持者频繁出现在街头、议会、报纸杂志，乃至柏林大大小小的酒馆餐吧。经济大崩溃让越来越多的失业者加入共产主义的行列中，1931年后期，德国的共产党员从1929年的12.5万左右增长至24.5万，一年后这个数字更是达到了36万。共产党在历次选举中的得票率不断攀升，1932年11月的全国选举也是如此，在这场选举中，600余万选民把100名共产党代表选进了国会大厦，而相较于前一年7月的选举，纳粹则是大败而归。共产党员组织严密、充满激情并且十分活跃，对年轻人有特别的吸引力。例如在1929年到1933年之间的柏林市中心地区，将近60%的新进党员都不超过30岁，其中25岁以下的又占了大多数。共产党的大型集会和示威，更不用说它的准军事化组织——着统一制服的"红色阵线战士同盟"了，吸引着成千上万的工人涌向街头，宣扬共产主义理念、捍卫共产党。[161]

不久后，在诡计多端的宣传家、冷酷无情的阴谋分子约瑟夫·戈培尔的策划下，纳粹与共产党在柏林发生了冲突，他们双方在持续的街头混战、酒馆斗殴以及充满争吵和暴力的集会中展开较量。魏玛共和国最后的日子里，在狂热又危机四伏的气氛中，成百上千的褐衫队和纳粹冲锋队队员全副武装，涌上柏林街头。社会民主党由于支持魏玛共和国最后一任政府的紧缩政策已经失去了民众的信任，天主教中央党在以新教为主的柏林素来支持者寥寥，然而这两个政党已经是阻止德国政治两极化的最后力量。[162] 在这种高度政治化的氛围中，很容易理解艾瑞克为何迅速对共产主义产生了兴趣（艾瑞克后来评论道："如果我当时还待在奥地利，我很可能成为一个社会主义者，因为社会民主党在那里是最大的反对党，而且他们明显是马克思主义者，但在柏林，社会民主党是执政党，而共产党是最大的反对党。"）。[163]

他在图书馆里的一套当代德国文学作品中发现了贝托尔特·布莱希特出色的诗作，这是一位重要的共产主义作家。这些作品让艾瑞克宣称自己也信仰共产主义；一位名叫威利·博斯的老师"怒不可遏"，"严肃地（同时也是正确地）"告诉艾瑞克："你显然压根不知道自己在说些什么，赶紧到图书馆找些资料看看吧。"[164] 艾瑞克照着他的话在图书馆找到了《共产党宣言》，这本小册子指引着艾瑞克在 15 岁这年找到了新的身份认同。[165] 艾瑞克遇到的第一个真正的共产党员是他的表哥奥托·弗里德曼，他"高大英俊，深得女性欢心"，让艾瑞克印象十分深刻。[166] 艾瑞克开启了"一个 20 世纪社会主义知识分子典型的入门仪式，也就是从第一页开始阅读和理解卡尔·马克思《资本论》的短暂尝试"，他的阅读伙伴是高年级的格哈德·维腾贝格，一个犹太男孩，也是一位忠诚的社会民主党员。他们没能坚持读下去，艾瑞克不能理解格哈德的温和社会主义立场，对他那越发强烈并在纳粹上台后促使他迁往巴勒斯坦"基布兹"[*]的犹太复国主义信念，也缺乏认同。[167]

一个叫鲁道夫·雷德尔的高年级学生听闻学校里有个英国男孩宣称自己信奉共产主义，于是把艾瑞克引荐到"社会主义学生联盟"（这个组织在德语中有个更响亮的名字叫 Sozialistischer Schülerbund），鲁道夫"肤色黝黑、性格阴沉，喜欢穿皮夹克"，是一名活跃而忠诚的共

---

* 基布兹是希伯来语"团体"之意，指建立在生产资料公有制基础上的农业公社或集体农庄。——译者注

产党员，他介绍艾瑞克加入的是一个专门面向中学生的共产党前线组织，大部分成员来自中产阶级家庭。在艾瑞克来到柏林前不久，雷德尔被另一所包容度比较低的柏林文法学校开除了，原因是他为社会主义学生联盟的刊物《校园斗争》(Der Schulkampf)撰写了一篇煽动性的文章。他给艾瑞克推荐了一些20世纪20年代的苏联小说，这些书所展示的布尔什维克革命后的俄国前景都不怎么美好。但是当艾瑞克提出俄国落后的经济社会条件会阻碍共产主义社会的建设时，"鲁道夫勃然大怒地说，苏联是不可批评的"。鲁道夫还收藏了一系列革命歌曲，艾瑞克在他的帮助下购买了一本纪念十月革命15周年的特刊，并在扉页上写下了摘自列宁《共产主义运动中的"左派"幼稚病》的一句话，据他后来的回忆，这是他投身政治的最初记录。[168]

雷德尔自己加入的是比社会主义学生联盟在阶级成分上更粗粝、更面向无产阶级的共产党青年联盟。艾瑞克后来再也没有见过他，但是许多年后雷德尔摇身一变，成了诗人斯特凡·赫尔姆林，一位在德意志民主共和国文学界地位显赫的作家。他的自传性作品《暮光集》(Abendlicht)因文笔华丽、优美而备受赞誉，但随后有人揭发他在这本书中捏造个人经历，他压根就没有参加过西班牙内战，也没有被囚禁在集中营里。这本书显然不是基于作者真实经历创作的，只能算是一本小说或虚构作品，勾勒了一位与赫尔姆林有相似之处的共产主义作家的人生，但并不完全相同。[169] 1965年，当艾瑞克意识到赫尔姆林就是他的旧同学鲁道夫·雷德尔时，曾经写信给他，但对方的回信令人失望，上面写着："老实说，您的名字我有一点印象，但仅此而已，因为我已经去过太多地方，经历过太多事情了。"[170] 最早批评《暮光集》并引发此书争议的卡尔·柯林诺跟艾瑞克说过："赫尔姆林一贯都有如此反应，他完全避免和你这样年轻时的旧相识联络。他就是不想给自己那可疑的履历留下任何把柄。"[171]

艾瑞克对共产主义的着迷首先反映了20世纪30年代初柏林青年在政治上面临的严峻选择。他绝不可能加入纳粹党：作为一个英国男孩，他无法认同纳粹激进的德国民族主义；而作为一个犹太人，他更不可能接受他们偏执的反犹主义立场。共产主义运动的国际化明显更吸引他，加上共产党富有活力，并承诺解决资本主义给世界、给德国尤其是给柏林带来的经济和政治灾难。德国的共产党人致力于宣传苏联国家和社会的优点，并鼓吹他们的核心目标就是建立一个"苏维埃式的德国"。出现这种情况，并不仅仅是因为在当时的人们看来，任何经济、社会道路都比带给德国如此之多痛苦和绝望的资本主义要好，也是因为苏联提供了一个看起来光明而充满希望的未来，一种看起来积极且颇具吸引力的选择。西欧不少左派知识分子都成了共产主义的热切支持者，不仅在大萧条最深重时是这样，在之后也是如此。对15岁的艾瑞克来说，生活在魏玛共和国晚期的政治温床柏林，又适逢德国共产党蒸蒸日上之际，共产主义的政治吸引力必定是难以抵挡的。[172]

除了这些普遍因素的影响，艾瑞克对共产主义的认同也与他的个人经历有关。他后来写道，自己长久以来都因家境贫寒而感到羞耻。之前在维也纳，他因为"母亲送的生日礼物——一辆非常廉价的二手自行车，车身显然重新上过漆且严重弯曲"——而感到万分尴尬。[173] 当他在柏林骑着这辆车去上学时，他越发感到没面子（"我会提前半小时到达学校的自行车棚，放学后则会待到很晚才偷偷摸摸地把车骑走，害怕被人看到"）。[174] 他在维也纳和柏林两所文法学校的同学们大多来自比较富裕（至少也是小康水平）的家庭，即便在大萧条时也是如此，而他的家庭即使在父亲生前也一直仅能勉强糊口。家庭的贫困使他深感难堪。"只有完全扭转这种心理，为此感到自豪，我才能征服这种羞耻感。"成为一个共产党员意味着把贫穷当作一种积极的美德来接受，而不是因此感到羞愧。这必然是艾瑞克越来越把自己当作共产党人的内心驱动力；实际上，他认为大部分发生"无产阶级觉醒"的人们都是出于相似的原因，这样才不会以自己的贫穷为耻。[175] 然而和其中的大部分人不同，在父母去世情感无从寄托的艾瑞克视党组织为家庭的替代品，党员赋予的身份认同感在艾瑞克的情感世界中长期处于核心位置。作为一个在柏林读书的英国男孩，艾瑞克的异乡人身份也得以转变为某种积极的身份：共产党人因他们在德国政治和社会中的局外人角色感到光荣，通过这样的身份认同，艾瑞克得到了远不限于情感补偿的归属感。

他顺理成章地成了社会主义学生联盟的积极分子。这个团体的成员被看作苏联流亡人士的追随者，这些流亡人士因持有不同政见而离开苏联。不论男女都可以加入这个团体。据一个成员回忆：

> 每次集中学习结束后，我们都会留在附近的咖啡店里继续闲聊。这种非正式的集会让大家有机会结识异性，其中有几位颇具魅力的代表。我们也会组织周日到周边乡村进行短途郊游。[176]

但随着政治局势在 1931 年至 1932 年逐渐恶化，纳粹的街头暴力更加泛滥，这种相对温和的生活方式也变得严肃起来。成员们碰面的地方换成了自己的家里，有时则在哈伦湖附近的一间酒馆，后来在威尔默斯多夫的西边地区。[177] 这个团体同时有一位"组织领导"和一位"政委"，并向《校园斗争》投稿，直到 1932 年末，这本刊物都是被草草排版、复印和装订后分发的，1932 年秋，《校园斗争》出版了最后一期，这期刊物讥讽了"反动的"学校体系以及弗朗茨·冯·巴本政府的独裁思想，鞭挞以厉行节俭为名义进行的学校医疗和牙医服务预算削减（"节约是以我们的健康为代价的！"），并批评了旨在收回海外殖民地的政治运动，这些殖民地在 1919 年的停战协议中已经被交给其他国家托管。其他报道则将火力集中在一些中学里设置的"反动分子的公共休息室",虽然亨利亲王中学里并没有这种地方。[178]

艾瑞克得以参加类似活动,是因为亨利亲王中学和其他德国学校一样,每日课时范围仅仅是从早上 8 点到下午 1 点或 1 点半,学生们有大量时间可以投入课外活动。在参加以郊游俱乐部为主的常规校内活动、广泛阅读以及继续学业的同时,艾瑞克发现参加共产党的活动相对轻松。在纳粹执政的几个月前,德国政府颁布了一道旨在降低失业率的法令,要求企业必须保证雇员中的德国人比例不低于 75%。这让艾瑞克的叔叔西德尼陷入了经济窘境。作为英国公民,西德尼被迫离开环球影片,和 20 世纪 30 年代初在德国的数百万人一样失去了工作。他开始寻找别的工作机会,但是当时正处于大萧条最严重的阶段,根本没有什么就业机会。因此西德尼在 1932 年秋天带着葛蕾特以及他们的儿子彼得前往巴塞罗那,艾瑞克和南希被留在柏林继续学业。他们搬到姨妈咪咪家中,咪咪此前在英国多次创业失败并负债累累(她告诉艾瑞克:"债务还没有多到只得宣布破产的时候,所以我们不得不继续下去。")。她随后来到柏林,在腓特烈斯鲁街租了一间公寓做二房东,公寓靠近选帝侯大道西端的铁路,因此她可以将房间转租给临时住客,还能通过给一些英国房客教德语来赚取额外的收入。[179]

西德尼和葛蕾特不在柏林的几个月里,咪咪忙于自己的事务,艾瑞克处于放任自流的状态。他和妹妹南希结伴乘坐电车上学,他们虽然没有就读于同一所学校,但两间学校彼此相邻,他记得"11 月柏林的交通行业进行四日大罢工时,我们只得步行走过漫长的路途"。[180]南希和艾瑞克继续成长着,尽管艾瑞克不得不像个父亲那样,在南希 12 岁时教给她一些生理常识。他们一起打牌,和咪咪聊手相、算命和其他南希感兴趣的事情,但艾瑞克在阅读之外的真正兴趣逐渐被政治占据。[181] 很多晚上他都待在共产党聚会的小酒馆后面的房间里,和他人就严峻的政治局势展开辩论。他阅读共产党的资料，虽然从严肃的学术层面看，他这样并不算马克思主义研究者——仅仅 3 年后，当回顾柏林时期的政治信仰时，艾瑞克已经觉得当时的自己想法幼稚，政治观念亦尚未成形，更像是浪漫的叛逆少年而非真正的知识分子。[182]

1933 年 1 月 25 日，艾瑞克参加了共产党人在柏林的最后一次公开游行，这个活动是对 3 天前 1 万名纳粹分子挑衅游行的回应。纳粹的游行由希特勒本人带领，经过比罗广场上的卡尔·李卜克内西大楼的共产党总部，一路向附近的公墓进发，那里埋葬着 3 年前被共产主义者枪杀后被奉为纳粹英雄的霍斯特·威塞尔。1 月 25 日，大约 13 万名共产党员游行经过同一栋建筑，游行队伍在铜管乐队的伴奏中高声歌唱、大喊口号，并对着共产党领袖和此前的总统候选人恩斯特·台尔曼举拳致敬，在零下 15 摄氏度的气温中，台尔曼坚持在李卜克内西大楼前伫立长达 5 个小时之久。[183] 第二天，社会民主党的记者弗里德里希·施坦普费尔报道了这次游行示威，坦承自己虽然站在社会民主党一方，但共产党的这次行动给他留下了深刻的印象：

> 即使是对共产党政纲最严厉的批评，也无损于共产党通过这次游行赢得的公众好感。衣衫褴褛的共产党人在刺骨寒冷的风霜中坚持了长达数小时的示威活动，成千上万张苍白憔悴的脸庞显露的不只是贫穷，更是他们为深信正确的事业不惜自我牺牲的决心。他们用嘶哑的声音痛诉着对那将他们推入贫穷和苦难的社会制度的仇恨，这仇恨乃是合情合理，这一点早已被千万次地印证过。他们同样痛诉着对这怪诞、疯狂的现实，以及我们社会中的极度不公的抗议。不能同情这次示威游行的人，也许还真算不上一个社会主义者。[184]

在这次共产党人的公开游行中，歌声、呐喊和行进的队伍如同此前的童子军一样，给了艾瑞克一种强烈甚至是狂热的身份认同感："我属于这个组织。"特别是他还记得当时大家唱的歌，直到去世前还保留着那张破破烂烂的歌单。[185] 然而，早在 1932 年，他已经感觉到魏玛共和国注定要灭亡，在这次大游行的 5 天后，希特勒被任命为总理。艾瑞克后来经常回忆起自己在希特勒当选第二天看到报摊上各种报刊大标题时的情形，而就在前一天，"1933 年 1 月 30 日，一个寒冷的下午"，他和南希从学校步行回家的路上，"我当时还在想着希特勒的任命到底意味着什么"。[186] 保罗·冯·兴登堡总统身边的保守派圈子扶持希特勒上台成为联合政府的领导者，希望赢得民众支持从而废除魏玛时期的民主体系。弗朗茨·冯·巴本则被指派为副总理，内阁中占多数的保守党认为这样可以操控只占少数的纳粹党并将希特勒边缘化。德国共产党发起的大罢工也几乎没有什么作用，在数百万人已经失业的社会形势下，罢工也只是徒劳的表态而已。武装反抗更是没有可能：他们既没有做好相应准备，也没有必要的武器和弹药。与之相反，德国共产党人还在筹备参与希特勒重新发起的 3 月 5 日议会选举。[187] 那时，尽管纳粹的街头暴行不断升级，但全面的独裁还暂无征兆。

艾瑞克尝试过描述 1933 年 2 月底魏玛共和国末期的青年共产党人的处境，这篇写于"二战"期间的短篇故事明显是基于他的个人经历：

> 我不太了解芝加哥，但那段时间的柏林是个狂风肆虐的城市。在现代化公寓楼群和我们的居住区之间的大片空地上，风裹挟着雨雪席卷而过，湿透的灰褐色落叶堵塞了电车轨道。寒风钻到我蓝色的雨衣里，冻得我不禁在口袋里攥紧拳头。我们把父亲旧雨衣的内衬拆下来扣到自己的雨衣里，这样才能稍微抵挡寒风。风掠过湖面，穿过沙地上的冷杉树丛，在水面上翻起涟漪，只有落单的白骨顶和几只野鸭还留在风声呼啸的河上。森林就像渔网一样罩住了城镇。[188]

在这个故事里，艾瑞克和一个名叫"麦克思"的朋友在放学路上进了一间百货商店，他们一边取暖一边浏览着书架上的图书，当艾瑞克提到他有一份《童子军活动指南》时，他的朋友被激怒了。"童子军不是好东西，"这位朋友说，"我告诉过你多少次他们是反动组织？"艾瑞克表示反对，说自己"喜欢 1929 年的伯肯黑德童子军大会……露营和定向越野是体验一流的活动"。但这位朋友反对的是童子军背后的意识形态，因为他会"在学习会上指导我们用马克思的《工资、价格和利润》来学习政治经济学"，所以艾瑞克自认水平不足以与他争辩。在地铁站里，他们遇到了另一个朋友，后者慎重地向他们展示了一个指节金属套："纳粹昨晚到我们这儿来了，其中有人留下了这个。"麦克思告诉他不要用这个东西，"这是个人的恐怖手段"，而列宁曾在辩论中指出作为集体军事行动的恐怖斗争有时是可行的，但要坚决反对个体行动的恐怖手段，醉心于个人恐怖的人不是真正的革命者。

6 点钟的时候，他们和社会主义学生联盟的其他成员碰头了。"别像公开集会一样傻站着，"麦克思说，"这会儿可不像 1932 年那样了。"他们分成了两组行动，分别负责街道的两侧，把共产党的传单塞到公寓每一层楼的信箱里。他们听见铃声响起，难道已经有人通知了纳粹分子？于是他们赶紧爬到 4 楼。

我们可能被困在这里了。该怎么办呢？也许可以按响某家门铃然后说："穆勒太太，怎么回事，他们告诉我穆勒太太就住在这一层楼。"上帝保佑，我们可以一直敲不同的门，反复使用这套说辞："你问我这个女孩吗？奇怪了，她是我妹妹丽莎，我们到这儿来探望姨妈穆勒太太。"我害怕得要命，但是丽莎看上去一点儿也不惊慌，我敢打赌这个女孩一定会是个比我出色的布尔什维克。

回到街上的时候，他们遇见了"卡布"，一个在组织里有名的大块头。卡布给他们展示自己买的左轮手枪，吹嘘说这个东西即将在大选后派上用场。麦克思说："把这该死的手枪拿开，赶快把这破玩意儿拿走。"卡布咧嘴一笑："你们可能需要一个保镖。""是的，我们可能会需要保镖，"麦克思讽刺道，"而你可以把我们从囚车里救出来，击倒那些警察和纳粹冲锋队队员，也许还能打败党卫军，你甚至可以去把希特勒揍一顿。"组织里的一个女孩问接下来会发生什么，艾瑞克回答说希特勒不会长久掌权，人民会起来反对他。他继续说：

> 不管怎样，我并不是特别想谈论希特勒。我更想漫无边际地、感性地聊一聊湖水和小船，最好是聊聊那些蓝色的折叠小艇和鸟儿……我们是出身于中产阶级家庭的小孩，对民众其实并没有太多了解……我们是那种会在别的场合为彼此朗诵诗歌的共产党人，我们被一场深刻而复杂的运动吸引，因为对于那些反抗家庭的聪明的资产阶级小孩而言，这场运动有着磁铁般的巨大吸引力。我们徘徊在这场运动的边缘，时而做些有益的事，时而无意义地晃荡。我们可以歌颂革命的理论意义并以这种方式理解它。但纸上谈兵并不能让我们把握革命的要义。

然而，民众并没有奋起反抗，希特勒掌权之久也超过了所有人的想象。至于"卡布"，故事的结尾告诉读者，他不久后就投靠了纳粹。

艾瑞克得到的任务是为 3 月 5 日的选举分发竞选传单。他后来记得自己把小册子塞到每栋公寓楼的信箱时胆战心惊，害怕突然在楼梯间听到纳粹冲锋队穿着皮靴的脚步声。[189] 还有一次他发现只有自己和两个纳粹冲锋队员在电车上，他非常害怕他们会看到自己的共产党员徽章，把他痛殴一顿。[190] 1933 年 2 月 27 日晚上，兄妹俩回到家后，艾瑞克让

12岁的妹妹南希把一叠共产党的宣传小册子送到柏林北边的朋友家里，自己则把另一些小册子送去南区的其他青年党员那里。南希骑着自行车穿过城市中心的勃兰登堡门回家时，正是夜里9点多，她注意到国会大厦那边有火光，消防车正朝那个方向赶去。她继续骑车回家，但直到晚年，她依然记得这戏剧性的一幕。[191]

由荷兰无政府主义者马里努斯·凡·德尔·卢贝独自实施的国会纵火案标志着德国纳粹独裁的开端。凭借魏玛共和国宪法赋予兴登堡总统的紧急法令权，希特勒中止了新闻、集会与结社的自由，他声称共产党焚毁了国会而这正是暴力革命的前奏，并以此为借口推行了所谓的警察"保护性拘留"、电话窃听和邮件拦截等一系列缺乏法律依据且无限期的措施。然而，让人意外的是，即使在其他政党都被禁止进行竞选宣传的情况下，不久后的3月5日选举也并没有让纳粹得到绝对多数选票。共产党人依然获得了480万张选票，但是所有当选国会议员的共产党员都立刻被逮捕了，党内领导人大量逃离德国。[192] 社会主义学生联盟有一段时间把复印机藏在艾瑞克的床底下，大家觉得把东西藏在外国人那儿会更安全，不过在那段时间里，他们没有再印制任何宣传册。[193]

国家人民党在3月大选中得到了8%的选票，加上纳粹党的44%，希特勒主导下的民族主义党派联盟默许了他践踏公民自由、一步步走向独裁。希特勒很快就表现得比他的盟友技高一筹，他使出计策让一些议员辞职，并将纳粹的核心成员引入内阁，在剩下的议员中确立起了人数优势。在几个星期之内，希特勒的褐衫队就被征召为"辅助警察"，开始围捕共产党员。他们先是抓捕了共产党组织的4 000名成员关进临时集中营，予以虐待、折磨甚至杀害。那时，任何反对党的成员都处境危险，而共产党人更是被重点迫害的对象。1933年上半年，仅仅是官方记录的政治谋杀事件就超过600起，实际数字无疑只会更多。截至1933年夏天，社会民主党和共产党逾10万党员被逮捕并囚禁在新的集中营里，除纳粹党之外的所有政党都被禁止活动或被迫解散。

在 3 月 5 日选举及其后的一段时间里，德国共产党都遵循莫斯科共产国际的方针指引，认为纳粹主义的崛起和胜利仅仅是资本主义的垂死挣扎，是在大势所趋的共产主义革命面前一次疯狂又绝望的尝试。社会民主党则作为"社会主义中的法西斯分子"受到谴责，他们"客观上"为资本主义的利益服务，把工人阶级的选民从他们真正的代表——共产党——身边拉走。因此，这两个劳工阶级的政党不应该组成联盟，尽管联合的力量其实能让他们在 1932 年 11 月的选举中胜过纳粹。德国共产党与社会民主党之间漫长的仇恨史可以追溯到 1919 年，当时的德国共产党领袖罗莎·卢森堡和卡尔·李卜克内西被社会民主党政府的军队残忍杀害。在 1929 年的"血色五月"示威中，普鲁士的社会民主党政府辖下的警察对共产党示威者进行了大屠杀，进一步加深了两党的仇怨。到了 1933 年末，一个叫弗里茨·赫克特的德国共产党高级干部宣称社会民主党是"主要敌人"，因为后者是"资产阶级的保护伞"。[194]

正如艾瑞克很快意识到的那样，这种观念毫不现实，而且会导向灭亡。"我成长于德国社会民主党与共产党的分裂、斗争达到顶点的那段时期，"他后来回忆说，"现在每个人都看清了那是一场灾难。这是对我后来的人生影响最大的政治经验。"[195] 德国共产党中青年激进分子的热情被引向掀起一场共产主义革命，而不是阻止法西斯主义者上台掌权，后者相较而言十分无趣，也不那么鼓舞人心。[196] 对 15 岁的孤儿艾瑞克来说，共产主义给予了他如此渴望的认同感与归属感，让他克服贫穷、破旧衣衫和快散架的自行车带来的难堪，还带给他混杂着政治冒险与激情的兴奋感受。如果他一直待在柏林，极有可能被盖世太保抓住，最好的情况是被毒打一顿，更可能的是被送进集中营里待上一段时间。而纳粹将他视为犹太人这一事实只会让他的境况更糟糕，或许他还会被杀害。

但他的人生出现了意外的转机，这不是第一次，也不会是最后一次。1933年3月底，就在希特勒对德国的控制越来越严密，针对共产党人的暴力上升到新高度之时，艾瑞克的叔叔西德尼在巴塞罗那的事业失败了，他和葛蕾特、彼得一起返回柏林，并宣布要举家搬迁到伦敦。艾瑞克的姨妈咪咪此时也陷入严重的经济危机，于是加入搬迁的行列，在肯特郡的福克斯通开了一家城市寄宿公寓。尽管艾瑞克的叔叔肯定已经注意到纳粹在柏林街头不断推动的反犹暴力，但第一次针对犹太人的仇恨大爆发以及1933年4月1日由政府组织的对犹太人商店和企业的联合抵制，都是在这家人离开德国后才发生的。因此艾瑞克并非从纳粹德国逃离的政治（或其他类型的）流亡者：他是英国公民，他的家人由于经济原因带着他迁回英国，[197]只是恰逢纳粹正在全面攫取政权。就像他后来回忆的那样："我不是以难民或外国移民的身份来到英国的，我是英国公民。虽然我很难让那些研究中欧知识分子移民及其对迁入国文化贡献的材料编撰者相信，我并不在移民之列。"[198]在柏林的政治氛围白热化之际，艾瑞克对共产党的信仰很容易成为他核心的身份认同感。但他要到搬去伦敦以后，才从认识和情感这两个层面上加深了共产主义信仰。

第二章

头脑灵光的
丑家伙

ERIC
HOBSBAWM

1933–1936

I

1933 年春，艾瑞克搬到伦敦，入读圣马里波恩男子文法学校，这个学校创立于1792年，最初是个语言学会，1908年变成一间国立文法学校。学校位于利森森林，在伦敦北边的幽静一隅，往北是罗德板球运动场，南边则是帕丁顿地铁站，东边是摄政公园。为了离学校近一点儿，艾瑞克住到了叔叔哈里在埃尔金大楼的家中，这栋大楼位于学校附近的梅达谷，这里的公寓区大多建于爱德华时代或维多利亚时代晚期。与此同时，西德尼也在寻找能让一家人安顿下来的房子。哈里 1888 年 7 月 9 日生于伦敦东区的贝斯纳尔格林，在一份伦敦警察的报告中，他被描述为"一个轻慢又尖刻的人，说话毫不客气，从外貌看有一半犹太血统，长鼻子，头发少，蓝眼睛，他在政治上极端左倾"。[1] 当时的这些记录无疑体现了苏格兰场的反犹倾向。

哈里的儿子罗恩此前也就读于这间学校，于是艾瑞克认为"我自然也应该去这个学校，即使在伦敦找到我们自己住的地方后，我还是坚持在这里上学，后来我每天都要从利森森林骑自行车回到像上诺伍德和艾奇韦尔那么远的地方"。[2] 很可能是由于罗恩的缘故，艾瑞克的姓在圣马里波恩文法学校就读期间都被当作 Hobsbaum 而不是 Hobsbawm。[3] 哈里叔叔在伦敦邮政总局工作，罗恩则是自然历史博物馆的一名接待员，这份公职为罗恩提供了稳定的收入和坚实的安全感。他很快就成为艾瑞克的密友，1933 年 8 月，两个伙伴登上了去福克斯通的火车，随后花了大约一个星期的时间（8 月 26—31 日）从那里步行回伦敦，他们每晚都从背包里拿出帐篷和装备在田野里过夜。[4]

艾瑞克搬进了伦敦一个左翼政治氛围浓厚的家庭，哈里后来成为帕丁顿自治区的第一个工党市长。艾瑞克觉得他"通常都很无趣，有时还会自吹自擂"。[5] 从社会阶层上看，圣马里波恩文法学校的学生压根算不上是精英，艾瑞克后来回忆学校并不特别注重培养学生的学业，很少有学生真的上了大学。对大部分学生来说，学龄范围在 16 岁到 18 岁之间的第六学级就是他们进入商业或是贸易行业前的最高学历。"我不相信在我那个时候，学校能培养出绅士来。"艾瑞克后来写道。当他"被学校发现在班上兜售一叠大幅的反战报纸，这些报纸是我在午休间隙从考文特花园国王街的共产党总部书店那里收回来的"，学校对他做了宽大处理。学校对他的一系列包容很大程度上是出于他相当出众的学业表现。[6]

在常常被称作"迪基"的校长菲利普·韦恩的领导下，圣马里波恩文法学校致力于成为英国的"公学"，换种说法就是本质上沿袭了维多利亚时代教学理念的收费私立寄宿中学。学生须穿校服，按照牛津剑桥的学院模式设立的"院舍"（虽然它不是一所寄宿学校）鼓励团队精神和竞争、鼓励树立坚定的基督教道德观念（学校专门印刷了用于早祷的祈祷书），学校注重传统的英国公学运动（冬天是英式橄榄球，夏天是板球），对触犯校规的学生会进行体罚（艾瑞克从未被体罚过，尽管校长据说会"相当随意"地杖责年纪小一点的学生）。在柏林的普鲁士中学上过学之后，艾瑞克觉得这些规矩大部分都非常奇怪。离开圣马里波恩70多年后，他在2007年10月的校友会采访中承认自己"在校时像个外星生物"，对学校的传统一无所知："我此前从来没有进过板球场，也没见过橄榄球，于是在充当了几次无事可干的外场替补后，我被迅速地排除在圣马里波恩板球运动员的名单之外。我当时并不介意，尽管有些遗憾自己在板球风气如此盛行的校园中，却依旧对这项运动一无所知。"[7]他甚至完全没有"在学校里体验到那种会让坚定的无神论少年感到不适的浓厚基督教氛围"。他赞许校长"为了让大家学会欣赏剧院里的古典音乐所做出的努力"，但他又承认"我当时并不太喜欢古典音乐四重奏"。他在一场校园戏剧里出演了某个角色，但随后又退出了戏剧社。他在学校里最厌烦的是穿制服。多年后他曾说："在圣马里波恩的时候，打领带还有戴帽子甚至比穿制服还要讨人厌。"因此"在16岁到18岁那段时间，我和戴帽子的校园规定展开了持久的游击战"。但总的来说，他觉得"学校为了成为利森地区公学模范而做出的大部分努力只是滑稽，而非糟糕"。而他的同学，后来成为爵士音乐家和记者的本尼·格林并不这么认为，格林厌恶学校的做法，也讨厌校长自命不凡的做派。

让艾瑞克真正重视并从中获益的，是学校给予他的学术训练。这和他此前在柏林接受的教育风格截然不同。比如"当迪基·韦恩在他那间带有护墙板的校长办公室第一次面试我的时候，他带着遗憾的口吻告诉我，在这儿我不能继续像在奥地利和德国那样学习希腊语了，因为学校没有这门课程"。但在艾瑞克离开后，他终究还是找来了一位教授希腊语的老师，尽管那时希腊语这门课程已经逐渐式微。作为补偿，"韦恩塞给我一卷哲学家伊曼努尔·康德的德语著作，以及威廉·黑兹利特的书，这让我从此对他异常尊敬"。韦恩在1923年被任命为校长，一直任职到1954年，从给艾瑞克的礼物可以看出他相当了解并喜爱英德两国的文化。他在学校管理方面也是雄心勃勃，在提升学校水准方面，不仅向英国公学看齐，还组建了艾瑞克后来回顾时才意识到的"一流教师队伍"。艾瑞克明白"学校的教育绝对是顶尖的"。

入学不久后，艾瑞克就要在 1933 年夏季学期里为"普通中学资格考试"做准备，这会决定他是否能在 9 月进入第六学级：

> 在一个学期之内，我必须通过一次科目大考，这些科目我很陌生，课程也没学习过，授课语言还是我以前从来没有在学校里用过的。所以我疯狂地学习，但是如果没有这些上了年纪、经验丰富的老师（他们格外擅长把知识塞进一无所知的年轻头脑），我不可能完成学习任务。这些老师包括英语老师弗里斯比、数学老师威廉斯、物理老师 L.G. 史密斯、斯奈普、罗兰兹，以及我特别喜欢的法语老师 A.T.Q. 布吕埃特。我要特别强调的是他们不会提起自己在"一战"中的往事，这和柏林的那些老师大不相同。

艾瑞克在 1933 年 12 月通过了考试，英语、历史（英国史和欧洲史）、拉丁文和德语（口语考试获得了加分）拿到了"优异"等级，算术、初级数学和法语（口语考试再次获得加分）则是"及格"。学校对数学的要求是考试及格即可，艾瑞克做到了，但他对这个学科没有真正的兴趣，很明显他最擅长各类语言和历史。[8] 实际上艾瑞克在 1933 年秋天就进入了第六学级。很快他就成为英语老师麦克林恩的弟子，麦克林恩的老师是颇有影响力的剑桥大学英文讲师 F.R. 利维斯。在麦克林恩的指导下，艾瑞克阅读了"新批评派"的经典著作，包括利维斯的妻子 Q.D. 利维斯的《小说与阅读公众》（1932 年）。他将这些书中对约翰·高尔斯华绥这类庸俗作者的批评，视作对"精神空虚和陈词滥调乃至（更激进地说）通俗阅读中的小资产阶级本质"，以及马克思所说的

"群众的精神鸦片"的抨击（马克思所指的是宗教，但在艾瑞克的观念中更加适用于鲁德亚德·吉卜林等作者的小说和故事）。[9] 他读的下一本书是 I.A. 瑞恰慈的《实用批评》（*Practical Criticism*，1929），艾瑞克对这本书评价是"不错"，[10] 他欣赏这本书在文学批评与其他学科（比如心理学）之间建立起的联系。[11]

1934 年秋天的艾瑞克正在读 T.S. 艾略特的文学批评，这是利维斯的另一心头好。[12] 那位身为利维斯门徒的老师对艾瑞克的启发很大，他带领艾瑞克认识了全新的理论和文学世界，艾瑞克因此开始阅读 D.H. 劳伦斯的小说（利维斯认为劳伦斯是最伟大的英国现代作家，因为他在道德上极为严肃）。[13] 在他的《英诗新方向》（*New Bearings in English Poetry*，1932）一书中，利维斯高度赞扬了艾略特，认为他是最伟大的诗人之一，所以艾瑞克把所有能找到的艾略特作品都读了一遍，包括他的长诗《荒原》（1922 年）。艾瑞克认为"他就像拜伦一样，深刻地表现了特定时代知识分子的心境"。但是"他的诗歌只有某些片段是真正写得好的"。艾瑞克喜欢杰拉尔德·曼利·霍普金斯的诗歌，这也是一位利维斯极力推崇的诗人。[14] 莎士比亚是英文课程里的核心内容，1934 年艾瑞克和一群同学到威斯敏斯特剧院去观看《李尔王》。22 岁的威廉·德夫林是主演，也是饰演过李尔王的最年轻的演员之一，艾瑞克和专业剧评人的看法一样，认为他的表演令人神魂颠倒："他的大部分台词都十分出色，一些地方异常精彩，有时简直是天才附体。"[15]

虽然艾瑞克对学校组织的大部分活动都是避之为上，他还是参加了学校的辩论社，而且很快就加入了辩论社的委员会。[16] 他的堂兄罗恩一年前赢得了年度辩论赛的奖杯，艾瑞克急于效仿他。[17] 1933 年 7 月 18 日，他第一次在辩论中发言，是辩题"财富会带给人们困扰"的正方辩手。在演说了无疑发自真心的辩词（这个辩题和他的政治信仰是如此贴合）后，艾瑞克以优异的表现被校长为首的七人评委团选定为奖杯得主。这次比赛开启了他作为学校首席辩手的生涯。1934 年 1 月 25 日，他带领辩手为辩题"议院可以接受女性首相"进行辩护，这在当时还是相当超前的话题。[18] 1934 年 10 月 1 日，艾瑞克重返辩论社，为辩题"议院应当同意苏联进入国联"进行正方辩护，并以大比分获胜。[19] 1935 年 9 月 20 日，艾瑞克支持辩题"大英帝国无论如何都不应偏向阿比西尼亚（Abyssinia，即今日的埃塞俄比亚）一方并介入战事"。他的论据无疑受到了共产国际的影响，后者希望国际联盟采取统一行动并质疑英国的动机。[20] 他之后会很失望：国联最后没有采取任何行动，未能阻止意大利对阿比西尼亚的入侵一事仿佛敲响了国联倡导的集体安全体系的丧钟。[21] 艾瑞克在这个辩题中以 11 票对 55 票落败，显示学生们和其他英国民众一样由于阿比西尼亚皇帝海尔·塞拉西的尊严与风度而同情该国，而这位君主无疑会被艾瑞克认为是封建制度的遗留物。[22] 1936 年春季学期末，艾瑞克在最后一次辩论中向辩论社提出"我们如今万不敢相信希特勒"的议题。这次辩论中艾瑞克以 20 票对 22 票落败，揭示了学校及其学生基本是站在保守派立场上的。[23] 尽管如此，艾瑞克还是在第六学级时发现了一小群同情左翼的学生，他认为这是"一个值得高兴的征兆"。[24]

回到 1933 年秋季学期，艾瑞克一返校就加入了校刊《语言学人》的编辑部，并为 1935 年春季学期的刊物贡献了一篇关于莎士比亚归来这个"世纪大新闻"的幻想小说。这篇杜撰的报道一开始描写每个人都争先巴结这位复活的剧作家（"由多佛·威尔逊教授和布莱德利教授主持了独家采访"），"培根的门徒们咬牙切齿，愤怒又无能为力，牛津的教师们期待着解开麦克白夫人之子的年龄之谜"。不久，莎士比亚就被邀请到好莱坞去了。[25] 这篇文章在妙趣横生的语言和想象力方面都显示出作者的早慧，他不但熟悉莎士比亚，还了解他的编辑和批评者。

艾瑞克在学校里是典型的"书呆子"——尽管对于圣马里波恩这间

学校而言他已经足够出色了，他是个聪明的男孩，读书也很勤奋，但他参与的校园生活几乎仅限于编辑校刊、撰稿，以及参与政治话题的辩论。他是豪斯曼院舍的学生干事，但他并不是很在乎这一职位，给校刊投稿报道院舍活动时也写得最为简短。[26] 他在1934年获得了"阿尔伯特散文奖"，在1935—1936学年被评为全优生，这也是他最后的一个学年。[27] 此时他发现自己"拥有了惩罚低年级学生的权力，这让我直接体验到权威和权力带来的感受和欲望"，他想起了刚刚读完的司汤达小说中帕尔马公爵的高尚人格。[28] 但实际上就如他后来承认的那样，除了老师的教学，"学校在我的生活中相当不重要"。[29] "15岁的柏林男生熟悉的话题——政治、文学、性——在英国学校里都没人谈论。我有点儿无聊，所以花了很多时间在阅读上。"[30] 除了学业之外，对艾瑞克来说真正有意义的知识和文化生活体验都是他在校外获得的，像是马里波恩公共图书馆（他读书时大部分闲暇都花在这儿）、他自己的家里，以及伦敦的城里城外。[31] 同时，从柏林（亨利亲王中学）时代开始埋下的对共产主义事业的忠实信仰也不断加深。后来他认为这些带给他的影响最终远胜于圣马里波恩文法学校。

艾瑞克的历史老师是哈罗德·卢埃林·史密斯，他最后接替韦恩成了校长。卢埃林·史密斯"不是那种善于传道授业解惑的老师，"艾瑞克回忆道，"我觉得他的品格比学术水平更让人感兴趣。我感到自己从未能够与他建立起私人关系。"然而，他却是学校老师中对艾瑞克而言最重要的一位。他"相貌英俊、人脉广泛"，父亲赫伯特·卢埃林·史密斯爵士是一位在贸易部任职的知名经济学家，对维多利亚时代晚期和爱德华时代劳工阶层的行业状态进行过一系列深入细致的社会调查。哈罗德·卢埃林·史密斯借给过艾瑞克一些关于社会问题和劳工史的书。"他认识所有在世的改革者和激进分子，事实上他把我的论文呈给西德尼·韦伯以及他的妻子比阿特丽斯阅览。所以对一个十几岁的左翼历史研究者来说，哈罗德既是理想的导师，也是劳工运动史的入门向导。"[32] 他出于社会责任感选择在圣马里波恩任教，而非在其他著名的公学里谋教职——尽管他完全有能力胜任。""当然，"艾瑞克补充，"和男孩们一起工作对他而言也很有吸引力，但跟着他学习历史的男孩中间没有任何风言风语，也没有人表示过他有任何不当行为。与之相反，他一向以正直严肃著称，每次带男孩们去剧院时都会确保有一位年长的女性陪同前往。"[33]

虽然艾瑞克后来声称卢埃林·史密斯"带我进入了最初的研究领域，即 19 世纪 80 年代至 1914 年间的英国劳工和社会主义"，但一开始并不是这样，因为他最初短暂研究过一个完全不同的课题，直到"二战"结束后才开始涉猎英国劳工史，而且这个选择更多是出于实用而非学术原因。卢埃林·史密斯也许为艾瑞克埋下了兴趣的种子，很有可能正是在他的启发下，艾瑞克在那期间写下了论文《贫民窟的斗争》，但这篇论文的研究对象是当代问题，而非历史性的社会分析。艾瑞克后来说自己"在 16 岁的时候就产生了成为历史学家的自觉"，[34] 这一点也存疑。因为与这个说法恰恰相反，他当时觉得自己有潜力成为富于想象力的作家。"我看到了一个幻景，"他在 1934 年 11 月写道，"不是在开玩笑，我没有故弄玄虚，我是真的看到了。"在某个瞬间，他看到了士兵们庆祝 1918 年"一战"的结束。这个幻景持续时间不过一秒。"它凄凉又黑暗，看起来混乱残忍，但又微不足道……我为此写了一首诗。当然，诗很蹩脚，可我能成为一个诗人或作家吗？如果我想当诗人，将我目前所积累的东西和诗人所需要的潜质一比较，我就觉得自己永远只能是个（诗歌的领域里的）半吊子。"说到底，"我的未来和马克思主义或者教书联系在一起，或者两者兼有之"。诗歌对他来说并非最重要的东西，而对其他诗人来说其实也是这样。他想明白了：大部分诗人都是通过其他方式谋生的。我们从这些想法里完全看不出艾瑞克打算成为一名"专业的历史学者"。[35]

和卢埃林·史密斯相处时，艾瑞克最爱探讨经济而非历史话题，他的老师显然对他采用的马克思主义研究方法很感兴趣。[36] 历史在艾瑞克的思想或个人阅读喜好中并不突出。就如他后来回忆的那样："除了劳工史和社会运动史，我对其他历史的全部兴趣来自马克思。"马克思主义使他对"人类社会进步的宏观历史问题产生了兴趣"，尤其是从封建主义制度向资本主义制度的转变。[37] 他认为传统的学校历史教科书大多毫无用处，除了一些偶尔的真知灼见：

> 我在阅读或者聆听时会记住有用的东西，逐渐地（很缓慢地）我发现了历史的全景是如何成形的。某一刻我看到的只是个别的轮廓——有时候是基石，有时候只是一些柱子和砖瓦。我研究的时间越长，就越希望扩充这幅图景。当然，你永远不能把所有东西都拼全，但也许某天我会收集到所有的基石。多亏了辩证法，我得以走在正确的道路上。[38]

如果说他真的读了什么历史的话，那也就是罗马史，而且大部分是为了应付学校的论文作业。[39] 他也使用了马克思的作品来作为阅读理解的工具，注意到古典哲学和文化为"一切依赖于生产关系"提供了清晰例子。公元前 276 年到公元 14 年的罗马历史是他大学入学考试的内容，这段历史为他"提供了一个真实而典型的社会制度转型案例"，这个观点预示着在后来学术生涯里，他将重点关注封建主义制度向资本主义制度的转变。在学习罗马史的过程中，他观察到共和国让位于帝制和寡头政治当权意味着封建主义制度的开端，随之而来的还有希腊文化的关键要素取代了罗马乡村地带的原始多神教，这形成了艾瑞克关于古罗马的希腊化源头论文的中心观点。然而，富有自我批判精神的他也认识到文章没有涉及民众和贸易生产的作用，而这些本应是论文需要讨论的部分。不管怎样，他的老师们在读到这篇从历史唯物主义角度出发的古代史论文时肯定感到很震惊，卢埃林·史密斯更是觉得艾瑞克的文章引人入胜又观点新颖。[40]

‖

新的国家对艾瑞克和妹妹南希，叔叔婶婶以及他们的儿子彼得来说是一个安全的庇护所，但在许多别的方面，艾瑞克对大英帝国的第一印象并不算好：

> 英国真是令人失望。魏玛共和国末期的柏林无比精彩、复杂，学术和政治都上呈现出爆炸性的势头，在那儿待了两年后来到英国，我感觉就像一个曼哈顿的记者，却被主编调到内布拉斯加的奥马哈去报道新闻。在英国的头几年我百无聊赖，等待着有机会重新拾起在柏林中断的社会活动。当然，对我来自中欧的年长亲属来说，英国的守旧、沉闷和一成不变是这个国家的魅力。他们说这是个快乐的国家，报纸头版上的"危机"是关于板球比赛而不是文明的解体的。但这并不是我在 16 岁的年纪里想要的。[41]

他的叔叔西德尼和婶婶葛蕾特都对政治或文化兴趣不大，虽然葛蕾特可以欣赏古典音乐，也懂一点儿。因此艾瑞克有时在家里感到"非常沉闷"。[42]实际上，当艾瑞克的叔叔发现他在读斯特恩的 18 世纪讽刺小说《项狄传》时，他把书拿走了。[43] 这让艾瑞克在文化和政治生活方面不得不寻找别的纾解方式。至于妹妹南希,艾瑞克让她参与相关话题讨论的尝试彻底失败了。"我们都很诧异,"他写道,这里的"我们"主要指他自己和叔叔婶婶,"南希是如此平庸,简直可以说是平庸的典型。"从前艾瑞克的父母要有趣得多,而他在伦敦的亲戚——他的另一个叔叔哈里和堂兄罗恩——都是能够和他交流的人。但南希不是这样,她和艾瑞克没有共同兴趣,而是专注于她这个年纪的普通英国女孩典型的兴趣和活动。有时他们一起打牌,看看电影——比如 1934 年 5 月他们和表弟彼得一起去看了《安妮号拖轮》。[44] 虽然南希很聪慧,但她没有学术天赋,也不看哥哥读的书,对政治更不感兴趣。艾瑞克觉得妹妹多愁善感,而且在因某些事情焦虑的时候还有可能撒谎。他不知道如何和她建立亲密关系,作为哥哥他自然是希望照顾她的。"我想尽力。但是我能做到吗?"[45]他不太确定。"在政治方面,"他无奈地总结道,就像生活的其他方面一样,"我已经认识到 95% 的人类总的来说都是庸人。"[46]

我们可以重现艾瑞克在这方面以及其他问题上的私人想法,是因为在伦敦安顿下来后,艾瑞克从 1934 年 4 月开始写日记,他写了自己记日记是为了"摆脱无聊"以及练习德语写作。"不过这些只是借口而已,"他后来又补充,"实际上,我这样做是因为想要像俗话说的那样,打开心扉。"写了一段时间后,日记变成了"某种垃圾箱或者杂物间,我可以往里面塞进各种想法和心情"。1935 年重新读自己的日记时,他觉得自己那时写的东西相当矫情,里面自我剖析过多,客观描述不足,"我不像佩皮斯*那样"。除此之外,他像一个有追求的日记作者那样,把日记作为写作风格的试验品。例如有一次他用很长的篇幅描述了西德尼和葛蕾特客厅里的家具。他一直在尝试找到一种能让他表达情绪但又

---

* 塞缪尔·佩皮斯(1633—1703),英国作家及政治家,《佩皮斯日记》的作者,在日记中详细记录了 1665 年伦敦大火等事件。——译者注

不多愁善感的风格。[47] 用德语写作很有可能是因为德语作为他最私密和熟悉的语言，下笔更加自然。好些年之后，在经历一场情感危机时，他在日记中又重拾了这种语言。可以肯定的是，没有迹象显示他需要为练习而写德语日记。

日记的首篇记录他后悔搬来伦敦，虽然这次搬迁是无法避免的。"在柏林我有朋友……我处于成为一名活跃共产党员的最佳道路上。德国共产党不能得到合法承认只会强化我的观点。"而且他觉得自己可以加深对马克思主义理论的认识："从理论研究角度来看，我离开柏林也是一件相当遗憾的事情。"[48] 在英国时他第一次开始认真地阅读马克思主义的经典著作。马里波恩公共图书馆里并没有这些书，所以他只能购买，这是限制他阅读量的不利因素。他"经常在午休时间从学校到考文特花园去，英国共产党在国王街有一个小书店，学生组织干事杰克·科恩在那里干活。我那时会买下所有的小开本，比如'小列宁图书馆系列'以及德语版的马克思主义基本文本"。[49] 1934年5月15日，艾瑞克在日记里记录自己买了一本马克思的《哥达纲领批判》以及列宁的一些文选，但很遗憾没能读更多这类作品。在这之前他只读过《资本论》第一卷、《政治经济学批判》、《哲学的贫困》、《马克思恩格斯书信选集》、《路易·波拿巴的雾月十八》、《法兰西内战》、《反杜林论》以及列宁的《唯物主义与修正主义》。[50] 一个月之后，他记录自己读了列宁的《帝国主义》、恩格斯的《社会主义从空想到科学的发展》、列宁以及德国共产主义者威廉·皮克的演讲，还有美国共产主义者法雷尔·多布斯的早期作品。[51] 他还读了恩格斯的《家庭、私有制和国家的起源》[52] 以及一些没那么艰深的文章，例如乔治·萧伯纳的《知识女性指南：社会主义》（艾瑞克的读后感是"非常好"）。[53] 我们必须注意到这个时候他才刚刚满17岁。

1934年7月时他回顾自己曾在两年前赞同"墨索里尼关于人创造

历史的宣言"，但"这是在我读《共产党宣言》之前，从那时开始我的确在意识形态上取得了一些进步"。[54] 但是几个星期后，他对自己学问方面的肤浅进行了鞭挞。"有哪一本书，"他在日记里质问自己，"你是认真仔细读完的？你还好意思自称是马克思主义者？你的借口不错：我想要自学。别自己闹笑话了！"[55] 然而虽然他有时对自己在知识上掌握马克思列宁主义的进展不满，但他情感上的忠诚无疑是深厚的。他去瞻仰了卡尔·马克思在海格特公墓的坟墓，那时他将其描述为"一座简朴而规模不大的坟墓，上面放着一个来自苏联的大玻璃盒子，里面装着玫瑰"（后来于 1954 年被劳伦斯·布拉德肖创作的马克思头胸像代替）。[56] 他阅读苏联的宣传杂志《今日俄罗斯》[57]，不断强调将自己完全投入马克思列宁主义的愿望。"我希望深入地探索辩证唯物主义，不想从中抽身……把你自己沉浸在列宁主义中吧，让它成为你的第二天性。"[58] 读了 12 页的列宁著作后，他记录道："它鼓舞人心和理清思绪的作用真是令人惊叹，我读完之后心情大好。"[59] 这不像是大部分人费大力气读完列宁的理论著作后会有的感受。对于马克思主义预测的人类社会未来，他经常抱有狂热的信心："这让我可以冷静地听着人们嘲笑我的想法，去听、去看资本家们是如何在压迫我们。我知道那一天终会来临，这只是迟早的事情。那是'震怒之日，终末之时'（Dies irae, dies illa）。"[60]

在学术生涯的形成期，艾瑞克汲取的马克思主义是传统经典的马克思主义，建立在从马克思、恩格斯到普列汉诺夫、考茨基和列宁的传承基础上："历史唯物主义"或者"科学社会主义"的要义建立在假设已经得到证实的确定性上，这确定性指向不远的将来——社会主义会在革命中取得胜利。在这种诠释中，马克思和恩格斯的观念差异被抹平，前者的黑格尔哲学因素消失了，变为赞同后者过分简单的达尔文主义。艾瑞克崇拜列宁和斯大林。他认为两人都属于"20 世纪最伟大的政治家"之列，因为他们坚持原则、目标明确，但又在采取何种手段方面足够灵活。伟大的政治家可以将坚持原则这一美德和机会主义结合起来。"列宁和斯大林就是这样的人，而托洛茨基不是。"[61]然而，实际上斯大林对艾瑞克学术观点的形成贡献不多，列宁诠释的马克思和恩格斯思想的作用更大。因此，艾瑞克认为知识分子和政治活动家应该成为无产阶级的先锋并将后者带上革命道路，而不是像卡尔·考茨基那样提出相对消极的理解，考茨基是1914年前德国社会民主党温和派的重要理论家，他认为经济发展能推动革命进程。[62]

艾瑞克的校友中有一些人支持奥斯瓦尔德·莫斯里创立的英国法西斯分子联盟，当时他们的气焰嚣张至极，[63]他们认为艾瑞克"偏执狭隘、盲目狂热、认识片面，把自己关在理性的支配之外"。他们辩称马克思的《资本论》"不应像《圣经》一样被对待"。毕竟万事万物都是相互关联的，"没有绝对的客观"。艾瑞克觉得难以和非马克思主义者讨论这些问题。[64]但很显然，"法西斯主义在不断向前推进，战争已经迫在眉睫，还有内战和革命……我就像卡珊德拉*一样能预料到"。[65]纳粹主义一定会被粉碎。"如果我们考察一下劳工运动史，就会看到大革命只会在极度恐怖的国家政权下爆发。"[66]"成为社会主义者意味着乐观主义。"[67]实际上艾瑞克觉得"我们生活在一个狂飙突进的时代里，它的吸引力无穷无尽，难以言喻。世界史上没有别的时期能比得上我们的年代"。[68]"也许法西斯主义能带来一点好处——它将会是无产阶级要经历的教育阶段，继而让无产阶级在共产党的领导下以胜利的姿态崛起。"[69]这是共产国际灾难性的"第三阶段"的典型观念，各国的共产主义者欢迎"资产阶级民主"的消亡，认为这会加速无产阶级革命。

艾瑞克对苏联表现出一种青少年在热恋期毫无保留的绝对信任。

---

* 卡珊德拉是希腊神话中的特洛伊公主，同时也是阿波罗神庙的女祭司，她预言了特洛伊的沦陷，但无人相信。——译者注

他对有关乌克兰以及稍后蔓延到苏联部分地区的饥荒的报道不屑一顾，认为这是"白卫军的谎言"。他热切地阅读了沃尔特·杜兰蒂的《杜兰蒂苏联报道》（*Duranty Reports Russia*，1934年），这本书结集了作者为《纽约时报》撰写的一系列报道文章，后来被许多媒体指责称"掩盖饥荒真相"。"杜兰蒂是少数几个……真诚地希望了解苏维埃社会主义共和国联盟的资产阶级人士之一。"艾瑞克写道。[70] 他还列举了其他类似杜兰蒂这样为苏联辩护的人。"苏维埃共和国现在处于战争状态，"他在参观了一个苏联的政治宣传画报展后写道，"所有可以调动的力量都应投到苏联去。'纯粹的'艺术在这种局势下是没有出路的，艺术必须服从于政治。"他以明显赞成的语气指出了这一点。[71] 在看过苏联最早的有声电影——尼古拉·埃克拍摄的《通往生活的旅行证》（1931年）后，艾瑞克的这一信念更加坚定了。这部电影使用了多种拍摄技术，讲述了街头的流浪儿童是如何得到拯救，并被改造成为可靠的苏联公民的故事。艾瑞克兴奋地评论这部作品是"我迄今为止看过最好的电影"。在这部电影里，艺术不但服从于政治，还与其不可分离地融合起来。[72]

艾瑞克对艺术的政治观念并没有妨碍他系统地参观伦敦的主要美术馆和博物馆以学习视觉艺术，其中包括了英国国家美术馆、[73] 维多利亚和阿尔伯特博物馆、帝国战争博物馆和泰特美术馆。他欣赏了塞尚、马蒂斯、毕加索以及其他画家的作品，尤其对文森特·凡·高那饱含激情的后印象主义画作印象尤为深刻。[74] 他开始从知识上试图理清"经济基础与上层建筑"这对经典的马克思主义概念，根据这一概念，政治、文化和社会是经济制度基础的反映：封建主义会产生一种特定的文化，资本主义则会催生另一种。艾瑞克的聪慧使得他没有陷入对这一模型的简单化解释。"我还是个学生的时候，"艾瑞克很多年以后写道，"我记得我就已经被《左翼评论》里的一篇文章激怒了，这篇文章把莎士比亚伟大的悲剧歪曲为16世纪90年代粮食失收及饥荒的产物，我可能还写了一封信去抗议这种简单粗暴的阐释，这封信从未被发表出来。"半个世纪之后他依然十分关注这个问题。[75] 直到 1935 年他仍希望写一本"从马克思主义角度对文化进行分析的鸿篇巨制——提供解决这个问题的方案"，这个问题就是经济基础和上层建筑的关系在艺术中的反映：比如阿拉伯的劳伦斯笔下的帝国主义、弗朗索瓦·维庸诗歌中的宗教、波提切利画作里的颓废情调，以及一个时代审美趣味中蕴藏的各种因素。[76]

艾瑞克在校刊上发表了一篇关于参观另一个展览的文章——《观超现实主义艺术有感》，向他的读者解释了"超现实主义艺术家想要做的是将非理性体验的强大作用——比如梦的体验——融入艺术中或者将一些并不和谐的因素关联到一起以形成陌生感"。超现实主义艺术的幽默是富有吸引力的，但"当你看多了这些重复的把戏，就会觉得无聊"。艾瑞克认为不错的超现实主义艺术家只有三位：基里科、恩斯特和毕加索。他不太喜欢米罗，认为他"似乎退化为不断练习色块和画布留白"。除此以外，他还认为马松、曼·雷和包括亨利·摩尔在内的其他几位的作品全都是"荒谬、泛滥和赶时髦的玩意儿"。这些艺术家"对和谐地表达他们的印象毫不上心，研习艺术没有连贯性，满足于躲在弗洛伊德背后"。[77] 他更喜欢另一个关于中国艺术的展览，认为宋朝的艺术作品"十分迷人，完美地集中展现了很多我们的文明希望展示但无法做到的东西，虽然它们是如此贵族化，以致许多人被排除在欣赏门槛之外"。[78] 艾瑞克的观念明显受到他政治立场的影响，但他对艺术的欣赏却远不受其限制。他的日记里充斥着对意大利文艺复兴艺术的长篇分析，试图解释画家个人和他所处社会环境之间的平衡。[79] 他从学校毕业的时候，对过去和当代的艺术已经有了相当广博的了解。

III

　政治并不是艾瑞克的全部，他也不仅仅从政治的角度来看待艺术。他对英国的乡村抱有强烈的热爱。对于在维也纳、柏林和伦敦这样的大城市长大的人来说，接触大自然是一种非常强烈的体验。"我到乡村去放松自己，"有一次在达特穆尔的廷茅斯和家人一起度假后，艾瑞克写道，"我一点也不想了解大城市和它的文化。"[80] 他特别喜欢在位于萨里郡乡村地区的格林森林露营，这个地方靠近霍舍姆，由一位圣马里波恩文法学校的毕业生罗瑟米尔爵士捐赠，他是报纸大亨，有时也支持莫斯利的英国法西斯分子联盟。从短暂的童子军经历开始，艾瑞克就已经对必须整齐地排成一行的扎营方式相当熟悉了。男孩们睡在帆布大帐篷里，一个帐篷可以容纳 6 个人。他们被分成小组，进行比赛、游戏和探险，包括在乡村之间的跑步比赛。他们也在霍姆伯雷山和克罗斯港之间徒步旅行，还有一个可以随时使用的游泳池。这些活动的重点大部分都是锻炼身体。[81] 艾瑞克还开始和堂兄罗恩一起在周末骑车漫游伦敦周边的乡村。1934年夏天的一次旅途中，他俩骑到了北威尔士并爬上了卡德伊德里斯山。[82] 1936 年 4 月，他们在斯诺登尼亚山区露营两个星期，全程骑车来回，在帐篷里过夜并登上了威尔士的第三高峰——白雪皑皑的卡纳德戴维德山。[83]

　大自然对艾瑞克来说有着重要意义。1935 年早春，艾瑞克坐在伦敦家中的书桌前，穿着他的蓝色编织毛衫和法兰绒裤子，突然，他感到了一种难以言喻的渴望：

　　渴望什么？也许是田野，生机勃勃的红色田野，还有被太阳晒得暖洋洋的广阔草地；也许是夜里无声无息的树林；或者是浩瀚无边的大海，充满温柔而轻盈的力量，在傍晚映闪着美好的霞光与水波。我想要心平气和地躺下来，轻轻地，在灿烂的太阳底下，深深地沉浸在迷人的阳光中。我不想动，一点也不想，就这样躺着直到睡着，在太阳下，在温暖的草地上。[84]

1935年春，他和罗恩又一次骑车去德文郡和多赛特郡旅行。这个时候罗恩已经开始在伦敦政治经济学院上经济学的夜校课程，这能帮助他通过管理级的公务员资格考试，从而参与政策的规划与执行。从1935年1月开始，罗恩就在位于邱园[*]的劳工部财政处工作，[85] 工资有所增长，罗恩于是从新成立的克劳德·巴特勒公司购买了一辆倒装把手的赛用自行车，此时艾瑞克也扔掉了那辆让他在维也纳和柏林感到难堪的老自行车，设法要到了一辆可以让他长时间骑行的车。[86]

这让他能够充分感受到与大自然沟通时近乎狂喜的情绪，就像他在英国西部旅行时写的那样：

早上，我躺在帐篷里，眼睛半睁半闭，懒洋洋地看着一只苍头燕雀停在头顶一棵山楂树的枝条上。枝条细嫩，微弱的阳光为它的灰褐色染上光芒，使那些就要长成叶子的叶芽更加明显。这只苍头燕雀正在对着天空唱歌，对着海浪那恒久重复的声音唱歌……我对海很着迷，于是扭过头去，看到悬崖周围的海面在慢慢地摇曳，一波波温柔破碎的浪花，绿得如同被打破的酒杯玻璃。阳光所及的海面闪耀着银光，移动着的模糊云影笼罩其上……我的脑袋放空了，只想感受这一切……我们又惊喜又雀跃，还有一点害怕。悬崖、树

---

* 邱园位于伦敦西南部郊区，原为英国皇家园林，现在的皇家植物园和英国国家档案馆也在这一地区。——译者注

木、海鸥和云彩，这些让人目眩神迷的斑斓光线、眼花缭乱的色彩和形状的漩涡，既在我们之中，又环绕着白色的帐篷旋转。[87]

艾瑞克后来形容罗恩"热爱大海"。他们第一次见面的时候，罗恩就自豪地向艾瑞克展示了他"精心描绘的画作，上面是扬帆的三桅船"。[88] 对罗恩来说，骑自行车去海边最大的好处是有机会出海。

在罗恩的提议下，两个男孩在海边一艘拖网渔船上过了一夜，渔船"来自德文郡布里克瑟姆，两个年老的水手慢慢地拉着我们穿过红色的帆篷到船上去，并将小渔船上的渔网和白得发亮的小平底船系到我们船下锚的地方"。

这艘拖船发出轧轧的声音，驶出港口来到托尔湾深蓝色的海面上。阳光灼热地照在深红色的悬崖上，海面如同一面打磨过的钢铁盾牌一样闪耀着光芒。海岸慢慢往后移去，港口、防波堤、悬崖。托基和佩恩顿像蜘蛛一样匍匐在远景中。海鸥滑翔而过，一队队潜水鸟有节奏地扎进海里……波尔特山谷出现在天幕下，在我们身后的海岸线上显得十分开阔。细微的阴影开始在波峰之下显现，或者在涟漪之间的波谷里，因为海面很平静。红色和金黄色的云彩颜色变得更深，在海面上投下颤动的影子。

渔网撒下之后，两个男孩坐在捕捞箱上喝茶、吃巧克力。天色变暗后，托基城"像一只闪着光的巨大萤火虫……灯塔有规律地投射出光柱——两下、停顿，两下、停顿。海面粼光点点，我们的船所过之处有发光的泡沫升起又慢慢飘远，随着船的前进，船舷两边喷溅出绿色的浪沫"。渔夫拉曳着渔网。"渔网一扯就打开了，一大片鳞光闪闪的鱼群挂在网上挣扎扭动。"渔夫对捕获的鱼进行分类，不需要的就扔回海里去。"这样的生活很艰辛，"艾瑞克一边看着渔夫工作一边想，"春夏秋三季的夜晚他们都要出海劳作，冬季的白日也是如此。"他们还必须"在露天市场里用拍卖的方式自己把渔获卖掉，而且运气好坏全靠我们接下来将看到的买家和拍卖人"。[89]

艾瑞克能很自然地将大自然与意识形态联系到一起，因为世间万事万物作为一个整体，彼此总有千丝万缕的关联。对艾瑞克来说，马克思主义是一个有组织的系统，就像宇宙由它的各个部分组成一样：

> 世界观（Weltanschauung）是很奇妙的东西。它是宏大的、经过完善和包罗万象的：就像新建大厦里一组高大的钢铁脚手架那样，看上去坚固又完整。或者像 18 世纪英国公园里那些独自屹立的大树，姿态匀称、修剪规整，树荫下有茵茵草坪，顶上是在阳光中熠熠发亮的宽广树冠。还有树干，树皮粗糙黝黑或者光滑如银的树干，树根向外伸展，树枝挺拔向上——一个和谐的整体，"掌控万物的伟业！"不，它甚至更加伟大，上面这些平凡的比拟都不足以形容。它像无所不容的宇宙，如太空般幽深：从遥远的黑暗到我们头顶天空的瀚海星辰，穿越整个无边深邃、如绸缎般光滑的黑色太虚，直至太阳苍白的光束浮现之处……[90]

最后，他没有继续写下去，因为他承认自己的诗学素养尚不足以如此描绘马克思主义。

虽然艾瑞克更喜欢大自然和英国乡村，但他有时也会欣赏一下冬天里伦敦上空那神秘莫测的大雾。大雾笼罩在城市和原野上空，绵延数公里，充盈着密集、酸性的水蒸气，有时候是白色，有时是黄色，有时是褐色，让人几乎没法看清楚周围。[91] 1934 年 11 月 19 日正逢星期一，大雾让艾瑞克写下了他最早的实验性创作作品之一：

雾气重重，压盖着一切。人们被隔绝了。我在这儿，世界只有方圆 10 米，此外的地方被白茫茫的雾色完全吞噬。人此刻只能靠自己的本能，感官的敏感程度会扩大、会加深。比如在我走过海德公园的时候，所有的树木都纹丝不动，仿佛尼俄柏一般变成了石像，枝杈伸展着，像一群鬼魂。有雾丝丝缕缕萦绕脚边，沥青马路吐出微弱几不可见的蒸汽，像雪茄燃着的烟。稍远的地方，在大理石拱门那儿，闪闪摇曳着一小片蜂巢状的物体，隐隐约约有许多透着红光的小孔，像一个个小灯笼在舞动。汽车放射出规整的光柱，远远地照着，穿透了雾霾，但车头的灯光还是独力难支，光线消融在雾中，被彻底吞没，只有车的侧灯和尾灯如同泛着幽幽微光的萤火虫（天色渐渐变晚）。影影绰绰的地方意味着有房屋，帕克巷的空气会好一些，至于格罗夫纳或者多尔切斯特那边，谁知道呢。街头的弧光灯在空中一动也不动地径直悬着，像小飞机的旋翼或者木头做的隼鹰，向下投射出阵阵光束，我想到了金色的雨、光之瀑布和光的金字塔、电影片场的探照灯，所及之处都被映照出清晰的轮廓。但雾气在我前方涌动着、翻卷着，又屏障了周围所有的人和景物：我犹如置身于无梦的沉睡、全然的虚空。这雾说不定是伊克西翁和大地上的朱诺在缠绵，但那是资产阶级情调的东西，是所谓的田园牧歌般的景象。然后我来到了吉卜赛山火车站：半明半暗之间（我站在露天的站台上），隐约可见的是车站的屋顶，厚重而宽广，像巨鲸背部的一排排脊骨。丝丝缕缕的雾气缭绕着我下方的一段铁路，站台上微弱的绿色灯光在闪烁，几栋轮廓模糊的建筑物呆板地矗立着。在它们后面有一处柔和的灯光（车站大厅）。轨道的另一边有一堵白色的墙，中间是一个光点（信号灯盒子）。我再次感到自己被置于个人宇宙的中心，一个范围只有 10 米的空间。那些外面的事物全变成了斑驳的星点，轨道和站台地上画的线条是唯一能让我确定的事物。天终于黑了。火车进站，在远处隆隆作响，像雷鸣一般，又像有人将橡木酒桶滚落酒窖。当它急速地渐行渐近时，大雾将这台巨大精妙、能够奏出恢宏完美交响曲、集各部件之和谐于一体的机器，变成了一头黑黝黝的丑陋沧龙。车窗流泻出泉水一样的灯光，颤动着在黑暗中投下一道抛物线。[92]

艾瑞克没有再去更多地尝试这种细腻的描述风格，但这是很好的写作练习。

在私密日记里，艾瑞克也开始进行诗歌风格的实验，和那篇关于伦敦大雾的散文一样，他日记里的所有东西都是用德语写的。他这个时期的诗歌不过是一些宣传风格的口号。他写了一系列不同版本并称之为《资本家之歌》的诗，不过这只是一连串列举资本主义体系之邪恶的句子而非真正的诗赋，后面还接着一段"控诉"，其中资本家的代言人宣扬"战争是美好的，无比美好""打倒犹太人""民族的英国"以及诸如此类的口号，而工人则宣告"内战，只有红旗最后飘扬，独自飘扬"。[93] 他在读过西里尔·乔德的《巴比特·沃伦：美国讽刺故事》（ *The Babbitt Warren: A Satire on the United States*, 1927 年 ）后写了另一首诗。西里尔·乔德在伦敦大学伯贝克学院的夜校给非全日制的学生上课，是和平主义者和左翼的工党支持者，但对艾瑞克来说乔德还不够左派，他觉得乔德的这本书有些地方写得很好，但总体来说是"典型的资产阶级调调"。他赞赏乔德关于"人没有创造历史，恰恰相反，是历史创造了人"的洞察。然而他自己写的这首诗是一篇政治宣传口号：里面也有资产阶级式的宣言——"我们让成千上万的人死去，但并没有取得任何进步"。[94] 直到1934年11月末，他才写了一些不再局限于为即将到来的革命欢呼雀跃的诗句：自然在"一战"的时候已经被埋葬在西线的帕斯尚尔和凡尔登了，他写道："我们再也不能歌颂鲜花了。"[95]

他在如饥似渴的阅读中广泛涉猎了英语和德语的文学作品，包括麦考莱的散文、刘易斯·卡罗尔的《爱丽丝梦游仙境》以及 19 世纪德国讽刺作家及漫画家威廉·布施的作品，虽然艾瑞克觉得布施"粗俗"并且缺少另一位讽刺作家、诗人和韵文作家克里斯汀·摩根斯特恩作品中的精致感。他认为自己如果留在柏林，对德语文学会有更好的认识。[96] 但他的私人图书馆包括了海涅、荷尔德林和里尔克的德语诗歌，以及莎士比亚、邓恩、庞德、济慈、雪莱、柯尔律治和弥尔顿的英诗作品。他读过几卷奥登、戴-刘易斯、斯彭德，以及 17 世纪宗教诗人乔治·赫伯特、理查德·克拉肖的诗作。他的法语水平也足以让他读完一卷波德莱尔。[97] 艾瑞克对散文小说的兴趣主要集中在同时代的作品上，他买了一本当时很受欢迎的 T.F. 波伊斯写的短篇小说集，还读了利翁·孚希特万格出色的反纳粹小说——描写一个德国犹太家庭衰落史的《奥培曼兄妹》（ *The Oppermanns*，1933 年），虽然他觉得这本书"太资产阶级情调了！"。他还阅读了弗吉尼亚·伍尔夫的《海浪》（1931年）和阿尔弗雷德·德布林的《柏林，亚历山大广场》（1929 年）这一类的实验性小说，并将这些小说和当时受欢迎的美国社会主义作家约翰·多斯·帕索斯的作品进行比较。[98]

所以，他是一个真正的共产党人吗？他担忧自己会摇摆不定、有所怀疑。说到怀疑，他郑重地补充道：

> 这毫无疑问是思考能力出色的表现。知识分子甚至可能告诉你教条主义的共产党员并不如他们（知识分子）那般心智健全。但对教条主义的布尔什维克做的事情……我要承认：我心存疑惑……我是一个彻头彻尾的知识分子，有着知识分子所有的弱点——压抑、复杂，诸如此类。[99]

知识分子毕竟是资产阶级里有能力成为社会主义者的那一部分人。[100]（不久之后，当艾瑞克再次读到这篇日记时，他不禁大呼："天啊，我是多么自负！"）[101] 在英国，将自己定义为知识分子很不寻常，更何况这是一个十几岁的男孩。但艾瑞克觉得还有问题没有解决。而这问题主要是他不能将马克思列宁主义的基本原则运用到行动中，以实现理论和实践的结合。他感到自己只是摆出一个知识分子的姿态以掩饰他的"非布尔什维克"行为和对资产阶级习惯的坚持。他承认自己"没办法做出决定干一番事情。需要当机立断的行动时，我能做什么？当我独自一人没有长辈或贤师指引时，我该依靠谁？"。他决定用自己从童子军时代就铭记于心的格言来回答这些问题，那就是：时刻准备着！[102]

IV

　　在花了很多个晚上和像他父亲一样支持工党的堂兄罗恩·霍布斯鲍姆讨论上述情况后，一个关键问题还是得不到解答：应该以何种方式进行革命？艾瑞克对英国共产党的运动并没有抱太大希望，因为它从来都只是英国政治边缘的一个小派系。而且，在英国当一个共产党员实在不算困难或者危险。

　　德国共产党员害怕橡胶警棍和集中营，但他有一群同志；英国的共产党员没有什么可害怕的，但他也没有志同道合的伙伴。在德国人们会说：马克思是一股力量，所以我们要把你送进集中营。共产党人在认识到自身的影响力后汲取了新的力量，自豪地认清了自己确确实实地正在被压迫。但在这儿，马克思只是一个被杰文斯驳斥过的过时经济学家。[103]

艾瑞克感觉到共产主义在德国的确是不容小觑的力量。让艾瑞克得到政治启蒙的地方是 1932—1933 年的柏林，而不是英国，他对共产主义的信念很大程度上源于这一点。德国的大规模共产主义运动在魏玛共和国最后的几次选举中使共产党在帝国议会赢得了 100 个座席，相较而言，英国共产党当时在下议院根本没有议员代表。况且英国的共产党人拒绝成为一个大政党，并且坚持每个成员都必须是活跃的战斗分子，这个角色是艾瑞克既不愿意也没有能力承担的，毕竟当时他还只是个学生，关注点在学业上。他得出了自己没有机会参加英国共产主义运动的结论，原因"一部分是克罗伊登*基层组织的情况不允许，一部分则是由于英国共产党自身"。[104]

艾瑞克有机会参与的唯一一次大规模运动是由工党组织的。工党由前首相拉姆齐·麦克唐纳领导，但大部分成员是保守派，1931 年大选惨败在执政党手下后很长一段时间都一蹶不振，不过至少工党不要求艾瑞克绝对效忠，绝对效忠这一点他是不可能做到的。然而工党是"彻头彻尾的改良主义者"。[105] 1934 年的"五一"劳动节游行显示出工党运动死气沉沉、令人失望的情形。艾瑞克本来将这次游行看作"也许是除了十月革命周年庆祝之外全年最盛大的节日"，他不但在日记里列举了前一年全世界最伟大的阶级斗争（"里面有一个详细的列表，标题为'全世界的劳动人民，团结起来！'"）并标注了这次游行的日期，还自己设法参加了游行。结果他非常伤心。在 5 月 1 日这个全世界工人饱含热情地为自己创立的节日里，参加游行队伍的还不足 1 000 人。[106]

艾瑞克决定更加直接地渗透到本地的工党组织中去"进行共产主

---

* 克罗伊登位于伦敦南部，英国共产党总部"拉斯金之家"所在地。——译者注

义宣传"。[107] "我打算加入的是工党而不是共产党，"他宣称，"就像军队中的卡尔·李卜克内西、俄国国家杜马里的布尔什维克一样，我打算加入工党，然后尽力宣传共产主义。"为了显示自己的立场没有丝毫妥协，艾瑞克引用了纳粹掌权之前德国共产党准军事组织的口号："红色阵线万岁！" [108] 几天后，从工党分离出去的左翼独立工党推举的候选人——和平主义者和社会主义活动家芬纳·布罗克韦——在厄普顿的一次补选中落败，这让艾瑞克更加坚持他的策略性决定。他批评本地共产党员以及独立工党的成员与工党作对，而不是待在"恶魔的肚子里"。"人们不能光靠喊口号来掀起运动。但英国共产党和独立工党就是光说不做。" [109] 很明显，他总结道："工党需要采取更加激进的行动。"否则，英国有变成法西斯的危险（奥斯瓦尔德·莫斯里的英国法西斯分子联盟此前在伦敦的奥林匹亚体育场举行了大规模的集会，上了报纸头条并得到《每日邮报》的大力鼓吹）。如果发生了这种情况，那就"必须为一场武装斗争形式的大罢工做好准备"。[110]

　　艾瑞克向叔叔和婶婶隐瞒了自己立志成为一名共产主义知识分子的"生活目标"。[111] 但加入工党也不会好到哪里去。当工党诺伍德分部寄信给艾瑞克确认他的党员身份时，西德尼和葛蕾特留意到了信的内容，不太高兴。艾瑞克告诉他们自己准备参加当地分部的一个会议，他们没有批准他去，[112] 理由是地方太远了，他需要很晚才能回到家。[113] 在一连串激烈的家庭争吵中，严重的危机随之而来。葛蕾特此前已经表示过希望艾瑞克能"成熟起来，放弃共产主义信仰"，但艾瑞克轻蔑地拒绝了这个提议。[114] 现在，他的婶婶明确提出要他集中精力在学业上，不可以被那些她强烈反对的政治运动分心。艾瑞克对自己说他必须"在家庭和马克思之间做选择。但我已经决定了，家庭的纽带，就算是感情最深的那种，也都是资产阶级的情形"。[115] 政治和家庭之间的鸿沟是无法跨越了。"古怪的是，从个人的角度来讲，我希望叔叔的生意做得好，但作为一个共产党人我必须反对所有的资本家企业。"艾瑞克的叔叔无疑正是一个商人，一个职业的资本家。[116]

随着争执越发严重，艾瑞克去了当地图书馆查阅监护人可以对被监护人行使哪些权利。他还没有成年（当时成年的法定年龄是 21 岁），查到的信息也令人沮丧。他必须等到了那个年纪才能根据法律规定获得独立。[117] "要么我待在家里，享受阅读和谈话的自由，要么为了成为政治活跃分子而离家出走。"[118] 艾瑞克想知道自己是否可以通过一份公职养活自己，并在找到公寓之前和朋友们一起住。毕竟离开家里意味着可能会像 1914 年那些离家的青年一样走向战场。[119] 另一方面，他不想伤害叔叔和婶婶。"葛蕾特婶婶为了我哭过——她可千万别再哭了啊！"[120] 他因为"对葛蕾特婶婶和西德尼叔叔的尊重"而打消了念头。对，并不是因为他性格软弱。那到底是因为什么呢？出于爱？还是出于懦弱？还是两者兼有之？难道共产主义不值得他为之牺牲吗？但他不愿意伤害叔叔和婶婶。"天啊，天啊"，艾瑞克十分痛苦。[121]

在艾瑞克要去开组织会议那天晚上，冲突达到最激烈的时刻，"西德尼叔叔勃然大怒，开始扔周围的东西"，家里"乱成一团"。[122] 时间在持续的争吵中过去了，很快艾瑞克就因为太晚而赶不上参加会议。接下来的一周家里的气氛都很紧张。西德尼直到 1934 年 6 月 8 日祝贺艾瑞克 17 岁生日时才和他说话。艾瑞克被叔叔的举动感动了，但又一次责怪自己性格软弱，对事业缺乏忠诚。[123] "该死！该死！该死！为什么我是这种知识分子，是这样的一个小资产阶级？"他悲叹。[124] "懦弱，是的，就是懦弱！"[125] 他面对工人阶级表现得像一个"卑鄙小人"，不能代表他们参与政治活动。[126] 但他感激叔叔婶婶对他学业能力的信心。他承认，西德尼叔叔"相信我"，葛蕾特婶婶则"像母亲一样"。[127] 最后，艾瑞克做出了选择：家庭终究要排在政治前头。[128]

艾瑞克的这些痛苦很容易被轻描淡写地归为青少年情感波动的产

物，但对他来说，这是决定做一个有信仰的知识分子而不是投身成为活动家的人生道路转折点。西德尼和葛蕾特的劝说并不能让他放弃对共产主义的忠诚，但这段插曲也形成了另一种压力，将他的参与局限在思想的范畴。实际上过了一段时间后，他庆幸自己在家里呼吸了 18 个月的政治"毒气"而依然是个共产党人，哪怕只是个"资产阶级式的布尔什维克"。[129] 不管怎样，艾瑞克不久后还是设法参加了一次工党的集会，一位奥地利的社会主义流亡人士在会上做了发言。他佯称自己在学校"参加完体育运动后"（其实并没有这回事）去找表兄丹尼斯，以此瞒过叔叔和婶婶。[130] 但他在会上看到的并没有给他带来什么触动。"所以这就是工党了，"艾瑞克参加完他的第一次会议后禁不住疑惑，"一群上了年纪的女士和先生。"在一个还在读书的男孩看来，他们或许已经是些老家伙了，但其实大部分人都不过是中年人。"议会制度的形式和规矩"是"必须严格遵守的，即使讨论的不是重要话题"。他得出了非常尖刻的结论。"噢，"他不无讽刺地大呼，"无产阶级的先锋，社会主义的伟大建筑师。"让他印象更深刻的是那个发言者，那人呼吁发动武装起义反对法西斯分子与教会勾结、建立独裁统治。同一年早些时候，这些法西斯分子在奥地利和社会主义者发生了历时 4 天的暴力冲突，并取得了国家的控制权。他还提出，社会主义者一旦取得权力，就要通过枪杆子来进行统治。[131]

1934 年 10 月底之前，艾瑞克注意到共产国际已经抛弃了此前的强硬立场，正式支持在人民阵线中与社会主义政党合作的方针。英国共产党同意不提名议会候选人，因为工党的候选人已经"是够格的社会主义者了"。艾瑞克感觉自己难以判断这项政策的好坏。[132] 他此前递交了希望加入英国共产党诺伍德分部的申请。[133] 但即便他真的在那时就已经成为一名英国共产党的党员，目前也没有证据证明他为政党做了什么或者参加过什么会议。不过，在 1934 年 11 月 1 日的自治市当地选举中，艾瑞克协助过工党的竞选活动，而他那时已经学会开车，对他的工作应该有所帮助。"我给工党的人开车。选举——又一次新的体验。但并不像我想象中那么隆重……我有时帮助行动不便的人到投票站去，有时上别人（工党支持者）家去敲门，询问他们是否已经投票"，如果还没有就邀请他们去投票。[134] 艾瑞克觉得这个任务并无多少成就感。他在教堂巷遇到了一个极其顽固的投票者，或者更应该说是"拒绝投票者"：

> 我们敲门，问他："您投票了吗？""没有。""那为什么不投呢？""不想投。""怎么会呢？""太累了。如果明天投的话我会去。""但是明天就没有投票了，不管怎样，来投一下吧！""不想去。""只花您 5 分钟时间，我们的车很舒服的。""不想去。""可是，上帝啊，这可是又一次让您为自己的权利投票啊！"（说话的是我的伙伴 N.B，我当时坐在车里。）"不想去。""确定？""不想去。"你可以从这件事情中得到自己的结论，那就是必须在这种情况下，在这些疲劳、呆滞和有抵触心理的顽固分子中间，引导工人阶级的觉醒，这将是一个漫长的过程。[135]

不只是工党，艾瑞克迄今为止遇到的工人阶级成员似乎都对革命缺乏准备，而根据艾瑞克对马克思主义的理解，这场革命应该是由这些工人阶级发动的。不过至少这次竞选的结果对工党来说是一场胜利，他们在伦敦议会赢得了 457 个席位，控制了 11 个地方议会，在其中 4 个议会里继续保持了人数优势。在属于伦敦自治市的萨瑟克，工党获得了 52 个席位，剩下的 1 个席位来自反对社会主义的地方纳税人协会——只有一个非工党席位还保持连任，而且那个席位不属于艾瑞克助选的那个选区。[136]

V

1934 年 5 月 5 日，表兄丹尼斯来找艾瑞克的时候很不客气地说他是个"头脑灵光的丑家伙"。[137] 在 17 岁这个年纪，艾瑞克就像许多同龄男孩一样，开始关注女孩子。"有一天——如果我这副丑样子也可以的话——我会坠入爱河。然后我又会面临人生的一个困境。"[138] 如果他找到了一个女朋友，那么当初面临的家庭与事业忠诚的两难选择，也会换种情况再次摆在他面前。但他某种程度上"迫切希望谈恋爱——当然，他没能找到对象"。[139] 搬到英国后，他"几乎忘记了世界上会有受过教育、充满活力的女子，甚至是男子——更别说社会主义者了"。当一个这样的"现代女性"来到家里时，艾瑞克欣喜若狂。[140] 但在街上看见的任何年轻女性，不管她富有女性魅力还是长得很普通，都让艾瑞克感觉很美好。[141] 然而，他对自己的外貌有一种"自卑感"。"我对自己的外表感到羞愧。这听起来很愚蠢，事实上也的确愚蠢，但这是我的真实感受。"在维也纳时，他第一次从一个镶着镜子的商店橱窗里端详自己的模样："我真的如此毫无吸引力吗？"[142] "如果我的样貌和现在不一样"，情况就会有所不同。这也是为什么他承认"我压抑了自己的性欲"。[143]

几个月后，发生了一件令他更加困扰的事情。某个晚上他路过海德公园的时候，一个正在物色客人的妓女过来和他搭讪。海德公园在 20 世纪 30 年代是一个臭名昭著的站街女聚集地，那里经常有人因为卖淫嫖娼被逮捕。[144] "请原谅我将它写下来，"这件事发生大约一个半小时后，艾瑞克在日记里对想象中的读者说，"因为我是一个毫无经验又单纯的 17 岁年轻人，从来没有像这样触摸过女人。"[145]

如果不是这么孩子气又缺乏经验，我就不会把这事看得如此认真。但这依然让我有一种异样的感觉：一种隐隐约约的兴奋和摇摆不定——在与她交谈、跟她走的渴望和清楚自己一分钱也没有（以及在我内心深处，不想沾染上梅毒）的自觉之间。一种糅合了巨大恐惧和极度狂喜的感情让我颤抖起来。我知道自己两眼放光。我想说的是，我当时还是隐约记得自己长得丑的。我也知道真实的自己与表现出来的冷漠跟语带讽刺恰恰相反，那时我说话犹犹豫豫，就像在害怕一样……我那故作冷静又禁不住颤抖的声音，带着隐藏的欲望，听起来就像喝醉了酒。我用这样的声音对她说我身上没带钱，口袋是空的……还未彻底走开，我便意识到自己本可以先抓住她，晚些再说没钱的事，那样我好歹能够享受一小会儿。这世界上有我能得到的女人——即使她是为了钱——这个念头让我浑身发抖。用福楼拜的话来说，青涩的岁月是多么哀伤啊（Comme c'est triste, la jeunesee）。[146]

这场遭遇让他觉得相当荒唐，他记下这件事是如何勾出了他的自卑感，并且在回想此事时是如何冷淡而颇具讽刺意味地将之视为"有趣的现象"，而没有对这些女子产生同情或思考她们的职业性质：归根结底他还是太年轻了，或者说对两性关系太无知了。但不管怎样他显然在这场艳遇中受到了困扰，释放了他试图压抑的欲望。

实际上他又到海德公园那条昏暗的小路去走了一遭。"想要再听一次那令人愉悦的'你好，亲爱的'——妓女们是如此平庸乏味，她们甚至在招徕客人的时候除了像爱情电影里那样问'需要人陪吗？'就不会说点别的了。"[147]他得出了结论，问题在于自己的理想主义阻止了自己释放本能——虽然他同时提到这一整段插曲唤起了他的性悸动。当艾瑞克离开公园走到街灯下，他有一种再次置身于普通人中间的解脱感。他在维多利亚站上了一列火车，找到车上的一个小隔间开始读博须埃的《路易·德·波旁亲王的诔词》（*Oraison funèbre de très haut et très puissant prince Louis de Bourbon*），这是一篇写于 17 世纪、在孔蒂亲王葬礼上的布道。"华兹华斯所说的'在平静中回想激情'说得很对"，后来他在想到这件事情的时候进行了反思，并补充道，"我真的极其幼稚。"[148]

于是他用马克思主义充实自己的头脑，这会是他此前无论如何都未曾体验过的性爱的替代品。

> 人必须过充实的生活。生命太短暂了，不管是 20 年还是 80 年，尽量不要放弃……我拼尽全力去过充实且成功的生活。因此我训练自己从有限的个人经验里尽可能获得最大收获——无论从审美还是别的层面——并从书本里拓宽我的经验小格局……我有自己的"基本观点"——让我们称之为马克思主义。而且我想致力于这项事业，我想像潜入海里那样投入其中、沉浸其中。我想要充满激情地热爱这项事业……而这种热爱又是精神层面的。就像爱上一个女人那样。[149]

他觉得通过使自己成为一个马克思主义知识分子，就能把自己令人厌恶的外表变成一种美德。"我对外部事物的忽视正是我由于意识到自己的丑陋而催生的心理反应。"但同时艾瑞克也试着不为自己的外貌而感到羞愧。"我特意去扭转这种想法，并且试着为自己的长相而自豪。"事实上他做了有意识的努力，使自己看起来像个知识分子。他在专注求知的过程中克服自己的羞耻感，就像之前他通过成为一名共产党人克服了贫穷带来的羞耻。虽然对世界并无多少实践经验，但他知道自己头脑聪明。因此他表现得冷淡、平静、理智，就像一个不带主观感情色彩的观察者。[150]

当然，在阅读和学业之外艾瑞克有些时候也有别的消遣。1934 年10 月，艾瑞克那此前在柏林从事电影行业的叔叔西德尼带他去了艾尔沃斯摄影棚，摄影棚在豪恩斯洛附近，是一个离伦敦西边不远的地方。在接下来的几十年里，一些手法出色的电影，包括《笃定发生》（1936 年）、《第三人》（1949 年）和《非洲女王号》（1951 年），会在这里拍摄。艾瑞克注意到片场布景不和谐的地方——一座等比例的西班牙客栈模型，边上是麦克风、探射灯和摄影机，加上片场地面一张格格不入的《每日快报》。他认为电影制作是"一种寄生形式"，抓住现实充分利用，电影里面"没有坚实的基础"。但是电影依然引人入胜，与之相比，英国左翼政治的圈子看起来既沉闷又无趣。总的来说，中欧的政治局面比大英帝国的更能使人兴奋。艾瑞克饶有兴趣地注意到，在 1934 年 7 月初所谓的"长刀之夜"行动中，希特勒逮捕和处决了德国褐衫队的领头人物以及他从前的一些竞争对手。一开始艾瑞克至少是相信了纳粹声称褐衫队图谋叛乱的宣传口径，虽然他很难相信希特勒的两个受害者——前任总理施莱歇和巴本——被卷入了褐衫队的暴动。两人中的前者被枪决了，后者收拾包裹去了维也纳担任大使。他没有犯某些共产党人那样的错误，认为这个事件意味着纳粹统治的终结。[151] 事实上，他看得很清楚，对欧洲政治局势更悲观了。他认为西班牙新的人民阵线政府会引起革命或者内战。想到前一年 2 月，与教会勾结的法西斯在短暂的内战中通过政变镇压了奥地利的人民运动，他希望"别再有第二个奥地利了！"。[152]

暴力和死亡在整个欧洲爆发，不久前发生过一次世界大战，而另一次很可能就在不远的将来，革命和反革命连绵不绝。生活在这样恐怖的年月里，艾瑞克觉得唯一的道德事业就是投身创造美好未来。[153] 他和表兄到一个在书店工作的年轻共产党员家里去，这个共产党员的妻子是个秘书，他们还有一个小婴儿。这家人破旧的公寓让艾瑞克意识到大多数人都住得相当普通："相比起来我们是多么奢侈啊，我这样想的时候觉得很羞愧。为了共产主义事业，我真的应该比无产阶级都要加倍努力。"[154] 接下来的好几天，他都处于一个"狂热布尔什维克"的状态。共产主义事业确实是艾瑞克的全部，但在内心深处艾瑞克知道他永远不可能摒弃其他一切去追随它。未来的唯一希望在于共产主义，因此如果一个人不能"完全投身到摧毁资本主义的事业中，那个人就会是叛徒。结论：我是个叛徒"。[155]

在此期间，他继续阅读马克思主义的经典著作，1935 年 1 月，他买了卡尔·马克思《资本论：第一卷》的德文版，怀着强烈的自豪感把书带回家，添加到他那规模不断扩大的个人图书馆中。[156] "我把马克思这些人的书当作课本，"他写道，"类似于当作一个对数表，也就是说，当我想要分析的事情出现，而我又因为怕麻烦，不想用辩证法的方式去思考整件事的时候，我就会到马克思的书里找找看，这样我手头就会得到一个完整又精彩的分析。"[157] 17 岁的艾瑞克还是缺少对马克思主义进行批判性思考的能力，这种能力在后来才会形成。除了这些马克思主义理论的作品外，艾瑞克通过读侦探故事来自娱自乐，1935 年 2 月，他还关注了戏剧，读了埃斯库罗斯、博蒙、弗莱彻、查普曼、契诃夫、德克尔、马辛杰、米德尔顿、马洛、奥尼尔、索福克勒斯、斯特林堡、韦伯斯特，另外还看完了斯特恩的《项狄传》（虽然他叔叔想阻止他看）。韦伯斯特的《白魔》触发了艾瑞克的思考，剧作家描述的堕落世界和艾瑞克自己所处的时代不无相似之处。[158]

从 T.S. 艾略特的文章中，艾瑞克加深了对早期现代英国戏剧的认识。"这个人一直是很有价值的评论家。"[159] 但需要完成阅读作业时，他对学校要求阅读的"资产阶级作家"作品感到厌恶（文学作品除外）。他宣称这些作品"全都是浪费纸张"。这就是它们的本质，比这更糟糕的是"资产阶级的宣传"，沉闷、片面又脆弱。当然，根据他的总结，还是有"很多差劲的共产主义作品的。与马克思相比,斯大林也不能算是伟大的作者"——任何同时读过这两位作者的人都很容易同意这个结论,但是在20世纪30年代中叶,很少有坚定的共产主义者敢于挑明这一点。资产阶级的作品只有在"把思想引向它可以进一步发展的道路"时才有价值。艾瑞克觉得萧伯纳可以做到这一点,还有柏拉图、亚里士多德、华兹华斯和雪莱(主要是他的散文),以及历史学家维诺格拉多夫和其他几位作者。相较而言,即使文笔沉闷如斯大林,也能直接教育读者,因为他在运用马克思主义的方法。[160]

艾瑞克认同传统左翼阵营里那些著名的反叛英雄,从在古罗马时期领导了奴隶起义的斯巴达克斯开始,到中世纪的农民起义领袖瓦特·泰勒和约翰·波尔、哥萨克领袖斯金卡·拉辛、平等派、爱尔兰起义领袖沃尔夫·托恩、宪章运动者、新芬党、许多国家的罢工工人,还有无政府主义者萨科和范泽蒂,这两人1927年在美国被处决,当时对他们犯下谋杀案的指控在全世界激起了抗议示威。他的德国英雄包括明斯特的新教再洗礼派信徒,1919年巴伐利亚苏维埃共和国的领导人卡尔·李卜克内西和罗莎·卢森堡,以及20世纪20年代早期萨克森的极左游击战士马克斯·霍尔兹。但是,他强调世界各地皆有英雄,从印度到中国、墨西哥和纳米比亚:"有百万个英雄,上亿个英雄!这难道不比因自己的需求和欲望而烦恼要来得伟大吗?"只需要想象一下全世界的受压迫者联合起来建设一个更好未来的情景。"天啊,这是多么波澜壮阔的景象! 啊,我不太可能见证这一刻了,虽然我才17岁,我设想自己能活到40岁。离现在还有23年。但我更可能只活到35岁,对,我不太有机会经历世界革命了。"[161]

他很好奇革命将以何种方式出现。爱尔兰在1916年到1921年间的经验显示,一个组织良好、资源充足的小规模团体,在人民群众不太积极的支持下,仍能在为自由而战时赢得胜利。因此,有必要(就是现在！）召集一群革命者，在体育俱乐部或者类似的地方训练他们，找地方储藏武器，建立有效的情报网络以确保杜绝叛徒，列出需要攻占的重要设施和建筑物。而且，由于只有得到民众的支持革命才可能成功，因此必须提前赢得无产阶级的支持，这样才能在宣布大罢工后继续组织武装政变。必须炸毁铁路，以阻止政府向动乱地区调派军队。要切断伦敦和其他国家的联系：

> 要炸了大北路、艾奇韦尔路、大西区、南安普顿、克劳登、A20 公路、黑斯廷斯和伊斯特本（的公路）。还要炸毁铁路网络，或者占领它们。炸毁一些铁路桥梁以及控制泰晤士河的交通要道。封锁泰晤士河上游，在小街道上投入战斗小组（战士们）以提供支援。同时，控制电台或者关停它，使用自己的电台。在所有的贫民区设置路障（就像 1923 年的汉堡、1871 年的巴黎和 1929 年柏林的韦丁区一样），试着去控制工厂以及攻占银行和公共建筑物。切断电报线路和电线，可能的话占领发电站，如果没有别的办法，那就炸毁它们。利用运输业工人的力量封锁公共汽车、电车线路以及尽可能多的街道。当然这不能阻止军队的到来，但可以给他们制造更多困难。[162]

艾瑞克觉得相同的行动可以在英国的其他城市开展。

当然军队的核心成员也有可能投向革命者。但即使这没有发生，政府的武装力量也没办法摧毁那些已经被革命者占领的公共建筑、工厂和银行，等等。最后，一场大罢工会切断军队的供给，使他们在饥饿中缴械投降。"这看起来好像有点儿过分血腥了"，在关于英国布尔什维克革命的少年奇想结尾处，艾瑞克总结道，"但老实说，我并不是出于孩童的冒险乐趣而写着玩的，坦白地说我想了解一场成功的革命是如何进行的，因此尽可能地利用其他革命的经验。"如果艾瑞克稍微想到1871年巴黎公社那被武装力量从外部摧毁的命运，或者1923年汉堡以及1929年柏林韦丁区被警察拆除的街垒，他就不会如此孩子气。很多年后，当他以考察了数十年右翼分子武装政变后产生的悲观态度来重新审视这一问题时，他认为军官团才最有可能是武装夺权的发动者，虽然那时他依旧认为一场组织良好的人民民主运动可以打败他们。[163]

就像这些奇思异想暗示的那样，艾瑞克觉得自己陷入了乏味的生活中。"我读书、吃饭、思考、睡觉，"他在1935年3月写道，"买书，整天做白日梦。为什么不呢？也许，给自己一点愿望满足感也无伤大雅吧。"[164] 他感觉"压根没办法投入到学习中去，天知道期末考试会考砸成什么样子"。[165] 他像一个典型的青少年一样漫无目标，不知道应该投身到某种活动中去还是退回象牙塔中。他对自己的生活不满，渴望有所不同但又不知道这个"不同"到底指的是什么。"我是个聪明人，非常聪明，难道我智力上的天赋只能白白浪费在我一个人身上？"他在文森特·凡·高的思想中得到了些许安慰。阅读凡·高的书信时，艾瑞克觉得自己对凡·高在信中表达的感受颇有共鸣。但他还是因为自己永远无法成为一个活跃的革命者这个事实感到沮丧。[166] 诗人阿尔蒂尔·兰波让他自惭形秽，因为前者在18岁的时候就已经写出了自己最出色的作品，而艾瑞克觉得自己在这个年纪里还没做过什么了不起的事情。[167] 与此同时，他继续阅读书籍，在3月初草草读完了莎士比亚的6部戏剧、柯勒律治的《莎士比亚评论》、乔叟的《坎特伯雷故事集》、菲尔丁的《汤姆·琼斯》和佩特罗尼乌斯的《萨蒂利孔》。[168] 他在1935年3月最后一周和4月第一周的书单包括普鲁斯特《追忆似水年华》其中的一卷《在少女们身旁》，托马斯·曼的《国王的神圣》以及弥尔顿《失乐园》的头4册，鲍斯威尔《约翰逊传》的前15章，威尔弗莱德·欧文、多恩、霍斯曼的诗歌，德莱顿和蒲柏的书信集，以及让·保罗、戈特霍尔德·莱辛和莫泊桑的作品。他觉得普鲁斯特晦涩难懂，因为他采用了个人化叙事和主观视角。他还读了哲学家休谟的作品、列宁那颇受欢迎的传记和多斯·帕索斯的游记，在帕索斯的游记中他摘录了一句明显让他想到自己的话："我是一个作者，作者是尽可能置身局外的人。"[169]

在专注学业和考试并扩大了阅读量的几个月后，艾瑞克决定再次积极投身政治活动。但他不想再和家人争吵。他告诉叔叔婶婶自己要去见表兄丹尼斯，放学后他去看了一场《哈姆雷特》以打发时间，这出剧由约翰·吉尔古德主演，艾瑞克认为他的表演"非常棒"，虽然这位演员更关注角色塑造而台词功力稍显不足。[170]在茶室里坐了一小会后，他就前往参加工党的一个晚间会议。这是一次紧张兮兮的经历：

> 我抄小路到塔尔斯山去，一路问自己葛蕾特婶婶和西德尼叔叔会不会碰巧把我抓个正着。我把去参加会议这件事件又想了一遍，再次理智地得出结论，我的行为绝对是没有问题的，但就算这样，我也还是隐隐约约地觉得自己不对。一个人终究还是要和自己的父母或者监护人保持良好的关系——不管是前者还是后者。对他们撒谎当然不难，而且我也压根没因为对他们撒了谎而自责，但是我更希望可以坦诚地对他们说：我要去参加一个会议，或者要去某人的房子、花园里或别的什么地方……也许我有一点不安，因为我进入会议厅的时候觉得很热，而且还在颤抖。

在这次会议上，艾瑞克对工党的印象并不比上次好。他注意到这个选区在安斯蒂夫人的铁腕统治下，她是"一个友善的老太太，脸色红润，非常快活，但不是社会主义者"。她在宣读新党员名单时特意强调他们必须遵守工党的原则和规矩，"这样才不会有一些头脑发热的人进入党内"。另外，艾瑞克还发现成员们"意见非常一致"。然而这意味着没有什么能够触动他接受更先进的理念。艾瑞克回到家的时候，他的把戏并没有被识穿。但他以后再也没有去那里。

虽然西德尼和葛蕾特对他参与渴望参与政治充满反对和敌意，这让艾瑞克很气愤，但他知道自己生活在一个相对自由和宽容的家庭里。他相信这有好处也有坏处。他对婶婶的评价是：

> 她是传统衰落的受害者，既不能有条不紊地索性保持维多利亚时代的家庭氛围，又不确定是否能用现代的教育方式抚养我们，她被困在旧时代与新时代之间。她回想自己的童年会充满遗憾，但又没有进行系统的尝试，采用那个年代养育孩子的方式。所以我们是没有家庭熏陶的。严格的传统潜意识在我们家庭里是缺失的。传统已死，我们活在一个分崩离析的时代，所以理所当然地缺乏对个体的尊重。因此南希和彼得都在"放羊式"地成长，可能以后他们会自学成才，但南希恐怕不太能做到。

艾瑞克觉得有一件事情是西德尼和葛蕾特无能为力的，他们没能想明白自己为什么如此失败。如果他们生活在 40 年前，可能会更加适应这社会。[171]

VI

1935 年 3 月 31 日是周日，艾瑞克和妹妹、叔叔一家人以及叔叔认识的一个捷克斯洛伐克摄影师一起外出旅行，旅程沿着南部，途经博格诺、亚伦德尔、利特尔汉普顿、沃辛和布莱顿。他们在布莱顿的海边戏水，艾瑞克对海水拍打沙滩的景象很是着迷。[172] 他想在几周之后的复活节假期里再和罗恩来一次自行车之旅，但西德尼和葛蕾特觉得他这样很自私，因为家里的其他人在那个时候都不会休假。而且，这会花掉他们不少钱，尤其是复活节并不是艾瑞克的主要假期，只是一个额外的节日假期。艾瑞克提出他们几个月前就已经知道他的假日计划，为什么一直等到最后一刻才来反对。他们可以把之前花 1 英镑买给他的睡袋提前作为他 6 月份生日的礼物。复活节是唯一一段可以让罗恩从工作中抽身的时间，艾瑞克希望叔叔婶婶也能把这段时间当作是他的主要假期，并在夏天外出休假的时候把他留在家中就可以了。这次家庭矛盾的核心在于艾瑞克每个学期都能得到 8 英镑的奖学金，他把这些钱视作私人财产，放在邮局的储蓄账户里。西德尼和葛蕾特则希望他把所有钱都攒起来，不要拿出来花在假期上。如果艾瑞克能上大学，这些钱就很重要了，还能减轻大学学费给西德尼和葛蕾特带来的经济负担。艾瑞克算了一下，这么一点钱根本不够支付他的大学学费：他需要另一份奖学金，最好是金额比较大的。拿两三英镑出来花在假期上并不是多么要紧的事情，艾瑞克也不打算因为囊中羞涩而停止买书。艾瑞克坚持自己的要求，最后，叔叔婶婶只得让他去度假。[173]

男孩们出发到英国的西南部去，在 4 月 18 日抵达索尔兹伯里，然后是沙夫茨伯里和舍伯恩，接下来在倾盆大雨中到达约维尔和克鲁肯。路上几乎没有车，但他们来到西德茅斯的邓斯纳恩庄园旁边的海滩营地时已经全身湿透。接着几天他们放松休息了一下（当然，艾瑞克还是在读书），或者到附近短途旅行。西德尼和葛蕾特心软了，1935 年 4 月 20 日是星期六，适逢复活节，他们带着南希和彼得，开车南下去看望两个男孩。天气有所好转，阳光灿烂的时候，艾瑞克和罗恩沿着海边散步，爬到周边的悬崖上，或者就在那上面看海。下雨的时候，他们就躺在帐篷里聊天或者读书：艾瑞克坚持读完了马韦尔、多恩、赫伯特等玄学派诗人的作品。"罗恩总是在问关于农业、捕鱼、修路等各种各样的问题"以及"关于英格兰和生活的情况"。[174] 假期快结束的时候，罗恩再次想办法说服几个渔夫把他们弄到了船上。天色刚刚拂晓的时候他们俩就到比尔地区一个燧石建造的村子里去，在清晨6点钟上了船。一开始艾瑞克感到晕船，但海面是平静的，男孩们晒着太阳度过了悠闲的一天，和渔夫聊天，吃他们给的口粮。

两天后，他们骑车回程。中午休息时他们会聊起托马斯·哈代、陀思妥耶夫斯基、果戈理和莎士比亚的《李尔王》，讨论现在是不是准备开战了。在沿着一条显然从罗马时代就有的道路骑行的时候，他们对比了罗马文明和中世纪文明。艾瑞克兴奋地发现了一处叫托尔普德尔的地方，那里在19世纪发生过一场著名的争端，产生了工人运动的英雄——"托尔普德尔蒙难者"。在艾瑞克的提议下他们从新森林绕道，在午夜之际到达它的边界位置，那里的道路两边排列着高大的树木。罗恩身着自行车雨披，车头灯投射出微弱的黄光，艾瑞克跟在后面，感到他宛如魔鬼梅菲斯特。偶尔有汽车迎面而来时，他们就会下车以躲开眩目的车灯。凌晨1点钟的时候，他们骑出了森林。"夜晚的魅力消失了。"他们身体疲劳，心情也不好。2点半的时候他们终于放弃继续前进，走进附近的田地，打开毯子睡觉。2个小时后，他们被清晨的鸟叫声唤醒，吃了一点香肠（"从未吃过比这更差的早餐"）接着继续回程。"早上6点的时候，"艾瑞克回忆，"温彻斯特的景色看起来很美丽。"再骑行了几公里后，他们找一片田地打开睡袋，很快就沉沉睡去。11点醒过来后，他们继续骑行，第二天终于闻到了伦敦那烟雾和汽油的味道。"我们晒得黑黝黝的，颇为自豪，"艾瑞克在日记结尾写道，"我们回到了哈里叔叔家。"[175]

艾瑞克很幸运，自行车此前没有出过什么问题。几个月后，他和堂兄罗恩骑车途经安默森和大米森登去游览奇尔特恩延绵起伏的群山，途中他的自行车掉了链子，没办法复位。幸好两位校友（乔治和"比尔治"）碰巧骑着摩托车经过，他们停下来帮助艾瑞克修好了自行车。"我一直非常钦佩懂得机械技术的人，他们就像守护天使一样降临到我们身边，简直可以称他们为'机械之神'。"[176]艾瑞克那曾经激怒他父亲的不切实际天性伴随着他终生。他每一分钟的空余时间都被用来读书，因此并没有很好地融入叔叔婶婶的家庭。他爱他们，也尊敬他们，但是经常有争执，艾瑞克觉得几乎没有办法和"US"（西德尼叔叔）相安无事地共同生活："过去这些日子里，我真的努力试着不去触怒他了，但没有用。"一些艾瑞克笨手笨脚造成的琐碎问题，比如掉了一只勺，都会引发一次又一次的争吵。他觉得如果自己独立生活，偶尔才去看望一下叔叔婶婶，会让自己过得更好一些。有这种想法说明他到底还是和别的18 岁男孩并没有太多不同。他和妹妹也相处不好，觉得两人井水不犯河水最好。而在南希看来，由于哥哥是优等生所以大家对她的期望也很高，这个事情让她很讨厌。她对学习没有兴趣，经常翘课去本地的电影院看日场演出，不停抽烟和吃甜食而不是学习。[177]艾瑞克和叔叔婶婶的孩子，也就是他堂弟彼得没有太多交流，虽然彼得也住在这个房子里。在青少年时代晚期，艾瑞克的兴趣——艺术、文学、思想、学术、政治——已经在他的世界和南希及彼得所处的那个更加传统的世界之间，刻下了一道永远也不能被填补的鸿沟。[178]

艾瑞克平日骑车去上学的时候会看到工人们涌进工厂或者在他身边骑车，铁路工人赶在路上，即将开始一天的工作。某个星期六下午，他经过帕丁顿车站附近的普雷德街时，有机会观察到闲暇工人阶级的情况：年轻男人穿着廉价的西装，他们的女朋友涂脂抹粉、烫了头发。年老的男子则在酒吧里进进出出。衣服脏兮兮的孩子在沾满煤灰的小巷里玩耍，十几岁的男孩子在试抽他们的第一根香烟。还有年轻人和女朋友挽着胳膊上便宜的电影院去，女孩穿着廉价的裙子，戴着不值钱的珠宝。"虽然他们粗鲁，受生活环境的影响变得野蛮无礼，营养不良又显得病恹恹的，但他们仍然——我指的不是在政治上——比我认识的人更加'人性化'。"艾瑞克觉得他身边的中产阶级矫揉造作又古板固执：无产阶级更加直接、真诚。他对无产阶级形成了自己的政治观点，这件事情让他觉得很奇特，因为他不仅从未与这个阶级有过一丁点个人接触，而且这个阶级的成员他一个也不认识。很多年之后艾瑞克才会遇到真正的英国无产阶级，而当他终于和这些人接触时，他们的文化和道德观念令他万分震惊。

VII

1935 年 5 月 10 日，西德尼和葛蕾特在伦敦北面艾奇韦尔的韩德尔巷租了一个房子。[179] 搬到艾奇韦尔去意味着艾瑞克不得不放弃工党诺伍德分部的成员身份，所以他加入了艾奇韦尔分部，那里全是"住在地方议会公家房子里的工党贵族"。[180] 艾瑞克依然是一个与工党组织非常疏离的知识分子。"知识分子，"他断言，"是阶级斗争大戏中的合唱队员。"[181] 他们的角色不是参与斗争，而是像在古希腊戏剧中的歌队一样评论它，即使评论的角度远远算不上中立：也许比起埃斯库罗斯式的理想化，更多的是欧里庇得斯式的现实立场。但是，虽然古希腊戏剧中的歌队不能影响角色的行为，20 世纪的知识分子却可以有所作为。他的使命是为那些直接参与阶级斗争的人发声，为苏维埃联盟辩护尤其重要。作为世界上唯一一个社会主义国家，它的政权必须得到保护，这样它才能最终把革命输出到全世界。正因为如此，"人们必须高度谅解共产国际"。[182] 他认为革命者在采取策略的时候要"表现得十分大胆、极度灵活"。这意味着除了采取其他行动，在有需要的情况下要与其他政治力量联盟。[183] 这个时期，艾瑞克依然笃信共产党的正统观念。1935年他给了堂兄罗恩一本斯大林的《联共（布）党史简明教程》作为生日礼物。上面写着："致罗恩。幸运的话我们会看到写着相同标题的英国故事。希望这一天快点来临，也希望这本书让你的等待不那么漫长。艾瑞克，1935年7月20日。"罗恩还是没有被说服，这本书上没有他的注释笔记，甚至连折角的痕迹都没有，他终生都是工党的支持者。[184] 然而堂兄弟俩交谈和讨论的话题也不全是关于政治，除了《简明教程》，艾瑞克还送了一本哈罗德·门罗的诗集给罗恩，门罗是19世纪早期的一位"乔治时代诗人"，他的诗句经常流露出强烈的怀旧情怀。"为了怀念，"艾瑞克在赠言中写道，"也为了展望未来，如果可以的话我想选择后者，因为我觉得我们不太能承受得起前者。但如果我们想纵容一下自己——那好吧，承认我们犯了大错，然后多愁善感一小会儿。希望你不会像我说的那样。"[185]

与此同时，在不间断的大量阅读、对自然的热爱以及知识分子的自我形象塑造之外，艾瑞克形成了新的兴趣。1934年，表兄丹尼斯把爵士音乐介绍给艾瑞克。丹尼斯生于1916年11月16日，只比艾瑞克大几个月，因为父亲在他很小的时候就抛弃了他和妹妹，丹尼斯是由母亲抚养长大的。他认识艾瑞克时已经离开了学校，靠演奏中提琴谋生，此前他受过这方面的专业训练。但丹尼斯对中提琴并不太专注，1932年他在伦敦看了一场路易斯·阿姆斯特朗的演出，这第一次点燃了他的热情，此后他花了很多时间听爵士乐并琢磨它。在艾瑞克的笔下，丹尼斯"中等身材，乌黑的头发抹了太多发油，有点嬉皮笑脸，眉毛之间有一道笔直的皱纹，大嘴巴、牙齿不整齐……成天都在咬指甲"。他住在伦敦南部的西德纳姆，"住在他母亲那黑漆漆的房子的阁楼里……房间里有一张大床，几张维多利亚时代样式的椅子，一些包装箱充当临时桌子和储物柜，其中不止一个箱子被他贴上了照片"，这些照片大部分是爵士音乐家的。"留声机放在一个酒桶上，我们靠喝一罐罐加了糖的炼乳以及（吃着）炸鱼薯条来保持精神劲头。"[186]

丹尼斯经常到诺伍德的房子来。他们和葛蕾特讨论谁是世界上最好的小提琴家——是经验丰富的弗里茨·克莱斯勒还是年轻的天才耶胡迪·梅纽因。[187]西德尼和葛蕾特在艾奇韦尔的房子里有收音机，艾瑞克可以用它来听爵士乐；艾瑞克觉得，如果自己不是那样矜持，肯定会为之疯狂。[188]丹尼斯会带来一些爵士乐唱片，在老旧的留声机上播放。夜里他们把一卷袜子塞到留声机的喇叭里去，以免打扰房子里的其他人，然后一边听路易斯·阿姆斯特朗一边喝炼乳、抽烟。[189]同时，艾瑞克也不抗拒古典音乐。他听莫扎特并且觉得这音乐触及他的灵魂深处。[190]他认为音乐总的来说是最抽象并且或许是最纯粹的艺术形式，比文学更能表达情感。[191]

1935年3月，丹尼斯带艾瑞克去看了埃林顿公爵在斯特里汉姆舞厅的演出。此前，埃林顿的1933年英国巡演非常成功，音乐会吸引了包括威尔士亲王在内的很多社会名流，[192]因此这次在斯特里汉姆的演出备受期待。艾瑞克和丹尼斯到剧院的时候：

> 人们从四面八方涌进来（虽然已经很晚了），他们中可能很多都是爵士乐迷，但我们更愿意相信他们不是，因为一个人对热门音乐的热情不被太多人分享是一件好事。我们带着轻蔑的心情穿过那些男人和女孩（这是我第一次来到豪华舞厅，这地方看上去像巴比伦宫殿的拙劣复制品）。我敢说我们对漂亮的南伦敦女孩以及她们的男伴有一些不切实际的想法，他们并不是那么骄奢淫逸……埃林顿公爵和他的乐队登台时我们鼓起掌来，我们的鼓掌是持续又盲目

的，做好了迎接音乐节奏的准备。顺便说一下，这样听爵士乐是挺傻气的，但我们不知道还有什么更好的方式了。我们的目光跟随着每个乐手，每个人的名字和特点我们都知道，看着他们坐下来，我们几乎要因为崇拜而屏住了呼吸。当他们开始演奏，我们如痴如醉地跺着脚，目光依次紧锁在每个独奏者身上。[193]

就丹尼斯而言，他对艾瑞克宣称自己想学习马克思主义。艾瑞克对此心存疑虑。"如果有哪一个人可以称为绝对的'非马克思主义者'，那这个人一定是 D（丹尼斯），他这辈子都会是一个情绪化的社会主义者，或者类似这样的人。作为马克思主义者他希望加强理论掌握，但同时他又想爬进上层阶级……你啊，我的马克思主义者啊！"[194] 虽然丹尼斯没有成为一个马克思主义者，但他成功地点燃了艾瑞克对爵士乐持续一生的热情。

艾瑞克的书存在车库里，但他还是取了一卷波德莱尔出来，他喜欢波德莱尔的诗歌，不仅因为其中体现了对法语语言艺术的精湛掌握，还因为他的诗歌主题比起大自然更多是关于城市生活的。即使诗句中表现的是大城市社会里不好的方面。"追捧妓女是资产阶级知识分子才会干的事情。"艾瑞克在日记里写道，也许是他想起了之前在海德公园的夜晚偶遇中感受到的意乱情迷。[195] 5 月 20 日，他把所有书从车库拿出来，毫不留恋地将那些他不想要的塞给南希和彼得，这两人无疑对这些书里的任何一本都兴趣寥寥。艾瑞克将他的私人藏书按 4 个主题整理：政治与历史、文学与批评、自然历史以及杂书。[196] 他读契诃夫的书信，这让他"忘记自己活在 1935 年，希特勒前一天发表了一次演讲，英国国会将皇家空军的规模扩大了 3 倍，而意大利正威胁要吞并阿比西尼亚"。这段时间艾瑞克读的书几乎都是法国文学，日记里很少提及马克思主义的作品，除了利顿·斯特雷奇的《维多利亚名人传》，他也没有看任何历史书。不看书的时候他就到艾奇韦尔湖边散步，在那儿他见过一只很大的猫头鹰，他还会去摄政公园观赏郁金香，夏天则在清凉的湖里游泳。[197]

1935年6月，艾瑞克从法国文学转向浪漫主义，尤其是激进的诗人珀西·比希·雪莱和德国寓言家 E.T.A. 霍夫曼。同时，他也在读司汤达的《帕尔马修道院》。课本是必须购买的，他买了西塞罗和维吉尔的作品、吉本的《罗马帝国衰亡史》、王政复辟时期剧作家康格里夫、范布勒、法夸尔和威彻利的剧本，以及17世纪的塞维涅侯爵夫人书信集。他还读完了马克思和恩格斯的书信选集。[198] 因此，可以或多或少地认为艾瑞克在17岁的时候就已经能博览英语、法语、德语和拉丁文的书籍了。18岁生日之后，艾瑞克继续扩大他的阅读书目，其中有歌德的书信和维庸的诗集；格奥尔格·特拉克尔的诗歌和约翰·内斯特罗的剧本，这两位前者是不太知名的奥地利诗人，后者则是名声较响的奥地利剧作家；一本讲意大利历史的书，以及一点儿但丁。[199] 重读德语诗歌让他感觉很愉悦，在日记里写了很多页读后感。他还在几个星期之内读完了普鲁斯特的长篇巨著《追忆似水年华》的第一卷、马基雅维利的《君主论》和托马斯·霍布斯的《利维坦》。[200] 7月末，他的书单上又增加了萧伯纳、杰拉尔德·曼利·霍普金斯、爱德华·托马斯以及托马斯·哈代。[201] 作为一个马克思主义者，艾瑞克觉得"每一部文学作品都是一卷社会档案"，但这并不妨碍他欣赏作为艺术本身的诗歌、戏剧和小说。[202] 当他开始读米哈伊尔·肖洛霍夫写于1934年的小说《静静的顿河》时，政治和文学的趣味融合到了一起，这"绝对是20世纪最重要的小说之一"。这部小说是"我知道的第一部成功的社会主义小说"。[203] 到了1935年9月，他读的是《智慧七柱》，这是 T.E. 劳伦斯在"一战"期间协助阿拉伯部落反抗奥斯曼帝国的回忆录，同时，他也继续阅读司汤达，还挑着读了一些法国诗人如兰波和维庸的作品。[204]

11月中旬的时候，他买了更多司汤达的书以及伦理学者圣伯夫的著作，还有里尔克和沃尔特·冯·德·沃格尔维德的诗。[205]艾瑞克还读了伊丽莎白·鲍恩在1926年出版的《巴黎之屋》，结果发现这本书"是注水的普鲁斯特，一点原创性都没有"。[206]

1934年12月初，对艾瑞克的才能印象颇深的卢埃林·史密斯建议他申请牛津大学贝利奥尔学院的奖学金。[207]艾瑞克同意了，虽然他在学校被视为"一种神奇的动物，人们会指着我说些'看，他比别人懂得多'之类的话"，而艾瑞克已经对此感到很恼火。但是他又写道："我已经开始想象我在牛津的生活了，我是多么幼稚啊，但这个幻想又是多么令人愉快啊。"[208]1935年7月，艾瑞克参加了高中文凭考试，这是继续申请大学前必须通过的一次考试。他的历史得了一个"优异"，拉丁文也是"优异"，英语顺利及格，法语也是及格，而且"法语口语考试还得到了加分"。[209]他决定把历史作为大学专业，因为他明显擅长这个科目。卢埃林·史密斯全程指导他按要求为大学申请流程做准备，就像艾瑞克后来写的那样，"这对一个男孩来说至关重要，他的家庭里从没有人上过大学，对他来说牛津和剑桥就像西藏一样陌生，实际上更加陌生，因为我曾经看过一些瑞士探险家写的关于西藏的书"。[210]

可是，出于某些未知的原因，艾瑞克在1935年12月参加的是剑桥大学国王学院的入学考试，而不是牛津大学的贝利奥尔学院：如果这是因为卢埃林·史密斯最后觉得国王学院出了名的自由氛围比贝利奥尔刻板的保守风气更加适合艾瑞克，那他无疑是正确的。艾瑞克把10月和11月的绝大部分时间都用在准备考试上，这段时期，他的"阅读档案"里常常出现的一大批法国小说和诗歌从日记里消失了，但他还是读了海明威关于"一战"意大利前线的《永别了，武器》、霍勒斯·麦考伊讲述美国大萧条时期舞蹈马拉松大赛的小说《孤注一掷》、迈克尔·费希尔的哥特小说《衣冠楚楚》（*Fully Dressed and in His Right*

Mind)、一些卡尔·克劳斯的作品和各种侦探小说,这些书都比他以前读的要轻松得多。[211] 考试即将到来之际,艾瑞克开始在书单中加入历史作品,不过他并不喜欢通过死记硬背的方式来学习历史事件和日期,他的处理方式更像一个马克思主义者而非历史学家:"我知不知道某个日期并不重要,只要我了解历史发展的主要阶段就行了。"还在学校的时候他就开始总结封建主义向资本主义转变的主要特征,这个问题将会成为他一生的兴趣。[212] 他必须至少学习一些基本的历史常识。学校的学习任务里要求他阅读阿克顿勋爵的《剑桥近代史》、法国大革命研究专家 J.M. 汤普森的《外国史讲义》(*Lectures on Foreign History*),以及路德和加尔文的著作。[213] 对于阿克顿的书他评论道:"这就是那种差劲的历史书。"[214]

但是在这个阶段,艾瑞克还没有要成为专业历史学者的想法。"我将来要成为——激情洋溢的演说家霍布斯鲍姆、著名的作家 E.J.H、冷静又精力充沛的组织者 E.J.H,还有哲学家。然后我会觉得很不好意思,因为我是如此幼稚,一味放飞自己的想象。"他并没有朝历史或者学术的方向考虑。[215] 到了 11 月,他相信自己已经扩充了英语和欧洲历史的知识,并为考试做好了充分的准备。"我现在蓄势待发。"[216] 12 月,他到剑桥参加入学考试并接受克里斯托弗·莫里斯的面试,莫里斯是国王学院的终身院士以及都铎时期政治思想史的研究专家。莫里斯因其对学生的关怀备至而闻名,他甚至会给准备参加奖学金考试的学生列出一张长长的他们需要阅读的书单。作为一个著名的异见分子,莫里斯对那些观念新颖大学生的欣赏是出了名的,而且他对艾瑞克的评价显然很高,艾瑞克得到了每年 100 英镑的基础奖学金,大概相当于当时英国国内平均年薪的一半,这份从 1936 年 10 月开始授予的奖学金足以让作为学生的艾瑞克轻松维持生活。由于牛津和剑桥在当时的英国人生活中具有很大影响力,因此《泰晤士报》每年都会公布获得这两所学校奖学金的人员名单，艾瑞克的名字在名单中一如既往地被写成了"奥布斯鲍姆"（E.J.E.Obsbawm）。[217]

即使在参加考试之前，艾瑞克的水平就已经超出了霍布斯鲍姆家族的其他人。1935年9月，他在日记里记录了自己被当作小孩子对待的沮丧、叔叔的紧张不安和家庭生活的乏味无趣。[218] 他很期待构建属于自己的人生。"你是个二流人才，"艾瑞克告诉自己，"你在普通人之上，天才之下。你很聪明，但仅此而已。"只是比"普通人"稍好一点而并非有潜力的天才这个自我认知，让艾瑞克感到很失落。[219] 只有通过自身努力变得出色，他才能真的超越普通人。就在这个时期，艾瑞克决定停止写日记。他觉得已经不再需要这个东西。读自己的日记时，他觉得有些地方写得很不错，但其他部分就太多愁善感（kitschig）和幼稚了。"我把自己的感受塞进这个垃圾箱里，一部分是因为我想摆脱它们，一部分只是为了显示姿态。"[220] 他不再需要日记，因为他已经拿到了剑桥的奖学金，并且至少能享受未来3年的自由。他也不再把自己困在日记中，因为他第一次"靠自己结交了朋友，而不是依仗着别人的介绍"。这位朋友叫肯尼思·赛耶斯，可以确定艾瑞克是在剑桥面试中认识的这位年轻左翼分子，他们在这过程中交流了政治理念，这在参加入学考试的学生中很少见，并显然让他们之间建立了联系。到了"二战"时期，他们这段旧时相识的关系将给赛耶斯带去困扰。

此时，艾瑞克有充分理由对未来充满乐观。他现在不再需要过"二手"人生，可以自己直接地体验生活了。当然，他提醒自己，"我生活在20世纪，没有什么事情是确定的，我也不会出现对此抱有任何希望的倾向，虽然这样做很困难，但我不会心存一点儿幻想"。但他也跟自己说可能会"懊悔万分地回到从前的生活方式，潦草涂抹言辞激烈的长篇大论、风格练习、批评和一连串错漏百出的文字，然后你也觉得自己看起来十分可笑"。他在日记最后写下的是："艾瑞克·约翰·欧内斯特·霍布斯鲍姆，一个高大、笨拙、瘦削、丑陋的金发年轻人，已满 18 岁又 6 个月，知识面算得上广博，但同时也可能比较肤浅"，一个"装腔作势"的家伙，在欣赏艺术或者自然的时候偶尔表现得沉溺感官享受，"自负、对某些人群毫无同情心，但对其他人或者大多数人来说，他自己不过就是个荒唐可笑的人。他想当个革命者，但是目前并没有任何组织能力；他希望成为作家，但既缺乏创造力也没有精力。他怀抱希望，但又信心不足"。艾瑞克对自己的缺点有足够的认识。他认为自己"虚荣又自大，是个懦夫。非常喜欢大自然。正在慢慢忘记怎么说德语"。他不知道自己是否还会再写日记，但在那之前他要和日记说再见了。"日记的写作始于二手体验（很多都是），现在 E.J.E 要结束这种方式了。从此刻起（就是现在），不会再有日记了。"[221]

VIII

艾瑞克到剑桥上学的前一年，也就是 1935 年夏末，西德尼叔叔问艾瑞克是否愿意在他去巴黎谈生意的时候跟着去玩几天。[222] 9 月 2 日星期一，他们在维多利亚坐上了港口联运火车，9 月 8 日星期天返回。当西德尼忙于参加业务会议和工作晚餐时，艾瑞克开始了一趟兴致勃勃的观光之旅。[223] 回到伦敦后他在校刊上发表了这趟旅行的游记，描述了自己在蒙巴纳斯的盖特街散步的情景：

> 我观察着画廊，每次猜对了画家的名字时都对自己感到很满意。这里到处都是画廊，他们的店铺之间是杂货店，店里有戴着贝雷帽的邋遢年轻人大声叫卖香蕉。这个地方拥挤、肮脏又迷人，置

身其间我觉得很浪漫，我必须让自己别太情感泛滥。这里就是蒙巴纳斯，我对自己说，并且觉得如果能住在这里该有多好。[224]

然而他转念一想，不好的念头浮现了：别人告诉过他"这儿有传染病"。于是他继续向前走到卢森堡公园，在那里坐下，看着保姆们聊天、孩子玩耍。在圣礼拜堂他仰望穹顶和柱子："它们很纤细，就像在黑暗中生长的植物向天空舒展，圣人立像僵硬呆板，在泛蓝的巨大彩色镶嵌玻璃上闪着红的、绿的和黄色的光芒。"在蒙马特他游览了圣心大教堂，"清晨闪烁着浅金色的微光，看上去颜色暗淡，俯瞰着整个巴黎，下面是破败又参差不齐的灰色公寓，楼与楼之间一片片光影似在游戏，薄雾之中的某处是塞纳河"。艾瑞克在地铁里遇到了一个试图和他搭话的人，"但我听不懂他的话，因此很是尴尬"。20世纪30年代的时候蒙马特已经是个宰客的旅游点，"电影院门票非常贵，比英国贵多了"。那里卖的衣服都是一些"廉价又粗制滥造的货色"。坐公共汽车到巴黎郊外去参观的时候，他发现凡尔赛宫也是个宰客的地儿，但他对宫殿本身很赞赏，"虽然有很多美国游客，但镜厅和国王的寝室很棒"。"那里一杯橙汁的价格贵得离谱。"艾瑞克抱怨道。

但是他还有很多经历没写到校刊的文章里去。在游览了凡尔赛宫后，艾瑞克回到巴黎，前往一个很出名的综合娱乐场——巴黎赌场，在得知"女神游乐厅"后，他对那里的演出非常期待。他在日记中吐露：

我期待着妙趣横生的表演，还希望能看到女性的胴体（很大程度上是因为这带来的性刺激）。结果我很失望。舞台场景和演员服装都显得华丽俗气，远称不上高雅艺术。表演几乎没有什么风趣之处，因为面向的主要是外省游客。衣着暴露的女演员是我最期待的部分，但也没有多少新意。巴黎赌场里没有哪一出色情场面能比得上我们熟识的美国电影中常见的类似画面。当然，表演会时不时"给你一点刺激"，然而看着一大群表演女郎，你压根没有那样的想法。我以前觉得男性的身体比女性的要美丽。现在我改变了看法。我从未见过任何像那些衣衫半褪的女郎那么美的人或物。在 15 分钟的时间里，我得以观察各种姿态的女性身体——这比最精美的塑像还要动人。[225]

当然，艾瑞克知道自己没有机会真正地接触巴黎丑恶堕落的一面，这个城市在这一方面相当出名。然而他喜欢看着街道边走过的女人，欣赏她们精致的妆容，同时惋惜她们"没有美丽的双腿"。天黑之后他在城里一些破败的区域游荡，观察站在街角的女郎，晚上的煤气灯灯光微弱，从通向街道的半掩门洞里能窥见光线昏暗的楼梯。"除了天性浪漫的画家，任何人都会觉得这些女子悲伤、疲惫和乏味，我不厌恶她们，只是觉得疲惫。"

即使伦敦更加宏伟，但巴黎比伦敦更加宜居，艾瑞克总结。他爱上了这个城市。从此时起，和罗恩骑自行车兜风度假的时代结束了。艾瑞克为了能在第二年夏天重访巴黎花了大力气。这也是个在政治上令他感到兴奋的城市。巴黎的工人运动是苏联以外唯一能给共产主义事业带来希望的。1936 年 5 月，人民阵线在法国和西班牙都赢得了大选胜利，在这两个国家分别组成了强有力的左翼政府，包括艾瑞克在内的许多人都认为这给了咄咄逼人的法西斯主义一记重击。伴随着这场胜利的是左翼阵营中掀起的一波亢奋情绪，对很多人来说这似乎预示着一场真正的社会革命的到来。2 个月之后，艾瑞克得以亲身体验巴黎令人兴奋的氛围，因为他获得了伦敦郡议会的一笔拨款，可以在进入剑桥之前到巴黎进行为期 3 个月的法语进阶学习。

艾瑞克去巴黎的原因很复杂。这趟旅程除了表面上的学习安排，也有助于他克服抑郁的情绪，圣诞节假期之后他在家里陷入了情绪低谷，并在接下来的几个月里不时反复。1936年初，与艾瑞克关系很亲密的葛蕾特婶婶胃里出现了一个"像拳头一样大的"肿瘤，医生诊断她的病情已经不能动手术，她在这一年的6月去世。"西德尼带我到老汉普斯特德综合医院去和她的遗体告别，"艾瑞克后来写道，"她的遗体也是我所见过的第一具遗体。"艾瑞克从前会和她聊自己的困惑，甚至是性话题，她给了艾瑞克在父母去世之后十分渴求的母爱。没有她的家庭生活和从前不再一样。在葛蕾特去世不久后去巴黎可以分散他的悲痛，至少艾瑞克是这样希望的。[226]

1936年7月5日，艾瑞克抵达巴黎不久后在给堂兄罗恩的信中写道：

> 我所在的这个国家，资本家十分仇恨和害怕共产党人，而共产党人、社会党人和其他左翼分子都在期待——十分期待，提醒您，不只是在理论层面——社会主义。我不用再坚持强调这里的氛围对一个即将成为马克思主义者的人来说是如何焕然一新。天知道他为此煎熬了多久（准确来说是3年又3个月），在一个甚至对"资本"一词都缺乏足够译介的国家里，竭力维持自己对共产主义的信仰。[227]

在巴黎待了12天后，艾瑞克告诉罗恩他已经和各式各样的人沟通过，其中包括"一个失业的共产党员、一个上年纪的共产党员园丁、一个静坐的罢工者、一个工人、一个在电影院工作的共产党员、一个持激进社会主义观点的学生、一个加入了法西斯组织'火十字团'的学生、我的女房东、她的丈夫和儿子（都是右翼分子）"，以及他叔叔的中介商（共产党员）。艾瑞克观察了火十字团的一次小型示威，注意到

"右翼分子在自己的公寓外面都插上了旗子，帽子上还有表示身份的帽徽"，他还留意了相关的海报和明信片，并阅读了从《共产党人文科学报》到极右的《法兰西行动》等一系列报纸。然而他提醒罗恩，这些都是非常简单化的样本，而如果自己开始在实例不足的情况下大量阅读那些关于法国政治的概述书籍，将会写信告诉罗恩。

艾瑞克觉得巴黎的政治氛围在人民阵线执政的头几个星期里是极其狂热的。前一年里低迷的政治气氛消失了，法西斯政变的危险（主要体现为 1934 年在巴黎发生的右翼暴动）也已经消退。"共产党人非常自信，"艾瑞克告诉罗恩，"这很令人震惊。当然他们意识到还是有很多困难，但他们很确定——我遇到的那些人甚至还不算是十分狂热的支持者——他们的时代要来临了。'我们已经等得太久了'，就像那个年轻的失业者告诉我的那样。"选举结束后随即而来的一场大罢工争取到了关于改善工作环境的重要法律修订，也就是《马提尼翁协议》，但直到 7 月还是有一些工人没有回去上班。人民阵线当时正在把很多关于社会福利和文化改革的计划想法付诸实际。艾瑞克觉得"小资产阶级分子和工人阶级站在同一阵线"很令人鼓舞，他在和一个园丁交谈之后确认了这一判断。这个园丁把 19 世纪激进分子皮埃尔-约瑟夫·蒲鲁东的著名宣言"财产就是盗窃"改成了更具小资产阶级色彩的"巨额的财产就是盗窃"（la grande propriètè, c'est le vol）。换句话说，是"垄断资本"引起了他的愤怒，艾瑞克认为其他下层中产阶级的观感也是如此。至于法西斯联盟，"从他们衣服上的三色扣眼和玫瑰胸针我可以断定他们几乎都是上层阶级"，他认为其中 45% 是大学生，35% 是上层阶级的妇女，7% 是男中学生，12% 是商人，也许还有 1% 是工人。一些持有社会主义倾向的报社此前统计过，纳伊区（城郊的高级住宅区，上流社会人士聚居地）有 55% 的公寓在窗外悬挂法西斯旗帜，而在工人阶级聚居地很少出现这样的情形。

其他危险依然存在。社会党中还是有一些团伙（"可恶的蠢货"）想要把共产党人从人民阵线中驱逐出去，另外，托洛茨基派的"革命掮客"除了想方设法在罢工者中间煽动暴乱外就想不到别的正事儿了。法西斯联盟"装备精良，并且在政府中占据重要位置"。在这种情况下共产党人需要小资产阶级分子。如果法国的共产党人开始煽动建立苏维埃联盟、消灭私有财产和成立公社，"我们在一两个月之内就会迎来一场得逞的法西斯政变"。避免这条路线是"马克思主义斗争策略的模范体现，如果我们够幸运的话，也许会奏效"，就像布尔什维克的策略在1917年的俄国经历了种种迂回曲折后，最终还是成功了。那个年轻的失业者向艾瑞克保证武装政变不会有危险，因为法国政府招募的士兵全都是工人，这个事情对艾瑞克有所触动，让他觉得征兵制总的来说是个好办法。至于战争的威胁，艾瑞克承认："我认为开战的可能性还是像以前一样大，但这里的人们并没有很焦虑。"

1936年7月13日，艾瑞克到布法罗体育馆（巴黎的一个自行车比赛馆）去参加一个集会，他聆听了法国共产党领导人莫里斯·多列士对工人们的呼吁，希望他们不要在短时间里提出太多要求，否则会像1848年那时一样吓坏中产阶级。那天一直在下雨，但在场的近8万听众毫不介意。

> 他们坐在体育馆四周的台阶上，天色越来越暗，扩音器传出革命歌曲。在歌曲停顿的那一小会儿，你会在昏暗中听到体育馆的另一侧有人群高喊"让苏维埃政权遍地开花！"，但在听过扩音器的声音后，这喊叫声听起来就像是耳语。然后再远一点儿的另一群人重复这一口号，接着又是另一群人这样做，喊口号的声音好像从一处被抛到另一处，突然大半个场馆一起高喊"让苏维埃政权遍地开花"；接着口号变成了"释放台尔曼"或者是"处死多里奥"——多

里奥是一个变节的共产党员，在大资本的支持下成立了"法国人民党"。集会没有什么纪律可言，人们会离开座位到草坪上去，从近处观看舞蹈或者演说者，然后人流再次回到座位。组织者搭建了一个上方有聚光灯的舞台，这让体育馆其余的地方像一个巨大的碗，碗壁被抹上了一大片在隐约移动的黑色。有从歌剧院来的人唱起了法国大革命的歌曲，唱到《卡马尼奥拉》的时候，每个人都开始跟着轻轻唱起来。突然草坪上的人拉起手来围成了一个圆圈，开始跳舞。其他人很快也加入了，几分钟之内形成了一个巨大的圆圈，男人、女人和孩子们手拉手在昏暗的光线中旋转、摇摆，此时四周台阶上的人们唱歌的声音越来越大，聚光灯的光束投射在舞台上的歌手身上，紧密地站成圆圈的人们头上有淡银色的光晕。当歌手唱到"我们会打倒他们"这句歌词时，全场超过 7 万名群众声嘶力竭地高声呼喊起来，围成圆圈跳舞的人也在狂野地旋转。[228]

从集会回家的路上，艾瑞克和其他同志在地铁里继续唱着革命歌曲，直到车厢里的每个人都跟着旋律哼起来，"我们彼此叫嚷着、微笑着，喊着口号向共产党、青年党员和人民阵线致敬。在地铁站我们能听到别的车里传来的歌声"。与之形成对比的是，7 月 13—14 日法国人在街上跳舞的习俗在艾瑞克看来并不热闹，主要的路口都有安置着小型乐队的棚子，情侣无精打采地跟着音乐有一搭没一搭地跳着舞。这冷清的景象也许是因为天气不好，或者是已经夜深了（艾瑞克觉得法国人比英国人晚睡是个无礼的错误观念）。

一般来说，巴黎的街道要比伦敦的更有活力，但即使是这样，午夜时分街上的人还是比较少的，有几个没找到客人的妓女、一些从戏院夜场出来的人、少数在夜晚游荡的人，以及一到两个刚在咖啡馆喝完咖啡或酒的人……见的人越多就越我就越确信这是一个非常正常的城市，有一大群非常普通而且总的来说很有同情心的人民……黄昏的时候，我总能看到门房和小商店主拿出一把椅子，在他们房子或店前的人行道边坐下来看日落，和邻居聊天。此时我想起伦敦的郊区街道和贫民窟以及它们夜里的样子，就不禁打了个冷战。

英国的电影，艾瑞克在上面的描述中插入了一句补充，"更像一种麻醉剂而不是娱乐形式"。虽然在那次集会之后发生了很多令人失望的事情，但这个在自行车比赛场举办的大会对一个 19 岁的青年来说，是一次如痴如醉的政治体验。这种情形不可能在英国出现，并让艾瑞克充满了此前无处可寻的希望和热情。

西德尼叔叔到巴黎来谈业务，而艾瑞克在夜里外出去看喜歌剧院前的跳舞表演、参观证券交易所和圣丹尼斯门，最后他来到了蒙马特的街道。每个广场上的乐队"细细的音量和演奏的热情都刚刚好"，彩旗横挂在街道的上空，带着红的、白的和蓝的灯泡，不同身份的人们在那里一起尽情起舞。艾瑞克也去试了一下。"我发现实际上跳舞并不需要学会舞步。你要做的就是走到你看中的舞伴跟前，请她跳舞，然后跟着听不太清的节奏移动步子，其他的就不用管了。"人群形成了"一大片摇摆的绚烂色彩，就像有风吹过的花田一样。在人群边缘的男人和女孩们则自己跳自己的，他们踏着节奏，舞动着肢体，低声欢笑。围观的人在人行道边和椅背上打着拍子，脸上也挂着笑容"。艾瑞克从中抽身的时候，最后一班地铁已经开走了，他只能花一个小时走路回去，途中在卢浮宫又停下来跳了一会儿舞。路上他遇到了一群美国学生，这群"快活的大学生"问他 7 月 14 日有什么活动，"于是我——一个挺地道的巴黎人——告诉了他们"。凌晨 2 点半的时候，他终于回到了住处。[229]

第二天是法国国庆日，用艾瑞克的话来说，就是"我经历过最震撼、最精彩、最盛大和印象最深刻的一个下午"。西德尼叔叔的朋友们到酒店找他们，把他们塞进一辆出租车。接着他们很快地解决了午餐，登上一辆安装了电影摄像机的卡车（西德尼和他的朋友居然被社会党指定为正式的影片拍摄方）。"你能想象吗，"艾瑞克问罗恩，"街上100万人欣喜若狂，在认识到他们的团结和力量时进入了精神迷醉的状态。"他们唱着《卡马尼奥拉》，高喊反法西斯口号，他们还对着一个坐在阳台上的法西斯分子呼喊口号，一面"褪色但华丽"的横幅挂在阳台边沿，这个法西斯分子就像一个罗马元老院成员一样，注视着入侵皇城的野蛮人。人群经过的其他地方，阳台上都悬挂着红旗和三色旗，"成千上万的人，有的在衣服扣眼上系着红花，有的戴着红领带，有的在弗里吉亚软帽上别着徽章或者苏维埃红星。一列火车经过高架桥时，火车司机探出头来举起双拳，列车员和乘客人也都从窗口探出身来，兴奋地高举拳头大喊大叫"。

坐在卡车车厢里，艾瑞克、西德尼和他们的朋友"享受着最好的视野"。他们拍摄了工商联盟的游行队伍，从运输工人到政府职员，还有"穿着蓝色上衣戴着皮革帽子的采矿工"，"他们有些缓缓前进，有些大步前行，步调并不一致"，当他们一边高举旗帜一边唱着《国际歌》经过时，歌声交叠到了一起，"他们一直高举着拳头直到关节都酸痛了为止"。

由退役军人和预备役官兵组成的游行队伍过来了，他们穿着制服，胸膛上佩戴着绶带和徽章，一边整齐划一地踏步前进一边庄严地敬礼。人们朝他们鼓掌并唱起了第17军团之歌（大约20年前，这个军团拒绝攻击罢工人员），还有一些群众举起了拳头。他们的步伐非常一致，队伍里有的人干瘦瘦小、皮肤像褐色树皮一样，也有的人体格健壮、虎背熊腰，看上去很是严肃。伤残军人的队列前方是一个坐在轮椅上、腿部残疾且眼盲的男子，他伸出一只干巴巴的手臂，手掌像羊皮纸一样又黑又干、扭成一团，仿佛刚刚碰到了高压电线。他根本都不能算是握起了拳头，那皮包骨的手像一张变形的网，从毛毯下面呈30度极不协调地支棱出来，好像他正举着一根香烟。

接着是工人方阵中的摩洛哥人、突尼斯人和阿尔及利亚人，他们举着的红旗上有一个角是绿色的，代表着穆斯林。他们"步伐不大但非常有力"，高喊着"让苏维埃政权遍地开花"，各种肤色的人，从苍白到深棕，有的戴着小贝雷帽有的则戴着土耳其毡帽，他们都时不时举起拳头，"专注的眼神里透着狂热。我从未见过这种景象。如果说那天有什么人表现了极度的热忱，那就是人数大约有5 000的北非人"。游行队伍里有青年共产党员、社会党员、女人、外省人、工人体育俱乐部成员，甚至还有"知识分子和律师"。他们在行进过程中经过看台，上面站着来自社会党的法国总理莱昂·布鲁姆、共产党领导人莫里斯·多列士以及人民阵线的其他领导成员。布鲁姆讲话的时候，游行的人们举起了拳头，布鲁姆"声音充满了激情，其他领导人接在他后面发表讲话，街上数十万人欢欣鼓舞"。除了那些守卫着看台的人，街上一个警察也没有。那天艾瑞克在凌晨3点45分才回到住所，在参加过1933年早期柏林的共产党游行以后，这是艾瑞克首次体验到如此兴奋狂热的氛围。唯一令这场盛事蒙上阴霾的是佛朗哥将军率领军队发动政变，从而导致西班牙内战爆发的新闻。[230]

IX

艾瑞克在巴黎的时候认识了一个爱好艺术的女孩子（他在信里告诉罗恩，两人不是他想象的那种关系），她似乎在纽约的艺术界有一点人脉。两人一起去拜访了超现实主义艺术家理查德·厄尔策，并从他那里得到了一幅画作，这幅画作是为即将在纽约现代艺术博物馆开幕的"幻想艺术、达达主义和超现实主义"画展而创作的。厄尔策曾经在包豪斯学院受训和教学，之后搬到了阿斯科纳，然后去了柏林，1932年他离开柏林前往巴黎，在那里认识了萨尔瓦多·达利、保罗·艾吕雅、马克斯·恩斯特、安德烈·布勒东和其他的超现实主义艺术家。但那时厄尔策过得很艰难。艾瑞克和美国女孩来到他在蒙特帕斯一栋大楼第6层的公寓时，他们发现厄尔策如"行尸走肉"一般，面黄肌瘦，口袋里一个子儿都没有。和他喝了一杯酒后，他们带他去了一个俄罗斯饭馆填饱肚子。这并不是一个好的选择。艾瑞克一不小心就喝掉了一杯伏特加，这个酒他从来没有喝过，酒很烈，他一会儿就觉得自己有醉意了。两人把美国女孩送回家（"我还是能直线走路的"），艾瑞克接着就和厄尔策去了圆顶咖啡屋喝咖啡，那里是出了名的知识分子的聚集地，住在蒙特帕斯的英美知识分子尤其爱去。[231]

艾瑞克清醒过来的时候，厄尔策喝起了白葡萄酒，说自己正在等着"在两扇门外的包厢里跳舞的两个黑人女子，她们会过来喝一杯。他有一会儿似乎很想和其中一个上床，但大多数时候都只是隐隐约约地希望看到她们。每隔45分钟他就会消失一小会儿，我觉得他应该是去抽大麻了"。到了凌晨2点半，"蒙特帕斯那些最厉害的艺术家都出来准备喝个烂醉，同时物色他们的同性恋伴侣或者妓女了"。他们看起来都身无分文，组成也五花八门：一个已经醉了的挪威人，不断引用着莎士比亚的作品；一些俄罗斯人；一个肥胖而欢快的德国艺术家，喝潘诺酒喝得醉醺醺的，向艾瑞克保证自己不是盖世太保的探子；一个戴着单片眼镜的女孩，说自己是个雕刻家；一个驼背的瑞士人；"两个醉酒的加拿大人，很快就被长得最丑的妓女拐走了"；还有一些美国佬和许多没能一一提及的人。外面开始送奶的时候，厄尔策还在"等待他的黑人女子"，他说这会儿回去睡觉已经太晚了，而且他也喝得太醉了。艾瑞克把这位画家留给了戴单片眼镜的女雕刻家，在 5 点半的时候回家了。

第二天清晨，回想上一晚遇见的人时，艾瑞克对这位德国艺术家和他乱七八糟的生活下了一个悲观的结论，厄尔策的生活方式在20世纪30年代巴黎艺术家的圈子里并不特别，尽管他是一个比较极端的例子：

> 厄尔策真是糟透了——理智一点总结的话，他是个快活的波希米亚人。他现在 36 岁，如果他能活过 43 岁，我会很意外。他可能会饿死，虽然他更可能因为抽了太多大麻或酗酒而死。他大麻抽得太多，已经没办法再画下去了，因为他那些超现实主义的作品看起来并不好，有一些还很吓人——这倒是在我预料之中。他有画画的天赋，手很精巧、纤细。但是他太懒惰了，而他画画的时候总是吗啡上头的状态，以致除了超现实主义的东西以外什么也画不出来。超现实主义只不过是绘画技巧的练习而已——对摄影作品的模仿，或与之类似的东西，这是一种没有出路的风格。除非厄尔策能够找到一个供养他的美国人或者艺术商，不然他会饿死。他像所有的懒人那样找借口，说自己在找一个理解他的女人，可怜的家伙，但他连花 25 法郎在蒙特帕斯找个妓女的钱都没有，只能焦灼不安地盯着那些女人。

实际上，艾瑞克认识厄尔策的时候，这位画家刚刚完成了他后来最知名的作品《期待》，在这幅画里，十几个男人和几个女人聚集在山坡上，全部戴着帽子、穿着棕灰色雨衣，背对着观赏者，他们的视线越过山坡前一片阴沉沉的景物，投向乌云密布的黑暗远方。纽约现代艺术博物馆的总监在 1935 年造访画家在巴黎的画室时买下了这幅画，这位总监说他没能跟厄尔策搭上一句话，画家只是拿出一幅又一幅作品，靠在画室的墙上，直到总监选出他喜欢的那一幅。而且，和艾瑞克的预言相反，厄尔策后来回到德国并参加了"二战"，一直活到 80 岁，他参加过卡塞尔文献展，获得了几个重要的文化奖章，包括马克斯·贝克曼奖和李西特瓦克奖，并当选为柏林艺术学院院士。[232]

X

在遇到那位醉酒的超现实主义艺术家之前，艾瑞克一时兴起去买了一张彩票，出乎意料的是他居然中奖了，奖金足够让他坐火车去一趟比利牛斯山区，艾瑞克享受的便宜车票是人民阵线政府为了帮助工人阶级而推出的许多项改革之一。"我觉得这个优惠机不可失，"艾瑞克告诉堂兄罗恩，"回程只要 140 法郎。"这个价钱还不到两英镑。[233] "我一直想去法国南部。"他在日志里写道。他一路坐火车到了法国的西南角，在火车上：

> （他）听到图卢兹人自豪地向陌生人介绍家乡的景色、精神病院、铁路和公路的交叉路口和毒气工厂，有人说："山在那边。"于是我们全都挤到车窗前，一睹晨雾背后淡蓝色地平线上的比利牛斯

山。早晨7点钟，一个穿着法兰绒裤子和卡其布衬衫的英国年轻小伙子，背着沉甸甸的登山包，拿着花了2.75法郎从莎玛丽丹百货买来的手杖，还有两张米其林地图，在蒙雷若下了车。他坐在车站的长凳上，想着接下来要做什么。[234]

他发现便宜的回程票时白天已经过去一大半了（"法国人果然还没学会什么才是好的宣传手段"），所以他没有时间去做详细的旅游规划，甚至连旅行指南都没买。他徒步去了卢尔德，这是一个以治愈力量为噱头的小镇，自从19世纪时圣母马利亚在这个地方对一个后来被封为圣伯纳黛特的女孩显灵后，小镇的水源就被赋予了治愈力量。卢尔德"全靠它的圣人，就像剑桥全靠它的大学或者格里姆斯比全靠渔业一样"，艾瑞克讥讽地评论道。小镇已经完全商业化了。前来旅游的本国人和外国人熙熙攘攘，一排又一排的商店兜售着圣母马利亚的纪念品，电影院播放着宗教影片，小镇夜晚举行火炬游行，病人和残疾人在队伍中不断念着"万福马利亚"，希望病能得到治愈。"极其认真，没错，但说不上虔诚。"

要么住在青年旅舍，要么露营，艾瑞克一路往南步行，朝着比利牛斯山区科特雷镇的方向去。他长途跋涉时遇到了"一个戴着旧巴拿马帽的老农夫"，那人以为他是一个朝圣者或者是穿过边境的西班牙失业者，直到艾瑞克解释清楚自己是个英国人。"我觉得非常难受。我跟自己说我是个傻瓜，为什么要把自己置于这种又累又饿又渴的境地，主要是口渴，嗓子都快冒烟了。"

大约下午4点钟的时候，我来到了一个村子。这类的法国南部村庄有着曲曲折折、尘土飞扬的乡道，粉刷得很简陋的小房子在地上投下短短的浓重阴影，农夫们就在这能很好地阻挡阳光的阴影中坐着打盹。房子要么没有窗户，要么窗户很小，像枪眼一样。做工精良的锻铁（铸铁）大门通向农场，阳光倾洒在每一样东西上，让一切看起来像电影片场一样不真实。但同时，这情景又相当接地气。最后我发现了一张破烂的标语上写着"客栈"。我迫切地想要喝水。客栈里黑洞洞的，很凉快，有五六个人坐在桌子旁。我往四周张望，看到房间里有一张搁板桌子和两把长凳，一个大壁炉上有个锅正在炖着东西，一张客栈老板的床，一只落单的死鸡被放在罩子上。一个不起眼的角落里放着皮尔酒的广告、塔布杂货店的日历，还有苍蝇似的点点污渍。鸡和小猪到处乱跑，房子很黑。[235]

客栈里的人们讲着当地土语，过了一会儿转向艾瑞克对他讲起了法语。他们开始交谈，艾瑞克问起西班牙的情况。"他们告诉我，"艾瑞克失望地描述，"他们不关心政治，谁有势力他们就拥护谁。"他不由得向对方介绍起英国的土地所有权制度。"当然这儿不一样。我们每人都可以有自己的一块土地，但是拥有土地能带来什么好处呢？我们从中得到的产出太少，还不如出去乞讨要来的多，我们还可能靠救济金过活。"其中一个男人在干草棚里腾出一块地方给艾瑞克过夜，而且由于他们不被允许接待客人，还让艾瑞克把个人信息写下来交给本地的警察。

两周旅程过半时，艾瑞克遇到了一个年轻的捷克人，他向艾瑞克传授了搭顺风车的技巧。20 世纪 30 年代，汽车还是一种相对新奇的东西，当时搭顺风车比后来容易得多，大部分司机都乐意载人一程。艾瑞克后来回忆，搭顺风车是件很简单的事情，"尤其在我发现如何让中产阶级司机不去讲对莱昂·布鲁姆和共产党人的痛恨后。我只需要算好时机问他们对拿破仑有什么想法，他们就会滔滔不绝地说上 200 公里"。[236] 让人失望的是，比利牛斯山区郁郁葱葱、草木茂盛，不像白雪皑皑、雄伟壮观的阿尔卑斯山，即使是高山地带也"缺乏我们这些浪漫主义者乐见的崎岖险峻"。这里的山和威尔士的更像，但是景致更美：有峡谷和瀑布，还有翡翠绿色的小湖泊，草地上的小野花"有白的、黄的、紫的、粉红的，密密麻麻地绽放在灰黄色的山坡上"。天气晴朗、阳光普照（"我穿越 2 500 多米的奥伯特山隘的举动的真是太蠢了，幸好天气不错，因为那儿只有一条标识大体算清晰的穿越道路，而即使是不太危险的山，我的经验也是很少的"）。他到达比利牛斯山东面的时候，景色变得更加壮丽了。山峦绵延不绝，深入遥远的南方，天空在热浪中闪烁着微光。小小的房子都是白色的，道路上布满尘土，荒草丛一片黄褐，而群山染上了灰蓝。他经过"一辆很大的牛车，拉着车的是两头很难看的大白牛，走起来好像蹄子里扎进了刺一样，把路上的树枝踩得嘎吱作响，走得出奇的慢"。人们说着加泰罗尼亚语而不是法语，整个地区让人感觉仿佛置身西班牙，而不是法国。天气太热，艾瑞克没办法在中午11点到下午5点这段时间步行或者搭便车，而且这段时间里人人都在睡午觉。卡尔卡松以南的村镇并没有给艾瑞克留下很深印象，那儿都是横七竖八的田地和树林，被太阳晒得褪了颜色。但阳光透过山脚深绿色的柏树林和路旁成排的法国梧桐照射到地面的景象让艾瑞克觉得很美。小村庄的红瓦屋顶和山丘上的方形小教堂各自形成了和谐又紧密的整体，这让村子看上去与世隔绝，直到你真正走近它们。

艾瑞克觉得被中世纪的城墙环绕的卡尔卡松小镇"好得不像真的……对于像我这样不抱太大兴趣的普通旅行者来说，保存得实在太完整，仿佛被玻璃罩住以守护它的（值得怀疑的）审美价值一样"。实际上，建筑师维奥莱-勒-杜克在19世纪对小镇进行过极其全面的"修复"，为使其中世纪风貌更加逼真，增加了很多不协调元素。这是一处"仿冒的古迹"。只有人们夜晚在家门前轻声交谈的景象还有"尘土和垃圾的味道"才让人感到真实。艾瑞克沿着比利牛斯山继续前进，来到塞尔达尼的一间青年旅馆，这儿已经离西班牙边境上的地中海海岸不远了，他在旅馆里过了一晚。第二天早上，他决定穿过边境到附近的西班牙小镇普奇赛达，前一天夜晚他在 2 公里外看到了小镇的灯光。这个镇子坐落在海拔超过 1 200 米的地方，是无政府主义者为对抗佛朗哥发动的军事政变而夺取的多个西班牙边远小镇之一。艾瑞克向边境的守卫出示了护照，守卫们"让他过关了，但他们很不高兴地警告了我"。艾瑞克沿着"曲折的白色道路"继续向远处前行。

> 绕过一片灌木丛后，前方太阳底下有一只正在玩耍的小狗，它后面的路中间有一群拿着枪的男人，他们是民兵队员和边境警卫。我走近他们并举起了拳头，他们也对我同样示意。我问："你好，现在可以到普奇赛达去吗？"一个穿着带拉链衬衫的金发民兵说"不行"并对我笑了一下。他会讲法语，向我解释除非有委员会的书面批准，不然不允许通行。[237]

这是一种"戒严"。艾瑞克只得回到边境线上，搭了一辆便车到马达姆镇去，这是一个刚好在西班牙边境上的公社。

在马达姆，艾瑞克决定再次尝试进入西班牙。"一位法国警官在我的护照上盖了个章，海关官员对我微笑了一下，我摸了摸衣服的扣眼，看看人民阵线标志上的小镰刀和锤子是否还在。"

> 我必须一直走 300 米到（西班牙的）边境站去，那里由几个流氓模样的人把守着，装备着左轮手枪和来复枪。我走在太阳底下，路上除了我没有别的人。我在想如果这些流氓（肯定是无政府主义者）开枪打我的话该怎么办，他们那样做可能仅仅是出于找乐子，或者是执勤时高度紧张，天知道会有什么原因。（我这没有理由的恐

慌。）他们很大可能会打不中我，但我还是害怕得要命。眼睁睁地朝一群仅仅是因为路上没有其他人就能对我开枪的人走去，这种感觉至今还让我心有余悸。如果有一种不丢脸就能打退堂鼓的方式，我相信我当时就会折返。[238] 桥上有三四个民兵，我告诉他们我想去普奇赛达。他们用西班牙语交流了一会儿，而后其中一个带着枪的年轻人拿了我的护照让我跟着他走。走在林荫路上，我可以跟你说我没那么害怕了。我们在海关停了下来，我详细解释了来意——用法语——我是一个游客，想利用今天剩下的时间到普奇赛达去，看看那边的情况是什么样的。我把帆布背包留在了海关的办公室，一是不想打开它，二是留个抵押的物件，证明我不会去比普奇赛达更远的地方，今晚就会回来。[239]

他得到了通行许可，很快就到了镇上。横挂在上方的衣物装点了狭窄的街道，房子又难看又肮脏。周围都静悄悄的。

但内战的痕迹还可以看得到。艾瑞克注意到停在市集广场上的卡车在装满了志愿者后就开往前线了，控制小镇的无政府主义者执行了西班牙左翼和加泰罗尼亚革命政府的反教权政策，而曾经支持武装政变的天主教教堂这个时候就遭殃了：

我到了一个大教堂前面，这里已经被拆得七零八落，门上贴着一个告示："加泰罗尼亚将军所有。"另一张上面则是："禁止进入。"小镇所有的教堂和礼拜堂门前都贴着这样的告示。工人们正在拆卸教堂屋顶的石板瓦。我看到一个工人从教堂里推了一车布满灰尘的玻璃窗格出来，把它们靠在墙上，然后用手指尖在最上面的那一块写下自己的名字，我觉得他写的是安杰·洛佩兹，他写完后直起身子端详了一会儿，再次回到教堂里。

艾瑞克继续往前走时，看到了一群武装分子从一个改造成营房的剧场里走出来，他们都戴着黑白相间的臂章，这个标识属于一个简称为 CNT 的无政府主义者工会。一个会讲法语的年轻民兵指引艾瑞克去了广场上的咖啡馆，那里可以找到点吃的。艾瑞克坐下来点了餐，自我介绍是"一名英国的共产主义者"。他问有没有人能讲法语，一个顾客回应了他，询问艾瑞克是否真的是共产党员，并试图就马克思的无政府主义对手、19 世纪俄国革命家米哈伊尔·巴枯宁进行讨论，但没有成功。"当时正是午休时间，咖啡馆里坐满了人，太阳照射在广场白色的地面上。"民兵们有的在四周闲逛，有的和报刊亭里的姑娘聊天。"一个男人走到杂货铺去买了一份很大的西班牙地图，随后一场关于战争的激烈辩论开始了。"这个镇子里全是无政府主义者，艾瑞克评论。"是的，"那个年轻男人回答道，"要知道没有比当一个无政府主义者更容易的事了，这是一场消极的运动，是对饥饿和暴政的反应。无政府主义者无比勇敢。"那个男人继续说："但是他们参加的并不是一场政治运动，这点和共产党人不一样——我认为当没有需要斗争的对象时，这些无政府主义者就会消失。"

随意讨论的氛围很快就被终结了。对艾瑞克第一次越境尝试进行阻止的边境警卫举报了他，他被带到了当地无政府主义组织的政委面前。"在到处搜寻反革命的好斗群众面前被严加盘问，"他后来相当轻描淡写地记录了这一段经历，"一点儿也不轻松。"最后，艾瑞克在夜里被送回了边境线，武装民兵全程用枪指着他的背，直到穿过边境才作罢。[240]虽然如此，艾瑞克也总算是一路平安无事，毫发无伤地回到法国。他从这段经历中感受到无政府主义者在西班牙共和战争中的努力是漫无目的又混乱涣散的，对推动己方取得胜利作用不大。但总的来说他还是被民兵的勇气和奉献精神感动了，他们全是来自各行各业的志愿者，"做好了不屈不挠，粉身碎骨（同时也奋勇搏杀）的准备"。在普奇赛达遇到的人们令他印象深刻：

> 押送我去海关、和那个头发乱糟糟的无政府主义分子激烈讨论
> "权力"本质的托洛茨基主义派年轻民兵；金色头发、穿着厚夹克
> 戴着角质边框眼镜的无政府主义组织人员；刚加入民兵队的葡萄牙
> 年轻小伙子；两个一边吃着甜瓜一边谈论左轮手枪和姑娘的工人；
> 一身黑色的革命委员会女秘书；穿着蓝色工装裤揣着一把大左轮手
> 枪的男人是从巴塞罗那过来的特派员，棕色面孔、头发深黑、非常
> 英俊，看起来很有代表风范；帮忙拆除教堂的民兵，从教堂里拿出
> 了两块满是灰尘的玻璃窗格……棕色面孔、表情坚韧狂热的工人、
> 巡边士兵和警卫人员；以及去参加一个在医院死去的民兵葬礼的女
> 人和女孩们。[241]

没有人会怀疑他们的斗争精神和决心。但他们要如何才能战胜装备
精良、作战专业的国民军呢？按道理说他们其实已经被打败了，因为
他们除了"狂热的精神"之外别无他物。"我希望有奇迹发生，让他们
取得胜利。"艾瑞克最后总结道。

实际上，控制着小镇的这一群无政府主义分子并非被法西斯分子
或者军队打败，而是输给了本地的对手。那里一直存在着间谍、护照造
假和腐败现象。镇长安东尼奥·马丁·埃斯库德罗被称为"从马拉加
来的瘸子"，他一直以来都对逃往法国的避难者进行敲诈勒索，并在他
们交出钱财之后杀害了其中的许多人。无政府主义组织的巡逻队通过小
镇将从巴塞罗那的赃物越境偷运到法国去。马丁积极地在边境周边地
区扩张自己的势力。其他镇的镇长决定要阻止马丁，并开始在小镇贝尔
维尔集结军队来对抗他：马丁对小镇发动了攻击，枪战中他和几个跟
班被杀。无政府组织的宣传将他塑造为英雄，将实情篡改成他死于政府

军对普奇赛达的进攻。这是无政府主义组织控制地区混乱无序的一个例子。艾瑞克在普奇赛达的短暂停留其实比他想的更加危险。[242]

穿过边境返回法国后，艾瑞克在太阳底下等了一小时，搭上一辆从赛尔达尼来的车坐了很长一段路。下一程他等车的时间更长，"不是因为车不停下来——而是真的一辆车也没有"，一个小时也就两三辆车经过的样子，大部分都被小孩和行李占满了位置，没有多余地方给搭顺风车的人。艾瑞克算了一下，第一周里他总共旅行了 200 公里，基本都靠搭便车，第二周 580 公里，其中只有 15 公里的步行。或者换种方式说，6 天完全靠步行，5 天搭顺风车，2 天休息，1 天在西班牙。[243] 最后，他回到了蒙雷若南边的巴涅尔-德-吕松火车站，从那里坐火车返回巴黎。1936 年 9 月 8 日，他到巴黎的冬季自行车比赛馆去听西班牙共产党人多洛雷斯·伊巴露丽的演讲，她有"热情之花"的美名，是个著名演讲家。她"是个身材高大、头发乌黑、脸色白皙的女人，穿着一身黑色"，他写道："她的声音很低沉，有时候是沙哑的，有时候又很清晰，她演讲时用的是西班牙语，是我见过的最棒的演说者之一。"[244] "虽然听众们几乎都听不懂西班牙语，"艾瑞克后来写道，"我们很清楚她要告诉我们什么。我还记得从我们头顶上的麦克风送来的'母亲和孩子们'这几个词在空气中缓缓回响，就像黑色的信天翁在滑翔。"他在政治上感到无能为力，无法为危机重重的西班牙共和国贡献力量。"我觉得我们应该待在英国，"他告诉罗恩，"通过保持愤怒来让我们的马克思主义理念保持完整，等待时机。"而且"当墙头草是不可取的，别的不说，这个立场太容易成为众矢之的了"。总的来说，"社会主义是一连串的失败和失望——但终有一天会成功"。[245]

与此同时，艾瑞克阅读了马拉美、吉奥诺、佩吉、塞利纳等法国作家的作品，试着了解法国文化中并不为英国人所知的各个方面（比如，那些普鲁斯特的小说里没有反映的方面）。他还读了关于 1789 年法国大革命的著作，包括革命激进分子圣茹斯特的作品，"一部分是为了在剑桥的学习做准备"。他的未来同学们是不太可能为大学课程做阅读准备的，更何况他读的是关于法国大革命的法语著作。这段时间里艾瑞克还到巴黎周边进行了短暂观光，其中包括沙特尔大教堂。他对教堂"一开始很失望——并不是我想象中的那个样子。但最后教堂之旅变得很完美"。他在那里遇到了一个美国游客，那人阐释了他关于日耳曼人或者说是条顿民族对文明贡献最大的理论，并开玩笑地称艾瑞克是"你们这些盎格鲁-撒克逊人"和"你们这些日耳曼人"。"很多人都把我当作英国人，"艾瑞克补充道，"虽然也有例外的时候，我被当成比利时人、阿尔萨斯人、瑞士人、德国人、西班牙人（！）或者俄罗斯人。"[246]

　　月底回到英国之时，艾瑞克已经积累了不同寻常的体验，至少对一个即将进入剑桥学习的 19 岁青年来说是这样。这时他已经能讲流利的英语、法语和德语，读过大量用这 3 种语言写的小说和诗歌。他能很好地理解马克思、恩格斯和列宁的理念和著作，体验过法国流行文化，和一个德国的超现实主义艺术家在一起待了一晚。他和当地人还有其他旅行者一起游历了法国南部，在西班牙刚刚陷入凶险内战时探访了这个国家。他还参加了人民阵线的大游行庆典。也许最重要的是，他深入地学习了历史并出色地通过了中学毕业考试和剑桥的入学考试。他是家族中第一个上大学的成员，也是中学母校里第一个考入剑桥大学的学生。[247] 在收拾行李以及为即将开始的现代史课程做准备时，艾瑞克期待着之前在任何学校都未曾有过的求学体验。

第三章

什么都懂的
大一新生

ERIC
HOBSBAWM

1936–1939

I

1936 年 10 月，艾瑞克进入剑桥大学国王学院，开始他的第一个秋季学期。新的环境和大学带来的陌生感都让艾瑞克感到震撼。他给罗恩写信描述了他对剑桥的第一印象：

坦白说，这个地方太棒了。这里似乎把免于一切杂务的自由与尽情满足个人兴趣的可能性结合了起来，除了一点微不足道的时间限制——10 门左右的课程，每周一个小时的面谈辅导，以及每天 7:30 的晚餐时间。我还从未听说过像剑桥一般不怎么鼓励学生努力学习的学校，学生每天可以干的事情太多了，俱乐部、体育比赛和社团等校内活动也很多。另外，也没有比剑桥更好的工作环境了：只要你愿意，你可以与外界完全隔绝，还有至少 3 间主要的图书馆，以及充裕的时间和宁静的氛围。其中宁静的氛围是最主要的（请注意，这是做学问的重要动力，可以让人意识到自己必须完全独立自主地完成艰巨的工作）……基本上这是一种奇特的生活方式，一种远离一切现实和纷扰的生活。[1]

从很多方面看，艾瑞克觉得国王学院就像一所修道院，与世隔绝、平静安宁、远离尘嚣。

20 世纪 30 年代中期的剑桥是一所规模不大、私密性很强的大学。学校里的本科生不超过 5 000 人，研究生只有 400 人。学校仍保留着讲师和学生要穿长袍的传统，实际上本科生在自己学院以外的地方仍然要穿长袍。[2] 艾瑞克与传统的剑桥大学生群体格格不入，就像他后来写的那样：

> 我不是个典型的剑桥学生。第一，我的家族以及我所在的中学里，此前没有人上过剑桥（或是其他大学）；第二，我的教育和文化背景——维也纳、柏林，以及伦敦的一所文法学校——和别人很不一样；第三，鉴于前两点，我没参加过剑桥学生的一些典型活动，例如花费许多午后时光参加体育活动；第四，我是靠奖学金作为经济支撑才能上大学的少数派，而且我在入学前就已经接受了政治启蒙。剑桥基本上还是充斥着来自上层中产阶级家庭的孩子，他们中学就读于"公学"，由父母提供生活费，毕业后进入家族企业，担任各种政府公职或是从事专业工作，最差的情况不过就是到中学去教书。（只有10% 的学生是女性）。人们并不指望大部分学生能认真学习或者达到非常出色的水平。[3]

艾瑞克的兴趣主要在政治、文化和学术上，因此他和大部分大学生相比就像个异类，而对其他人来说，艾瑞克的多国背景和经历也让他显得十分特别。

对于刚从中学毕业的年轻人而言，剑桥的氛围令人愉悦，他们第一次像成年人那样生活、第一次被当作成年人对待，虽然学生们还会受到相当多的监管（比如，必须在学院大厅吃晚餐，上课及面谈的时候要穿长袍，规定时间后出入都要得到特别批准，学校的警卫会在街上巡逻，等等）。很多学生活动实际上都是在模仿真正成年人做的事情：在学生会里辩论政治议题、排练戏剧、参与音乐制作和其他俱乐部活动，以及编撰校报。

但很明显，这种氛围对艾瑞克而言并非全然美妙。而且这意味着20世纪30年代的大部分剑桥学生对政治根本没有兴趣，更不可能有左翼分子——即使他们经常被误认为左翼。如果艾瑞克描述的公学学生有任何政治倾向的话，他们也更可能是自由派或者保守派。一项在1935年大选期间对大学生进行的调查显示，650人将票投给了保守党候选人，275人投给了工党，171人投给自由党。[4] 作为一个自觉的共产党人，艾瑞克再次成了少数派。

在国王学院的学生中，"老伊顿人"（Old Etonians）的比例高于其他学院，他们是英国最有声望的私立学校的毕业生，这在很大程度上是由于伊顿公学和国王学院是在15世纪时由虔诚的亨利六世一同创办的联合院校。虽然如此，国王学院还是像艾瑞克回忆的那样，"享有资产阶级式的反传统美名，能够欣赏并不一定有大成就的艺术和学术追求，对人际关系、散漫行为、理性主义、音乐和同性恋有自己的看法，对有奇思怪想的学生以及他们的观念包容度很高"。事实上，艾瑞克对罗恩提过，国王学院是出了名的"同性恋泛滥"——"国王学院的运动"指的就是这种现象。学院有时被叫作"剑桥的布鲁姆斯伯里"，这称号最可能源于约翰·梅纳德·凯恩斯的朋友们，凯恩斯是著名经济学家，也是由作家和艺术家组成的布鲁姆斯伯里文化圈的成员。艾瑞克的同级校友还有天才的数学家艾伦·图灵，艾瑞克回忆他是"一个看起来有些笨拙、脸色苍白的年轻小伙子，有我们今天称之为'慢跑'的习惯"。国王学院不但自由而且有点放纵的氛围显然让艾瑞克感到找对了地方，换了其他更传统的学院，他不会适应得那么好。[5]

在国王学院，艾瑞克和其他大一新生一样住在学院的宿舍里。宿舍的条件即使在 20 世纪 30 年代也算不上现代。关于 20 世纪 30 年代的大学宿舍生活，艾瑞克后来回忆道："在'食品存储室'（gyp room）的水槽里小便，因为最近的沐浴房和洗手间要经过三层楼梯，穿过中庭和地下室"，简直是斯巴达式的磨炼。[6]艾瑞克和其他获得奖学金的大一学生以及"模范生"（一种小型奖学金获得者）住在"同一座脏乱差的附楼里"，这个被称为"下水道"的房子后来被拆除了，它坐落于学院内教堂的对面，国王广场最前面那栋主楼的后方。斯图亚特·莱昂斯是一个"二战"后在那里短暂住过的学生，他形容这处宿舍：

> 是一组没有窗户的牢房，只能从切特温德苑附近的一处地下通道进入。"下水道"就像它的名字一样又湿又冷。冬天的时候沐浴房冻得硬邦邦的，黄色的冰从墙边延伸出来足足有 90 多厘米那么长。我们得拖着长衬裤和袍子艰难跋涉到吉布斯楼那边去，才找得到抽水马桶和热水浴。[7]

艾瑞克在"下水道"的舍友都是英国人，包括彼得·斯科特·莫尔登、杰克·博伊德（后来死于"二战"），罗伯特·瓦伊尔、杰克·赖斯、诺曼·哈塞格罗夫、约翰·卢斯以及其他人。艾瑞克住在北面楼梯间的 2 号房。[8] 他和这些朋友在大二的时候仍然待在一起，尽管那时他们已经全部搬到了另一处宿舍。"我们整夜都在聊天，"艾瑞克回忆道，"在学院里，我们在月光下穿过后草坪到教堂旁边，然后一路走出去。"

与艾瑞克在圣马里波恩和同学们的相处情况比起来，这样的校园生活对艾瑞克的智识和社交都是一大进步。学校对大学生实行宵禁，学院的门在12点前都会上锁，但这难不倒艾瑞克和他的伙伴。"我记得，"艾瑞克继续回忆，"12点后和杰克翻墙出来，到格兰切斯特去——在拜伦的池子里游泳。这是一件一旦做了就可以不断吹嘘的事情。然后我们从后门那边翻墙回来。"[9] 学生们唯一要注意的是确保不被在街道上巡视、执行宵禁的学监、治安官或者大学警卫发现。[10]

艾瑞克很快就成为同期学生中的风云人物。他身高约181厘米，按照当时的标准无疑是高个子。他身材瘦削，体重约68公斤，体格健康，有一双蓝眼睛，前额左边有一道显眼的伤疤——他是一个能让他人很快注意到并记住的人物。[11] 那些学习较好的同学都很喜欢他，包括后来成为著名学术作家和行政官员的诺埃尔·安南，他觉得艾瑞克"是个好伙伴，风趣幽默"。[12] 1939年6月7日，学生期刊《格兰塔》上刊登了一篇人物小传，文笔诙谐，略带俏皮，是在当时学生记者中常见的行文风格。作者是艾瑞克的朋友——来自锡兰（今日的斯里兰卡）的剑桥联合会主席彼得·克尼曼（根据另一个同学的说法，他是"一个英俊魁梧又开朗的年轻人，在英国公学接受教育"）。[13]艾瑞克大三的时候和他住在一起。克尼曼注意到艾瑞克很小就"对英国怀有巨大而不加掩饰的爱国热情，在脆弱的时候他把英国视为精神家园"。[14] 他为人谦逊、乐于自嘲，有强烈的幽默感，"即使对那些错怪他的人也完全没有恶意"，但要了解他"并不容易"。艾瑞克的剑桥朋友们称他为"佛陀"："他盘腿坐在那张大椅子上时，就好像一个坐在宝座上的神谕者，正盘旋着降临人间。但实际上他是一个和朋友相处亲密、情深义重的人，大家都敬佩他在私人关系中表现出来的真挚诚实。"[15]

虽然这篇小传表明了两人的友谊，但艾瑞克认为自己"从未和彼得特别亲近",而且对彼得"想要我记住他,事实上他想要所有人都能记住他"的态度感到很不自在。艾瑞克对他朋友宿舍的混乱状况并不在意。"我对他评价不是很高,在我看来他才疏学浅,只能用缺乏规律的方式组织措辞和思想,还会因为自己是欧亚混血而感到自卑并深受其扰。"当然他长得很好看,"如果瘦一点会看起来'很像拜伦',他明显想塑造出一个时髦男子的形象。他不太勤快,没有太多意志力或做事的动力。他对女士来说很有魅力,但对男士来说这魅力要打折扣。我和他做朋友只是因为他'好相处'"。艾瑞克承认自己像母鸡一样对克尼曼有戒备心理,因为他的社交小把戏实在是太明显了。由于艾瑞克爱上(或是自以为爱上)了克尼曼的女友赫迪·西蒙,两人的关系变得更加复杂。西蒙师从剑桥大学哲学教授路德维希·维特根斯坦,和老师一样是奥地利人。她和另一位学生、后来的印度总理英迪拉·甘地是朋友。作为一个犹太人,她在 20 年代 30 年代早期的维也纳的经历无疑非常糟糕,因而能够与殖民地人民产生共鸣,这也让她与彼得产生联系。一想到彼得和赫迪(他俩在 1939 年结婚)会中年发福,就会让艾瑞克感到沮丧,他担心一旦这两人最后在锡兰定居下来,自己将再也不能和他们相见。[16]

艾瑞克的衣着是出了名的随便,他没有什么时间打扮得时髦花哨,所以彼得优雅的外表在艾瑞克看来是一种相当明显的人格弱点。艾瑞克对当时剑桥一位知名话题人物——国王学院的英文讲师乔治·赖兰兹(绰号"丹迪")的批评尤为不客气。作为一个备受欢迎的讲师,赖兰兹朗读莎士比亚或者琼森的作品时过分戏剧化,就像艾瑞克描述的那样:

（他）声音尖锐,有时候略微沙哑,念大段的对白时会注意突出不同的说话者身份,抑扬顿挫毫不马虎。读完之后他会恢复自己本来的声音,再停顿一段时间,让椅子嘎吱的声音和翻动笔记的沙沙声平静下来，就像一首交响曲乐终之际那样。然后他一下子闭上双唇，下唇微张轻轻叹了一口气，眉头皱起一小会儿，然后又舒展开来，继续讲课。[17]

赖兰兹不仅是一位严肃的莎士比亚学者，还是整个剑桥戏剧圈的领路人，这个圈子的中心是凯恩斯在 1936 年 2 月创立的艺术剧院。艾瑞克形容那时的赖兰兹"是阿多尼斯式的人物，一个天使，第二位鲁伯特·布鲁克"，而且"只有在纽纳姆学院女学生的莎士比亚鉴赏课上，或是他和小男伴们一起喝雪莉酒的时候，才能一睹他妙语连珠的风采"。艾瑞克认为他把聪明才智浪费在琐碎的事情上，和当时其他唯美主义者一样，除了一些认识他的人还记得他的一些趣闻逸事，他身后不会留下任何东西。[18]

除了不甚讲究的外表，艾瑞克让同学们印象深刻的还有他在不到 20 岁的年纪里展现出的博闻强识。从学术上看他明显怀有真诚的抱负。诺埃尔·安南是艾瑞克在国王学院低一年级的学弟，他觉得艾瑞克"在同辈不乏出色人物的情况下，依然是我们这一代剑桥人中最优秀的历史学家"。[19]"无论同学们选择何种晦涩的论文主题，他都能有自己的见解。"[20]艾瑞克的天才美名不限于学术方面，就如彼得·克尼曼说的那样：

> 艾瑞克对最晦涩难懂科目里的生僻细节也了如指掌，对名人的来历他可以侃侃而谈、信手拈来……"国王学院有个什么都懂的大一新生"这样的话慢慢被传开了。你很难弄明白艾瑞克每天都在读什么书。他在英语文学社中讲述华兹华斯诗作中的象征主义根源，在法语文学社和德语文学社发表的意见则深刻得如同神谕。[21]

克尼曼不是唯一一个对艾瑞克印象深刻的人。"我现在还记忆犹新，"诺埃尔·安南很多年后在写给艾瑞克的信中说，"你出现在政治学社的那一刻。你充满自信（并非自大），像克拉彭那样完全掌握了一套能够流畅讨论任何话题的方法，我们这些来自公学的学生根本比不了。"实际上，在晚饭之后、集会之前，安南会习惯性地和另一个政治学社的成员一起跑到对面马路的"斯蒂尔与舒格卢夫"酒馆借酒壮胆，好准备（一旦被推选出来时）在学问惊人的艾瑞克面前讨论文章。一两品脱*酒下肚后，安南经常觉得自己胜券在握，但等他们回到会场时，安南承认，"勇气就烟消云散了"。[22] 有一次艾瑞克邀请他加入了一场辩论，安南后来写道："他辩护的议题是在某种情况下（对我来说这种情况不太可能发生，我也不愿意看到它发生），人们可能需要发动战争来挽救民主。"安南则主张："讨论为民主而战是虚伪的，法西斯主义和张伯伦的资本主义之间倒是很可能会爆发战争，而我们举国上下会为了资本主义的存续而战。我的判断错了，但或许他也错了。"[23]

在国王学院的生活可以是很轻松愉快的，但艾瑞克觉得初夏时节里美丽的剑桥校园使他根本无法专注学习，"在这儿我很难学进去"，1937 年 5 月，艾瑞克在给罗恩的信里抱怨：

> 天气挺好的，河边显然是读书的好地方，但一旦你在那里坐下来，你会惊奇地发现自己看不了几页书，总是没法打消去划船或者撑小艇的诱惑。为什么学校要把考试放在这么一个不合时宜的学期呢？在圣诞节或者复活节前安排考试不是更方便吗？若以后你成了工党的专员而我在教育部里做事，我们就可以认真考虑这个问题。[24]

---

* 1 品脱 ≈ 568 毫升。——编者注

1937年5月12日，艾瑞克在剑河上撑长篙划船的技术派上了用场，这天他和那些坚定共和派的朋友想要避开乔治六世和伊丽莎白皇后的加冕庆典。"你想躲开加冕庆典吗？"几天前艾瑞克写信给罗恩，"我们可以沿着河的上游，有多远划多远，这样能远离庆典，不用看到那些小彩旗，不用听到乐队的声音。如果天气好的话就这么干，我希望是如此，天气肯定不错。"

‖

在20世纪30年代的剑桥大学里，历史系学生接受的是一种混合式的教学，包括学院导师针对论文的一对一面谈，以及来自不同学院的学者讲授的历史课程。艾瑞克参加了肯尼斯·皮克索恩的课程，他是"都铎王朝早期史的专家，也是相关教科书的作者，他担任剑桥大学保守党协会的主席，还是一名议员"。艾瑞克遇到皮克索恩的时候，正在"摸索着学习兰开斯特家族早期史，直到他认识到自己对'1399年至1688年的宪政史'这一部分的认识有误解和落后之处"。[25]

然后是教中世纪欧洲史的曼宁，他好像故意显得傻乎乎的，上课时的妙语连珠都是事先准备好的。有些说得挺好——斯蒂芬·朗西曼（校长的儿子）也教这门课。顺便说一下，他写了一本关于拜占庭文明的书，这书之前我跟你提起过；他对罗马帝国衰落的分析有理有据，虽然他故意不提及经济方面的因素。当然，他的作品对我有很大帮助。[26]

曼宁是一个老派的自由党人和宗教历史学家,出版过关于卫理公会和相关主题的研究著作,他的课程据说代表了辉格史观,这一派认为,英国历史的特征就是不断稳步走向最纯粹的现代宪法。[27]

然而,才进入第二学期,艾瑞克就"开始对大学的历史教学越来越不抱幻想,把精力都放在图书馆里"。[28]他对自己参加的大部分课程都兴致不高,它们都没什么意思。文学史和学术史专家巴兹尔·威利是重印多次的《17世纪的背景》(1934年)的作者,他关于霍布斯的课程是如此冗长乏味(他讲课时"声音干巴巴的,十分严肃,语气总是带着贬损的意味"),以致艾瑞克基本把关于这个课程的整篇报告写成了对课堂和学生的描述("我精确记录了课室里发生的一切")。[29]艾瑞克开始对平庸的学院导师的一对一面谈不以为然,虽然他还是很欣赏其中一位导师那苏格拉底式的教学方式,这位导师就是研究都铎王朝史的克里斯托弗·莫里斯(他是艾瑞克入学考试的面试官),他被要求在这位导师面前大声朗读自己的论文,这让艾瑞克能更好地拓展、发掘自己每周论文作业里的一些想法。[30]艾瑞克的另一位导师是研究中世纪经济史的约翰·索尔特马什,他和莫里斯的经历很相像(尽管最终莫里斯还是被艾瑞克认定为二流学者),从17岁作为大学生进入剑桥后,整个职业生涯都在国王学院度过。索尔特马什的大部分时间都用于研究国王学院华美的哥特式教堂的历史,而且比起出书或发表文章,他更愿意给大学生讲课。索尔特马什和热爱家庭的莫里斯不同的地方,在于他是一个典型的单身汉:艾瑞克钦佩他"广博的学识",但也许因为没有上过他那些很受欢迎、颇富影响力的课程,艾瑞克觉得他的教学并无启发之处。[31]"历史教学",艾瑞克后来评论道,是"为了给那些希望参与公众生活的人们提供基本的教育背景",[32]所以像莫里斯这样的学院导师致力于让"那些从公学毕业的普通年轻人在荣誉学位考试中能得到一个得体的二等文凭"。[33]不过在艾瑞克自己成为导师后,他就会改变对这种教学方式的负面看法。

基于上述原因，能得到艾瑞克敬重的老师非常少。其中最重要的一位，也是实际上艾瑞克真正崇拜的唯一一位导师叫迈克尔·波斯坦，通常被叫作穆尼亚·波斯坦。他教授英国和欧洲的经济史和社会史，作为当时的剑桥讲师，他的背景相当与众不同。波斯坦 1899 年出生于比萨拉比亚，这个地方当时是俄罗斯帝国的罗马尼亚语区，现今则属于摩尔多瓦共和国。20 世纪 20 年代的一次布尔什维克革命后，他离开了那里。他在伦敦经济学院跟随杰出的英国经济史和社会史专家 R.H. 托尼学习过，其后的 20 年代后期和 30 年代初期，他在那里任教，并通过新闻工作谋生，同时为中世纪史学家艾琳·鲍尔提供研究协助。有多国背景、能讲多种语言的波斯坦在教学的时候绝不含糊。在他关于"大国经济史"的部分课程里，他给学生列出的参考书目里几乎全是德语或俄语著作，涵盖了大量关于特定假说的理论研讨，比如资本主义的利润率下降问题以及工人阶级的贫困化，这两个都是艾瑞克在战后成为历史学家的早期阶段所关心的课题。[34]

1935 年，波斯坦被调往剑桥最古老的彼得学院，在 1938 年也就是他 39 岁那年成了一名经济史教授，他讲授的一系列内容所涉及的课题和历史时期都很广泛。他是一个矮小的红发男子，很有领袖气质，他的课"让人想起海德公园角落里滔滔不绝的基督复临安息日会的传道者"。[35] "他的每门课都会上演循循善诱的戏码：首先对一个历史学论点进行阐释，然后是彻底的剖析，最后原来的论点被波斯坦的观点代替，这让人得以从英伦岛国的偏狭思想中暂时解放出来。"[36] 艾瑞克几乎马上就去上了波斯坦的课，发现他的课观点鲜明、富有争议，对自己大有启发，这和大部分老师平淡乏味、照本宣科的课程很不一样。"波斯坦对我们是这样的，"艾瑞克在 1936 年 10 月 21 日给罗恩的信里写道，"如果我们关于 19 世纪的论文写得太简单，他会毫不客气地提出批评。他已经这么做过，并向我们推荐了很多不同类型的历史评论文章，这让我们 20 多个上他课的大一新生不得不在西利历史图书馆里艰难地啃着他推荐的大部头。"[37]

"波斯坦很有说服力"，艾瑞克在剑桥大学的第一学年末给罗恩的信中写道：

> 他刚讲了一堂关于农业革命如何伴随工业革命发生并为之提供条件的精彩课程，更别说课上都是货真价实的马克思主义论点。他能不加掩饰地承认这一点，你会听懂这种腔调："虽然我不喜欢那些术语，但实际上马克思的确说过……"这样的话其实是在表示认同。[38]

不出意外，虽然波斯坦远非一名真正的马克思主义者（"我从来没有见过对马克思主义这个词如此敏感的人，"艾瑞克在别的场合写过，"就像斗牛看到了红布一样。"[39]）但他"像吸引飞蝇一样吸引着马克思主义者，因为他是唯一一个知道马克思的老师。在一群普遍平庸乏味又照本宣科的讲课者中，我只愿意承认他是我的老师。另一位给过我好建议的是克拉彭（他跟波斯坦不一样）"。[40] 波斯坦是将社会科学理论和历史研究联系起来的积极倡导者，这让他和 20 世纪 30 年代及其后许多年的英国主流历史学者对立起来。他认为马克思是一位将自己的观念应用到历史研究中的社会学家，因此值得学习，虽然也有人指出他曾经说过："我 17 岁的时候信奉共产主义，但成年后我就不再跟随它了。"[41]他宣称："所有历史学和社会学专业的学生都要牢记，他们和马克思主义者一起继承了自然科学的传统。"不过他也补充道："我觉得坚持马克思主义者才是真理的唯一占有者是不对的。"[42] 然而，艾瑞克在很多年后写道："波斯坦……知道年轻的马克思主义者和他一同站在反对保守党的阵线上。"[43]

　　因此，就如艾瑞克注意到的那样，"波斯坦和年轻的马克思主义者之间的关系是奇妙复杂的，像所有的好老师一样，他喜欢聪明的学生，我觉得他会认为大部分学生都会在成熟后放弃追随共产主义，而大部分情况下的确如此"。[44] 比如在1938年，波斯坦希望说服维克托·基尔南来当他的教学助理，基尔南是一个年轻的历史专业学生，后来成为艾瑞克的终生挚友，1937年他获得双星一等荣誉学位并当选为三一学院的青年研究员。基尔南在学院里教过书，但很快就因为穿着睡袍、拖鞋和学生面谈而声名狼藉。他拒绝了波斯坦的邀请，因为他受到印度共产党人、艾瑞克的另一位朋友莫汉·库马拉曼加兰的影响，打算前往印度开展他的博士课题研究。[45] 但是，随着艾瑞克和波斯坦建立起私人关系，他开始认识到"你不能在没有独立核实的情况下相信他的任何陈述，部分原因是他不愿意承认自己并不知道问题的答案，所以他会捏造一个；另一方面是比起真正的事实，他更愿意相信他自己认定的事实，至少在个人问题上是这样"。[46] 虽然艾瑞克对波斯坦有保留意见，但在"二战"前和战后的一段时间里，他还是把波斯坦当作自己的导师和楷模。

　　以赛亚·伯林认为波斯坦"是一个名声不太好的聪明人，喜欢贬损他人、好胜心强算是他学术品格上的污点"，波斯坦觉得"自己的学术水平比通过引用一些'艰深'的唯物主义理论文献来糅合现代观念和修辞的人要高明得多"，并很满意这个自我认知。这是个很精准的评价。[47] 艾瑞克对他的敬仰之情是很容易理解的：他们同为犹太人，但又不是犹太教徒，都是在多个国家生活过的欧洲人，认同历史是一种社会科学的观念，对理论和事实同样充满兴趣，研究兴趣的范围可以覆盖多个国家和世纪。1937年波斯坦和志趣相投的艾琳·鲍尔结婚（因为鲍尔比他年长逾10岁，此事还引起过非议），他和鲍尔一起构思了《剑桥欧洲经济史》，并在鲍尔1940年不幸早逝后投入了这一鸿篇巨制的写作，这是一项前无古人的全新尝试，融合了多个欧洲国家历史学者的研究成果。波斯坦和鲍尔都与法国的经济史、社会史研究者有联系并深受他们影响，这些学者在1929年创办了期刊《经济与社会史年鉴》(1946年更名为《经济·社会·文化年鉴》)，宗旨是将历史学科视为包括地理学和社会学在内的全部社会科学的汇集点，他们还在创办初期试图建立一个延伸至多个国家的国际学术网络，这一努力特别体现在其组织国际性的历史学会议的工作上。期刊主编马克·布洛赫和吕西安·费弗尔宣扬"年鉴学派的本质"，这是一种宣扬历史学研究无所不包的精神。期刊及其支持者的主要方法特点是提倡从主流的"民族国家"历史范式中解放出来，在比较研究或者跨国研究的基础上接近历史。波斯坦认识杂志的编辑们，并且邀请布洛赫到剑桥来讲课。而在1934年，布洛赫也曾经到伦敦来寻求波斯坦、鲍尔和托尼的帮助，为了《经济与社会史年鉴》这份几年前创办的学刊。[48] 波斯坦向艾瑞克介绍了年鉴学派，并在艾瑞克还是大学生的时候就在教学中向他灌输了年鉴学派的核心理念，这将在艾瑞克今后的职业生涯中起到非常重要的作用。[49]

波斯坦直到20世纪30年代才为英国大众所熟悉，而当时在剑桥任教的最知名历史学家是杰出的乔治·麦考莱·特里维廉，他是当代史的钦定讲席教授，出版过的英国史和意大利史著作广为流传。特里维廉是一位深刻认同自由党传统的贵族，经常被形容为最后一位"辉格史"学者。由于受到叔祖父、维多利亚时代的辉格党历史学家和政治家托马斯·巴宾顿·麦考莱的影响，他提倡在历史写作中彰显文学风格。虽然艾瑞克在1937年秋季学期第一次上特里维廉的课时，这位学者也不过61岁，但艾瑞克觉得他看上去要老得多，他很生动地描述过当时的大学生对特里维廉的印象：

这是一个研讨讲座，不像波斯坦在米尔巷教学楼里 9 点钟开始的课程那样充满进步思想的氛围，也不像基特森·克拉克的课那样信息量巨大。大家不会开小差、玩填字游戏，也完全不会自顾自地涂鸦……他有时会把袍子铺开在桌面上，看上去像一只大鸟；有时会把袍袖折到手肘处，这时又像弗里茨·朗的电影里某个定格画面……他说话的句子都很长，声音苍老，听起来很神经质，头发稀疏花白，眼睛深陷在眼眶里。从远处你根本看不到他戴了眼镜。他的胡子像土耳其人那样剪得很短，嘴角耷拉着，皱纹很深。他讲的光荣革命，以及宪法和自由的关系现在看来已经过时了。[50]

特里维廉显然没有让艾瑞克受到多大触动。

艾瑞克对课程和讲师那令人仿佛身临其境的摹写在本科生杂志《格兰塔》读者中非常出名，有人专门模仿他创作了一篇文章并被刊登出来，前半部分就像艾瑞克通常写的那样，是关于阶梯教室的描述，后半部分则是关于艾瑞克本人的：

他穿着一件长长的灰色防水外套，扣子严丝合缝地一直扣到下巴底下。他从皮革公文包里掏出一本螺线圈笔记本（出自伍尔沃斯平价商店，上面写着"学生或秘书专用本"），然后戴上眼镜，开始观察周边。他皱起高贵的眉毛，下颌微垂，专注而冷酷地盯着浑身不自在的讲师……讲师注意到平日的学生中多了一个新面孔，而且他明显不是来上课的——他在本子上东一处西一处地胡乱涂写。课堂上的其他人则是讲师和他的观察员之外的另一组观察者。看热闹的大伙儿被这样的场景迷住了，不觉时间过得飞快。下课后我们冲进 11 月的细雨中，穿过几幢喧闹的校舍，我们在转角处看到了一个黑色的人影，他曲起一条腿靠墙站立着，连《泰晤士报》的通讯员也不能比他更有范儿了。他用曲起的膝盖顶住公文包，在皮包垫着的笔记本上奋笔疾书。我们悄悄地离开，不敢打扰，很庆幸没有被他注意到。[51]

Ⅲ

和很多大一新生一样，艾瑞克在第一个学期参加了各种各样的学生社团，包括剑桥历史学社（在导师的推荐下）、英语文学（诗歌和批评）社以及1876年由国王学院研究员奥斯卡·勃朗宁（所有历史学奖学金的获得者均可成为研究员）创立的政治学社。艾瑞克在翻阅政治学社的会议记录时"兴奋地"发现"前成员奥斯丁·张伯伦曾经投票赞成取缔财产私有"（张伯伦是"一战"前最后一届保守党政府的财政大臣，后来成为英国外交大臣）。政治学社的主席是约翰·克拉彭，艾瑞克评价说"他对社会问题的乐观态度——从他读的文章来看 ——至少和他在经济史方面的学问一样与众不同"。艾瑞克还参加了剑桥联合会，觉得这是"一个很不错的地方"，在联合会的酒馆里边喝酒边聊天让他觉得很愉快。[52]第一个学期里，艾瑞克曾在一次辩论上发言，但似乎没形成多大影响。"E. J. E. 霍布斯鲍姆先生（国王学院），"一份会议记录里写道，"抨击了政府部门的终身雇员制。我们不太清楚这位发言者在站起来之前是否已经对自己的思路进行过清晰的梳理。"这次辩论的议题是与左翼政党联盟"联合阵线"提出的政策有关的一项动议。[53]在这次失败的经历后，艾瑞克退出了政治学社，省下了一大笔会费。[54]

艾瑞克真正投入精力的是社会主义学社，这个学社大约有400名成员，是剑桥规模最大、最活跃的学生组织之一。艾瑞克觉得这一点"让人吃惊"，因为这些学生成员绝大多数都来自公学，甚至国王学院就有30多个社会主义学社成员，艾瑞克很快就被任命为小组委员会的成员。[55] 在这个学社中，共产党人起着主导作用，来剑桥读书之前，艾瑞克在伦敦完全处于与政治生活隔绝的状态，找不到任何与他志同道合的伙伴。能够让他积极投入政治讨论的极少场合中，他都是站在工党立场上。和意大利、法国以及德国共产党不一样，英国共产党在任何情况下都很难有知识分子成员的立足之地。有"资产阶级"或是专业技术背景的人在入党时必须认同党内工人阶级的立场，并且不会享受到任何特殊待遇。来自中产阶级的人在申请入党时要隐瞒他们的社会背景，任何拥有"上流"口音或是高等教育背景的人都很可能受到党内活跃分子的质疑。早期的英国共产党内部的劳工群体有很强的排外性。[56]

直到 20 世纪 30 年代的中期，上述情况才有所改变，学生之中开始出现共产主义思潮，其原因包括纳粹在德国的胜利、法西斯主义在欧洲（包括英国）的骇人传播，以及日益剧增的战争威胁。一个更具体的诱因是发端于贾罗地区的反饥饿大游行，这是工会主义者为了抗议大萧条期间全国普遍存在的贫穷和失业而发起的示威巡回游行。1934 年，示威者游行经过多个城镇（其中就包括剑桥）前往伦敦，吸引了全国的关注。共产主义对"资产阶级知识分子"的吸引力突然有所增加，这促使英国共产党在 1932 年成立了学生分部。4 年之后，西班牙内战的爆发更是带动了一批受过教育的年轻人和中产阶级加入共产党，英国共产党表示强烈支持西班牙共和国的民选政府与 1936 年 7 月 17 日发起政变的极右翼军官集团进行斗争，而工党则支持英国政府中立、不干涉外务。[57]

在多次深夜长谈及其他因素的影响下，艾瑞克在国王学院的朋友杰克·赖斯和诺曼·哈塞格罗夫加入了共产党。即使来自公学和保守派家庭，仍有"杰克这种乍看上去绝对不可能加入共产党的人都受到鼓舞（入党），西班牙内战的影响毫无疑问是最主要的原因"。[58] 很多共产党员和其他人士，包括作家乔治·奥威尔都前往西班牙加入国际纵队，为共和国而战。就像艾瑞克多年后写的那样，西班牙内战之所以能调动年轻的知识分子，是因为法西斯主义"从原则上反对那些定义并启发了知识分子的事业，例如启蒙运动的价值以及美国、法国的革命"：[59]

> 当时，人们在任何一位信奉社会主义和共产主义的剑桥学生的房间里，都能发现约翰·康福德的照片，他是一位知识分子、诗人，以及共产党学生的领导者。1936 年 12 月，他于 21 岁生日那天在西班牙内战中牺牲。就像我们熟悉的切·格瓦拉的照片一样，这是一个充满力量的标志性形象——但康福德离我们更近，他的照片就放在我们壁炉架上，每天提醒我们为了什么而战斗。

在信奉共产主义的学生圈子里，国际纵队声望很高：1937 年 7 月，艾瑞克给罗恩的生日礼物是一本小书《西班牙见闻》，作者署名为弗兰克·皮特克恩，这是共产主义记者克劳德·柯克本的笔名，他加入了国际纵队并为《工人日报》撰写内战见闻。艾瑞克在书上写下的题词是："为了不能参战的我们。"[60]

类似这样的共产主义追随者还有琼·维克斯，他有个众所周知的外号叫"老鼠"（"Mouse"，这是他中学时代外号"缪斯"，即"Muse"的戏称），他是诺埃尔·安南的朋友，外表邋遢，外套肘部总是有破洞，艾瑞克觉得他总是神经兮兮，政治立场并不坚定，但他确实是一个口才了得的演讲达人：

> 他是我见过的唯一一个在讨论时会调动全身肌肉的人。他身体前倾，线条锋利的鼻梁曾经在拳击活动中被打断过，他像猎狐犬一样嗅着什么，连眼镜都似乎闪耀着兴奋的光芒，说不上是什么形状的嘴唇像活塞一样上下移动。大家注意到他那瘦长的手臂在破旧的

外套下挥动着——他的外套总是破破烂烂的。他陈述观点时口若悬河，我们经常因为他一直重复自己的论证而感到心烦意乱，但他兴冲冲地说出一些毫无新意的比喻时我们都笑了起来。"同志们，"他说，"从某种角度看，形势已经逆转了。""同志们——我们必须牢记这一点。"然后他突然说出一句非常自然、发自内心的顿悟："同志们，S（斯大林）是正确的。"[61]

> 有个晚上（1938）我们结伴外出到阿尔伯里的采石场去，因为贪玩，我们打算在黑暗中爬到山上，爬的过程并不轻松，一路都是沙子，我们一边前进一边摸索，找能搭手的地方，在爬这个小山坡时衬衫都进了沙子。维克斯时不时说"行""太棒了""我们能上去的"。其实山上什么都没有，只有维克斯是如此乐在其中。[62]

正如艾瑞克指出的那样，学生中的共产党员不只是"现行体制中持不同政见的年轻一代，而且在剑桥和牛津这样的学生的确还有不少"。有些人是"'工党的异见分子'或自由派背景（比如克里斯托弗·希尔、罗德尼·希尔顿、雷蒙德·威廉斯），来自文法学校"。大部分人根本都"不是上层中产阶级"。[63]

剑桥的学生共产党员组织是一个兼容并收、由来自各国的成员组成的国际化群体，但艾瑞克记得里面的犹太人很少。有一次党组织让艾瑞克负责犹太人事务，于是他和伊弗雷姆·内厄姆（大家叫他"兰姆"）一起和党内犹太人委员会的代表团会面，内厄姆是出身曼彻斯特的本科生，被许多人认为是当时剑桥学生共产党员的领袖。"我现在还记得他的样子，"艾瑞克后来写道，"粗矮强壮的身体、大鼻子，有一种他自己浑然不觉但能让人放心的绝对自信的光环（在那些对自己不够确信的人看来，这样的自信可能更像是自负），我还能记得起他的声音。"[64]但和犹太委员会的见面并不成功，不过至少在艾瑞克的记录中，这次会面"让我有机会见识伦敦东区的同志们那种独角喜剧式的风格"。他和内厄姆两人都没有对此表现出真正的兴趣，所以他们慢慢也和犹太委员会失去了联系。[65]

剑桥共产党的领袖人物中有一位名叫玛戈·海涅曼，她是约翰·康福德的女友。生于 1913 年的她在某种意义上成了艾瑞克的政治导师，艾瑞克后来宣称"她对我的影响很可能比任何我认识的人都要深"。[66]但艾瑞克作为一个共产党知识分子的自我认知在他认识玛戈·海涅曼之前就已经确定下来，而且虽然她在 20 世纪 30 年代后期指导过艾瑞克，但没什么证据证明她真的像艾瑞克想的那样影响过他，她也没有对艾瑞克的崇敬之情有过回应。艾瑞克"还没懂得怎么去评价别人"，海涅曼在某个场合曾经这样说过。[67]海涅曼是一名中学教师，还在独立工会资助的劳工研究部做兼职工作，她发表了好几本关于煤矿业的著作，最后成为剑桥大学新堂学院[*]的研究员。她终生都是一名共产党员，曾经和科学家 J.D. 伯纳尔在一起并给他生了个女儿，但归根结底，在她心中没有人能真正取代康福德的位置。[68]

剑桥共产党的另一位领袖是詹姆斯·克卢格曼。他比玛戈·海涅曼年长一岁，获得过双星一等学位荣誉，能讲流利的法语。他在 1934 年开始撰写关于法国大革命的博士论文，但还是放弃了学术，选择担任

---

[*] 新堂学院（New Hall）于 2008 年更名为默里·爱德华兹学院（Murray Edwards College）。——编者注

总部在巴黎的世界学生协会的秘书长，这是一个由传奇的德国共产党宣传家威利·米岑贝格在20世纪30年代早期创立的共产党青年组织。[69]担任这一职务时，他让艾瑞克参与了协会的会议，发挥了艾瑞克的法语能力。克卢格曼是一个苦行僧式的人物，全身心都献给了共产党，过着被书本围绕的单身生活。艾瑞克对他并不熟悉，但其实别的人也同样不了解他。"二战"期间，克卢格曼是英国在南斯拉夫的特别行动委员会的重要成员，支持由约瑟普·布罗兹·铁托领导的共产党游击队。克卢格曼是一个绝对的教条主义者，同时为苏联的情报组织充当间谍，虽然艾瑞克当时对此并不知情。克卢格曼的工作是评估其他在英苏联间谍的报告，并招募愿意和他一起从事间谍工作的人员。[70]实际上，剑桥的学生共产党员组织随后因为成了苏联间谍的培养基地而声名狼藉，尽管艾瑞克并不是间谍。和克卢格曼一样，其他"剑桥间谍"——安东尼·布伦特、盖伊·伯吉斯、唐纳德·麦克林恩、金·菲尔比以及约翰·凯恩克罗斯——都是"一战"前出生的，并且在艾瑞克进入剑桥之前就已经毕业。[71]促使这些人出卖国家机密的原因似乎是他们相信在英国政府没有准备好反对法西斯主义的时候，只有苏联才能真正打败法西斯；或许也有些个人原因，比如对秘密和阴谋的天生喜好加上对阶级出身的内疚感——这些特质和艾瑞克的性格相差甚远。[72]艾瑞克后来承认如果当时有人招募他入伙，他会同意为苏联充当间谍，但是他只有在为英国情报机构或者相关政府部门工作的情况下才能获得情报，而和真正的间谍不同的是，他从来没有过这种机会。[73]

社会主义学社的集会有时会在艾瑞克位于国王学院的宿舍里举行，但更多时候是在彭布罗克学院，那儿有好几个党员，包括兰姆·内厄姆、戴维·史宾塞以及德国文学专家罗伊·帕斯卡，帕斯卡是当时非常少见的共产党员讲师。成员中还包括一些来自殖民地的年轻激进分子，其中不只有彼得·克尼曼，还有莫汉·库马拉曼加兰和英德拉吉特·（桑尼·）古普塔，这两位在回到祖国印度后都成了著名的左翼政治家。艾瑞克很快就和社会主义学社里的"殖民地小组"有了紧密的合作，并因此对南亚次大陆历史和政治方面有了早期认识。[74] 艾瑞克在大二秋季学期结束的时候被选为了学社的委员，或者可以说是"书记处成员"，虽然在别人眼中太过学术化的他从来未被赋予主要组织者的职责。[75] 1938年春季学期开学之际，学社的委员们都被赋予了名头很大的"部长职责"，艾瑞克（霍布斯鲍姆同志）负责组织编撰学社每周发布的《公报》。[76] 艾瑞克马上着手扩大《公报》的内容范围，他抱怨《公报》：

> 已经变成除了歌功颂德之外什么也没有的告示牌，成员们不去读，外面的人也没兴趣看。我们觉得这不是一件好事。告示和训词都挺好的，学社的日常运作也应该在公报里有一席之地，但这不能成为不发布其他事情的原因……为什么没有关于文学的问题，没有关于艺术、关于各种话题、关于性的内容？为何没有一些普遍意义上的、人文方面的稿件？公报的内容真是极其贫乏。[77]

就在这个时期，艾瑞克已经在政治方面展示出与众不同的独立思考能力，以及对单调乏味的日常工作缺乏耐心，甚至可以说是鄙夷的态度，而这些工作都是需要由许多普通党员来执行的。

为了让《公报》按新的定位运作起来，艾瑞克贡献了一篇关于一部在剑桥新上映的电影的影评，《大地》这部电影由路易丝·赖纳主演，她因为在剧中饰演一个中国农妇——有点令人难以置信——而获得了奥斯卡最佳女主角奖。艾瑞克没有采取一个"铁骨铮铮的社会主义者"对好莱坞电影"不太瞧得起"的态度，他认为这部电影是一次重要的政治教育，向英国人展示中国农民的境况以及英国人自己的问题。[78] 2月

15 日，艾瑞克又发表了一篇文章，这次是讨论"围绕当今艺术本质而出现的巨大国际争议"，涉及苏联、法国和美国的"艺术与文学、现实主义与形式主义的问题"。"即使在英国，个体批评家如安东尼·布伦特也已经对这个问题有过很多思考。"[79] 然而，艾瑞克想要帮助剑桥学生共产党员拓展兴趣的行动最后还是被不懂变通的兰姆·内厄姆阻挠了，内厄姆认为艺术和音乐都是作用不大的东西，会分散人们对政治斗争的注意力，虽然他自己在闲暇时是个热爱打桥牌的人。[80]

IV

很大程度上由于上述原因，艾瑞克开始对剑桥的社会主义学社感到厌倦，他觉得学社的活动与世界上大部分正在酝酿的大事件相比日益显得"无足轻重"。他还被"殖民地小组"在定期的读书会上关于列宁的无意义讨论激怒了，"用经院哲学的方法从每个层面来讨论，就连文本的语法都不放过"。[81] 1937 年的秋季学期，仅仅加入学社一年后，艾瑞克就宣称社会主义学社的高级成员"明显毫无效率"，他们的工作"过于软弱"。新加入的大一新生比他们的学长更有战斗力，但学社的"老成员们"并没有好好利用他们的热情。[82] 另一方面，社会主义学社的领导者们觉得艾瑞克真正感兴趣的只有学术和文化问题，并没有从事政治实践的天赋。"艾瑞克什么都懂，"哈里·弗恩后来评价道，"但他很少知道怎么去做，兰姆很早就发现了他这一弱点。他不止一次对我说'该死，艾瑞克正在把我们的组织变成一个辩论社'。"[83] 在内厄姆的影响下，学社的《公报》并未真正给艾瑞克提供他渴望的机会。

因此，艾瑞克很快开始为没有政治色彩的剑桥学生期刊《格兰塔》

撰稿。"他在第一学期",彼得·克尼曼回忆道,"走进了《格兰塔》的编辑办公室,防雨外套一直扣到了脖子上,他要求得到一份工作。"[84]他的第一篇文章在1937年春季学期,也就是艾瑞克的第二个学期就刊登出来了。他和杰克·多德一起定期撰写了一系列"剑桥小品文",内容是一些本地人物的小传。他们开始写的第一篇文章是关于布里斯科·斯内尔森的,他是本地的当铺老板,此前为了寻找挂在他店铺门前的3颗金球到《格兰塔》杂志来求助。这3颗金球是当铺的传统标志,一夜之间不见了,明显是学生的恶作剧。"大范围的请愿启动了,每个人都把'把我们的金球还给我们'挂在嘴边。3天之内,一个编辑得意扬扬地把那闪闪发亮的标志物带了回来,隆重地交还给店主。专司幽默、公众良心,这就是《格兰特》。"[85]

《格兰塔》的前任编辑是美国人罗伯特·埃杰顿·斯瓦特沃特,他是剑桥辩论社的知名人物,也是艾瑞克和杰克另一篇人物小传的主角。才华横溢的他为总部在伦敦的政治周刊《旁观者》设计填字游戏,画卡通漫画,发表过一部名为《赛艇比赛谋杀案》(*The Boat Race Murder*,1933年)的侦探小说,还为维多利亚时代晚期的政治家伦道夫·丘吉尔爵士写过一篇虚构的传记,传记的设定是这位政治家没有在1935年去世而是活到了老年。[86]据艾瑞克和杰克·多德所言,斯瓦特沃特对劳合·乔治的热情使其成为一位威尔士民族主义者,"所以你可以看到他在阳光灿烂的日子里去爬卡德伊德里斯山,用威尔士语对着山羊发表感言,好像它听懂似的"。[87]另两篇小品文则献给了有名的剑桥商店:美国连锁商店伍尔沃斯的分店("所有商品不超过6便士"),商店经理沃尔特·克拉在店里塞满了为乔治六世加冕而准备的粗制滥造的王室纪念品。[88]还有出售大学校服和学院院服的莱德与艾米斯服装店。这间服装店直到现在还在营业,店员也不像艾瑞克那个时代的经理沃拉西先生那么令人望而生畏了。沃拉西先生负责剪裁、设计各个学院和俱乐部的制服领带，他可以"一眼就分辨出656种样式中的任何一种"，尤其在这领带戴在没有资格佩戴的人身上时。[89]"店员和讲师们，"彼得·克尼曼在他关于艾瑞克的人物小传中写道，"都害怕看到这个阴郁的身影引人注目地溜进来，用握紧笔的手把他们的小缺点一一记下来。"[90]

艾瑞克在迎来剑桥的第二个学年时开始为他在《格兰塔》的人物特写设定了更高的标准。此时他已经不再和杰克·多德合作而是独立写作，并从剑桥本地人转移到了有国内或国际影响力的人物身上。他成功地在剑桥中心的塔利弗咖啡屋对克里斯托弗·伊舍伍德进行了采访，在此前的一次交谈中这位诗人和戏剧家给了艾瑞克一本最新的作品。伊舍伍德在20世纪20年代中期离开剑桥，没有完成他的学业，艾瑞克对他感兴趣，很大程度上是因为他们20世纪30年代早期都在柏林待过。伊舍伍德当时即将完成他的"柏林作品集"——小说《诺里斯先生换火车》（1935年）和《别了，柏林》（1939年），这两部作品后来被改编为歌舞剧。

> 在塔利弗咖啡屋里，他看起来比实际更加瘦削和年轻，他的眉头下沉，有时看起来忧心忡忡……从空荡荡的库里小巷走回去的时候，这位诗人对着市政厅和《格兰塔》采访者发表了意见。"告诉他们，"他说，"我认为年青一代是优秀的。"他本来可以对着月亮或者银河说话，但当时没有月亮，就算有的话，抬头满天空寻找也太麻烦了。所以他对着我说了这些话。他看起来瘦削、年轻，笑起来嘴角有细纹，头发剪得很短，沿着希维尔街一路走回他的旅馆。[91]

艾瑞克觉得这位诗人"非常有魅力"，而且相当害羞，伊舍伍德对西班牙内战中共和派的支持让艾瑞克很是钦佩，虽然他和另一位诗人朋友威斯坦·奥登都没能拿到去西班牙的签证，"可能因为（外交大臣安东尼·）艾登觉得他们会走私坦克"。

1938 年，艾瑞克为前来剑桥联合会发表演说的 4 位演讲者撰写了一系列总标题为《繁星俯瞰》（*The Stars Look Down*）的政治人物小传，他为此十分投入。第一位人物是伦敦政治经济学院的政治学教授哈罗德·拉斯基，[92] 拉斯基知道自己是个优秀的辩论家，这让他"无论是用带着鼻音的腔调讲精心雕饰过的俏皮话，还是严谨细致地讲授内容复杂的课程，都显得胜人一筹"。他演讲时几乎可以完全脱稿，"遣词造句毫不费力，随心所欲得像一匹亚利桑那竞技场上的野马"。在演讲达到高潮时他会停止开玩笑，变得急切而严肃。"他是一个充满激情又才华横溢的人，会为他相信的事情发声。"当时拉斯基正处于影响力和名望的高峰，然而"二战"之后他由于爱打嘴仗又到处得罪人（引来了工党领袖克莱门特·艾德礼那句著名的奚落"你能保持沉默一小会儿的话我们会很高兴"）而声名尽丧。他那些缺乏独立思想、四处借鉴的著作也没能流传下来。艾瑞克在评价第二位演讲者的表现时敬意稍减，他是有自由党背景的外交官及作家哈罗德·尼科尔森，后来因为在这段时期写下的大量日记而知名。[93] "有人说，看吧，他的确是英国的上层阶级：温文尔雅，就像这个词形容的那样，八面玲珑、富有教养。"他"为一个离我们很遥远的世界"代言，对当前的现实问题漠不关心。尼科尔森曾经是颇有分量的政坛人物，但到了 20 世纪 30 年代晚期他不再参与重要政务。他不过是一个夸夸其谈的人，艾瑞克认为。"在谈话，特别是谈论自己方面他很擅长，就像其他人在会计、钢琴调音或者台球方面有专长一样。"[94]

接下来，艾瑞克将无情的批判目光转向赫伯特·莫里森。他是这4 个人里较为重要的一位政治人物，身为工党的主要政治家，莫里森十分上相，也懂得如何引起公众关注。

他身材矮小，性格好斗，看上去比任何体面的英国人都更像一头斗牛犬。他站在讲台的红色屏幕前，旁边是循例放着一杯水的桌子，还有一位给他做陪衬的主席，他两腿跨开，一只眼睛盯着听众，像乔治·罗比[*]那样扬起眉毛，时不时用力抿一下嘴，脸上露出了深深的皱纹。[95]

艾瑞克觉得他是一个经典的格拉斯顿[†]式的人物，夸夸其谈的间歇穿插着"简短有力的陈述"，在"谈话般亲切地"压低音量之前，会把声音提高到"几乎是尖叫的地步"。"搓揉自己的脸，用手指指着别人，靠在手提箱上，用多年练就的公众演讲话术把浑不知情的提问者辩驳得体无完肤。"在艾瑞克为剑桥联合会的尊贵客人撰写的一系列人物小传中，科学家 J.B.S. 霍尔丹是最后一位主角，他是著名的数学家和遗传学者，伦敦大学学院教授，同时也是坚定的社会主义者。他曾建议马德里的共和国政府在内战期间注意防御毒气攻击。他的样子完全跟学究不沾边："（他）是个动作迟缓的大块头，非常像一头大熊。"[96] 然而，他认为存在于日常生活和现代文化中的科学有其重要性，并对此阐述深信不疑。他所看重的科学"是属于生活的，因此我们尊敬他"。

艾瑞克在《格兰塔》杂志社的主要工作是撰写电影评论。就像他在1937 年 2 月告诉罗恩的那样："通过某种关系（不是很密切的那种），我作为《格兰塔》的评论员从电影院里拿到了一张免费的周票。在我目前能省则省的情况下，这实在是太有用了。"[97] 除了别的好处，杂志影评人的角色为艾瑞克提供了后来被他称为"结交不同政治立场朋友的中立

---

[*] 乔治·罗比（1869—1954）是一位英国喜剧演员。——译者注

[†] 威廉·埃尔特·格拉斯顿（1809—1898）是英国政治家、自由党领袖，曾任英国首相及财政大臣。——译者注

领域，比如以此为契机认识了小阿瑟·施莱辛格"。施莱辛格来自美国，1938年至1939年间作为亨利奖学金的获得者在彼得学院求学，他后来成了民主党的撰稿人和约翰·F. 肯尼迪总统被戏称为"卡米洛特"（传说中亚瑟王的宫殿）的政府班子中的重要成员。[98] 艾瑞克关注的不是流行的好莱坞电影或者标准的英国电影票价是多少，而是外国电影，其中大部分是法国电影。他给陀思妥耶夫斯基《罪与罚》改编电影的法国版本写过影评，认为这部电影情节松散混乱，演员的演技总体上过于做作。[99] 当时中心电影院上映的是《金刚》，剧场里则是《富国银行》，但艾瑞克略过了这两部电影，反而为法国电影明星萨沙·吉特里写了一篇文章。"编辑以为我这个星期会写罗伯特·泰勒，"艾瑞克承认，他指的是当时在剑桥有两部电影上映的一位好莱坞大明星，"可我想写的是萨沙·吉特里，我对期待看到泰勒的人说声抱歉。"艾瑞克认为吉特里很快就会"像19世纪的三流戏剧家一样"被人们遗忘。[100]

在接下来的几期里，艾瑞克写了伟大的奥地利导演弗里茨·朗。这位善于表现"歇斯底里和恐慌"的大师在经典的柏林犯罪片《M》(1931年) 中淋漓尽致地展现了他的才华，而这才华在他移民到美国后有被好莱坞压制的危险。或许出人意料的是，艾瑞克还写了关于《马克思兄弟》的文章，艾瑞克认为他们推翻传统的拍摄手法有创意而且很精彩，因为"乍看不合情理，但如果你仔细想想，会发现逻辑清晰得可怕"。[101] 他列出了他在1938年看过的12部最好的电影，其中包括两部法国电影（《雾码头》和《舞会的名册》）、两部苏联电影（《我们来自喀朗施塔德》和《母亲》）、一部德国电影（《同志之谊》）和一部荷兰电影（《西班牙土地》），剩下的六部都是美国电影。他喜爱的电影里没有一部是英国的，虽然阿尔弗雷德·希区柯克经典的《贵妇失踪记》也在那一年上映，但艾瑞克很可能没有看过。艾瑞克承认，英国电影的缺席"实在很遗憾"。[102]

1939 年 1 月，艾瑞克被任命为《格兰塔》的编辑。他在这一职位上最突出的贡献是对其他真实或幻想中的期刊的戏仿。1939 年 2 月 1 日，艾瑞克策划了一期《新政治家与民族：周末评论》，讽刺左翼旗舰周刊标志性的陈词滥调、一本正经和毫无原创性。杂志上有假托的读者来信，为一些虚头巴脑的活动争取支持。例如"英国'思想、语言和行动'解放委员会"要求禁止发行一本由"一位年轻的瑞典作家"写的一部有关年轻的瑞典作家"成功地在《爱经》中找到幸福"的小说，《爱经》带给他"丰富多样而绝非下流的性生活，因为这是一种极度艺术化的治疗方式"，书中还包括了"真实的照片"。杂志刊登了正在写 J.B. 普里斯特利传记的休·沃尔波尔向杂志提出咨询的来信，而正在写休·沃尔波尔传记的 J.B. 普里斯特利也写信向杂志咨询（这两位都是当时英国著名的畅销小说家）。还有一篇关于 1937 年开始的"大众观察计划"的讽刺文章，这个计划要求 500 名普通公民用写日记或者定期回答调查问卷的方式，关注"票根在资本主义经济中的作用"，文章的结论是"激动又困惑的大众在摆弄票根的过程中得到了情绪释放。签订《慕尼黑协定》后，在福斯湾以南的英国地区，撕碎票根（而不是揉成一团了事）的情况增加了 47%，而在福斯湾以北的地方他们用票根来投喂银行职员"。杂志定期举办的"周末比赛"让读者解释一组关于爱母亲或者爱父亲的押韵对句，而得到的答案并不令人满意（"除了各种怪癖以外，我们杂志的读者甚至都不爱他们的父母"）。维特根斯坦博士写信来询问比赛所说的"爱"这个词究竟是什么意思，纽约短篇小说家达蒙·鲁尼恩的回答（"如果有人除了自己的洋娃娃外还要求别人爱他们，那这个爱他们的人必定是他们的母亲或父亲——而且还不能要求太多"），以及西格蒙德·弗洛伊德的发现"爱是一种矛盾的态度，是俄狄浦斯情结的本质……这是我在维也纳行医时总结的"都接近最佳答案，但优胜者是剧院歌手乔治·丰比那句拿捏得非常精准到位的"妈咪，你听得到我说话吗？"[103]

这些精彩的戏仿文章促使艾瑞克主编了另一期杂志，这一期内容似乎与现实截然相反但也能自圆其说，它被设定为一份在未来，即半个世纪后的 1989 年 3 月 8 日发行的杂志，那时一场纳粹性质的法西斯运动席卷了英国。杂志里的文章巧妙地使用了德国纳粹的语言风格，要求"耶稣学院的党部负责人"将学院的名字改为"霍斯特·威塞尔学院"*。校方应该对其他根据"希伯来煽动者"或者其他类似的堕落分子命名的学院进行调查，比如基督学院或者基督圣体学院。一位记者告诉读者"国王学院的老教堂被夷为平地，给修建中央铁路和汽车站腾出地方"。纳粹冲锋队员驻扎在学院里，方便开展"适当的"教育工作。为了"万岁盎格利亚"的声势，地区党部的头目在市政厅举办了一场盎格鲁-撒克逊艺术的展览。据报道赛尔文学院（一个盎格利亚遗址）举行了一场宗教献祭。杂志的活动日程报道包括对唐宁街传出来的法西斯元首讲话进行接力式的宣传贯彻，要求将安茹地区并入英国，这是与当地居民的愿望相符的，他们"在法国人的残暴压迫下受苦日久"。[104] 直到 1977 年愚人节那天《卫报》发表了一期 7 页的副刊，虚构了一个叫"圣萨弗里"的独裁岛国，才有了在体量和野心上能与艾瑞克主编的文章相提并论的戏仿式刊物文章。

V

1938 年 10 月，新学年，也是艾瑞克的最后一个学年开始之际，慕

---

* 霍斯特·威塞尔是纳粹冲锋队头目，《霍斯特·威塞尔之歌》是纳粹党党歌。——译者注

尼黑危机结束了。英国首相张伯伦提出的协议方案解除了希特勒入侵捷克斯洛伐克的威胁，捷克斯洛伐克的德语区被并入了德国。这个事件在左翼阵营引起了普遍的骚动，就像艾瑞克在《社会主义学社公报》中记录的那样，"由于这次危机事件，最后几天里申请加入俱乐部的人异常多"。实际上，社会主义学社已经"是所有大学里规模最大的社会主义者俱乐部"，以及"剑桥大学里最大的政治俱乐部"。学社在各个学院设立了活动小组，希望通过海报宣传和集会的方式，在学期末达到全剑桥 1 000 名成员的目标。据报告，每周都有 300 名新成员被招募到学社中来，仅三一学院就有 90 人。学社组织了 5 次主题集会谴责张伯伦政府对希特勒的绥靖态度。社会主义学社"不是一个政党，也不是宣传机器，甚至不是面向激进分子的社会主义俱乐部"，而是"大学劳工联合会的一个最大的分支，该联合会在工党会议中拥有投票权"，这使它的规模更容易快速扩大。共产党员不需要登记成为工党的附属成员，但任何"对工党有足够认同"的人都被鼓励这样做。"成为一个全国性政党的成员，工党也好共产党也好，都是将大学生从大学里'空谈社会主义'的淡薄氛围里抽离出来，让他们与外部世界接触。"[105]

1938 年的秋季学期里，学社的主要活动是筹集资金，为西班牙内战中共和国方面的受害者，尤其是儿童难民提供食物包。学社还拟了一张重量级的年度演讲者名单，包括领导工党的政治家克莱门特·艾德礼和斯塔福德·克里普斯、英国共产党的总书记哈里·波立特、诗人 W.H. 奥登、作家纳奥米·米奇森，以及业余运动员协会的副主席赫伯特·帕许。[106] 学社还有全员学习小组，艾瑞克主持历史方面的学习，邀请了穆尼亚·波斯坦、H.J. 哈巴卡克（年轻出色的经济史学家，研究英国土地所有制）和信奉马克思主义的德国文学专家罗伊·帕斯卡前来举办讲座，另外还有一个主题为"评价卡尔·马克思史学作品"的夜间论坛。[107] 但不是每件事情都能按计划开展，艾德礼在谷物交易所面向

1 500 名听众的演讲受到了一小群保守党政府支持者的扰乱，这些人包括和牛津声名狼藉的布灵顿俱乐部帮派齐名的"皮特俱乐部成员"，还有一些"高大强壮、成熟老练的成年运动员……如果保守党知道其官员格兰比侯爵在现场派发烟花，想必会感到惭愧"。抗议者"大声叫嚷，吹响猎号，燃放烟花，表现得就像那些太有钱又喝酒成瘾的传统大学生"。他们不但"疯狂地为张伯伦呐喊"，还在吵吵嚷嚷的人群中喊出了"希特勒万岁"。[108]

让剑桥的共产党员担忧的还有别的问题。苏联当时正在经历一连串的政治动荡，1934 年列宁格勒省委第一书记谢尔盖·基洛夫遭到刺杀；知识分子托洛茨基被驱逐出党、流亡海外。在 1936 年 8 月和 1937 年 1 月的两次公开审讯中，从前的领导人，包括格里戈里·季诺维也夫、列甫·加米涅夫和卡尔·拉狄克，承认在托洛茨基的阴谋策划中起了重要作用，被判处死刑。大批下层党员被逮捕及枪杀，或者送进劳改营。[109]

西方国家对审判的最初反应是震惊，但总体上没有质疑。就像当时的美国驻莫斯科大使写的那样，"外交使团普遍认为被告们应该是犯下了足以让苏联做出死刑判决的罪行"。[110]直到 1938 年，才有人提出质疑。很多年以后，人们指出季诺维也夫和其他人的供词都是由审讯者代笔的。只有在极少数情况下，秘密警察才实施了严刑逼供，但被告从外表看起来没有受伤，这让观察者相信他们都是自愿招供，因此供词都是真实的。一些为审讯所震动的共产党员态度发生了转变，其中最著名的是匈牙利流亡人士阿瑟·库斯勒，他在 1938 年退党并写下了经典作品《正午的黑暗》，这本书在两年后出版，书中对内部告发狂潮的心理机制和偏执狂热的描写令人毛骨悚然。[111]

英国共产党的领导层认同审讯，而且毫不怀疑审讯声称要揭露的阴谋的真实性。1937 年 2 月 1 日，英国共产党的刊物《工人日报》宣称

"英国各地的工人运动对审讯的严谨公平性、被告的罪大恶极和正义的判决结果都表示了认同"。在莫斯科的揭发事件后,英国共产党紧跟斯大林的号召,甚至调动大量资源发动了一场对党内托洛茨基集团的打击行动。[112] 艾瑞克在写信给堂兄罗恩的时候试着为审讯辩护:

> 设想一下,以下的事实是可以站得住脚的:这些被告过去曾经多次与党严重唱反调,也多次被党驱逐并罢免职位……其次,托洛茨基在过去5年多的时间里一直煽动推翻苏维埃政府,认为它是非社会主义的反革命政权……第三,这些指控从本质上看也不是没有根据的,托洛茨基分子的破坏行动是很清晰的(针对基洛夫),他们很可能愿意割让苏维埃政权的领土:也许最后他们会把国土出卖给希特勒或者日本,又或者他们只觉得这样的割让是令人遗憾但又必需的。[113]

艾瑞克接受苏联关于审讯供词中一些细小矛盾之处的辩词(比如,其中一个被告据称在1932年与托洛茨基在哥本哈根的酒店里会面,但这家酒店在那之前就已经被拆毁了)。他认为取得供词的手段是"光明正大的",而且他注意到被告没有坦白一切,因此"只有拿出全部证据才能让他们承认事实"。拉狄克在被告席上正直的表现也是"令人欣慰的":"他没有乞求免罪,也没有不负责任地上诉。他说自己拒绝和普通的间谍以及颠覆分子一起接受审判,他是一个负责任的政治人物,只是在判断形势时犯了错误。"

因此,艾瑞克最后总结:"第一,一股地下反对势力是存在的,他们在没有得到群众支持的情况下诉诸恐怖主义和干涉行动;第二,审讯是合法且可以理解的;第三,审讯的程序是可信的。"但是审讯面临一个尴尬的问题,如果这些被指控的人像他们招供的那样从一开始甚至是十月革命之前就反对苏维埃联盟，那为什么他们还能多次担任党内的高级职务。艾瑞克认为，或者"这是因为没有足够的有经验的人士来承担当前的工作？或者是党出于'乐观主义'所以留着他们，又或是出于他们都是老布尔什维克的'感情因素'，抑或是因为他们都是马克思主义者，所以党天真地错信了他们是忠诚的。他们现在被逮捕和审讯的原因是苏维埃政府的新宪法在 1936 年生效了。新宪法赢得了西方认同者的赞扬，比如费边社会主义者西德尼和比阿特丽斯·韦伯夫妇就认为这是'新文明'的民主蓝图"，"这会给颠覆者提供机会"。因此"不管怎样，苏维埃政府必须彻底地对国家进行清洗以保证新宪法的安全"。[114]

也许比起说服罗恩，这一系列煞费苦心和似是而非的辩护听起来更像艾瑞克试图安慰自己，但艾瑞克对西班牙内战中共和派事业的坚定信念是毋庸置疑的。他参加了 1937 年由工党在伦敦海德公园组织的劳动节大游行，这是为了显示和共和派团结在一起，虽然工党的政策是不乏同情但刻意保持中立。"这是一场很棒的游行。"他告诉罗恩。艾瑞克在游行的人群瞥见了罗恩，但没能接触到他。

> 这次游行比我在英国见识过的其他游行都要好。你记得几年前他们只会懒洋洋地在路上晃，对怎么唱歌或者喊口号只有最模糊的认识。现在好了，他们进步了不少。还有，今天大家能在左翼游行中看到代表普通工人阶级的人群，而以往只有知识分子以及常见的流氓无产者。像今天这样才意味着群众基础。[115]

英国工党小心翼翼地组织类似的活动，以避免留下他们企图以英国版本的人民阵线和共产党人合作的印象。考虑到法国和西班牙的情况，这种合作看上去并不会产生利好。尤其在西班牙，共和派的战况在恶化，共产党人和无政府主义者开始出现分歧。艾瑞克和共产党一样，对他在普奇赛达的短暂探访中遇到的那种狂热但涣散的无政府主义者缺乏信心。"这些无政府主义者明显正在加泰罗尼亚制造麻烦，"他在1937 年 5 月给罗恩的信中写道，并引用了《泰晤士报》的一篇报道，"他们如果不能等到战争局势已定的时候再行动——天知道呢，现在战局还是不明朗——就会严重妨碍（共和派）赢得胜利。"[116]

VI

1937 年，西德尼叔叔给了一部分资助，艾瑞克再次去法国过暑假，并且又去了一次南部。8 月 4 日，他从巴黎出发，搭顺风车到里昂，然后继续去阿维尼翁。他搭乘了各种类型的交通工具，包括一辆抛锚的小货车、一辆卡车和各种家庭轿车，彻夜赶路后在 8 月 8 日到了离马赛北边不远的马诺斯克。他对那儿的村子感兴趣，就像他在战争期间写的那样，那里是小说家及和平主义活动家让·季奥诺的故乡："我崇拜他，虽然我对他成了通敌分子感到毫不意外。'血与土'*的情结营造了某种内涵丰富、令人心驰神往的气势，但最终它普遍超出了人们所能控制的范围。"[117]

艾瑞克在从里昂去维埃纳的途中遇到了两个德国男孩，和他们一起搭到马诺斯克的顺风车。

---

* "血与土"是纳粹提出的种族主义和民族主义口号，强调民族主体和土地的联系，将日耳曼-北欧式的田园牧歌景象与犹太人漂泊无定的形象对立起来，号召德国人争取在东欧地区的领土权利。——译者注

他俩褐色头发，大约 17 岁，穿着格子衬衫和短裤，背着登山包。我们用怀疑的目光互相打量，就像看球的人群边上的狗。最后我想这两个男孩毫无疑问是希特勒青年团的成员。只有职业军人才会在敌人身边也能放松。我们在下一辆车来之前大概还有半小时的相处时间，大家几乎没有谈论政治。马路笔直地向前延伸，两边我觉得应该是杨树。路面几乎没有陡降，但乡郊开始换上了南法地区那灰扑扑的黯淡风貌，尘土溅到了他们的短袜上。

他们决定扔硬币来决定谁搭下一辆顺风车。德国人赢了。他们等了一会儿，因为马诺斯克并不与大路相连。

年长一点的男孩站在路中间，他在杨树之间的剪影就像一幅童子军海报。小一点的那个和我一起躺在路边的沟里，以免司机被一次出现的三个顺风车客吓坏了。我们舒服地躺下，脖子底下枕着荒草，用法语困难地聊着青年旅馆、维埃纳大教堂和其他各种话题。用一种双方都不熟悉的语言聊天感觉很奇怪。他的胸包里露出了一把口琴和一部相机，那种每个德国人都有的漂亮相机就挂在他的脖子上，我们在欣赏相机的过程中等到了下一辆车。然后他们就离开了，我继续躺在沟里看着他们车快速远去。大家落落大方地互相告别。

艾瑞克没有让这两个男孩发现他会讲德语。他的维也纳口音会出卖他，然后这两个年轻的德国人难免会问他为什么在法国，并发现他是个犹太人，这样的结果无疑是艾瑞克想要竭力避免的。

他搭上一辆修路工的卡车到了马诺斯克，发现那里的青年旅舍除了管理员外一个人也没有。女管理员给了他一杯石榴汁。他注意到公共活动室的书架上有季奥诺的作品。但管理员告诉他下午这段时间里不能去拜访这位作家。一个女孩走进旅舍，登记入住后她和艾瑞克决定出去找个地方游泳。

我们沿着艾克斯路穿过小镇，阳光刺眼，我们不得不半眯着眼睛。头十分钟我们几乎没有说话。她是从布里昂松骑车过来的，一个很有毅力的女孩。路上没有牛车，没有飞鸟，只有一些绕着橄榄树飞的喜鹊，除了热浪和远处迪朗斯河水奔流的声音，周围都是空荡荡的。为了装装样子，我戴上了太阳眼镜。

在太阳底下走得累了，他们转头走向河边。艾瑞克到河里泡一会儿，女孩则坐在岸边"两腿曲起，手支在堤岸上，两只脚微微向外分开。她长得很不好看，剪着男孩式样的头发，脸上有一点雀斑"。她是一个讲德语的犹太流亡者，家族姓氏是古德曼，而她的名字，至少她在流亡期间的名字是玛赛尔。艾瑞克邀请她到河里来，"她摇了摇头，笑了起来"。水流开始把艾瑞克往下游推去，于是他上了岸。艾瑞克一边和她讨论季奥诺的书，一边用她的毛巾擦身子，女孩给了他一颗薄荷糖。

在阿尔卑斯山低地的河岸上躺着并不是什么特别有意思的事情，这种萍水相逢在任何夏天里都会发生那么几十次，然而凑巧相遇的人们会因为这短时间的相识而变得非常亲密，也许是为了抵御他们身外的世界。我和她也是这样吗？我一边看着她一边想，不太可能……在回去的路上我们很奇怪地没有谈自己的事情，而这条路就像我们出来时那样热浪滚滚。

他们选择继续谈论季奥诺，即使艾瑞克仰慕这位作家，他也因为"旅舍里对季奥诺的崇敬氛围"而感到不舒服，并开始表达不满之情。"那你为什么来这里？"玛赛尔问道。

他们进入镇子的时候，再次遇见了那两个德国男孩，"这两人对女孩微笑了一下，尽管她看起来是典型的犹太人。这两个男孩像小艇从浮冰间穿过一样，轻易地就解决了面对次等民族的复杂礼仪问题"。他们来自一个位于图林根的中世纪小镇格拉，马诺斯克的古老街道让他们恍如回到了家乡，于是他们"开始觉得法国人也是充满人性的"。艾瑞克告诉他们，小镇在大革命期间发生过与粮食有关的暴动。"像农民战争一样吗？"其中一个男孩问，他想到了发生在1525年宗教改革初期的战争。"'就像农民战争一样。'玛赛尔用德语说道。两个男孩的脸涨得通红，直至回到旅舍，大家都没再说过话。"在公共活动室有一个年纪大一点的人，他听到两个男孩讲德语，于是挑衅式地宣称他曾经在大战中上过前线。"'真的吗？'玛赛尔问道，她似乎很享受这个情形的态度令人捉摸不透，好像她在玩一个猜谜游戏。"后来他们绕着镇子散步的时候，艾瑞克和玛赛尔谈论起这两个德国年轻人。"我和这样的男孩一起上过学校，"艾瑞克说，聊起他的柏林时光：

> 他们并无恶意，只是为了抗拒自卑而做出反应。读中学的时候，我们的老师是这样对我们说的：德国已经被打败了。现在有两股思潮可以使它再次崛起——一种是通过和胜利者的结合，另一种，则以希特勒的方式唤醒德国人民，在没有外国支援的情况下德国人民可以通过自强自立挣脱枷锁。这就是他说的，你会选择哪一种方式？我那天差点就成了一个民族主义者，因为这听起来太合乎逻辑了。

他们爬上了小镇外的一座山，玛赛尔告诉艾瑞克她的父亲来自敖德萨。"我们站在山上，俯瞰着迪朗斯的村庄，陶醉于此情此景。然后我们躺下，终究还是发生了关系。我不应该这样做，这很大程度上只是在遇到那两个压根不会在意我们的纳粹男孩后做出的抱团姿态。"在补足睡眠、洗澡并吃过早餐后，艾瑞克告别了玛赛尔。他们再也没有见过对方。"我想她之后的经历一定很艰难。"艾瑞克几年后写道，那时法国的犹太人正被圈禁起来并送到奥斯威辛。

艾瑞克从马诺斯克搭顺风车到了地中海海岸边上的圣拉斐尔，他待在当地的青年旅舍，遇到了来自各国的学生，有法国人、美国人、加拿大人，还有一个捷克人，在那儿他又洗了一次澡，吃了个三明治当作晚餐，这里的车和游客比南法其他地方都要多：

> 身材妖娆的有钱女人开着帕卡德，她们不会让你搭顺风车。世界上没有比蔚蓝海岸更难拦到顺风车的地方了。我觉得金钱对这里的人来说比我一开始想象的更为有用，可以让中年妇女面色回春，一改冷漠态度。在戛纳到圣拉斐尔的半路上，一辆别克车驶过我身边，上面坐满了穿橙色衬衫的男人和打扮得要去海边的女人。我在车后面大声招呼，车停下了，我和他们一起坐了几分钟车后，他们说："你叫住我们的时候，我们还以为你是英国人。"我看上去很像外国人吗？法国人说"他肯定是英国人"，英国人说"你不是英国人"，只有一个闷头闷脑的比利牛斯农民问我为什么到处乱晃，是不是在找工作。我说是的。"那你就是个西班牙人了。"他说。[118]

他遇到的这群人实际上是由来自不同国家的流亡者和难民组成的，或者就像他们告诉艾瑞克的那样，是一群没有祖国的人。"'这些人不是移民，'这群人中一个年长一点的成员说，'他们根本没有国家，是无法融入任何地区、语言、经济和文化社群的独立原子。'"艾瑞克对一位年轻俄罗斯女子一见钟情，他在记录这段经历时叫她伊丽娜。在她打网球的时候，他发现自己"渴望地盯着伊丽娜在球网和球柱之间移动的身体"。从这段记述可以看出"他们擅自闯进了有钱人非请勿入的住宅"。[119]

他们唱歌、跳舞、讨论政治。"伊丽娜穿着一条花裙子，全身上下都是棕色的：她的头发、她的眼睛，她的皮肤由于晒了太阳也变成棕色。她的左手上甩着一条毛巾，并把它搭到了脖子上，又再次把毛巾拿下来前后甩动。"这群人决定去泡个海水浴：

> 海水像牛奶一样顺滑。看着并感受着那么漂亮的海面，很难再为别的什么事情分心。我们转过身，听见海浪温柔地浸没我们的肩膀，可以看到海滩上咖啡馆的灯光，还有此刻听来有点扰人的音乐声。有祖国意味着认识那些与你一同工作的人，知道他们的癖好，他们小时候听过哪些童话故事，他们晚上跳完舞带女孩回家后会做什么，老人们会讲什么蹩脚笑话，他们在咖啡馆的牌桌上的老生常谈，他们喜欢在杂志上读到什么。是什么促使来自捷克的女佣唱起了爱国歌曲，让爱尔兰工人们捐款给盖尔人之家？*这种感情能够调动起那些没有政治地位的人，让即使是无根的浪子也能间接得到安慰，实在难以忽略。

这是艾瑞克第一次记录下自己关于国族身份的思考，这个他将在今后人生中密切关注的主题，就这样在他沐浴在法国南部的地中海里时闯进了脑海。

---

* 盖尔人之家是 19 世纪末在美国创建的爱尔兰共和党人组织。

他们谈论着政治和身份认同。伊丽娜认为政治不能实现任何事情，但艾瑞克不同意："人们必须先表达意见，然后做事。自己坐在一边埋头苦干来实现想法的人是最不可取的，人们用了多少纸张来记录那些改变了世界的辩论？"在聊了很多也唱了很多歌后，他们分开了。"我一边离开一边想，这个假期我爱上了一个美丽的女孩，但我什么也做不了。在里维埃拉每个人都能和爱侣成全好事，我却一无所获，只能混在唱着无聊小曲的人群中，跟着往回走。"第二天他开始往巴黎走。[120] 到了戛纳之后，他搭顺风车向西到圣特罗佩和马赛去，抵达普罗旺斯的艾克斯地区，他在那里运气就没那么好了（"很辛苦——要靠步行"，他在日记里简单写道）。他设法找到一辆顺风车去阿尔代什省的奥伯纳，在那里吃了早餐，然后搭顺风车深入北边的勒皮，接着找到一辆大部分路程都能载着他的卡车去维希。8月14日，他到达阿利埃省的穆兰，吃了顿饭后继续前往阿弗尔纳。夜里11点抵达时，他发现青年旅舍已经关门，不得不"狼狈地在一块种豆子的田里睡了一觉"。1937年8月16日，他回到了巴黎。

这次旅程，艾瑞克告诉罗恩，"证明了可以靠搭顺风车来旅行"。他一路上遇到了很多不同的人，包括一些来自伦敦政治经济学院的学生；一个奥地利共产党员，他去过艾瑞克在维也纳就读过的一个学校；牛津的教学秘书以及著名的温和派社会主义者G.D.H.科尔，"二战"后艾瑞克会在非常不一样的场合遇到他；还有他在圣马里波恩的法语老师的朋友：

> 天知道我经历了多少事情。在勃艮第吃过蜗牛，在里维埃拉泡过海水浴，和法国司机一直聊天，在青年旅馆里学会了新的歌曲，在太阳底下等了两个小时的顺风车，在倾盆大雨中靠睡袋和防水垫子露营，和法国的无政府主义学生辩论。我见过的人有英国的、法

国的、德国的、荷兰的、瑞典的、加拿大的、美国的、意大利的、波兰的、瑞士的、比利时的、西班牙的，还有俄罗斯的和捷克斯洛伐克的，其中除了见到捷克斯洛伐克人，别的都不怎么稀奇。在马诺斯克看过当地的爵士乐队表演和到处都有的保龄球比赛。坐过克莱斯勒和帕卡德汽车。我的法语水平也提高了。[121]

回到巴黎后他住在大使酒店，和叔叔西德尼以及南希、彼得一起，南希和彼得已经是青少年了，来巴黎是为了看因展出毕加索《格尔尼卡》而声名大噪的世界博览会，这幅画表现的是西班牙内战中饱受摧残的同名巴斯克小镇。

在玛戈·海涅曼的建议下，艾瑞克继续待在巴黎，参加了8月25日到28日举办的"世界学生协会国际会议"。代表团成员包括艾瑞克的朋友兰姆·内厄姆，但艾瑞克不在其中。与会者讨论了关于不同国家学生状况的报告，其中很多都表现得过分乐观（比如德国代表团报告纳粹统治下的大学生普遍感到苦闷和幻灭）。[122] 此时的法国人民阵线正陷入严重的困境，国内经济还没有从大萧条中恢复过来，人们抛售法郎，议会中的保守派阻止了进一步的改革。1937年6月，社会党人被迫退出政府，莱昂·布鲁姆辞职。一年之后，西班牙内战的政策态度上出现的内部分歧撕裂了人民阵线，使其分崩离析。1936年的欢乐气氛自此消失。[123] 如同艾瑞克评论的那样，"各方面局势都令人担忧"。[124]

在玛戈·海涅曼的要求下，艾瑞克担任了一部分议程的翻译，并因此得到了一些报酬。参会时他和一个20多岁的匈牙利共产党员成了朋友，艾瑞克在用短篇故事形式撰写这段回忆时把他称为阿尔帕德·菲克特。阿尔帕德把他带到了马其顿饭店，这是一个南斯拉夫人、匈牙利人和保加利亚人经常去的廉价餐馆。艾瑞克发现那里的气氛非常阴森，从领班的样子可以窥见一二：

他那铁灰色的小胡子像飞机的翅膀一样，棕色的脸上有着深深的皱纹，由于长时间在室内工作皮肤变得松垮垮的，一双冷酷的黑眼睛如同一对纽扣：他给人感觉像是一个能耐很大的人，但出于自身原因假扮成一个潦倒的领班。但这在马其顿饭店一点都不稀奇，这里的侍应生和客人让人感觉他们在假装小人物和大客户。我从来没有见过阴谋叛乱的气氛如此浓郁的地方。[125]

阿尔帕德既是共产党员又是犹太人，在霍尔蒂将军强力反共反犹的匈牙利右翼政府统治下饱受折磨，在逃到巴黎生活之前，他遭到囚禁与严刑拷打。艾瑞克觉得这位年轻的匈牙利人是个纨绔子弟。"文人、花花公子和革命贩子！为什么他们选择这样的人，一个在咖啡馆流连的布尔什维克、穿着细条纹西服的唐璜来使他们蒙羞？"这个问题的答案显而易见。

阿尔帕德把艾瑞克和一个苏联共产党员带到塞瓦斯托波尔大道的一间妓院，在那里点了东西喝。

这时还没到营业高峰，狭长的玻璃盖顶房间里，有几个心情阴郁的客人坐在一排大理石桌子后面……房间的另一端，在女洗手间旁边是穿着红色吉卜赛上衣的小乐队，心不在焉地演奏着。他们时不时会停下演奏，过来讨小费，卖力跳舞的舞女们到桌子这边来，提供下流的室内魔术表演。阿尔帕德靠在红绒垫的座位上，嘴里叼着一根烟，看起来好像亚历山大·布洛克[*]或者图卢兹-劳特累克[†]，十分矫揉造作。

---

[*] 亚历山大·布洛克（1880—1921）是俄罗斯象征派诗人的代表。——译者注
[†] 图卢兹-劳特累克（1864—1901）是法国著名的印象派画家，亦是新艺术风格插画的先驱。——译者注

妓院 7 法郎一杯的啤酒很贵，"房间里没有好看的女人"，而且艾瑞克认为，"乐队很差劲"。他的朋友想让他们演奏一支匈牙利舞曲，但是乐手们一首也不会。艾瑞克觉得有一种哭笑不得的罪恶感。

> 看看我们，所谓的共产主义者，世界历史上最伟大运动的成员，这些人找到了阿基米德苦苦追寻的东西，这些人可以把地球像锡盘一样折过来并把它像塑料一样改造成各种形状，这些人现在却因为二流妓院里的糟糕乐队争吵起来，而且言语粗俗，更别提那完全背叛了工人阶级的口吻。

一个女孩走过来，试着和阿尔帕德搭讪，但他已经喝得太醉，不能回应她，只是把头埋在手里，身子靠在桌面上。"亲爱的，趁着你的朋友还在考虑，跟我来开心一下吧。"女孩对艾瑞克说。于是他们发生了关系。在艾瑞克后来公开的回忆录里，他透露他的这位匈牙利朋友真名其实叫作哲尔吉·亚当。他忘记了此前和玛赛尔的露水情缘，在回忆录里写道："我在一栋建筑里失去了我的第一次——我不记得具体地址了。那儿有一大群裸体女人，在一张周围都是镜子的床上。"[126] 至于阿尔帕德，或者应该叫哲尔吉，艾瑞克在"二战"爆发不久前试图在巴黎联系他，但当艾瑞克在马其顿饭店询问他的下落时，却被告知他已经有一段时间没出现过了。他们觉得他应该去了南美谋生。[127]

VII

1937 年 10 月回到剑桥开始第二年的学习时，艾瑞克觉得跟前一年相比他轻松自如了许多，如今住的宿舍比"下水道"有所改善，那是一栋 20 世纪 20 年代扩建的维多利亚时代建筑，他的房间在 U 层 8 号房。宿舍在离学院教堂比较远的一边，俯瞰着一片河边的小草坪。宿舍的房间备受学生好评，艾瑞克住在顶楼，要走 6 层木质楼梯，但河景和另一边的茵茵草地氛围宁静，只有夏天时船夫在河里撑篙的划水声才会打破这片平静，所以艾瑞克在接下来的 1938—1939 学年也继续住在这个房间里。[128]

他没有多少时间和堂兄罗恩待在一起，罗恩在前一年夏天从伦敦政治经济学院毕业，并获得了一等学位荣誉和经济学科的康纳奖，他依然在邱园的劳工部工作，并于"二战"前夕和女友结了婚。[129] 但是他们继续频繁通信，搬进新宿舍后，艾瑞克对罗恩解释：

> 目前我最喜欢这个学期，你知道吗，第一学期我来到这里时谁都不认识，不想也没有胆量去联系任何人，没法让自己适应新环境。第二和第三学期时我开始习惯了，但作业和考试很多，而且还没有完全摆脱第一学期的局促感。现在这个学期才真正是我第一个"在剑桥"度过的学期：这不意味着剑桥不会使人心烦意乱，有时候你会想踢人。而且这里小圈子的闭塞观念非常严重，认为剑桥以外的世界只是让剑桥联合会的前任主席来发表政治演讲的地方。[130]

艾瑞克像往常一样写信告诉罗恩："自从我在 8 月初去了法国以后"，感觉情绪高涨。他对此感到很意外，因为他自称以往总是"陷入间歇性的抑郁中。我感觉最快的话 1 月左右这种情绪就会突然降临"。艾瑞克和他那些热心的朋友试着在 1937 年的秋季学期里改善一下这种心理状态。"我们设法，"他告诉罗恩，"在学院里举办非校方的讲师和学生代表联合会议，使课堂讨论等相似的活动可以得到延伸。对于一所创立于中世纪的大学来说，我们这种活动是很有前瞻意识的。"[131] 但是，和很多别的类似提议一样，这个活动也因为讲师的漠不关心而搁置了。看来无望事业的发祥地不只有牛津大学 *。[132]

1937 年末，艾瑞克发现国际局势"相当严峻"，即使工党此前至少"已经开始做了一些与西班牙有关的努力"。[133] 首相内维尔·张伯伦"完全支持法西斯分子"，而且不打算做任何妨碍希特勒、墨索里尼或者佛朗哥的事情。但他的外交政策并没有得到普遍支持。首相和外交大臣艾登在西班牙内战等事务上的意见不一，导致后者在 1938 年 2 月 21 日星期一请辞，引起全国上下对外交政策的危机感。在剑桥，社会主义学社加入了行动：

> 我们在艾登辞职的那个星期一发起了剑桥大学社会主义学社的紧急会议，超过 200 名成员参加了会议。接下来我们在和平协会准备于星期三召开的会议上获得了增加一个紧急议程。星期二早上，学社分发了 6 000 份传单，呼吁（政府）下台，我们还在剑桥镇上组织了一场大约 40 人的举牌示威游行。星期二下午，我们成立了由自由主义者、社会主义者和民主阵线组成的联合委员会，发布了一份联合声明并组织对议员们的游说团队。我们一直在组织大家发电报给议员们——到星期三的时候大约有 600 份电报发出去了。我们在星期三参加了和平协会的会议，来的人多到必须劝其中很大一部分回去——我估计有 500 人被劝回了。星期四以及接下来的这周我们都在开展游说。[134]

---

* "牛津大学是无望事业的发祥地"（The home of lost causes）出自英国诗人、散文家马修·阿诺德（Matthew Arnold，1822—1888）对牛津大学的评价。——译者注

200 名学生，其中 100 名来自剑桥，60 名来自牛津，40 名从伦敦来，参与了对议员们的游说并得到了包括保守党日报在内的媒体的广泛报道。艾瑞克对罗恩承认："我花了很多时间在政治上，不得不在假期里挤时间恶补落下的功课。"

让艾瑞克分心的还有其他事情。像以往那样，他每个假期都会花几个星期在伦敦政治经济学院里看书，他发现那是一个"学习的好地方，全是中欧人和来自殖民地的人，如果从这里的社会科学比如人口学、社会学和社会人类学藏书资源来看，可以说跟剑桥相比没那么闭塞，这些学科在剑桥无人问津"。艾瑞克经常到学院前门角落里的玛莉咖啡馆去，在那认识了很多新朋友，包括后来成为历史学者的约翰·萨维尔（当时他还使用自己原来的希腊名字斯塔马托普洛斯）；萨维尔的女友和后来的妻子康斯坦丝·桑德斯；"头发浓密的魅力男士"泰迪（西奥多）·普兰杰，一位奥地利学生和左翼经济学者，还有一些别的人。艾瑞克认识的女孩中包括缪丽尔·西曼，"二战"期间伦敦政治经济学院搬到剑桥去后，他会再次见到她。在咖啡馆的常客里有一位"沉默孤单的中欧人，比我们年长很多"，这位其实是出色的社会学家诺贝特·埃利亚斯，他即将在瑞士以德语出版的《文明的进程》一直读者寥寥、不受重视，直到 20 世纪 60 年代才被人们所发现并最终成为 20 世纪后期读者最多、影响最大的社会历史学著作之一。[135]

但在 1938 年 2 月的时候，艾瑞克也觉得剑桥的环境"相当好"，尤其是国王学院。"河后面那条街道旁的番红花开了，夜晚空气温润，河面平静只有流水淙淙。夜里我们总是在教堂边散步。置身校园的建筑中，我终于开始欣赏它们的美之所在。"然而与前一年夏天在法国的刺激不同，艾瑞克的个人生活相当沉闷。在祝贺罗恩的"终身大事"得到了"令人满意"的结果时，他沮丧地评论道："我个人仍然——我不知道是幸运还是不幸——一直以来都是单身状态。我仍然因为参与政治而感到高兴，这些日子里，看着窗外的河让我觉得心情愉快，而我的朋友们则处于或恋爱或分手的状态。我真的觉得是时候加入他们的队伍了，我希望这一愿望某天能实现，但这种事情急也没有用。"[136]

到了4月底，艾瑞克像许多别的学生一样，把精力集中在即将到来的毕业考试上：

> 现在每个人都投入到荣誉学位考试的准备热潮中，我从未见过学校图书馆里的人像最近几天这么多。学生们全都神经兮兮的，为他们的考试担心。实际上我也觉得凶多吉少——如果我努力一把，在接下来的4周里充分复习，不会拿不到一等学位，但要是想拿一颗星，除非问题回答得极其出色或者好运降临，否则看起来相当不现实。[137]

他决定这段时间"不搞政治"，专心复习考试。最后他真的拿了一星荣誉学位，这结果从来都是毋庸置疑的，只是艾瑞克自己缺乏信心（"我真的很紧张。"他考完试不久后写道）。他还得到了别的好消息：学校的政治学基金会奖励他30英镑，用以到法属北非（"我自己提出的"）对当地的农业状况进行为期2个月的政治考察。国王学院又另外奖励了他10英镑，按照当时的标准，这是"很大一笔数目"了。为艾瑞克提供剑桥学费资助的伦敦郡议会不能把这些奖学金从他的生活费里扣除，因为这是有特殊用途的。[138] 艾瑞克并没有解释为什么他决定参加这个项目，但可能是因为他在巴黎时与共产党友人的讨论引起了他对欧洲殖民地的兴趣。政治学教授欧内斯特·巴克为艾瑞克写了一封情况介绍和推荐信交给伦敦的驻法国领事馆。做了必要的旅行准备后，艾瑞克在8月底之前出发了。

艾瑞克的目标是考察当时法国的两个殖民地阿尔及利亚和突尼斯

的农业情况。他乘坐联运火车到了巴黎，在那里坐另一列火车到法国南部，登上一辆蒸汽船前往突尼斯港。他在8月25日到达，按照一个当地官员的提示住进了朱尔斯·费里大街的国会酒店。艾瑞克此行"完全没有提前通知，"这个官员抱怨说，"而且有关他此次活动性质的问题好几天都没有得到回答。"[139] 实际上艾瑞克联系了突尼斯当地的行政官员，向他们了解殖民地的经济和社会情况并得到了进入内陆旅行的许可。临走前一晚，艾瑞克待在蓝白小镇的一间青年旅馆里，远眺海湾，这可以算得上他看过的最美景色之一。8月31日，他前往斯法克斯，这是一个距离首都270公里的海滨城市。他向罗恩描述这个城市：

> 这是我见过的最没有吸引力的城市之一。唯一的特点是方圆80公里内除了笔直的一排排橄榄树外空无一物，而50年前这里连橄榄树也没有。法国人和阿拉伯人都认为自己厥功至伟，一方称这证明了法国殖民带来的好处，另一方则认为剥削成性的法国人必须依靠阿拉伯人来进行真正的建设。但除了橄榄树、路边贝都因人的骆驼和营地，以及在突尼斯发现磷矿的那位军医的雕像外，斯法克斯没有任何能激起人兴趣的地方。军医的雕像无疑是镇上最宏伟的东西了。[140]

艾瑞克从斯法克斯往海岸地区走了一段路程，在那里坐上一辆开往内陆的汽车到卡鲁阿去。"我很少踏上平平无奇的旅程，但这是其中一次，"他写道，"目前为止我没太多机会了解突尼斯或者它的农村地区。在一周之内试图收集和熟悉突尼斯的政治、社会和经济结构情况纯粹就是自己找罪受。我再也不会这样做了。"根据艾瑞克的报告，磷矿公司从矿藏中提炼的磷占世界产量的三分之一，从而"获取了巨额的利润"，这公司还是由法国大名鼎鼎的"两百家族"组成的资本主义体系的一部分，据称这些家族控制了法兰西第三共和国。

适应北非的环境需要费点力气，艾瑞克告诉罗恩，而且他"还没有适应除了偶尔出现一群饿得前胸贴后背的贝都因人之外，空无一物的景象"以及突兀的灌木丛。他和"非官方的联系人"，比如"反法西斯的意大利人、本地的欧洲人工会（在安德莉·维奥利斯夫人和《今日晚报》的帮助下）[141] 交谈，还初步接触了一些阿拉伯学生（在世界学生协会的帮助下）"。突尼斯的英国领事花了大量精力来管理广阔的马耳他殖民地，但艾瑞克注意到：

> 这里没有多少英国人，除了一些乐观的传教士和一群聚居在哈马马特的退休人士，阿拉伯人和法国人中间流传着这些人搞同性恋的传言。实际上我必须谨慎地向一些突尼斯学生解释英国人的道德观念和性取向，这些学生的相关观念是从哈马马特的居民那里形成的，作为一名国王学院的学者我必须站出来进行澄清！[142]

9月10日，艾瑞克坐上了从卡鲁阿去阿尔及尔的火车，这是一趟历时20个小时的旅程。[143] 在进行了几次采访后，他前往塔布拉提，这个地方位于阿尔及尔的梅地亚省，接着又到了布萨达，那是一个在阿尔及尔南边250公里远的市镇。进一步深入内陆后他来到了坐落在阿特拉斯山脉1 000米处的民族堡（现在的拉尔巴阿伊拉坦）。"我花了一些时间与当地官员们待在一起，"艾瑞克后来写道，"以实地考察当地政情。"他在与人们交谈的过程中收集的信息写满了好几个笔记本。[144]

艾瑞克将工作成果提炼成了一篇长论文，并于1938年11月28日提交给国王学院政治学会。他告诉听众，论文的主题会看起来比较"专业而枯燥"，他会将重点放在中心论点以及结构和数据"干货"的表达上：

我的概述尝试这样展示"干货",让它们变得血肉丰满起来。想象它们是与民族、阿拉伯人、穆斯林有关的,这些人生活在其特有的文明中,有自己的艺术、信仰和迷思。这儿的农民和欧洲中世纪的农民一样独特、愚昧又迷信,有很多甚至更加病态。你需要想象一下法兰西帝国的背景——建造者和地主们,保皇党的高官和低微的科西嘉警察,贪污、诚信与红利。你要在脑海中勾勒这个干旱但美丽的国家,以及那些通过石油、巴塔鞋和足球队被欧洲化的中世纪小镇。[145]

艾瑞克在文中首先提到的是北非阿拉伯人的艺术,这是他的写作特点;同样突出的是他认为当地农民盲目迷信的宗教信仰不值一提(虽然他在 20 世纪 50 年代重新审视农耕社会的宗教崇拜时表现出更多的理解)。而他的论文大部分讨论的是欧洲殖民者对阿拉伯土地的蚕食。艾瑞克估计阿尔及利亚的 80 万欧洲殖民者占有约 1 400 万公顷的土地,而 650 万阿拉伯人仅仅拥有约 800 万公顷土地。对这个国家基础资源的不平等分配是"赤裸裸的掠夺",是用来惩罚叛乱的数次军事扣押导致的结果。突尼斯的殖民进程与阿尔及利亚相似,不过没那么激烈,但还是导致了类似的结果。这一结果是"农民自给自足的状态被摧毁或者至少被削弱了,他们变得更加依赖别的收入来源"。[146] 政府的救济变得必要。[147] 艾瑞克指出,不但要跳出管理财政文本来提出这些问题,而且要指出基本的相似性——欧洲和落后的殖民地国家历史进程中所需的全部变革。[148]

艾瑞克的北非报告可能第一次展示了他对偏远地区穷困人群和被剥削者的关注,同时也可能是这种关注的重要诱因之一,他的这一兴趣将在 20 世纪 50 年代研究欧洲"原始叛乱"和农业运动时产生成果。不过,这些殖民地远谈不上落后闭塞,它们对法国来说至关重要。就如艾瑞克在按照本次考察的资助要求提交的正式论文中写的那样：

> 从军事、经济和政治的角度考察，这三个西半球的伊斯兰国家
> 之于法兰西帝国就像印度之于大英帝国。一旦失去这些殖民地，帝国
> 将分崩离析。北非问题对法国乃至世界政治的重要性都是很明显的，
> 即使法国并没有充分认识到这一点。北非是法兰西帝国的基石。[149]

艾瑞克认为，从拿破仑三世时期开始，法国政府就利用殖民地问
题来提升国内的民众支持率。对于殖民地本身则采取"分而治之"的政
策，例如在1870年授予阿尔及利亚犹太人选举权，"将阿拉伯人的政治
不满转移到反犹情绪上"。[150] 与英国的殖民地管理者不同，法国倾向将
国内的管理模式移用到阿尔及利亚，而不是因地制宜；法国殖民者在
管理殖民地时发挥的作用比英国人要大得多。有一些管理者是精明能干
的，但很多都腐败不堪。在突尼斯和摩洛哥——艾瑞克只是简单地对比
了这两个殖民地和阿尔及利亚，而没有对它们开展详细的考察——由
于法国对这两国的殖民主要出于商业目的，以及将这两处殖民地置于
被保护国的地位，殖民地官员明显较少实施直接的统治。而且，如果北
非要抵御意大利"法西斯从地中海大本营入侵"，支持当地穆斯林人民
是十分重要的，尤其是在突尼斯。防备意大利的威胁"不只是突尼斯一
国的事务，也是民主文明国度里全体人类的应尽之责"。[151]

VIII

1938年9月27日，从阿尔及尔出发的联运火车抵达马赛，艾瑞克
下车后走进一间咖啡馆，在吃着香肠和德国泡菜时，他从报纸上读到
了一篇希特勒前一天在柏林运动会上发表的演说，他提出了对捷克斯

洛伐克的领土要求。[152]艾瑞克后来回忆自己"突然意识到由完全的孤独和变数难测的未来引发的焦虑，我一整晚从身体和心理上都感到软弱无力。一段难受的回忆"。这次演说让他确信战争将要爆发了。[153]的确，关于捷克斯洛伐克的《慕尼黑协定》并没有持续多久，1939年3月，希特勒公然不顾协定条款，入侵捷克未并入德国的部分并占领了布拉格。英国此前一边倒地支持绥靖的民意自此转变为反对德国。捷克沦陷后，纳粹宣传将火力转向波兰，与其对捷克的手法如出一辙，越发激烈地指控波兰对其边境的大部分德国少数族裔采取所谓的歧视政策。纳粹对波兰的侵略似乎已经箭在弦上。张伯伦对希特勒发出了最后通牒，警告他如果踏入波兰将引爆战争。英国共产党认为有必要重申英国和苏联结盟的提议，并指责张伯伦政府缺乏诚意，只有反法西斯国家组成广泛联盟才能遏制法西斯侵略的浪潮。[154]

几个月以前，由于在英国的生意并没有比在别处有起色，艾瑞克的叔叔西德尼带着自己的儿子和艾瑞克的妹妹移民智利。西德尼的哥哥"艾克"艾萨克一家已经在那里住了一段时间，可以为西德尼、彼得和南希的移居提供环境和人脉。他们全都住在瓦尔帕莱索，南希和艾克最小的孩子"贝蒂"贝蒂娜（生于1922年）变得很亲近，她在英语和德语外又学了西班牙语，并在英国大使馆谋得了一份打字员的差使。[155]但艾瑞克因为考试将近，不可能和他们同行，所以他在利物浦的港口与他们挥别后又回到剑桥复习考试。西德尼和南希在写给艾瑞克的信中报告了他们的新生活，"从信上看他们似乎挺喜欢那里，和艾克一家相处得不错——但要说那儿有什么生意机会还为时尚早，"艾瑞克在1939年6月写信给罗恩说，"我觉得西德尼叔叔要维持生计并不是什么难事，但可能需要一点时间。而且家里人会过得比较拮据，这都是没法预料的事情。"[156]艾瑞克对亲人移民的遗憾随着战争的来临变成了解脱。"我越想就越高兴，家人们在适当的时间离开了欧洲，至少我不用为南希和彼得担忧了。"他在 1940 年 7 月写道。[157] 正如南希在后来的信中告诉艾瑞克那样，西德尼依然有经济困难，但智利的生活成本比英国要低，而且无论如何，"就算破产了，西德尼和南希现在的处境都比在防空哨所或者军需品工厂里干活要好"。[158]

艾瑞克再次把精力从大部分其他活动中抽出来集中在复习上。这些活动包括了《格兰塔》的编辑工作，虽然他并没有辞职，就像他后来解释的那样：

> 担任《格兰塔》周刊编辑的一个好处就是可以赚钱……至少五月周[*]那一期是可以的。因为要准备荣誉学位考试，我在夏季学期里并没有做多少编辑工作，但在春季学期我承担了大部分事务，那时我们在编辑第五十禧年[†]的庆祝特刊（主要让还只有十几岁的罗纳德·赛尔画了一张好看的封面），奈杰尔·比克奈尔和我达成共识，平分这两个学期的报酬。我需要这些钱，因为我在用完奖学金之后和获得继续研修助学金之前是没有任何收入的。[159]

6 月中旬，艾瑞克告诉堂兄罗恩期末考试结束了。"我不知道自己考得怎样，虽然我这个学期一直学得很踏实，但我觉得不太可能拿到另一颗荣誉星了。不过，如果拿不到一等学位我会很意外。考试的难度不一："专门史（'功利主义和保守党民主'）枯燥得难以置信，现代欧洲史很有趣，现代经济史非常难，但值得花时间回答。""我非常高兴能从学校图书馆里解脱出来，"艾瑞克写道，"学期的头七八个星期里

---

[*] 指每年复活节后剑桥大学的社交活动周。——译者注

[†] 禧年是犹太节日，根据犹太历法，每七个安息年周期后就是一个禧年，但究竟是第四十九年还是第五十年才是禧年，说法不一。——译者注

我每天从早到晚都泡在里面。"在名为五月周但实际上安排在 6 月上旬的这段时间，艾瑞克等待着考试成绩，同时享受"电影院、音乐会和聚会——这是我头一次在几个星期里除了找乐子以外其他啥事都不做"。天气温暖而晴朗，艾瑞克"成为一个撑篙泛舟的好手，而且又能在院士花园打保龄球了"。[160]

艾瑞克知道自己想攻读博士学位，拿到一等荣誉学位的话他就不用担心奖学金的问题了。他的课题将和法国帝国主义研究有关，在前一年对阿尔及利亚和突尼斯的考察中，艾瑞克已经开始研究这一主题。但不巧的是在剑桥乃至整个英国都没有人能给他相关的有用建议。"我可能会选择'法属北非殖民地的政府政策与投资：1890—1912'这一类的题目，让自己之后有宽裕的空间缩小研究范围。"但由于剑桥大学图书馆关于这一课题的资源少之又少，艾瑞克不得不使用大英博物馆阅览室的资料。而更加迫切的问题是在 10 月份新学年开始之前艾瑞克要如何谋生。"我申请了各种各样的工作，"他写信给罗恩，"《每日邮报》、一间大广告公司，还有导游的工作，但哪一份工作我都不太懂。"《每日邮报》的老板罗斯梅尔爵士当时仍是英国法西斯联盟的支持者，因此艾瑞克的申请可谓是令人意外。最后，他所有的申请都没有成功。

詹姆斯·克卢格曼邀请艾瑞克到巴黎为世界学生协会大会担任翻译，这可以帮补一下艾瑞克的生计。那时艾瑞克还待在剑桥处理自己的事务，同时考虑搭顺风车去维也纳，"去把我的钱拿出来然后花掉一些"。艾瑞克在奥地利第一储蓄银行有个存着 2332 马克 2 芬尼的账户。南希的账户则有着 1098 马克 8 芬尼。这些钱是在 1929 年他们的父亲去世后存下的。但 1938 年 3 月德国吞并奥地利后紧接着禁止犹太人持有银行账户，1941 年这一措施再次被重申，从银行取款需要得到法庭许可。艾瑞克最后放弃了这一念头，他也许是明智的，因为德国和奥地利前一年合并后维也纳的犹太人受到了纳粹的残酷迫害。在反犹主义已经夺走了很多生命并导致成千上万的犹太人被捕的情况下，同时又是"二战"前夕，搭顺风车穿过纳粹德国到纳粹占领的维也纳去不是个理智的想法。[161]

没去成维也纳，艾瑞克在学生共产党员夏令营里度过了一个星期。"我至今还没有忘记阿尔伯里的露营经历，"他后来写道，"我记得和埃莉斯·默多克打情骂俏，还被一只蜜蜂叮了。"[162] 他觉得默多克迷人又聪明，虽然她似乎和其他来自阿尔斯特的女孩相处得最好，而这些人又大部分来自上层阶级，这让艾瑞克很惊讶。[163] 在一些参与者为了留念而勾勒的人物形象中，艾瑞克被描述为一个轻松愉快的人，有着与年龄不相称的才华，给大家讲马克思主义对维也纳工人的影响，并成了柏林社会主义学生团的"明星理论家"。"他的一等荣誉多到剑桥大学的印刷工人都赶不及给他的证书印上星星，他靠口才当上了《格兰塔》的编辑。学刊要依靠国王街（英国共产党总部）发令禁止他发表登载马克思和恩格斯未经翻译作品的副刊。"展望未来，这位匿名作者写道："他会成为花花公子或者一个记者，而无论他成了哪一种，都能登上报纸头条。你问他最喜欢哪本书，他会回答他还没写出来……简单地说，他无所不能。"[164]

实际上，艾瑞克成功地取得了另一个一星一等荣誉学位，1939 年 6 月 20 日，他在剑桥大学礼堂亲自接受了学位证书。[165] 学位授予仪式不久后他就去了法国，在那里他"一周花两英镑就能过上当时算是极其舒服的生活"。在《格兰塔》当编辑时赚的 50 英镑是他的经济来源，这要得益于在"五月周"发行的特刊，这一期报道的是"五月舞会"和期末体育比赛，而这个时候学生们都留在剑桥等待考试成绩，因此销量一向都特别好。艾瑞克和剑桥的朋友，尤其是帕尔瓦蒂，在巴黎待了一段时间。帕尔瓦蒂是莫汉·库马拉曼加兰的妹妹，"身材苗条，有一头毛糙的短发，穿着最美的纱丽。我还记得那是一条蓝色、银色和黑色相间的纱丽，整条米歇尔大道上的人都在回头看我们，因为她是这个地儿最漂亮，或者至少是最时髦的女孩"。后来艾瑞克听说她回到印度并成了一名国会议员。[166]

艾瑞克校对了他在《格兰塔》负责的最后一期杂志，然后在巴黎多待了几个星期，直到世界学生协会的第三次国际会议在1939年8月15日至19日期间召开。8月16日下午，艾瑞克发表了题为"民主对我们意味着什么：法国大革命理念的现实意义"的演讲。但他主要做的是管理工作，负责整理不同国家学生运动的档案卷宗，这些资料将要发放给每个代表团。"大约有35份重要的报告要翻译成法语或者英语，两种语言都得有足够的复印本，"艾瑞克在1939年8月12日写信给罗恩，"你可以想象这个工作量。"德国代表团甚至提交了总共100页的三份长文档。"最后那几天，"艾瑞克提到，"我们基本从早上10点忙到晚上10点半或者11点，星期天也是如此。"大会得到50位大学校长资助以及从劳合·乔治、约克郡大主教到爱因斯坦、托马斯·曼和亨利希·曼等人的捐助。[167]

艾瑞克在1955年回顾这段日子时还记得：

> 我们准备和翻译各种报告（英语、法语，有时是德语），还要复印这些资料，黄色封面的是英语版本，蓝色封面是法语版本。这些报告是关于法西斯主义、民主和社会进步的。有时候我们需要躲避向协会追讨纸钱、复印费和其他费用的债主。我们大部分人住在拉丁区，只要两英镑就能住上不错的房间，吃饭则在小餐厅里解决。这些小餐厅现在还在经营，唤起人们对"迷惘的一代"年轻人的回忆。法国餐厅通常很贵，我们只去希腊人和斯拉夫人开的馆子。

当然，艾瑞克终究还是有一些闲暇时光的。"我记得我们在隔壁咖啡馆玩桌上足球，"他后来回忆，"犹太队对亚洲队，比如兰姆（内厄姆）和我对阵一些印度尼西亚人，还有 P.N. 哈卡萨（我不太确定）。"虽然他们反对种族歧视，但他们首先是共产主义者，"他们关注的是世界革命。我们——至少是我——在世界学生协会发现的不是我们肤色的不同，而是全世界的（共产主义）学生能够联合起来。我觉得我们这些为詹姆斯（·克卢格曼）提供帮助的人正是为了这一目标加入共产党的。"那些"更像知识分子的"学生代表则会下国际象棋。[168]

大部分学生希望战争尽早到来：

> 他们有一种对驱走恐惧有所帮助的轻度麻木。我们很少人对在战争中活下来心存希望，虽然这样说我们之中的英国人不太对。我们甚至不觉得世界末日就要来临，也不认为过去几年为阻止希特勒做出的不懈努力已经付诸东流。我们只是觉得在用和平的方式反对法西斯不见奏效之后，接着便会有一场反法西斯的战争。[169]

但就在不久后，全世界的共产党人遭遇了一次迎头痛击。斯大林注意到德国对波兰的入侵会把希特勒的军队直接引到苏联边界，于是在20 世纪 30 年代那场对苏联军队备战能力损害巨大的"大清洗"后，他开始争取时间组建一支火力和装备都足以应战的红军。1939 年 8 月 23日，苏联外交人民委员莫洛托夫和德国外交部长里宾特洛甫签订了一份两国之间互不侵犯的条约，其中包括了划定双方在东欧的势力范围的秘密条款。即使从条约的公开条款来看，这两国也已经从道德上的敌人转为了友好盟友。在这种情况下，剑桥间谍们的信念——将英国的机密泄露给苏联，并将之视作捍卫文明进步、抵御纳粹的最好方式——即使曾经有任何正当性，此时也已经彻底消失，因为泄露给苏联的英国政府机密现在可以转到德国人手上了。然而这个时候剑桥间谍们颇富欺骗性的生活已经令他们深陷泥淖，他们再也没有精力去思考这种间谍行为的目的。从整个国家来看，很多人退出了共产党，但大部分党员认为协议是斯大林采取防御性策略的一出高招。[170]

艾瑞克曾经希望英国和苏联之间结成盟友。[171]但在《苏德互不侵犯条约》缔结后，他没有提出异议。"如果说只有那些签署声明反对这份条约或表达了类似态度的人们才能证明党和苏维埃政府的正确性，"他在 1939 年 8 月 28 日写信给表兄罗恩，"那就已经足够了。"然而条约本身就是打破希特勒联盟体系的证明。艾瑞克列出了他认为条约应该受到欢迎的原因：

一、条约孤立了希特勒；

二、（轻微地）限制了希特勒随意扩张的自由；

三、由于苏维埃政府和民主国家并没有进攻计划，条约维持了局势现状；

四、条约让苏联很难再被排除在任何像慕尼黑会议这类的圆桌会议之外。

当然，这份条约根本没有孤立希特勒，他和墨索里尼的结盟没有受到影响，更不用说和芬兰、匈牙利这种友好国家的关系。艾瑞克对条约的秘密条款并不知情。艾瑞克认为条约让国际局势变得更加安全。战争爆发的 4 天前，"我觉得不会打仗了，"艾瑞克写道，接着又补充说，"虽然战争的威胁比去年要更严重。"对于条约，他能想到的唯一反对之处就是苏联和德国结盟后，可能会给日渐保守的法国政府打击国内共产党的借口，事实上，这种情形很快就发生了。[172]

IX

巴黎的工作结束后，艾瑞克开始了一次搭顺风车之旅，这次去的
不是南法而是布列塔尼。"搭顺风车有一种不受时间影响的美好感受，"
他写道，"我的旅行只有两天左右，但已经觉得时间比这要长得多。"
他沿着布列塔尼的北边海岸，寻访阿摩尔滨海省甘冈地区的村庄。然后
横穿布列塔尼半岛。他发现那里的景观"某种程度上很像德文郡……小
块的田地，大片牧场，阴雨连绵的天气"。他抵达了菲尼斯泰尔省的孔
卡尔诺，"一个布列塔尼南部的小镇，是金枪鱼捕捞的中心"，艾瑞克
在 8 月 28 日的信里向罗恩描述。"这个地方不错，"他写道，"……我想
我会在这儿待上几天。"但他清楚纳粹对波兰的入侵威胁使国际形势变
化莫测，并对局势保持着谨慎关注。法国人已经被动员起来了，"受惊
的"英国游客全都已经回国。[173] 1939 年 9 月 1 日，希特勒不顾英国对波
兰领土完整的保证，入侵波兰。张伯伦犹豫不决，希望竭力阻止战争。
但就如艾瑞克几天后写的那样："在我看来，很大程度上是格林伍德
（工党发言人）带头的下议院抗议浪潮促使我们承担起自己的责任。"[174]
在下议院和内阁大部分成员的压力下，伦敦的张伯伦政府向希特勒发
去了要求撤兵的最后通牒，但希特勒仍然一意孤行，英国于 1939 年 9
月 3 日对德国宣战。第二次世界大战爆发。

发现战争显然在某种程度上无可避免，艾瑞克立刻从孔卡尔诺乘
火车到昂热，希望从那里返回巴黎。预备役部队驻扎在每个车站，正如
艾瑞克后来回忆的那样：

> 昂热像所有的法国小镇一样，阳光灿烂，尘土很大。后来我在
> 路边招停了一位女士开的跑车，我可以理解她一脸狐疑，因为我穿

着格子衬衫、脸色棕黄消瘦的样子看上去一定很像个无产阶级。然而在我给她看了我的英国护照后，她让我上了车。她大概35到45岁，有着一头时髦的棕红色头发，长得挺好看，还给了我一些水果。我们谈到了战争。我不记得当时我是否已经知道德国入侵了波兰。战争已经无法避免了吗？她很焦虑，希望尽快赶到巴黎，一路上能看到没有载客的出租车和装满了行李的汽车从另一条路上汇合过来。我们在沙特尔停下来，喝了一杯酒。在酒店里大家都听着电台广播：德国入侵波兰、法国全国总动员之类的新闻，听起来很戏剧化。人们坐在周围，一个女人在抽泣。我的司机坐立不安，我觉得她好像就要晕倒了。[175]

他们在开往巴黎的途中经过了逃离城市的长长车队——"法国的中产阶级从我们要去的地方纷纷撤离，标致牌汽车顶上绑着床垫"。一到巴黎那女子就把艾瑞克放在旺多姆广场的一个角落里，"我们道别时的心情很迷惘，怀着这种心情的人们曾经想要见证历史的关键时刻，但当这一刻真的发生时，就算是为了一种戏剧化的自我表现，也觉得不如想象那般有吸引力。"

艾瑞克需要回英国的路费，所以他去威斯敏斯特银行取一点。

一群英国人在银行柜台周围徘徊，他们已经根本无暇顾及礼貌。我记得站在温德姆·路易斯旁边，他戴着一顶很大的黑帽子，整个人情绪激动，虽然外表看起来很温暾，但当时的确非常恼怒……去迪耶普的火车拥挤不堪，特别是有一大群个子高挑、十分美丽同时尤其不像游客的女孩子，看起来也是心烦意乱。她们是巴黎各个歌舞团和剧场请来驻场的表演人员，现在她们也和别人一样，感觉炸弹马上就要落下来了。她们要返回家乡阿克林顿和布拉德福德。我还记得当时我想这种情形既是和平年代合适的终结方式，也是战争开始的预示。但其实并不是这样。在维多利亚街的里昂咖啡馆一边想事情（看报纸）一边吃完早餐后，我和一个来自布里斯顿的丰腴金发女郎定好第二天晚上约会，但她并没有出现。总而言之，我除了在贝尔塞斯公园这个跨国革命中心附近的朋友家中有一张沙发外，在伦敦没有能够落脚的地方。我们穿着睡衣，一起眼睁睁看着战争降临。[176]

回到伦敦后，艾瑞克和洛娜·海伊见了面。她是剑桥大学纽纳姆学院的一名毕业生，也是莫汉·库马拉曼加兰的女友，库马拉曼加兰不久前告诉她自己要回到印度，投身到革命事业中去，因此不能带着她一起回去（他的确回到了祖国，并很快由于煽动叛乱被捕，但在印度独立后，他加入了国大党，20 世纪 70 年代为政府效力）。[177] 艾瑞克在洛娜和莫汉合住的公寓里度过了战前的最后一夜，他们一起体验了很快就会成为首都日常状态的备战情景：

> 天空黑得让人难以置信。人们一时半会还适应不了，但雷暴就要来临。探照灯的光线投射在国王十字地铁站前方，让人搞不清楚空袭是否来临了。大雨倾盆而下，我谈不上害怕，虽然战争前夜的闪电比真实的空袭更加让人心神不宁。此情此景只是让我感到悲哀。我在莫汉家过了一夜，我们第二天早上很晚才起床，有人打电话给洛娜，告诉她英国对德国宣战了。[178]

防空警报拉响，此时艾瑞克和洛娜正在去萨里郡的卡特勒姆的路上。他们头顶的空中飘浮着用来阻拦德军空袭的数千只防空气球。一个防空哨兵让艾瑞克和洛娜到室内去，但他们不想显得自己在害怕，于是继续赶路。

虽然张伯伦在 1939 年 9 月的态度还是模棱两可，艾瑞克认为"政府——或者张伯伦的内阁——置身事外的机会已经微乎其微"。[179] 面对和法西斯主义最后摊牌的前景，艾瑞克感到备受激励：

> 现在既然已经宣战，我想我们的首要任务就是取得胜利。此前有上千次机会可以避免这次这场战争，很多人也表达过这种看法——但事已至此，我们必须高效快速地作战。同时我认为最有效的作战方式应该把民主权利、言论自由等的牺牲减少到最小程度。还有一点必须指出，要格外小心有人试图把新的《凡尔赛和约》塞给我们，别让战争沦为一场仇恨德国的运动。但实际上我仍然认为，只要决策者仍是提出了《慕尼黑协定》从而导致了当前局势的那些人，这场战争就不会真正有效地进行。[180]

艾瑞克"不喜欢在长达 2 个月的时间里游手好闲，没有实在的事情可干的状态"。所以他写信给剑桥大学和伦敦的战时办公室，自愿入伍。但他在最后正式服役之前，不得不用了超过 4 个月而非 2 个月的时间来受训。"要是能得到一份任务或者工作，抑或是对战事有积极作用的任何事情，我都会很高兴，"他告诉堂兄罗恩，"无所事事也会让人心情烦躁。"不久后他回到了剑桥，此前艾瑞克和彼得·克尼曼在圆顶教堂附近合租了一个小房子，而克尼曼已经由于战争的缘故滞留在瑞士，再也没有回来。"我读他留下来的诗集和两性关系指南，听爵士乐和马勒，在蓝马厩餐馆吃不太正宗的中国菜。这时开始做研究似乎没有多大意义了。"想到自己对《格兰塔》的责任，而此时另一位编辑已经加入了英国皇家空军，艾瑞克找到斯伯丁印刷厂，发布了"一份简短但相当用心的声明，表示《格兰塔》将等待文明的回归"。

与此同时，由于国际阵营的变化发展，艾瑞克对共产主义事业的忠诚度受到了严峻的考验。战事爆发之际，英国共产党宣布"支持英国宣战，相信这是一场正义的战争，应该得到整个英国工人阶级和民主之友的支持"。但领导层很快就在莫斯科共产国际的要求下被迫重新审视自己的立场。英国共产党被告知，这场战争"是帝国主义的非正义战争，所有交战国的资产阶级都负有相同的责任"。工人阶级的任务是"进行反战活动，揭露这场战争的帝国主义本质"。1939年9月25日，英国共产党的中央委员会以21票对3票通过了新的工作方针，实施包括"革命失败主义"原则在内的斗争策略，即包括英国在内任何国家的战败都是好的，因为这可能带来一场革命（"一战"期间列宁在俄国使用的策略）。[181] 投了反对票的少数派中有英国共产党的总书记哈里·波立特，他评论道："我讨厌这个国家的统治阶级，但我更讨厌德国法西斯。"[182] 他被迫辞职（1941年6月22日德国入侵苏联后得到复职）。[183]

　　在波立特被迫辞职之际，国际形势已经再次发生了巨大变化。斯大林利用《苏德互不侵犯条约》带来的战略空间，在1939年9月17日占领了波兰东部，随后的11月30日，苏军进入芬兰。芬兰在1917年以前是俄罗斯帝国的一部分，但在"一战"末期通过艰苦斗争赢得了独立。"冬季战争"爆发了，苏联红军遭遇了芬兰军队的激烈抵抗。芬兰元帅卡尔·曼纳林重新回归部队，他曾在1918年的芬兰内战中率领由德国支持的反革命武装"白军"。作为一个坚定的反共主义者，曼纳林高效地组织了国内的防御力量，得到了国际社会的同情和支持，苏联的行为受到国际谴责，12月14日被驱逐出国联。针对苏联的情况，共产国际增强了宣传努力。在英国，《今日俄罗斯》在12月7日紧急出版了一期名为《芬兰：真相》的特刊，把曼纳林描述为破坏民主的法西斯分子，宣称红军试图通过斯大林建立的政府为这个北欧国家带去民主。这种说法是站不住脚的：虽然共产主义在芬兰遭到禁止，但法西斯主义也一样受禁，芬兰定期举行的选举显示，比起相邻波罗的海小国的独裁政权，芬兰的政治制度和瑞典更为相似。[184]

但英国的共产主义者不只通过发布这样的宣传小册子来为苏联辩护。艾瑞克的同学雷蒙德·威廉斯也是一名剑桥的共产党员学生，他后来回忆社会主义学社联系了他，毫无疑问是在伦敦共产党总部指示下，要求他和艾瑞克合作完成"一项紧急的宣传工作"：

> 艾瑞克·霍布斯鲍姆和我的任务是撰写关于苏芬战争的文章，论述这场战争实际上是 1918 年曼纳林和白军取得胜利的那场芬兰内战的重演。把这个任务交给我们是因为我们能很快从提供的历史资料里形成文章。作为一名专业写手，你经常需要写一些并不是太熟悉的题材。这本小册子以党内高层的名义发行，上面没有署名。

后来，艾瑞克说自己没能拿到一份小册子印刷版本。[185] 但实际上这本小册子并不难找，在他的个人文件里其实就有一份。[186] 这本题目为《对苏联宣战？》的小册子由剑桥大学社会主义学社编撰，剑桥大学劳工联合会出版，其内容是警示读者"英国人民发现他们当前处于与社会主义苏联开战的边缘"，这是由于英国政府扬言要站在芬兰一方干涉这场战争。来自民众的压力终结了对 1918—1921 年苏俄内战的外部干涉，在这场新的危机里也应当如此（威廉斯对此处的回忆有误，这本小册子讨论的是苏联和英国的冲突，而不是苏芬战争，他混淆了自己的著作和《今日俄罗斯》上发表的文章）。小册子深入讨论了作者提出的兵分三路进攻苏联的军事计划。文章没有将芬兰描述为一个法西斯独裁国家，也没有试图论证斯大林指定的政府可以为这个国家带去民主。相反，它将斯大林的策略描述为纯粹是防御性的，并呼吁读者对此给予支持，以保护 1917 年十月革命的成果，阻止西方势力以芬兰为基地对苏联可能进行的干涉。无论是艾瑞克还是他的合著者都不愿说出他们明知是谎言的东西。因此他们至少设法保留了一点政治和学术方面的诚实——在 20 世纪 30 年代末期被斯大林主义统治的国际共产主义世界里，这是了不起的成就。

艾瑞克知道自己很有可能被征召入伍，于是他在等候过程中一直待在伦敦，要么住在哈里叔叔家里，要么在朋友的公寓里过夜，有时候睡在空余的床上，有时候睡地板。他仍然可以使用彼得·克尼曼在剑桥的房间，但剑桥镇、大学和学院现在已经空空荡荡。他被正式录用为博士研究生，姑且算是开始了对法属北非农业状况的研究。"我在必要时会搭便车去大英博物馆，在这个冷得不同寻常的冬天里，趁着路上的雪堆还没有阻塞道路的时候"。[187] 与此同时，战争的动静不大，每个人都在等着有事发生。这是一场"假战争"，把艾瑞克和许多人一样置于几个月的不确定状态。但他知道这种情形不会持续太久。随着留在剑桥的朋友所剩无几，家人又从伦敦移居智利，艾瑞克此时孑然一身，漂泊无定并且前途未卜。

第四章

英军内的
左翼知识分子

ERIC
HOBSBAWM

1939–1946

I

1940 年 2 月 16 日，根据 1939 年 9 月 3 日颁布的《国民（武装部队）兵役法案》，所有 18 岁到 41 岁之间的男性都有服兵役的义务，艾瑞克被征召入伍。[1] 他被编入驻扎在剑桥的皇家工程兵部队第 560 野战连，置身于一群鱼龙混杂、大部分出身于工人阶级家庭的士兵当中。[2] 士兵们拿到制服后，在剑桥中心帕克公园的草地上集合。连队的军士长是一名资深老兵，对这些新人发表了一通训话，艾瑞克不久后就凭回忆记下了这次训话，连同军士长训话时用的东区土腔*。让他们稍息后，军士长发话了：

你们可以先抽根烟。好了，你们的下士教官也站在这了，他应该跟你们讲了我是这个连的军士长。你们可能对我跟你们这些新兵蛋子说话的方式大惊小怪。如果你们的老爹以前打过仗，就会跟你

---

* 指东伦敦以及当地民众（多为工人阶级）使用的方言。——译者注

们说军士长都是些混蛋。我现在就告诉你们，既然到部队里来了，就要知道该怎么好好守规矩……你们要跟我讲话的时候都得立正然后叫我"长官"。你们最好放聪明点儿，都给我站直了，你们在军队里就得乖乖守我的规矩，不然咱们走着瞧……因为不管你们知不知道，我都一直盯着你们。你们可能看不到，但我就在那儿用眼角瞅着你。没有什么事儿能逃过你们军士长的眼睛，所以你们给我好好记住！我也会随时记得盯着你们，你们的老长官记性好得很。现在有些事情是你们在部队里不能干的。有时候看到士兵把手插在裤兜里经过营房办公室，我不会说什么，但我心里想："这混蛋还不够格当士兵。"等到了咱们能放假的时候，你们猜怎么着？对，我会记起他的名字，并且保证让他没法放假。"让这家伙操练到趴下！"我会下命令说，"他不是个合格的士兵。"[3]

战争当然意味着士兵们必须遵守军队的规章制度，即使他们是直接从平民生活中被征召到部队里来的。如果他们不守规矩，就会被遣送到贝德福德军事监狱去，用军士长的话来说，那里的看守"没有人情可讲"。但如果他们服从命令，军士长跟他们保证一切都会顺顺利利，他也不会让大伙儿日子难过。但假如他们不听话，军士长说他们会发现"对那些不老实的家伙，我是不会客气的"。

军士长向士兵们解释了军队里的各种军衔等级，并强调自己终生都在军队服役，而他们只是打仗的时候才被征召进来：

战争结束之后，你们会换上平民的衣服离开部队，对你们的老长官不屑一顾。事情就是这样。但我和少校会留在这里。我 17 岁的时候就进了部队，而当我退役之后，你和女伴以及孩子们从维多利亚车站回家时会看到有人在那里卖鞋带，他会对你说："行行好，赏个铜币给我这个老头子吧。"这就是我这种家伙的最终下场。

在军士长所谓的"谈心"后，士兵们学习操练的基本功（"全体注意！在我跟你们说话的时候……不把你们绑到八脚桩上，你们就绷不直吗？你们站得像弯弯绕绕的电线，都可以打个结了！"）。[4]

早上是行进训练，下午是步枪训练，直到大家的动作都变得"几乎是下意识的"。他们的教官是艾斯特下士，"他把每个指令都重复三遍，好像觉得这样能让大家都明白一样"。"我们在帕克公园里伸直手臂练习站姿，下士用一种猥琐的方式解释口令'休息'和'稍息'的动作区别。'这样的动作会很容易让你们舒服起来。'他边说边咧嘴笑了起来。"[5]他教士兵们怎么应对毒气袭击——这是源自"一战"的普遍恐慌，毒气通常被用于西线战场（实际上，毒气在"二战"中的欧洲战场上从来没有被用于攻击士兵）。"这位下士，"艾瑞克注意到，"是个实践经验比理论更丰富的人，没看过多少书。他在读操练指南上那些官话的时候有点困难。"[6]艾瑞克提出了质疑："为什么军事指南非要使用那些最抽象、沉闷、复杂，让各个级别的军人都理解不了的术语呢？""看着下士和战友们竭力理解那些无用的表达方式真是令人揪心……军队的整个教育体系都要从头到尾进行彻底的改革。"[7]"从早到晚的操练，"艾瑞克承认，"让人筋疲力尽。"[8]士兵们学习了怎么打绳结和清理他们的步枪。[9]"日子过得都一个样，我简直记不起每天都发生了什么……常规日程是早上在帕克公园进行步枪训练，下午是打绳结，还会在克赖斯特彻奇街上接受一次'小测验'。"[10]1940 年 3 月 18 日，这支队伍终于完成了基础训练。[11]

艾瑞克尝试着在脑海中回想莫根施特恩和席勒的诗歌，从而转移注意力，但军事训练占用了他太多精力，这种方式"没什么用"。[12]实际上，艾瑞克从一开始就为军队里没有知识分子的位置而感到苦恼。

1940 年 3 月 6 日，他找到了一个解决办法："我可以重新开始写日记，把我这个从 1935 年底就停止了的习惯再捡起来。"毕竟他在政治方面"不得不无限期地处于无所作为的状态"。而写日记可以让未来的人们知道他经历过的大时代，即使他不太可能对这个时代做出多大贡献。但这能让将来那些与他志趣相投的人将他铭记于心。[13] 他的日记大部分是用德文写的，一部分也许是因为他早前的日记也用了德文，所以比起换成英语更加顺理成章，一部分是因为万一被与他朝夕相对的战友看到了，他不希望他们能看懂。除了间歇的中断外，他在战争期间一直坚持写日记。1940 年 7 月初，他开始发现"我写得越多，这日记就变得越空洞和沉闷"。但这显示了他"有写作的才能。这意味着我可以像木匠处理木头或者铁匠摆弄铁块一样运用英语或德语的词汇，但没法做到像建筑师一样组合他的素材。我觉得自己无论在哪门语言上都有技术上的自信——即使是词汇量比较有限的法语"。[14]

他比以往更加想念西德尼和南希，而他们此时在千里之外的智利。"有时候，"入伍几个星期后艾瑞克写道，"我意识到自己是多么孤单。"他没有家人，也没有挚友，没有可以回去的社群，那儿的人们会说："啊，艾瑞克·霍布斯鲍姆从部队里休假回家了。"对于他的朋友来说，他"只是个皮肤黝黑、一头金发、瘦骨嶙峋的家伙，穿着一身不合体的校服，每半小时或半天就时不时地出现，也许能唤起他们对过去某些往事的回忆，是他们记忆的一部分，但在他们的日常生活中压根没有什么存在感"。[15] 艾瑞克不无沮丧地回忆，带着一丝自怜。他试着对自己的处境保持乐观，起码自己还是留在了剑桥，他想。[16] 住在圆顶教堂附近，他仍然可以拥有一个"正常的剑桥周末"，坐在国王学院里看报纸，和一些还在附近的朋友到里昂咖啡馆吃午饭，晚上去看电影。[17]

他甚至腾出了参加政治活动的时间，虽然在 1940 年 3 月初参加剑桥的一次集会时，活动开展得并不顺利。英国共产党喉舌媒体《工人日报》的主编威廉姆斯·拉斯特受邀在剑桥大学社会主义学社的会议室发表演讲，但是艾瑞克注意到在室外有"一群赛艇俱乐部的成员、反动学生和三四十个皇家空军的人集结在大楼前，周围都能听到他们发出的一片嘘声。其中很多人都喝醉了。我和他们说话的时候能闻到他们嘴里的酒味。由于他们没法进到楼里，于是他们上蹿下跳，还扔了臭弹"。这群没能得逞的暴徒开始高唱英国海军军歌《统治吧！不列颠尼亚！》和国歌《天佑国王》。"这些人基本就是想找乐子而已"，艾瑞克认为，这些年轻人"没脑子，而钱太多"。他们让艾瑞克想起了自由军团和纳粹冲锋队，艾瑞克在日记里不无夸张地写道。实际上，这次事件更像伊夫林·沃在他第一本小说《衰落与瓦解》（1928 年）中描述的牛津大学的生活那样，是"英国上层阶级对穷苦阶层的一次示威"。[18]

共产主义对艾瑞克来说是"一种理想的实现"，他写道，"而不是现实中的政治"。[19] 但他还是感到自己正在和资产阶级的社会阶层日益疏远：

> 我越来越觉得自己身处一群假的知识分子中间，尤其是现在。我开始理解工人阶级和党对资产阶级知识分子的不信任。这些坐在周围、端着葡萄酒或杜松子酒的无聊人士，在康特·巴锡的背景音乐里有一搭没一搭的谈话，烫过的发型、香烟的味道……一切都毫无意义。[20]

艾瑞克在军队里的同伴则不太一样。"从个人角度出发，"他在加入自己的小队后写道，"不知道是好是坏，我发现自己再次置身于和我毫无共通之处的人群中，除了一个我心知肚明但他们毫不知情的愿望，那就是我因为他们是工人和士兵而想加入他们。"[21] 士兵们毫无芥蒂地接纳了他。艾瑞克刚学会"小河边有座老磨坊，内莉·迪恩"*"老房子里有个老姑娘"这类歌词，就加入战友们的剧院小曲大合唱中，还有一些歌是从西部电影里学到的，比如"家啊，山丘里的家"。[22] 他和伙伴们踢足球，[23] 并发现自己"自中学以来第一次做体育运动"。他还和他们一起玩乒乓球、飞镖和台球。[24] 有一次艾瑞克还尝试了摔跤，虽然他忘记自己对此一窍不通，不得不模仿对手的动作。他玩二十一点牌的时候赢了，并在玩牌的过程中使用了谨慎玩家会大摇其头、相当冒险的策略。他还会加入时不时组织的克里比奇牌局里，这是一种工人阶级小酒馆里流行的纸牌玩法。[25] 他学会了国际象棋，有时候会和那些懂门道的人一起下两局，虽然不是每次都能赢别人。[26] 他还练了一段时间的拳击，而许多年前他的父亲曾尝试教他。这在艾瑞克的日记里被列到了"休闲练习"的栏目下。[27] 有一晚艾瑞克和"总是把我（或者可以把我）打趴到地上的皮博迪下士"练完拳击后，终于认识到自己没有多少这方面的天赋。[28]

艾瑞克从来都忍不住要进行社会分析。"工程兵的阶级构成，"他观察到，"比其他大部分军团都要统一……他们基本是一群熟练或半熟练的技术工人。"来自重工业行业的人相对少一些，因为他们已经被征入了国民军需品工厂、军械部队、海军或者皇家空军。"大部分士兵都或多或少和建筑业有联系，比如木匠、砖瓦匠和粉刷匠等等。""士兵来自英国的各个地方，但他们讲方言时会很谨慎"，因为他们说方言时候经常被其他人取笑（"比如诺福克郡的人说'我现在目前正在过来'（I'm now coming）、'我目前正在做'（I'm now doing）的习惯一直被嘲笑，还有'他做''他说'里的动词没有用第三人称单数形式，或者

---

* 《内莉·迪恩》（Nellie Dean）是一首 20 世纪初在英国小酒馆非常流行的抒情歌曲。——译者注

是诺丁汉郡人用'我们的年轻人'（our youth）来表示兄弟"）。在部队待了一年之后，艾瑞克按照习惯整理了他了解到的士兵们的籍贯数据：4 个来自兰开夏郡，伦敦、诺福克和剑桥郡各 3 个，其余则来自斯塔福德郡等地。[29]

就像后来每接触到一个新领域时都会做的那样，艾瑞克会记下那些自己不熟悉的词语和表达方式。他被士兵们使用的伦敦东区方言迷住了，汇总了一张押韵的俚语表："橡木和烟灰"（oak-and-ash）指的是钱（cash）、"肯特公爵"（Duke of Kent）是帐篷（tent）、"罗宾汉"（Robin Hood）是树林（wood）。[30] 他还列出了其他没那么难懂的俚语："被烤焦了"（to be browned off）是烦透了的意思，"晃动铅块"（swing the lead）*指的是干活偷懒，"mush"（发 moosh 的音）指男人，"boozer"指小酒馆（现在这个意思也很普遍了），"flog"则是卖东西。[31] 他还记录了一些士兵们说的关于性的脏话。[32] 并对士兵们习以为常的下流淫秽感到震惊。"三个月内，"他想，"我就能写出一篇英国无产阶级性爱技巧的详细研究。"他一如既往地被陌生的词汇吸引，整理出一张从士兵那里听来的性爱俚语表。[33]

而让艾瑞克更加震惊的是莫里斯·罗伯特讲的故事。他在艾瑞克的小分队里，以前是个木匠，他告诉艾瑞克自己入伍之前和 3 个同伴在索森德强暴了一个 16 岁的女孩（索森德是泰晤士河口的一个海边度假地，很受伦敦东区人欢迎）。"那个小娘儿们全程一声都没吭，一声都没有。"[34] 艾瑞克在记下这件事时并没有发表评论，但很显然对这个故事感到不安。可是他又能做什么呢？如果他举报了这件事，这些人只会拒不承认。在自己的小分队里遇到"几乎是彻头彻尾的文盲"时，艾

---

* 旧时的船员会用绳子系着铅块放入水中，以测量船只下锚处的深度，但偷懒的船员则会把铅块在水里晃一下，随便报个深度数字就敷衍了事。——译者注

瑞克从另一个层面上"感到极度震惊"。他发现迪克·福勒"除了自己的名字外既不认字也不会写字。令人觉得糟糕的不是一个弱智者的愚钝天资,而是这揭示出社会的弱点:最发达的资本主义国家居然能容许这样的情况存在,并且丝毫没有要承担责任的自觉"。[35] 艾瑞克竭尽所能来帮助他。福勒并不是艾瑞克遇到的唯一一个文盲或半文盲。几个月后,他"花了一些时间教蒂格读书写字,这是蒂格平生第一次意识到要学习。我用一本叫作《影子》的侦探杂志教他识字,之前我从来没有意识到,这些杂志是多么适合给半文盲人士阅读"。[36]

‖

部队的基础训练结束后,生活变得丰富起来。士兵们要接受部队卡车驾驶能力测试(艾瑞克这方面的技术不太好),练习挖壕沟的时候"一大群孩子"在边上看着。艾瑞克学会了开摩托车。[37] 他觉得这工作"并不是很累,只是左手手腕变得有点僵硬"。[38] 士兵们在军需仓库轮流值班,"干这活儿的时候到处都是灰尘"。[39] 不那么受欢迎的工作是被派去削土豆。艾瑞克因为负责清洁公共卫生间而避开了这个差事——"总要习惯干点脏活"。[40] 有一次他们到剑桥西南巴灵顿附近的乡村去进行日间训练,士兵们埋伏在灌木丛后等待"敌人"出现,这让艾瑞克想起了他的童子军时光。[41] 但是好几个星期之后,士兵们由于没能休假而开始躁动起来。艾瑞克发起了一次集会:

> 我鼓起勇气,用钢盔敲门让他们安静下来,提出了休假的问题。"我们要做点什么,"我说,"我提议选包括雷吉·帕尔腾下士在

内的三个人为代表，到指挥官那里去。我们在这里已经 7 个星期没能休假了。"他们齐喊"是的"，还有"你是对的！"。最后大家决定派雷吉、弗拉纳根和我过去。[42]

经过进一步的讨论之后，他们决定听取艾瑞克的建议，向指挥官请愿。但"所有的事情都交给我处理——我要负起责任。还有一个困难是，严格来说多于一人的请愿群体都会被视为兵变"。[43] 这些人的决心动摇了，此事继而不了了之。

一个中尉把他们召集起来，告诉士兵们这支部队的食品配额已经透支了，他们必须勒紧裤腰带度日。在一次穿过哥马格丘陵前往巴布拉罕、谢尔福德和斯坦普福德然后回到特兰平顿和剑桥的 32 公里行军中，不满情绪越积越多。"我们为国家而战，而国家甚至连让我们吃上饭都做不到。"弗罗芒说。"'呵呵勋爵'[*]应该听听这抱怨。"比尔·福勒说。在艾瑞克看来，英国士兵普遍认为叛逃的法西斯分子威廉·乔伊斯从柏林传送的敌方宣传广播可以代他们尽情抒发心中不满。但士兵们的士气很快就振作起来了，他们在行进中唱起了歌，虽然唱得十分混乱，有时候队伍里不同位置的士兵同时唱起了 3 首不同的歌。[44]

艾瑞克对自己"能读的东西很少"而感到苦闷。"在部队里接触到的基本都是报纸和宣传小册子。怎么才能继续阅读呢？我被隔绝在文化之外，或者说正要被隔绝开来，但我执拗地不愿放弃。"曾经最讨厌和鄙视的那种历史读物，如今他都十分珍惜：

---

[*] "呵呵勋爵"指"二战"时期纳粹面向英军的英语电台广播员，其中较著名的有爱尔兰裔的美国人威廉·乔伊斯，"呵呵勋爵"得名于广播员经常在表达对英军的蔑视时发出的冷笑声。——译者注

我开始在（剑桥）学生联合会看起《英国历史评论》来，我读新版《晨星外交学报》上刊登的沉闷通知，读关于中世纪西西里修道院的无聊书评，了解18世纪古典宪法的概念等等。我读的这些东西不仅仅是为我对历史的整体认识添砖加瓦，更主要的是这一切——即使是最微不足道的丹麦教堂档案摘要——都是代表着文明的、富有创造性的、积极的生活。[45]

1940年3月末，艾瑞克预料自己会被派遣到剑桥以外的地方去，他把自己的书都收拾打包起来：

我感到一种难以置信的悲伤，几欲落泪，虽然我实际并没有这样，因为我除了面对突如其来的高度紧张之外很少会哭。书本就像人或者树木：他们会生长。你可以预计它们大概有三到四年的寿命。当我从战场归来把我的书从盒子里拿出来时，它们已经生气全无。每一层书架都会诉说着：死于1939年。这些书，无论是文学的还是政治的，在去年都生机勃勃，成为我性格的一部分，但将来它们只能成为自身所处时代的记录……好书尘封是一件糟糕的事情。到头来人们不只是阅读它们，还和它们一起生活。这就是文明。它们具有自己的社会价值。[46]

艾瑞克的确想方设法做到了时不时读一点书——有一次“在卡车后面的车厢里读了100页司汤达——这是一种文明的姿态”。[47]

到剑桥拜访朋友的时候，艾瑞克花时间听了柏辽兹的《幻想交响曲》，他觉得这首作品极不协调，“并不怎么打动人”，充满了“非音乐性的戏剧化时刻”。[48]他更喜欢巴赫[49]和埃尔加，尤其喜欢马勒，他记得自己在维也纳的时候是听着马勒的音乐长大的。马勒的《大地之歌》让他回忆起维也纳"具有人文教育素养的资产阶级阶层"，他们从艾瑞克接受过的那种教育中获得了自我价值。相比而言，艾瑞克认为英国的中产阶级缺少一种广博的文化教养，他们接受的狭隘古希腊语和拉丁文经典教育无法弥补。在他的总结中，英国的资产阶层"缺乏渗透到骨子里的文化，而不是表面上的阶级氛围"。在宗教改革中强大起来的英国资产阶级将文化视作奢侈品，而在 19 世纪繁盛起来的德国、奥地利和俄国资产阶级则将其视为清楚表达人生问题的主要方式。[50]

至于英国的工人阶级——能成功地让战友们讨论政治已经是"一次小小的胜利"。1940 年 3 月，在苏联和芬兰的"冬季战争"即将结束之际，艾瑞克记录了一次这样的对话：

> 迪克·韦尔斯（一个"小资产阶级分子"）从镜子里看见了高加索地区的地图，于是说"可能我们很快就要到那里去打仗了"。我说："这就意味着英国和苏联开战。我不想和苏联人打仗，为了什么呢？谁想和苏联人打仗呢？""我，"莱斯·伯登说，"对我来说斯大林和希特勒都是一路货色。""我不想，"比尔·福勒说，"我不想和任何人打仗。"有人问："那我们究竟是为了什么打仗呢？""因为我们必须这样做。"比尔·福勒回答道。没人对他这个含糊的结论提出质疑。"我们当然必须打仗，"我说，"我们穿上军装就只能去干这事，但我们从战争中得不到任何好处。""对"每个人都表示同意。"但还是有人能从战争中得益的。"我多少还是插了一句话作为补充。小兰勒加入了讨论："有钱人能变得更有钱，战争中永远都是这样。"然后我们回到关于苏联红军的话题，我试着告诉伯登，苏维埃政权和希特勒是不一样的，我给他举了波兰的例子，他没有表现出抵触。[51]

艾瑞克赞同士兵们的愤世嫉俗和对冬季战争的"完全缺乏热情"。但也遗憾地注意到"他们从根本上反抗的意愿并不强烈"。[52]艾瑞克和他的战友们一样，担心西方国家对芬兰的支持会让他们"距离和苏联开战只有24小时"，所以苏芬停战的消息传来时他松了一口气。他们"高兴坏了"，到酒馆去喝酒庆祝这场战争的结束。[53]

1940年4月，随着德国入侵挪威，英军远征挪威海岸，形势和士兵们的心情都发生了变化。"'谢天谢地，终于有了个结果，终于来了一场真正的战斗。'同伴们说，因为这可以让他们从一成不变的假战争中解脱出来。"[54]15个人（不包括艾瑞克）志愿到挪威去——其中10个人的申请得到了批准。艾瑞克觉得这是"因为英国士兵的生活太无聊了，而且这些人都无牵无挂、孑然一身"。[55]士兵们想到挪威的战事时，心情变得沉重起来。当艾瑞克所在部队的一个士兵说出"只有死了的德国人才是好德国人"时，艾瑞克觉得有必要反驳他，但归根到底，他写道，他能够"第一次理解战争中的英国，很大可能是因为希特勒的行动是如此组织缜密、势不可挡，而我一直有同情弱者的坏习惯"。[56]

不久后，随着德国军队向挪威南部和中部逼近，并击溃了盟军的远征军，士兵当中燃起了爱国主义的热情。"'你知道吗，'罗林说，'我不知道我们要如何赢得这场战争。'其他人也同意他的话。"[57]艾瑞克认为这显示出英国电台和媒体宣传影响的局限性。艾瑞克觉得，这些伙计们"无论对我们（即共产主义）还是法西斯主义来说，都是可塑的原材料"。削土豆的时候，艾瑞克和一些同伴谈论起犹太人，士兵们觉得英国已经被犹太人统治了。"这是'呵呵勋爵'带来的影响之一。"艾瑞克评论。"我自然是提出了反对意见——虽然部队里的反犹情绪并不是很激烈，但连一群普通士兵都把这样的想法当作基本事实令我感到担忧。"[58]另一方面，也有士兵读过罗伯特·特莱塞尔的《穿破裤子的慈善家》（1914年），这本小说的情节发生在一个工人阶级社区里，详细描述了居民们受到的压迫和他们为争取权利所做的努力。"我周围的人，"艾瑞克的这个战友告诉他，"全都是坚定的保守派，但我（在这本书里）读到的东西让我对社会主义者有了更多了解。"[59]

1940 年 4 月 16 日，部队驻扎剑桥的这段相对平静的时光戛然而止，士兵们被调遣到诺福克的坎维奇营地去，这个地方离塞特福德不远，是 18 世纪革命作家托马斯·潘恩的出生地。这里的乡郊大部分是未经开垦的荒野，让艾瑞克想起柏林附近的勃兰登堡边区。[60] 几乎一抵达营地，士兵们就起草好一封抱怨口粮配额不足的投诉信。"吃晚饭的时候，沃灵顿中士脸上挂着无辜的笑容走进房里：'下士们告诉我你们写了一封投诉信，你们不能说我没有尽自己的责任，我已经把上尉叫过来了。'"但是他警告大家不要递交这封投诉信，"因为上尉可能会觉得这个事情很恶劣"。士兵们害怕自己的休假会被取消，立刻就打消了请愿的念头。[61] 但是事情并没有这样过去。第二天早上，士兵们看到少得可怜的食物时都用盘子敲打起桌子来。当被告知没有多的面包时，他们坐在座位上时不时嚷嚷着要面包。"你们以为这样就能得逞？"卡特下士一边冷笑一边用"他那听起来无比资产阶级的口音"说道。"没面包就不干活！"士兵们回应。但他们不知道下一步该怎么办。上士大步走进屋里，质问道："这是军人该有的行为吗？"他命令士兵们"5 分钟内出去"。士兵们被叫到训导室，并被严厉告知军内暴乱的下场。指挥官威胁说要把他们全都逮起来。"给我放老实点！"他吼道。

在艾瑞克看来，这反而意味着他们的反抗把军官们吓唬住了。午饭的伙食比之前明显要好得多，[62] 但是对士兵的纪律要求也加强了，只要制服有一丁点不合规定，休假都要被取消。艾瑞克和格里菲思中尉"在关于纽扣的问题上发生了一点小争执"。他被视作这次抗议的带头者并不是没有原因的。"你是受过教育的人，"格里菲思中尉对艾瑞克说，"我敢肯定你的家庭背景不错，你可能没有这个意识，但像你这样的人应该给别人树立榜样。"艾瑞克含含糊糊地道了个歉——"只是为了装装样子。"记录这件事时他写道。但"这种情况充分证明了他是一个煽动者",虽然他干这个事情并不在行,也不见得比别人好。[63] 与此同时,在坎维奇的军营生活大部分时候和以前并无二致。有个战前曾经因为盗窃坐过牢的士兵("没有哪个号子我没蹲过的,帕克赫斯特、本顿维尔、布里克斯顿——我都待过。这就是我。")问艾瑞克要不要一起闯进商店里偷东西("我不去了,伙计,"我说,"谢谢你了啊。")。[64]

随后,在1940年5月初,艾瑞克突然接到通知,要去参加一个为期10天的密码工作培训,培训目的是将他转派到情报部门去。要参加培训的有12个士兵:2个军官、7个军士和3个二等兵。能讲多国语言又有剑桥双星一等荣誉学位的艾瑞克很显然应该入选。这些人被带到离诺威奇大约8公里的一所詹姆士一世时期风格的房子里。艾瑞克觉得"喜出望外",因为"我们被当作文明人一样对待。吃得很好,用的是有配套餐具的瓷器盘子,从茶杯而不是锡杯里喝茶"。[65] 这里不用列队点名,连迟到也没什么问题。军官和副官和他们说话时都很客气。"几乎像天堂一样了。"但艾瑞克仅仅享受了一天这样的时光:

> 第二天早上,上尉把我叫过去,解释说我不能参加这个课程因为我的母亲不是英国人。回剑桥的火车是2点20——这和我个人没有关系,你能理解吗?——好的,我明白。——但你要知道,可能你反对这个(德国)政权,但你有一半是属于这个国家的,这种情感总会有一些留在你心里,你明白吗?——我明白,长官。——我个人没有任何民族主义的情结,只要这些国家都遵守规矩我对它们没有什么偏见,但现在德国人不太老实。——是的,他们不太老实。——我会推荐你去做翻译。——好的,长官。——你要明白,这是原则问题,我们不能违反。——是的,长官。[66]

艾瑞克觉得争辩是无济于事的。"从部队的角度看，他做得对。牵涉到密码工作人员时，再小心也不过分。"[67]

艾瑞克被这些事情弄得烦恼又失落，他在接下来那几天都情绪低落，甚至没心情写日记。他断断续续地自学俄语，此前他在剑桥时也学过一点儿，虽然他在日记里对最初的进展感到自豪，但其实总是浅尝辄止。[68] 短暂的休假期间，他沿着剑河撑篙而上，到格兰特切斯特去喝茶。"我依然是个撑篙能手，"他骄傲地写道，"虽然穿着制服让我觉得很热。"他逐渐恢复了精神，在艺术剧院的餐厅里见一些法国朋友并用法语讨论政治。[69] 几天后回到部队里，当艾瑞克被中士当面训斥时，他再次觉得受到了现实的冲击，中士朝着他大喊："因为你在 2 点到 9 点的这段站岗期里玩忽职守，你的休假被取消了。"他和其他 5 个士兵在站岗的时候睡着了，一个少校叫醒了他们。艾瑞克对受到训斥并未感到多么愤怒，虽然他的确认为格里菲思中尉跟他过不去。[70] 更加令人郁闷的消息是德国人侵了荷兰。"大家普遍认为德国人会赢。""我们当然清楚为了什么而战，"有人说，"但你必须承认德国的军队更强一点。"不管怎样，张伯伦于 1940 年 5 月 10 日辞职，丘吉尔作为联合政府的首相接替了他的位置，这让士兵们全都觉得很振奋。[71] 丘吉尔无疑是个能够鼓舞人心的战争领袖，艾瑞克觉得他"能言善辩，非常顽固但又思想灵活，对怎样才能让英国利益最大化有极度清醒的认识"。但他可以直面批评同时又毫不妥协吗？他"有能力纵横捭阖、指点战局，而不是仅仅当一个傀儡领袖吗？我觉得他做不到"。[72]

艾瑞克没有多少时间继续思考这类问题。1940 年 5 月 11 日，在没有任何预告的情况下，一个士兵在凌晨 2 点叫醒了艾瑞克和他的同伴，告诉他们"穿戴好全副装备，4 点 30 分开始行军"。[73] 士兵们被送上一排卡车，前往朗格利公园，这是诺威奇郊外的另一个营地，士兵们住在帐篷里。[74] 在日复一日的沉闷和一成不变中，艾瑞克觉得自己像

"一具穿着军装的尸体，活得没有人样儿"。[75]士兵们每逢周日和周三可以休假外出，到一个附近的村庄去，那里没人认识他们，但他们也无事可做——"没有任何商店、俱乐部和餐厅"。按照艾瑞克的说法，士兵们在那里根本待不住，感觉好像只有半小时放风时间的囚犯。"于是他们在黄昏暮色中一路游荡回到营地，喝得醉醺醺的，骚扰路人，跟在骑自行车的女孩儿们后面大声嚷嚷。"[76]一个在香烟店工作、名叫布伦达的女孩显然比较听话：

> 我们轮流和她出去约会。她大概17岁，我觉得过去两年里她每晚都不缺男人……她到营地这边来，倚靠在围栏上，泛红的大手掌摆弄着长在营地这边的干枯蜀葵和一些不知名的黄花的花梗，像一头西班牙母狗那样用湿漉漉的眼睛瞅着我们的帐篷，直到有人出来。我们带她在铁路路基上散步，一旁是被隐蔽的地雷带拦腰穿过的杉树园，另一旁是在满月下像蜗牛痕迹一样泛着银光的孤独铁轨。[77]

就在一座旧吊桥前面，她会和任何跟她一起的人躺到一小片芦苇丛后面的小坑里去。"从正常人的标准来看，完全可以说她是个蠢货，但作为一个在小商店柜台里干活的女孩，她又出乎意料地坚强。"她几乎不会聊天，所以艾瑞克很快放弃了和她见面。他对这女孩的描述可能有夸张的成分，但这种露水情缘即使次数不多，也并不适合他。

艾瑞克需要背着一支上膛的来复枪执勤。士兵们全都"因为德国人而变得像惊弓之鸟一样"，他们现在随时都可能发起进攻。"我并不害怕"，艾瑞克在一段时间的执勤后写道，但是"如果我当时真的相信有打仗的危险，我也不会介意承认自己害怕"，[78]而且"其他士兵说他们觉得害怕。树林里的老鼠窸窣作响时，你会以为听到了小道上的脚步声，如果我不是确信德国人不会在夜里偷袭，我可能就会开枪了"。[79]

一个星期后，艾瑞克注意到"这是近四年来，他没读过'好书'的最长一段时间了"。[80] 为了应对可能出现的德军攻击，连队在桥底下放置了地雷和炸药，用风钻钻洞，架好了机关枪，还在大雅茅斯附近挖了反坦克战壕。[81] 半夜里经常会有空袭警报，艾瑞克觉得自己听到了树林里传来的爆炸声。"士兵们摸黑跑进树林边的战壕，探照灯的光柱在上方来回摇晃。"他们有时候觉得自己能听到北海那头传来的枪声，德国人正在那里"痛击"法国军队。"这让我们觉得每天能回到营地并随口调侃一句'那边有人正在被痛揍'是一件很重要的事情。这是我们离战争最近的时刻。"[82]

1940 年 6 月 8 日是艾瑞克的 23 岁生日，他到村子里去，想在一个本地酒馆里灌醉自己，但无奈囊中羞涩。他看中了"一个身材丰满、嘴唇很厚，一头褐发的女孩，她在药店工作，至少看上去有点成年人模样"。尽管他"说了一些应景的傻话"，但由于感到很尴尬而并没有继续。[83] 不过在他和两个同伴一起被派到阿克莱和雅茅斯之间一片平坦沼泽地里的小桥上执勤时，他能够"长久以来再次体会到享受自然的奇异快感，一种如同经历了性爱之后全然的身体放松和再无要求的完满感"。

> 我以前没来过这个地方。应该说这儿看起来很像佛兰德斯地区或者荷兰，只比海平面高一点儿的平坦沼泽地，数不清的河流安静、缓慢流动着（但还是没有饮用水！），风力磨坊、牛群和树丛的轮廓到处可见。两排柳树之间夹着一条笔直的道路，延伸至远方，时不时能看到甜菜加工厂之类的建筑。这幅景象在夜里相当动人。远处传来飞机的轰鸣声，一盏盏探照灯把光柱投向天空，四处舞动，交汇到一起又分开，随着飞机一路往内陆深入，灯光暗了下去，一组新的探照灯接着跟上。[84]

在桥上执勤的日子一天天太平无事地过去，但艾瑞克变得烦躁不安起来，他爬到桥栏杆上测试自己的胆量，进行长时间的徒步，用德语写了两首诗（"其中一首非常好"），他还想着多写几首，但最后没能完成。没法参与政治活动以及收不到任何新闻让他心神不定。[85]

守桥的闲暇生活让艾瑞克有时间思考战争的进程。如果德国想打赢，他们必须要动作快一点："我一直相信纳粹体系没法承受长期的战事消耗。""由于英军和法军将领那不切实际又极度自大的骄兵情结——他们既不吸取教训又小肚鸡肠，德国人很可能像 1871 年普法战争时那样大胜而归。"[86] 因此当艾瑞克在 1940 年 6 月 17 日设法搞到收音机，听到法国战败的消息时，他并不意外。[87] 想到普通的德国民众在一个野蛮的政权下被"一群神经质的堕落疯子，身强力壮的军人，目光短浅、埋首文牍的刀笔吏和来自波兰边区的官僚"[88]统治着，他就不寒而栗。和纳粹的"和平磋商"既不太可能发生，也没人愿意这样做："我个人认为，与纳粹议和是一件糟糕得难以用语言形容的事情。"[89]

共产党的官方立场称这场战争是资本主义列强之间的战争，应该马上停止。然而，法国的战败促使斯大林改变了主意。从那时开始，英国共产党不再呼吁停战，党的领导人提出应该成立一个人民政府来加强反法西斯势力。[90] 敦刻尔克大撤退和法国的沦陷在艾瑞克看来有决定性的意义。"我开始清醒地认识到党的立场是毫无作用的。"英国处于纳粹极权的直接威胁下，必须捍卫国家。[91]艾瑞克的日记和写给堂兄罗恩的长信里都没有直接提到《苏德互不侵犯条约》仍在延续，但也没有为其辩护。就像他对罗恩说的那样："在 L（劳合）·G（乔治）时期以来的各届英国政府中，我觉得这届政府拥有更多能力值得敬佩的大臣。"艾瑞克私底下赞许丘吉尔政府能够更加有效、有力地驾驭战局，这一点是显而易见的。他真心希望打败希特勒，这个念头不只源于他对英国的认同，还来自他 20 世纪 30 年代初在柏林参与过反纳粹运动而形成的政治倾向。[92]

法国的战败在东欧附带产生了一个结果。1940 年 6 月 21 日，红军趁着西欧各国专注于法国形势，进入并占领了波罗的海国家爱沙尼亚、拉脱维亚和立陶宛。"一个振奋人心的消息。"艾瑞克在日记里写道。这 3 个国家已经被右翼民族主义独裁政权统治了一些年头，共产党在这些国家都是受到禁止的。在艾瑞克看来，这是一次进步的行动，是对这些地方的解放。[93] 同时，斯大林还夺取了罗马尼亚的比萨拉比亚和北布科维纳，这一消息让艾瑞克忍不住要"手舞足蹈"。[94] 吞并这些地区带来的结果和波罗的海三国的情形是一样的，只不过扬·安东内斯库元帅在罗马尼亚的独裁统治很快就会犯下整个"二战"中最惨无人道的反犹暴行，甚至引起了德国党卫军的异议。[95]

III

法国沦陷后，艾瑞克和很多英国人一样感到焦虑不已，这在他 1940 年 6 月 24 日详细记录的一个"奇怪又不失逻辑"的梦里得到了体现。"我们在阿尔及利亚君士坦丁北面的海岸上"，这里是阿尔及利亚东部，全副武装、火力强大的德军和意军正在入侵我们。"和现实中一样。"他悲伤地想。由于装备过时、战略失当，他所在的一方毫无招架之力，被打得落花流水。他换上了平民的服装，担心自己的军靴会暴露身份。他往阿尔及尔和奥兰的方向逃去，希望能找到一艘能带他回英国的船。他遇到了格里菲思中尉，后者祝他好运。艾瑞克经过一个牧羊的男孩，然后在灌木丛里蹑手蹑脚地前行，来到一所房子前，里面的人给他提供了过夜的地方。第二天他穿过树丛继续逃亡，闯进一片林间空地，那里有个衣衫褴褛的犹太乞丐和一个高大快活的英国士兵。得到警告说地方长官正在追捕流浪者，于是他离开此地继续逃亡。最后他来到一个阿拉伯村庄，那里的人们正在为了庆祝某种节日而热烈舞蹈。

艾瑞克沿着村庄边上行走，小心翼翼地经过一个军营，一直来到阿尔及尔毫无特色的郊区。一个开着车的 20 来岁漂亮女孩让他上了车，并把他带到自己在镇上的住所，"我觉得我在那里和她睡了"。他从报纸上读到之前遇见的士兵和乞丐被抓住了，并告诉抓捕者他们的英国士兵朋友"艾瑞克老伙计"也已经被逮捕。所以艾瑞克不用担心再被追捕了。最终，在很多间旅馆藏匿过后，他找到了一艘船回英国。"我会忽略这个梦里弗洛伊德式的心理暗示内容，"他总结道，"我把这个梦记录下来是因为我喜欢它。"和所有暗示了他潜意识想法的梦一样，也许士兵和犹太乞丐代表着艾瑞克的一部分心境，而这个发生在阿尔及尔的梦显示出他还是希望重返这个国家，因为他原本打算在那里进行博士课题研究，"虽然那儿艳阳高照，但我并不觉得热"。不过，这也只是对他当时心情的揣摩而已。[96]

与此同时，他继续思考着英国的长远前景。"坦白说，"他在 1940 年 7 月对罗恩说，"对一个学历史的学生而言，这是一个非常独特的时代。自从罗马的衰落或者法国大革命之后，没有哪个时代比得上现在一半的精彩。生于这个时代并不是件愉快的事情，但上帝啊，我一点也不愿意错过这个时代。"[97]然而此时他还远没有成为一名专业历史学者的念头，相反，他觉得自己会投身到基于"社会主义现实主义"方法的"无产阶级文学作品"的写作中去，创作一些风格简朴、浅显易懂的故事。"我写作的目的是让每个人都认识这些房子和街道，闻到花香，感受到激情。"艾瑞克的读者的确能在他的作品中看到真实的生活，虽然他不太确定自己是否有驾驭宏大主题的才能。[98]能够确定的是，当希特勒宣称自己两周内就能直捣伦敦的报道传来时，艾瑞克更难想象自己的未来会怎样。"现在希特勒威名赫赫，士兵们私底下认为他能打赢。虽然表面上他们坚信皇家舰队一定会保护我们……这种不确定感意味着这不是一场人民的战争。"让艾瑞克感到沮丧的是，他"害怕被这种盲目的紧张情绪感染。只要我的理智仍然告诉我危险相对不大，或者担惊受怕是无济于事的，我就没问题。但我非常害怕自己会失去自控的能力"。[99] 另一方面，当这场"假战争"突然被粗暴终止后，"对入侵的恐惧让举国上下形成一种同仇敌忾的决心，即使只是暂时的，这种对战争必要性的肯定以及对敌方的不容忍，都是很了不起的事情"。[100]

1940年6月25日，艾瑞克随他的部队调往东盎格利亚的大雅茅斯海边度假地。"这个地方空旷、荒凉，北海隐藏在沙包和带刺的铁丝网之外，但这儿依然是一个有房子、女人、电影院，甚至有书店的城镇——文明的象征。"他被分配到一个苏格兰女人经营的夏季食宿旅馆里去住，[101] 生活暂时平静下来，三餐定时，没有上级看管，还有很多闲暇。艾瑞克在伍尔沃斯在当地的分店里买了一本《好兵帅克》，这是捷克讽刺作家雅洛斯拉夫·哈谢克在1923年写的反战小说。一位出于良知而拒服兵役的人*瞥见艾瑞克买的书，和他攀谈起来。7月的时候艾瑞克开始从当地图书馆里借书，那儿有各种小说，包括萨默塞特·毛姆的《月亮与六便士》，艾瑞克觉得这本小说风格陈旧、内容空虚，至于非小说类则包括阿尔弗雷德·诺思·怀海特的《科学与近代世界》（1925年），艾瑞克觉得这本书"句子的长度和抽象程度是实际需要的3倍"。然而，他又补充道："上帝啊，我有时候也会这样写东西。"[102]他用了好几页日记来阐释自己对怀海特理论的理解，事实上怀海特的理

---

* "出于良知而拒服兵役者"指由于个人道德取向或者宗教信仰的缘故，要求拒绝履行军事服务义务的个人，通常这一情况只会存在于征兵制度中，某些国家会把这种拒服兵役者分配到无须执行军事任务的组织中。——译者注

论在艾瑞克的时代甚至到了今天都是出了名的晦涩难懂。[103]

同时，部队继续为德军的入侵做备战。士兵们把炸药固定在雅茅斯的布雷登河上方的铁路桥上。艾瑞克必须从离桥面7米、离水面有20米的桥顶上走过去系好炸药，突然之间他感到：

> 一阵难以置信的、巨大的、无法抗拒的巨大恐惧。他写道：我完全可以继续执行任务，并没有觉得头晕。我是可以站直的，因为桥的一边到另一边的十字扶壁只有20厘米。我害怕是因为别人觉得我应该能冷静地完成这件事，但我不确定我可以做到。

往返于炸药点的路程"很惊险"。同时，随着德国空军试图控制英吉利海峡制空权的行动明显失败，士兵们对德国入侵的担心程度逐渐降低。"在一开始的怀疑后，"艾瑞克在1940年8月20日写道，"我对皇家空军的绝对优势变得有信心起来，虽然我隐约觉得戈林还为发动真正的入侵准备了一两道撒手锏。"[104]

有时候拿到周末通行证，艾瑞克会到伦敦去。[105] 在他看来，伦敦"充斥着身穿各种制服的士兵，让人觉得回到了旧时的帝国或者奥匈帝国"。[106] 1940年12月，德军对伦敦的"闪电战"空袭仍然活跃，一个"百无聊赖"的晚上，艾瑞克在街上闲逛：

> 几枚炸弹掉在我附近（这是一次中等规模的空袭），特别是燃烧弹。我在西区散步，虽然喝了一点威士忌，但我没有醉意，举止也如常。我压根不觉得害怕，一点儿也没有。至少头15分钟过后我就没觉得害怕了。这不是什么英雄气概，只是麻木。我对自己说：没人针对你，没有人会注意到你这个人，你的个人行为对形势也没有影响：不管你是坚强还是崩溃，德国飞行员还是会继续把那破玩

意儿扔下来，而且对你的情况一无所知。你被炸中的概率是可以计算出来的，而在这种计算概率的基础上，你的精神将在分裂中备受折磨。所以我不用怎么鼓起勇气就能从西区步行将近5公里到东区去，就像从房间的一边走到另一边一样。[107]

然而这种外出活动的机会还是很少的。连续好几个月，极少有任何事情可以让艾瑞克从军队的单调生活中转移注意力。

为了不虚度光阴，艾瑞克写了一些"部队生活随笔"，并在1940年7月投稿。[108]这些短文在1941年3月15日和一封退稿信一起被退了回来。这让艾瑞克"甚至不愿意承认自己的不满"。[109]在战争期间他还重新写起了德语诗歌，主要是出于冲动或无聊，又或者是想对时局有所反映，还有就是从形而上出发，当一组或一系列特别的词语出现在他脑海中，他想要把德语的声音和英语的韵律结合到一起。其中一些诗歌和军营生活有关，要么就是关于战争造成的伤害和剥夺，或者是看起来"雄赳赳气昂昂"的士兵内心其实在害怕这一类更为微妙的对比："我们很渺小，时代很伟大。"[110]在他的一些诗歌里，士兵把看电影或表演当作休息，厨子们在餐厅门口晒太阳，没事做的人则玩牌或者写每周寄出的信件。[111]苏联在这些诗句中经常出现，有一首诗的题目是《致苏联战士的祷文》，写于1941年6月德军入侵苏联之后。艾瑞克选择用犹太祈祷文向死者致意，而不是使用"挽歌"或者"墓志铭"这样更为中性的词语，显示出他的犹太人身份认同在过去这些年的经历后依然存在。

他的政治诗歌比青少年时期写的那些宣传鼓动式的口号要成熟得多了。在一首诗里他明确表达了对自己信念的怀疑，将自己描述成"一半反动一半革命"，披挂着"政治丑角"的戏服。[112]他过着一种"理论脱离实践"的生活，在政治上已经毫无希望："只有行动才具备力量。"[113]他带着乡愁缅怀起自己在战前参与的大游行："五月的第一天 / 我们的衣服上别着红色的康乃馨 / 生命和死亡的见证 / 最后和最初的象征。"[114] 眺望德国和奥地利，艾瑞克甚至想象纳粹分子在将自然变成废墟之前，也在享受着毫无政治意味的春天。[115] 一首题为《慕尼黑教授》的诗歌写于 1943 年 7 月 11 日，描绘了德国的大学学者对纳粹政权及其要求的逐渐屈服。总体来说，艾瑞克很难将想表达的话转化为常规的结构性诗句形式。他的绝大部分诗歌在韵律、韵脚和其他方面都有严重缺陷，经常试着运用一些并不是很切题的意象。结果就是，艾瑞克的散文一直写得比诗歌要好，而且他最擅长在有事实基础的情况下进行拓展延伸：他只是对诗歌那彻底的形式浓缩、意象营造和韵律创作不太拿手。

与艾瑞克一起生活的士兵们对政治毫无概念，这让他一直以来都感到苦闷："一个左翼知识分子在英国军队中就像坦塔洛斯＊一样，处于一个浑身不自在又处处受苛责的地位。"为了逃离这种状态，他决定申请当军官，这对体力的要求没那么严格，艾瑞克承认——"我的懒惰和贪图舒适也让我'想当一名军官'"——但他也希望到一个能够使用他才智的位置上去，而作为一个列兵他没法发挥才能。但他怀疑自己是否能成功。[116] 他申请了本土英军和英国驻印度部队的职位。有传言说申请加入这两处战场的所有候选者都要到印度接受为期几个月的军官培训（"我对去印度完全没有意见"，艾瑞克告诉堂兄罗恩，虽然"去印度意味着完全浪费了我掌握的语言技能"）。[117] 但是，艾瑞克在 1941 年 4 月 7 日告诉罗恩他的印度部队职位申请被拒绝了，此前的 2 月 15 日，他也收到了没能被录用为英国部队军官的通知——"消息来了，"他在日记中写道，"当军官没戏了，这让我很恼火。"[118]

＊　坦塔洛斯是希腊神话人物，因为泄露天机被罚站在近下巴深的水中，口渴想喝水时水位会下降。——译者注

虽然艾瑞克对大雅茅斯的平静环境很感恩，但他经常觉得生活无聊。他利用每次可以让他继续饥渴地阅读的机会来获取知识上的启发。就像他告诉罗恩的那样：

> 我们还驻扎在这儿，我在雅茅斯公共图书馆有固定的学习时间。这让我想起了中学时光，那时我总是迫不及待地到马里波恩图书馆去看书。而现在我才注意到自己的涉猎广度——与历史和政治领域不同的题材——在我在剑桥的时候已经有所退步。但是现在读书以及讨论那些根本用不上的重要知识让我觉得灰心丧气，这让读书变得像收集邮票或纽扣这一类事情一样毫无意义。[119]

诺福克相对平静的环境没能持续太久。1941 年 1 月，艾瑞克的部队被调遣到苏格兰边境。他对自己要承担的任务感到很高兴，"在寒冷潮湿但还是很美好的日子里开展模拟侦察，在满是鲑鱼的河上修桥"。他告诉罗恩："这是自从去年初夏让我们摆弄炸药的差事以来，我在部队里干过的最有意思的工作。"[120] 部队被派到边境小镇耶特姆附近的一座小桥开展侦察，但艾瑞克觉得这个防御（可能出现的）德军攻击的计划"很不现实"。[121] 完成了对桥梁的侦察后，士兵们应该步行回到营地，但是他们居然搭了顺风车，于是第二天他们被罚进行十一二公里常规行军。[122] 另一次演习的战略计划暴露了"许多巨大的弱点：枪支放在空地上，无论从哪个方向看都完全没有掩护；车队沿着路边连成一长排，同样完全暴露在外；整个军营都能被埋伏的敌军'夷为平地'；完全没有考虑到空袭的威胁，等等。""但是，"艾瑞克补充，"我不能指责他们，因为我的个人经验是很片面的。"[123]

3 月的第二个星期，部队被调派到距离珀斯约 11 公里的斯坦利，要用一周时间在泰河上建一座浮桥。这些日子里他们"在河里驾着船划来划去，从沙地上把浮筒搬举起来"。"我们在河流拐弯的地方干活，避开了湍流，那儿的河岸很容易向下倾斜。"有时候他们需要戴上玻璃面罩："我们汗流浃背，唾沫积在面罩里下巴下方的位置，让面罩变得又湿又难固定。"然而，在珀斯郡修建浮桥的整个体验是"非常愉快的"，偶尔的"模拟入侵"和演习让这一过程变得很有趣。[124] 士兵们干活的时候，艾瑞克注意到渔夫们会"在河面上来回划船，拉曳用绞车放下的渔网并把它收回来"。有时候天鹅会飞过河面："我从未注意到它们在飞行的时候脖子会一伸一缩的。"艾瑞克用空余时间读了托尔斯泰的《战争与和平》，有一晚还和一些战友去了珀斯的电影院，在那里看了詹姆斯·卡格尼和帕特·奥布莱恩主演的《男孩遇见女孩》，艾瑞克觉得这部电影"肤浅"并且充满了"暗示和相当有限的俏皮话，中间塞进了一些闹剧，卡格尼演得非常用力，但这部电影实在不行"。[125]

此外，实战步枪操练这一类常规"早训"都让艾瑞克觉得"荒诞不经、不切实际。问题是在现行制度下最出色的士兵和军士花了太多精力在浮于表面的训练上，而不是去做更有用的事情"。[126] 一场大雪之后，他们被派去清理路面。[127] "不打仗的时候他们做什么，"艾瑞克提出疑问，"当没有士兵的时候？但是现在太阳照得人暖洋洋的，我享受着这个一天干下来有时也挺累的工作。"[128] 当一个大家都称为卡特下士的专职军人过来和他们一起干活时，艾瑞克很是佩服："除了他的个人能力外，他的经验背景也和我们非常不一样。他在行为（和影响力）方面都树立了一个经验丰富的出色军士的榜样。"[129] 大部分时间里艾瑞克依然觉得无聊。百无聊赖的生活加上"毫无活力和目标的工作把我压得喘不过气来"，他抱怨道。然而"百无聊赖"对艾瑞克来说是个相对概念。"我什么也没干，"他在 3 月 25 日写道，"除了读完《白鲸》。"两周之后，他负责看守部队的仓库，此时他还是在抱怨。"没有任何值得一写的事情……读了巴尔扎克的《高老头》、刘易斯·G.吉本的《云雾山谷》(*Cloud Howe*)、塞缪尔·巴特勒的《众生之路》、乔治·道格拉斯的《有绿色百叶窗的屋子》(*The House with Green Shutters*)以及一些别的书。"[130]

艾瑞克的部队接受了炸药使用方法的培训,学习"炸毁桥梁的方法""拱形结构原理"还有"箱形梁的内部支撑"。[131] "这些培训以及那些没有演示的课程一点用处都没有。"艾瑞克认为。[132] 它们大部分都是照本宣科。[133] 为了让课程不那么枯燥,6个小队被选出来根据选择的项目进行现场讲解。[134] 艾瑞克被选中了,但他在第二天的试讲结束后就承认:"我的课讲得很糟糕。"[135] 最后,艾瑞克彻底觉得自己在部队格格不入。"我到底在皇家工程兵连做什么?"他问自己。[136] 晚上他经常和大伙儿到酒馆去喝得醉醺醺的,虽然有时他"因为一分钱也没有而不得不待在营房里"。[137] 他抱怨军饷制度"很混乱。60%的士兵竟然都有负债(其中70%在总部,我也欠着别人的债)"。[138] 他甚至要向罗恩借钱,并在1941年4月初满怀感激地收到了汇款[139]。他试图组织一个"军营委员会"来提出军饷问题,"但士兵的团结出现了裂痕,因为那些欠债最多的人希望军官亲自处理他们的情况"。[140] 艾瑞克多次从"喋喋不休的苏格兰人"那里听说德军在3月13—14日对克莱德塞德发动了一次大规模的突袭,克莱德塞德是一个重要的造船基地。他报告说那儿的当地人指责政府低估了伤亡人数,这也许反映了当地人民支持著名左翼团体"红色克莱德塞德"的特点。[141] 一些士兵觉得战争会以英德签订和平条约的方式终结,但也有人不同意:"活在希特勒的统治下还不如一枪崩了你自己。"[142]

1941年4月,艾瑞克的部队调到南边的利物浦,他觉得可能要为海上作战做准备了。[143] 士兵们被分配到克罗斯泰斯礼堂宏伟的周边建筑里住宿,这个地方在德比郡西面的郊区,属于莫利纽家族的乡村别墅和房产。他们早上进行刺刀训练,并被告知如果遇上战斗机空袭,应对方式应该是"站直了并用来复枪瞄准它们"。这些荒谬的指示受到了士兵们的嘲讽,"大家越来越伤心,意识到他们还是用1917年的作战方式来迎战一支1941年的敌军"。[144] 不久之后,利物浦在五月的整个第一周持续遭受了一连串严重的德军空袭。[145] "损失惨重,"艾瑞克写信给罗恩说,"更糟糕的是和平常一样的组织不力。没有正式的疏散行动,直到一切都晚了。面对暂时的失业潮没有应对措施,诸如此类。"虽然煤气和电力还有供水都恢复得很快,但电话转接服务停摆了,这让通信变得很困难。当地人被空袭搞得既"惶惑"又"震惊"。[146] 艾瑞克觉得如果由伦敦政府,而不是"当地那些直到炸弹真的落下来时还相信他们可以幸免于难的老议员"来主持局面的话,可以更加有效地应对这样的局面。

IV

1942 年 6 月 22 日,纳粹及其盟友入侵苏联的巴巴罗萨行动改变了"二战"的军事和外交形势,《苏德互不侵犯条约》也随之终结了。听到这一消息,艾瑞克觉得大大松了一口气,"这样,至少我们——至少从正式意义上——站到了正义的一方。既然战斗迟早会到来,这样的局面无论怎么也算是安定了人心……我看不出希特勒怎么能打败苏维埃政权"。7 月 2 日,斯大林从德军入侵的最初震惊中恢复过来,通过电台发表了一次演说,号召苏联人民团结起来打败德国纳粹。这次演说产生了振奋士气的巨大作用。"斯大林的演说,"艾瑞克在 7 月 8 日告诉罗恩·霍布斯鲍姆,"意味着一场全方位的人民战争——实际上的和政治上的。"[147] 就像艾瑞克很多年后记起的那样:

他组织了一场向苏联军队赠送足球的活动，我当时服役的工程兵连全体士兵都在足球上签了名——包括军士长。我亲自跟进，确保足球被送到《镜报》再转赠出去。我的一个大学朋友，已故的蕾欧娜·海当时在报社工作，她为我们宣传了此事。我敢说足球最后被送到了苏联。大伙儿排着队来签名：没人有一丁点儿的犹豫。[148]

艾瑞克对红军获胜的前景很乐观。"他们坚持的每一天，他们取得的每场胜利，他们击落的每架飞机，都让英国人民和苏联人民更加紧密地联系起来。"[149]

苏德战争的爆发点燃了艾瑞克的创作热情，加上又有大量的闲暇，他写了两篇部队生活的随笔，发表在一本创办于1937年名为《小人国》的口袋杂志上。[150] 两篇短文中的第一篇描述了一个可笑的上层阶级少校、一位指挥官和一个中尉之间的对话，文章直到最后才揭示出原来他们谈论的不是一次军事行动，而是一场红军为他们队伍提供了选手的板球比赛。[151] 第二篇短文《从不胡扯》写得非常精彩，是以一个大学社会主义俱乐部成员的口吻写出的独白。这个人物和他的同志们打赌，如果苏联参战，他就"喝个烂醉如泥"。艾瑞克精准刻画了醉汉的胡言乱语：

打败德国佬的光荣红军万岁，万万岁！太棒了，太棒了，万岁！谁说我吵吵嚷嚷啦？是你？幸好不是你，我还准备把回答"是"的人揍一顿呢。再来一杯。我说，再给我来一杯。你是不是我朋友啊，我问你一个简单的问题，就想得到一个简单的回答，别插嘴。记住，我是一个政治头脑很清醒的人，没什么能蒙蔽我……告诉那个在角落里的男人闭嘴。告诉他我会和他大干一场如果他不……你觉得我醉了，我看得出来。但我告诉你我没醉，我就像个法官那么清醒。[152]

虽然德军在战事中一开始取得了胜利，但艾瑞克对红军部队的战斗精神充满了钦佩，他们不像法国人那么容易放弃。

与此同时，艾瑞克的部队再次转移，这次是去伍斯特郡的比尤德利。但他开始因为脚趾上的脓疮感到难受，这病情起初让他没法加入修桥的任务，随着情况恶化，他需要接受治疗。1941年8月，艾瑞克被送到了基德明斯特附近的一间医院，"那是一所乔治时代风格的舒适大宅子，环境很优美，伙食很好——显然是圣约翰救伤队与红十字会那些好心的女士们为伤员着想（所建的）治疗地。住进这里只是因为我的脚趾化脓，而不是更严重的战场挂彩，我感觉有点羞愧"。[153] 出院之后，他和朋友一起住在威尔士边界上瓦伊河畔海伊附近的一处房子里。[154] 他在那儿得到自己被调到皇家陆军文教队去服役的消息，当时这支队伍正在快速扩张。皇家陆军文教队创立于1920年，只招募有大学学位或者教师资格认证的人员，所有人都能立刻晋升为中士。文教队的任务是向普通士兵提供有趣的教育课程，以及让教育程度最低的士兵学会基本读写，从而提升士气。很多大学讲师加入了这支队伍，艾瑞克是个再合适不过的人选。他在皇家工程兵部队的长官们也许把他的调动视作摆脱他这种人的机会，艾瑞克明显不适合军队的实践性任务，而且是他们想赶走的一个刺儿头。[155]

这次调动很可能救了艾瑞克的命。艾瑞克离开的几个月前，皇家工程兵部队第560战地连已经接到前往热带地区作战的命令，他走后不久，部队被送上去加拿大的船只，穿越北美大陆到达新加坡，那里的英军在1942年2月15日向日本投降。艾瑞克认识的战友作为俘虏度过了"二战"剩下的时间，他们中很多人在臭名昭著的缅甸铁路上做苦工，其中很大一部分因为虐待、饥饿和疾病而死去。[156] 而在英国本土的艾瑞克于1941年9月初被送到约克郡韦克菲尔德的部队文教学校接受培训。他形容这个小镇"烟雾缭绕，充斥着成群结队的穿着连体衣和木底鞋的工厂女人，看起来毫无生气，但我觉得要好过圣埃德蒙兹伯里或者雅茅斯这类平平无奇的镇子，和利物浦那样大而无当的城市"。[157]这次调动不只在一个方面改变了艾瑞克的生活，到达不久后，他兴奋地写信给罗恩："现在写信给你的这个人不是一个工兵，也不是一个一等兵，更不是下士，而是一个真正的中士了。虽然我必须承认这只是暂时的，然后更糟糕的是，现在我还没领到军饷。"然而，在完成培训课程并在他将要服役的部队里待满21天后，艾瑞克将会拿到中士的正常薪水，数目会让他大为满足。更令人满意的是，他写道："这个军团本身就是个惊喜。教官们关注的东西和传授的技能都是正确的——并且相对于内容，在方式上对我有更大的启发。"

在部队文教学校的生活是愉快的，虽然上课时间很长，每天都排满了各种活动，而其中大部分都不是直接的教学。艾瑞克向罗恩描述了典型的一天：

> 起床号在6点30分吹响，早餐之前是15分钟的体育锻炼；课程和学习小组活动从8点30分持续到下午1点，接着是半小时的休息；从2点到3点30分是运动和游戏时间，上课、小组学习和自习从3点45分到晚上7点，中间有茶歇时间——我们7点前不允许外出。下午的体育活动我们可以选择游泳、走路或者团队游戏——或是他们安排的其他任何活动……一整天都被关在楼里。别人怎么样我不知道，他们很多以前是自己所属部队的文职人员，但我现在对绝大部分时间都在室内的生活不太习惯了。学校的条件是一流的：双人宿舍、豪华的浴室，吃饭时有平民充当的服务生伺候，公共活动室也很不错。[158]

学员们被分成 18 人的"活动小组"或者学习小组,艾瑞克所在"活动小组"的成员包括"1 个东方研究学院的历史讲师、1 个诺丁汉来的体育老师、3 个苏格兰的美术老师、1 个性格温和个子矮小的伦敦律师、1 个哈克尼来的手工老师,以及 1 个叫迈克尔·马尔莫斯坦恩的牛津毕业生,这人的国籍比我的还要说不清"。其他的学员主要来自威尔士和约克郡。"也许,"艾瑞克打趣说,"他们会找一天举行威尔士诗歌音乐大会,这儿有足够的诗人、合唱团和观众,我敢打赌我们有好几个能写竖琴乐谱和威尔士诗歌。"[159]

完成培训后,艾瑞克于 1941 年 10 月 2 日被调派到皇家陆军文教队,附属于巴尔福德军营的皇家炮兵第 12 步兵训练团,这是一支驻扎在索尔兹伯里平原的大部队。他负责管理基地里的"周日时光"图书馆,教伞兵们学德语。[160] 1942 年初,艾瑞克迎来了一个出乎意料的访客:弗里茨·卢斯蒂格,他是艾瑞克 1932 年至 1933 年间在柏林读书时的同学。卢斯蒂格在 1939 年设法逃离了德国,但在敦刻尔克大撤退后,丘吉尔下令逮捕和审讯所有德国国籍的外国人("把这些人铐起来!"),卢斯蒂格成了一名受害者。被释放后,卢斯蒂格加入了陆军先锋队,这是唯一一个允许德国和奥地利流亡者加入的部队组织。它基本是军事工程和建设项目的非熟练工人储备库。但因为卢斯蒂格也是一名出色的业余大提琴手,他很快就加入了在德文郡伊尔弗勒科姆的先锋队训练中心组建的小型乐团。乐团的任务是四处巡演,为士兵们举办轻音乐会。[161]当中心在 1942 年 1 月关闭后,卢斯蒂格和乐团其他人一起被转移到了巴尔福德。按照部队的惯常做法,乐手们要负责打扫图书馆,不然他们在白天会无所事事。因此弗里茨·卢斯蒂格在 9 年之后重新和艾瑞克见面了。[162]

他们的重逢很快就带上了政治和社会色彩,卢斯蒂格后来记得:

我一直对左翼政治有兴趣，这个时候刚好《工人日报》被禁了，我在读《新政治家》的时候看到共产党在上面刊登了一则广告，称他们正要出版一期简报，我挺想看一看的。所以我在第二次休假去伦敦的时候，到了他们在托特纳姆庭院路的办公室去，要求把我的名字加到简报的邮寄名单里去。共产党——那时离有电脑的时代还早着呢——效率很高，他们发现有个党员和我在同一部队。因此当我在打扫图书馆的时候，艾瑞克走过来把我带到一边，对我说"好吧，你也许加入'自由德国'会比较好"，这是一个共产主义组织——我当时并不知道——"他们会保护你的权益"。[163]

卢斯蒂格加入了这个组织，但是发现其他成员的态度令人恼火，这些人没有一个是军人。卢斯蒂格觉得这些人应该参军并投身到战斗中，而不是在一边吹毛求疵。所以他退出了这个组织。1943年他被调遣到情报部队去，"二战"余下的时间里都在翻译被俘德军军官被秘密记录下来的对话。[164]

卢斯蒂格来到巴尔福德的时候，共产党开始发起在欧洲开辟"第二战场"的运动，提出进攻已被德军占领的法国来缓解红军在东线的压力。在共产党看来，争取开辟"第二战场"是政治任务，反对这一运动的主要是希望削弱苏联的亲法西斯分子。[165]"我认为我们进入了开辟第二战场的敏感时期，"艾瑞克在 1942 年 8 月 3 日写道，"我发现大部分人实际上都是失败主义者，他们的立场是，提出开辟第二战场有什么用呢，如果政府想要这样的话我们就开辟一个，如果政府不想，我们就不应该这样做。"[166] 英国人"实在太容易一次次陷入暂时观望的麻痹心态中了"，他悲观地总结。就像他在 1942 年 9 月对叔叔哈里说的那样："最高司令部似乎决定今年不开辟第二战场，这足以惹恼每个人。我可以想象苏联人会怎么想。如果把苏联换成我们，我知道我们会怎么想。"[167] 在得到上级批准后，艾瑞克开始在他编辑并且负责大部分撰写工作的墙报上宣传开辟第二战场，展示在军营的告示板上。[168] 然而，部队负责人和政府当局把这种宣传视作违抗军令。在部队里进行这种立场宣传，很容易引发对整个战争行动和策略方向的批判。艾瑞克很快知道他能写的东西是受到限制的，虽然他并不清楚自己的活动引起的怀疑不只来自他的部队上级，还有政治警察，或者换个说法，苏格兰场的特别分部以及秘密组织英国军情五处。

V

艾瑞克第一次进入英国情报部门的视野，是由于他和流亡在英国的德国共产党领袖汉斯·哈勒通信，哈勒此前是西班牙内战国际纵队的指挥官，他正试图在英国建立一个自由德国纵队，而艾瑞克"急切希望有机会对部队士兵进行宣贯"。[169] 阿奇·怀特上校在报告中这样描述艾瑞克：

> 他和大部分刚毕业的历史系大学生一样，有政治意识，对"时事"特别感兴趣。他负责编辑每周展示在巴尔福德"周日时光"图书馆里的墙报，墙报在发布之前需要经过审查。这份墙报的基调是好的……我和霍布斯鲍姆中士有过频密接触，听过他的言论。我没有理由认为他在利用职权从事任何不当行为。他只是急于收集和展示那些说明苏联立场的材料。[170]

然而，怀特依然对艾瑞克持有怀疑态度，在同一个月稍后的时间里，他开始把艾瑞克的活动性质看得更加严重。在军情五处随后的报告中：

> 索尔兹伯里的文教指挥官及代理上校怀特在同年 7 月 31 日的报告里提到，他和莫尔德准将一起视察巴尔福德的时候，看到一份由霍布斯鲍姆编撰的墙报样本，由于出现了失误，这份墙报在发布之前并没有经过审查，内容包括了关于开辟第二战场的言论，非常有政治倾向性。怀特上校在文教队的教官面前斥责了霍布斯鲍姆。他接着查看了这份墙报能查到的过往的数期，在军官们面前召见了霍布斯鲍姆中士，强烈谴责他身为教师滥用职权，通过有倾向性的方式解读时事。怀特上校认为这些材料并不算有煽动性，但属于不当宣传，禁止霍布斯鲍姆继续向士兵们宣贯时事。[171]

另一方面，艾瑞克的说法是"我因为在墙报里写了太多关于第二战场的内容而被上校骂了个狗血淋头"。[172]

现在他连"那一点儿就算不能影响世界历史，但绝对能让我们良心上过得去的小事"都不能做了。苦闷的艾瑞克在 1942 年 8 月 26 日申请调动到情报服务机动部队。但他的上级长官现在盯上了他，拦截了这个申请。怀特注意到，艾瑞克"有发布左翼思想作品的倾向，然后任由这些文章到处传播"。他曾经试图把一个准尉招揽进共产党，而他和弗里茨·卢斯蒂格的对话，以及卢斯蒂格到伦敦去造访共产党总部的行踪也有可能被注意到了。"我不再相信他是言行检点的"，上校在向军情五处提交的关于艾瑞克的记录中总结，军情五处同意不能再相信艾瑞克，因为他们已经注意到"巴尔福德的'周日时光'讨论小组是一个'共产主义的研讨中心'"。虽然这"并不一定和霍布斯鲍姆中士有明确的关系"[173]，但艾瑞克很可能是研讨的带头人，因为他是军营里"周日时光"图书馆的实际管理者。

而且，军情五处已经在伦敦的共产党总部安装了窃听设备，得知艾瑞克在巴尔福德这一情况被共产党视为可以在士兵中间开展宣传的机会。英国共产党的创始成员罗比·罗伯森现在负责联络军队里的党员，军情五处窃听到他想利用一个来访的美国共产党员来刺探情报的讨论。他认为艾瑞克"幸好是一个犹太人，而显然每个犹太人在美国都有些熟人，最好的方式就是这位访客以带来美国亲戚有关消息的名义去看望艾瑞克"。[174]这位联系人要怎么认出艾瑞克呢？罗伯森提醒他艾瑞克"很高——好吧，也不是太高，因为他很瘦。他不是一个相貌出众的人……（但是）我觉得你看到他过来询问的时候就能认出他。访客问：'他是那种个子挺高、看起来很瘦弱的人吗？'"

这次拜访似乎没有产生任何进一步的结果。这很可能是因为艾瑞克从1942年8月31日起从巴尔福德调往了近卫装甲师，这一调动由阿奇·怀特亲自跟进。艾瑞克在那里担任德语教师的职务，而且再次被禁止谈论当时的军事或政治问题。[175] 8月30日，艾瑞克和其他士兵一起坐上公共汽车到萨默塞特的温坎顿军营去。他注意到到处都充斥着军人，虽然美国人还没有来到这个地区。本地居民对军人的态度是比较冷淡的。"不能怪普通民众。"艾瑞克承认。一开始他们会给士兵们递香烟，后来士兵们必须讨要了。他记得几个星期之前在去伦敦的火车上遇到一个想给他2先令买烟的老人。"在英国，士兵需要被接济的程度是别人的3倍：作为平民家庭中入伍成员的代表；作为并不情愿地被社会放逐的流放者，并因此值得同情；以及作为穷人。但是经过3年的战争后，即使是最软的心肠也会变硬起来。"艾瑞克要教的士兵都是近卫团士兵，他们大部分时间都在讲下流故事。"男子气概的传统"在近卫团中得到了发扬光大。他们非常注重训练。"你们训练的时候，我要看到你们脚步下扬起的尘土和站得像雕塑一样笔直的身姿。"

除此之外，艾瑞克觉得温坎顿还算惬意："土地肥沃湿润，有很多家牛和奶牛，有茂盛碧绿的草地、失修的篱笆、小树林、窗帘一样的薄雾以及远处的云团。"[176] 但这里也让艾瑞克觉得"极度的"无聊。"我去酒馆的次数不多，除了想要喝醉的时候，电影院很差劲，其他的中士也都挺无趣。我更不会在这儿结识女孩子，因为第一我没这个需要，第二我觉得那样也没什么意思。"也许他迟早会遇到一个有私交或是有政治交集的人。不久之后，他遗憾地发现自己甚至觉得党内的成员都很无聊。他总结自己是个孤僻鬼，而这只能怪自己。[177] 他于是通过观察身边人的方式来自娱自乐：

> 蒂比茨（军官）坐在办公室里，感觉像一头虚弱的牛，他的金发乱糟糟的，几缕头发底下是光秃秃的后脑勺。如果他戴上一顶月桂冠，别人可能会把他误认作尼禄。他有一张胖脸，神情狡猾，面色红润，眼珠子很浑浊。他一点儿条理性也没有，但很少忘事，至少对和他自己有关的任何事情都是如此。他整个早上都坐在办公桌后面，一直打电话，随着通话对象变换他的嗓音（过了一会儿你就能从他的声音里猜出他是和将军的妻子、副官助理，还是仅仅和军士在讲话），不打电话的时候，他一边喃喃自语一边工作。[178]

艾瑞克在索尔兹伯里大教堂附近的草地上休息时，有个"身材矮小，戴着钢框眼镜，穿着一套蓝色衣服，一双深棕色的手上青筋突出"的男人走近他。这个老人解释说自己经历过五次战争——两次世界大战、布尔战争、苏丹战争和祖鲁战争。他说自己从未上过学，因为布罗姆斯格罗夫，也就是他长大的地方，直到1879年才有了第一所学校。但他还是有很多朴素的哲思。"年轻人，"他对艾瑞克说，"尊重生命，不只你自己的，还有别人的。"

这个时期，艾瑞克在心里依然是个坚定的共产主义知识分子，他回想那些可悲地背叛了革命事业的变节党员，比如德裔美国记者路易斯·费舍尔，他的自传《人与政治》（1941 年）标志着其与共产主义的决裂；以及匈牙利籍的前党员阿瑟·库斯勒，他的《中午的黑暗》在1940 年出版。艾瑞克觉得对他们来说：

> 政治只是道德观和文化观的竞技场。真正的政治家有勇气忽略文化，在必要的时候运用庸俗的手段。库斯勒将他和苏联的关系比作爱情，但是创造新世界并不是度蜜月。那些元老级官员对革命的一切了如指掌，库斯勒们是不会懂得为何要警惕那些元老的。捷尔任斯基最初处决同志时肯定也不好受，是什么让他们一直冷酷地坚持并证明他们的目标？信任。对无产阶级和共产主义运动的未来的信念……革命知识分子和反革命知识分子的区别就是看他们对工人阶级是持信任还是怀疑态度。[179]

虽然和无产阶级成员的个人接触让他心怀疑虑，但他还是认为革命的未来掌握在无产阶级手中。

争取无产阶级的方法在于宣传和说服，当然这也不是容易的事情。怀特现在定期向情报部门汇报艾瑞克的动态。"我们已经安排好了，"艾瑞克刚在德语教学的岗位上安顿下来，怀特就向军情五处报告，"要确保他有充足的工作量因而没有时间来对时事提出意见。我们没有注意到任何颠覆性的行动或者倾向。恰恰相反，"上校在一段用颜色标记并圈出来的评论中补充道，"他似乎在与近卫团的接触中认识到，与自己意见不同的观点是来自于书本、旅行和各种各样的实务知识。"[180] 艾瑞克的教学对象是一系列不同的相关群体，从通信兵到情报部队到装甲师，但主要是近卫团，这些人在英军中多少算是精英群体。艾瑞克发现他们

"不是那么愚笨，虽然受训方式让他们聪明的头脑无处运用"。他觉得苏格兰近卫团最聪明，威尔士近卫团则是"一群古怪的人……一群可区分的'琼斯们'组成的体系"，他补充道，"琼斯"指的是威尔士人一直以来最常用的姓，"方法很简单：他们把部队编号的最后两位加在前面就行了"，就像"第 28 号琼斯、第 38 号琼斯"如此类推。艾瑞克觉得这样"非常有意思"。[181]

军情五处花费时间和精力监视艾瑞克这个没有危险性的知识分子，他在倡议开辟第二战场的过程中对盟国的战斗努力没有任何损害，反而就像他可能会反驳的那样，对战事有所裨益。与此同时，军情五处却完全没有注意到"剑桥间谍五人组"的活动，这些人直到 1951 年还在将重要的国家机密泄露给苏联人。毕竟，布伦特、伯吉斯、凯恩克罗斯、麦克林恩和菲尔比都有着无可挑剔的英国贵族阶级背景，而艾瑞克没有。军情五处一开始计划将监控对象扩大到英国共产党的全部党员，但在苏联成为英国的盟友后，英国共产党在战争中迅速发展，成员达到 5.6 万，使得这一计划无法实施。[182] 军情五处还曾经一度怀疑艾瑞克的妹妹南希、堂兄罗恩和叔叔哈里都在充当共产党的间谍。[183] 1941 年 8 月，南希和其他智利大使馆的英国秘书一起得到了前往当时英国的殖民地特立尼达工作的机会，"和别的英裔智利女孩一起"担任审查员。[184] 这时军情五处刚好在智利监视了南希一年，报告称她"受雇于特立尼达西班牙口岸的英国审查机构"，而且在军情五处看来，她没有经过任何背景审查，令人担忧。[185] 但安全部门很快就放心了，除了她们执行审查工作时要遵守的指引外，南希或者她的同伴没有任何政治参与。

艾瑞克几乎把所有时间都用在语言教学上，当部队发现他在战前去过北非而且研究过当地的社会情况后，他获准向近卫装甲师讲授突尼斯和阿尔及利亚的国情。报告称"他的课受到欢迎，而且没有需要做出评论的内容"。[186] 在这次成功的基础上，艾瑞克在 1942 年 11 月 8 日提出他可以根据自己的知识提供更多的教学内容。[187] 但这一提议没有被接纳。安全部门仍然对艾瑞克有所怀疑，因为他明显加入了巴尔福德的一个小规模的共产党委员会。[188] 然而，他几乎同样不受英国共产党领导层的信任。军情五处截获过共产党伦敦总部的一次谈话，在场的人同意艾瑞克"是个很好的同志"：他曾经"向中央提交过长达10页关于部队重组的文件，但里面其实没有什么新的信息"。他倾向于提出"大胆的提议"，有必要"让霍布斯鲍姆变得实际一点儿，少点理想主义"。[189] 虽然有了这些监视报告，军情五处还是在1942年12月20日指出："E. 霍布斯鲍姆中士已经没有在军队中从事颠覆活动或者宣传的嫌疑。"但是报告又补充，"我建议你慎重考虑他是否适合到情报部队去，如果他提出申请的话。"[190]

这份报告强烈暗示阿奇·怀特上校要及时阻挠艾瑞克离开文教队的打算。艾瑞克再次觉得厌烦起来。美国大兵给单调沉闷的生活带来了一点解脱。如果跟他们搭讪的话，这些人会带英国士兵到设施齐全的美国红十字会俱乐部去，但"为了找一个美国佬而在街上乱转是挺无聊的"。当时没有什么好看的电影上映，只有抽烟的时候能得到一点乐子，和当时的几乎所有人一样，艾瑞克是个烟瘾者。1943年，在记录他军旅生涯的简短片段中，他写道：

> 我们往往不会留意到自己是怎么打发时间的。突然我的香烟（开普坦牌）上的烟飘进了我的眼睛。我像照相机被按下了快门一样眨着眼睛。人们在得出任何结论之前都必须先静静地留意观察，所以我开始观察。我从舌头上尝到的一点烟丝开始，未散尽的烟飘过我之前被烟熏的眼睛。我想这样在嘴里咀嚼烟丝的习惯会不会染黄我的牙齿。很可能会吧。人们会习惯感受下唇吐出的小烟圈，舌尖上的辛辣味道，手指敲落烟灰的动作。[191]

1939 年，共产党员夏令营的一个不知名参加者给艾瑞克画的速写。艾瑞克曾回忆起在那里
与后来成为小说家的埃莉斯·默多克打情骂俏。20 世纪 70 年代成为工党内阁财政大臣的丹
尼斯·希利也参加了这个夏令营

艾瑞克 1927—1928 年的中学成绩单，上面的名字还是"埃里克·霍布斯鲍恩"。他的历史成绩只是"优"。他的母语是"德语"，后来的成绩单则写上了"英语／德语"

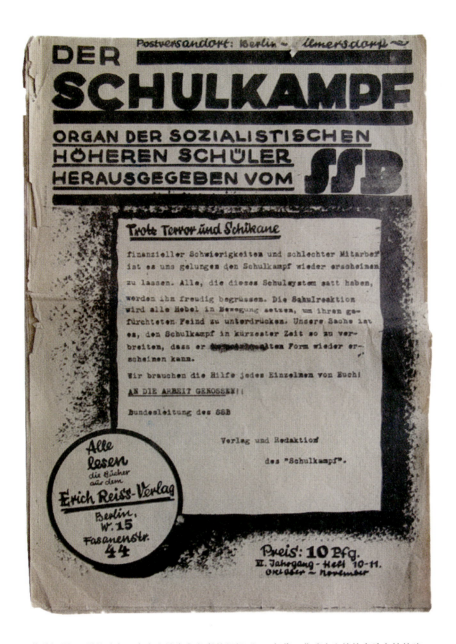

传单标题："学校斗争：高中生社会主义者的组织。" 30 年代，艾瑞克和妹妹南希在柏林骑着自行车分发传单。1933 年 2 月 27 日，在南希送完宣传材料回家的路上，她看到了国会大厦的火光

德国共产党领导人恩斯特·台尔曼（1886—1944）在柏林的国会大厦外面。1933 年 1 月 25
日，艾瑞克参加了共产党组织的最后一次游行，5 天后希特勒即成为德国总理

1935 年 4 月，艾瑞克（最右）和妹妹南希、堂兄罗恩（最左），婶婶葛蕾特（头部在画面外）及其儿子彼得（前）在英格兰南部海岸。艾瑞克的叔叔西德尼操作相机还不太熟练

艾瑞克正从斯诺登尼亚山的第三高峰上下来。1936年4月26日，他和堂兄罗恩从伦敦骑车来到这里爬山，这是艾瑞克年少时与堂兄的许多次野营活动之一

1939 年在剑桥的杂志《格兰塔》担任编辑时的艾瑞克。艾瑞克不满于意识形态僵化的社会主义学社的《公报》，于是转向了这份没有政治色彩的学生刊物

1943 年的霍布斯鲍姆中士，这段时期他和缪丽尔·西曼结了婚。艾瑞克为近卫军教授基础的德语，他已经受到军情五处的监视，以确保军方让他远离危险行为

艾瑞克的妹妹南希(1921—1990)在牙买加。第二次世界大战期间,她为英军的审查机构工作,被评价为"一个非常正派的英国人"

1947 年，在德国的前德军"再教育营"中，一位学生为艾瑞克画的速写。这位学生叫赖因哈特·科泽勒克，后来成了历史学家。艾瑞克后来说，"我教给他什么是民主"

诺埃尔·安南（1916—2000），自大学时代起就是艾瑞克的朋友，与他同为"使徒"。后来他成为伦敦国王学院的教务长，一个典型的体制内实权人物

爱德华·汤普森（1921—1993），《英国工人阶级的形成》作者，共产党历史学者小组成员。他参加了艾瑞克组织的一系列研讨会，参加者注意到两人常常争论不休

1965年，牛津历史学家克里斯托弗·希尔（1912—2003）。希尔是共产党历史学者小组成员，《过去与现在》创始人之一。1957年，希尔退出了英国共产党，继续钻研学术，后来成为贝利奥尔学院的院长

琼·贝克维尔（1933 年生），"一个北方城镇来的普通小女学生"，1953 年在剑桥师从艾瑞克学习经济和社会史。她后来回忆道，"艾瑞克教我如何提问"

艾瑞克的友人乔治·纳波利塔诺（1925年生）是意大利共产党领导人，2006—2015年担任意大利总统。1956年以后，艾瑞克和意大利的"欧洲共产主义者"越发亲近

存在主义哲学家、剧作家让 - 保罗·萨特（1905—1980），一位至关重要的马克思主义者和反殖民主义者。在 50 年代，他和艾瑞克都是巴黎的圆顶咖啡屋的常客，他们经常一起吃咖喱羊肉

《期盼》是理查德·厄尔策（1900—1980）于1935—1936年绘制的。1936年，在巴黎的一家夜总会，艾瑞克与这位落拓不羁的德国超现实主义者度过了难忘的一夜。到了50年代，艾瑞克又在巴黎穿梭于咖啡馆和酒吧之间

处于战争胜负未明的关口，自己又前途未卜，艾瑞克承认如果部队进入全面作战状态，自己应该派不上多大用场：

> 我认识到自己远远称不上一个合格的士兵，我可能更算不上是一个"专家"……我的枪法平庸而且不稳定。我没有多少活力（如果旁边有些能理解我的人的话可能我会表现出一点），也缺乏道德方面的驱动力来让我从一个性格羞涩、喜欢讽刺、说话小声的人变成一个本领高强的军士。

艾瑞克害怕被要求去执行那些自己在体力上无法胜任的任务。[192]

1943 年 1 月，他申请在装甲师执行海外任务时一同随行。"我的职责，"他乐观地告诉罗恩，"将是在高级别总部承担主要和德军有关的情报工作，虽然没有任务的时候我也会讲课。"[193] 但他承认，问题在于他对德军知之甚少，而别人又想当然地认为他研究过德军的沟通机制，而且当德军士兵被俘的时候他很可能被派去审讯他们。这个事情显得有点紧迫，因为盟军会利用德军第六军团在斯大林格勒投降后国防军士气低落的这一机会，在 1943 年春天开辟第二战场。但是，如果击败隆美尔在突尼斯的沙漠军团需要更长时间，"这会让我们直到接近仲夏都陷入被动"。实际上，德国人直到 1943 年 5 月 13 日才投降，并且，随着对西西里及其后很快发起的对意大利本土的进攻，盟军的战斗持续了更长一段时间。这就意味着，虽然艾瑞克持乐观态度，但 1943 年的西欧并没有开辟第二战场。

无论如何，怀特上校和安全部门认为艾瑞克应该待在英国本土，这样他们可以监视他。1943 年 2 月，艾瑞克被告知"让一个中士到海外去很可能违反了规定，除非去的是一个常驻机构"。艾瑞克异常愤怒。"到底有谁，"他反问，"愿意去苏伊士运河之类地方干一份普通的派遣工作？我不愿意。我申请的是执行步兵的军事任务，考虑到我本来是情报小组军官的合适人选（如果我没法进入情报部队的话）。"也许是学校为了提升他的履历资质，1943 年 2 月 6 日，艾瑞克从剑桥大学取得了硕士学位，剑桥和其他五所同样创建于中世纪的英国大学一样，所有成功取得荣誉学位的毕业生在一段时间后会被授予硕士学位，然而艾瑞克不知道这有什么好处，"大学时学到的东西我已经忘记了 75%，所以拿了硕士学位又能怎样呢"。[194]

1943 年 3 月 19 日，艾瑞克造访了在考文特花园的英国共产党总部，军情五处窃听了这次拜访，并记下了这次谈话：

> 正式地说他已经被送回了索尔兹伯里平原的军区，但他希望被调走，"他们现在在协商，但他不知道能不能成事"。他们讨论目前在东英格兰的军队数量……艾瑞克谈到在剑桥和纽马克特的皇家炮兵部队——他在那里待过……艾瑞克描述了他参加过的一次演习，然后他们继续推测开辟第二战场的问题……艾瑞克觉得……他们会为开辟第二战场做一些备战工作，然后突然发现真的要这样做……艾瑞克跟杰克谈了他们的演习，说"我们的装甲旅"被打得落花流水。他对加拿大士兵评价不高。[195]

英国共产党总部知道艾瑞克因为墙报事件遇上了麻烦，因为跟他在同一部队的一个长官也是共产党员。[196]

前面的这些计划没有一个是能实现的。1943 年 4 月，艾瑞克被调动到多赛特郡的波维顿，"又回到了一成不变的老样子"。这个地方环境并不差，"不像诺福克的布雷克兰大部分地区或者索尔兹伯里平原那么荒凉。虽然设施有点不足。我们有一份非常好的墙报，我想改进一下它。"他在 1943 年 4 月 18 日告诉罗恩。即使在这种情况下，艾瑞克也丝毫没有怀疑情报部门已经控制了他的工作。他以为他的调动过程中存在的障碍只是"一个军队中依然存在各种繁琐的条条框框的最佳例证。如果我们直接去了海外，我也会跟着去，没有人会比我更聪明了，但情况是我被留了下来：这是一个体制问题，所以没办法"。[197] 几个月之后，在 1943 年 11 月，当一份军情五处的报告进一步确认"霍布斯鲍恩［原文如此］*依然是共产党成员……而且……不太适合进入情报部队"，[198] 部队不让他调动的决定更加坚决了。

艾瑞克通过写作来排解生活中的沉闷，并于这段时期在《大学先锋》（一本大学工党联合会主办的杂志）上发表了几篇短文。也许其中最重要的一篇是《拿起武器吧，公民们！》（论法国大革命）：

> 自从罗伯斯庇尔倒台以来，"恐怖统治"时期[†]一直遭到诽谤中伤。现在处于全面战争中的我们，可以从更宏观的视角来看待这一时期。但是如果想获得真正的洞见，我们必须学会不但从 1943 年的自由战士的角度来看待问题，还要通过那些普通士兵的眼睛来看，他们光着脚、挨着饿来拯救他们的国家，因为这是一个值得拯救的国家。对他们来说，"恐怖统治"不是噩梦，而是新生活的黎明。

另一篇文章《英雄没有未来？》是一首轻松的挽歌，文中讨论了好莱坞英雄角色的消失。在英国，他担心工党有可能离开联合政府，这样会把丘吉尔"置于对胜利期望不大的保守党人手中"。[199] 他认为这种"人民阵线"的氛围无法在战争结束后可能出现的"社会矛盾尖锐化"

---

* 军情五处的报告中把霍布斯鲍姆的名字错误地拼写为"Hobsbawn"。在后面的引文中也多次出现了这种拼写问题。——编者注

† 指法国大革命的雅各宾专政时期，在内战及第一次反法同盟入侵的压力下，对立的吉伦特派和雅各宾派煽动冲突，以革命手段大规模处决"革命的敌人"以救亡图存。——译者注

中持续下来。美国人会转向右翼，并参与"追捕共产党人和自由主义人士，1919 年的形势将异常严峻"——可谓对 1950 年 2 月开始的麦卡锡主义迫害的神秘预感。[200] 在英国，来自工党的内政大臣赫伯特·莫里森在看过关于共产党的秘密文件后阻止了英国共产党员加入工党的申请。[201] 艾瑞克的结论是，莫里森"依然是工党最重要的人物"，他这样做之后，除非共产党在工会里的党员人数增加，并且工会在工党大会中发挥作用，否则英国的共产党员是没有机会加入工党的。[202]

VI

　　每到短暂的休假期间，艾瑞克便继续和老朋友来往，虽然他失去了其中两位。1942 年 7 月 27 日到 28 日的夜间，一架德国战机空袭了剑桥，艾瑞克的好友、战前剑桥的学生共产党员领袖兰姆·内厄姆是这次袭击的三名罹难者之一。一枚德军投下的炸弹直接击中内厄姆的房子，他当时正和圈子里的另一名成员弗蕾迪·伦伯特在一起，伦伯特爱上了内厄姆，此时她的丈夫"老鼠"维克斯失踪了一段时间并被认为已经死了。泰迪·普拉格是艾瑞克在伦敦政治经济学院认识的一名奥地利籍经济学学生，他刚好住在后面的房子里，位置靠近圆顶教堂（艾瑞克在那附近也住过一阵子）。听到爆炸声，他冲出房子，听到弗蕾迪的尖叫声。他拿了一把斧头试图把她从一截燃烧的木头下救出来，但是徒劳无功。觉得自己就要死去的弗蕾迪大喊："我快完了！共产党万岁！斯大林万岁！再见，孩子们！"实际上，她在战争中活了下来，成了一名伦敦的社工，一直和"老鼠"生活在一起直到 2006 年死去，她从未向丈夫提起自己的战时逸事。普拉格当时则和艾瑞克的老朋友玛乔里在一起，战争结束时他回到了维也纳。[203]

1941 年，艾瑞克开始和缪丽尔·西曼谈恋爱，她是一个"非常迷人的伦敦政经女孩"，介绍他们认识的是普拉格。缪丽尔的父亲是"冷溪近卫军"的一名士兵，负责看守伦敦塔里的皇冠，她的母亲是一名"食牛肉者"（对伦敦塔卫士的俗称）的女儿。缪丽尔 1916 年 10 月 29 日在伦敦塔出生，比艾瑞克大几个月，她身材高挑，大约有 1.78 米，在一份后来的伦敦警察局特别分署的报告里，她被描述为"身材修长，脸色蜡黄，深棕色的头发，栗色眼睛"。警察局的报告强调"她非常热衷极端活动，应该是一名共产党员"。[204] 当时缪丽尔是在贸易局工作的公务员，她曾经是共产党员但后来退了党，现在她又为了取悦艾瑞克重新入了党。[205] 他们周末或趁艾瑞克休假的时候在伦敦或剑桥相聚。"现在和一个女孩睡觉是一件相对简单的事情了……"艾瑞克想，"避孕的技术应该（从维多利亚时代以来）有所进步了（虽然我不大相信）。"[206]

1940 年的避孕方法的确比一个世纪之前要有效一点儿了，但在 1942 年 9 月 1 日，艾瑞克收到缪丽尔寄来的一封令他惊慌失措的信：

> 缪丽尔写信是为了告诉我她没有来月经。这很奇怪，因为第一，据我所知我们的避孕措施是没问题的；第二，上次我们一起的时候是她的安全期，但我也可能搞错了；第三，有种可能就是她和别人睡了，但因为她不会不采取避孕措施就这样做，所以跟那没多大关系。不管怎样，我相信她没有。我们该怎么办呢？我们俩的钱加起来应该能去做个堕胎手术——如果真的到那一步的话。我不介意有个孩子，但是这会很艰难。我这周打算去伦敦。[207]

第二天缪丽尔再次写信过来，这回她在信里安慰了他，就像艾瑞克写的那样："一切都没事。她喝了一整瓶金酒，天哪！"艾瑞克懊悔地补充道:"我真的不太懂这些事情,如果和女孩子一起都会这样,我可能很快会变成一个专家。"[208] 他们只能偶尔相见,这让他十分焦虑,而且,和缪丽尔在伦敦度过下一个周末后,杜松子酒似乎没有起到应有的作用。艾瑞克在 1942 年 9 月 7 日写道:

> 我和缪丽尔相处得不错,虽然我很期待这个周末——温坎顿乡村生活带来的后遗症——我们的重逢也没有让我失望。这挺奇怪的。她像往常一样穿着绿色的衣服,我对她这一身逐渐感觉厌烦了。我们在普拉格斯旅馆过夜……缪丽尔的政治水平在提升,如果她能学会如何表达自己的想法,她会变得很优秀。她有这个能力。天知道上周发生了什么,但似乎我们的避孕没成功。她很担心吃下的奎宁药。她不是很害怕流产手术,但她对怀孕前几个月的持续不适感到恐慌。我会一点一点地了解女人,但是我很快就会忘记自己观察到的东西,真可怜。[209]

最后,这场风波被证明是虚惊一场。

艾瑞克因为和缪丽尔太过亲密而感到焦虑。"我不能告诉别人,"他在 1942 年 11 月 29 日的日记里坦白:"我因为已经习惯和缪丽尔在一起而心情糟糕。又或者并不是因为这个。或者我本来就心情不好,只是归咎于这件事而已。也许就是这样。人不应该习惯和别人在一起。"问题在于他思念她。"现在从某种程度上看我们已经习惯和对方一起了,不在伦敦的日子越来越难熬。"他担心她可能会找别的情人。"我从我的感受中得出的结论是我爱上她了。可能她也是如此。"艾瑞克不是个嫉妒心重的人,但他害怕缪丽尔不在身边会让他改变。这会让他感觉没那么无聊,但也是很难受的。[210] 1943 年 2 月 21 日,他告诉罗恩,"我和缪丽尔可能会结婚。你应该还记得你见过她的",艾瑞克又补充道:

我想如果你和一个女孩恋爱一年，这是理所当然的结果。你知道我对婚姻的束缚是很抗拒的，但相比起男人，这种捉襟见肘的生活对女人来说太不公平了，我也没有理由不结婚。这个问题迟早要面对，所以为什么不早点儿解决呢。无论怎样，从一个重要的角度来看我们现在已经习惯和对方一起了：你会同意这是件大事情。我对约会根本没有什么概念⋯⋯但无疑这比我们想象中要来得快，事情永远都是这样。[211]

艾瑞克想和缪丽尔结婚的念头根本没有什么有说服力的依据，他似乎根本不爱她。

这在艾瑞克这段时期写的情诗里可以看得出来。这些诗没有一首是写给缪丽尔的，连暗示也没有。[212] 诗里描述的女人手臂和嘴唇是这样的——"手臂，美的像白色的马⋯⋯嘴唇像闪亮的金属"——但我们无从得知这些身体部位属于谁，这些诗句似乎都是抽象意义上的，和任何人都没有关系。[213] 在一首诗里他想象着一个女孩和托洛茨基分子睡在一起，显然表达了对被背叛的恐惧，但他把"托洛茨基分子"这个词划掉了，换上了"作家"。[214] 在《和平》这首诗中，他把战后的心情比作一对恋人在交欢之后的心理："我们紧挨着躺在一起的身体之间 / 像刚被割下的草一样颤动而兴奋 / 宁静、记忆、未来。"但诗里所指向的完全不涉及具体人物。[215]

尽管如此，在写信给罗恩的第二天，艾瑞克向缪丽尔求婚。她答应了。艾瑞克立刻开始担心自己是否做了正确的选择。他在 1943 年 2 月 23 日写道：

昨天晚上我有一点抑郁，成家的念头是很让人高兴的⋯⋯所以我还是会娶她。我不喜欢不确定的感觉，但是要做决定的时候我又难以抉择。我讨厌不确定感，喜欢确定的事实……如果可以的话我 10 个月前就应该和她结婚了。我上次休假的时候并没有逼迫她同意，因此我发现结婚对她来说也意义重大，所以我会娶她的。就我个人而言，我不觉得这段婚姻会一直持续下去。她不是我的理想对象——对她来说我当然也不是——如果人人都等那个理想对象的话……哎，我在胡言乱语些什么。我太累了，没法好好思考，而且不管怎样，现在想这些有什么意义呢？我今晚应该会打电话给她，这会让她高兴的。[216]

又一次，艾瑞克的疑虑和犹豫和他做决定时冷淡的实用主义一样瞩目。

即将到来的婚姻让艾瑞克开始思考他目前取得的成绩以及未来的可能性。他悲观地总结自己已经荒废了从开战到现在的这段光阴：

> 我在战争期间一事无成，除了挖洞、上课，还有教伞兵们认识……几十个德文短语。我没为 P（党）做任何事，除了组织过一次向苏联致意的活动，以及两次微不足道、很快就被中止的组织任务，留下了几份纪要文件。我写了点东西，但是几乎没什么价值。我唯一的成功就是赢得了我妻子对我的爱，我很愿意放弃这一成功，如果是为了党或者我在战争中的事业的话。可能说"非常愿意"是夸张了些，至少我是可以放弃的。[217]

未来当然是很重要的。第二轮革命很可能就要爆发。所以艾瑞克临时起意，希望在战后成为一名专职的党内工作人员。他觉得自己擅长宣传和分析，而且在某种程度上有组织这方面工作的才能。如果他无法得到这样的职位，"那么任何和宣传有关的职位——广告、新闻工作或类似的都可以。我会和缪丽尔谈一下"。至少他对自己为文教队编撰的墙报感到自豪，因此"我之前的 10 个月总算没有荒废"。他此前没有想过要成为一名历史学者，但是他意识到自己在写作某些内容方面的才华。就像他早年考虑过成为一名诗人一样，他现在希望当一个宣传家。这不是什么能赚钱的工作。然而艾瑞克和缪丽尔的前景还是有所改善了，1943 年 4 月 18 日，缪丽尔被提拔到贸易局的主管行列，这是一个很有前途的高级岗位。艾瑞克预计她的晋升会带来"480 英镑的收入，每周大约要交 7 英镑的税，加上我的津贴，一共要交 8.1 英镑的税——够我们过活了。尤其是她花钱也不多"。他们决定婚事宜早不宜迟，艾瑞克告诉罗恩，因为"拖下去没有什么好处，我觉得我们会一切顺利的"。[218]

　　1943 年 5 月 12 日，艾瑞克和缪丽尔·西曼在埃普索姆的婚姻登记处结婚。[219] 罗恩之前答应要来做证婚人，但是那时他还没回到伦敦，而结婚的日子不能更改了。艾瑞克和缪丽尔此前去拜访了罗恩的父母——现在他们是艾瑞克在英国血缘关系最亲近以及他最熟悉的亲戚了——艾瑞克告诉他们自己打算结婚。他跟罗恩说："你父母非常欢迎我们的决定，我觉得虽然刚开始气氛有一点拘谨，但接着就轻松多了。我不知道他们对缪丽尔印象如何，"他又补充道，"但是他们无疑很快会接受这个事情，我还是挺想念南美的。"他指的是叔叔西德尼、妹妹南希和堂弟彼得。缪丽尔过去两年都和父母住在一起，现在她和艾瑞克决定在她工作的"白厅"*附近找一个公寓。艾瑞克会用下一个休假来找房子。"由于公寓短缺，找房子不会太容易"，这是德军"闪电战"导致的结果之一。[220] 虽然他们都有收入，艾瑞克和缪丽尔还是入不敷出，罗恩再次给艾瑞克寄了一些钱。[221]

　　这个时候罗恩也被征召入伍了。由于喜欢船只和航海，他理所当然

---

* 白厅是伦敦市内的一条大道，是包括国防部、内阁办公室等英国核心政府部门的所在地，因此成为英国中央政府的代名词。——译者注

地选择了皇家海军。但因为他的视力不好，最初对罗恩的体检评估认为他不适合在海上服役，但海军秉持着英国军队的典型思路，决定为他提供飞机识别培训。那时罗恩也已经结婚了，对象是莉莉安·康农，大家又叫她"冈"。她一直是罗恩的女友，也是一名公务员。罗恩接受过一系列的派任，曾在全新的"巨人号"航空母舰上服役，于1944年10月从亚历山大港出发，航行经过台湾、马尼拉、香港、悉尼和斯里兰卡，此后，他于1945年6月晋升为中尉，并在11月终于被调回国。因此艾瑞克在他们后来的通信中不止一次承认自己无法确认要寄到哪里也就不足为奇了。[222] 此时，艾瑞克和缪丽尔婚后租了一处公寓：

> 位于卡姆登镇（摄政公园边上），从很多方面看都很便利，房租不贵，虽然不算太理想但也过得去。家具已经订好了，我们也从西德尼留下来的东西里拿了很多零星物件（地毯、厨房用品等等）。实际上我们搬家的时间完全取决于要用的家具什么时候运到。[223]

1943年8月7日，艾瑞克称"公寓还是没有家具——我们要等到要用的东西运过来才能搬家"。在那之前，这对夫妇住在伦敦西南温布尔登的斯普林菲尔德街86号。[224]

Ⅶ

1944年4月，艾瑞克再次触犯了军方。正如军情五处记录的那样：

> 驻扎在波维顿的皇家炮兵第58训练团指挥官报告称，他注意

到他们部队的作战指挥策略讨论正在变得过于政治化，并且出现了左翼思想。由于反感常任教员中有人传播带有强烈左翼色彩的理论，年轻士兵的课程出勤率在下降。指挥官发现霍布斯鲍姆中士是这一情况的问题所在，并表示虽然他是个才干出色的教官，但感觉他在滥用作为高级军士和文化教官的职权。[225]

艾瑞克的上司注意到，"他完全清楚自己正在受到监视"，并且稍后承认知道自己被监控了，虽然他认为监控似乎来自军队而不是安全部门。[226] 他要求和指挥官见面，"而且一开口就说他觉得自己是个政治受害者"。军情五处补充道："显然霍布斯鲍恩［原文如此］不知道他是这个部门的关注对象，但他感到不满，因为指挥官不止一次地斥责他让自己的政治观点影响了工作。"[227] 这件事情发生后，部队把艾瑞克调到了在怀特岛分区的总部。1943年初夏，艾瑞克曾经在那里以及波特兰和南安普顿待过几个星期。"为团级的高级军官和军士提供培训，让他们能够以最好的面貌表现'英式风格和追求'——这是部队从前一年11月开始（理论上）举办的教育课程。这是一个很有必要的课程，是我喜欢的这种工作。"艾瑞克告诉罗恩。

他觉得怀特岛"盛名难副，我很高兴很多维多利亚时代风格的膳食宿舍都在岛的西边。虽然对本地人来说很麻烦"，他补充道。[228] 他抽时间写了一些关于怀特岛的诗歌，牧场上有黑色牛群，海鸥把身影投在草地上，狭长的防波堤一直延伸到海里。他注意到"一个停着驱逐舰的军港"以及帕克赫斯特监狱，还听到把受惊的海鸥驱散的空袭警报。[229] 一年之后，艾瑞克1943年在怀特岛上短暂的服役显然得到了肯定。他在岛上获得了一个固定职位。军情五处闻之大惊，这里毕竟是计划已久的诺曼底登陆行动的主要筹划和训练地，这一行动即将在两个多月后开展。"由于这一地区在执行很多秘密和重要的行动，以及无法充分地监控他履行职责的情况”，军方下令让艾瑞克再次调动，这次是到切尔滕纳姆城外的一所医院去当福利官，那是一个优美的疗养小镇，离格洛斯特不远。[230] 1944 年 5 月 24 日，艾瑞克离开怀特岛去就任他的新职务。[231]

在格洛斯特，军情五处认为他很可疑，“他将他的职位视作某种可能进行共产主义宣传的机会”。[232] 1944 年 8 月 29 日，军情五处记录了一段艾瑞克和玛戈·海涅曼在电话里的交谈：“玛戈：‘你还在做那份工作吗？’艾瑞克：‘是的。’玛戈：‘有什么进展吗？’艾瑞克：‘有机会。’”[233] 然而，他在 1944 年 7 月 2 日的电话里向海涅曼抱怨自己“被部队能塞多远就多远”。“我得说这真是太倒霉了！”她回答。“唉，我不知道。”艾瑞克如此说道。至少他远离了空袭。[234] 在医院病房里，艾瑞克遇到了来自各个国家的病人。他和一个脖子上缠满了绷带、被德军遗弃的波兰病人用德语交谈：“用希特勒的语言和一个斯拉夫人说话感觉有点不礼貌，但我别无选择。”艾瑞克和一个摩洛哥士兵用法语聊天，这个士兵从 1940 年开始就协同戴高乐的“自由法国”在北非与德军作战，直到他在 1944 年因伤残退下火线。“一个矮小的男人，穿着宽大的蓝色病人服，看起来更像蒙帕纳斯大街上卖花生的小贩，然而这位病人不太自在地意识到自己具备某种天生适合当战士的冷酷无情。”他有一张“高颧骨的柏柏尔人脸庞，长着络腮胡子”。他自豪地向艾瑞克展示“一块表面轻微破裂的装饰银手表和一点钱，这是他 1940 年从一个德军那里缴获的”。[235]

最令人不安的是那些严重受伤的病人。有一个“脸色惨白，眼神空洞”，还有一条腿“从膝盖上方被截肢了”的男人显然不想活了。“他在一辆坦克里被烧着了，是唯一一个逃出来的人。”他拒绝吃东西，3 天之后被强制喂食。“6 个男人控制住他，让他从一根管子里吸食。这 6 个人脸上缠着布带，手上打着石膏，下巴被金属板支持着。他用一种粗粝的难以形容的声音惨叫，但人们必须习惯那些无法忍受痛苦的病人的叫喊声。"这个人由于对自己兄弟的死有负罪感，已经失去了生存的意愿，他的兄弟和他在同一辆坦克里作战，被烧死了。

> 我们无能为力。没有人可以帮他。没有人可以开始去帮他。第六天，他死了……在桌子上，主管职员的《每日邮报》和护工的一捆洗好的衣物旁边，死者的遗物堆在一个小盒子里：一把剃须刀、一个笔记本和一支铅笔、几本小说、两盒火柴和八十支香烟。他死前一天，每周的香烟配额刚分发到各个病房。就是这样。[236]

艾瑞克被"突然看到的只剩半边脸的人"震惊了。"有时候被送进来的人伤势更加可怕，我们看他的时候要屏住呼吸，生怕我们的表情会出卖我们由于受到惊吓而流露出的排斥。"这让艾瑞克想起希腊神话里的马耳叙阿斯，他因为在音乐比赛中挑战阿波罗而被活生生地剥皮。但是这儿还是有希望的："那些被送进来的人，大部分在最后离开的时候，应该还是像个人样的。"

1944年6月6日，备受期待的第二战场终于开辟了，盟军部队在计划已久的"登陆日（D-Day）"于诺曼底登陆。在格洛斯特医院，艾瑞克特别提到第一批战斗伤员的到来。他遇见了一群威尔士矿工：

> 他们像一群商店职员代表一样走在路上，穿着他们最好的蓝色套装，对不熟悉的环境有一点点迟疑……可以从他们脸上的蓝色印记看出他们的职业。"有什么可以帮你吗？""有的，你能告诉我们士兵的病房在哪里吗？"……我给他们领了一段路，来到病房的门口。为首的是个小个子的秃顶男人，看着一张纸问："请问这是埃文斯·托马斯的病房吗？""是的。""我们是他的工友。我们今

天休假，所以想着过来看看他恢复得怎么样。"我过去问护士托马斯·E.能不能见访客。他的工友在外面等着。托马斯已经有几个客人了——他的父母和一个朋友，带着克制和关切的神情坐在床边。矿工们站在病房外的走廊上，彼此之间也不说话，看着来往的护士和士兵……有一位那个士兵的访客走出病房。这个病人的朋友们俯下身来围成一个小圈子。可以听到他们的只言片语。"你好啊，托马斯太太"，"你现在怎么样啊，扬托·埃文斯"诸如此类的话。这个小聚会蕴含着巨大的悲怆感，我没法解释。可能因为这偶然的相聚展现了人与人之间的忠诚：这忠诚存在于这些矿工之间、存在于山谷里的居民中，存在于朋友之间、存在于威尔士人中、存在于无能为力的健康人之中。我无法形容。这让我感动。[237]

然而没等艾瑞克在格洛斯特待多久，海外派遣的机会再一次来临，这次不是艾瑞克自己申请的，而是来自文教队的管理层。

1944 年 11 月 17 日，根据军情五处的记录："南部基地的罗纳德上尉来电称霍布斯鲍姆已经在派遣海外之前被征召到文教学校去了。罗纳德意识到在这种情况下监视就要终止了，但他知道我们关注霍布斯鲍姆的行踪。"[238]一个叫 J.B. 米尔恩的军情五处的官员重申，安全部门坚持认为把艾瑞克派到国外去很危险：

> 霍布斯鲍姆由于在部队墙报上宣传有强烈政治倾向性的观点，两次被不同的指挥官训斥……他是一个积极热心的共产党成员，得到共产党总部的高度评价，如果把他调遣到海外，我认为他很可能会引起类似的麻烦……如果他去了英国北非部队，他可能会和已经成立的班加西武装议会取得联系，而我们正准备了解这个组织的情况，这可能会和以往我们和开罗武装议会打交道时一样，出现相似

的麻烦。我建议我们首先应该搞清楚霍布斯鲍姆要被调遣到哪个地方，然后我认为无论如何也要采取阻止措施，因为在我看来他最好待在国内处于我们的监视之下。[239]

军情五处同时向艾瑞克在文教队的指挥官通报了"整件事的来龙去脉"。[240]

但是当军情五处继续深入了解情况时，他们发现"这个人仅仅是在海外派遣的'候补名单'上……把他从名单上拿掉应该没什么问题"。[241] 到了1944年12月4日，艾瑞克的名字实际上已经"被从海外派遣名单上移除"并退回格洛斯特。[242] "所有的事情似乎都泡汤了，"1945年5月31日，他在电话里告诉在劳工研究部工作的玛戈·海涅曼，"所有那些会把我带到印度、蒙巴萨或者其他地方的机会都没了。"而劳工研究部此时正处于安全部门的监听下。因此，艾瑞克开始寻找在英国的工作机会。根据军情五处对劳工研究部的窃听记录报告：玛戈接着说如果艾瑞克有空余时间的话，能找到很多有用的工作机会——比如对保守党议员进行研究之类。艾瑞克觉得他可以干"一点这方面的工作"，但时间不会太多，[243] 毕竟他还在服役。

军情五处对艾瑞克的怀疑仍然没有消除。1945年1月，军情五处发布了一项监视令，开始拆读他的信件。[244] 此时，任何在军情五处或者军情六处敏感岗位上的人，无论以何种方式与艾瑞克有联系，都会受到盘问。1944—1945年的冬天，安全部门对部门内一名官员的可靠程度提出了质疑，这名官员叫肯尼思·赛耶斯，是艾瑞克在剑桥国王学院的同学，并在入学面试时见过艾瑞克。由于能讲流利的塞尔维亚-克罗地亚语，赛耶斯在"二战"中被两次派往南斯拉夫，回到英国后，凭着关于共产主义游击战的观察报告，他被安排到在伦敦的安全部门工作。他被纳入监控的原因是他属于安全部门"左到几乎和共产党员无异"的工作人员之一。1944年11月，赛耶斯和苏联一位高官（"二战"前的外交人民委员马克西姆·李维诺夫）的侄女结婚，这引起了安全部门对他的进一步怀疑。赛耶斯在意大利遇见这个年轻女人，当时处于他两次南斯拉夫任务的间隙。后来被晋升为军情五处领导人的罗杰·霍利斯奉命进行进一步调查，他汇报赛耶斯和"文教队一个叫霍布斯鲍姆的共产党员有联系，此人在战前是剑桥大学的一名学生"。这份报告恰巧给了金·菲尔比来评估。菲尔比为赛耶斯进行了辩护。"赛耶斯在选择朋友的时候非常不走运。"他在报告中评论，这里的"朋友"指的是艾瑞克。但菲尔比和赛耶斯谈过话后，发现他打算在战后离开安全部门去从事新闻工作。菲尔比认为，如果赛耶斯真的是间谍，他在莫斯科的上级不可能让他这样做。无论怎样，赛耶斯没有"试图掩饰他对马克思主义和马克思主义者的兴趣——这样的态度压根不像在筹划阴谋"。最后，完全无辜的赛耶斯真的离开了安全部门去当记者，而真正的间谍金·菲尔比继续留下，为莫斯科服务，直到他最后被揭穿。[245]

那一年剩下的时间里，艾瑞克都被留在了格洛斯特的医院里。他活跃在1945年的大选中，选举日是7月5日，然而直到7月26日才进行票数清点，因为从各地的英国士兵那里收回选票需要时间。大选结果是工党令人意外地取得了一边倒的胜利，赢得47.7%的选票。当艾瑞克后来被问到自己在这次选举中扮演的角色时，他写道：

> 我在选举中的角色是为格洛斯特的工党候选人拉票，我在那儿担任文教队的中士，和一群当地工党的骨干住在一起。他们没想过会赢……我记得，当我到城郊那些富人区的小房子去拉票时，我被他们对工党的坚定支持震惊了。对于一个认为支持工党的社区都是街角有杂货店和酒馆的、住在城中联排住宅区的人来说，这是意想不到的。我得出结论，工党会赢（他们的确在格洛斯特的选举中获

胜了，我记得候选人是个叫特纳·塞缪尔的律师），但我不认为这个地区的很多人——包括我在内——能更早地充满信心地预测到这一点。至于部队的投票情况，不管我还是其他战友，都毫不奇怪。他们会投给工党是意料之中的。[246]

现在由艾德礼组建的工党政府在很多方面"并不太受追捧……我敢说将来必须得给他们注入活力，但目前来看他们的政纲还算令人满意"。[247] "如果一个共产主义政党在资本主义体制下等待的时间足够长，"艾瑞克乐观地写道，"它会得到机会，不管大小。"然而，英国共产党的领导层是"陈腐的"，需要"对我们在战争中的表现进行一次整体的自我批评"。大部分的党内事务都缺乏民主。"太多应该在全党进行的讨论都只在普通党员层面以上开展。"20世纪30年代在意识形态上的背离显示了英国共产党的短视，40年代早期党内提出了反战，但对假如纳粹入侵苏联应采取什么行动并没有清晰的意见，从而导致了"意识形态上的阵痛"。"真正的马克思主义者应有的"战略思维在哪里？鉴于这些，英国共产党领导层斯大林主义的僵化激起了艾瑞克的独立思考。

这一年年末，艾瑞克发现自己终于要被派遣到海外去了，他很久之前就已经打消了这个念头。而且要去的地方很可能是他最不想去的：英属巴勒斯坦托管地，这个地方和"二战"末期大英帝国的其他部分一样，正迅速陷入混乱和暴力的旋涡。"是个有意思的地儿，"艾瑞克告诉克里斯托弗·梅雷迪斯，梅雷迪斯是艾瑞克在党内的熟人，当时在驻意大利的皇家空军服役，"但我讨厌被派到一个立场是如此该死地模糊不清，只有天知道哪一方是对是错的地方。"于是1945年12月初，他向剑桥大学研究生委员会提出申请，希望在新学年回校攻读研究生。[248]圣诞节的第二天，他从前在国王学院的导师克里斯托弗·莫里斯给他写了一封推荐信，称他是"一个非常有才能的人，足以胜任研究工作……是我在这 15 年教学生涯中教过的最出色的学生——我认为比目前其他已经是研究生的学生更加出色"。[249] 穆尼亚·波斯坦也给他写了一封推荐信。[250] 1946 年 1 月 15 日，艾瑞克正式申请"退役，以继续在剑桥的学业"，时间从 2 月 1 日起。2 月 6 日，部队批准了他的申请，他在 4 月 3 日被转入预备役。[251] 得知他要退役，军方已经在 1 月 16 日停止了对艾瑞克的监视。[252] 艾瑞克至少可以继续他在剑桥的学术工作，并在伦敦正常地开始他的婚姻生活了，然而，他发现这两者都与他之前想象的不太一样。

第五章

社会运动的
局外人

ERIC
HOBSBAWM

1946–1954

I

艾瑞克在1946年初退伍，这时他28岁，对未来的事业已经打定主意。就像他后来写的那样："我从14岁开始尝试写作，但成年后我发现自己并不适合从事诗歌和小说创作，适合我的是历史研究，它也能为我提供足够的写作空间。"[1]

我会成为一个专业的历史学者，是因为我在大学期间就修习历史学专业，在学业上得心应手，毕业后又获得了研究生的入学资格，就读研究生在当时（1939年）还不像现在这么普遍。如果我当时不打算读研究生，那我很可能会参加英国文官考试，这在人文学科一等学位的获得者中也是常见的职业选择。我还考虑过投身新闻业（我当过校园周刊的编辑）或者广告业。在20世纪30年代一些知识分子看来，为广告公司撰写文案是个时髦的职业。我庆幸自己没选择这两种工作，因为我的性格并不适合，尽管我也做过兼职记者。如果不是自认能力有限、不擅交际，我还会考虑专职从事英国共产党政治活动的组织工作，那时我的不少党员伙伴都选择了这条路。所幸我没有从事这一职业，当然我始终尊敬那些专职组织政治活动的朋友，但这种职业选择对我而言无疑会困难重重。直到1946年从部队退役，我才决心要成为专业学者，虽然我早就确信自己会尝试做学术研究。[2]

艾瑞克还补充说自己选择的研究方向是经济史，因为在政治史、外交史研究者主导下的历史院系中，只有这个专业能契合一名马克思主义者的志趣和信念。艾瑞克在多年后表示，他不是一个真正意义上的经济史学者：他研究历史的主要路径是钻研文献，并且以历史、社会中"基础"与"上层建筑"的关系分析为线索，在学术领域里，只有经济史能满足他的学术偏好。[3]

1939年毕业时，艾瑞克基于前一年的研究成果，提交了一篇关于法属北非的博士论文。但他在服役期间无法收集相关资料，而此时他变成了已婚人士，无论如何，这都让他自觉不适合长期在海外停留。[4] 所以他寻找一项可以在英国研究的课题。他自然而然地向曾经的导师穆尼亚·波斯坦求助，后者建议他写一篇关于费边社（成立于19世纪晚期的激进知识分子团体）的论文并且愿意为他提供研究指导。[5] 费边主义者得名于公元2世纪的罗马将军费边，这位将军绰号"拖延者"，因为他在迎战更占优势的敌军时会采取避而不战的策略，通过持续的消耗战拖垮敌方，最终给予致命一击。这也能看出费边主义者希望怎样实现社会主义。在波斯坦的支持下，艾瑞克被历史系录取为博士研究生，并在刚刚退役后的1946年2月，就开始了研究工作，他深入研读了费边社的论文和出版物，并多次采访了当时仍在世的费边社成员。[6]

但随着对费边主义者的深入了解，艾瑞克对他们的幻想也逐渐消失。此前的写作者把他们视为社会主义者，但艾瑞克反对这一说法（艾瑞克写道："就像水手会自然而然地学会摇摆着走路以适应船只颠簸，历史学者对前人理论的质疑也是自然而然且有益的。"）。[7]艾瑞克认为，费边主义不是现代意义上的社会主义运动。[8]它并没有"抛弃资本主义"，而是致力于"使资本主义更加高效、稳固"。[9]"虽然被归为社会主义者，"艾瑞克总结，"但费边主义者的名声完全建立在一套抛弃了马克思主义理论的话语体系上，他们否认了阶级斗争和争取政治权力的必要性。"[10]从根本上看，费边主义并不具有多么重大的意义。[11]1909年后，费边主义者被年轻一代的社会主义者击败，后者真切地相信阶级斗争，并在工党崛起的进程中发挥着越来越重要的作用。[12]回顾艾瑞克的这篇论文，其最出彩的部分不在于他对研究对象的强烈批判态度，而是其着眼整个欧洲的广阔视野，这在当时大部分英国劳工史研究中都很少见。艾瑞克特别提到，西德尼·韦伯和比阿特丽斯·韦伯这对夫妇的理论和19世纪德国的"国家社会主义"倡导者费迪南德·拉萨尔有共通之处（也许他们是受了拉萨尔启发），他还注意到韦伯夫妇对爱德华·伯恩斯坦等德国"修正主义"思想家产生的影响。[13]论文中有许多令人印象深刻之处，以上不过是其中之一，这篇文章共有169页正文、69页注释和6页附录，已经是颇有分量的学术著作。

艾瑞克在1949年夏天完成了论文初稿，但在随后的秋季学期，他向剑桥大学研究生委员会解释道："在论文进展到这一阶段时，我发现自己在这个学期里必须重新起草、改写和修订的内容比预计的要多得多，即使此前已有多次改动，我还是得花工夫全面修改论文，一直改到学期末。"[14]他最终在1949年12月15日提交了学位论文，此时距离他开题还不到4年。然而，研究生委员会拒绝接收这篇论文，因为艾瑞克委托的伦敦打字员使用了英式大页纸而不是较小的4开纸，而且采用了平装。艾瑞克被严厉告知："这种格式的论文是不被接受的，学位论文应当印刷在标准规格的4开纸上，并至少有一本采用牢固的硬封装帧，在封面上标明论文题目和你的名字。这些要求参见研究生手册的第 20 条规定，手册在你被录取为研究生时就已经发给你了。"[15] 艾瑞克必须获得一份特别许可，才能让委员会接收这篇不符合标准格式的论文。乐意做个顺水人情的波斯坦向委员会保证，论文使用较大的开本是为了有足够的空间来放置数据表格。他还补充说重新印制论文是笔不小的额外开销，艾瑞克很难负担得起。[16] 就像艾瑞克在给委员会的信里解释的那样："研究开销、评审费，以及博士论文评审的准备花销都不菲，而且如您所知，这笔钱完全无法以免征个人所得税的形式返还。因此如果再增添这笔开销，自然会让我很为难。"艾瑞克需要历史系的学位委员会批准他的请求，但后者又很少开会，因此他直到 1950 年 4 月才获准正式提交学位论文，这让他非常沮丧。1950 年 6 月 30 日，剑桥大学终于接收了艾瑞克的论文和相关的正式文件，其中包括一份艾瑞克的保证书，保证其论文不会超过 6 万字的字数上限。[17]

按照剑桥大学的惯例，历史系指定了两位评审人，一位是校外评审人，一位来自剑桥校内，他们需要在论文答辩之前向学院提交独立的评审报告。在论文正式提交近 5 个月后，评审人们审阅了艾瑞克的论文并完成了各自的报告，这些报告在 11 月 24 日被送达历史系。论文的校外评审人是罗伯特·恩索尔，他是牛津大学的历史学者，也是一名工党政治家，他凭借在《牛津英格兰史》中对 1870—1914 年历史的长篇著述而闻名。校内评审人是丹尼斯·布罗根，彼得学院研究员兼政治学教授。恩索尔确信艾瑞克的论文水平已经达到博士学位的授予标准，他赞许艾瑞克为论文所做的研究努力以及文章本身清晰的谋篇布局，尽管他认为文中一些"语法和词法上的小毛病会让人以为作者的母语不是英语"。恩索尔认为论文的主要问题是"缺乏历史想象力"，比如，艾瑞克没有提及 1906 年大选带来的影响。这次大选让自由派和左翼政党掌握了权力，促使那些"急于投机的利己主义者"加入费边社，但后来这些人开始对费边社的渐进主义态度感到失望，于是开始制造骚乱。恩索尔称艾瑞克完全忽略了这一点，对当时费边主义内部叛乱的本质也缺乏认识。[18] 布罗根也同意通过论文，认为这篇文章"是真正有助于人们理解 20 世纪上半叶的政治乃至思想史的重要作品"。他赞扬艾瑞克的研究成果，认为尽管艾瑞克对费边社领导人的评价可能过于苛刻，但他的论文"有理有据、结论可靠"："（文章）没有拘泥于费边社所处的社会环境，比起前人研究，更能用历史的眼光来看待社会问题。"[19]

论文答辩如期进行。两位评审人正式建议授予艾瑞克博士学位。[20] 1950 年 12 月 1 日，历史系学位委员会全票通过了授予建议，委员中不乏 J. H. 普拉姆、赫伯特·巴特菲尔德、穆尼亚·波斯坦和戴维·诺尔斯教士这样的知名学者。[21] 艾瑞克在 1951 年 1 月 27 日正式获得博士学位。[22] 那个时代能获得博士学位的历史学者还是相对较少的，显然，艾瑞克下一步就该出版他的论文了。艾瑞克很快就向剑桥大学出版社的理事会提交了论文，理事会的书记员也拿到了赞同出版的评审报告副本。[23] 然而，此时又有了新麻烦。理事会的成员们都是学术界人士，能够正式决定文稿出版与否，他们把艾瑞克的论文交给著名经济史学家兼新教社会主义者 R. H. 托尼做进一步的评估。托尼曾撰写《宗教与资本主义的兴起》等一系列专著，他完全不欣赏艾瑞克的论文，认为文章"华而不实、观点肤浅又矫揉造作"。他认为霍布斯鲍姆的结论毫不谦虚、过分自信："不知为何，他的行文总有种自命不凡的口吻，仿佛他天生就掌握了绝对真理，以他的智慧来为凡人们指点迷津。"托尼承认艾瑞克"文笔生动活泼"，但在列出了一长串他所谓的"知识错误与观点谬误"后，托尼认为艾瑞克的论文不适合出版。他更加欣赏 A. M. 麦克布莱尔的作品——10 年后最终由剑桥大学出版社出版的《费边社会主义与英国政治：1884—1918》。[24]

托尼对艾瑞克论文的否定显然反映了他个人对费边主义的认同态

度，但他对文章的抵触情绪还有一种不太可信的解释：在韦伯夫妇的官方传记发表前，他们的个人文件并不对广大研究者开放，这一事实让艾瑞克的研究成果大打折扣。而韦伯夫妇的遗作托管人正是委托了托尼来撰写两人的传记。一番协商之后，托尼同意在 1948 年底动笔，并聘请了一位助理来协助研究。但发现身为托管人之一的玛格丽特·科尔已经私自利用这些文件进行写作、出版后，年老体弱的托尼退出了这项工作，然而伤害已经造成，尽管其他托管人连续数月劝说托尼继续完成传记，但也徒劳无功，在此期间包括艾瑞克在内的研究者依旧无法获取韦伯夫妇的论文。[25]

艾瑞克对费边主义者的批判态度给他带来了更多麻烦。早在 1940 年，艾瑞克在国王学院读本科时的导师克里斯托弗·莫里斯告诉他，学院将他列入了青年研究员奖学金的推荐人选。[26] 申请人需要提交一篇"资格申请论文"以供评选。艾瑞克在 1948 年完成的博士论文水平已远超出评选要求，即使只提交论文的大部分内容，也足以入选。然而，不巧国王学院有位叫杰拉尔德·肖夫的讲师笃信费边主义经济学，他声称"霍布斯鲍姆的分析与自己所了解的费边主义全然不符"，于是拒绝了艾瑞克的申请。[27] 这使艾瑞克感到如果再次提交同一篇或是与之类似的文章，通过评选的机会不大。此前他在伦敦政治经济学院图书馆里学习时，曾经发现韦伯夫妇为了撰写《英国工会运动史》（1894 年出版）而收集的文献。艾瑞克后来回忆说这是"'一个历史学宝藏'，揭示了结构化的、以问题为导向的劳工史研究之路"，使他摆脱了劳工史研究中传统的制度与政治视角。[28] 接下来的 10 个月里，他利用伦敦政治经济学院收藏的韦伯夫妇文献进行研究，从头开始写出了一篇全新的申请论文：《关于"新"工会主义的研究：1889—1914》。

论文共有 184 页，双倍行距，仍旧打印在大页纸上。这是一篇功底扎实的学术文章。艾瑞克认为这次的研究和写作十分仓促，完成的只是一份"初步的概述"。然而文章有力地解释了为何1870年后英国会出现新的工会组织，并且比之前的工会在组织力量上更为成功。论文的关键之处在于尝试将工会制度的发展与当时的经济背景、民众生活水平以及工作与就业结构联系起来。[29] 按照惯例，申请者的论文会交给两位同领域的优秀学者进行评估。当时英国的经济史学者少之又少，因此几乎不可避免地，艾瑞克的文章再次到了 R. H. 托尼手上，不过这位大学者对这篇论文赞不绝口：

> 他的研究资料非常扎实，包括工会的报告和刊物，而这些材料的运用在此前关于新工会主义的研究中都不多见。他广泛阅读了关于美国和英国工会运动的资料，善于从材料中梳理出有价值的信息，能够发现真正的问题。而第一章和结语部分，则显示出作者在总结要点做出概述上颇有天赋。[30]

然而另一方面，托尼又认为艾瑞克对英国工会运动史的阐释建立在一种"亟须更有力的证据与论点来支撑"的先验性预设之上。论文的结论"对如此宏大的主题来说显得过于仓促"，显然是作者迫于时间紧张的缘故。"霍布斯鲍姆先生，"托尼最终以肯定的口吻总结论文，"虽然有时表现得不太稳定，但他在自己的研究领域里显然能力卓越、知识广博。"

另一份评估报告来自 T. S. 阿什顿，这也是一位知名的经济史学者和英国工业革命研究者。他从1946年开始在伦敦政治经济学院担任教授，是一名坚定的反马克思主义者，他在就职后的第一次演讲中就激烈地抨击了那些习惯使用"资本主义"和"经济决定论"等概念的研究者。他倡议同行将这些观念的拥护者从经济史的"殿堂"中彻底"驱逐"出去。[31] 和托尼相反，他认为艾瑞克关于工会发展的论文"令人失望",批评论文缺乏数据支撑。文章使用的"研究方法更多是基于经验而非分析",没有关注更广泛的经济环境,例如人口增长、产品价格和国外资本对劳动力市场的影响等。工会的扩大和技术进步有关,但与贸易周期的变化无关。[32] 在写作文体方面,阿什顿批评艾瑞克"滥用插入语,并且习惯在一些不够牢靠的结论前面加上'显然'一词"。虽然受到这些批评,但艾瑞克还是被研究员们推选为青年研究员奖学金的获得者,这个项目的时长为4年,从1950—1951学年开始生效,这或许要归功于托尼对艾瑞克"能力卓越、知识广博"的称赞,以及同行们对他才智与潜力的认可。这个项目如今被称为博士后奖金,需要承担一点教学工作,但其主要目的还是让获得者能拥有充足的研究时间,为学术生涯打下基础。项目发放的薪酬并不算很丰厚,但会提供免费的伙食和学院宿舍。

对费边主义的研究走进了死胡同,但艾瑞克关于维多利亚时代晚期和爱德华七世时代的工会运动研究,为他接下来研究、发表的一系列学术论文奠定了基础。1949年在《经济史评论》上发表的《英国工会概况:1889—1914》标志着艾瑞克作为历史学者的职业生涯开端。这篇文章是从他当初的申请论文里提炼出来的,同期发表的还有一篇为美国共产党期刊《科学与社会》(此处的"科学"指的是"科学社会主义")撰写的意识形态色彩明显的长文。[33] 艾瑞克接下来的一篇文章也与之相似,名为《19世纪英国的工人贵族》,收录于马克思主义历史研究丛书之一,1954年由英国共产党主导下的劳伦斯与威沙特出版公司出版。[34] "工人贵族"的概念主要来自列宁的著作,而列宁又是从出生于奥地利帝国的德国马克思主义理论家卡尔·考茨基那里借用了这个词。列宁认为,以手工业为主的工会及其成员在资本主义资产阶级中能获得一席之地并分享利益,因此会很容易放弃组建工人阶级革命政党的信念。这一论点很自然地受到了抨击,艾瑞克只好在随后的文章里让步说，在英国，这种更"粗鄙"的工人阶级比"受尊敬"的工人阶级先天更具革命性的说法是没有依据的。而且在 19 世纪早期，工匠和手工业者（像是制鞋匠）显然已经是革命思想的传播者。然而这个早年的事例无疑显示了艾瑞克在学术生涯中的一大突出特点，那就是他擅长引起富于成效的学术争论。[35]

艾瑞克还发表了一些针对性、专门性更强的论文，这是在经济与社会历史研究的小圈子里建立专业名声的最佳途径，他在这方面的主要作品是围绕"流动的工匠"群体展开的，这一群体相当于欧洲大陆的"流浪者"（Wanderburschen）和"学徒"（compagnonnages），但英国学界对此研究较少。艾瑞克的这篇文章主要利用工会的报告和行规文献等材料，追溯了流动的熟练手工业者，或称"流浪匠人"群体的兴起。他指出这一群体在 19 世纪 60 年代之后的衰落，反映了劳动分工的发展、临时工被长期雇佣工取代，以及失业救济的出现——没有永久居留权的工人是无法领取失业救济的。要在《经济史评论》上发表文章，必须通过资深学者的评审，为了确保文章不被前辈"枪毙"，艾瑞克决定把文章交给他学术生涯中目前的两大拦路虎——R. H. 托尼和 T. S. 阿什顿，寻求非正式的初步意见。

托尼认为这篇文章"非常有意思，就我所知还没有人研究过这个课题"。他建议艾瑞克可以从 19 世纪激进分子弗朗西斯·普雷斯的文章中寻找更多佐证。艾瑞克回复说之前的研究者已经充分研究过那些资料，所以他觉得这些二手文献也可以使用。但他也巧妙地感谢了托尼提示自己多关注地方特性尤其是伦敦本地情况的建议。阿什顿也对这篇文章印象深刻并赞同发表。通过这种策略，艾瑞克确保了自己的论文能顺利刊登在《经济史评论》上，经过常规的编辑处理流程后，文章于 1951 年正式刊出。[36] 这为艾瑞克随后从更广泛的层面上探索劳工运动兴起和英国产业经济发展之间的关系开辟了道路，相关论文《1800 年以来的经济动荡与社会运动》则发表在 1952 年至 1953 年的《经济史评论》年刊上。有了这 3 篇发表在英国经济与社会历史研究领域旗舰刊物上的论文，艾瑞克成功地开启了历史学者的职业生涯。

‖

艾瑞克现在不仅是一名博士研究生，也是一位青年研究员，他"在战后的剑桥感到有些孤单"。[37] 大学时代的友人已经散布于世界各个角落，从前的学生共产党员组织也不复存在，他在剑桥的小镇上或是校园里，再也找不到昔日那些政治与学术道路上的伙伴了。不过他很快就融入了一个社团。在 1939 年的剑桥夏季学期，他被推荐加入学校内部的一个小规模、封闭性的精英对话协会，社团的 12 名成员被称为"使徒"（Apostles），均为在校生或者毕业生，是由现有成员从包括国王学院在内的少数几个学院挑选出来的聪明善辩者。成员要对自己的身份严格保密。艾瑞克在 1939 年 11 月 11 日获得会员资格。[38] "引荐我的显然是约翰·卢斯，"艾瑞克后来回忆，"卢斯带我到艺术剧院的咖啡馆去和安德里亚斯·梅尔一起喝茶，后者应该在那时对我进行了面试，但我当时不认识他。安德里亚斯几乎没怎么说话，在那之后我也再没见过这人，他从未在晚宴中出现过。"利奥·朗是社团的"使徒"之一，同时也是共产党员，他向艾瑞克介绍了社团的典故历史与规章制度。[39]

成员聚会时的讨论主题很广泛，但很少涉及学术话题。这个社团的历史可以追溯到维多利亚时代。[40] 或许正是因为其私密性，在两次世界大战之间，这个社团被人们与同性恋以及"剑桥间谍"联系起来。艾瑞克竭力否认这一点，但传言或许并非毫无根据，至少在 20 世纪 30 年代是如此。例如在艾瑞克加入社团不久后的 1939 年 3 月 11 日,9 个参加活动的成员讨论起"我们会和朋友发生关系吗"的问题,还有人补充解释说"这里的'发生关系'是指所有能引起身体快感的行为,包括肛交、异性间的性交,以及亲吻爱抚",另一人则提出:"那些没有性别的所谓'女朋友'不算数。"在场有 5 个人给出了肯定回答,其中 2 人只愿意和女性友人发生关系,2 人表示男女均可接受,还有 1 人只接受男性。[41]

就如艾瑞克后来指出的那样,20 世纪 30 年代晚期的"使徒会"里几乎没有共产主义者:

> 筛选成员的标准(或许仅仅会因为候选人相貌堂堂而有所放宽,比如攀登者威尔弗雷德·诺伊斯)与其理念追求甚至才智学问都没有关系,只是看你有没有"使徒气质"——这个标准容易得到大家公认,但很难清楚定义。成员们花费大量时间讨论"使徒气质"究竟是什么。我觉得就算社团里最信奉共产主义的"使徒"也不会认为列宁这样的人物具有"使徒气质"。自(20 世纪)30 年代初期以后,我觉得"使徒会"已经不具备什么共产主义色彩了。[42]

然而,艾瑞克在剑桥的同窗诺埃尔·安南指出:"1927年到1939年间被选入'使徒会'的 31 名成员中,有 15 位是共产党员或者是有马克思主义倾向的人。"[43] 后来成为广播节目制作人和情报官员的盖伊·伯吉斯以及艺术史学家安东尼·布伦特显然在社团中很有影响力。他俩都是社团年度晚宴的常客,在晚宴上,现任成员会和被称为"天使"(Angels)的前成员们打成一片。伯吉斯和布伦特都是同性恋者,两人后来也都被揭穿是苏联间谍,同时暴露身份的还有利奥·朗。但大部分"使徒"都不是共产党员,大部分的"剑桥间谍"也不是同性恋者。

艾瑞克并不认为成员们"有什么独特的过人之处":[44]

我享受聚会的时光，因为我喜欢辩论也喜欢听别人争论，尤其是和朋友们一起。但这些活动对我自身的见识增长几乎没什么帮助。另一方面，我受到了"使徒会"作风及其氛围的强烈影响，和大部分会友一样，我接受并珍惜这种影响……"使徒会"从爱德华时代（或许如此）继承下来的讨论风格就是举重若轻，大家讲话都会有一点戏谑和巧妙的机锋，讲笑话时要板着脸，就算在提出最严肃、最坚定的意见时，也要避免"过分严肃"（tierischer Ernst）。另一个也是最重要的一个特点，就是在完全信任的朋友面前保持绝对坦诚（或者是最大限度的坦诚）。

　　艾瑞克"不是那种会让所有人，即使是不爱他或是不被他爱的人，能对他敞开心扉的人"，但至少在聚会之外的场合，他的会友兄弟们曾对他倾诉过自己的性倾向和困扰，就像他不会隐藏自己的政治观念一样，"即使在身为党员这段相当激进的时期"亦是如此。而且，"使徒们"不会"公开地相互批评甚至是无情指责，而这种情况在党内是习以为常的，而历史学者的圈子在这方面尽管有所不同，但基本也与党内情形相似"。

　　1939 年 11 月，艾瑞克参加了第一次聚会，地点是国王学院 D 区的一个房间，位于小教堂对面，艾瑞克被问道："你会选择撒一个弥天大谎还是说很多无伤大雅的小谎？"他选择的是"撒一个弥天大谎"。但艾瑞克在 1939 年 11 月 25 日参加了第二次聚会后，他们的活动就被战争打断了，大部分成员都奔赴战场。社团记录上的下一次聚会日期已经是 1942 年 6 月 20 日，地点是伦敦的常春藤餐厅，"使徒们"和"天使们"都参加了聚会，其中有经济学家约翰·梅纳德·凯恩斯、小说家 E. M. 福斯特、文学批评家德斯蒙德·麦卡锡、精神分析学家詹姆斯·斯特雷奇，以及安东尼·布伦特与盖伊·伯吉斯。另一场聚会是在 1943

年7月17日，由布伦特在白塔餐厅主持，作家兼出版商伦纳德·伍尔夫（他的妻子是1941年自杀的小说家弗吉尼亚·伍尔夫）也在现场，其他到场人士有麦卡锡、斯特雷奇和伯吉斯。1946年6月29日，成员们在苏活区久负盛名的科特纳餐厅举行了战后的第一次晚宴，布伦特、麦卡锡、哲学家G. E. 摩尔以及詹姆斯·斯特雷奇都到场了，艾瑞克作为成员中仅剩的两名仍参与活动的剑桥在校学生之一，在餐桌上被推举为副主席，并发表了一通餐后演讲。他受"天使们"的托付要复兴"使徒会"。艾瑞克随后在社团纪要上简短却自豪地记录道："社团重获新生了。"最初的几次聚会在F. R. 卢卡斯的房间里举行，他是一位保守派的英国文学讲师，因为对T. S. 艾略特《荒原》的尖锐批评而闻名。在那之后，他们的聚会地点改到了E. M. 福斯特在国王学院的房间里。[45]

一开始为了凑齐人数，"天使"和"使徒"都会参加聚会，在征求了成员的意见后，艾瑞克和英语讲师马修·霍贾特开始从在校生中提名新的成员。可以明显看到在他们重组的"使徒"中，同性恋者已经很少了，共产党员更是一个也没有。[46]后来为福斯特作传的文学批评家P. N. 弗班克当时20来岁，刚开始在伊曼纽尔学院任教，他得到霍贾特的提名并于1946年10月21日正式获选入会。艾瑞克招募的人选有：他的一位研究思想史的朋友、时任国王学院青年研究员的诺埃尔·安南；一位历史学专业的本科生迈克尔·杰夫，他也是艾瑞克最早的学生之一；历史学者杰克·加拉格尔，他是一位前共产党员，在服役结束后回到三一学院继续学业。艾瑞克在1947年2月3日再次提名了两位候选人，一位是数学专业的学生罗宾·甘迪，另一位是未来的工党内阁大臣彼得·肖尔。战后早期加入的"使徒"年纪一般比较大，因为他们中的许多人被战争中断了学业，同时正如艾瑞克回忆时所说，他和马修·霍贾特两人都"和大学生们鲜有接触，因此主要从研究生和其他同僚中寻找合适的入会人选"。[47]

1946 年 11 月 4 日的辩论中，艾瑞克在"我们所处的时代算得上十足开明吗？"这一辩题上对正反观点都表示了赞同，因为他认为当前是一个已经开始启蒙的时代，但程度还不够。12 月 2 日，在回答"历史是人为撰写还是真实的？"时，艾瑞克认为"是真实的"，但他这么回答只是为了"皆大欢喜"，让正反双方打个平手。在下一次辩论中，艾瑞克对"我们是否可以相信自己对未来的预测？"这个问题采取了肯定态度。1947 年 2 月 17 日，艾瑞克在完成招募工作后辞去了副主席的职位。在用他那标志性的、似是而非的折中口吻（"平淡度日但偶有精彩"）回答了那次聚会上的议题"应当平淡度日还是活出精彩？"后，尽管会定期出席社团晚宴，但艾瑞克再也没有参加过聚会，直至他入选成为研究员。[48] 不过艾瑞克依然和社团成员们保持联系，1948 年 2 月，他写信给诺埃尔·安南，祝贺他当选为"使徒"，并在信中对自己作为招募者的表现进行了含蓄的自我批评："想起以往那些真正杰出的'使徒'，而不是现在这群较为逊色的人们——我们坚持认为你当选是我们莫大的荣耀。"[49] 与"使徒们"的友谊大大缓解艾瑞克在剑桥攻读博士时的孤独感，在那个研究生还是相当稀少的年代里，他与本科生圈子的距离远胜于从前。

Ⅲ

　　在为学术生涯奠定基础的同时，艾瑞克也在经历了战争带来的分离和伤痛后，重新与家人建立了联系。那些滞留在欧洲的亲人，显然都在纳粹及其同党对犹太人的迫害及种族灭绝政策下遭受了深重的苦难。[50] 艾瑞克的舅公理查德·弗里德曼和妻子朱莉在捷克的温泉小镇马里昂波特开了一间精品店，1939 年初德军占领了小镇后，他们被押往奥斯威辛并在那里遭到杀害，一同遇难的还有艾瑞克的姨妈海德薇格·利希斯特恩。[51] 另一位舅公维克托·弗里德曼及其妻子埃尔莎在德国吞并奥地利后从维也纳逃往巴黎，艾瑞克在母亲病危前曾在他们家里住过一段时间。他们在蒙马特住过一阵子（艾瑞克 1939 年在那里见过他们），随着德军 1940 年入侵法国，他们继续西逃。这对夫妇在波尔多被捕并被分开监禁过一段日子，后来他们分别逃到了尼斯并在那里重聚，但于 1943 年 11 月 18 日再次被捕，11 月 19 日被送到巴黎附近的德朗西临时集中营。第二天，他们被送上 62 号运输车，这是一列满载着 1 200 名犹太人的火车，开往奥斯威辛-比克瑙集中营。两人于 11 月 25 日抵达集中营，在经过"筛选"后被送往毒气室，62 号火车上运载的犹太人中共有 895 人在这里被毒害身亡。他们的女儿赫塔在艾瑞克 20 世纪 30 年代初来她家暂住时和他熟络起来，她在战争中幸存了下来，为美军占领区当局工作过一段时间，然后移民到纽约并改名为赫塔·贝尔，在一家酒店里找了份工作。之后她又旅居菲律宾，从此音讯全无。她的哥哥奥托是艾瑞克在 1932 年至 1933 年暂居柏林期间非常仰慕的人，奥托后来移居巴勒斯坦，把名字改成了伊坦·德罗尔，并与"为了爱情从奥地利追随他而来的维也纳旧情人"结了婚。1957 年，他回到柏林，重新开始在德国生活，但那时艾瑞克已经和他失去了联系。[52]

艾瑞克的其他亲戚都在战争中幸存了下来（如果没错的话）。"二战"结束后不久，住在布拉迪斯拉发*的表亲"特劳德"格特鲁德·阿拉布雷赫托娃和艾瑞克重新取得联系。1944 年，匈牙利的傀儡政府在德国侵略者的授意下开始逮捕、驱逐犹太人，特劳德回忆道："爸爸和我都被抓进了集中营，爸爸去了贝尔根-贝尔森集中营，我被送到特莱西

---

* 布拉迪斯拉发是斯洛伐克共和国首都，16—18 世纪为匈牙利王国都城。——译者注

恩施塔特集中营，而奶奶被转移出维也纳，辗转于11个不同的集中营，最后在法国被释放，她来到布拉迪斯拉发并于1947年在这里去世。爸爸由于在集中营里落下了病根，在1946年夏天去世。"特劳德在大学里的专业是英语和德语，并在教学语言为德语的布拉格查理大学获得了博士学位，她嫁给了一个捷克斯洛伐克的音乐家，夫妻俩没有子嗣。她记得自己在1934年或是1935年时去过伦敦，艾瑞克带她参观了泰特美术馆。除了菲利普·霍布斯鲍姆，她是艾瑞克家族中另一名在学术上成就斐然的成员。[53]

艾瑞克和表哥丹尼斯在战时失去了联系，但战后他们很快就由于对爵士乐的共同爱好而恢复了亲密的友谊。战争爆发后不久，丹尼斯就娶了一位名叫奎妮·珀尔的音乐家同行，并通过仅需单方面签署即可生效的申请文书，将自己的名字从普雷希纳改成普雷斯顿。战争期间他在英国广播公司担任音乐节目主持人，同时兼任爵士音乐会的策划人以及《作曲人》《音乐快车》等期刊的记者，以此来维持生计。战争结束后不久，他和奎妮离了婚，娶了一位来自显赫的南非科萨家族的女子诺妮·贾乌巴。到了1948年，丹尼斯为迪卡唱片工作，负责与非裔加勒比音乐家签约、录制卡利普索民歌和钢鼓音乐等工作。他对爵士乐的热情在战后持续影响着艾瑞克，他常常携妻子与艾瑞克会面，地点通常是在当时还很新奇的印度餐厅，三人会一起畅谈音乐和政治。[54]

与此同时，艾瑞克的叔叔西德尼也在移居智利后再婚了，他的新任妻子莉莉·考夫曼是他在智利结识的德国难民。这段婚姻没能持续多久，西德尼在战后不久就去世了。艾瑞克的妹妹南希此前一直在特立尼达岛的大英帝国审查机构工作，她在战后回到南美大陆，在位于蒙得维的亚的英国驻乌拉圭大使馆担任秘书。她在那里遇到并爱上了英俊的皇家海军上校维克多·马尔凯西，他是文森特·加亚尔爵士的私生子，而加亚尔是"一战"前声名狼藉的军火商巴希尔·扎哈罗夫爵士的生意伙伴。加亚尔的妻子是个吗啡上瘾者，负责照顾她的意大利女陪护名叫罗马妮·马尔凯西，文森特爵士正是与这名女陪护发生了婚外情。这家人并不打算隐瞒维克多的身世，他一出生就随了生母的姓氏，并由加亚尔和马尔凯西两家共同抚养长大，直到进入皇家海军。凭借在南大西洋的航海经验，他被任命为皇家调查船"威廉·斯科斯比号"的指挥官，这艘船也是"塔伯伦计划"（这个计划得名于巴黎有名的歌舞表演"塔伯伦秀"）的主力船，行动的主要目的是在南极地区建立英国领地，阻止阿根廷及其他国家在该地区的领土主张，以及避免德军在这里建立 U 型潜艇的基地。

从 1943 年开始，维克多连续 3 年在南极本土、设得兰群岛南部、南乔治亚岛、奥克尼群岛南部和马尔维纳斯群岛协助建立海军基地并补给供应，他的船只每年会在蒙得维的亚停留 3 个月进行检修并补充物资，正是在某次靠岸期间，他遇到了南希。他们于 1946 年在马尔维纳斯群岛结婚。[55] 但"塔伯伦计划"还有一个更隐秘的行动目标。有一次维克多奉命从"威廉·斯科斯比号"上放下一艘拖着小驳船的摩托艇，驳船的甲板上则放着一个装满了绵羊的开顶笼子。在驶离"威廉·斯科斯比号"足够远后，维克多和另一位军官将一个塞着破布的牛奶瓶扔进笼子里，然后回到调查船上，一队科学家在那里等着他们。破布上布满了致命的炭疽杆菌孢子，这个行动是为了检验炭疽杆菌是否可以应用于生化战争，万幸的是，这一手段（或许）从未被使用过。[56]

南希觉得自己作为政府雇员必须和艾瑞克保持距离，她甚至在婚前就将姓氏拼写改为"Hobsbaun"。她也不像艾瑞克那样还保留着对犹太人身份的自我认同。就像她出生于 1951 年的儿子罗宾·马尔凯西后来回忆的那样：

> 我猜她只是想过平静的生活，忘记自己的犹太人身份。我会知

道这一点，部分是因为艾瑞克的作品出版后，有个年轻人找到我并对我说："你一定是个犹太人。""我当然不是了，"然后我想了想，"没错，我是犹太人。"当我向母亲问起这件事时，我还记得她是如何用手捂住耳朵，突然大哭起来，她终于哭完后对我说："再也别提这件事了，罗宾！再也别提了！"显然发生在德国的惨剧让她倍感折磨……我想她的应对方式就是装作一切问题都不存在，这同样也可以解释她为什么会嫁给一个如此正统的英国人，一个在她看来各方面都足够正统的英国人。

维克多和南希在战后回到英国，因为南希在特立尼达岛染上了肺结核，需要接受治疗。[57] 她每天最多会抽 60 支烟，这让她的病情难以好转。20 世纪 40 年代末新出现的抗生素很可能救了她一命，虽然在罗宾的印象中"她总是喘不上气"。她和维克多在海威科姆租了一处小房子，维克多在西德尼去世后继续照顾南希和葛蕾特的儿子彼得，他甚至动用自己从加亚尔夫人那儿继承的遗产，为彼得支付了他在加拿大蒙特利尔的麦吉尔大学读书期间的学费和其他开销。

艾瑞克在妹妹回到英国后与她恢复了联系，但逐渐地，维克多·马尔凯西感到与一位知名共产主义者的近亲关系会影响他的海军生涯，因为在 1947 年，英国与苏联的战时同盟关系正在瓦解。1947 年 3 月，美国总统哈里·S. 杜鲁门宣布美国会致力于阻止苏联对那些尚未受其控制的国家施加影响。斯大林的回应是在苏联红军占领下的东欧国家很快建立起了苏维埃制度。被划分为 4 个占领区的德国首都柏林在苏联占领区范围内，1948 年 6 月，苏联切断了柏林与西方的通道，这一封锁持续了大半年。被英国、法国和美国接管的西柏林则依靠著名的"柏林空运"维持日常运行，直至封锁被取消。1949 年秋天，德国的土地上建立起了两个独立的国家——西边实行议会民主制的联邦德国，以及东边由共产党主导的民主德国。西方国家的共产党员日渐被视为颠覆分子，越发受到官方怀疑。[58]

这就是冷战的开端。艾瑞克在 1947 年至 1948 年短暂参与德国战后重建期间，就已经感受到山雨欲来的气氛。沃尔特·沃利克是一位后来成为文学翻译家的"使徒"，他曾在 1945 年 7 月 4 日写信给艾瑞克，讨论在纳粹倒台后重建德国的可能性。他同意艾瑞克的乐观看法，即"把纳粹分子从他们原来的环境中脱离出来，各自融入其他文明社会，你或许就可以让他们改过自新"。"你可以用各种方式来鞭策德国人，"沃利克说，"但看在老天的分上，请朝着一个明确的方向来鞭策他们，可别只是在原地转圈儿。"[59] 没过多久，英国外交部不知从哪里得知艾瑞克会讲德语，委托他前往德国北部吕讷堡草原的一间猎人小屋，在那里对德国人进行"再教育"，这是英国改造纳粹主义教育者的政策之一。1947 年 8 月前三个星期，艾瑞克在吕讷堡草原讲授了他的"再教育"课程。[60]艾瑞克心想着："在 1933 年到 1945 年之间，这些看起来天真朴实的人还有什么坏事没干过呢？"他的学生之一是后来的历史学家莱因哈特·科泽勒克——"我教给他什么是民主"，艾瑞克有一次这样对我说过，带着一丝残忍的微笑。科泽勒克曾经加入德国在东线的国防军并被苏军俘虏。发现自己与艾瑞克志趣相投后，科泽勒克很快就和他成了朋友，并为他画了一幅很传神的头像素描，这幅素描至今依然保留在艾瑞克的文件中。艾瑞克指出，占领军队在进入德国后犯下诸多暴行并不奇怪，因为"德国国内充斥着仇恨与恐惧，不论本土居民还是难民都是如此"。"我在这里待得越久，就越觉得压抑，"他写道，"至于希望？我看不到任何希望。"[61] 这个"再教育"项目很快就终止了。第二年，参谋长联席情报委员会的主席威廉·海特了解到艾瑞克是"一名加入了共产党的历史学者"而且他的妻子也是个共产党员，这位后来成为牛津大学新学院院长的职业外交官表示对"派遣这个人到德国英占区教学的提议"深感忧虑，并告诉军情五处他"不希望看到这个人前往德国"。[62] 实际上，艾瑞克在那以后确实有许多年没有再回到德国。

艾瑞克没有写过纳粹对犹太人的迫害史，也没有记录过自己亲人在奥斯威辛遇害的情形。很多年以后，当左翼美国历史学者阿诺·J. 梅厄将自己的新书《为何天堂未曾变暗：历史上的"屠杀计划"》(*Why did the Heavens not Darken? The "Final Solution" in History*，1988) 的打印稿寄给艾瑞克后，后者坦白道："自从 (20 世纪) 50 年代初或是 40 年代末，关于集中营的第一份史料面世后，我一直在逃避这段历史。阅读这些早期作品——科贡的书尤其让我印象深刻、倍感压抑，让我在情感上更加无法直面这件事情。"[63] 艾瑞克读完梅厄的书后"仍然无法理解对犹太人的灭绝屠杀"，但他指出早在 20 世纪初期，一些奥地利反犹分子提议剥夺犹太人的权利并将其投入集中营时，对犹太人的种族迫害就已经初见端倪。他并不完全赞同梅厄将灭犹政策与十字军东征或是三十年战争相提并论。即使在最野蛮的历史中，特雷布林卡这种仅仅是为了杀害犹太人而存在的集中营也是绝无仅有的，在这个问题上至今没有令人满意的答案。在对纳粹种族大屠杀的公开表态上，犹豫不决的并不只是艾瑞克一人，在战争刚刚结束后的好几年里，几乎没有相关话题的图书出版。大部分幸存下来的犹太人只想安稳度日。无论如何，冷战使联邦德国与西方的同盟关系更受重视，因此英国政府以及英国广播公司这样的宣传机构也越发不愿在此时批评德国人了。

IV

"二战"爆发之际，艾瑞克曾经申请过英国广播公司的职位并得到了面试机会，但他被征召入伍后，部队指挥官告诉他不得再去应聘，于是面试不得不取消。[64] 1945 年 4 月，艾瑞克又想起了这件事，并申请退役后在英国广播公司获得一份全职工作。主要工作内容是为复员士兵培训的教学人员制作辅助的教育广播节目，培训课程中包括 20 分钟的历史、文学课程及讨论。英国广播公司对艾瑞克的表现印象深刻：

> 他接受过我们的面试，是公司新推出的部队教育节目最适合的工作人选。他已经在部队里服役 5 年，其间显然在部队里几乎所有的教育岗位上工作过，而且学业表现十分优秀，例如他取得了剑桥大学历史系的双星一等荣誉学位。[65]

但军情五处担心如果艾瑞克得到这个职位，"霍布斯鲍姆不会放弃任何为共产党宣传或者招募党员的机会"。[66] 情报部门的指示是："如果未来他申请了英国广播公司的职位，在采取任何行动之前要向我们报告此事以便进行审查。"[67] "这对英国广播公司来说可能很奇怪，"负责跟进艾瑞克的军情五处官员 J. B. 米尔恩在 1945 年 5 月 8 日补充道，"我们居然会要求他们拒绝一个在文教队里长时间担任过类似职务的求职者，但实际上如果霍布斯鲍姆没有在文教队工作超过一年，他也不会进入我们的视线，如果我们之前就审查过他，他绝不会有机会进入文教队。"[68] 从那时开始，英国广播公司了解到为艾瑞克提供任何全职或固定工作都是不得当的，一位管理层人员在 1947 年 3 月 14 日的备忘录里私下写了一条关于 "E.J. 霍布斯鲍恩 [原文如此]" 的附注，"任何关于此人在英国广播公司求职的相关信息" 都应向上汇报，他还补充了一条，"请把此附注放在文件的最上方"。[69]

然而，求职被拒并不能阻止艾瑞克在英国广播公司的特别节目里工作，1946 年 12 月 11 日，艾瑞克在国王学院给英国广播公司第三套节目里的谈话栏目负责人去信，提出可以广播一期关于《鸭鸣报》*的评论节目，这是一份"法国的讽刺周报，相信亦是发行量最大的法国期刊，风格相当独特"。此前艾瑞克曾经在第三套节目里听到一期关于《纽约客》的评论，他觉得"评论期刊这个想法是值得称道的"。他又补充道：

> 作为《鸭鸣报》近十年来的一名热心读者（只要情况允许，我会定期阅读），我希望可以做这个工作。我不认为语言障碍是个难以克服的问题，实际上《纽约客》对第三套节目的绝大部分听众来说是很陌生的，除非对其进行介绍。可以用类似的方式做一个关于《鸭鸣报》的节目。

艾瑞克在信后附上详细大纲，把他提议的节目分成8个部分，从介绍杂志的封面、撰稿人和专栏插画家，以及杂志的风格和传统开始（他在此处承认"对不太熟悉法国政治的英国人来说，一开始可能有点困难"）。他知道节目需要娱乐听众，提出将关于"胡子与第三共和国"以及"激进社会主义者剃掉胡子后，对想方设法不让他们好过的政敌之影响"纳入节目的讨论内容。与那些蓄须的政治家相比，在那些胡子刮得干干净净的政治家身上也许较难找到嘲讽的点。他还简要地提出在节目中讨论"美酒、女性与共和国"这个话题。最后，在谈论了"《鸭鸣报》的讽刺对象"以及"《鸭鸣报》与艺术"后，他希望通过提问为何这本杂志在英国并不知名作为节目的收尾。然而，原因是显而易见的：

---

* *Le Canard enchaîné* 这份法国讽刺周报的名字直译过来的意思为"受缚的鸭子"，来自一个法国典故：法国政治家克列孟梭曾创办一份叫作《自由人》(*L'homme libre*) 的报纸，被查禁后他愤而将报纸更名为《图圄者》(*L'homme enchaîné*)，"鸭"在法国俚语里有"报纸"之意。——译者注

这是本法语杂志。[70]

其他英国电台也许会认为这是一个过于小众而难以实现的提议。但艾瑞克是幸运的。英国广播公司的第三套节目于 1946 年开播，主要推介古典音乐以及文化、智识话题。[71] 国内频道谈话节目的制作人安娜·卡林原来是一名在德国接受教育的俄裔翻译，"二战"时期为英国广播公司的欧洲频道工作，她决心尽可能以最高标准来要求自己负责的广播节目。牛津大学的哲学家以赛亚·伯林通过一位共同的朋友认识了卡林，他把她形容为"一个典型的莫斯科知识分子，品味一流、格调高雅……是出色而有趣的女性"。《泰晤士报》在 1984 年发布了她的讣告，称她"是一位雷厉风行人物，信念坚定，不管在思想抑或行动上都容不得一点马虎"。卡林出身于一个富有的犹太商人家庭，1921 年来到英国，她在 20 来岁的时候就清楚认识到如果自己留在莫斯科，将有被视作"资产阶级分子"的危险。由于艾瑞克是一名有着多国生活背景和国际视野的欧洲人，同时也是"热心的听众和热情的演说者"，艾瑞克的节目大纲得到了卡林的赞赏，并接受了这一提议。[72]

1947 年 2 月 4 日，艾瑞克关于《鸭鸣报》的评论节目播出了，这是一次 20 分钟的广播，时间从晚上 7 点 40 分到 8 点。[73] 他写信给卡林，感谢她"跟进了我的第一次广播——你知道这是一次紧张不安的经历"。[74] 卡林此前试听了艾瑞克的节目，和她一起试听的还有"一位友善的听众，试图让我相信你是个法国人"。[75] 受到卡林秘书的鼓励，艾瑞克对谈话节目提出了进一步的设想，起初是一期关于奥地利作家卡尔·克劳斯的节目，克劳斯的代表作、编排难度极大的戏剧《人类的末日》不久前再版了。"克劳斯在英国无人知晓，"艾瑞克指出，"即使他在去世后这 10 年里越发知名，而且是个十分重要的人物。"艾瑞克提议的另一个节目则有关 20 世纪早期法国工团主义理论家、著名的《暴力论》作者乔治·索雷尔，"英国的政治宣传写作"或者"新闻文体风格"（将英国、美国、法国和奥地利的新闻用语进行对比）也在他的建议之列。他还提议制作一个《历史纵览》系列节目，内容"与技术发展无关"，而是关于"那些在 30 年间通过流行读物和学校教育，从大学向受过教育的普通民众传播的进步观念"。但英国广播公司并不支持这一想法。在后来成为历史学者的主管彼得·拉斯莱特建议下，谈话节目负责人回复了艾瑞克，提出"我们不打算制作你建议的系列节目，实际上我们未来几个月里也不会制作任何历史类的重要节目，我们另有安排"。[76]

艾瑞克对广播的热衷显示出，在历史学者的早期生涯里，他已经开始重视让更广泛的受众接触到他的工作内容。卡林积极回应了他提出的克劳斯专题节目。"我觉得，"她写道，"我是（这个国家里！）对克劳斯有所了解的寥寥几人之一，我很高兴你对此感兴趣。"[77] 这一期谈话节目在 1947 年 4 月 8 日晚上 7 点 55 分到 8 点 15 分播出。[78] 艾瑞克畅谈自 1870 年截至当时英国政治宣传写作的节目则在 6 月 24 日播出，虽然卡林让他对内容进行了大幅度的修改，甚至还惹怒了艾瑞克："我们俩的品味真的不太一样，"他写道，"不只是在那些您比我更有发言权的呈现方式和内容清晰性的问题上。"[79] 除了在广播界崭露头角的兴奋外，英国广播公司也为艾瑞克提供了一小笔薪酬（一般是 6 几尼）；[80] 艾瑞克还因为给英国广播公司远东频道节目《工业革命》担任顾问而得到了 10 几尼（等于 10 英镑 50 便士）的报酬，这个节目介绍了"英国、美国、苏联、日本和非洲不发达国家的工业化进程等情况"。艾瑞克在挑选主讲人问题上提供了建议，为他们做了简要介绍并审订了他们的讲稿。[81] 他自己则播出了一期讨论"英国对殖民地工业化进程之新态度"的节目。[82]

艾瑞克的进一步建议并没有被英国广播公司采纳，也许是因为话题都太过艰深了——比如艾瑞克的博士论文评委丹尼斯·布罗根的《现代法国的进程》，以及德国历史学家弗里德里希·迈内克的《德国的浩劫》（文章讨论了希特勒独裁的起源，"迈内克是仅剩不多的前纳粹时代资深学者之一，他文笔精彩，但观点教人灰心沮丧。"艾瑞克写道）。[83] 此外，冷战开始对广播界产生了影响。1948年3月，英国广播公司的宣传主管部门颁布了关于"处理共产主义和共产主义演讲者"的指南。[84] 两年后，英国广播公司遭受了保守党的激烈抨击，他们认为这个机构本质上应当是政府的宣传喉舌。罗伯特·范西塔特勋爵曾经是"二战"前的英国外交部高级官员（也是一名偏执甚至狂热的反德分子），他在上议院的辩论中抱怨一系列重要机构中都有共产党员的存在：

> 我先拿英国广播公司来举例子，这个机构应当是我们在冷战中最有力的武器，然而事情并不是这样。不久前他们拒绝清理机构里的共产党员，因此这些人依然留在了那里。这并不是什么秘密：英国广播公司承认他们的存在，我很轻易就拿到了一些麻烦人物的名单……他们的比例虽小，但就像议长指出的那样，共产党人总能施加比他们的实际人数要大得多的影响力。[85]

这样的压力必然会产生影响。

1953年2月4日，艾瑞克为英国广播公司欧洲频道的英语栏目广播了一期主题为"奥斯威辛的政治理论"的19分钟的节目，这是他在那段时期唯一一次对纳粹主义表态。[86] 接下来的那个月，他再次在第三套节目里发声，在3月4日参与了关于纳粹如何掌权的三期系列讨论，这是艾伦·布洛克的安排，他是一位牛津大学讲师，因为在英国广播公司的定期座谈节目《智囊团》中担任成员而出名。[87] 但是，得知艾瑞克要播出节目，（英国之声）谈话节目的主管玛丽·萨默维尔告诉节目制作人迈克尔·斯蒂芬斯："要对霍布斯鲍恩［原文如此］在节目上讲述马克思主义观点进行宣传，比如在介绍里提及此事。"[88] 换句话说，艾瑞克不能作为一名客观的演讲者出现。然而，由于节目背后有各种强力影响，尤其是来自牛津大学[89]，艾瑞克还是不受拘束地完成了这一系列广播，这组节目无疑对布洛克同年出版的大部头传记《大独裁者希特勒》起到了收效甚佳的宣传作用。

但情况逐渐变得对艾瑞克的广播工作不利。一名主管抱怨艾瑞克的广播风格"有一点像自说自话"，虽然她认为艾瑞克比"有点像教训人的"罗德尼·希尔顿要好，并且比"不值得推荐"的克里斯托弗·希尔要出色得多，因为希尔"说话结巴"，而且无论如何也算不上一位"有分量的历史学者"。[90]艾瑞克讲授英国艺术史的进一步提议被安娜·卡林拒绝了（"这类话题已经谈得太多了，而且有点说教意味，所以播出后的效果并不好"），虽然她很赞同艾瑞克对休·西顿-沃森主讲的共产主义革命专题的评价，她将其称为"一系列让人打瞌睡的节目"，沃森是一位相当保守的俄罗斯近代史和东欧史学者。[91]这一提议最后也不了了之。当艾瑞克在1954年初提出一期关于"宗教与英国劳工运动"的谈话节目时，安娜·卡林的上司J.C.桑顿严厉地驳斥了这一建议：

> 制作这期节目显然是为了对宗教在劳工运动中的影响提出质疑。这样并不客观，而且在我看来并不是什么权威论断……这一话题没有对历史事实进行真实客观的阐述，而是用富有争议的方式处理要谈论的对象，这样做也和我们当前的计划格格不入。[92]

桑顿建议英国广播公司应当"直接地拒绝这一提议"或者寻求进一步意见。一旦推出这个节目，"霍布斯鲍姆会被贴上马克思主义者的标签"。最后，这个节目提议被拒绝了，卡林不得不转达上司的意见，她告诉艾瑞克：

我认为你没有以足够客观的态度来处理这一问题，没有将其作为真实的历史来看待。节目缺乏资料佐证（在这种短节目里是难以避免的），听众无法从节目中全面充分地了解一个错综复杂的话题，实际上提供给观众的内容将是非常片面又不够清晰的。[93]

英国广播公司草草打发了艾瑞克，付给他"15 几尼，以补偿他投入的精力和时间"。[94]

艾瑞克礼貌地对此表示理解，他让卡林无须道歉："最重要的是贵司给我支付了酬劳，而这正是我一开始干这行的主要目的。"而且，他一方面承认这个话题"太有争议"，一方面又告诉卡林他此前的想法是"你可能想要一些不同寻常的主意，让节目变得更加精彩"。艾瑞克对没能清晰表达自己的意图表示抱歉。"您也知道，"他补充道，"我的治学'理念'（tour d'esprit）有些大胆——就连那些和我政见一致的人有时候也会说——我不必像个惹事的小孩一样总是引发争议。"他建议"接下来可以回到我曾经讲过的那些话题上，它们由于比较小众而不会引起麻烦。我依然希望做一期关于内斯特罗伊*或者季洛杜†的谈话节目，这两位都是我喜欢（希望也是你喜欢）的剧作家。"[95] 幸运的是，英国广播公司几个月后播出了根据内斯特罗伊剧本改编的广播剧，这让艾瑞克得以在 1954 年 10 月 12 日为第三套节目做了一期关于这位剧作家的 20 分钟节目。[96] 艾瑞克对内斯特罗伊产生兴趣的原因是他"为 1848 年革命中推翻了梅特涅的维也纳人民发声，即使可能抱有怀疑情绪，但他本人是完全支持这场革命的"。[97] 对没有事先看过这出戏剧的

---

* 约翰·内斯特罗伊（1801—1862）是"毕德麦雅"时期（指 1815 年至 1848 年间中产阶级文化在德意志邦联诸国中兴盛起来的时期）的奥地利歌手、演员和剧作家。——译者注

† 让·季洛杜（1882—1944）是法国文学家、剧作家，代表作有《特洛伊战争不会爆发》和《沙列奥的疯女人》等。——译者注

听众来说，有多少人能听懂艾瑞克想表达的内容还真不好说。

与此同时，艾瑞克为他的中欧文学评论找到了另一个渠道，1951年他为《泰晤士报文学增刊》撰写了"一战"期间捷克经典讽刺小说《好兵帅克》的书评，这本书出版于1923年，作者是雅洛斯拉夫·哈谢克，艾瑞克在"二战"期间读过英译本。艾瑞克发现书中对政府的描写与英国在冷战初期有异曲同工之妙："侦探布雷特施耐德在公共酒吧里察觉有反奥匈帝国的活动，普津姆的警长确信他抓到了一个苏联大间谍，这些都不只是中欧国家才有的夸张行径。"这本书有一种"普世的魅力"。[98]但总的来说，艾瑞克在英国广播公司的常规广播生涯在50年代中期陷入了困境，冷战开始对其职业发展造成的负面影响远不止于此。

V

战后那几年里艾瑞克并不是一直住在剑桥。1943年和缪丽儿·西曼结婚后，他大部分时间都待在伦敦，这对他的工作来说也算便利，因为在伦敦政治经济学院图书馆里几乎能找到撰写论文和其他文章所需的全部资料。这对夫妇一开始住在卡姆登镇边上的格罗切斯特街30号，这儿能听到摄政公园动物园里的狮吼声，房租低廉、位置便利，因为住了很多牛津和剑桥毕业的知识分子而变得颇为时髦。[99]1947年10月，他们又搬到了伦敦西南四区克拉珀姆广场北边威尔伯福斯公寓的5号房。夫妇俩的邻居碰巧是艾瑞克在柏林的中学同学弗里茨·卢斯蒂格，1942年的时候，他和艾瑞克在部队里有过联系。[100]住在伦敦让艾瑞克可以写一点大都市生活的感悟。《小人国》杂志发表了他为描绘伦敦北部卡姆登镇的4幅水彩画所撰写的评论，这些画是专门委托詹姆斯·博斯韦尔创作的，他是一个新西兰裔的艺术家，1932 年加入了共产党，1950 年以前是这本杂志的美术编辑。在艾瑞克的笔下，这一地区非常老旧且平平无奇："街上熙熙攘攘，路边小摊卖橙子、小海螺和鳗鱼冻，人们干着杂七杂八的活计，空气中弥漫着各种味道，戏院的屋顶泛着金光，伦敦东北铁路以及连接伦敦、中部及苏格兰的铁路刚好从油腻的煤烟中间穿过。这儿不像肖迪奇那么灯红酒绿，也不像坎宁镇那么死气沉沉，这里就是一个普通的街区。"[101] 艾瑞克描写这一地区的爱尔兰移民、有着黄铜镶边玻璃的酒馆、街上衣着光鲜的小混混以及酒鬼，对画作的评论变成了社会风貌的写实报道，氛围感十足的文字与画面着重表现的日常生活场景相得益彰。[102]

艾瑞克住在伦敦不仅是因为需要到伦敦政治经济学院图书馆查找资料，而且还因为他在伯贝克学院谋得了一份经济与社会史讲师的差使，时间从 1947 年 2 月 24 日开始。伯贝克学院是伦敦大学的成人夜校中心。艾瑞克的这份新工作要归功于他在国王学院的导师克里斯托弗·莫里斯，后者为他写了一封热情动人又充满溢美之词的推荐信。[103] 教职委员会想必也对艾瑞克的双星一等荣誉学位印象深刻。从某种意义上看，伯贝克学院很自然地成了艾瑞克的学术家园，夜间教学可以让他在白天写作和研究。他把这儿称作"穷人的万灵学院"，可与牛津大学那所没有学生也无须教学而出名的学院相媲美。以向普通劳工大众传道授业为使命，伯贝克学院顺理成章地吸引着左翼知识分子。"置身于小而拥挤、气氛友好的教职员休息室中，"艾瑞克后来写道，"这样的气氛表明此处全都是工党的支持者。"学院"提供了一种从内而发的自然保护，使我得以抵御冷战带来的外部压力"。[104]

剑桥大学研究生委员会负责管理艾瑞克这类研究生，他们发现艾瑞克在外兼差时震惊不已。剑桥大学的研究生和本科生一样，求学期间需要留在校内。那些在学校之外工作的人需要事前取得批准，但艾瑞克没有这样做。"你所在的学院不久前知会我，"1947 年 7 月 21 日，研究生委员会的秘书长告诉艾瑞克，"上个夏季学期你没有待在学校，而是去伦敦工作了。"委员会想知道他究竟在干什么。[105] 艾瑞克回复说自己现在是伯贝克学院的一名讲师，这让委员会多少有点出乎意料，对他提出了严厉的警告：

> 你应该在离开剑桥前提出在校外工作的申请，并且应当向研究生委员会报备你打算接受伯贝克学院教职的计划，这样他们才能考虑你担任教职一事是否与继续攻读研究生互相冲突。研究生委员会希望得知你作为伯贝克学院讲师的工作时长，以及你备课所需的时间。[106]

"我们发现了一个非常令人不满的情况。"历史系学位委员会秘书长迈克尔·欧克肖特在 1947 年 11 月 26 日写道。在这样的情况下，艾瑞克是否可以继续攻读博士学位都是个问题。

波斯坦再次出手相救。"霍布斯鲍姆的论文在上个春季就基本完成了。"他在 1947 年 10 月 29 日向研究生委员会保证，这极大地高估了艾瑞克的论文进度，实际上他在前一年才开始动笔。波斯坦预计艾瑞克可以在夏季学期结束的时候提交论文，艾瑞克需要查找的论文资料在伦敦而不是剑桥，波斯坦愿意继续担任他的导师。艾瑞克在伯贝克的教学任务是有限的，所有的上课时间都在晚上，他可以利用白天开展研究。无论如何，"考虑到最坏的情况，我不认为他在伦敦的工作会比他和其他研究生去年在学院里接受的学业督导更加繁重"。[107] 艾瑞克方面也为自己没有事前申请的"无礼"向委员会致歉："我唯一的理由是伯贝克的通知来得非常仓促，马上到任和继续学业这两项任务有点儿把我给搞糊涂了。"总而言之，他向委员会保证自己在伯贝克每周只有不超过

3—4小时的课程，每隔一周给新的班级上课，备课时间一周不超过2个小时，"我觉得备课时间只会越来越少，因为我的课程已经逐渐不需要太多打磨了"。委员会的态度缓和了，他们更新了艾瑞克的注册状态，条件是他在伯贝克的工作时长每周不超过 12 小时，波斯坦会继续担任他的导师，学院事后允许他在 1947 学年春秋和夏季学期短暂休学，因此这段时间可以不计入剑桥大学要求的在校学习时长。委员会理解艾瑞克所有的研究资料都在伦敦，所以批准他在外学习以便查找。[108] 艾瑞克大大松了一口气，这样他就无须被迫在继续攻读剑桥博士学位和到伦敦任教之间做出选择了。虽然在外学习让他失去了国王学院的福利，其中包括他的奖学金，但他有伯贝克的薪水可以弥补。尽管情况特殊，但事情最后还是得到了一个皆大欢喜的结果。

VI

完成博士论文不久后，艾瑞克的婚姻就陷入了困境。1950 年 11 月，他再次开始写日记，觉得自己必须思考这方面的问题。和往常一样，他用德语写日记，每次想要在私底下宣泄最隐秘的感情时，他就会使用这种语言。"我似乎只会在孤独、无聊或者物质生活和精神世界都陷入崩溃时才会写日记（不这样过活可以吗？）。"当然，他总是忍不住要去描述那些发生在他身上的事情或者他遇到的人。但艾瑞克主要用这本特殊的日记来观照内心。"最后，"他写道，"我不是为了别人而写作，而是将之视作一种内心情感的宣泄，如果重读日记时这些文字看起来像无病呻吟且庸俗不堪，我也没什么办法。"[109]

为了唤起自己对婚姻早期的回忆，艾瑞克回看了和缪丽尔结婚不久后写下的日记。他那时已经对这段婚姻的未来"并无多少激情",他一针见血地指出:"我当时就(颇有先见之明地)觉得这段婚姻不会长久。我们结婚几年后,大概是到了第六到第七年时,出现了一个坎儿。我当时没有写下这些想法,但我记得自己有想过。"那么,为什么要结婚呢?因为他感到孤独,艾瑞克下了结论。他"从未真正爱过",当时和那之后都没有。但"当我习惯和她一起,习惯了婚姻生活,我们的性生活在改善,她也变得越来越美——1942年之后她明显变得好看了很多,即使有了一些白头发——那个时候我偶尔会对自己说,这就是爱情了"。17个月之前,也就是1949年6月,缪丽尔怀孕了,但这不是她想要的。她并不抗拒生孩子,只是更害怕分娩时的疼痛。在英国,堕胎直到1967年还是违法的,女性在一些非法行医者那里接受所谓的"秘密堕胎"相当普遍。缪丽尔决定不让任何人知道她堕胎的消息,于是她在家里完成这件事,艾瑞克不得不协助她。他在她康复期需要卧床的时候照顾她,伺候她的饮食起居,打扫卫生,清理便壶。他觉得这种亲密与温情也许不是真正的爱,不是那种会让人心痛或者在等候一个来电时紧张颤抖的爱,但至少他们之间还存在某种感觉。可是这一经历让艾瑞克感到痛苦,并对他们的关系造成了深刻的伤害。[110]

缪丽尔和他没有共同语言,艾瑞克失望地总结。比如,他注意到当自己陶醉在音乐会里时,缪丽尔并不会感同身受。

> 而且她和很多人一样对我的学识感到畏惧。我不知道为什么。我一直让人们望而生畏。所以我从来没法让她读一点儿东西。每次我写了一篇文章或者别的什么东西想让她先过目:"你读一读,告诉我你的想法,别害怕,尽量提意见。"这个时刻对我们俩来说都很难熬,我一边等着,一边确信她什么也不会说——一句话也没有,一个词都说不出来,而她又迫切地想找些能对我说的话。我知道她

能和别人聊几句，她也的确那样做了，但她在我面前不行，她害怕我。最后，我终于放弃了。

就这样，两人之间的交谈变得越来越困难。"我们只剩下性生活了。"[111] 1950 年 3 月，危机出现了。一天晚上，缪丽尔下班回到他们在克拉珀姆的公寓后告诉艾瑞克，他们的婚姻完蛋了，她不想再和他过夫妻生活，想另找依靠。一开始艾瑞克没当一回事，6 月的时候，缪丽尔对艾瑞克坦承自己有了外遇，但即使在这样的情况下，艾瑞克居然也没有生气：他的注意力在那个男人并非共产党员这件事情上，而不是妻子的出轨。为了挽救这段婚姻，他们在夏天去了科西嘉岛度假。这个假期是一场灾难，他们争吵不断，回来的时候，两人都认为婚姻已经无法挽回。

艾瑞克觉得需要挣脱难以为继的婚姻。法国显然是一个好去处。他在战后不久去过法国，同行的有玛戈·海涅曼和另外 3 个党员，他们参加了战后法国第一个国庆日的庆祝活动。[112] "我对战后法国最清晰的印象，"艾瑞克后来写道，"不是战争造成的破坏，这毕竟在伦敦也司空见惯了；而是女孩们都穿着巨大笨重的鞋子，鞋底很厚，还是高跟的。"[113] 世界历史学大会在 1950 年召开，这是战后的头一次会议，艾瑞克决定去参加。大会不仅让他从痛苦的家庭生活中暂时解脱，而且还提供了一个与全欧洲乃至全世界的专业学者交流的珍贵机会，虽然欧洲以外的学者并不多。[114] "这是战后历史学的诞生，"他后来回忆道，"这一诞生出现在社会史的领域里。"艾瑞克相信"这是社会史第一次体系化的呈现"。他被委派负责"当代史"的议程，主持他称之为"各种奇特和边缘问题"的讨论。[115] 这一经历让艾瑞克决定加强和海外同行的联系，而且不管下次大会在哪里召开，他都会欣然前往。

大约一个月后，艾瑞克结束参会回到了伦敦。某个晚上，他在伯贝克上完课返回公寓的时候，发现缪丽尔把家具都换了。"这里变成了一个陌生人的家。"她希望艾瑞克能立刻搬出去，越快越好。艾瑞克凑巧在这个时候被录用为国王学院的青年研究员，学院提供一套足够宽敞的宿舍，他还可以在学院的餐堂里吃饭。艾瑞克不再需要克拉珀姆的公寓了，是时候做最后的了断了。他的妻子已经好几年在性生活上没有得到满足，她残忍地告诉他：自己甚至去看了医生。她正当饥渴之年，"整夜都需要过性生活"。当然，她此前从未跟他提起过："天啊，一般人不会谈论这些话题。"[116]

缪丽尔这一打击带走了艾瑞克对自己男子气概的自信，"并且把她带走的东西像一顶大斗篷那样挂在那个满足了她的男人身上"。他没法把这段对话从脑海里抹去。"我知道，"他坦白，"现在一切都既成事实了。"艾瑞克觉得自己要反击。"她对着我的心插了一刀，我不想逃避，我想和她重新开始，我要每天从剑桥打电话给她，要送她礼物。"他要设法挽救这段婚姻。"我现在很不快乐——这么久以来我第一次这样。"以前艾瑞克有时会觉得难过或焦虑，"但这种真正让我心碎欲狂的难受，让我哭泣和夜不能寐（我头一次这样），是我从未体验过的"。"我人生中唯一信奉的格言是：没有什么事情是过不去的，你不要自怨自艾。可现在我的确觉得自己很可怜。"他希望别人也来可怜他。"我失去了自尊。""我没法工作，"他写道，"我一点儿都睡不着，也吃不进去东西……因为过去7年里我的个人生活完全围着她转，而我自己浑然不觉。"他"没法离开她柔软的肌肤、她的皱纹、她那在他看来太小又下垂的乳房、她和他之间所有无聊透顶的谈话，以及所有那些让这段婚姻存续下去的东西"。[117]

他们的分手既不利落也不彻底。就像艾瑞克在日记里袒露的那样：

> 一开始我不想见到她，我想让她一边儿去。接着我又打电话

给她，她也默许我继续这样做。然后我们一起吃午餐，还吃了两次（上两周的周一），我还带她去了剧院。我们相处得并不愉快……我俩也互相写了几封信，我跟她倾诉我是多么害怕她离开，她说我的改变让她左右为难：她会在圣诞节之后和男友一起去印度，希望"搞清楚这段关系是否只是露水情缘"。不过就算是那样，她依然没有对我承诺什么。

艾瑞克更加抑郁了。他想过自杀，然后又打消了这个念头；但"下一周或者明天，说不定我又想着要自杀了"。这是"我人生中第一次真正有了这样的想法"，他写道，但至少在白天的时候，他还剩下一点儿乐观精神来阻止这个念头。晚上他一直被关于缪丽尔的梦烦扰着，尽管如此他还是为《经济史评论》撰写了两篇文章，一篇是关于流浪手艺人的，另一篇则关于经济动荡与社会运动的关系，由于艾瑞克正处于感情危机中，这两篇文章一拖再拖："还好赶上了截稿日期。"他胡思乱想，觉得自己应该到法国南部或者巴黎去，以逃离眼前的不幸，但很快又打消了这一念头。"于是我能做的只有等、等、等。"[118]

艾瑞克同意缪丽尔暂时留着公寓，他则住在国王学院的宿舍套间，这是 1950 年 10 月他被录用为研究员的时候学院分配给他的，位置在吉布斯楼 G 区 6 号房。这个套间在顶楼，要爬上 6 层木质宽楼梯才能到达，里面空间宽敞，有高挑的屋顶和大窗户：起居室面积约有 36 平方米，能直接看到学院前方庭院和左边教堂的壮美景象，一段短短的走廊通向书房，那儿比起居室要长且窄一点儿，往外看是精心修剪过的草地，一直延伸到剑河边上，从后窗能看到河还有对面的草地，那儿有牛群在林间吃草。起居室内的左边角落里有一扇小门，后面是陡峭的螺旋式木楼梯，弯弯绕绕地通往小卧室。和艾瑞克搬离的克拉珀姆公寓相比，整个套间并不显得局促。最大的问题是剑桥各学院旧楼都有的通病：浴室在一个昏暗肮脏的地下室里，要下8层楼梯才能走到，套间的各个房间几乎永远是冷冰冰的：没有集中供暖，两个大房间里各有一个小壁炉，学院的帮佣会在冬天给壁炉添上柴火，但这一点暖意压根驱散不了寒冷，卧室和地下室里的洗浴间都是完全没有供暖设备的。主楼梯间的顶层有公共活动室，那外面是个"食品存储室"，里头只有自来水和一个脸盆。不过这个套间已经足够容纳艾瑞克的藏书，让他有晚饭后招待朋友的空间，还提供了工作所需的宁静氛围。艾瑞克没有理由抱怨了。接下来的3年里他都住在这个套间，并在1953年，也就是他作为青年研究员的最后一年，搬到同一区域的3号房间。[119]

但是，搬迁一点儿也没有让艾瑞克打起精神来。剑桥的秋季学期结束后，他发现：

> 国王学院里空荡荡的，草坪结上了霜，看不见一个学生，只有剩下的驻院讲师——围坐一桌的单身汉们：相貌丑陋、性格狡黠、年迈虚弱的副院长唐纳德，他大腹便便，极为小心地掩饰着肚皮上的褶皱，那里藏着他圆滑老练和得体有礼的全部人生智慧；一直未婚的皮古厌恶女性，是个饱受岁月摧残的老伙计；退休的斯科菲尔德令人厌烦；而约翰·索尔特马什则在平静又和时代脱节的独身生活中殚精竭虑地考究1740年以来教授们的逸事，这些故事他整天讲个没完，但挺有意思……这就是我的生活。[120]

艾瑞克再也受不了国王学院的氛围，1950年12月18日到28日，他去伦敦待了10天。在那里，他埋头查阅伦敦政治经济学院图书馆的资料，借此暂时忘记缪丽尔。当感到"非常绝望"时，他在学院门前角落的里昂咖啡馆找了个女孩聊天。但他们再次见面的时候，艾瑞克已经全无热情，把女孩晾在咖啡桌旁，自己到和他同为"使徒会天使"的沃尔特·沃利克家里吃晚饭。他在那儿喝拿破仑白兰地喝得醉醺醺的，陷入了一种破罐子破摔的情绪里。几天后，和另外几个朋友吃饭时他得到消息说缪丽尔还在城里，准备第二天动身前往印度。冲动之下他给她打了电话。她告诉艾瑞克自己寄了一份圣诞礼物到剑桥去，是一个小花瓶。"她好像挺内疚的，我求她回到我身边并挂了电话。太蠢了，太蠢了，我实在是太蠢了！"他订了一束红色康乃馨，让人送到希思罗机场的离境大堂去。艾瑞克再次陷入了情绪危机。他想象着她前往印度的旅程。"现在她在罗马，接着到了开罗，然后是卡拉奇。现在她抵达加尔各答了。这会儿他见到她了，现在他俩正一块儿睡觉。"[121] 他觉得和南希还有维克多一起参加的圣诞酒会无聊透顶。维克多"为了遵守传统才去参加弥撒，而且他觉得很无趣"，这实在是很"糟糕"。"更糟糕的是"南希还和他一起去了。"我如果和南希有一丁点儿相似之处就好了！我甚至不能和她聊缪丽尔的事情……唉，一个灾难性的圣诞节。"

12 月 27 日，艾瑞克到杰克·蒂泽德以及他妻子芭芭拉家中喝茶，这夫妻俩都是心理学家，他们在克拉珀姆的公寓正好在霍布斯鲍姆夫妇楼上。[122]"鬼使神差一般，"艾瑞克写道，"杰克把缪丽尔在他这儿寄存了钥匙这件事说漏嘴了。"于是艾瑞克拿了钥匙下楼，到公寓里张望了一圈。他搜遍了缪丽尔的文件，找到一封某个议案起草人*寄来的信，她显然又开始了一段新恋情。信件的日期从 10 月 25 日到 12 月 12 日，这个议案起草人是个 40 岁的律师，名叫彼得·西伊。他似乎比缪丽尔的上一个情人乔弗里·布雷泽戴尔的教育程度更高。[123] 这个新发现的冲击让他"犹如被一辆公共汽车碾过"。他没心情吃喝，甚至没法说话，直到杰克给了他一大瓶白兰地，他才能在酒后尽情倾诉。"我灌了自己

---

* 在英国议会系统中，议案起草人负责草拟议员提出的法案以及完善细节，确保意义清晰、逻辑没有漏洞。有很多知名律师都担任过议案起草人。——译者注。

四分之一瓶的白兰地，然后是一瓶威士忌和一大杯波士，才感觉好了些。谢天谢地，我没吃多少东西，所以喝酒管用了。"但这一打击比艾瑞克得知缪丽尔的第一次外遇要来得更加严重。"事情是到了多么糟糕的地步她才会为了第三个男人而抛弃我们啊。"艾瑞克认为他和缪丽尔对共产党的一致忠诚曾是他们关系中的重要部分。"如果她真的抛弃了我们，那么这算是完了……对我们来说，人类除了像我们这样投身于共产主义运动，没有别的活法。"这好比（教徒）属于一个教会，带着这样的想法，艾瑞克到圣奥古斯丁的书里去寻求慰藉，他发现这位圣人对教会的看法是"这是尘世生活中唯一可以指引我们抵达天堂的地方，虽然在别的地方也能寻求人世的荣光"。[124]

新的学期将至，但艾瑞克觉得"难以集中精神备课、读文献或者干别的事情"。他早上 10 点起床，几乎一夜无眠，睡着时做了一个奇特的梦，梦里一个在塞舌尔的南非百万富翁卖了几片甜瓜给缪丽尔和他，"可我们不知道该怎么处理瓜皮。塞舌尔的街上似乎是不能扔东西的"。他还记得梦中塞舌尔黑人唱歌的口音（"对，黑人！"）。他对缪丽尔的痴迷甚至渗入了潜意识。他好歹吃了一点东西，读了美籍奥地利经济学家约瑟夫·熊彼特的《资本主义、社会主义与民主主义》（1942年），熊彼特学识渊博又思维缜密，逻辑性与个人风格都非常突出，而且不乏趣味，这一切都让艾瑞克想起了弗洛伊德。[125]他开始撰写关于熊彼特的评论，这让他感觉好了一些：他的胃口恢复了，也能在晚上睡得安稳了。但他还是无法对缪丽尔放手。"像过去几天那样活着，从星期三晚上开始，真的没意思。"他在新年前夕的星期天写道。

他再次到伦敦去，与剑桥时代的老朋友赫迪·西蒙和彼得·克尼曼见面。赫迪由于无法忍受和克尼曼一起在锡兰过共产党活跃分子的贫穷生活，在战后回到了伦敦并和克尼曼离了婚。艾瑞克和彼得一起"在'船长小屋'小酌了几杯威士忌"，聊了一些私人话题。"只能说，我俩都很伤感，赫迪离开了他，缪丽尔则离开了我。"[126] 赫迪与彼得·斯塔德伦在汉普斯特德筑起了爱的避风港，后者当时是一位钢琴表演家（不过后来他由于手指神经的问题不得不放弃了演奏，转向贝多芬研究）。[127] 艾瑞克注意到斯塔德伦的藏书绝大部分都是德语的，只有一点英语和法语作品。他是个"丑得很迷人"的男子，也许是艾瑞克本人的投射。相较之下，赫迪则变得"更清瘦，甚至更加死气沉沉"。这个时候艾瑞克已经不记得自己曾经爱过她。

艾瑞克喜欢和斯塔德伦讨论问题，诸如苏联在 20 世纪 40 年代晚期对"形式主义"作曲家德米特里·肖斯塔科维奇和谢尔盖·普罗科菲耶夫等人的官方评论，以及马克思主义的艺术文化观念。斯塔德伦学识渊博、才智过人且能言善辩，后来还为《每日电讯报》写过乐评文章，他在和艾瑞克的辩论中表现得游刃有余。艾瑞克反思要如何才清晰地表达自己的观点。"如果真的要说服别人，就需要综合调动一个人的经验、感情和逻辑，再加上一点策略技巧。这是理论和实践的结合。这是我需要克服的弱点。"[128] 作为一个思想者而不是活动家的艾瑞克受到他们的辩论启发，再次想起从少年时代开始信奉共产主义以来一直困扰他的难题。他觉得自己作为"一名专业的知识分子"受到了理性的束缚：

> 如果想成为一名信奉马克思主义的大学教师，我必须要做一些有用的事情。好吧，我可以说服自己出书或者发表文章是有用的。我还可以说服自己（希望）我是个出色的历史学者，给党带去了荣誉（如果我是多布或者伯纳尔那样的人）。但这算是一种逃避的态度吗？尤其在现在的社会里？我扪心自问：现在不正是说服民众的时候吗？我可以一味沉溺于自由的学术世界中——比如，只对自己感兴趣的事情高谈阔论吗……[129]

他觉得自己或许迟早会成为"一名二流的政客，甚至一个三流的组织者，而不是一名水平较高的马克思主义历史学者"。

1951年1月4日下午，艾瑞克这时还是待在伦敦，他在街上漫无目的地闲逛，却在准备走进一间书店之前注意到莱斯特广场上有一个穿着时髦的漂亮姑娘。他走近她，两人交谈起来，接着一起到水门剧院俱乐部喝下午茶。她是一名演员，而且看起来对艾瑞克颇有兴趣。她在战前来到英国，那时还是个孩子，而且她能讲德语。"这真是容易得难以置信，"他后来回想，"我这些日子可以和一个女子攀谈起来。一开始是出于愚蠢和空虚，我只想不那么寂寞，想有个房间四散着女人的物件，像丝袜、脂粉之类的东西。"他还发现自己比以前更容易喝醉，而且毫不拘谨，一杯威士忌就能让他畅所欲言：

> 其次，和一个女子在一起，而且她有着缪丽尔身上那些让我想念的特质，也能减轻我的痛苦。这个女子能一下子引起我的生理兴奋，更加年轻（虽然不算太漂亮），和我有一两点共通之处（比如，我们都说德语）。特别是和我聊天时她的语气轻松愉快，有点儿多愁善感，但又温柔可人，像开玩笑一般，经常有种调情的意味，这让我感到宽慰和愉悦（可能大多数男人都会有这种感觉）。

他和这个年轻女演员上了一辆伦敦出租车，虽然她似乎想吻他，但他并没有这方面的念头。两人交换了电话号码。还能有好看的女子对"自己的丑样子"感兴趣，艾瑞克觉得很欣慰。几天后他们又见了面，但"如同以往的第二次见面一样"，艾瑞克觉得索然无味，这个女子不能让他忘记缪丽尔。[130]

1951年1月11日，艾瑞克回到剑桥，他再次感到意志消沉。回想1949年圣诞节，他意识到缪丽尔当时送他的礼物是乔治·奥威尔的《1984》，这本书里尖锐地描绘了共产主义对人们施加的精神高压，而这正是缪丽尔反抗他的宣言。此前他一直没想到缪丽尔对他已经日渐反感，直到他们一位共同的朋友跟他提起。想到这些艾瑞克便无法专心备课，他担心两人再也不能复合了。[131] 早有其他迹象说明缪丽尔和艾瑞克渐行渐远，当艾瑞克的妹夫维克多·马尔凯西到他们的克拉珀姆公寓做客，从房间里出来吃早餐时，他注意到缪丽尔正毫不掩饰地阅读《每日电讯报》*。[132] 但艾瑞克似乎一点儿也察觉不到。他记录了一个梦，梦里缪丽尔不只要离开他，还嘲笑了他，于是他追着她"并把她打到流血"。醒来的时候，艾瑞克觉得不像之前那么抑郁了。[133]

1月13日，艾瑞克"几乎一整天都是一个人"在房间里待着。晚上他和学院的其他研究员在晚餐桌上聊天，但由于谈话"无聊透顶"，艾瑞克实在没法按照习惯和他们继续到另一个房间里就着"饭后甜点"喝波尔图葡萄酒。"为什么剑桥里有这样的传统，"他想，"人们难道就不能说些正经事情？"

> 一次典型的学者晚宴既不有趣（像外面的人认为的那样），也不能让人增长见识，而是没完没了地讲些奇闻逸事，这里面没有能称得上有意思的东西，反而染上了某种窥探隐私的意味，和社会世情无关，透着一股儿书呆子气，极不自然地显得过时和肤浅。比如说，谈话的精粹部分是一个不知所云的故事，里面必然包括一句平平无奇的俏皮话，下面承接的主题包括：（1）某个过世讲师的个人怪癖（最好是1840年前去世的）；（2）学院当前的状况（最好谈论建筑）；（3）一到两个已经成为公众人物的学院毕业生（这样谈论者就能吹嘘自己关心时政了）；（4）一点点学术问题（这样谈话者就能自

---

* 《每日电讯报》政治立场偏右，和偏保守的《泰晤士报》及倾向工党的《卫报》并称英国三大报。——译者注

称是靠学问吃饭的）；（5）一点点艺术或者音乐（这样谈话者就能显示自己并不是个专业之外兴趣寥寥的人）。谈论上述话题时谈话者或许还会添上几分恶意，以及一些古怪的想法。

如果他们能认真地谈论自己的工作，那么即使是其中最沉闷的那位（"天啊，他们真的十分无趣"）也许都能说出一些有意思的事情，艾瑞克想。他觉得只有哲学家理查德·布雷思韦特会这样做，艾瑞克觉得"坐在他身边会耳目一新，可以和他谈论各种话题，比如哲学或者数理逻辑，这比像今天这样有一搭没一搭地听着约翰·索尔特马什小声咕哝要好得多"。

VII

最后，艾瑞克开始认识到他对缪丽尔的执着是毫无意义的。他在读那些情感丰沛的日记时没法不脸红。在日记里，他表现得萎靡、迷失、懒惰而且软弱。是时候放弃了。缪丽尔终于从印度回来了，但她没有回到艾瑞克身边。他振作起来，让自己再次把精力都放在工作上。他如常完成了春季学期的授课，当 1951 年 3 月学期结束时，他以去西班牙旅行来逃离日子难熬的剑桥，这是艾瑞克在佛朗哥将军内战获胜后第一次去那里。为了让这次旅行获得批准，他接受了《新政治家》的约稿，为其撰写一份巴塞罗那大罢工的纪实报告。虽然西班牙处于后法西斯时代的独裁统治下，残酷的镇压屡见不鲜，但它同时也是冷战时期英美两国的盟友，因此英国安全部门对任何共产党人的颠覆企图都十分警惕，更何况艾瑞克的名字还在他们的监控名单之中。军情五处发现艾瑞尔打算出国后有所警惕，"共产党员和左翼分子可以通过某些秘密手段到西班牙去，而西班牙政府并不知情"，警察向情报机构汇报。[134] 但他们失望地了解到："艾瑞克·霍布斯鲍姆很明显是代表《新政治家与民族》前往西班牙采访的，他的出国程序符合法律规定。"[135]

就像战前在法国旅行一样，艾瑞克在旅途中坚持写日记。他的西班牙语水平足以让他和"普通的西班牙人"交谈，从巴塞罗那开始就有人告诉他这次罢工"被夸大了"，只是因为发生在西班牙，各国报社才这么大肆报道。这场骚乱从1951年3月初开始，导火索是针对电车票价提价而成功举行的一次游行示威。一个学生对艾瑞克说："我以为人民的反抗精神已经消亡了，但这让我再次对人民燃起了希望。"[136] 一个酒吧侍应说由于工资少得可怜，人们只得靠坑蒙拐骗和黑市交易来活下去。[137] "他们说我们不爱国，"有人说，"但如果你连肚子都填不饱，你没法去爱国。"[138] 访问塔拉戈纳的时候，艾瑞克对遇到的乞丐里有老有少而感到难过，他在其他城镇里也看到过这样的景象。在酒店楼下的酒馆里，他很容易就找到了一些老共和派，这些人都属于一个支持罢工的秘密组织。在穆尔西亚的一个酒馆里，他还遇到了一个加入了地下反抗组织的侍应，这个组织称自己为童子军（"在穆尔西亚读到作为政治宣言的童子军守则是件有趣的事情"）。不讨论政治的时候，斗牛就成为他们的话题，艾瑞克实际上也去观看了一场斗牛比赛，当公牛最后受到致命一击时，艾瑞克感到非常悲怆。[139]

他遇到了一个对他怀有敌意的男人，对方将共和派在内战中的失败归咎于英国。但给他指路到酒店去的女孩坦承自己对英国有好感，因为那儿的女性已经得到了解放。一些佛朗哥的支持者向他保证"一切都在好起来"。"单调的饮食"让艾瑞克胃口全无，但至少费用便宜而且分量不少。"我有什么理由不吃足25比塞塔呢？"他问自己。[140] 西班牙的交通状况混乱不堪（"啊，这就是西班牙的管理水平！"），但他仍然设法找到一辆汽车，花了6小时到达巴伦西亚。[141] 他发现那儿"景色一如既往地教人失望"，只有教堂是"最大的例外"。经过深入考察，他发现物价很便宜，水果蔬菜以及鸡蛋都能以低价购入。人们在咖啡馆里谈论得最多的是斗牛，艾瑞克注意到他们"对加泰罗尼亚地区*的人充满敬佩"。人们通过国外电台而不是政府控制的媒体来了解罢工进展和日常"西班牙的真实情况"。[142]

在另一间咖啡馆里，当地人悲叹于"西班牙人民比世界其他地方的人都要贫穷"。内战前的情况要好一些吗？艾瑞克问他们。"是的。"有个和家人一起坐在咖啡馆的男人回答道。"普里莫·德·里维拉执政的日子是最好的，"他的妻子提起那位在20世纪20年代统治西班牙的独裁者，"之后很多方面都每况愈下。"人民在挨饿，一个年轻人说。在酒店工作的一个女孩抱怨自己的薪水甚至买不起丝袜。总的来说顾客们都很支持罢工，长途货车的司机给他们带去了罢工的进展消息。"罢工迟早会爆发——我们不能这样下去了，人们连肚子都填不饱。"[143] 在穆尔西亚，当艾瑞克经过"一个靠在墙上、衣衫褴褛不堪的乞丐"时，一位他在咖啡馆里认识的人转过头来对他说："这就是西班牙。"[144] 艾瑞克发现西班牙的大部分地区都故步自封、毫无进步。处于国家中心地区的人们告诉他，这儿的人民实在太落后了，很难跟上加泰罗尼亚人的先进步伐——"他们是斗士，但那是个特例"。某个晚上，艾瑞克在穆尔西亚的酒店里看到耶稣受难日游行经过窗下，队伍里的一些教徒们戴着面具和头巾，街上的年轻女孩由年长的女伴陪着，妓院散布在几条小巷里，农夫们坐在市集广场的咖啡馆里，身穿黑白制服的家庭女教师领着几十个孩子，所有的建筑物都是巴洛克–洛可可风格的。艾瑞克觉得自己仿佛置身于一个19世纪"哈布斯堡王朝时期的地方城镇"。[145]

---

* 加泰罗尼亚位于西班牙东北部，濒临地中海，首府即当时发生大罢工的巴塞罗那。——编者注

艾瑞克的这次旅程更像度假，而非新闻调研。他没有了解到太多与巴塞罗那大罢工有关的信息，罢工最后还是以失败告终了，因为佛朗哥政府动用了军队来对付罢工者，尽管很大程度上只是为了威慑他们，但到了3月底，罢工终于停止了，政府释放了大部分被捕人员。罢工者的生活环境并没有得到多少改善，但这一行动为20世纪50年代中期劳工运动的再次兴起奠定了基础，那时西班牙的经济开始了缓慢的现代化进程。[146] 回到英国后，艾瑞克组织了几次要求释放仍被关押的西班牙罢工者的请愿活动［军情五处讥讽他为"一个纠缠不休（令人讨厌）的请愿组织者和徒劳无功的斗士"］，除此之外，他还需要将精力放在工作上。[147]

艾瑞克在伯贝克学院的教学时间是工作日晚上6点到9点，而且可以在一周里连着上两天课，于是他在有教学任务的时候住在伦敦朋友的家中，而工作日里其余的时间和周末就待在国王学院的宿舍里。夏季学期一结束，艾瑞克再次想着逃离惨淡的个人生活，跑到国外去。1951年6月27日，他写信给曾经翻译过《资本论》第一卷的意大利共产主义历史学者德利奥·坎蒂摩里，介绍两人结识的是牛津大学的中世纪史专家贝丽尔·斯莫利。艾瑞克在信里告诉坎蒂摩里，自己准备在8月12日离开英国，前往意大利度假，并在8月下旬到罗马去。[148] 他在8月18日和22日先后离开维罗纳及佩鲁贾，并在8月23日抵达罗马，一周后又继续前往佛罗伦萨。[149] 坎蒂摩里不但和艾瑞克见了面，还给他写了好几封推荐信，艾瑞克同时也得到了剑桥大学马克思主义经济学家皮耶罗·斯拉法的推荐。[150] "二战"期间艾瑞克曾在笔记中坦言自己不太懂意大利语，[151] 但他靠着说英语和法语也能在意大利应付过去。在罗马，艾瑞克见到了安布罗焦·多尼尼，他是一位历史学教授，同时也是意大利共产党中央委员会的成员。多尼尼谈到意大利共产党在偏远地区的分部被基督教千禧年主义的信徒把持着，这引起了艾瑞克的兴趣，他们的讨论后来促使艾瑞克写出了他的第一部作品。[152]

VIII

1952年夏初，艾瑞克那不幸的个人生活终于画上了句号。他在夏季学期结束的时候安排了和缪丽尔见面，但她选择在 6 月 12 日的时候给艾瑞克写了一封长信，坚定地告知他两人的婚姻关系已经彻底完结了。艾瑞克一直保留着这封信，作为他第一位妻子对他们婚姻失败的唯一书面解释：

亲爱的，你跟我说了好几次希望我能回到你身边，你是那么的耐心和温柔，这让我恨自己说出这些令你痛苦的话。但我不能再拖延，只有跟你挑明我对这件事情的态度，才能对你公平一些。我已经不能再和你一起生活了，希望你可以和我离婚。

你知道吗，只有耐心和温柔是不够的。即使我们再次尝试在一起，我们的婚姻中也有太多的矛盾了。这里面有情感还有其他因素，你不信任人际关系而我却多愁善感，你在婚姻中寻找一位同样求知若渴的伴侣，而我却只想要平淡而舒适的夫妻关系。我无法再对这些矛盾抱有任何的乐观心态了。

的确，就像你察觉到的那样，另一个男人进入了我们的婚姻，他就是彼得·西伊。当然，你会觉得既然他在很久之前就出现了，那我应当早就清楚自己不会回到你身边，并告知你这一点，也许这会大大减轻你的怀疑和难过。但实际情况并不是这样：虽然他成为我的爱人已经有一段时间，但我是在思考要如何处理与你的关系这一过程中，突然下定决心要和他一直在一起并尽快嫁给他。现在我主意已定，我和他从今以后会一起生活。

18个月之前，你曾很客观地说过我不知道自己想要什么，在经历了几段痛苦的感情（主要是和你一起）之后，现在我知道了，亲爱的。我并不以自己的过去为荣，可以说过去这两年我是在异常焦虑中度过的。

我没有勇气和你当面坦白：（如果我不是在上次见面之后歇斯底里情绪失控的话）你其实在两年前就可以免受这一切困扰的。这就是为什么我现在给你写信，而不是明晚准时赴约并告诉你这一切。现在我既然提出了离婚，如果你也同意，那我觉得在得到律师的建议前我们就应该按程序不要见面了。所以你是否能给我回信，让我知道你的意见呢？我还想顺便问一下，你希望我怎么处理你放在家里的瓷器和其他物件？在得到你的回信之前，我还没有和妈妈说过这件事。

在这么难堪的情况下，这些就是我想对你说的，还要感谢你对我的友善、温柔和包容。这不是你的错，是我过于神经质，所以才无法满足于我们的婚姻。我不希望你孤独或难过。上帝保佑你，亲爱的。

缪丽尔[153]

艾瑞克别无选择，只得同意缪丽尔的要求。他希望并相信这段婚姻还有挽救余地的日子已经过去了，两人都认为应该请律师来处理离婚手续。艾瑞克找的律师叫杰克·加斯特，他在20世纪30年代加入共产党，是大法官法庭街的一间左翼律师事务所的合伙人，为码头工人、工会成员等群体辩护，但也同时帮助党内成员处理个人事务。[154]

直到1964年，英国的婚姻法仍然要求申请人提供"婚姻破裂"的证据才可审批离婚申请，像艾瑞克这种情况，一般做法是由过错方租一个酒店房间，而出于某种原因这酒店通常在布莱顿，接着带上一个异性朋友作为离婚官司中的"共同被告"。被侵害的一方会请一名私人侦探到布莱顿的酒店去给这对男女拍照，照片里的两个人通常是镇定自若地坐在床上，这样就算是得到了"通奸"的证据，还有酒店双人房的收据复印件作为佐证。由于缪丽尔有充分原因觉得自己是婚姻破裂的过错方，她愿意执行这一程序，于是，在布莱顿的一个酒店房间里，她让艾瑞克请来的侦探给自己拍了约定俗成而又不太体面的照片。艾瑞克把照片附在了写给加斯特的信里，授权他开始处理离婚官司："这就是那些照片……我妻子写了一封关于整件事情的信件，这里也一并附上……如果这封信以及我妻子的律师可能会交给你的其他资料，比如酒店收据，足以用于申请离婚，那你就开始处理这件事吧。"[155] 加斯特接受了委托，开始启动漫长的离婚申请程序。听证的日期最终定在1953年1月21日，艾瑞克和杰克·加斯特提出了申请，并得到了无条件批准的暂时判决。[156] 3月9日，暂时判决后的6个月强制延迟期过后，"由于被告与共同被告彼得·西伊通奸罪名成立"，艾瑞克得到了批准离婚的最终判决。[157] 法庭听证结束后，艾瑞克再也没有见过缪丽尔。10年后，缪丽尔·西曼和彼得·西伊在葡萄牙的一场车祸中丧生。[158]

艾瑞克已经不像前一年那么执着和消沉了，但缪丽尔信件里的决绝意味明显让他不太高兴，学生们也注意到他阴郁的心情。其中一个叫蒂瑞尔·马里斯的学生和他的兄弟共同拥有"一艘建造于1904年的漂亮帆船（但也是漏水的）"，并且在这艘船上学会了如何"驾船航行"。[159] 这是一艘淡绿色的单桅帆船，取名为"查第格号"，马里斯和3个同是学生的朋友邀请艾瑞克和他们一起航行到葡萄牙和西班牙去。1952年8月18日，在德文郡的索尔科姆集合后，他们为船只准备补给。"我们都大为惊讶，"艾瑞克后来回忆，"原来以出海为名义就能买到一箱免税的威士忌。"[160] 他们扬帆启航，在普利茅斯短暂停留了一会儿，然后继续前往韦桑岛，并在 8 月 23 日到达那里。"虽然风浪很大"，艾瑞克记录道，但他"并没有晕船"。穿越比斯开湾后他们一路往海岸驶去，但船的发动机出现了故障，他们决定到塞维利亚去维修。就像艾瑞克不久后在航行日志里写的那样，他们"乘着瓜达尔基维尔河午后的潮水航行，能看到天空中的一大群白鹳，闻到潟湖咸盐的味道，经过河边的牧场"。船划过"满是泥浆的黄色河水"，在浮标之间轻快地穿行。"我从双筒望远镜里眺望岸边，看到黑白毛色的鸟儿和没有窗户的低矮篱笆墙小屋，我们惊喜但又毫不意外地发现小屋里的人在对我们招手。"他们也用招手作为回应，吃着"意大利面、甜瓜和巧克力，用威士忌为我们自己举杯"。他们在塞维利亚中心的内河港口停泊，那里靠近斗牛场。他们找机修工过来修理发动机，并在塞维利亚停留了几天。

> 塞维利亚……是个灰暗又混乱的城市，一切都杂乱无章、破败不堪，就像个发展过快的地方城市。把这座城市联结起来的不是建筑或者街道，而是一股不断移动的密集噪音和节奏。一小会儿后，我们开始注意到那些飘忽不定的线索：小巷子里传来的一阵有节奏的拍手声，铲盐工人或者从桥上走到市场的女孩嘴里哼唱的一段旋律，白天里电车经过时刺耳的响声，以及晚上各个酒吧里飘来的吉他乐声。[161]

塞维利亚港口相对萧条的景象给艾瑞克留下了深刻印象。"除了晒渔网的地方，石头和系船的缆柱之间长满了杂草，钓鱼的人比船只还要多。"其他人到城里去的时候，艾瑞克就在甲板上一边读书一边晒太阳。

> 躺在船舱顶上很舒服，周围都是船停泊在港口时不可避免地

留下的杂物，尤其是为了维修发动机，半边地板和厨房都被掀开的时候：毛巾、火柴盒、香烟纸盒、装着吃剩的早餐麦片的锡碗、裤子、马克杯、弗兰克的画架和未完成的油画，我的词典和常用语手册、某个人的剃须刀，还有毛毯。

艾瑞克一行人很快就和一艘大游艇上友好的船员成了朋友。这艘悬挂着比利时国旗的游艇叫"阿斯特丽德号"，停泊在他们的船附近。多明戈和路易斯是两个年轻人，在船主外出的时候已经照看了游艇好几个月。他们告诉艾瑞克，大多数晚上他们会驾船去舞厅，再把女人带回船上。经常跟着回来的女人叫玛丽和莎卢德，艾瑞克他们在某天清晨看到她们出现在"阿斯特丽德号"上。莎卢德是个约莫18岁的女孩，艾瑞克写道，她"全身上下散发着尤物的魅力，要说几乎每个男人都想和她睡觉也不为过，她不只有丰满紧致的身材、深色的肌肤，而且，每个人都有和她共度春宵的念头，至少我是有这个想法的"。[162]

艾瑞克被他们邀请到"阿斯特丽德号"上，和两个年轻人以及他们的女伴坐在一起边喝咖啡边抽烟。有人打开收音机放了弗拉门戈音乐，这时，本身就是舞者的莎卢德开始跟着音乐跳起来，虽然在艾瑞克看来并未展示多少技巧，但举手投足自然随性，艾瑞克很快就沉浸在地中海舞娘的传统舞步中：

> 她的舞姿、她的高跟鞋、她充满魅力的身体、在我们面前摇摆的丰满臀部、因为手部的动作而更加突出的圆硕乳房、2个闪闪发亮的圆形耳环、手上戴着的7个白色金属手镯、她的黑色短发、她的一切——全都让她兴高采烈，毫无忸怩之态。她并不想让谁兴奋起来或者要去勾引任何人。她跳舞的时候自己微笑起来，轻声哼着歌，跳累了就靠到坐着的人身上，把头和胸部埋到某个人的大腿上，路

易斯、玛丽，或者随便一个离她最近的人都行。她一点儿卖弄风骚的自觉都没有，而且明显并不聪明。

由于艾瑞克的西班牙语并不好，而且其他人说话有着强烈的安达卢西亚口音，聊天成了一件困难的事情。于是他们让同为职业歌手和舞者的玛丽唱几首弗拉门戈小曲，其他人拍掌应和，而莎卢德则在一旁伴舞。声音引来了"查第格号"上的两个学生，艾瑞克给了他们一瓶金酒，他们喝了起来并一块儿跳舞，但是"糟糕的舞姿让大伙儿大笑起来，他们在几段音乐过后互相亲吻、饮酒"。"我们举杯庆祝，到处碰杯。"

玛丽打扮成男人模样，而多明戈则男扮女装，涂着唇膏化好了妆，两人想一起跳舞，但很快就忍不住笑了起来。艾瑞克感到他这些在英国公学里接受全男班教育的学生被冲昏了脑袋，"身体里装满了金酒和欲望"同时又"面色苍白、窘迫不已"。当莎卢德轻松自如地面对这样的情景时，艾瑞克承认自己也许"有点夸大了她的愚蠢，我更愿意把我们想象成置身于自然之子中间、敏感而复杂的知识分子，像当代的布干维尔在瓜达尔基维尔河上找到了大溪地那样的世外天堂"。[163] 最后，女孩们睡着了，两个西班牙人开始谈论起 10 年前结束的内战，年长一些的多明戈还记得："他们在壕沟里射杀了很多人……他们搜查了村子，把人挑出来枪杀他们。"他的村子里血流成河。"在安达卢西亚，"艾瑞克写道，"1936 年，无论是 6 岁还是 9 岁的孩子都记得他们父母被杀害的那个夏夜，虽然那里近 15 年来都没有再出现过战争，虽然在他们那样的年纪不应记得这些事情。"

艾瑞克意识到"阿斯特丽德号"上的人已经没有钱也没有食物了，于是几个英国人为他们轮流做饭。女孩们给艾瑞克等人洗衣服作为回报，而路易斯和多明戈则到城里去采购补给。学生们给女孩们表演了纸牌魔术，教她们唱英语歌曲、玩聚会游戏，但她们兴趣寥寥。"这些吵吵嚷嚷、局促紧张的男学生围着她们转。"现场的气氛变得烦躁起来。路易斯和多明戈回来时，大家聚在一起写下自己的名字，结果发现莎卢德是文盲。最后，在艾瑞克下船独自到镇上闲逛的时候，她和路易斯一起溜走了。艾瑞克在路上遇到了玛丽，并邀请她看电影，之后两人回到"阿斯特丽德号"，坐在甲板上等着其他人回来，当外头渐渐变冷，他俩钻进舵手室，在里面做爱。然而到了第二天清晨，艾瑞克搞清楚了"她要的是友情而不是爱情"。他如释重负，于是出去找莎卢德。然而他循着地址找过去时却震惊地发现那竟然是一间妓院，有着"沉重的铁丝网格子"和一个"邋遢的胖女人"。"我觉得恶心，不想和任何女人睡觉，包括莎卢德。"但其实莎卢德当时并不在那里。"先生有没有兴趣另找一位年轻姑娘呢？"艾瑞克拒绝了这一邀请。"在大部分欧洲城市里，"他寻思，"你可以分辨出谁是妓女，但在塞维利亚不是这样，这儿的普通女孩没法谋生。"当他最后找到莎卢德，仅仅只是跟她道别，两人握了握手。"纯真的礼仪已被淹没。"*艾瑞克乘上从塞维利亚出发的火车到巴黎去，当他想起自己还没有和玛丽道别时已经太晚了。"查第格号"的发动机修好后，他的学生沿着下游航行前往丹吉尔，随后取道布列塔尼回到英国，而经过布列塔尼时，他们的船在小渔村奥迪耶纳岸边搁浅，不得不等救生艇来把船拖走。[164] 总的来说，这算得上是一趟成功的旅行。艾瑞尔后来经常充满感情地回忆这次经历，而这的确在很大程度上治愈了他的心灵。[165]

---

* "纯真的礼仪已被淹没"来自爱尔兰诗人叶芝的诗歌《二度降临》。——译者注

IX

　　1952 年 7 月末在巴黎短暂逗留后，艾瑞克恰逢秋季学期开学时回到剑桥。由于剑桥大学历史系的经济与社会史专家非常少，艾瑞克作为青年研究员需要填补上课和面谈辅导的人手短缺。由于上课的时候着装随意并且穿着白色运动鞋，艾瑞克让一些保守的同事很是吃惊，更加印证了他不修边幅的名声。[166] 但艾瑞克在学生中颇受欢迎，在他们印象中是少数几个出了名的"总是乐意帮助学生"的讲师之一。[167] 艾瑞克一直记得波斯坦对他说过的话。"'那些需要你帮助的学生，'我的导师说，'并不像你这么聪明。他们是一些头脑愚钝的平庸之辈，拿的是差强人意、排名靠后的二等学位。一流的学生会自己想办法自学，虽然你也很享受给他们上课的乐趣。但需要你去点拨启发的是其他人。'"[168]

　　其中一位承认这一点的学生是琼·罗兰兹（后来的主持人琼·贝克维尔）。"我是个从文法学校毕业的普通女孩，因为有斯托克波特口音而烦恼不已，"她回忆，"身边都是来自公学的上层阶级男孩，我觉得很惶恐。"另一方面，她的优势来自其毋庸置疑的女性魅力，"女孩在大学里很少见，相当受男性'欢迎'（过去的情况就是这样）"。罗兰兹在 1951 年进入只招收女学生的纽纳姆学院求学，她选择了艾瑞克执教的 19 世纪经济史课程。课程包括为期 8 周的每周论文写作任务，其间艾瑞克作为导师会点评论文，并将此作为与学生进行一小时面对面讨论的基础，从而引出课程的其他内容。其他的讲师会在学生向他们读出论文时安静地坐着聆听，然后再进行讨论，但艾瑞克不一样，他要求学生在面谈辅导的前 3 天提交论文，这样他可以事前阅读和批改。[169]

　　1953 年 10 月，罗兰兹在开学之初到国王学院去见艾瑞克，这时她对他一无所知：

> 我非常腼腆，实际上在他面前更是这样。我们见面的地方是吉布斯楼里一间宽敞漂亮的房间。这位高挑瘦削的人物——在房间里四处踱步——让屋子里充满了严肃的气氛。我的意思是，他非常严谨。我是个被硬塞给他的学生。他自己是不会选择教我这种人的，因为我很平庸，这个意思是我在哪一方面都不会很出色。而他对聪明学生抱有很大热情，因为他向我问起了其中几个人，"你知道那个谁吗？你碰巧认识某人吗？"他想知道哪里能找到聪明学生，当这些学生是女性时，他就更感兴趣了……我觉得他很孤独，在寻找同伴。[170]

罗兰兹觉得艾瑞克的学问让人望而生畏。"我知道他才智出众，"她说，"因为他看上去就散发着聪明人的气息。"不过，艾瑞克还是尽力让她感到放松：

> 艾瑞克是个很好的讲授者，我的意思是，即使对我这样的小家伙也是如此。他不会训导我或采取别的什么方式——他站在他的学识高度上娓娓而谈，而我带着求知欲渴的眼神，努力尝试跟上他的节奏。他是个为学生考虑得相当周到的导师，在认识到我对他讲的内容无论从知识的深度和广度上都缺乏了解时，他采取了提问的教学方式……正是艾瑞克教会我如何提问的。我一直记得他谈到卢德运动*时，我觉得当时我一定是用了不以为然的语气提起这个称谓，于是他问我"为什么你觉得他们在破坏秩序？他们——难道他

---

* 工业革命时期在英国出现的以破坏机器为手段，反对工厂主压迫和剥削的自发工人运动，相传在莱斯特郡第一个捣毁织袜机的工人名叫卢德。——译者注

们——没有这样做的理由吗？"……由于我并不善于主动思考，他就用这种方式引导我一路说出看法，"噢，是这样的，我明白了，对，是的"。

工会的起源和发展是这个课程的核心内容。罗兰兹来自一个劳工家庭，她的祖父母都是工人，工会的历史流淌在她的血脉中。艾瑞克的授课内容"与我的政治背景相当契合，因此他说的东西我十分受用，我并没有想着'天哪，他正在向我灌输成为马克思主义者的思想'"。

直到那时，罗兰兹都认同工会运动及其起源、历史以及延续至当前的发展。艾瑞克让她了解的是：

> 工会运动是如何来自社会并从中发展起来的。他使我认识到任何事件都不是偶然发生的，这些事件会以这样或那样的方式继续恶化，你可以从历史中辨认出一股奇妙的潮流……我坐在那儿，而他双臂环抱胸前，我记得他问我"你为什么这么想？"——"但这是没错的"——就是这样，他向我传授了某种表达风格。

最后，她觉得艾瑞克"明显对我评价一般……我是一个靠着奖学金从北边小镇来这儿读书的普通女孩，这里发生的每件事情都让我目瞪口呆"。但是，后来改名为琼·贝克维尔的她成了一名身兼记者、作家、电台以及电视台主持人多种身份的成功人士，也许在英国民众心目中比艾瑞克更加知名。

艾瑞克对待学生从不简单粗暴或者盛气凌人。他的另一名学生叫塔姆·戴利埃尔，是个来自苏格兰的老伊顿生。戴利埃尔记得1952年时自己刚刚退役，作为国王学院一名心情忐忑的新生，他被指派到艾瑞克那儿去接受历史课程的面谈辅导。"学院里的传言是这位共产党员艾瑞克·霍布斯鲍姆会把你批评得体无完肤，但恰恰相反，"很多年后他告诉艾瑞克，"对于一个懵懂无知且此前没有深入学习过历史的公学男孩来说，没有比您更亲切、更有建设性意见的导师了。"[171] 另一位来自苏格兰的老伊顿生尼尔·阿舍森则有完全不同的体验。艾瑞克形容阿舍森"可能是我最聪明的学生，我没教他什么东西，只是让他自由发展"。[172] 阿舍森毫无意外地很快被选为了"使徒"。当时根据法律规定，英国男性需要在部队里服役一段时间——这被称为国民兵役义务。阿舍森1951年7月到1952年9月期间曾在皇家海军中担任军官，并被派遣到英属马来亚，英国军方试图镇压一场从1948年开始的民族起义。他在1952年10月到国王学院求学时，已经十分质疑自己在镇压起义中的角色。"如果你像我一样，到了年纪很大的时候，"他在80多岁时坦承，"杀过人的难受感会比18岁时要深重得多，不管怎样，这件事依然是我的心结。"他是带着勋章和负罪感结束军旅生涯的。[173]

阿舍森进入国王学院不久后，学院举办了一场宴会，邀请新生参加：

> 我还在试着适应这样的生活，作为一个新生，难免觉得有一点格格不入……大家都着正装赴宴，所以我想"好吧，我也应该穿得正式点"。所以我呆头呆脑地戴上了我的勋章——这是我在马来亚执行任务时获得的……然后在晚宴上，我们都喝了很多酒，真的太多了。过后有人说，"好了，我们现在要去谁的宿舍？要不就到艾瑞克那儿去吧"，情况就是这样。于是我想"去就去吧！"……艾瑞克的宿舍在吉布斯楼里，我进了房间，大家喝了不少酒，我当时应该也牛饮了很多，变得醉醺醺的。不管怎样，那晚的某个时刻，有人把这个高瘦的男子介绍给我，有人对他说："这就是尼尔·阿舍森。"他瞥了我一眼，看到我的勋章。他问："这是什么？"我说：

"哦，这是我在海军服役时的勋章，在马来亚执行任务时得到的。"然后他用相当严肃的语气对我说："戴着这个你应该感到羞耻。"我感到一阵恶心，身体完全僵住了，回想起来，我当时那样一部分是因为在潜意识里，如果你相信潜意识的话，我一直希望有人对我说出这样的话来，因为我做过的事情，尤其是在马来亚的经历，让我饱受煎熬……我走出去，下楼到了前面的草坪上……我一边绕着草坪走一边抽泣。我记得那时在喝得酩酊大醉的情况下我哭了。我在黑暗里一圈又一圈地走着，最后，走到某一圈时，我把勋章扯下来塞到口袋里，从那以后再也没有戴过它。

后来回顾自己与艾瑞克的第一次见面时，阿舍森觉得这是一次"情感宣泄"。出于某种微妙的心情，他感激艾瑞克让他袒露了自己的负罪感。他们再也没有提起过这件事，但这标志着他们终生友谊的开端。

这次相遇还有一个有趣的尾声。几十年之后，时光迈入 21 世纪，这时阿舍森已经成了著名的记者和历史学家，他遇到了丹尼尔·埃尔斯伯格，后者曾经是美国政府的军情分析员，在 1971 年将美国政府关于当时仍在持续的越南战争的大量政策文件泄露给报社，引起了一场风波。这些文件被冠以《五角大楼档案》的标题发表，导致埃尔斯伯格被逮捕，并因间谍罪和盗窃罪受到审讯，但法庭撤销了所有的指控，他获得无罪释放。根据阿舍森的回忆，当他俩在讨论中提起艾瑞克时，埃尔斯伯格说："艾瑞克的问题是，你要知道，他这个人可以很冷酷。在某个我也在的场合里，他看着一个大学生的军队勋章，对他说'戴着这个你应该感到羞耻。'""噢，真的吗……这个大学生就是我！你当时也在场？""是的。"埃尔斯伯格其实和阿舍森在同一时期进入国王学院，那时他拿到了为期一年的伍德罗·威尔逊奖学金，到剑桥学习经济学。他对艾瑞克说的这句话是如此震惊，以致一辈子一直记得这一情景。[174]

艾瑞克负责阿舍森的经济史教学，但这"并不是阿舍森喜欢的"：他对革命政治史更有兴趣，但当时剑桥大学并未开设这项课程。[175] 他和艾瑞克的面谈——

> 更像和一位老朋友聊天，真正的面谈辅导根本不会这样亲密。我想说的是，我会写一篇关于某个主题的论文交给他审阅。有时候他会看一下，有时候其实只是扫一眼主题，然后我们就开始讨论。之后我们就会不自觉地东扯西扯，进行其他有趣的讨论，而这些讨论和我们面谈的主题一点关系也没有……我只记得和他一边喝着红酒一边谈天说地——我们就这样偏离了原定内容。[176]

然而，不管讨论多么有意思，也不管两人喝了多少红酒，艾瑞克总会在面谈辅导规定时间内结束谈话。阿舍森不出意料地取得了历史学的双星一等学位，艾瑞克自然希望他能在学术上继续深造。"你应该干学术工作，"他对阿舍森说，"别只是随波逐流。"但阿舍森选择了进入新闻行业，为《卫报》工作。

艾瑞克在国王学院里和学生们相处融洽，就像他的塞维利亚之旅那样。但他和别的讲师相处得并不太好，他觉得他们沉闷乏味，就算他们并不像艾瑞克在那时带有偏见的日记里写的那样不堪，毕竟这些日记都是他在极为消沉的时候写下的。他和历史系也接触不多，当时的历史系在政治立场和研究方法上依然是非常保守的。特里维廉的学生 J.H. 普拉姆是个例外，他是研究 18 世纪英国政治的一名出色学者，当时仍然信奉偏左的政治立场。"他是个多才多艺的人，"艾瑞克后来回忆，"我在 20世纪 50 年代的时候很喜欢和他聊天，虽然在他放弃了 30 年代以来的革命立场后，我们再也没有过密切接触。"[177] 但后来，普拉姆非常突然地转向右翼。艾瑞克"永远也不明白他为何到头来在政治上成了反动派"。[178]

倍感孤独又情感脆弱的艾瑞克在剑桥里投入到与学生的交际中。国王学院不像其他很多学院那样要求讲师和学生分桌吃午饭，交往于是更为容易。1951 年 10 月，靠着奖学金进入剑桥学习古典文学的男孩乔弗里·劳埃德在国王学院的第一天就被邀请到艾瑞克（"他长着一张皱纹很多的脸，有种奇特的魅力"）的宿舍去喝咖啡：

> 已经有一些人在房间里了。我不记得他们的名字，但他们开始讨论各种话题——小说、爵士乐、电影、政治……我遇到的这群人似乎可以完全坦诚地谈论一切事情。我不知道他是个研究员。我想这儿就是天堂，一个知识分子的天堂。[179]

就像乔弗里·劳埃德注意到的那样，年轻讲师和学生之间轻松友善的交往有一部分是由于"这一时期进入国王学院（和其他学院）的大学生还是那些参加过'二战'的人"。从女子学院过来的女孩们在这些轻松随意的聚会里是重要角色，但艾瑞克似乎不为所动。劳埃德知道艾瑞克已经结婚，但以为他的妻子住在国外。他们从不谈论这件事。

国王学院社交生活的重心是谈话。由于在任何话题上都能侃侃而谈、知识渊博、坦诚又不沉闷，艾瑞克很快成为这些聚会里最受欢迎的人物。就像尼尔·阿舍森后来回忆的那样：

> 他总是参加我们的聚会。所以一旦我们有人，你知道，没什么正事要干，但又想在房间里一边喝上几杯一边听着唱片，一起谈天说地时，艾瑞克就会出现，或者有人就会说"把艾瑞克找过来"，就这样，他就会过来……在那次勋章事件后，但在他成为我的面谈

导师之前……在他的宿舍里有个午餐聚会，我和乔弗里·劳埃德都在，大家坐在地板上，吃着博洛尼亚意大利面，这些行为在当时可谓相当无拘无束。艾瑞克聊起了西班牙（他不久前去了那里）……我觉得他说起斗牛和其他事情时语气相当郑重，他很喜欢看斗牛。聊到某一个场景时他说："那之后，自然就是斗牛士把挂在剑尖上的红布披在身上，并做出这样的手势——这种红布叫……我不知道叫什么。"于是我说："那叫 muleta。"接着是一阵令人尴尬的沉默。他用那种眼神看着我……我认识这个词只不过是因为我有一些家人在法国……所以我才知道斗牛的过程和各环节的名字该怎么说。总而言之，那是个微妙又有趣的时刻。[180]

在知识方面，艾瑞克从来都是不甘示弱的。

除了在这些轻松随意的场合和学生们交流外，艾瑞克还在 1950 年重新加入了"使徒会"。他定期参加聚会，而此前他和缪丽尔在伦敦生活时是没办法这么活跃的。社团内部的坦诚和亲密"在我难过的时候给了我很大帮助"，艾瑞克后来写道。[181] 但他因为和其他成员的年龄及经历差异而逐渐感到难以融入集体，而且现在他是"使徒"里唯一一个共产党员，这让他在学术观念上和别人站在不同的立场上。这个时候社团里的同性恋氛围也基本消失了，虽然艾瑞克想起"安南有一篇关于同性性行为的论文，他那时已经结婚了，但这篇文章来自他丰富的经验"。[182] 然而，盖伊·伯吉斯的苏联间谍身份被揭穿后，安全部门和媒体的关注令"使徒们"不堪其扰。1951 年伯吉斯潜往莫斯科以逃避抓捕，在各大报纸上引起了轰动，此后，他在某个早晨打电话给艾瑞克，为自己未能参加"使徒会"的年度晚宴致歉。艾瑞克觉得"从今以后我的电话肯定会被窃听了"。"他的话，"艾瑞克很多年后愉快地回忆，"让我们的晚宴举办得非常成功。"[183]

X

"二战"结束初期，安全部门确实还在监视艾瑞克。剑桥大学国王学院一个"可靠而且信息准确"的线人"和霍布斯鲍姆有过私人接触"，根据他在 1951 年的汇报，艾瑞克"住在吉布斯楼的 G 区，宿舍里全是关于共产主义的著作，而且他应该是个激进的共产主义者，毫不掩饰自己的政治观点。他不修边幅，传言说妻子是近卫军掷弹兵退役中士的女儿"。[184] 而且，不久之后他们还及时跟进了艾瑞克的生活状况，向上汇报艾瑞克"最近和妻子分居了，并且把公寓和财物都留给了她，自己则回到剑桥，国王学院给他分配了一套免费宿舍，并继续提供一年 300 英镑的薪水"。[185]"据说他不久前在感情上遭遇了重大的挫败。"[186] 但这样并不能让他在军情五处眼中变得没那么危险，尤其在他和艾伦·纳恩·梅有过接触之后。梅是一位物理学家，由于在"二战"中向苏联泄露关于原子弹的机密文件而遭到抓捕监禁。[187] 事实上，两人的接触完全没有造成危害，但安全部门仍然没有打消疑虑。"艾瑞克·霍布斯鲍姆毫无疑问会在剑桥大学的学生中铆足了劲宣传共产主义。"军情五处不无讽刺地指出。[188]

军情五处的怀疑完全是毫无根据的，艾瑞克绝非一名激进的共产主义者。他清楚自己在政治意义上过着"与共产主义运动格格不入的局外人生活"。他一直觉得自己无法完全忠于共产主义事业，是个"软弱又摇摆不定"的人，而且他对过去的传统社会过于留恋，以致无法投身到建设一个新社会中去。[189] 艾瑞克在 1952 年 11 月 2 日提交了他的"党员自传"，这是所有共产党员都必须撰写的一份材料。在"自传"里他毫不留情地进行了自我批评。"大部分人都会有和党的政治意见不一致的时候。但我会说出这些不同的观点，"他写道，"然后接受党的决策，直至方针路线有所变化。还有什么解决意见差异的办法呢？我坚持认为党内应该实行民主集中制。"然而，艾瑞克在退役之后就"与广大党员相当疏离了，甚至也没有参与普通的党务工作（我试着在大学的党组织里做一些寻常的基础工作，但主要任务轮不到我）。基本上我对工会工作还是满意的。"

艾瑞克实际上是大学教师协会剑桥分会的秘书长，并且一直是协会的理事会代表；而且从 1951 年 10 月到 1954 年 11 月，他负责编辑共产主义导向的《剑桥大学通讯》并为之撰写了大部分文章，痛斥了对共产党员学者越发严重的歧视，将其与德意志帝国时期德国社会民主党人遭到的排挤相提并论。[190] 但他深知这两项工作远远算不上党组织青睐的那种对激进工人运动的积极投入。他抱有某种不切实际的期望，想要"和工厂工人联系得更紧密一点。我曾考虑过全职投入工会工作，但觉得自己缺乏认真做好这件事情的组织能力……我觉得自己没有对党贡献应有的力量，也没有提升自己的能力来做贡献"。[191]

在为工会及其成员服务方面，艾瑞克的主要工作是围绕大学教师的社会和经济地位撰写文章以及举办讲座。根据军情五处的报告，1949 年 9 月 25 日，艾瑞克在英国共产党文化委员会组织的大会上发表了演说，他宣称：

> 那些没怎么受过教育的巴尔干半岛农民正在协力建设一个有序社会，他们比英国的大学教师更加自由。知识分子在联系群众的时候能够把工作做到最好，但当知识分子退回到他们的"象牙塔"中去时，他们就会因为脱离群众而产生不了任何价值。[192]

然而，当艾瑞克在 1950 年 12 月到伦敦西南埃格姆镇的皇家霍洛威学院，参加大学教师协会年会时，冷战已经对工会的政治形势造成了影响。虽然艾瑞克是委员会代表，但他这次没有当选，而且实际上他觉得自己以后也不会当选了。他甚至没有得到在请愿书上签名的邀请，也没有人让他参与活动。共产党员能做的，就是在幕后施加一点影响，因为他们太不受信任了，艾瑞克总结道。"这让我很伤心。"他写道。[193]

那几年里艾瑞克和党组织经常争执不断。斯大林和南斯拉夫共产党人约瑟普·布罗兹·铁托在 1948 年出现决裂时，英国共产党员面临着一场忠诚度的特殊考验，铁托带领他的游击队员在"二战"中取得了胜利，并发展出一套相对自由的国内经济政策。南斯拉夫被从第三国际的后继组织共产党和工人党情报局中开除出去后，接踵而来的是东欧各国一系列针对"铁托分子"的公开审讯。艾瑞克对很多保加利亚、捷克和匈牙利的"叛徒"都十分熟悉，他们结缘于这些人"二战"时流亡英国的岁月。他觉得这些指控令人难以置信，而英国共产党的态度大转弯也让艾瑞克无法信服，前者在 1947 年赞扬南斯拉夫是苏联的亲密盟友，但到了 1948 年却谴责其为资本主义的工具。[194] 艾瑞克私下明确表示自己不能苟同党内反对南斯拉夫"修正主义"的正统官方路线。在 1949 年 1 月写给《听众》杂志的一封信中，他批评了 A.J.P. 泰勒在广播中对当前形势的抨击，但他没有为斯大林做任何辩护，在别的场合亦是如此。[195] 1953 年，他的学生朋友尼尔·阿舍森和乔弗里·劳埃德作为一支"青年纵队"的志愿者到南斯拉夫去支援波斯尼亚铁路的重建，这条铁路当时仍未从战争造成的损坏中恢复过来。根据乔弗里的回忆，他们受邀住到塞尔维亚工人的家里去，"度过了一段美好时光"，尤其是在项目由于铁锹不足而被取消后。他们在贝尔格莱德的多瑙河边待了很长时间，"那里有个挺不错的小沙滩，我们在那儿游泳，遇到一些可能会成为小明星的女孩，她们腿毛很多，其中有些人去过剑桥，我的意思是去旅游"，乔弗里回忆道。当他们回到剑桥时，艾瑞克并未因为他们与"铁托主义"有牵连而对他们有任何的斥责，按照阿舍森的说法，他

"对我们去帮助重建铁路感到很欣慰，要知道，我们这样做是出于一种青年纵队式的热情，与党派无关"。

对更为忠诚的共产党员来说，艾瑞克本人就是一名"修正主义者"。阿舍森记得自己有一位朋友是个年轻的中国女子，名字叫郭久亦：

> 她完全是一位激情洋溢的共产党员，同时也是个核物理学家。她的专业水平也极其出色：她在剑桥获得了优异的一等学位，毫无疑问是众人谈论的对象。她的目标，我回想一下，对，我的意思是她偶尔会说起自己要回去为中国造原子弹。然后，不知道出于什么原因，她对艾瑞克很感兴趣……我觉得艾瑞克也挺喜欢她。我不知道他俩之间有没有发生过什么，也许没有，她挺严肃的，你知道，就是那种朴素的共产党员做派。不过她很有魅力，还会经常斥责艾瑞克的修正主义以及他在各方面的软弱性，比如过于沉溺西方文化，不能认识到它是多么的腐化堕落。她时不时就会训他几句，我记得听到过几次，而艾瑞克并没有反驳。[196]

实际上，郭久亦以为艾瑞克是同性恋者，因为他从不谈论女人，她和剑桥大学的很多人一样，根本不知道他已经结婚了。她喜欢在考完试后到艾瑞克的宿舍去，在那里她可以放松一下，艾瑞克为她沏茶并端来一大盘饼干，两人谈论着中国的共产主义事业，郭的母亲是一名中国电影导演。后来她去了伯明翰大学攻读核物理博士学位，接着嫁给了一个克罗地亚人并出乎意料地搬到了南斯拉夫。后来她继续在牛津大学和普林斯顿大学做学术研究，最后在加州的一个研究所里担任负责人。[197]

在国王学院里，艾瑞克作为一名共产党内的"异类分子"而为人熟知。军情五处官员 J.H. 莫尼在 1953 年 10 月的报告里写道：

今年 6 月我到国王学院去的时候，无意中听到一个叫哈里斯的研究员谈论霍布斯鲍姆。他说霍布斯鲍姆的共产主义观念已经完全过时了，他还停留在"人民阵线的时代，如果苏联人来了，他很可能熬不下去"……在此前的一个场合里，另一个研究员曾评论道："霍布斯鲍姆会一边惋惜，一边向我们开枪。"[198]

伦敦的英国共产党领导人也很清楚，艾瑞克没有像一个积极的共产党员那样服从他们的意见。小说家多丽丝·莱辛当时是一名共产党员，后来她提到："作家还有艺术家始终面对一种强压，即他们必须做点写作、绘画或创作音乐之外的事情，因为这些东西只被当成资产阶级的情趣。"[199] 举个例子，共产党员应该只为党的宣传媒体写作，但艾瑞克在《小人国》和《泰晤士报文学副刊》等各种"资产阶级情调"的期刊上发表文章。共产党员应当在街头宣传党的报刊《工人日报》，但艾瑞克并没有这么做。

事实上，军情五处在 1948 年提到，艾瑞克组织了"定期为《工人日报》提供历史类文章"的工作，而且军情五处得到的报告是"后来有些文章也出现在《世界新闻》和《共产党人评论》上"。[200] 但艾瑞克的写作活动总体而言没有和党的方针路线保持一致。党的总部经常给他去信，要求他表现得像个言行得体的共产党员，但他看都不看就扔了。军情五处在窃听国王街共产党总部办公室谈话的报告中提到，英国共产党的领导层承认某种程度上考虑过放弃艾瑞克。多萝西·戴蒙德是一位科学教师兼党员，并且在"英国德国民主促进会"里担任荣誉书记，伊德里斯·考克斯是个威尔士矿工，以前曾任《工人日报》的编辑，不久前才成为英国共产党的全国召集人以及国际部的书记，他们在谈话中表露出对艾瑞克的不满：

戴蒙德问再批判一次艾瑞克能否起作用，她还提出应该采取一些行动——他现在已经不回复任何信件了！考克斯打听艾瑞克是否在文化委员会里任职（这个问题的答案听不清楚）。接着众人迸发出一阵笑声，考克斯说他会了解一下艾瑞克担任何种职位。[201]

但考克斯似乎没有采取任何行动。党和以往一样把绝大部分的注意力放在工会活动上，一个桀骜的知识分子并不是关注的重点。

不管怎样，艾瑞克在 1950 年搬到剑桥后再也没有参与党内的官方活动，针对这一情况，他后来承认"我的个人兴趣不在这方面，性格也不合适。从那时候开始，我实际上就完全只在学术或者知识分子圈子内活动了"。[202] 他有时候会写信给报刊，例如谴责联合国安理会引发朝鲜战争的决议，认为这是不合法行为（"联合国不应成为西方国家的工具"），又或者指责法国对印度支那的军事干涉。但他的活动似乎并不包括积极宣传共产党或者为其工作。1960 年，苏联击落了年轻飞行员加里·鲍尔斯驾驶的 U-2 侦察机，媒体集体谴责这一行为，艾瑞克为此发表了评论（"如果苏联侦察机在堪萨斯城上空被击落，会引起什么反应？"），但他并不像普通党员那样站在党的立场上写作，而是以一名热心政治的独立知识分子的身份在写作。[203]

艾瑞克在支持国外共产党方面更为积极。他是英中友好协会的成员。[204] 他还参与了支持民主德国的活动，1949 年民主德国在苏联占领区建立，与西边的联邦德国分庭抗礼。很多左派人士认为联邦德国与纳粹政权有太多的连续性，大量纳粹时期的公务员、法官、商人和教师重操旧业，因此把摆脱德国历史包袱、重新开始的希望寄托在了民主德国身上。1949 年 9 月，艾瑞克答应担任《德国探照灯》通讯月刊的编辑，刊物的主管单位是"英国德国民主促进会"，这是一个共产党的前线组织，[205] 多萝西·戴蒙德是这个组织的管理者，月刊的发行量大约是 500 份。"自从他当了这份月刊的编辑，"军情五处在报告里提到，"杂志的质量提升了。"同时，他又毫无疑问是个"教条主义的知识分子"。[206]

但英国共产党指出艾瑞克和多萝西都在"不务正业"。月刊陷入了财务困难，1950年末，艾瑞克辞去了编辑一职。[207]他过着一种"伦敦和剑桥之间的半游荡生活"，这让他难以全力投入伦敦总部的工作。"我负担不起一周三次从剑桥到伦敦的车费"，他告诉多萝西·戴蒙德。如果党内开会那天他不需要去伯贝克上课，那他只好缺席了。他能做的（在戴蒙德的帮助下）最多只是为共产主义政党的报刊提供"关于德国的真相——在正确理解的基础上——并整理成文"。[208]然而，他的活动再次引起了军情五处的怀疑。1952年1月3日，内政部下达了一道即日起监控艾瑞克通信活动的执行令，理由是艾瑞克"作为'英国德国民主促进会'的成员，经常接触德国及奥地利的共产党员，这项审查的目的是梳理艾瑞克联系对象的身份，查出那些尚未在我们掌握之中的、公开或秘密的共产主义知识分子"。[209]但是拦截查看艾瑞克的信件完全是浪费时间，那里面没有任何值得关注的内容，1952年6月10日，执行令被中止了，待内政部进一步通知。[210]

艾瑞克同时也是英国-捷克斯洛伐克友好联盟伦敦委员会的成员，致力发展英国与捷克新成立的共产主义政府的友好关系。在1947年的布拉格世界青年节上，他结识了一群年轻的捷克历史学者，那之前捷克共产党在一次自由选举中获得了令人瞩目的38%选票。1948年捷克共产党发动了一场实际意义上的政变，接下来与非共产主义政党的关系也迅速恶化，但即使在这些事件发生后，艾瑞克依然相信捷克斯洛伐克政治变革的正当性，这是"二战"前中东欧各国中唯一一个民主制度正常运转的国家。他在1949年参加"使徒会"年度晚宴的时候表达了自己的观点，这次晚宴在皇家汽车俱乐部举行，主持人是盖伊·伯吉斯，当时他还留在英国，身份尚未败露。据说伯吉斯在晚宴讨论中主要的作用是要求在场者同意不接收天主教徒作为"使徒",因为这些人要服从教会的清规戒律,无法坦诚地讨论问题(回想起来,这场讨论的各种讽刺意义只会更加明显)。[211] 这次晚宴的其中一位客人是迈克尔·斯特雷特,他是艾瑞克在剑桥读书时的美国校友,被安东尼·布伦特招募为间谍,"二战"期间成功地在华盛顿国务院谋得了一个职位。作为一个前"使徒",斯特雷特当时已经成为一名成功的杂志出版人,之前他在伦敦的街上偶遇了伯吉斯,后者邀请他参加晚宴。

此时的斯特雷特已经变成坚定的反共分子,而且还在几年后协助揭发了布伦特曾做过间谍一事。他毫不客气地描述了和艾瑞克在晚宴上的交谈:

> 我坐在一个崭露头角的历史学者旁边,他的名字叫艾瑞克·霍布斯鲍姆。我记得他是剑桥共产主义学生运动的成员之一。起码他明确表示自己没有放弃信仰。我对苏联进入捷克斯洛伐克发表了一番犀利的评论,霍布斯鲍恩[原文如此]则以《史密斯法》导致美国人被囚禁一事的评论来反击我。他脸上挂着会意的笑容,对我说:"现在美国关押的政治犯比捷克斯洛伐克还要多。""这绝对是个谎言!"我高声说,继续对霍布斯鲍姆叫嚷起来。我意识到其他人都在看着我,我的表现不是一个要融入"使徒会"的人应有的行为。[212]

斯特雷特的举动的确不算得体。但这预示着冷战开始引起的狂热氛围,即使在通常都是彬彬有礼的剑桥大学座谈社内部也是如此。[213] 然而,这次晚宴后,艾瑞克不再为英国和捷克斯洛伐克的友好关系出力了,尤其是当他战前和"二战"时期结识的朋友沦为了斯大林最后一轮公开审讯的受害者之后,更何况他们都是犹太人。[214]

那些年里，通过传统的左翼活动来支持共产主义并不是艾瑞克党内活动的重点。他绝大部分精力都投入到共产党历史学者小组中去，该小组始创于 1938 年，原名为马克思主义历史学者小组，并在"二战"后进行了重组。艾瑞克后来形容这个小组在 1946 年之后"一直对斯大林主义有所保留"。"事实上，我们是持批判立场的共产党员。"[215] 艾瑞克还希望非共产党员也能参与进来，为此他提议每次会议前无须要求与会人员出示党员证。小组委员会拒绝了艾瑞克在 1948 年初提出的这一请求，但允许认同共产主义的外部人士参加会议。[216] 小组的精神领袖是来自中上层阶级的多娜·托尔，她并不是一位学者，"一战"前获得过英语文学学位，在劳伦斯与威沙特出版公司工作。她精通德语，曾经将苏联资助出版的《马克思与恩格斯通信集》（1934 年）翻译成英语，艾瑞克读中学的时候买过这本书。[217] 许多年后，艾瑞克回忆起这位女士：

> 她是一位小个子的老太太。总是戴着头巾，对共产党和马克思主义的历史有着非常坚定的立场。和年轻一代里出身于体面中产阶级的政治激进分子不同，她还保留着家庭所属阶层的口音和做派。我不知道她是如何脱离自己的家庭出身的……她对劳工史，尤其是"一战"前 30 年到 40 年内的劳工史极为熟悉，但她对此写得不多……她在党内知识分子心目中很有威望，把自己视作"二战"前后年轻历史学者的导师和保护者。[218]

艾瑞克实际上是小组里唯一一个有博士学位的成员，在写作方面又有一些经验积累，所以托尔对他的影响要比其他人少一些。当一个奥地利籍的同事及党员让他推荐关于英国劳工运动的书单时，艾瑞克觉得没法推荐托尔的著作。[219] 她在小组里几乎只是提供建议和召集会议，虽然一些成员觉得这也是很重要的。[220]

小组在法林顿的加里波第餐馆楼上房间里碰头，有时候也在位于克勒肯维尔中心区的马克思之家见面。小组的目标是让历史为革命思想服务，[221] 尤其希望实现：

> 在工人运动过程中普及历史知识，从历史的角度审视社会主义斗争的方方面面……通过更全面地了解工人阶级过往的成就，来加强工人对自身力量的信心。深化对党史的认识尤为重要，不仅因为这是帮助我们理解马克思主义的关键，还因为清晰认识党在劳工运动中的历史发端，是克服宗派主义和孤立情绪的最好方法之一。[222]

小组成员举办了关于劳工阶级历史的讲座，并计划编撰教科书，艾瑞克负责撰写 18 世纪的部分。他们鼓励地方党组织成立当地的历史小组（曼彻斯特、诺丁汉和谢菲尔德）并组织会议，还希望启动一个计划，找出传统学校历史教科书中存在的各种偏见。[223]

这些目标能实现的只有极少的一部分。小组的活动实际上只局限于为成员举办关于历史问题的研讨会。"对马克思主义者来说，至少当时历史研究的核心问题是资本主义的发展历程。"艾瑞克后来回忆道。然而"从最新的研究情况看来，没有一个英国的历史学者，或者任何马克思主义者（历史学者）曾经直接研究这一问题，包括那些'资产阶级'历史学者"。在这方面产生重要影响的是剑桥大学经济学家莫里斯·多布的著作，多布的课程出了名沉闷，几乎没有学生选他的课，更别提艾瑞克了，但多布在 1946 年出版的《资本主义发展问题研究》对小组成员有很大影响。[224] 多布参加了小组的一系列会议，但基本没有参加讨论。[225] 小组成员按照历史年代分成不同的组别，艾瑞克是 19 世纪组的成员。根据记录，他对小组的第一次贡献是在 1948 年 6 月 6 日一个主题为"资本主义对工人之影响"的会议上。针对德国共产主义历史学者尤尔根·库钦斯基作品里对工业革命时期英国生活标准研究的不足之处，艾瑞克发表了长篇评论文章。[226] 他参与了关于《人民的英国史》的大讨论，这是莱斯利·莫尔顿在 1938 年出版的经典著作。[227] 艾瑞克对 G.D.H. 科尔和雷蒙德·波斯特盖特合著的《群众：1746—1938》(*The Common People, 1746—1938*)持批判态度，这本书出版于 1945 年，艾瑞克认为它是体现"进步人道主义和社会改革的自由历史观"优缺点的一个例子。[228]

1947 年，共产党历史学者小组举办了一个夏季学习班，1948 年又召开了一次大会，但此后小组活动开始越来越少，学生组和教师组在 1951 年停止活动，现代史分部经历了"一段极其艰难的时期"，中世纪组在 1953 年解散。小组的核心成员越来越专注于专业工作，难以定期出席会议。艾瑞克辞去了小组会计的职务，并在 1950 年离开了小组委员会，此时他的出席率已经比以前要低很多了。[229] 然而，很难说这不是受他当时的情感危机影响，因为 1952 年 9 月他重新加入了小组委员会，并接替中世纪史专家罗德尼·希尔顿的主席之位。[230] 他重启了一项合著英国史教科书的计划，草拟并更新了一份从事这方面研究的党员名单。[231] 艾瑞克重新加入后带来最主要的影响，是他雄心勃勃地组织了一个研讨英国资本主义兴衰的夏季学习班。1954 年 7 月中旬，这个学习班在湖区沙滩旁格兰奇的内瑟伍德酒店举办。[232] "举办这个学习班的目的，"艾瑞克在开班仪式的演讲中宣称，"是让我们对英国资本主义的历史形成清晰的认识。"[233] 艾瑞克起草了关于这一研究领域的多份文稿，从卫理公会的作用到帝国在这一过程中扮演的角色。他已经开始从全球视角来思考问题了，比如他曾在文章中论述当推行帝国主义的宗主国明显控制不力时，白人殖民者与当地提供协助的精英阶层在维持统治中的作用。[234]

艾瑞克在学习班结束时进行了总结，他发现"研讨过程中，我们想法和观念越来越显示出一致性，这是我们日渐成熟的标志"。他一如既往地对文化讨论的缺失表示遗憾，并提议"我们对群众是如何决定和塑造历史要加深认识"。他进一步提出应当每隔几年就举办马克思主义历史学者的学习班。[235] 可是，1954年的这个夏季学习班是小组的谢幕之作。几年后，英国历史学家爱德华·汤普森承认他怀念历史学者小组和举办过的活动。这些学术会议是难以被取代的："会上有太多论文了，大家都想露一手，但会期又太短了。"[236] 不过小组成员们还是"形成了某种紧密的文化矩阵，在某个'时刻'里，'我们想必很像一个团结的组织，大家有共同的密码和默认的定义标准，并且探讨在今天已经无法用同样的方式来切入的共同问题"。[237] 这些共同的想法和观念让曾经加入过小组的人在20世纪50年代晚期及60年代开始撰写他们主要的历史作品时，都具有一种鲜明的特色。

艾瑞克希望把小组的工作拓展到欧洲大陆，1952年7月，他在去过巴黎之后写信给德利奥·坎蒂摩里，提出在年末举办一个马克思主义历史学者的"英法联合会议"，研讨封建主义到资本主义的转变历程，以及此前从农业社会到封建社会的转变。皮埃尔·维拉尔是一名研究西班牙经济史的法国专家，他被艾瑞克说服并加入了这个计划。[238] 艾瑞克认为意大利的马克思主义历史学者也应当参与，并且期待西欧各国的马克思主义历史学者能建立更普遍和紧密的联系。[239] 会议在1952年12月28日到30日之间举行，艾瑞克、克里斯托弗·希尔、罗德尼·希尔顿、罗伯特·勃朗宁、维克多·基尔南、约翰·莫里斯和路易斯·马克斯参加了会议，但并不清楚法国方面有哪些学者参会。[240] 不过，这个被艾瑞克寄予厚望的计划长远来看并没有激起任何水花。马克思主义者最多就是偶尔在欧洲边缘地区或者世界历史大会上碰个面而已。法国的共产主义历史学者过于恪守斯大林主义，难以和他们开展有意义的对话。共产党历史学者小组的活动一直无法越过英吉利海峡。

不过，1953年斯大林去世不久后，小组的4名成员艾瑞克、克里斯托弗·希尔、罗伯特·勃朗宁和莱斯利·莫尔顿受到苏联科学院的邀请，在1954—1955年寒假访问苏联。[241] 艾瑞克一行人坐火车穿越欧洲大陆，下车时受到了热烈欢迎。到达苏联的第二天，艾瑞克和同伴被领到了莫斯科大剧院，他们在那里品尝到了伏特加和鱼子酱，还看了一场柴可夫斯基的《叶甫盖尼·奥涅金》。接下来的星期三，他们参加了科学院的招待会，然后被带到一个"极其老旧但表演精彩的"的马戏团里，那儿有驯狮员、魔术师、杂耍人、走钢索者和小丑，所有人都是维多利亚时代的装束打扮。星期四是"参加历史学院冗长的会议"，之后迅速参观了苏联前领导人被防腐保存起来的遗体，因为被列入了"贵宾队伍"，他们不用等多久就进了存放遗体的纪念馆。艾瑞克觉得遗体"相当令人印象深刻……列宁比预想中要瘦一点，脸部光洁无瑕，斯大林则要高大一点"。和每个见过莫斯科地铁的人一样，他惊叹于它的宏伟壮观。但他私下抱怨除了在宴会上用于招待的伏特加外，很难喝得上酒，也几乎不可能听得到爵士乐。而且他们的行程根本接触不到普通的苏联人民或者现实中的苏联日常生活。

之后，小组成员在夜里乘坐著名的"红色列车"前往列宁格勒（现圣彼得堡），参加一个历史研讨会。艾瑞克觉得这个城市"维护得很好，干净整洁……怎么看都是个一流的城市"。他对苏联女人印象不佳，她们的"发型十分难看"而且"她们的裙子可以设计得更好……总的来说，从我们英国人惯常的审美来看，她们的身材过于丰腴了"。他们参观了可怖的彼得保罗要塞，很多革命者都曾被关押在那里，还在马林斯基芭蕾剧院观看了一场柴可夫斯基的《天鹅湖》，演出结束后刚表演完满头大汗的首席女舞者还按照惯例到包厢里来和他们见面，这令他们非常惊讶。这一行人还参观了艾尔米塔什博物馆，艾瑞克被苏联人民"喜爱文化的热情"打动了，"书店里排着队"，剧院和音乐厅也是这样，甚至还有一个地下市场，流通那些被共产党审查过的书店里找不到的经典文学作品，"虽然人们不会像在公开场合那样各自交谈"，因为那样可能会被秘密警察的探子偷听。但总体上"还是给我留下了活力充沛、蓬勃发展的积极印象"。[242]

艾瑞克为战争给苏联留下的创伤而感到难过，周围都弥漫着保密的氛围，就算是电话号码本或者地图都难觅踪影。杰出的苏联科学家们也保持着自己农民出身的本色，他们对苏联谚语的运用自如就是明证，这让艾瑞克十分敬佩。艾瑞克他们几乎没有遇到任何同行，虽然苏联媒体对此次访问的报道中提到，英国客人显然与苏联同行一起围绕诺曼征服、英国工人的意识形态和中世纪农民起义等话题进行了"热烈的讨论"。艾瑞克的政治立场没有受到这次访问的影响，不管苏联式的共产主义有什么问题和困难，它依旧比西方帝国主义要优越，因此必须持之以恒地坚决捍卫。[243]

XII

共产党历史学者小组广泛辩论和研讨的最持久成果是创办了一份杂志。约翰·莫里斯的提议引发了关于出版期刊的讨论，他是伦敦大学学院的罗马史讲师。莫里斯在1950年1月6日到国王学院拜访艾瑞克，和他讨论创办新期刊的事。"天知道，"艾瑞克承认，"这个家伙让我很气恼，但我怎么也不能对他发脾气。"这场90分钟的讨论让艾瑞克筋疲力尽。[244] 但莫里斯坚持己见，几个月后，期刊的创刊会议在他家的厨房餐桌旁举行了，参会的除了艾瑞克和莫里斯外还有克里斯托弗·希尔和罗德尼·希尔顿。会议指定莫里斯作为期刊的编辑，直到 1960 年他都一直负责这项工作。每位成员都承诺倾囊相助，补贴杂志的成本。[245]他们集资了 25 英镑作为启动资金，莫里斯捐赠了相同数目的钱款，还有三个好心人另外捐献了 8 英镑。大部分资金都用来印刷 1.5 万份宣传单，派发给个人和图书馆来宣传这份新创办的期刊。当一部分党员被要求提供资金支持时，他们勉为其难地赞助了一些。[246] 到了 1951 年 10 月，期刊有了 217 名订阅者，订阅量是如此之低，创刊小组甚至想过放弃。但是，莫里斯找到了一个足够便宜的印刷厂，即使杂志的发行量只有 400份也可以应付。于是他们坚持了下去。

莫里斯想给期刊起名为《马克思主义历史研究简报》，但艾瑞克和其他成员认为期刊的内容范围应该更加广泛，并且强调研究历史的重要性，从而在更普遍的意义上了解当下。期刊借用了一套简明历史系列读本的标题，这些读本是考古学家 V. 戈登·蔡尔德在战后编辑的，只发行了很短一段时间，新的期刊名为《过去与现在》，同时坚持使用马克思主义色彩的副标题《科学历史期刊》。编辑们到处写信向观念相投的历史学者约稿。1952 年 1 月，德利奥·坎蒂摩里在艾瑞克的邀请下提供了一篇稿件。[247] 期刊出版的准备工作进展顺利，艾瑞克向坎蒂摩里保证，他们已经接到苏联历史学家 E.A. 科斯明斯基的投稿，那是一位在中世纪英国农业史研究方面备受尊敬的专家，艾瑞克还说服了研究法国大革命的大学者乔治·勒费弗尔担任编辑部成员。[248] 艾瑞克坚持不懈地致力提升期刊销量，他请求坎蒂摩里在 1955 年罗马举行的第十届国际历史科学大会上为期刊安排一个展示桌，并找一个大学毕业生来看管。[249]

莫里斯的管理水平差强人意，据说他把期刊的资金藏在床底的鞋盒里。最初，期刊一年出版两期，每期 60 到 70 页，封面设计很是简朴。小组成员的朋友和学生组成了无偿的助理编辑队伍和"业务经理"。编辑部成员自己撰写文章或者向朋友和同僚约稿。他们决定不写书评,因为没有地方存放书籍。[250] 1950 年 12 月,艾瑞克起草了一份创刊声明,其他人进行补充后最终成了期刊的宣言。[251] 期刊的创办目标是雄心勃勃的:坚决反对战前英国主流的历史研究方法。总的来说,在艾瑞克的建议下,《过去与现在》建立的历史概念丰富而全面,颇有影响力,引导编辑们在相邻的学科里寻找代表性的例子。艾瑞克后来形容这份期刊是"英国版的《年鉴》"。[252] 在介绍第一期内容的编辑寄语里,第一段就致敬了"已故的法国历史学家马克·布洛赫以及他的同侪吕西安·费弗尔建立起来的传统",即"通过例子和事实,而不是方法论的文献和理论性的论文"来研究历史变迁。[253]

不久后,艾瑞克写信向法国社会历史学家皮埃尔·古贝尔约稿,他在 1955 年罗马举行的国际历史科学大会上结识了后者。古贝尔记得这位"长手长脚的"历史学者在大会的多个交谈场合里可以在五六种语言间转换自如,他读过这位"英国范儿的马克思主义者"写的一些精彩文章,并同意为期刊撰稿。[254] 中世纪史学者雅克·勒高夫在为第 100 期撰稿时强调了期刊和"年鉴学派"的密切联系,他在文中回忆法国的历史学者们对《过去与现在》创刊团队的政治面貌毫不知情,但他承认自己一直以很典型的法国人劲头"在一开始就成了期刊的读者、崇拜者和朋友,几乎算是偷偷爱着这本期刊(如果我可以这样形容的话)"。[255]

短短一段时间里,基于编辑团队中的马克思主义者和非马克思主义者之间形成的共识,期刊建立起了基本风格。他们的共同初衷是:

> 一致反对"陷入英国历史观的文章",比如官方传统的史料编撰方法。在这一意义上可以不太严格地认为我们与年鉴学派有相似之处,他们在 20 世纪 30 年代对法国传统主义者的旧有历史观提出了挑战——我们清楚自己与此有共通之处⋯⋯在这方面我们把自己视

作战后新一代历史学者的代言人，不管这些学者是不是马克思主义者，都更加重视历史的经济和社会维度，并且准备打破传统史料中政治附加的模式化牢笼，使用新的资料、技术和观念。[256]

正是在这种信念的驱动下，艾瑞克为新期刊撰写的第一篇文章是关于卢德派的，他们是英国工业革命早期通过破坏机器来表达抗议的工人群体。文章驳斥了杰克·普拉姆关于卢德运动是"发生在工业时代，毫无意义、狂暴无序的扎克雷起义*而已"的说法，艾瑞克认为在某种情况下，这是工人采取的一种合理的产业谈判形式——这恰恰也是他在面谈辅导中灌输给学生琼·罗兰兹的观点。[257]

基于两年前——也就是1952年3月8日参加小组会议的笔记，艾瑞克接着又撰写了两篇关于17、18世纪封建主义危机的重要文章。[258]这两篇文章以《17世纪欧洲经济的普遍危机》为标题，发表于1954年。在涉猎了整个欧洲大陆的浩瀚文献基础上，艾瑞克第一次充分体现了他对史料的全面统筹能力。跳出平时对19世纪英国劳工史的研究，艾瑞克转而考察数个欧洲国家的经济状况，并利用了好几种不同欧洲语言的出版文献，从而发现了一场普遍的欧洲经济危机，这场危机导致起义和暴乱在欧洲大陆上横行，其中最激烈、最成功的就是在17世纪40年代推翻了英国君主制，艾瑞克认为这是第一场完整的资产阶级革命。[259]

《经济·社会·文化年鉴》杂志很快就针对艾瑞克的文章展开了讨论，认为这样宏大而全面的综述来自一位英国的历史学者是极其罕见的。[260] 17世纪史专家休·特雷弗-罗珀发表了一篇文章，强调这场危机带来的政治后果，同时批评艾瑞克把重点放在了封建主义到资本主义

---

* 扎克雷起义是1358年发生在法国北部的农民暴动，是1789年法国大革命前最具代表性的人民起义。——译者注

的经济转型上，这意味着艾瑞克的文章从更广泛的意义上，引发了一场重要的历史问题讨论。接着，更多历史学者发表了文章，并最后结集成书。这场讨论在 21 世纪仍未停息，最新的关注点是"小冰河期"引起的气候变化进一步恶化了经济危机，但艾瑞克认为这只是与当时人类历史进程关系不大的外部因素。关于"普遍危机"的讨论是艾瑞克第一次引发的宏大历史问题争议，而这绝不会是他的最后一次。[261]

《过去与现在》一开始并不是那么成功。"有好几年，"艾瑞克后来回忆，"除了马克思主义者，没有人为期刊撰稿。有的人好些年都避免和期刊扯上关系，比如本身就是麦卡锡主义受害人的古希腊史学者摩西·芬利。其他人不再为我们撰稿，比如艺术史学者鲁道夫·威特科尔，因为有人吹风说这对他们的职业生涯没有好处。历史研究学院甚至好几年都拒绝订阅我们的期刊。"[262] 穆尼亚·波斯坦是反对这份新期刊的代表人物，他向拒绝加入期刊编委会的 R.H. 托尼提起编委会成员"几乎都是共产党员和他们的同路人……他们肯定会找非共产党员合作，越多越好，甚至偶尔还会发表一些非马克思主义或者反马克思主义的文章。但是，我同意你的观点，这份期刊很可能成为共产党的一个附庸"。[263] "我觉得你低估了当前编委会受到的怀疑程度。"研究早期现代英国贵族的左翼历史学者劳伦斯·斯通在受邀加入编委会时这样回复艾瑞克。直到 1956 年编委会的大部分共产党员退党，1958 年斯通和其他非马克思主义者加入后，期刊才成功扩大了撰稿队伍，此后成了英语世界最有声望的社会史学术刊物。[264]

期刊早年面临的困难只是冷战影响艾瑞克职业生涯的其中一个表现。20 世纪 50 年代早期，艾瑞克在国王学院里的形象是"一个处境艰难、和周围有点格格不入的人物"。大家普遍认为他才华横溢，但"一道无形的栅栏似乎挡住了他的前程，麦卡锡主义在英国的影响很小，而且反复无常"，但这也足以在 1952 年的时候阻挠艾瑞克在剑桥的前途，让他和从前相比在讲师中更为孤立无援。[265] 总的来说，从"二战"结束那年到1954年研究员任期结束的这段岁月，是艾瑞克的艰难时光，虽然他在三年试用期满后于1950年获得了伯贝克学院的固定教职。[266] 冷战中断了他的广播生涯。他尝试了两次才得以被录用为国王学院的研究员，也不能以书籍形式出版自己的博士论文。他获得了伯贝克学院的固定教职并在《经济史评论》上发表了自己的第一批学术论文，但要想在学术界里获得成功仍是长路漫漫。他在创办《过去与现在》期刊中起了主要作用，但期刊与共产党历史学者小组的密切关系使其不能被学术界广泛接受。艾瑞克十分清楚党对自己不满，因为他对党的政治活动少有贡献，但他希望在大学教师工会中发挥作用的各种尝试，又偏偏因为他是个共产党员而受阻。他的婚姻出现了危机并最终破裂，这让他极度消沉，只能从中慢慢恢复。剑桥的生活令他难以忍受，于是他尽可能逃离，他不只是到伦敦、西班牙、意大利这些地方，而我们知道他去得最多的就是法国，在他20世纪50年代走上知识分子道路以及重新振作起来的过程中，这个国家起了重要作用。

第六章

危险角色

ERIC
HOBSBAWM

1954–1962

I

20世纪50年代中期，艾瑞克经常因为公事和私事四处出差。1955年，他的朋友德利奥·坎蒂摩里为他在第十届国际历史科学大会上预留了席位，大会从8月9日开始在罗马举行。这是历史学界的一次大型盛会，2 000名代表从世界各地前来参加，其中包括社会主义阵营国家的历史学者，这是他们第一次参会，有24位代表来自苏联。[1]艾瑞克告诉坎蒂摩里，自己很希望"有机会与来自东欧国家的各位友人会谈，还想和西欧国家的进步历史学者见面并交换意见"。[2]然而，大会仍然由政治和外交史学家主导，虽然罗马的会议上有一项研讨资产阶级的议程，但穆尼亚·波斯坦和费尔南·布罗代尔还是不顾大会组委会秘书长的强烈反对，在大会结束后第一时间另立门户，创办了国际经济史学会。[3]大会给艾瑞克留下的主要印象是那段时间天气很好，这让他和乔治·鲁德从会议中暂时抽身，"带着一瓶酒，穿上泳衣，到奥斯蒂亚的一个海滩去"。[4]鲁德是英国共产党党员，开创了法国大革命时期民众研究的先河。

在意大利的公务行程结束后，艾瑞克从佛罗伦萨到西西里岛的锡拉库扎去，从那儿乘船前往马耳他探望妹妹南希一家。[5] 朝鲜战争期间，南希的丈夫维克多·马尔凯西在一艘航空母舰上服役了两年，之后皇家海军把他派往马耳他。这时候夫妇俩已经有了两个孩子：出生于1948年的安妮和1951年的罗宾。1957年，第三个孩子杰里米在马耳他出生。孩子们热切期盼着艾瑞克的偶尔到访，在罗宾的记忆里：

> 艾瑞克的出现可是件大事，要知道，你的舅舅来了，可你也知道我们没有什么亲戚，这事儿很奇怪，因为别的人都有很多亲戚，生活在大家庭里，所以我记得当时我想到自己有个舅舅就觉得怪怪的。但我记得第一次见到他的情形，他给我带了一本《金钳螃蟹贩毒集团》，我永远也忘不了这事，因为从那以后我知道他每年都会送我一本《丁丁历险记》系列的书，我就是从《丁丁历险记》的系列故事里学会阅读的。[6]

有一次艾瑞克送了他一个工具箱，这让罗宾觉得"有点儿傻气"，因为他也像艾瑞克小时候那样，对摆弄这个东西兴趣寥寥。这次之后，维克多被调往北爱尔兰，一家人在那里待了两年才在1957年底回到英国。接着维克多到尼日利亚任职，南希和孩子们也随后前往。此后，他们于1962年在北安普敦郡的格林斯诺顿安家。

艾瑞克还和他的堂兄、少年时代的朋友罗恩·霍布斯鲍姆保持着联系。罗恩在家族里被叫作"霍比"，当时和家人一起先后在埃塞克斯的罗姆福和申菲尔德住过。罗恩是公务员薪酬研究小组的一名经济学家，他的女儿安吉拉在1944年出生，她回忆起父亲和艾瑞克在20世纪50年代不曾中断的友谊：

我想起艾瑞克有时会到我们家来，比如圣诞节或者夏天的时候。我一直记得霍比和艾瑞克会坐下来聊很久，天知道聊的话题是什么，可能是关于经济或政治吧，想必是这两样，没差了。我和妈妈则忙里忙外，做饭，洗碗。[7]

艾瑞克与另一个表兄丹尼斯·普勒斯顿也经常见面，两人因为对爵士乐的共同爱好而关系亲密。那个时候丹尼斯已经成了一名唱片制作人，专注于英国传统爵士乐。他是个爱出风头的成功人士，开着一辆奔驰汽车，穿萨维尔街的定制西装。同时，虽然他已经在 1954 年和南非籍的妻子诺妮离婚并另娶他人，但他不遗余力地倡导种族平等，并成功使一本宣扬种族优劣论的学童读本《小黑人桑布的故事》从很多学校图书馆里下架。[8]

1954年9月，国王学院的青年研究员任职期满后，艾瑞克不能再住在学院免费宿舍里了，于是他到伦敦安顿下来，在戈登大楼 37 号租下了一套宽敞但租金也相当昂贵的公寓，大楼就在伯贝克学院的拐角处，距离近得足以让艾瑞克在两节课之间来回。这是一个"空间宽敞，有些地方比较昏暗的公寓"，他后来回忆，"房子里全是书和唱片，俯瞰着托林顿街"。为了付得起昂贵的房租，艾瑞克不得不把这套公寓分租出去，分租对象大部分是他的朋友和党内的熟人，包括历史学者小组的成员亨利·柯林斯、信奉马克思主义的文学评论家亚力克·韦斯特，以及西班牙流亡分子维森特·希尔沃。1956年初，军情五处注意到艾瑞克与路易斯·马克斯合住，后者也是一位历史学者，还是党内的活跃分子。公寓里还有客房，艾瑞克的外国友人和其他朋友熟人都在里面住过。"老实说，这比住在剑桥的学院里有意思多了。"[9]

整个 20 世纪 50 年代里，艾瑞克和战前一样，大部分假期都在巴黎度过。[10] 他住在亨利·雷蒙德和海伦·贝格豪尔的家里，这对夫妇和他年纪相仿，一个年轻的法国女人在 1950 年举办的国际历史科学大会上把他们介绍给了艾瑞克。[11] 雷蒙德夫妇没有孩子——海伦从医生处得知自己怀孕的可能性很小。[12] 亨利生于 1921 年，在法国国家铁路局工作，他创作诗歌，并师从重要的马克思主义哲学家亨利·勒费弗尔学习社会学。他最后成了国立高等美术学院的社会学讲师，出版了一系列长篇论文，对年青一代的建筑师和城市社会学者产生了深厚的影响。他的妻子海伦是位画家和插画师，在巴黎的巴西领事馆工作。她是犹太人，有着一半波兰血统，1941 年和家人一同从法国出逃，"二战"期间一直待在巴西。[13] 艾瑞克形容她是"一位迷人且极富魅力的年轻女子"。那时他已经可以和这对夫妇（包括其他巴黎友人）用相当地道的法语交谈。[14]

1952 年 7 月，他从西班牙回来后第一次住在这对夫妇家里。他在回忆录里描述他们的起居环境：

> 那是一个相当简朴的工人阶级公寓，在克勒曼大道上……他们离开巴黎时，我就坐上他们的小车，和他们一同到商量好的地方旅行——卢瓦尔河谷或者意大利之类的地方。他们在城里的时候，我就和他们同住，在他们的陪伴下四处转转，在"花神"或者"朗姆酒"这些我们觉得挺不错的咖啡馆里观察往来行人，在知识分子圈子里寻觅熟人并和他们一起消磨时光——比如吕西安·戈德曼、罗兰·巴特和埃德加·莫兰。雷蒙德夫妇不在的时候，我就自己住在公寓里，把它当作一个只属于我自己的孤岛。[15]

雷蒙德夫妇的社交圈主要是非正统的马克思主义者或者和马克思主义渐行渐远的人士，还包括亨利·勒费弗尔和小说家罗歇·瓦扬，他俩都是"二战"时法国抵抗组织的成员。

法国共产党和英国共产党一样，严格遵循斯大林主义的官方路线。

追随这一路线的知识分子包括许多后来的知名历史学者，比如埃马纽埃尔·勒华拉杜里、弗朗索瓦·傅勒、安妮·克里格尔和阿兰·贝桑松，这些人当时和艾瑞克以及他那些非正统的知识分子同伴没有任何来往。法国共产党的干部对艾瑞克的特立独行再清楚不过了，他们从不敢在任何场合采访或邀请他。[16] 艾瑞克还和杰出的摄影师亨利·卡蒂埃-布列松成了朋友，对他的摄影作品很是欣赏。很多时候艾瑞克都在俱乐部里消磨光阴，从圣日耳曼俱乐部到"钓鱼猫"，那儿可以听到巴黎最好的爵士乐，虽然他认为巴黎的爵士乐整体而言都是二流水平，甚至远及不上他在伦敦听的，只有在巴黎活动的单簧管演奏家西德尼·比切特得到他的热情赞许。[17] 具有传奇色彩的双叟咖啡馆离雷蒙德夫妇的住所很近，是个能够提供知识滋养的地方，哲学家让-保罗·萨特在 20 世纪 50 年代是这间咖啡馆的常客之一，几十年前巴勃罗·毕加索和他的艺术家同伴们经常在这里出没。艾瑞克也会到其他俱乐部去，比如在斯加特听北非流行音乐。[18]

结识了萨特之后，艾瑞克经常和他见面。艾瑞克的外甥罗宾·马尔凯西记得：

> 我遇上艾瑞克的时候，正好和后来成了我妻子的美国女友住在巴黎——那是 1982 年的事了……我一直记得他带我们去圆顶咖啡屋吃饭的事。其实，我和她之前在那儿吃过饭……而且我总是会点咖喱羊肉，这时她会（用美国口音）对我说："你应该是唯一一个在这儿点咖喱羊肉的客人！"当艾瑞克舅舅带我们去圆顶咖啡屋时，我的这位前妻问艾瑞克：
>
> "你第一次来这里是什么时候？"
>
> "应该是 50 年代吧，我到这儿来和让-保罗·萨特吃午饭。"
>
> 于是她说："太棒了！他对你说了什么？"

艾瑞克看了她一眼，然后说："他对我说：'这儿只有一样东西能吃，艾瑞克，那就是咖喱羊肉。'"[19]

艾瑞克大部分时间都与巴黎那些不合主流或者政见不同的左翼知识分子交游，这让他得以与斯大林主义保持一定距离，并了解到大量与官方主流不同的思想观念。[20]

整个20世纪50年代，雷蒙德夫妇都资助艾瑞克在巴黎的生活，公寓里一直留着一个专门安顿他的房间，如果艾瑞克要到巴黎来而夫妇俩又外出了，他们就会给他留钱（"亲爱的，"海伦在一张留言字条上写道，"你会在这张桌子的抽屉里找到留给你的钱。我把钱放在这儿，因为新来的清洁工应该挺老实的……我希望即使我不在巴黎你也能享受一段愉快的时光。吻你。海伦"）。[21] 他们都很关注50年代早期与共产党人以及其他左翼阵营相关的许多问题，从对鲁道夫·斯兰斯基和其他捷克斯洛伐克共产党领导人（他们几乎都是犹太人）的公开审讯，到1952—1953年冬天他们被指控为犹太复国主义者和铁托主义者，再到法国共产党人、刻板的斯大林主义者莫里斯·多列士不久前的活动。海伦对反犹主义在法国的日渐盛行很是担心。[22] 他俩谈论共同关心的书籍、电影、世界大事、她在艺术界最新的活动，当然还有在巴黎、剑桥或者伦敦的见面计划。[23] "你知道吗，"她在给艾瑞克的一封信里写道，"我正小心地守护着你的杜松子酒，如果你能尽快过来的话，我能给你的可不止一杯，这应该足以让你到我这儿来了吧？"[24]

这对政治和思想上的同志在通信时显示了非同一般的关系。海伦写给艾瑞克的信充满了非比寻常的仰慕和爱意，而且还表现出毫无戒备的坦白。"你过得怎么样呢？"她在1952年10月的信里问道，这是艾瑞克首次和雷蒙德夫妇短暂同居后的几个月后。"你心有所属了吗？"[25] 如果说她在1952年秋冬时节写给艾瑞克的信还比较克制的话，那第二年他从巴黎返回英国后，海伦写的信就毫无顾忌了。她在信里摘抄了一首情诗给艾瑞克（"爱人的睡房／全世界的笑声都在那儿"）。[26] 她摘录了伊丽莎白·巴莱特·勃朗宁夫人的第43首十四行诗为写给艾瑞克的信作结——"我是怎样爱你？让我一一细数"。[27] 她的丈夫亨利似乎毫不介意。亨利不是一个会嫉妒的人，1952年7月两人的暧昧关系开始后，海伦这样安慰艾瑞克。[28] "你的性生活怎么样？"分开一段时间后她有一次这样问艾瑞克。[29] 她希望自己在艾瑞克心中有别人难以企及的地位，她在另一封信里写道。[30] 虽然结婚5年后她渴望自由，但她告诉艾瑞克自己不可能离开亨利。[31] 分隔两地时海伦毫不犹豫地向艾瑞克提起自己的外遇。"我是个迷人可爱的小东西，"她声称，"玩一点感情的小把戏。"[32] 她也没有对亨利隐瞒自己和艾瑞克的关系，实际上她有时会在信件结尾捎带上亨利给艾瑞克的问候。至于亨利，他也有风流韵事，海伦告诉艾瑞克其中有一次是"一段认真的关系，是爱情"，她又语带讥讽地补充，"啊，爱情是美好的"。他们将近10年的婚姻生活进入了日渐疏远的境地，海伦开始考虑搬出去住。[33]

1957年，艾瑞克和雷蒙德夫妇一起到意大利南部亚得里亚海边的疗养地罗迪加尔加尼度假。雷蒙德夫妇选择这里是因为朋友罗歇·瓦扬的小说《律令》正是以这儿为故事背景的，他获得了这一年的龚古尔文学奖。艾瑞克在海滩上遇到了另一对年轻夫妇：理查德和伊莉斯·马里安斯特拉斯，"理查德是个身材高大、胸膛宽阔的金发男子，伊莉斯则娇小苗条，一头黑发"，夫妇俩都来自波兰的犹太人家庭，"二战"期间因为躲在法国未沦陷的地区得以生存下来。理查德后来成为一名重要的莎士比亚研究学者，伊莉斯则出版了关于美国印第安人抵抗运动的著作。马里安斯特拉斯夫妇准备到突尼斯去做一段时间的教师工作，由于艾瑞克在战前对这个国家已经有所了解，他们马上投入到热烈的讨论中，并从此建立起了终生的友谊。多年后回忆起他们的第一次见面，伊莉斯·马里安斯特拉斯搞不清楚亨利、海伦和艾瑞克之间的关系："基本上我不知道她是艾瑞克的前妻，还是他的情人，又或者是亨利·雷蒙德的情人。他们三个的关系让我一头雾水。"她觉得海伦可能仍然是艾瑞克的妻子。海伦不随夫姓的行为在20世纪50年代还是十分少见的，这让伊莉斯觉得很困惑。"我能感到他们的婚姻并不顺利，"谈起海伦和亨利的关系时，伊莉斯谈到，"他们的婚姻陷入了困境，即使第一次见面的时候，我也没看到他们有任何亲密举动。"马里安斯特拉斯夫妇和艾瑞克成了亲密朋友，但和雷蒙德夫妇则没能深交。[34]

对阿尔及利亚独立的共同关注继续把他们联系在一起，这是20世纪50年代中期法国的重要政治问题。艾瑞克战前曾到过北非，又频繁造访巴黎，这让他和简称为"FLN"的阿尔及利亚独立运动组织"民族解放阵线"有了接触。民族解放阵线1954年在阿尔及利亚发动的起义很快升级为一场激烈的内战，由于在法国的阿尔及利亚移民反对独立，形势变得更加复杂。在法国往阿尔及利亚部署了40万兵力后，炸弹袭击、屠杀、暗杀和酷刑成了交战双方惯常的暴行，而且冲突开始延伸到法国城市。1961年10月17日，莫里斯·帕蓬控制下的法国警察在巴黎蓄意杀害了100到300名争取阿尔及利亚独立的和平示威群众，[35]帕蓬在"二战"傀儡政权维希政府执政时期曾逮捕过犹太人，并把他们押往奥斯威辛。法国共产党支持阿尔及利亚独立。当民族解放阵线的成员及其积极支持者在当时形势下有生命危险时，一些共产党员开始了一项帮助他们逃脱法国警察追捕的掩护行动，数次将这些活动者偷偷运送到英国去。艾瑞克加入了这一计划，并请求尼尔·阿舍森协助他。"这个计划让我们掩护一些人——武装分子，天知道他们是怎么来到英国的，可能是用了假名字或者其他手段——之后我们会帮助他们藏起来并照顾他们，直到法国的局势明朗，不管最后哪一方获胜。所以我就这样加入了这个行动，"阿舍森后来回忆道，"从来没有人联系我，让我藏起任何人。那时我已经结婚了，有一个小孩。有多少人涉及这一行动，有多少武装分子得到了掩护，我一概不知。"[36] 与此同时，简称为"OAS"的秘密军事组织在很多法国殖民者的支持下，在法国和阿尔及利亚制造了一连串炸弹袭击和暴行，目的是阻止阿尔及利亚独立。这一节骨眼上，海伦·贝格豪尔到伦敦来找艾瑞克，根据艾瑞克后来的回忆，她告诉他自己是来买炸弹计时器的，到时会用在对抗秘密军事组织的行动里。"我问她上哪儿买。'肯定是去哈洛德百货啦。'她说。也是，不然她还能上哪儿去。"[37]

这个时候，雷蒙德夫妇的婚姻已经到了无可挽回的地步，1962年初，海伦搬出了公寓，两人办理了正式离婚。[38] 亨利再娶了一个有独立经济来源的女人，而海伦继续韵事不断。[39] 到了1965年，她因为抑郁、失眠和焦虑而要接受心理治疗，并告诉艾瑞克她再也不能过正常的性生活了。[40] 他们断了联系，再也没有见面或者写信，直到很多年后海伦在一封写于1985年10月17日的信里告诉艾瑞克自己得了乳腺癌。[41] 治疗让她暂时战胜了病魔，但病情很快又复发了，她于1992年7月初去世。[42] 无论如何，艾瑞克后来形容这段三角关系给了他"家一般的感觉"。[43]

‖

回到英国之后，艾瑞克继续在自己的专业历史研究领域努力。早些年在《经济史评论》和《过去与现在》上发表了一些学术文章后，他觉得是时候把自己阅读的史料和研究整合成一本著作了。这本书将讲述自18世纪晚期以来英国工人阶级崛起的历程，书名为《工薪劳动者的兴起》，即将作为"哈钦森大学丛书"的其中一本付印出版，这套丛书此前又叫作"家庭大学丛书"，是一系列广受欢迎的简明教材，基本涵盖了各个学科领域的内容。艾瑞克在 1953 年 11 月 17 日向出版社寄去了这本书的内容大纲，预计全书分为 8 个章节：

> 我的写法是在每一章里交叉讨论所有工业国家，而不是将每个国家放在一系列章节里分开讨论。每一章都会按时间顺序划分讨论内容：工业革命早期、中期和现代工业革命时期。（在英国，相应的时期大概是 1780 年至 1850 年、1850 年至 1900 年，以及从 1900 年至今。）[44]

艾瑞克的提议得到哈钦森出版社负责这套丛书的编辑鲁斯·克劳伯的热情回应，他告诉艾瑞克这是"一个非常有意思的选题，尤其适合纳入这套丛书里"。[45] 丛书历史学部分的编辑是 G.D.H. 科尔，他是一个研究社会主义思想的左翼历史学者。1953 年 11 月 28 日，科尔写信给艾瑞克，肯定了他的想法，对内容大纲提出的意见都是无关要紧的。[46] 和科尔见面后，艾瑞克在 1954 年 1 月签下了合同。[47] 艾瑞克写完这本书的时间比他预料的要稍微晚一些。虽然合同里的截稿期是 1955 年 7 月 31 日，但哈钦森出版社希望他在复活节前交稿（这样就可以在 1956 年第一季度出版）。最后，艾瑞克在 8 月 7 日向出版社提交了稿件。

"我觉得这个篇幅刚刚好，"他告诉鲁斯·克劳伯，"我把一开始写的很多内容都删减掉了，让全书控制在 6 万字以内，但我没有认真检查最后的实际字数，尤其是没有把注释的字数算进去。"这些注释是很详尽的，艾瑞克提醒克劳伯：

> （因为）棘手的地方在于，这本书要讨论的内容不是从几本大部头里提炼总结就行了。我觉得这本书至少是需要这种程度的注释

的……我引用了一些诗句——都是从民歌、蓝调歌曲和流行曲里摘录的——放在每一章的开头。我希望能保留这些诗句，可以的话用小字体印刷。这样做一是因为它们都是很美的句子，二是给整本书添上了一点人文色彩，而且可以让读者心情愉悦。我认为一本严肃著作不应该忽略人文趣味，况且这可能会多吸引一些读者。[48]

两个月之后，科尔把手稿退给了艾瑞克，并通知他这本书不能出版了。[49]他把书稿提交给了一位资深的英国经济史学者——这是学术书籍包括教材读本出版前的例行流程——他得到的结论是这本书观点片面，不适合大学生阅读。[50]艾瑞克立刻咨询了他的律师杰克·加斯特，几年前加斯特曾经为他处理过离婚事宜。[51]他起草了一封信件，但最后没有寄给鲁斯·克劳伯，在信中他提出"希望得到关于修订书稿的具体建议。在不涉及大部分内容重写的情况下，接下来我会尽力按要求完成修改。你要知道，"他补充道，"我一直认为你委托我写的这本书完全适合放在'哈钦森大学<u>丛书</u>'里。"[52]然而，在进一步交涉后，出版社声称书稿内容违反了艾瑞克签下的合同，合同里有一项条款是保证这本书不得出现任何在出版社看来会"引起反感"的内容。[53]

艾瑞克提醒鲁斯·克劳伯，自己已经针对这个所谓的问题对书稿作了修订：

你转发了一个匿名评审者的报告给我，我有理由怀疑这个评审者是否有资格来评价一位专家和某个学术领域的开拓者，以及他的学术著作。这让我很大程度上不知道要做些什么才能满足你的要求。我向你相当详细地列出了我的困惑，还对那位评审者一些不太正确的观点进行了回应。但你只是回复我说他的报告已经提供了足够的修订指引，如果我不做出一些含糊不清、意义不明的修改，你就不会出版这本书。[54]

鲁斯·克劳伯告诉艾瑞克，"哈钦森大学丛书"里的作品"必须提供完全中立的观点"。加斯特说这是一个关键的争议点，他协助艾瑞克起草了一封信件寄给出版社，重点反驳出版社的这一说法。当再次确认违反合同的是出版社而不是自己时，艾瑞克对鲁斯·克劳伯说："让一个作者在他研究领域的学术著作中不反映个人观点是不可能的，如果你同意我的结论或者观点，你就不会为了这个来认真跟我争论。"[55]

艾瑞克提出，"哈钦森大学丛书"里的很多作品"说不上是'中立地提供信息'"。比如阿伦·佛兰德斯的《工会》"公开提出反对共产党人的观点"，而柯比什利神父的《罗马天主教教义》体现的是"一位罗马天主教大人物所理解的教义，而不是出自大英帝国的作家之手。他不能中立地表现与其相悖的观点"。"关于大英帝国的一系列读本也写得乏善可陈，作者强烈地偏向自己赞同的观点。"艾瑞克指出。[56] 他坚持自己作为历史学者的身份和作为共产党员的身份不应混为一谈：

> 在提议为"哈钦森大学丛书"写作时，我除了撰写一本学术作品的念头，别无他想。另一方面，让我撰写一本不能运用我所熟知的马克思主义分析方法的作品，我做不到，你也不应该这样要求我……学者的某些天职是：评估论据和论证，并用科学方法的标准来判断这两者。如果他歪曲或者省略论据，又或者忽略论证，他就要受到批判。但不能因为他是一名马克思主义者，就批评他像马克思主义者那样写作。如果出版人不相信一名马克思主义者能写出他想要的那种作品，就不应该委托他写书。如果出版人发出了委托邀请，就不应该抱怨收到一份马克思主义思想的书稿（这不应和共产主义宣传混淆）。[57]

出版社知道艾瑞克是个马克思主义者，但还是和他签了合同。在哈钦森出版社之前,已经有两间出版社拒绝了艾瑞克的提议。但艾瑞克"还是没有什么头绪"。为什么这本书如此突然地被退稿了?

艾瑞克此时彻底觉悟了。毕竟这已经是他第二本被拒绝出版的书,拒绝的理由依然是"观点片面",第一次是几年前托尼阻止艾瑞克出版博士论文。最让艾瑞克恼火的是,那个建议科尔不要出版《工薪劳动者的兴起》一书的"专家"明显并不像他那样熟悉这一研究领域,即使出版社坚称那人是权威人士。艾瑞克在给鲁斯·克劳伯的信里写道:

> 我认为匿名评审人的专业水平和我们之间的分歧没有太大关系,要么就是你认为我的书在知识和学术水平上有所欠缺,所以拒绝接受我的书稿,这种把责任推到我身上的做法让我十分气愤,而且无论怎样你都拿不出什么证据……你选择的评审人并没有以专业人士的身份评论本书,而是出于和我的观点非常不一致的个人成见,未能从"言之有物又不偏不倚"的角度来进行评论。[58]

然而,哈钦森出版社显然不会让步。"我们明显陷入了僵局。"艾瑞克总结道。合同规定可以将争议提请仲裁,于是艾瑞克提出要这样做。杰克·加斯特向出版社发去正式函件后,哈钦森出版社的代理律师(讽刺的是,他们属于"伯贝克律师事务所")在回复中重申"我们的客户不愿意以当前的形式出版此书"。出版社委托第二位评审人出具了一份独立报告,得出的结论和第一份一样。[59] 由于出版社相信他们在法律上无懈可击,于是提出给艾瑞克 25 几尼(相当于现在的 26 英镑 25 便士)作为补偿。[60] 艾瑞克关于这次争端的存档文件只有这么多,所以他很可能就此作罢,接受了出版社的补偿,虽然补偿的金额少得可怜。加斯特告诉他这种控告出版社的官司很难打赢:"你可以找人证明你的学术立场,但他们会找到更多人证明你的观点不够全面。"[61] 在冷战期间,这是很有可能的。

那么，是谁写了那份讨厌的报告，导致《工薪劳动者的兴起》无法出版呢？严格意义上出版社是不能泄露相关信息的，艾瑞克也从未公开猜测过作者的身份，但在关于此事的存档文件中，有一封信表露了他的想法，这封信是写给他在伦敦大学学院的同僚威廉·H.查洛纳的，查洛纳是伦敦大学学院的经济史教授，这个学院离伯贝克只有一街之隔。两人想必经常在伦敦的联邦历史学学位考试委员会或者经济史学会碰面。信件的抬头是"尊敬的查洛纳"，这是当时大学同事之间正式的称呼口吻。信里详细地反驳了查洛纳在通俗杂志《今日历史》上发表的一篇文章，文章的共同作者是研究英德经济史的学者威廉·奥托·亨德森，两位都高度肯定了工业革命。"我读了你和亨德森在《今日历史》上的文章，里面的内容让我震惊不已，"艾瑞克写道，"你怎么会写出这种文章？简直说不通！"这篇文章猛烈抨击了艾瑞克关于工业革命期间民众生活水平的论文，于是艾瑞克在接下来的信里逐条反驳。他提醒查洛纳，自己会在公开场合再次提出批评意见。[62]第二份讨人嫌的报告作者很可能正是亨德森，因为科尔本人不是英国经济史方面的专家，他也许会请查洛纳推荐一位评审人。

《工薪劳动者的兴起》再也没能出版，但这本书的手稿保留在艾瑞克的档案中。书中的8个章节讨论了劳动的分化、工人的招募、工人教育和培训、工资合同、民众生活水平和工人文化，最后两章则聚焦于劳工运动（工会和罢工活动）的经济和政治意义、雇主和政府对劳工运动的态度，还有社会主义组织活动的兴起。手稿共250页，写在四开纸上（比现在通用的A4纸要稍微小一点），是一本内容丰富、涉猎广泛的综合性学术著作。这本书循循善诱的特色、注释分明的术语和浅显直白的文风与艾瑞克20世纪60年代之后的作品有着鲜明的区别。然而，书中直言不讳地认为工业革命进程"简直是最惨烈的历史转型，让全世界的民众都深受其害"（第二章第二节）。艾瑞克用死亡率、肺结核患病率和征兵人数高峰等数据（引自欧洲各国）论证了工作环境在1800—1850年这段时间里迅速恶化，只有到了工业革命较为成熟的阶段，工作环境才在工人组织的压力下有所改善。他在第六章里转向"工人文化"的讨论，这一章和其他章节一样，对女性工人问题仅仅简要探讨，而重点完全放在了男性工人上：一个来自乡下的工人能唱上几首歌，"他"会参加农村的节日活动，而且"他的人生领域已经被绘制和标示出来了"。在20世纪50年代艾瑞克写作此书后，出现了大量以女性工人、农村女性、家庭中的女性及类似主题的研究和著作，这也许让《工薪劳动者的兴起》与其他作品相比显得有些过时。

这本书关于流行文化变迁的阐述相当出色，讨论范围从民歌到剧院表演、弗拉明科歌舞以及爵士乐，还有像维也纳的"普拉特"公园或者英国西北部布莱克浦这种都市娱乐业中心的出现。第七章讨论的是工会主义的崛起，从殉葬互助会*等互助组织谈起，一直讲到工人的协作和罢工委员会。第八章阐述了政治组织的出现，重点讨论了社会主义和共产主义。结语部分则探讨了国家对劳工阶层兴起的反应，一些不太明智的政府试图压制这一趋势，于是在某些情况下引发了革命（最明显的例子是俄国），而头脑清醒一点的政治家（尤其是俾斯麦以及他的社会主义政策）则先发制人，通过在必要问题上与劳工阶级达成和解，而把革命的内生动力引导到改革渠道上去。如果能够出版，这本书会成为一项有力的教育工具，在传道授业的同时为学生甚至他们的老师提供辩论的素材。

---

* 殉葬互助会可以追溯至古代罗马时期，在19世纪的英格兰及其他地区，殉葬互助会盛行于贫苦工人阶级中间，定期交纳少量会费一段时间后，会员或其家人万一去世，可得到殉葬费用补偿，8周以下婴儿或者55岁以上的成人通常不得入会，而且由于没有任何监管措施，互助会的资金使用经常出现争议。——译者注

艾瑞克和查洛纳的争议焦点是工业革命时期的民众生活水平。当然，这不是什么新课题，19世纪的社会评论家已经指出，工业化进程对普通民众的生活质量产生了负面影响，这一观点在20世纪得到了J.L.和芭芭拉·哈蒙德夫妇的应和。[63] 新一代的经济史学者，尤其是J.H.克拉潘和T.S.阿什顿使用了实际工资的数据来进行反证。[64] 艾瑞克在一篇发表在《经济史评论》上的文章（正如他提醒过查洛纳的那样）中采取了更加广泛的研究方式，引入了死亡率和失业率等因素，并使用食品价格和肺结核患病率等详细数据来反驳实际工资有所增长的观点。奥地利裔的牛津大学历史学者马克斯·哈特韦尔是《经济史评论》20世纪60年代的编辑，他发表了一篇言辞有力的驳文，批评艾瑞克的数据，同时辩称在工业化进程中工人阶级的生活水平有积极提升。接下来他们在期刊上的论战越发激烈。[65]

随着论战成为学术界的关注焦点和大学经济政治史课堂上的中心话题，其他人很快也加入了这场讨论。[66] 在艾瑞克的批评者当中，爱德华·汤普森也许令人颇为意外。他那本具有开拓意义的鸿篇巨制《英国工人阶级的形成》将在1963年出版，这本书面世后，汤普森向艾瑞克承认，自己在这场关于工人阶级生活水平的辩论中，

> 并不愿意简单地对你表示支持。我对此没有明确的立场，而且在我的书里也是这样表达的。如果你没有介入这一话题并掀起论战（而且你得到的支持寥寥），我们的研究会走向何方……也许永远没有人提出这么多有意义的问题。另一方面，我觉得你在反驳对方上花费了太多精力，而不是专注于我们的一贯（或者新的）立场；况且（我可能是最后一个这样批评你的人了）我认为你由于被哈特韦尔那样的蠢货激怒而采取了不恰当的措辞（比如在《经济史评论》上的最后一轮辩论中），这会让你在那些还没准备发表的观点当中

泥足深陷，而且难以用交换意见的友好态度来进行讨论。我想，你有时会不会觉得自己过于孤立无援了？[67]

汤普森声称自己并不擅长数据分析，他承认"生活水准与工作经验"是他的书里最薄弱的一章（"直到校样阶段，我都在想要不要把这一章完全删掉"）。在艾瑞克看来，汤普森的书是一部重要作品，其不足在于"缺乏自我批判"，这让《英国工人阶级的形成》"过于冗长，但实际上内容并不全面"。[68]

虽然霍布斯鲍姆和哈特韦尔的论战也许未有定论，却在接下来的几十年里启发了大量的研究，在这段时期里，辩论的范围继续扩大：比如，学界普遍认为最初的讨论意见过于关注男性工人的真实工资水平，忽略了妇女和儿童的生活水平。儿童和成人在不同年龄的平均身高数据、受疾病的影响和其他更多的因素为研究带来了新的论据。从广泛意义上看，在 18 世纪后期到 19 世纪中期这一漫长的时段里，工业革命的确对英国的工人阶级的生活水准有负面影响，但此后情况有所改善——这正是艾瑞克在《工薪劳动者的兴起》一书中提出的论点。[69]

III

艾瑞克几乎从一开始就是政治上的实用主义者，他的共产主义信仰从来都没有派别或者囿于教条主义，即使在他少年时代的信仰早期亦是如此。毕竟他曾经在 1935 年到 1945 年期间给工党拉过票。他对英国共产党并不如他对一般广义上的社会主义事业那般忠诚。只在党的宣传刊物上发表文章，在街角宣传党的报纸，为了干革命以及在未来的社会主义体制下保持清白而与"资产阶级"社会划清界限——这些党员应尽的义务他从未履行。[70]他一直相信左翼阵营应当团结，摒弃各种马克思主义的派别之争。从20世纪30年代开始艾瑞克就经常在私底下质疑党的方针路线。不过到了20世纪50年代，苏联发生的一系列事件让这些质疑一下子暴露出来。

1953年斯大林死后，尼基塔·赫鲁晓夫在竞逐权力的派系斗争中获胜，这位新的苏联领导人着手让苏联从前任统治者的影响下解脱出来。1955年，赫鲁晓夫由于和铁托达成公开和解而触怒了各国的共产党人，这导致苏联对南斯拉夫的政策在不到10年的时间里经历了第二次逆转。但直到1956年2月25日的苏共二十大，他和斯大林决裂的决定性时刻才最后到来。在一次秘密讲话中（全世界很快就通过美国中情局获知了这次讲话），赫鲁晓夫痛斥了围绕斯大林的"个人崇拜"，谴责他犯下数不清的错误。对那时候全世界的共产党员来说，斯大林是不能批评的，但他的威名似乎受到了些抹黑。[71]英国共产党的领导层一开始试图对赫鲁晓夫的讲话置之不理，他们审查《工人日报》上的相关报道，并在1956年4月初党员年度大会的一项秘密议程中重申对斯大林的整体正面评价。[72]但他们很快发现无法继续钳制言论。

艾瑞克、克里斯托弗·希尔、爱德华·汤普森和其他党内历史学者小组委员的成员首先提出要公开讨论赫鲁晓夫的讲话。他们在1956年4月6日碰头，向党员大会发出了批评，指责其未能发表声明，为"过去全盘接受苏联所有的政策和观点"致歉。英国共产党总书记哈里·波立特则回应声明还在起草过程中。4月8日，由莱斯利·莫尔顿担任组长的历史学者小组再次碰面讨论这一情况。工党历史学者约翰·萨维尔斥责英国共产党"依附于"[73]斯大林主义。5月5日，波立特终于回应了赫鲁晓夫对一些苏共领导人在30年代经受的"肃反"运动、公开审讯和处决提出的谴责，他表示，英国共产党领导层震惊地得知"很多被认定为背叛了共产主义事业的人实际上都是忠诚的党员，一场蓄意组织的陷害目前已被揭露，他们都是受害人"。必须吸取教训，他总结道，重要的是加强党内民主和广泛吸纳各方意见。[74]

这场讨论在 1956 年 5 月 19 日发行的党内杂志《世界新闻》上继续发酵。约翰·萨维尔批评"党内直面争议的传统近年来有所衰减"，必须重新发扬。[75]艾瑞克在讨论中发挥了影响力，呼吁历史学者小组的成员在斯大林的问题上追随"苏联历史学者的新思维"。[76]英国共产党也需要对其过去进行自我批判式的反思。英共的事业在发展为英国大众运动的过程中遭受了彻底的挫败，从推进社会主义事业的角度看，英共最成功的策略是支持工党的左翼候选人，并像在"二战"中那样寻求成为工党的附属组织。[77]然而，只有当英共的宣传机构——主要是党报《工人日报》——不执行审查或者不搁置变革呼声时，艾瑞克提出的问题和其他事务才能在党内得到公开讨论，但这一情形未能实现。[78]

艾瑞克写给《工人日报》的另一封信把事情推到了紧要关头，他在信里批评英国共产党打算在下一次大选中竞逐南利兹议会席位的决定，当时在这个席位上的议员是工党领袖休·盖茨克尔。

> 我们党决定在大选中争取南利兹的议会席位，这是为什么呢？我们可以拿下这个席位吗？不可能。我们一直参与了竞选活动并在选区里获得过支持吗？我对此表示怀疑。如果这个席位不是碰巧属于盖茨克尔的，我们难道会参选吗？除了向工党领导发起人身攻击的机会，我们期望从这次竞选中得到什么？当然，他是一个右翼分子，我们中有很多人根本不相信他是社会主义者，但发起针对右翼人士个人的竞选宣传，是最好和最负责任的团结工党的方式吗？参加竞选不会让我们赢得南利兹的席位，但必然会让当地以及其他各区不少正直的工党党员对我们产生敌意。看在上帝的份上，让我们

再考虑一下这类冒进的竞选活动吧。你的兄弟，E.J.霍布斯鲍姆。[79]

　　《工人日报》的主编乔治·马修斯将艾瑞克召来会面，询问他是否介意这封信"推迟几星期"再出版。军情五处在英国共产党的伦敦总部安装了窃听设备，根据他们的报告，"霍布斯鲍姆没有同意，两人接着激烈争辩起来"。[80]艾瑞克指责马修斯"态度过于狭隘"。马修斯"反唇相讥，指出霍布斯鲍恩［原文如此］没有大局观念"。艾瑞克"拂袖而去"，他们又安排在第二天会面。马修斯告诉艾瑞克他的信不能发表，"因为从长远影响看，这封信与党的利益是相背离的"。南利兹的当地党组织正在发展壮大，反对盖茨克尔的决定是他们做出的，退出竞选将"意味着一场公开的挫败，这对党是有害无益的"。[81]艾瑞克同意修改信中激烈的言辞，1956年7月30日，这封信在长时间的推延后终于出现在《工人日报》上。[82]

　　历史学者小组的另一名主要成员爱德华·汤普森在1956年6月30日发表一篇文章，将英国共产党比作经常斥责异端的中世纪教会。汤普森指出辩论是一项源远流长的英国传统，其目的是有辩证意义的，他引用了弥尔顿的言论——"通过观点的碰撞找到真理"。[83]这引起了马修斯的反感，他曾经参加过苏共二十大。马修斯提出汤普森"对我们党的描述是夸大其词"，用上了所有反共宣传的陈词滥调。[84]1956年5月，英国共产党的执行委员会同意成立"一个党内民主委员会"来避免"教条主义、制度僵化和宗派主义"，执行委员会承认这些现象迄今为止已经相当明显。然而，这个委员会里充斥着专职的党内干部，最后总结出一份不痛不痒、毫无批判力的报告，这促使克里斯托弗·希尔牵头的改革派独立起草了一份少数派报告（但根本没有被英国共产党采纳）。[85]

　　1956年7月，英国共产党领导层的哈里·波立特、约翰·高兰、伯特·拉梅尔森到莫斯科去接受赫鲁晓夫的指示。回国后，他们显然对变革的呼声采取了更为谨慎的态度。[86] 同时，每一期《世界新闻》里几乎有一半篇幅都是与党内民主有关的讨论。艾瑞克写了一封长信给杂志，坚称英国共产党面临的严峻考验是基层能否推动政策改革。艾瑞克曾经有一段时间担任过党内历史学者小组的组长，现在小组呼吁对共产党在英国的发展历史进行公开和充分的研究。[87] 苏联的历史学者正在记录自己政党内部"以往由疏漏、罪行甚至谎言造成的过失"，历史学者小组也应该这样做，"以防相似的错误"出现在英国共产党的历史上。英国共产党应当思考为何参与过的竞选活动寥寥可数，必须认识到苏联的社会主义道路并不是唯一可行的。[88] 党的领导层对艾瑞克的倡议采取了搁置和否认的策略，另一个官方委员会成立了，这次是为了编撰英国共产党党史，但和党内民主委员会一样，这个委员会实际上也被以詹姆斯·克卢格曼为代表的领导层边缘化了。艾瑞克继续担任这个委员会的成员，但他的观点完全被忽视了。最后，克卢格曼自己被指定为党史的编撰者，几年后，他完成了一本英国共产党的早期史，里面的内容毫不客观，通篇都是歌功颂德。[89]

在这种情形下郁郁不得志的约翰·萨维尔和爱德华·汤普森开始自行发布一本叫作《理性者》的印刷小册子，作为呼吁党内民主化的工具。英国共产党的领导层再三"指示"他停止出版这本刊物。党员必须遵守长期以来的威权传统，不得成立和党报党刊观点对立的宣传机构。萨维尔等人的回应是假如他们的言论自由受到了限制，将会提出退党。党的执行委员会在 11 月下达了批复，宣称萨维尔等人"不顾党员身份，在现任党委成员看来以不负责任的态度于党的组织和章程之外"进行活动，决定暂停他们的党籍。英共的领导人显然用尽了一切办法来压制言论。[90]

1956 年 10 月，布达佩斯的学生和其他民众受到波兰罢工和示威活动的影响，要求奉行斯大林主义的匈牙利政府下台，此前该政府拒绝以任何方式回应赫鲁晓夫对斯大林的批判，这加深了社会主义阵营的危机。改革派的共产党人纳吉·伊姆雷领导下的新政权取代了原来的政府，由于推行自由化改革和寻求摆脱苏联的影响，前一年伊姆雷曾被莫斯科授意罢黜总理职位。11 月 4 日，苏联进行了军事干涉，还重新扶植了强硬的斯大林主义政权。大约有 2 500 名匈牙利群众和约 700 名红军士兵在此次事件中丧生，超过 20 万匈牙利人远走他国避难。[91] "对苏联以外的共产党人来说，"艾瑞克后来写道，"尤其对知识分子而言，目睹苏联坦克进入一个由共产党改革派领导的人民政府，这带来一种被撕裂般的痛楚，意味着这场由赫鲁晓夫对斯大林的谴责掀起的危机刺穿了他们信仰和希望的核心。"[92]

英国共产党宣称纳吉·伊姆雷得到了反动的天主教枢机主教明曾蒂的支持，其目的是颠覆革命。"法西斯主义的危险"以及"资本主义和地主所有制"的复辟已是"迫在眉睫"，匈牙利可能沦为"西方帝国主义和反动势力在欧洲的中心堡垒"，从而对社会主义包括苏联自身的存续造成威胁。[93] 在英国共产党内的许多民主倡议者看来，这套说辞过于夸张了。1956 年 11 月 9 日，艾瑞克在写给《工人日报》的信里谴责了英国共产党的冥顽不灵。他十分担心党的领导层不能被完全说服，于是在信中承认"明曾蒂支持的政权可能对与匈牙利接壤的苏联、南斯拉夫、捷克斯洛伐克和罗马尼亚造成严峻的威胁。如果我们和苏联政府站在同一阵线上，就应该介入干涉"。但另一方面他又指出：

> 首先，不管指导方针如何出错，反对匈牙利旧政府以及抵抗苏联的军事干涉都是大范围的人民运动。其次，正是苏联和匈牙利工人党的政策造成匈牙利工人党脱离群众，甚至遭到部分群众痛恨。最后，无论群众是否受到了误导，由外国军队来平息都是一桩悲

剧，必须承认这一点。在我们以沉重的心情支持匈牙利目前政局的同时，也要坦率地表达意见：苏联应当尽快从匈牙利撤军。

艾瑞克指出，英国共产党压制或扭曲事实都不会带来任何好处，只会丧失人心，而事实上正是如此。[94] 英国共产党的领导层在完全不征询党员意见的情况下，对苏联干涉匈牙利表示了支持。

1956 年，英国共产党开始出现了重大分裂。四分之一的党员退党，其中还有三分之一的《工人日报》职员。[95] 党的领导层把这些人全部谴责了一遍。领导层宣称，他们"犯了严重的错误"，他们的行为会让"保守党人以及与工人阶级长期为敌的人欢欣鼓舞"。领导人们呼吁党员"团结起来"。[96] 与此同时，汤普森和萨维尔通过《理性者》来抨击苏联对匈牙利的干涉。[97] 他们促请苏联立刻从匈牙利撤军，并在英国共产党内部召集一次特别大会来讨论这一形势。[98] 艾瑞克对此表示同意。贝蒂·格兰特是历史学者小组的一名成员，1956 年 11 月 12 日，她在提交给小组书记埃德温·佩恩的报告中写道："匈牙利事件是 E（艾瑞克）能够忍受的极限了……他与 6 名退党人士有私交。"佩恩建议她继续将汤普森和萨维尔这些退党人员视作"小组成员，历史学者小组今后将不会再严格局限于党员（如果从前有过的话）"。从更大的方面考虑，佩恩认为随着异见人士成批地退党，党内的民主运动将被显著削弱，这也许正是领导层乐见的结果，因此他们今后不会过于介意退党行为。[99] 在军情五处窃听到的一次电话交谈里，艾瑞克显然被认定为这场退党运动的主要人物，甚至可以说是鼓动者。"艾瑞克在挑衅党的领导，"一个党内民主运动的倡导者提到，"……他向领导层提出了一项倡议，要求他们允许他组织一次全国性的反战活动。"这一提议是否能得到批准令人存疑。"艾瑞克将自己置于边缘，他可能会被党抛弃，这是件很可惜的事情，因为除了替艾瑞克感到惋惜，这也会削弱他们所有人的努力。"当然，也有"一些温和派想要改善现状，但不会像艾瑞克那么激进"，艾瑞克此前否决了一封写给领导层的信件草稿，因为"这封信不够铿锵有力，他要的是呼吁推翻目前的领导层并实施新政"。克里斯托弗·希尔在谈论此事时甚至使用了"艾瑞克主义"一词。[100]

艾瑞克如约在克里斯托弗·希尔和罗德尼·希尔顿草拟的信件上签了名，《工人日报》拒绝刊登这封信，倒是《新政治家》在他们的请求下于 11 月 18 日发表了信件。该信谴责"英国共产党执行委员会一味地支持苏联在匈牙利的行动"，这让"多年以来对真相的歪曲达到了难以接受的顶点"，是"英国共产党人未能独立思考政治问题导致的失败"。信里还宣称："苏联的行为得到揭露，工人和知识分子近期也发动起义，反对波兰和匈牙利的伪共产主义官僚和警察制度，这些都表明，我们过去 12 年的政治分析都建立在事实的虚假呈现上。"[101]党内高层指责这封信是一种不分青红皂白的批判，并且它被发表在一本"资产阶级"的杂志上，可以说是对共产主义的背叛。艾瑞克在他的回应中重申了寻求更多党内民主的诉求，指出"党内民主的考验在于是否允许自下而上推动政策修订和领导层调整"。他认为应该修改党的章程，允许普通党员参与政策的制定，而不仅仅是参与讨论，党的领导层还应认识到，错误的决策即使得到大多数党员的支持，也会导致"党员们'用脚投票'"。他呼吁"要认识到我们党的各级领导人不一定总是正确的"。[102]

1956 年 11 月 22 日，在詹姆斯·克卢格曼的建议下，艾瑞克给"约翰尼"约翰·高兰打了电话，这是一位苏格兰的工会主义者，接替哈里·波立特担任党的总书记一职，波立特由于身体欠佳、劳累不堪同时又感到无法控制局面而提出了辞职。军情五处监听了这通电话。高兰对公开信的反应并不友好，他指责艾瑞克误用了列宁的言论，和艾瑞克坚持的恰恰相反，列宁不能容忍党内出现派系斗争。

"我们现在处于众矢之的状态，如果这封信不刊登在这周的《世界新闻》，下一周它也会出现在《新政治家》上，我必须坦白说我不喜欢你这套意见，但《世界新闻》还是会刊登这封信的。"约翰深深地叹了一口气。

　　艾瑞克："好吧，不过还是谢谢你。"

　　约翰："没什么好谢的。"

　　艾瑞克："行吧，我希望你不管怎样都让这封信发表。不过……另一方面我也感到很抱歉。"

　　约翰："我看到有同志想要内外夹攻我们，他们想在党内持续斗争，也想在党外继续这样。但你不能这样做，这没有道理。"

　　艾瑞克："行吧，我觉得没有人想在外部挑起斗争。"

　　约翰："但的确有人这样做了，而且这变成了一种挺正当的行为，有人威胁了我们，我必须回应这些威胁，你要知道。我一生都在战斗，而且会继续战斗，我不喜欢受到威胁，也不喜欢你的这种态度。我觉得这不是共产党员应有的行为，也不是同志之间应有的举动……你建议我们采取的措施实际上是托洛茨基提出过的，那是1921年发生的事情——你谈到了1921年党内出现的危机，但那时的情况和我们现在是不一样的。你是个历史学者，这些事情应该由你来告诉我，而不是由我来告诉你。你比我知道的要多。"

　　艾瑞克："我只是希望让大家知道列宁认为这样做是完全正当的……"

　　约翰："我觉得这不太公平，艾瑞克，我觉得你的信不太妥当，对你的名声也没有任何好处（此处加重了语气）。你为了符合自己的目的，选取了一小段列宁的言论，省略了其他显示列宁完全反对党内派系争斗的说法。不管怎样，你也要好好反思一下自己的做法。"[103]

这次谈话没有解决任何问题。高兰提及托洛茨基的做法是对艾瑞克共产党员忠诚度的严重侮辱，而他是有意这样做的。

艾瑞克的所有呼吁都没有实现。根据军情五处的窃听记录，英国共产党的领导人私底下一致认为无法接受这些要求。约翰·威廉姆森是格拉斯哥的工会主义者和长期活动家，此前一年被美国根据《史密斯法》驱逐出境，他"提到了霍布斯鲍姆写的一些东西，说他是一个危险人物。[鲁本]·福尔伯觉得霍布斯鲍姆是个机会主义者"。[104] 党的领导层显然认为艾瑞克是个危险人物，他没有退党，而是继续在党内推动他的民主化运动。他和退党人员以及被暂停党籍的人保持着密切的联系，挑战党章的基本原则。他还试图组织一股党内的反对势力，开展运动推翻现有的领导层。

IV

历史学者小组在这一连串事件的压力下分崩离析，超过一半成员在 1956 年离开。艾瑞克尽全力挽救这一局面，他提出将小组扩大为一个"广泛、独立、无党派的马克思主义历史学者"组织，希望得到党的领导层同意。[105] 但组内分歧过于严重，他无法遂愿。小组成员贝蒂·格兰特在 1956 年 12 月 3 日的信里批评艾瑞克的立场不能代表整个小组的意见。她指出"他和我的看法南辕北辙"，并且抱怨自己的意见无人关注。她曾经写信给约翰·萨维尔，敦促他重新加入英国共产党，但他在回信里只为自己的行为辩护。萨维尔继续提出：

> 关于历史学者小组，我大概 8 天前和艾瑞克短暂碰过面，他跟

我大致说了一下提议的内容，新的小组很明显将是一个不依附于共产党的马克思主义历史学者团体。我认为除此以外别无他法，因为即使我们这些退党人士都非常希望继续保持过去 10 年建立起来的个人、政治和思想联系，但也不想在党的条条框框里继续这样。[106]

格兰特大为震惊。她已经竭尽所能避免萨维尔被驱逐出党，并且在很多方面帮助过他，"但这已经超出了我的能力范围"。然而，在党的领导层看来，萨维尔"担心阿布拉姆斯基和霍布斯鲍姆有所倦怠，他曾经告诉他们，如果希望 EC（执行委员会）把他们当一回事，就必须赶紧行动"。[107]

艾瑞克坚持他的提议并不意味着要切断历史学者小组和党之间的联系。格兰特误解了他的观点。[108] 但是，当党的领导层在 1956 年 12 月 10 日指责他的行为妨害党内团结时，艾瑞克向党的总书记助理乔治·马修斯保证"我们不是一个团体"，至少不是一个党内的意识形态派系，同时他主张自己拥有个人权利，可以进行执行委员会不赞成的活动。他还为自己在《新政治家》刊登的另一封信上的签名附议进行了辩护。[109] 和他一起签了名的还有历史学者罗伯特·勃朗宁、亨利·柯林斯、爱德华·汤普森以及小说家多丽丝·莱辛，马修斯把艾瑞克写进了冗长的抨击文章，控诉他们触犯了党的规章制度，否定了党在过去取得的成就。这封联名信是"对党的直接攻击"。在 12 月 19 日写给艾瑞克的信里，马修斯称在党外刊物上发表一封原本可以在党内讨论的公开信的行为应当受到谴责："我觉得这不是党内同志之间坦率直接、开诚布公地开展工作的好例子。"[110] 马修斯和党的领导层私下在一份 12 月 7 日的印刷备忘录里表达了他们的观点，认为艾瑞克和历史学者小组是"一群无知的邋遢汉，他们那烦人的价值观可能对党构成危害，除了会让党陷入所谓自由的混乱状态，他们压根不知道自己想要什么"。"天知道现在党内是不是还有其他类似的小团体？"领导人们心存怀疑。[111]

1957 年 1 月 12 日，马修斯再次撰写了长篇檄文，将艾瑞克和其他人在 1956 年 12 月 1 日发表在《新政治家》和《论坛》上的公开信斥为"负面和失败主义"以及"伪马克思主义"。他声称联名者们对"二战"后英国工人阶级境遇的改善视而不见，而这些进步皆要归功于共产主义对政府施加的压力。联名者们不能认识到，苏联对匈牙利的干涉是符合该国工人阶级利益的。用"傲慢轻蔑"的态度对待党，在一本长期"恶毒中伤、诽谤苏联"的党外宣传刊物上发表意见——这封历史学者的联名信是"对英国共产党的直接攻击"，联名发起人是罗德尼·希尔顿和克里斯托弗·希尔，前者已经加入了工党。党内知识分子在与"小资产阶级思想做斗争"时也需要"纪律性"。[112]

艾瑞克通过批评马修斯的"极度自满"来回应这些抨击。为什么英国共产党是欧洲最弱小的政党，只有不到 1% 的选民支持？"我们的政治作为不仅仅是要发表'正确的'声明，更要影响民众。如果我们不去影响他们，我们就可能做出'不正确的'声明，或者等于压根没有发声，因为只有实践才能带来改变。"马修斯继续否认斯大林在苏联的统治情形，英国共产党多年来都无法直面这些事实。"我们很多人都曾经对这些事情有过强烈的怀疑，在赫鲁晓夫的讲话之前就已经猜得八九不离十了，马修斯同志的无动于衷让我觉得很惊讶。我们从前有太多原因要保持缄默了，"他补充道，"而且我们当时那样做是对的。"[113]他指的应该是 20 世纪 30 年代，那时共产党人相信捍卫苏联是击败法西斯的唯一方法。但是，艾瑞克遭到了历史学者兼教育家琼·西蒙的猛烈抨击，她批评艾瑞克"恬不知耻的机会主义立场"，这让人难以相信他口口声声要为之奋斗的事业。[114]

根据军情五处的记录，在 1957 年 1 月 28 日的一次私人谈话中，总书记约翰·高兰和乔治·马修斯讨论了艾瑞克在英国共产党全国大学教职工委员会年会上的发言，这次年会的讨论主题是知识分子在党内的作用："科林（也就是高兰）说霍布斯鲍姆讲了一大堆傲慢自大的废话，但布莱恩·西蒙、阿诺德（·凯特尔）和罗恩·贝拉米'在知识分子的问题上对他进行了有力的驳斥'。"艾瑞克对党内知识分子重要性的辩护确实在党内掀起了一场运动，目的是通过反对知识分子来强化落实党的方针。[115] 这场辩论一直持续到 1957 年 4 月伦敦第 25 次全国党代会前夕，在英国共产党过去一年经历的各种危机面前，与会代表们希望充分展现出精心组织的团结风貌，于是才终结了这场讨论。党的忠实信徒发起了一系列强有力的抨击，苏联驻英国使团新闻官安德鲁·罗斯坦将攻击对象形容为"一群软弱无能的知识分子，沉溺在自己的情绪和失落感中"。希尔和其他几个历史学者极不情愿地退出了英国共产党。[116] 到了下一年的春天，几乎所有知识分子都离开了。

他们中有很多人加入共产党是为了与法西斯主义和纳粹主义做斗争，以及支持西班牙内战中的共和派，因为在极右种族主义、极端民族主义和军国主义在 20 世纪 30 年代肆虐之时，只有共产主义是唯一一股有组织有决心，并且毫不妥协的反对力量。然而到了 20 世纪 50 年代中期，法西斯主义的威胁消失了，随之消失的还有知识分子投向共产主义的理由。[117] 包括艾瑞克在内的很多重要知识分子都被一个叫"新左派俱乐部"的辩论团体吸引，这个团体简称"新左派"，是围绕《新理性者》《大学与左派评论》，以及后来的《新左派评论》建立起来的。新左派的创建者是拉斐尔·萨缪尔和出生于西印度群岛的文化理论家斯图尔特·霍尔等人，这两位当时还只有 20 多岁，参与成员包括电影导演林赛·安德森、历史学家伊萨克·多伊彻和爱德华·汤普森，甚至还有温和派的社会主义者 G.D.H. 科尔。艾瑞克也是这本新刊物的编委会成员。[118] 他继续在私人关系以及政治上和新左派的朋友保持密切联系，其中包括爱德华·汤普森、约翰·萨维尔、罗德尼·希尔顿等等。除了象征性的党员身份之外，他们在政治观点上并无真正的不同，而且都投入到一项共同事业中去，致力于构建一种"从基层"角度出发的、全新的社会政治史。艾瑞克试图说服党的领导层重视新左派俱乐部，"从组织形式上看"，他向领导层汇报，"这完全是个混乱不堪的团体，基本会走向解散"，但是"这个组织显示出的大众基础出乎意料地坚实而持久……ULR（《大学与左派评论》）的会议像 30 年代的左派读书俱乐部一样吸引了同一类人：大部分都是中产阶级和文艺界人士，他们的政治倾向不太清晰，但却十分叛逆和'进步'"。[119] 然而，英国共产党只是简单地把新左派俱乐部斥为"小资产阶级"组织。[120]

艾瑞克辞去了历史学者小组主席的职务，并且不顾党的规矩和惯例，继续向《新理性者》投稿。此前一年他提出要编撰一本"从马克思主义角度出发"的英国史，并支持把刊登在《新理性者》上的文章纳入经过英国共产党批准的参考书目中。[121] 党的领导层禁止了这一做法。高兰说"和艾瑞克·霍布斯鲍姆争辩两个小时是毫无结果的，因为他不会被说服"。[122] 事实上的确举行了一个会议，但艾瑞克拒绝让步。他说如果不提及这些文章会显得很尴尬。在接下来的讨论中：

> 乔治·马修斯说如果这能激怒霍布斯鲍姆并让他退党，他认为是件好事。他觉得霍布斯鲍姆说起没有这些文章会令人尴尬时脸皮真厚……《新理性者》是一本恶毒的反共刊物，其办刊目的就是为了败坏我们党的名声，尤其是霍布斯鲍姆还像汤普森为《新理性者》撰稿那样，给《泰晤士报文学增刊》写文章。[123]

英国共产党的领导层似乎都希望艾瑞克能退党。[124]

"艾瑞克是个卑贱的人。"党的副书记比尔·温赖特总结。[125] 艾瑞克在英国共产党文化委员会的成员身份受到了炮轰。[126] 领导层认为党员们"精神面貌良好",而且"除了霍布斯鲍姆,所有人在会议上都像一个真正的共产党员那样发言"。[127] 艾瑞克"只能在会议上冷眼旁观,他甚至连话都不用说"。但是,温赖特指出"霍布斯鲍姆在文化委员会中已经被完全孤立,在一次辩论中,他自以为的那些亲密战友把他驳斥得体无完肤"。[128] 他"以局外人而不是'党内同志'的态度"[129]来写作,这让他招致了更多反对意见,温赖特批评道。而且他根本不应该在《大学与左派评论》上发表文章。[130] 关于要不要将艾瑞克驱逐出党的讨论一直持续到1959年,文化委员会将他开除。尽管艾瑞克执意"要做他认为应当做的事情",同时温赖特也说过"那么他就不应该留在党内列席会议",但艾瑞克没有自请退党,他要求温赖特等人开除他,而温赖特"想不出什么理由要这样做"。[131] "他显然想留在党内,"温赖特补充道,"……因为他很有才华。"[132] 艾瑞克("这个不受控的家伙很清楚自己在做什么"——哈里·波立特这么形容过)被叫到英国共产党总部,温赖特告诉他"他们想要他留在党内,别再做那些会让他被赶出去的事情了。艾瑞克非常难过,他发誓自己从未想过退党"。[133]

艾瑞克对组织和自由都不愿放弃。一方面他对共产主义运动有着非常深厚的归属感,另一方面又完全不想服从党要求遵守的规矩。他拒绝紧跟党的路线方针,这让党的领导层非常恼火,他们深知他的价值,但又厌恶他不守规矩。比尔·温赖特抱怨艾瑞克"是个时不时给他们制造点麻烦的家伙,一个老想摆弄他人的老滑头,没人能从他那里套出一个真实的回答"。[134] 最后,领导层决定还是让他留在党内,并且很不情愿地给了他想写什么就写什么、在哪里发表都行的含糊许可。艾瑞克自己则从1959年11月开始参加英国共产党剑桥大学分部的会议。在约翰·高兰看来,"他整个人变得积极多了"。[135] 琼·西蒙表示同意,她在1960年1月的报告中称"他在用一种18个月前绝对不会有的语气谈论党"。[136] 实际上艾瑞克这时捐了不少钱给英国共产党。[137] 从党的角度来看，艾瑞克几乎是他们剩下的唯一一个"真正的"历史学家了。[138] 然而，就像詹姆斯·克卢格曼在 1962 年初提出的那样，如果艾瑞克"在学术界能算是个比较权威的历史学者"，恐怕他"在政治上做得并没有那么好"。[139] 军情五处此时也开始承认"霍布斯鲍姆是个不太坚定的共产党员"。[140] 在情报组织的眼中，英国共产党认为艾瑞克到 50 年代末期只完成了"一部分的自我改造"。[141]

"1956 年让我印象最深刻的事情，"艾瑞克后来写道，"是那场纷扰之后多伊彻在《大学与左派评论》的一次会议上过来找我，并且诚恳地对我说：'你不能退党。'"[142] "我由于自己的原因在 1932 年被开除了，这让我至今仍然非常后悔。"他补充道。[143] 伊萨克·多伊彻一直以来都是一名托洛茨基分子，他关于斯大林和托洛茨基的学术传记受到广泛赞誉，是左派知识分子中的重要人物。艾瑞克十分重视他的建议，因此最后决定留在党内。最关键的是对共产主义的理念和启迪保持忠诚，并且通过党员身份来体现这种忠诚，即使单纯从形式上看，这一点也很重要。至于英国共产党，他们最后也没有开除艾瑞克，虽然在《工人日报》编辑约翰尼·坎贝尔口中，他并没有完全"在政治上对党忠诚"。[144]

V

艾瑞克在 1956 年和英国共产党的争执让他和自己 20 多年来的精神和政治家园之间产生了嫌隙。他和海伦·贝格豪尔的关系，无论在思想政治上还是性爱方面，都是一种对革命情谊的持续追寻，这种追寻在他和缪丽尔的婚姻中不幸失败了。在开始公开批评英国共产党的同时，艾瑞克也和一位在党内不算活跃的女子开始了一段关系，这意味着他已经把自己从受限制的婚姻观念中解放出来。1956 年 1 月 28 日，他和玛丽安·班纳森发生了婚外情，她是一个在伯贝克读心理学专业的已婚学生。[145] 她在一个聚会上认识了艾瑞克，觉得他"长得很有趣，看起来不大开心"，但是"很敏感"且"富有活力"。[146] 他们互寄情书和明信片，计划两人的约会，分开的时候也在电话里有讲不完的情话。

然而玛丽安怀孕了，1958 年 4 月 3 日，她写信给艾瑞克，告诉他："现在你有一个儿子了"，是在前一天晚上出生的。她给孩子取名叫约舒亚，简称乔斯。[147] 艾瑞克希望她能离开丈夫埃斯拉，埃斯拉是一个出生在德国的犹太流亡者，在伯明翰大学学习经济学，后来成了布里斯托大学的教授。但玛丽安不愿意离婚。她告诉艾瑞克自己知道和他一起会很幸福，她再也不会像爱他那样爱上别人了。但是，她继续写道："我不会离开埃斯拉，因为我很肯定这会完全击垮他——他要么会精神崩溃，要么会自杀。这样我没法面对自己继续生活下去，你也一样。"她在孩子出生之前也写了信给艾瑞克。两人在这一左右为难的困境中痛苦了好几个月。[148] 艾瑞克建议两人到意大利去，但乔斯出生后玛丽安坚定了她的决心，她在给艾瑞克的信里写道：

> 我不能离开埃斯拉的原因是很充分的，但是却不能说服你。和他一起的生活不会好起来了——对我们俩来说都是。我现在没有时间细说，就算说了也不会有什么起色。这不是因为我没有全心全意爱你，但我一想到离开他或者准备离开他的时候，我就清楚认识到这将彻底摧毁一个人。你不会因为我不和你一起而崩溃（我也不会），我也很清楚你十分需要我，如果你是个软弱的人，我不会爱上你。我觉得我甚至没有爱过埃斯拉，我嫁给他是因为我那时非常需要他，他没有办法阻止我按照自己的意愿摆布他。[149]

接下来的一年里他们继续见面，[150] 但艾瑞克经常去外地，这让见面变得困难，而且他越来越不愿意见到她，尤其是因为见面时他总是忍不住想象如果她同意嫁给他，两人的生活会是怎样。[151] 孩子一出生，玛丽安就向丈夫坦白了孩子父亲的身份，他同意把乔斯当作自己的孩子共同抚养。之后她经常写信给艾瑞克，但是很明显他们的关系结束后，信件的语气冷淡和正式了许多。[152] 艾瑞克和玛丽安·班纳森的婚外情归根结底是他在第一段婚姻结束后寻求稳定感情的产物。两人的共同点太少，这段关系没有任何持续下去的真正可能。对英国共产党再无忠诚和归属感后，他无依无靠的感觉无疑更加强烈了，他还要一段时间才能找到真正的幸福和满足。

在英国共产党再也不能作为家庭的替代品后，艾瑞克在爵士乐的世界里找到了另一个家。从 20 世纪 50 年代中期开始，他比从前花更多时间和爵士乐发烧友及音乐人在一起，这是一群关系亲密的人，"就像某种半地下性质的国际共济会"，艾瑞克这样称他们。他觉得爵士乐爱好者"即使在小众文化圈中也常常是处境艰难的小群体"。[153] 爵士圈糅合了亲密关系和群体认同，还有一种跳出主流、远离社会中心的感觉。[154] 听爵士乐一直是艾瑞克的放松手段，与历史和政治专业严谨的学术世界形成鲜明的对比。爵士乐是一种有控制的即兴演奏，艾瑞克欣赏这一特质，尤其是在独奏表演中，音乐家可以将自己从古典音乐古板的限制中解放出来，重新演绎作曲家写下的旋律。同时，由于他们也是一支更大乐队的组成部分，爵士乐手们只能在和其他演奏者相互配合的时候发展自己的音乐个性，即使在最大规模的爵士乐队中，也没有真正意义上的领袖崇拜，这也是艾瑞克所欣赏的东西。[155]

艾瑞克觉得"在这个大部分正统艺术都沦丧了的时代"，爵士乐提供了一种全新的审美可能性。传统艺术、音乐和文学正在经历三个层面的危机，他认为：

这是一场形式危机，源自某些关键传统技法的明显缺失，比如在绘画中的表象主义与音乐中的调性和声。这是一场技术危机，其肇端是工业革命：新的材料和手段（比如，复制的手段）以及大众艺术消费的急剧增长改变了艺术创造的状况。新生的艺术形式，比如摄影，已经大规模侵占了此前属于传统艺术的领域。最后，这也是一场艺术家和大众之间的关系危机。[156]

当古典艺术的受众由被动的消费者组成时，爵士乐消解了创造者和欣赏者之间的区别，并且通过古典艺术做不到的方式融入了日常社会活动。因此它显示出"除了那种和中产阶级社会共同成长起来并正在消亡的艺术外，可以通过其他方式发展出一种生动而又严肃的艺术形式"。这些观念明显有一些可反驳之处：归根结底，中产阶级社会是十分善于自我更新和存续的，当代视觉艺术比很多人预言的要更加坚韧持久，事实上在现代性和抽象化盛行的时代也更受欢迎，而且后浪漫主义和现代音乐通过布里顿、肖斯塔科维奇、塔文纳和帕特等作曲家的作品，仍然能够触动大众的心弦，并以电影配乐以及后来的电子游戏配乐为载体，吸引了大量新的观众。也许正因为这样，比起艾瑞克的惨淡预测，我们对未来并不那么悲观，他认为大规模量产的文化垃圾会把生产者和消费者共同淹没在一堆乱七八糟的平庸之作中。[157] 实际上到了最后，对于延续了古典传统的现代音乐，至少有某些方面艾瑞克还是颇为赞赏的。

国际共产主义运动对爵士乐的态度于20世纪50年代晚期发生了戏剧性的变化，这使艾瑞克与爵士乐的关系更加紧密。在斯大林执政时期，各国共产党对爵士乐采取非常负面的官方态度，这种态度是由苏联决定的。1952年出版的《苏联大百科全书》称"爵士乐是美国资产阶级堕落文化的产物"。然而，斯大林死后，1955年一股文化解冻的潮流让爵士乐队重新在苏联组建起来。到了 1957 年，一位到访莫斯科的人士"发现苏联对爵士乐的热情比我到过的其他地方都要狂热"。1962 年的时候，捷克斯洛伐克有了一个蓬勃发展的爵士乐群体，正筹备在布拉格举办一个面向整个东欧的爵士音乐节。[158] 对当时的共产党员来说，爵士乐，尤其是蓝调音乐，代表了在资本主义美国受到压迫的黑人劳动阶级。而且东欧共产主义政权的统治者们在那时发现了另一种需要禁止的资本主义腐朽文化——摇滚乐。[159]

对爵士乐的定位毫无意外是英国共产党内部的争议对象。严守党内清规戒律的人士希望年轻一代投身到政治活动中去，认为跳爵士舞是非常恶劣的表现。爵士乐就是一种伤风败俗的音乐，就像一位党员在 1948 年评论的那样，"会把人变成流着口水的化外之民、精神错乱的鬼东西、沉溺在感官享受中神魂颠倒的蠢货"。[160] 这一观点在 1951 年 4 月 29 日伦敦举行的一次党内大会上得到了强调，会议讨论了"嚼口香糖的傲慢者"，也就是美国人对英国文化可能产生的威胁。[161] 英国共产党更喜欢民间音乐，认为这是一种与劳动人民联系更紧密的音乐类型。但艾瑞克对这类音乐活动持怀疑态度，"一群表演者套着自'沼地人'最后一次起义以后在威斯贝奇就没人穿过的服装"。他提出民间音乐运动缺乏"革命主义"精神，在艾瑞克眼中，民间音乐运动的领头人塞西尔·夏普与费边社的密切关系是其致命的缺陷。[162] 到了 20 世纪 50 年代中期，英国共产党在某种程度上开始接受爵士乐[163]，但艾瑞克依然小心翼翼地不让党的领导层知道自己为杂志撰写爵士乐评，当比尔·温赖特在 1959 年发现艾瑞克是一名兼职的爵士乐评人时，他轻蔑地评论艾瑞克从这份工作中"肯定绞尽脑汁地赚尽了每一分钱"。[164]

爵士乐让艾瑞克有机会重返广播工作，因为英国广播公司认为爵士乐是一个安全而且政治中立的文化领域。军情五处在呈交审查的播音主持人和撰稿人名单中发现了艾瑞克的名字，于是不忘再次提醒英国广播公司"霍布斯鲍姆一直是个活跃的共产党员,还是一名英苏文化关系协会的成员"。[165] 不过艾瑞克还是在1955年12月14日主持录制了一个名为《路易斯·阿姆斯特朗的艺术》的节目,并在1956年2月初播出。[166] 当然他干的不只是播放唱片,他建议安娜·卡林:"我觉得最好采取介绍人物生平的方式(或者介绍人物所处的历史时期,如果你觉得可以的话)。"[167] 艾瑞克指出,阿姆斯特朗是"举世公认最伟大的爵士音乐家,或者至少也算是最伟大的爵士乐独奏家",他向第三套节目进一步补充说明自己设想的卖点:"我在大学生朋友中间注意到阿姆斯特朗很受知识分子敬重,这让我这个资深乐迷感到欣慰。"[168]

艾瑞克的说法在一些爵士乐迷中并不受待见。其中有个乐迷("一位叫霍斯曼的先生,他安静、通情达理、聪明且礼貌")打电话给英国广播公司,批评"那个关于阿姆斯特朗的节目对爵士乐采取了一种过于学术化和说教的立场,他觉得霍布斯鲍姆对爵士乐既不懂行,也没热情。给人的印象是一个知识分子试图诱导其他知识分子欣赏一些离奇古怪的事物"。[169] 就像艾瑞克告诉安娜·卡林的那样:

自打英国广播公司发布了我即将播出的阿姆斯特朗专题讲稿后,从报纸打来的电话可以看出一个喜欢爵士乐的大学讲师比我想象中更能引起人们的兴趣。你记得那个关于好莱坞星探的故事吗?他在玛丽莲·梦露早年时曾建议她每次外出一定要带上一本斯宾诺莎写的书,当别人问起这是啥,她就回答"这是斯宾诺莎,我正在读他的书"。我现在觉得自己是一个反其道而行之的玛丽莲·梦露。[170]

卡林的回应:"我们收到一大批关于你的爵士乐节目的听众来信,其中有一些对这个话题的建议非常滑稽。我很高兴这个节目取得了成功。"[171] 实际上艾瑞克也"对节目播出后在爵士乐话题上引发的关注感到十分惊讶"。他也"收到了朋友寄来的大量信件和剪报,远至《纽约世界电报》和《威斯康星州报》……我想我在学生中的威望得到了极大提升,这意味着我应该写一些不计报酬的文章以及给他们开设讲座"。他总结这个广播节目的"主要社会功能"很可能是"在男学生和他们那些认为听爵士唱片是浪费时间的父亲们争论时,提供一个难以辩驳的论据。总体而言,爵士乐是很另类的事物,但是能让人身心愉悦"。[172]

接下来的节目包括1957年1月24日录制的《贝西·史密斯的艺术》,播出时间在两个月后。[173] 艾瑞克邀请以学术成果艰深出名的德国马克思主义哲学家恩斯特·布洛赫担任嘉宾的节目则没有那么成功了。1962年5月,趁着布洛赫访问英国这一难得的机会,安娜·卡林设法说服英国广播公司录制了一个艾瑞克与布洛赫的对谈节目,主题是"马克思主义、哲学与音乐"。[174] 可惜的是,节目并不成功。"布洛赫的英语太差了。"一位英国广播公司的管理人员说。"但就算他的英语达到母语水平",这位管理人员补充道,"我也怀疑人们是否能理解他的——用霍布斯鲍姆的话说——激情、狂热与困惑。"但是,由于布洛赫是当时仍在世的极少数重要的马克思主义哲学家之一,由艾瑞克(布洛赫的"学生、朋友和追随者")主持对他的访谈不失为一个好主意,因为艾瑞克应该有能力在这位大学者阐述自己观点时将其中的缺失连贯起来。[175] 但他并没有这样做。也许艾瑞克觉得这个任务太艰巨了。爵士乐是个更安全的话题,即使英国广播公司第三套节目的听众都是些有着高雅趣味的人士。

VI

由于要支付布鲁姆斯伯里公寓的房租而不是住在剑桥的免费宿舍

里，艾瑞克需要在自己不太宽裕的工资以外另寻收入，然而在英国广播公司的兼职所得压根不够，就算他经常和房客分摊房租也不足以帮补。此时，艾瑞克碰巧发现小说家金斯利·艾米斯在给全国发行的星期日报纸《观察家报》撰写爵士乐相关文章，而后者对爵士乐的了解远不及他自己。于是，艾瑞克鼓起勇气请求诺曼·麦肯齐为他在《新政治家》上谋求一个爵士乐评人的差使。艾瑞克此前在伦敦政治经济学院与麦肯齐结识，他是《新政治家》的一名编辑。[176] 艾瑞克得到了这个工作，开始用"弗朗西斯·牛顿"（这个名字来自美国爵士音乐家中极为少有的一位共产党员）的笔名为这份报纸定期报道爵士乐话题，因为艾瑞克觉得用真名撰稿对自己的学术生涯没有什么好处，这一想法是正确的。而且也许他不希望自己的学生注意到他是一名爵士乐评人。[177]"弗朗西斯·牛顿"的真实身份在爵士乐圈子里差不多是个公开的秘密：

> E. J. 霍布斯鲍姆博士白天给伦敦大学的学生上历史课。夜幕降临后，你可以在西区的地下俱乐部里遇到《新政治家》的爵士乐评人弗朗西斯·牛顿，他身边的音乐家有的时髦出众、有的热情洋溢，有白人也有其他肤色的。霍布斯鲍姆博士不需要喝下一小瓶化学药水来变身成为牛顿先生 *，他只需要听上几节《回城布鲁斯》（*Back O'Town Blues*）里的曲子或者桑尼·罗林斯吹奏一两下他的萨克斯管。[178]

---

* 这里借用了英国作家史蒂文森的小说《化身博士》，故事讲述善良体面的医生杰基尔喝下自己配制的药剂而分裂出一个叫海德先生的邪恶人格，表现了人性在善恶之间的挣扎。——译者注

然而，艾瑞克似乎能够向学校里的大部分同僚隐瞒住自己的另一个身份。

20世纪50年代的学术圈普遍反对为报刊撰稿，A.J.P. 泰勒为流行杂志定期撰稿遭到的大肆攻讦就证明了这一点。[179]《新政治家》的编辑金斯利·马丁告诉艾瑞克，这本杂志的读者大部分都是40岁左右的男性公务员，过着相当沉闷的生活，因此艾瑞克需要以文化报道者而不是音乐评论人的身份来撰写月度专栏。他常常会去爵士音乐会和俱乐部，因此也经常造访老康普顿街的强节拍俱乐部，"音乐家和其他业内人士喜欢到那儿去小酌一杯，聊聊八卦，看看跳舞——乐手们通常都不太会跳舞——又或者和乐队坐在一起"。[180] 这个俱乐部是一个"爵士乐的圣殿"，"氛围非常浓郁，乐手们带着乐器盒，嬉皮士和夜场爱好者们环聚四周"。[181] 作家科林·麦金尼斯是俱乐部的一位常客，按照他的说法：

> 爵士乐圈子最棒的地方在于没有一个圈中人在意你的阶级、你的种族、你的收入；你是男的或女的，是同性恋或者双性恋，无论你是什么都无所谓——只要你喜欢爵士乐并且按规矩行事，在走进这扇俱乐部大门时把那些乱七八糟的事情都抛诸脑后。这一切的结果就是，在爵士乐圈子里，你会遇到各类了不起的人物，在真正意义上能够给你各种指引——社会方面、文化方面、性方面以及前卫事物方面……实际上，你真的几乎可以找到你想了解的一切。[182]

麦金尼斯的小说《初生之犊》(*Absolute Beginners*)里面的疑惑俱乐部能稍微反映出强节拍俱乐部的情形，"这不是一家爵士乐俱乐部，而是爵士乐爱好者群体聚集到一起畅饮的酒吧"。[183]

艾瑞克后来说起乐手们"接受了我这个喜欢爵士乐的怪人",他们把他当作"一部行走的常识书,可以回答(非音乐方面的)问题"。[184] 他还加入了缪丽尔·贝尔彻在迪恩街41号开设的著名俱乐部"殖民地房间",用"弗朗西斯·牛顿"的名字登记为第216号会员。这个肮脏邋遢又气味难闻的地方经常有一群风流快活又酗酒上瘾的客人,其中包括画家弗朗西斯·培根,酒吧女老板喊他"女儿"。艾瑞克在这里显得非常格格不入("醉鬼的地盘不适合我,爵士乐也不适合他们"),到这儿来得不是很勤。[185] 然而在接近这群"先锋文化的波希米亚人"时,艾瑞克成了20世纪50年代晚期苏活区生活的亲历观察者,他起得很晚,晚上6点到9点之间在伯贝克授课,然后在"让人们在夜晚释放自我的地方"流连,每晚如此。他和一些离经叛道、特立独行的人士混迹在一起,比如歌手乔治·梅利、老伊顿生小号手汉弗莱·利特尔顿,还有漫画家沃利·福克斯(人称"穴居人")。[186] 他认为自己在苏活区的探索属于一个更普遍的现象:至少有一些知识分子,比如他自己,对另类文化的下层世界产生了兴趣。他们在其中能够逃离社会地位、监管操纵和官僚体制的条条框框。[187]

从1956年6月开始撰稿到当年年底,艾瑞克用弗朗西斯·牛顿的笔名为《新政治家》撰写了7篇关于爵士乐的文章,接下来的几年里基本上是每月一篇——1957年13篇、1958年17篇、1959年11篇、1960年12篇、1961年13篇、1962年13篇,1963年8篇以及1964年13篇。在那之后,他的撰稿数量突然下降,1965年只写了5篇稿子。他最后一次以弗朗西斯·牛顿的身份撰稿是1966年3月25日。他并不遵循金斯利·马丁的要求,专注报道苏活区的波希米亚生活方式,也不描述强节拍俱乐部或者"殖民地房间"的情形,而是写关于音乐的话题。他的评论涉猎范围之广令人惊叹。比如他在1961年初写了一篇关于匈牙利吉卜赛音乐的专栏文章,开篇就来了一段对世界民俗音乐概况的评论,

第一句话是"流行音乐整体上并不易传播":

> 对于不在日耳曼文化中成长起来的人而言,德国军乐队和啤酒馆里的流行乐队毫无吸引力。从 19 世纪开始,在浪漫主义者往舞会曲目里加入民间音乐元素的同时,能跳欧洲民间舞蹈的大部分都是当地人,齐特琴*弹奏者没能迈出家乡一步。少数时候希腊人、马来西亚华人或者南非牛仔舞乐队能推出热度维持一到两周的新奇作品。[188]

但他大部分文章都是关于英国和美国爵士乐的。一些文章关注个别爵士音乐家,其中包括康特·巴锡,艾瑞克认为他的大乐队"水平一流",虽然他不喜欢他们的制服("乐队成员穿得跟海狮训练员似的,还指望通过这样的服装反映他们的音乐风格")。[189] 然而,艾瑞克认为一些新晋歌手创作的基本是些二流音乐,比如受到福音音乐影响的雷·查尔斯代表着爵士乐从表达抗议退缩到表现个人内心情感:"查尔斯是个明星。但人们必然会想起这位明星身处的是个不幸又残酷的世界。"[190]

他认为爵士乐在衰落。"20 世纪 30 年代中期之后,爵士乐通过各种方式变成了付费表演,观众们坚持要在固定的时间和灯光通明的舞台上听到令人轻松愉快、出自真情实感的即兴演出,这就像桂冠诗人†面对的要求那样不切实际。"自发性作为优秀爵士音乐的核心正在逐渐消失,公开演出"出色但缺乏创造力"。最好还是听爵士乐唱片,因为录音棚里比公众场合更容易创造出一种氛围:"音乐家们彼此之间自娱自

---

* 齐特琴是一种拨弦乐器,其名字"Zither"和现代英语的"吉他"一词一样,源自希腊语单词"Cithara"。——译者注

† 桂冠诗人:由英国国王或女王终身任命为王室成员的一名诗人,过去被要求写诗来庆贺国事大典和颂扬王室。——编者注

乐，为他们的妻子和女朋友演奏，或者有时候在一些同行高手面前表演。"[191] 爵士乐除了商业化的问题外，还有"女性歌手往往默默无闻的情况"，因为"观众不喜欢听女人唱歌"。只有莎拉·沃恩能和"二战"前那些出色的女性爵士乐歌手媲美，[192] 虽然艾瑞克也非常喜爱福音歌手马哈丽亚·杰克逊和年轻一代的英国爵士歌手安妮·罗斯，然而罗斯的才华仍未得到公众认可。[193]

艾瑞克认为现代爵士乐与传统爵士乐相反，它变成了一种小众趣味，"失去了广泛的吸引力"，虽然他很钦佩迪兹·吉莱斯皮出神入化的高超技巧。[194] 20 世纪 50 年代的爵士乐要么"离不开早年的成果"，要么就是由"酷派"的实验音乐家捣腾出来的一些大同小异的东西。[195] "现代爵士四重奏"乐队克制而冷静的古典风格摒弃了"老派的、纯粹的和即兴的爵士……因为那会让观众想起压迫、蒙昧，以及在白人的几句诓骗下扮演着丑角的黑人"。现代爵士乐宣称美国黑人可以创作出像白人的主流古典音乐那样复杂的作品，但这种类型最后却走进了死胡同。[196] 现代爵士乐在其他"酷派爵士乐"面前显然有优越感，比如戴夫·布鲁贝克四重奏，艾瑞克认为他们的音乐"沉闷又肤浅"。[197] 内向的小号手迈尔斯·戴维斯广受乐评人赞赏，但艾瑞克觉得他"是一个在技艺和情感方面出奇狭隘的乐手"，"他的大部分唱片都不怎么样"。[198] 钢琴家塞隆尼斯·蒙克"既没有精湛技巧，也缺乏埃林顿公爵那种持续的表演张力"，演奏的时候经常显得漫不经心，甚至烦躁不安。[199] 艾罗尔·加纳可能是 20 世纪 60 年代初期最好的爵士钢琴家，但是"他有很多即兴演奏都只是画蛇添足，很多都明显体现了他矫揉造作的个人风格"。[200]

艾瑞克觉得爵士乐已经脱离其美国南部黑人劳工阶层的起源。爵士大乐队在 20 世纪 50 年代被小型演奏团体取而代之。[201] 白人观众多了起来，文化水平也更高了，这一现象在那些演奏现代爵士乐新作的俱乐部中尤其明显。[202] 也许出人意料的是，艾瑞克觉得前卫的萨克斯管演奏家奥奈特·科尔曼"令人难以忘怀",因为他在演奏时释放出无与伦比的激情。最后,艾瑞克依然认为"对爵士乐活力的追寻"会比现代爵士乐更为持久,直到"老派的热情……逐渐融化那些最冷酷的爵士迷"。[203] 有些时候,艾瑞克也会强烈反对过了头的爵士音乐跨界实验:1966年,他在当代艺术学院举办的一场音乐会上带头离场。科尔内留斯·卡迪尤的 AMM 爵士即兴演奏乐队*在这个音乐会上的表演变成了随机电子乐声和乐器噪音的大杂烩,远远超出了前卫先锋爵士乐的范畴。[204]

艾瑞克认为克里斯·巴伯或者阿克·比尔克演奏的"传统爵士乐"是英国独有的现象。这是唯一一种普罗大众喜爱的爵士乐类型,主要因为它是"当今英国青少年舞曲的基础",实际上他在 20 世纪 60 年代把英国传统爵士乐描述为"可能会成为摇滚潮流的继任者,谢天谢地,这种音乐最后还是消亡了"(他真是错得离谱)。[205] 艾瑞克尤为赞赏英国爵士乐队领队汉弗莱·利特尔顿,他在强节拍俱乐部认识了这位艺术家:

> 利特尔顿指挥着一支非常少见或者说是独特的英国乐队,能够真正地"热场"。这位高雅的艺术家和绅士(我指的是这个词的老派意义)的举止令人难以忘怀,他从桌子旁站起身来,整理一下粉色衬衫外面套着的大西服,衬衫的袖扣是黑色狗头形状的,手指上的钻石戒指熠熠发光,胡子剃得很干净的脸上露出温和的笑容,像一头河马那样踏上舞台,音乐的节奏尽在他的掌控之中。[206]

除了这支乐队之外,高水平的美国爵士乐队抢走了英国同行的生

---

* AMM 爵士即兴演奏乐队 1965 年成立时是一个松散的音乐家团体,人员时有变动,致力探索实验音乐和自由爵士乐。——译者注

意，这让英国音乐家协会很不满。[207] 这种情况很大部分要归咎于商业头脑敏锐的美国音乐会及巡演主办者，艾瑞克认为这些人都是资本家，腐蚀和盘剥脆弱无助的艺术家。[208] 只有几个爵士音乐会主办人得到了他的赞扬，比如诺曼·格兰茨，他是"一个穿着灰色花呢西装的比弗利山知识分子"，组织了"爱乐乐团中的爵士乐"（Jazz at the Philharmonic）巡回演出。格兰茨给艺术家的酬劳不菲，对他们也很好，他"不知疲倦地与种族隔离抗争"，若不是他录制的唱片，乐手们不会名留青史，而且他干爵士乐这一行是出于理想主义而非追求金钱。[209]

英国爵士乐圈子有一点是让艾瑞克真心实意地欣赏的，那就是它的种族观念。他注意到爵士乐俱乐部是个黑人和白人都能轻松互相包容的地方，而此时白人种族主义者对西印度群岛移民的敌意正在四处蔓延。[210] "在强节拍俱乐部里，白人和黑人没有什么不一样，"他后来写道，"那位年轻的克莉欧·连恩完全可以毫无顾忌地称自己是'一个有考克尼口音的黑人妹子'。"[211] 1958 年 8 月 30 日到 9 月 5 日，当种族主义者挑起的暴乱蔓延至伦敦的诺丁山地区，很多打扮成时髦"泰迪男孩"*模样的白人青年在奥斯瓦尔德·莫斯里的法西斯主义煽动下开始袭击西印度群岛移民的房子。这时，一群爵士音乐家和歌手很快写了一本谴责暴乱分子的小册子，接着又发起了面向白人青年的教育计划，包括在乐迷杂志上发表呼吁信。[212]

随着时间的推移，艾瑞克对摇滚乐的厌恶与日俱增。他听猫王的歌曲时觉得"有一点恶心"。[213] 比尔·黑利和彗星乐队是"最虚假"的音乐团体之一，"制造摇滚乐的机器离开流水生产线之前，人们的狂热

---

* "泰迪男孩"是 20 世纪 50 年代早期在摇滚乐影响下从伦敦开始兴起的一股流行文化，多见于中上阶层的青少年，其标志性打扮为合体的套装、长夹克、窄裤、高领白衬衫、窄领带、马甲、颜色浓艳的袜子和麂皮厚底鞋。1953 年的一期《每日快报》首次在头版使用了这个名字。——译者注

就会平复下来"。[214] 1963 年是甲壳虫乐队如日中天之时，艾瑞克评论他们是"一群讨人喜欢的小孩"，如今青少年们只会买他们的唱片，但是"20 年之后"，他们会销声匿迹。[215] 艾瑞克对鲍勃·迪伦也没有什么赞美之词，这位歌手曾于 1964 年 5 月 17 日在伦敦的皇家节日大厅里表演过。他的唱功"很不专业"，作曲缺乏音乐性，旋律也就"比东拼西凑要好一点"。"显然——尤其从迪伦写的大量蹩脚歌词可以看出——他接受的是《读者文摘》的大众文化教育，那不仅使人灵魂枯涸，还让他们的语言干瘪无力。"[216] 在一次意大利之旅中，他愤慨地大声质疑："难道派特斯乐队、猫王和比尔·黑利不仅要挤走老派的歌剧咏叹调（我在自助点唱机上只发现了一张贝尼亚米诺·吉里的唱片），而且还要驱逐在大众曲目中的比例已经下降到 25% 的本地流行音乐吗？"意大利的流行文化中充斥着"一堆乱七八糟的玩意儿"。艾瑞克指出，只有在偏远的南部地区，比如"我写下这些文字时身处的普利亚小渔港"，还存在着原来的音乐形式。[217]

四处泛滥的商业化把真实性从大众文化中驱逐出去了。艾瑞克认为民众的生活正变得越来越国际化，1964 年 1 月，艾瑞克到西班牙加那利群岛的特纳里夫岛旅行，他沮丧地发现，当地文化几乎被国际旅游业的国际化标准抹掉了，岛上的酒店必须保证：

> 客人能从听得懂德语的侍应生那里点一份英式瓶装的橙汁，迷你高尔夫球场近在咫尺。这个地方能让英国人知道一本芬兰语的平装书长什么样，以及洗衣服务的瑞典语怎么说，但人们很难找到当地食物——除非是去岛上当地人住的地方——要找到广告里那种"就像妈妈做的一样"的克劳斯香肠零食倒是容易得多，海滩上到处都是。[218]

至于"当地色彩"的音乐，艾瑞克抱怨在夜总会看到的弗拉门戈表演和本地音乐毫无联系，甚至不是他之前在西班牙旅行时了解并爱上的那种真正的弗拉门戈演出。而到了酒店里面，客人一边吃着维也纳肉排，一边听着棕榈庭乐队*的音乐，那里面的施特劳斯和莱哈尔作品"永远由那些值得尊敬的匈牙利籍中年小提琴手来演奏……这是金钱打造的国际文化，现在融入了大众"。

爵士乐是抗拒成为高雅艺术的都市民间音乐，1960年10月，在伦敦的全国教师工会大会上，艾瑞克清晰划分了它与摇滚音乐行业粗制滥造的商业化产品最根本的区别，他的发言题目是《流行文化与个体责任》，阐述了大众传媒对儿童的影响，他认为一种新出现的青年文化显然正在影响着学生群体。大会的发言者都是富有影响力的人物，包括内政大臣（R.A.巴特勒）、重要的社会学家马克·艾布拉姆斯和理查德·蒂特马斯、广播主持人约翰·费曼和休·威尔顿、剧作家阿诺德·韦斯克、艺术批评家赫伯特·里德、艺术家理查德·汉密尔顿、文学研究学家雷蒙·威廉斯和作曲家马尔科姆·阿诺德。超过300个志愿协会派出了代表参会。艾瑞克（大会主席解释"他并不代表任何一方"）受邀发表关于爵士乐的演讲。艾瑞克的短篇讲话主要针对"大众传媒造成的音乐低俗化问题"，流行歌曲不是创造力的表现，而是一门大生意里的工业化产物。"流行歌曲的面世就是劳动分工的结果，真正的创造几乎已经消失了。""这造成的后果是可怕的。"艾瑞克说。教师们可以通过在学校的抵制行为来对抗这一潮流，在课堂上介绍民间音乐和爵士乐，而不是现代流行音乐。[219]比起他在《新政治家》上发表的

---

* 19世纪后期，伦敦丽兹酒店在盆栽棕榈树环绕的中庭设置乐池，由乐队为下午茶舞会伴奏，其后很多豪华酒店以及邮轮纷纷仿效，因此棕榈庭乐队的音乐通常指为酒店、高档餐厅等场所增添轻松愉悦氛围的古典轻音乐。——译者注

那些细腻微妙的文章，他这个不切实际的呼吁与斯大林统治期间的共产党方针更为一致，不用说在大会上肯定会受到冷遇。

VII

艾瑞克热爱爵士乐，爵士乐圈子的社会史也吸引了他。他对很多爵士音乐家的英年早逝感到好奇，比如传奇人物比克斯·贝德贝克*。这种乐手早逝的频发状况让爵士乐圈子更像是受压迫者的世界。"老一代爵士音乐家中，一个典型的早逝者并不是被抑郁情绪击垮，而是死于肺结核之类的疾病，这是长年累月在寒碜的夜总会里从事薪水微薄的表演工作导致的。"也有人死于酗酒过度或者生活放纵，比如钢琴家胖子沃勒就过着拉伯雷笔下人物或者莎士比亚戏剧中的福斯塔夫那样的生活。[220]"爵士乐圈内人活不过 45 岁的情况多得教人害怕。"艾瑞克评论道。这么高的死亡率有很多原因：恶劣的工作环境（"即使在 1847 年的工厂监测员看来，很多音乐家工作的酒吧或者夜总会环境都是达不到正常标准的"）；在长时间表演至深夜后，第二天还要从一个城市赶到另一个城市去进行无休无止、令人筋疲力尽的巡演；收入也十分微薄，经纪人和乐队经理还要榨取其中的一大部分。[221]毒品也是原因之一，"酒精和大麻一直是爵士乐手的兴奋剂，"艾瑞克注意到，"这能让人仿佛获得了平时无法实现的满足，注射毒品让他们放弃了一切尝试。"他

---

* 比克斯·贝德贝克（1903—1931）是富有传奇色彩的美国白人爵士乐手，他的短号演奏技巧在 20 世纪 20 年代与路易斯·阿姆斯特朗齐名，但他长期酗酒，1931 年去世时年仅 28 岁。——译者注

认为现代爵士乐的表演者大部分都是瘾君子，他们的药物成瘾和美国大城市黑人贫民区里海洛因泛滥是出自同样的原因。[222]

1959 年，爵士歌手比莉·霍利戴年仅 44 岁就去世的消息促使艾瑞克写了一篇真诚的悼词（"很少有人像她那样全心全意地寻求自我毁灭"），由于过着酗酒和嗑药的生活，她在去世之前"已经把自己的身体健康和艺术生命糟蹋光了"。她的光辉岁月已经是很久远的事情，只有留下的唱片能让人听到"那些沙哑、婉转、感性的歌声，让人悲伤不能自持，让她在爵士乐史上不可磨灭"。[223]电影导演约瑟夫·罗西在麦卡锡主义时期是好莱坞反共黑名单的受害者，后来移居欧洲，他在 1959 年 8 月 24 日写信给艾瑞克，谈起这份"为比莉·霍利戴而写的、精彩动人的讣告"。虽然他的信由《新政治家》转交"弗朗西斯·牛顿"，但他"知道您的文章署的是笔名"，又补充说"约翰·哈蒙德（一位唱片制作人）很久以前给了我您的真名和电话号码，并建议我打电话给您"。[224]

不过，艾瑞克对整个爵士乐圈子的关注点还是集中在爵士乐及其表演者上。金斯利·马丁必定在某个时候提醒过艾瑞克，让他按照自己之前提出的意见为《新政治家》的中年男性读者提供一些能让他们感同身受的阅读体验，这样才能保证他专栏的阅读量。于是艾瑞克在 1961 年 3 月 24 日探讨了一个颇有看头的流行现象，文章篇幅占据了整整一个版面，是他平时撰文长度的两倍以上，主题是苏活区的脱衣舞俱乐部。文章具备非常详实的研究，是一篇杰出的社会史小论文兼专题报道。"随着五间主要的脱衣舞俱乐部关门大吉，"艾瑞克在开头这样描述道，"一个富饶社会的时代可能即将走到尽头。"脱衣舞俱乐部的数量在 1957 年到 1960 年间快速增长，其引领者是保罗·雷蒙德的表演酒吧，这是一个 1958 年在苏活区沃克街开业的私密俱乐部，虽然经常遭到警察搜查但生意蒸蒸日上，而搜查结果表明，酒吧客人主要是《新政治家》读者那样的人群，在政治上可能更倾向于右翼。[225] 在艾瑞克看来，脱衣舞俱乐部只不过是一门生意：

事实上，与大部分行业相比，脱衣舞俱乐部理论上是一种更为纯粹的私人企业，因为除了干这一行当能够赚钱，人们找不到为脱衣舞辩护或宣传的其他理由。这一行既不生产产品也不提供服务，因为观看脱衣舞的男人无法得到他们心中想要的真正服务。这会不会成为一种艺术也颇有争议，然而目前这不是艺术。"我不会假装这是一种美好的艺术，实际上我根本不会说这是一种艺术，我想说的是上次我在艺术上损失了 6 000 英镑。"一个因为说话实诚而招人好感的俱乐部经理对我这样说过。这种表演甚至不需要任何特殊的技能和训练。"任何一个小妞儿都能做这个，只要她身材好，"这是一个讲求实际的年轻老板的看法，他经营着苏活区的一个不太出名的俱乐部，"而且能豁出去在人们面前脱衣服。"[226]

以前的风车剧院在"二战"前后曾经上演过脱衣秀，一些挣扎求存的综艺剧院为了避免倒闭往往采取这种表演方式。不过，直到人们发现可以通过把这种营生从公众场合换到私密俱乐部来绕开（至少某种程度上）禁止淫秽表演的法律规定，脱衣舞俱乐部才在 20 世纪 50 年代末遍地开花，它们之间越发激烈的竞争让运营得较好的那些俱乐部在表演上变得更加专业。有个俱乐部老板在某次搜查中对警察抱怨："我怎么可能经营淫秽表演，在我这儿的是舞蹈家！"

经营脱衣舞俱乐部成了一门成本高昂的生意，就像艾瑞克在文章开头写的那样，很多雄心勃勃的俱乐部耗资过大，最后倒闭了，这些问题导致一些没那么豪华的俱乐部流行起来，那儿的会员费用相对要低一些，装潢和经营成本也有着严格的限制：

这些俱乐部里有的舞台装置比较精美，有的是乌烟瘴气的房间里放着一些电影院里用的椅子，单身男人坐在那儿看着一队队姑娘（中间插播一些脱衣舞影片）在唱片的伴奏下，面带轻蔑地脱掉她们的衣服。后来有些黑店（那里会向受骗的客人热情兜售贵得吓人的黑加仑果汁，直到他们发现从推销这些糟糕饮料的女孩身上什么也捞不着）也开始干起脱衣舞的营生……女孩们的最低收入可能是跳一次5分钟的脱衣舞只能收到1英镑，高一点的话可能是15英镑到25英镑（不包括特殊动作）。有个俱乐部给出的价钱是16英镑一周，每天跳11支脱衣舞（女孩自己支付保险费用），但俱乐部经理在算钱时总是锱铢必较。演员工会可以关注一下西区的情况，那儿的街上到处都是气喘吁吁地赶着从一个俱乐部到下一个去的金发女郎。

艾瑞克觉得很难有俱乐部能领先其他同行，因为这类表演的主要关注点不管在哪里几乎都是一样的，这个圈子全是些没名没姓的女孩在展示身体，不会出现吉普赛·罗丝·李或者约瑟芬·贝克那样的明星。女孩们并不是真正的舞者，她们最后是否穿着丁字裤没有任何区别。也许是过于认真地执行了金斯利·马丁的指示，艾瑞克向他的读者重点推荐了在迪恩街69号的内尔·格温俱乐部，他"很欣赏那儿组建了一支稳定的核心表演团队，还有一位靠舞姿而不是大胸部取胜的'头牌女郎'"，这个娱乐场所"装潢华美"，表演水平也相对较高。

这篇文章之后，艾瑞克没有继续发表关于苏活的俱乐部隐秘圈子的报道，但这标志着他在《新政治家》上的撰文方向出现了明显转变。从那时起，他对音乐家本人和乐队的短篇鉴赏评论变成了关于流行文化各方面的概述长文。因为从1961年9月起，他对自己作为爵士乐评人的角色开始感到厌倦：

在我看来，目前的爵士乐圈子处于停滞不前的状态。对于干着同样事情的同一批人，我感觉自己已经写不出什么不一样的东西了。可能这种感觉在英国会更加强烈，因为我们的本土音乐家是如此稀少而且一成不变，现代爵士乐的领域不会经常出现新人，但从记录者的角度来看，出现一些值得讨论的真正创新会是一件好事。对即将再次流行起来的现代爵士乐四重奏，我担心自己已经没有其他可说的了，之后再出现什么爵士乐类型，我感觉也就是那样了。[227]

在"二战"之前，爵士乐由于社会地位较低而保持了它的文化独立性，但在第一代爵士音乐家发展出表演技巧、个人风格和成熟的音乐性时——大概在 20 世纪 30 年代——他们就故步自封，不再向前探索了。[228] 埃林顿公爵是其中一个最显著的例子，虽然他本人仍然十分伟大，但艾瑞克认为"他的乐队会随着他的去世最终衰落，只有唱片才能保存他不可复制的作品"。[229] 塞西尔·泰勒等摒弃了节奏与调性的新一代音乐家代表了一种文化的现代性，让爵士乐远离了它的起源。[230] 结果，爵士乐在 20 世纪 60 年代初陷入了"严重的危机"。在纽约，一些俱乐部只有周末才开门营业，优秀的音乐家们只能靠失业救济金过活或者在商店里当售货员。爵士乐队表演场所的客人寥寥无几。爵士乐"陷入了低潮"。[231] 在将近 20 年的时间里，爵士乐实际上受到了新的流行音乐潮流的蚕食，当它终于得到复兴，面向的也只是少数人，成了一种小众音乐，不再是从道德上反抗传统和规矩的社会载体："摇摆 60 年代"终结了这一切，现代流行音乐反映了生活无忧的年轻人浅薄的反叛精神，而不是被剥削者的义愤。[232]

艾瑞克对报道爵士音乐会和俱乐部的兴趣逐渐减退，这也部分反映了他此时已形成对爵士乐圈子的整体看法。通过表兄丹尼斯的关系，他和麦克吉本与基出版社签订了出书合同，这间出版社由历史学者兼记者罗伯特·基和曾经是共产党员的出版商詹姆斯·麦克吉本在 1949 年共同创办，已经出版了汉弗莱·利特尔顿和科林·麦金尼斯撰写的作品，支持工党的富商霍华德·塞缪尔纾解了这间出版社的资金困难。基和麦金尼斯劝说艾瑞克写一本关于爵士乐的书，这本书于 1959 年出版，书名叫《爵士乐图景》，署名用的是他在《新政治家》上的笔名"弗朗西斯·牛顿"[233] 他们给艾瑞克预付了一笔不算丰厚的 200 英镑稿酬。[234] 这部作品有一部分是出版社期望中的爵士乐入门概述，这在《如何认识爵士乐》一章中尤为明显，介绍了爵士乐的风格、乐器以及与其他艺术门类的关系，但它主要是一部当代社会史，并且正因为这样，书中淋漓尽致地反映了艾瑞克其他学术性著作的特征。

按照考察一种新社会环境的通常做法，艾瑞克在书后附上了"爵士乐专用词汇"目录，解释了爵士乐队和小型爵士乐团的区别，说明了爵士音乐家们的绰号来历，还囊括了大麻等违禁物品经常变化的名称（reefer、muggle、weed、tea、grass、muta、grefa、charge、gauge、hemp、hay 和 pot）。[235] 这本书的参考书目范围之广教人惊叹不已，比如，其中包括一小部分讨论爵士乐对米约和斯特拉文斯基*等作曲家的影响，还有些对爵士乐现场表演和唱片的营利性进行了颇有见地的探讨。和艾瑞克关于费边社的论文一样，这本书的附录包括对爵士乐从业者社会成分的数据分析，这一分析基于全国爵士乐联会 820 名成员的卡片索引档案（其中 60 人是女性，其余则由各领域年轻白领职员和技巧纯熟的工匠组成，这些"自学成才的文艺人士"通常来自无产阶级家庭，反抗他们父母那一代的体面生活和上流社会文化）。"他们来

---

* 达律斯·米约（1892—1974）是法国作曲家，20 世纪 20 年代初倾向新古典主义的法国"六人团"成员之一，他的作品借鉴了爵士乐的元素，具备丰富的调性；伊戈尔·斯特拉文斯基（1882—1971）是现代主义音乐的代表人物，主要作品有《火鸟》《彼得鲁什卡》和首演时引起激烈争议的《春之祭》。——译者注

自文法学校和公共图书馆，而不是公学和大学；来自茶室和中国餐馆而不是雪莉酒会。"[236] 然而，《爵士乐图景》的精华是其对爵士乐起源和兴盛的记录，从19世纪晚期的新奥尔良开始，并且全面地吸收了从非洲音乐到福音歌曲的精华养分。在艾瑞克看来，爵士乐深深地根植于美国穷苦黑人的民间音乐，这些人创造了爵士乐。在欧洲，爵士乐变成了"流浪者和社会传统反抗者"的音乐，"代表黑帮分子、皮条客和妓女所处的环境氛围"。[237] 不过艾瑞克认为爵士音乐家和观众代表的反叛行为并不是对剥削现象有组织的抵抗前奏，而是政治行动的一种转移。

一些爵士乐专家对艾瑞克的某些判断不能苟同。"这是一本外行人写的书，"拉姆斯登·格雷格写道，"专家对这本书的大部分内容都了如指掌。"[238] 而艾瑞克则认为英国的爵士乐批评家顽固又保守。[239] 另一篇评论抱怨这本书"严肃得令人望而生畏"，虽然"在描写爵士乐圈子方面，最后五章是迄今为止写得最好的——从一个圈外人的角度"。作者实际上"作为知识分子与爵士乐长期结缘，因而成了专家"。[240] 无独有偶，另一位美国人克兰西·西加尔——小说家兼编剧，曾是多丽丝·莱辛的露水情人——提出，艾瑞克应该"让自己真正放松下来享受爵士乐，不要带着功利主义的道德束缚来对自己的感受做合理化说明，这会造成他在书里到处强调自己的观点"。[241] 但是这本书逐渐在爵士乐专业乐迷的狭隘圈子外获得了一些读者。企鹅图书在1961年出版了这本书的平装本，但当一个大学研究生写信给出版社，抱怨在书店或者图书馆里都找不到这书，建议是时候重印了，艾瑞克彼时的编辑彼得·赖特告诉这位学生，这本书"在我们的书目里销量相当惨淡，因此现在已经停印，并且我们不会考虑重新发行，很遗憾"，他又补充道，"但是我们也想不出什么法子来让这个主题的书畅销"。[242] 艾瑞克相信因为爵士乐与黑人抗议活动逐渐脱离了关系，而且"作为一种文化正在变得更受人尊敬"，所以读者们现在希望读到这本书，这想法看来是没什么道理的。过了很多年后《爵士乐图景》才真正被人们广泛阅读。[243] 这本书分别于1975年、1989年和1993年再版（其中1993年版增加了艾瑞克在《新政治家》上发表的系列文章），不过此书的外文版本相对较少（只有1961年的捷克文版、意大利文版、日文版，以及1966年的法文版）。在这之后，读者的兴趣消减下来，直到1988年希腊文本的出现。销量最好的外文版本是在巴西发行的，当时正处于世纪之交，艾瑞克在巴西十分有名：1997—2007年，巴西版本带来了将近1万英镑的版税。[244] 2014年，费伯出版社重印了这本书的英语版本。总的来说，《爵士乐图景》也许是艾瑞克的10年爵士乐评人生涯里最经得起时间考验的产物，它最后成了"爵士乐爱好者的必备之书"。[245]

VIII

艾瑞克在苏活的岁月还带来了他意想不到的收获。1958年，在位于沃德街的星辰俱乐部还没有被警察查封之前（后来，这间俱乐部把名字换成"阿夫利克"重新开业了），他在那里与一位年轻女子结下情缘。22岁还有一个小女儿的乔（不是她的真名）是一名兼职的性工作者，她干这个营生是为了满足自己的毒瘾以及养活孩子。在接触到一个新的社会群体时，艾瑞克通常都会收集这个特定群体的语言和专门用语来制成词汇表："痛殴"（laming）是"用皮下注射器注射毒品"，"充电"（charge）是"毒品带来的快感"，"石化了"（stoned）是"喝醉了，而且经常是一边喝一边抽大麻或使用其他毒品"，"上钩"（hooked）是"上瘾"，"印度大麻制剂"（hashish）是"抽大麻烟卷（香烟）"，"哼鼻子"（snorting）是"用鼻子吸可卡因"（艾瑞克补充道："卖毒品的杰基·S说如果他不省着点的话，一个晚上就能吸掉60英镑的毒品。毒品会让人一直叨叨个不停。"）。艾瑞克对性俚语的无知有时令人大跌眼镜：他甚至记录"约会"（a date）指的是"和某个你要与之发生性关系的人见面"，这个定义不消说是省去了现实中外出约会过程的几个中间步骤。更加隐晦的是"给他来一次 b-u"（b-u 是 bunk up 的缩写），意思就是"让他和你发生性关系"。"散步"（taking a walk）就是出去卖淫："一个小姐去散个步，这样她可以招徕到客人，在车里或者电话亭之类的地方进行性交易。""到下面去"（get down to）是"跪下来给另一个人口交"，"出去工作"（get out to work）指"拉客"，一次"花招"（trick），即一次卖淫，可以赚5英镑到10英镑，如果每晚都能"要"几次，谋生就不成问题了。[246]

　　乔是个爵士乐迷，也是艾瑞克常去的俱乐部的熟客，她一般会到强节拍俱乐部去，上街拉客前先在那里喝上一杯，所以两人经常见面。她和另一个叫玛克辛的兼职性工作者住在伦敦西区克伦威尔路的一个单人间里，房里有两张床、一个带煤气炉和洗脸盆的小隔间、一部放在地上的电话，"内衣裤晾在门窗上"。周边是个"风气开放的时髦街区"。艾瑞克曾带两个女孩到泰特美术馆去看了一场图卢兹-劳特累克的画展，这位画家的模特儿经常都是妓女（艾瑞克"从中萌发出带几个妓女来看图卢兹-劳特累克作品的念头"）。但是他"觉得她们不会有太多想法"。"在这种情况下，"艾瑞克补充道，"我总是在想她们会不会觉得我纯粹因为她们是妓女才对她们感兴趣，或者我显示出对卖淫活动的好奇。答案是两者皆有之。"艾瑞克回想起1961年春天的一个晚上，"我把她从客厅带到前门，叫了一辆出租车，我在车边对她说：'你知道的，我有时想和你出去约会。'然后她大概说了（她的态度是顺从和接受的，并没有无奈叹气）一些类似'好吧，迟早都要这样'的话"。

他们形成了一套约会模式：艾瑞克会在晚上7点左右到强节拍俱乐部去接乔，然后两人会去剧院或者看电影，接着在牛排餐馆或者咖喱餐馆里吃饭。有时候他们会回到强节拍或者到罗尼·斯科特的爵士俱乐部去。如果他们整晚都在外面，乔会带上过夜的洗漱包，住到艾瑞克的公寓里。

"天知道我们是什么时候睡到一起的"，他们分手后，艾瑞克在1962年这样写道，"我想我们5月到6月（1961年）那段时间过得很愉快"。他开始带她出席公开场合，包括在贝尔塞斯公园举行的一个难忘的聚会，艾瑞克受邀参加，而这刚好是他应该带乔出去约会的日子。他担心自己的外表和打扮是否得体（"我总是为这类事情发愁"），但乔明显没问题（"那个春天她看上去非常美"）。这个聚会"有点儿不太成功"：

> 我们坐在厨房里，吃东西、喝酒，然后到阁楼去，那儿有个传统爵士乐队在给跳舞的人伴奏。我们大部分人都坐在垫子之类的东西上。演员帕特里克·维马克（他从奥德维奇剧院过来）也在场……乔喝得越来越醉，就像布莱希特戏剧里那厚脸皮的娇小女子。我们大概午夜2点打车回家，乔醉得很厉害，显得非常柔弱。其他客人在想她到底是谁，我觉得他们可能认为她是个妓女或者是我搭讪上的某个小妞，总之我都无所谓……这个晚上她对我情意绵绵，或者更准确地说她对我袒露了自己的感受。她告诉我曾经以为我是个骗子，但她现在不这么认为了。我们聊了爵士乐，我说了我所知道的东西，但我还是希望能直接写下来。我觉得她多半是爱上我了。我不记得我们有没有做爱，但也许她已经醉得不行了，甚至没有洗澡，还把外套落在了前厅。我在她半睡半醒的时候把她带到了床上，没一会儿她就睡着了。[247]

艾瑞克带她去看列宁格勒芭蕾舞团表演，一起的还有他的建筑师朋友马丁·弗莱什曼及其妻子。乔"反应很迟钝（她吸了大麻），同时非常安静和腼腆。不过她和我一起时总是很安静，不像她和玛克辛一起时那样絮絮叨叨，聊天说笑停不下来"。

乔喜欢在艾瑞克写作的时候在他的公寓里坐着，什么也不干，但他承认"她在旁边的时候我工作效率不高。如果我们星期天在一起，即使不觉得沉闷，最后我还是会说我们出去看电影吧"。但就像艾瑞克承认的那样，这段关系无法持久：

> 我觉得害怕。这根本不是我应该做的事情。我觉得自己应付不了一个非常需要照顾的女孩：她懒惰、消沉，不会处理钱财，喝起酒来没完没了，而且明显对我非常依赖，就像对待她能接近的任何人一样……除了几个晚上，她从来没有表现出对我外表的喜爱之情，我们也只发生过一到两次关系，即使那样恐怕我也没有满足她。她仰慕我，过了一段时间后她确定我不会对她说教，或者只是屈尊和她在一起并对她趾高气扬。其实，我试着坦率地对待她。后来，说真的，我总觉得把她介绍给别人时要小心谨慎，有些人可以接受她，有些不行。总之，我对她的感情糅合着害怕。我担心她的贪婪（她可以在浑然不觉的情况下花掉一大笔钱），还有一点势利；但主要是害怕。

最后，艾瑞克觉得自己无法成为她的依靠。两个人都很难向对方敞开心扉。他们只是各说各话，"就像在飘摇无依的生活中困苦不幸又孤独的人一样"。乔和玛克辛发生了争执，于是她搬了出去，租过一些便宜的房子，有时候靠艾瑞克接济一下。最后，她带着女儿彻底搬到布莱顿去。"你知道吗，"她告诉艾瑞克，"我曾经以为会和你在一起，不是一直过下去，但也许一到两年也好。"艾瑞克可以说是她"最好的伙伴"。"但是你从未承诺过什么。"她跟艾瑞克说。"也许这就是她郁郁寡欢的原因，她没有爱上我，但她说我们在一起会挺好。这样没问题。她觉得很放松。她相中我了。"

艾瑞克对这段关系的描述口吻让人觉得这是另一个人写下的东西。很明显"弗朗西斯·牛顿"不止是个笔名。很难想象艾瑞克平常在伯贝克与人聊天时会用"她相中我了"这样的说法。在苏活的俱乐部以外的地方他不太可能把男士称为"家伙"或者把女士叫作"小妞"。当时艾瑞克40来岁，乔22岁，两人之间的年龄差距让他的说辞显得尴尬，就像他假装是她的同道中人，但实际上他肯定无法完全融入她的阶层。这段私情和艾瑞克设想中和缪丽尔有过的志同道合的关系相差甚远。两人的关系基于他们对爵士乐的共同爱好。但他并不因这段关系感到羞耻，也不曾试图掩饰。在伯贝克教英国经济政治史时，他会在课堂上偶尔提起"我有个朋友，是妓女"，他这么做并不像某个学生想的那样，是为了"哗众取宠"，只不过是"毫不畏惧"提起那些别人可能会看不起的人。[248] 后来，艾瑞克以朋友身份和乔重新取得了联系，并继续时不时为她的生活提供经济支持，直至他去世为止。

IX

20世纪50年代初期到中期，在和意大利共产党人，尤其是多年以后成为意大利总统的乔治·纳波利塔诺的交流中，艾瑞克听闻意大利共产党的一些边远地区分部有千禧年运动的倾向，非常感兴趣。他在接下来的几年中多次造访意大利，和他同行的经常是雷蒙德夫妇，剑桥大学的马克思主义经济学家皮埃罗·斯拉法给他们介绍了熟人，但他们不管在哪里度假，都会了解当地的风土人情。伊莉斯·马里安斯特拉斯记得 1957 年和丈夫到意大利南部度假时曾经沿着一条通向山腰的小道散步，这时他们刚结识了艾瑞克不久：

> 山下的平原里有一些田地。山不是很高，我们看见两个男人站在一块田地里。两人都是又高又瘦，一边绕着田地走一边聊天。我对丈夫说："你看，那是艾瑞克！"那真的是他，和一个农夫在一起。他正在采访这个农夫……即使在度假的时候，他也不忘那些在往昔或者今日世界让他感兴趣的事物。

他和淳朴的人们有一种独特的亲密联系，伊莉斯说。她后来得知这个农夫当时正在给他讲匪徒的故事。[249] 他记录下了这些旅行中的几次，尽量多地和普通人交谈。在西西里的卡塔尼亚，他遇到了"一个在火车站外的咖啡馆里吃意大利面的老男人，结果发现他正是咖啡馆的老板"。"现在的农民就跟贵族似的。"这个男人说。他认识了一些曾在墨索里尼法西斯运动中当过"黑衫党"的人，仍然对他们的纳粹领袖念念不忘。其中一个说："战前没人想到女人能在公众场合跳舞、聚会，现在你看看她们！"他抱怨卡塔尼亚正在变得跟意大利北部一样，这显然不是件好事。[250] 艾瑞克的意大利语当时还是"错漏百出"，但他可以让别人听懂自己说的话，并且在说得不怎么准确的情况下，使用意大利语在学术同僚中间建立了声誉。[251]

在这些旅程中，艾瑞克对一种农民运动的形式产生了兴趣：

> 20 世纪的政治某种程度上牢牢嵌在中世纪的意识形态中。我还发现了葛兰西关于所谓"庶民阶级"问题的文章。同一时期的英国

的社会人类学家也试图解释殖民地解放运动中的类似问题。作为一名历史学者，我曾被人提问欧洲历史上是否有过肯尼亚吉库尤人茅茅党起义*那样的社会运动。[252]

这个问题在艾瑞克回国后参加的一个同主题研讨会上提出，艾瑞克在会上发表了论文，这让社会人类学家马克斯·格鲁克曼邀请他到曼彻斯特大学开展一系列讲座，格鲁克曼是一名激烈反对殖民主义的南非裔马克思主义者，艾瑞克的讲座让他印象深刻，因此他建议艾瑞克将讲座内容结集成书，并增加几章内容。艾瑞克在 1958 年初完成了书的打印文稿，并在 2 月 13 日提交给曼彻斯特大学出版社委员会审稿。委员会成员包括曼彻斯特大学校长约翰·斯托普福德（一位著名的解剖学家）、历史学教授阿尔伯特·古德温（研究法国大革命的自由党历史学者）、德语教授罗纳德·皮科克（德语诗歌研究专家）、法语教授尤金·维纳弗（发表过关于拉辛和福楼拜的研究作品）以及曼彻斯特大学图书馆馆长及委员会秘书长摩西·泰森。[253] 他们觉得自己不够专业，无法得出审稿结论，于是把稿件转给了约翰·普拉梅纳茨，这是一位来自黑山的流亡政治理论家和思想史研究学者，在牛津大学纳菲尔德学院担任研究员，写过关于功利主义和马克思主义研究的著作，其中的一本小册子于 1947 年出版，书名叫《什么是共产主义》。在 1958 年 5 月 1 日的委员会会议上，普拉梅纳茨提出《原始的叛乱》一书有一些需要注意的严重缺陷和不足"，然而，如果这些问题能得到修正，他认为此书可以出版。委员会此时仍然"觉得他们大多数讨论都是在对这本书一无所知的情况下进行的"，于是决定推迟到 6 月 5 日再形成审稿结

---

* 茅茅是肯尼亚吉库尤人的一种秘密集社活动，20 世纪 50 年代的激进民族主义者利用这种形式组织群众、起誓结盟，反抗殖民者以及与他们合作的酋长。——译者注

论。同时，泰森称他已经读过了书稿，觉得这本书"很有意思，写得很好"，他赞成出版。但试着阅读这本书的皮科克认为"和自己的研究领域差异太大"，无法得出结论。研究闪米特语的荣誉教授爱德华·罗伯森和曼彻斯特大学的财务主管也参加了6月的委员会会议，他们和大多数委员会成员此时都赞成出版艾瑞克的书稿。

这本书在1959年面世，书名是《原始的叛乱：19世纪至20世纪社会运动的古朴形式》。这本书篇幅不长，只有200多页，包括9个章节，附录了13份由"原始叛乱者自己发声"讲述的故事的档案，其中有3个章节是关于意大利的。按照惯常做法，艾瑞克为写作此书广泛阅读了意大利南部的文艺作品，他认为其中一部分代表了"南欧地区的文化复兴"。他尤其热衷收集农民自述生平的资料，通常都是通过采访来获得。"整个意大利南部"就像资料显示的那样，在很多层面上都处于"原始状态"，受到更发达的意大利北部的内部殖民。奥尔高索洛那些偏远的撒丁岛乡村直到不久前都没有接触过现代文明，并且在20世纪后半叶依然饱受暴力流血冲突的困扰。[254] 这本书还讨论了西西里黑手党和托斯卡纳的宗教领袖达维德·拉扎雷蒂领导的千禧年运动，虽然拉扎雷蒂1878年被警察枪毙，但这一运动一直持续到"二战"之后。[255] 他在一个章节里回忆了1936年旅行时关于西班牙无政府主义的短暂见闻，认为无政府主义主要吸引的是农民和偏远地区的劳动者，他们向政府发泄愤怒，接受了一种原始形式的千禧年运动观念，通过推翻教堂和国家来使他们的乡村实现自治。无政府主义运动没有组织、自发进行并且缺乏纪律，注定会失败。在《原始的叛乱》西班牙语和意大利语版本中，艾瑞克加入了关于英国在工业革命时期宗教派别纷争的论文，以及从他从工人阶级兴起的早期研究中选取的关于前工业革命时代城市民众的文章——大部分也是讨论的英国的情况。

如果《原始的叛乱》就像艾瑞克后来写的那样，是他在共产主义 1956 年遭遇挫败后对自己事业进行的反思，那么这本书也在"试着探讨我们信任一个强有力的政党是否正确"，这个问题的答案是"正确"，但这本书也是一次论证，换种说法就是发现了共产党人认为只有"一条前进道路"的观念是错误的，"还有其他各种各样的运动形式值得我们注意"。[256] 然而，通过将他的研究对象列入"原始"类别，换句话说也就是尚未具备政治意识，艾瑞克把它们塞进了马克思主义目的论，这样会让研究无法脱离爱德华·汤普森那个著名的提法——"后代子孙的不屑一顾"。然而，在艾瑞克的文字背后，就如研究欧洲 19 世纪秘密社团及其传说的保守党历史学者约翰·罗伯一针见血地指出的那样："霍布斯鲍姆先生有时候对研究对象的诉求和不满产生了共鸣。"[257] 研究现代意大利史的著名英国历史学家丹尼斯·麦克·史密斯也提到艾瑞克对匪徒尤为同情。[258]

《原始的叛乱》一直是艾瑞克最喜欢的作品。"为什么呢？因为我写作此书时心情很是愉悦。"[259] 这本书把新的概念引入了史学研讨的范畴——"原始的叛乱"和"社会性匪徒"。艾瑞克后来将再次研究这些概念。但在写作此书时，艾瑞克正置身于苏活的俱乐部的社会边缘人和特立独行者中间，他撰写的爵士乐评是一种未经组织的文化反叛，这与他关于匪徒、千禧年运动、无政府主义者、卢德派以及其他"原始叛乱"的研究都是密不可分的：他的作品和他的生活不着痕迹地对接到了一起，他的个人经历和学术事业就如同一个硬币的正反面。他此时的研究已经和早期对工资劳动者兴起和有组织工人运动发展的关注迥然不同，就如同他与海伦、玛丽安以及乔的交往已经和他与缪丽尔·西曼那段追求革命情谊的失败婚姻很不一样。

从某个方面看，转而研究社会边缘人群为艾瑞克带来了更加实在的成果。《爵士乐图景》和《原始的叛乱》的成功促使作家代理人戴维·海厄姆在 1959 年 11 月 24 日联系了艾瑞克，提出"我们也许可以为您处理与作品相关的事宜，尤其是在书籍出版方面提供服务"，并且建议两人来一次会面。[260] 作家代理人在合同谈判方面比作者想象的更专业，而且善于注意到晦涩难懂的合同文字和作者也许会忽略的合同条款。而且整体看来，那时候的作家代理人会比大部分出版社更加积极地为作者争取附加权益，其中就包括对艾瑞克一直都很重要的译本版权。和海厄姆的会面很成功。[261] 有了代理人，艾瑞克第一次走上了从出版作品中真正获得可观收入的道路。

X

1955 年，艾瑞克卷入了与广受敬畏的休·特雷弗-罗珀的论战，罗珀是一名强硬的冷战斗士，加入过美国中央情报局资助的文化自由大会[*]。特雷弗-罗珀在《新政治家》上发表了一篇关于文化历史学家雅各布·布克哈特书信集的评论，布克哈特出生于瑞士，母语是德语。特雷弗-罗珀对布克哈特作品的热情印证了他的学术理解广度，这与当时大部分英国历史学者狭隘的研究焦点形成了鲜明对比。他形容布克哈特是"最深刻的历史学家之一"，在他看来远比宏大预言从未实现过的马克思要深刻得多。艾瑞克愤怒地回应了这一说法，反驳他的"愚蠢声明"。为什么在颂扬布克哈特的同时要污蔑马克思？后者毕竟比前者要知名得多，其作品也有更多人讨论。[262] 不畏争议的特雷弗-罗珀予

---

[*] 文化自由大会成立于 1950 年，是一个反共宣传组织，其鼎盛时期在 35 个国家开展过活动，吸纳了不少文化名人，1966 年，有研究揭露美国中情局秘密资助该组织，通过推销抽象艺术和先锋艺术来对抗苏联的现实主义艺术等方式打反共文化战。——译者注

以反击，于是这场论战围绕几个主题继续展开。以赛亚·伯林加入了特雷弗-罗珀的阵线，提出布克哈特的预测"具有高度的创新性和准确性"。他研究历史的方式"有力地对抗了很多狂热教义的盲目信徒对事实做出的片面阐述"。特雷弗-罗珀承认马克思主义"对各种历史写作"都产生了深刻影响，但他提出如果马克思主义历史学者有做过什么贡献，这些贡献也与他们的马克思主义者身份无关。[263]

　　然而特雷弗-罗珀也强烈反对麦卡锡主义时期美国对共产党人的迫害。他认为这是 16、17 世纪猎巫行动的现代形式，后来他对此提出了尖锐的批评。了解到特雷弗-罗珀对麦卡锡主义的立场，艾瑞克在 1960 年略微羞怯地写信给他，希望能在申请美国签证方面得到他的帮助。"如果您没法帮忙的话也不要紧，"艾瑞克写道，"毕竟您有很多充分的理由对这个怎么看都有点鲁莽的要求置之不理，我为此向您说声抱歉。""我会尽我所能帮助您。"那个时候已经是牛津大学现代史钦定讲席教授的特雷弗-罗珀这样回复艾瑞克，还在给艾瑞克的回信中附上了呈交美国入境管理部门的信件，他在信里表示支持艾瑞克申请美国签证。艾瑞克要到加利福尼亚州的斯坦福大学去进行一系列讲座，邀请他的是马克思主义经济学者保罗·斯威齐和保罗·巴兰，两人都是左翼期刊《每月评论》的编辑。特雷弗-罗珀的信件起了作用，加上斯坦福作为美国最重要的大学之一也是声名在外，艾瑞克的申请得到了批准。[264] 美国驻伦敦的领事馆职员由于缺乏工作经验而忘记盘问艾瑞克的共产党员经历，这让他的出访变得更为顺利。"他们什么问题都没问，"艾瑞克告诉琼·西蒙，"针对开展学术交流的教授，有一套可以免去盘问的程序，这无疑让包括美国官方在内的相关人士都松了一口气。"[265] 希思罗机场出境检查官员通知了军情五处，艾瑞克已经获发美国签证并将在 1960 年 6 月 10 日抵达美国，军情五处表示此前对此毫不知情。[266] "之前没有人知会我们霍布斯鲍姆要申请美国签证，"军情五处抱怨，

"因此美国人也不知道他的个人情况。"但一切都为时已晚。除非进行特别盘问,否则联邦调查局不会得到消息。[267]

在旧金山,巴兰将艾瑞克引荐给码头工人工会的领袖哈利·布里奇,他是一名与黑手党有联系的左翼分子,而这是艾瑞克对他最感兴趣的地方。工会显然要和黑帮分子合作,因为后者控制着东部沿海的港口。由于建立了互相尊重的文化,工会和黑帮得以共存。艾瑞克在此前关于"原始叛乱"的研究中已经对黑手党有所了解,并在美国的有组织犯罪这种大为不同的背景中继续深入探讨这一研究对象。[268]艾瑞克自然也利用在爵士乐圈子中的人脉关系,探寻旧金山的俱乐部和音乐会场所(他度过了一个"糟透了"的夜晚,试图在迈尔斯·戴维斯的演奏会上让巴兰欣赏爵士乐,这可不是美国的马克思主义专业人士的正常品味)。艾瑞克在当地爵士乐圈子中结交了新朋友,尤其是音乐会主办人约翰·哈蒙德,他很久以前发掘了比莉·霍利戴并且正要帮助鲍勃·迪伦出道。还有就是记者拉尔夫·格利森,艾瑞克经常开着自己的第一辆车到格利森在伯克利的家里去,这是一辆1948年的恺撒牌汽车,"花了100美元买的,夏天快结束的时候以50美金卖给了一个世界知名的逻辑数学家"。[269]

格利森把芝加哥的爵士乐圈子熟人介绍给了艾瑞克,他和3个斯坦福的学生一起,4人轮流开车到那里去。艾瑞克认识了斯特兹·特克尔,这位左翼的电台记者正在开创美国的口述历史,艾瑞克通过他又结识了福音歌手马哈利亚·杰克逊,特克尔曾经是她的经纪人。艾瑞克听过杰克逊的歌后受到触动,参加了一次黑人浸信会教堂的礼拜。那些歌曲,艾瑞克写道,"如雷鸣般回响在沉重的空气中,饱含着期待、希望和喜乐,足以让一位圣人忘记这里像狗那么大的耗子、烂菜叶的臭味和即使基督降临芝加哥也会低头不语的一派衰败景象"。他觉得这全是表演,是精确到分钟的表演,就算"有几个女人真的变得歇斯底里而不得不被抬出去"，她们很快又会"神采奕奕地回到会场，这有点像妓女在客人面前假装达到了高潮"。就连信众们的感叹也不是发自内心的。这些歌曲从音乐性上看毫无特色和原创性，和爵士乐一点关系也没有，但表演还是很出色的。[270]

就这样，艾瑞克不但通过学术圈子了解美国，还通过它的阴暗面、通过政见不同的马克思主义者、音乐掮客、工会会员、福音歌手和爵士乐手等三教九流来了解美国：这些和他当时在英国和法国来往的人们是同一类。"我通过拉尔夫·格利森和斯特兹·特克尔等人认识的男男女女都不是美国中产阶级。"他后来写道。艾瑞克后来被视作反美人士，但他对1960年美国见闻充满温度的记录证明这一指控并非实情。[271]

从美国回程的路上，艾瑞克设法去了一趟古巴。菲德尔·卡斯特罗领导的年轻、理想主义的社会主义者不久前推翻了贪污腐败、与有组织的犯罪脱不了关系的巴蒂斯塔独裁政权，一位名叫卡洛斯·拉斐尔·罗德里格斯的革命者邀请艾瑞克、巴兰和斯威齐前去访问。艾瑞克很快意识到，当时的古巴革命还没有演变成共产主义性质，因此在古巴和美国之间往返旅行还是没问题的。他抵达哈瓦那，花了点时间游玩并提高了一下他已经讲得很好的西班牙语。1960年10月22日，他在《新政治家》上发表的文章里热情介绍了古巴工厂和农场的社会主义改造，引用了一位朋友称这是"一场成功的革命，再也没有人受到剥削了"的言论。[272] 在回国的路上，艾瑞克向英国共产党的国际事务委员会通报了古巴的国内形势，称卡斯特罗"一开始想法非常混乱"，但在掌权之后他比原本设想的要走得更远，这首先体现在土地改革方面。共产主义思想在卡斯特罗领导的革命中具有影响力，但尚未占主导地位。艾瑞克呼吁英国人到访古巴，增进两国贸易联系并对缺乏政治意识的古巴民众加强教育。[273]

然而，不久后美国和古巴的关系急剧恶化，约翰·F. 肯尼迪总统的政府班子担心出现地缘危机，还有越来越多逃离古巴并在佛罗里达定居的右派中产难民发起游说，这些都将两国关系推向不利的方向。肯尼迪很快就决定采取直接行动。4月15日，美国战机轰炸了古巴机场，为一支由中央情报局支持的准军事组织打前哨，该组织在4月16日至17日的夜晚登陆了古巴猪湾，意图推翻卡斯特罗。这次入侵是一场灾难性的惨败，古巴情报机构事先已经得到了消息，三天之内入侵就被挫败了。这一偷袭事件激起了古巴革命支持者的广泛愤慨。艾瑞克写信给《泰晤士报》，将美国的侵略斥为对民主价值观的攻击，因为卡斯特罗明显已经得到了大多数古巴人民的支持。[274] 在英国，艾瑞克在强节拍俱乐部认识的戏剧评论家及作家肯尼思·泰南决定发起一个支持卡斯特罗的请愿活动。[275]

4月16日，泰南打电话给艾瑞克，来到他在戈登大楼的公寓并说服他参加这个活动。他们举行了一个正式的会议，参加人员有身兼演员、作家和作家代理人的克莱夫·古德温（按照艾瑞克的说法，古德温"那时候是肯尼思的'星期五'*"）、即将嫁给剧作家约翰·奥斯本的小说家佩内洛普·吉列特，以及健谈的威尔士工会活动分子克莱夫·詹金斯。几天后的4月28日，英国古巴委员会在艾瑞克的公寓里成立。艾瑞克等委员会成员接触了一系列熟识的社会名流（包括工党议员、作家兼记者迈克尔·富特），并促请他们在抗议信上签名。成员们在佩内洛普·吉列特位于朗兹广场的公寓里召开了更多会议，并于5月组织了一次在苏活广场的示威游行。在艾瑞克的记忆中：

> 游行在23号星期天举行……大家在游行后回到我的公寓喝了几

---

* 出自英国作家笛福的小说《鲁滨孙漂流记》，"星期五"是主人公在岛上俘获的原住民，后来成了他的仆人。——译者注

杯，也许肯（尼思）18号在蒙特街组织的一次聚会有助于将他的朋友发动起来。我对游行情景的记忆比日期更为生动：我们沿着牛津街前进，进入海德公园。我从未在政治游行中见过这么一大群漂亮女孩，这些女孩应该都来自剧院或者模特儿公司，她们使这个游行十分引人注目。[276]

英国共产党并未得到邀请参加这次游行，这让既愤怒又失望的领导层责怪艾瑞克对党缺乏诚意。军情五处在英国共产党伦敦总部安装的窃听设备记录了一位干部说的话："行了，我们都知道霍布斯鲍姆这人，如果有任何理由可以阻止我们参加游行，他准会是那个策划的主脑。"[277]

这次游行后，泰南写了一封言辞激烈的信给《观察家报》，建议派遣代表团访问古巴以显示和革命者们团结在一起。经过多次延期后，英国古巴委员会的一群人决定在年底前乘飞机去古巴，其中包括艾瑞克、克莱夫·古德温以及印刷工人工会的领袖理查德·布里金肖（艾瑞克形容他"对外国姐有点兴趣"）。他们不得不取道布拉格，因为美国对古巴的制裁日渐严厉，这意味着那时没有从非共产主义国家到古巴的航班。最初和这群人一起前去的有琼·利特尔伍德，她是位于斯特拉特福德的左翼"剧院工作室"的创办者和导演。但是据艾瑞克称："她和我们一起去了布拉格，但无尽的延误使她失去了耐心。她坚持要下机，而此时飞机正因为又一次时长未知的延误在停机坪上等候，我们最后看着她瘦小的身影独自沿着飞机的柏油跑道返回航站楼。"[278] 飞机起飞了，但又遇上故障，不得不返航。这趟航班被重新安排到了下一年的新年。同时，英国共产党发现了此行的人员构成，成功地在艾瑞克之外增加了两名更易被接受的代表，一位是共产党的党外支持者、1954年斯大林国际和平奖的得主丹尼斯·普里特，另一位是英国共产党执行委员会的成员阿诺德·凯特尔。根据军情五处的报告，艾瑞克"并不受英国共产党待见"。[279]

1962年1月，艾瑞克和除了利特尔伍德以外的其他人员一起前往古巴，队伍里增添了那两位英国共产党的指派人员、几个来自不同机构的核武器裁军专家和一些左翼活跃分子，还有一个"说话爽快的年轻非裔人士"，艾瑞克觉得他"是个黑人骗子，利用了白人激进分子的无知和反帝国主义的下意识习惯"（古巴人拒绝和他打交道）。根据普里特回国后向英国共产党领导层的报告，一抵达古巴他们就发现"翻译非常不靠谱，大家开玩笑说在古巴除了他们的翻译，几乎人人都能说英语！这让普里特感到内疚，有几次他们不得不让霍布斯鲍姆当翻译，而他做得非常出色"。就像普里特带着明显的失望汇报时提到的那样，总体上"艾瑞克那个令人讨厌的家伙表现得非常好"。[280] 事实上他翻译了切·格瓦拉的一次演讲，在曾经的哈瓦那希尔顿酒店举行的一次会议中，格瓦拉当时取代了卡斯特罗的位置。艾瑞克称格瓦拉开始崭露锋芒，虽然他说的东西没什么意思。[281]

代表团的一个成员向安全部门汇报了他们的活动，但是他没怎么提到艾瑞克，就像他告诉军情五处的那样，艾瑞克"在古巴并没有经常和大部队一起活动，因为他有自己在9个月前的一次古巴之旅中结识的人脉"。[282] 其中一位熟人是一所人类文化学和民俗学研究机构的主管阿赫列尔·利昂，他带艾瑞克参观了哈瓦那的黑人贫民窟，艾瑞克不会错过去那里考察当地音乐的机会。宗教传统和非洲音乐风格的影响还是很明显的，祭司们举行仪式来纪念他们的神鼓*，所有人都系上绿色和黄色的带子，这颜色代表着古巴守护神科夫雷仁爱圣母：

---

* 古巴黑人认为巴塔鼓是神圣的，蕴涵着一种精神力量，最有助于与神灵的沟通。——编者注

四面相同的鼓和两副手铃（绑在棍子上）一直以几个相同的节奏敲击着，而舞者一个个站到地面上，跳舞跳到忘乎所以，直到女主人把啤酒、可口可乐和甜点拿出来招待他们，或者直到他们逐个亲吻每一面神鼓然后离开。鼓声在宁静的周日下午传遍了哈瓦那的郊区瓜纳瓦科阿。邻居的篱笆墙后，有两个瘦小的男孩在脏兮兮的院子里各自轻柔地随鼓声扭动身体。道路的尽头，一个穿黄色连衣裙的黑白混血姑娘在干杂活的时候被鼓声吸引，在阳光下轻轻晃动着腰臀。我觉得我看见了古巴流行音乐从未停止的重生。非洲音乐再次脱离了它的宗教仪式起源，在一个古巴郊区的通俗表演中与欧洲的音乐元素糅合到了一起。[283]

比起更加商业化的音乐类型，菲德尔·卡斯特罗领导的革命政权大力鼓励这种传统民间音乐。艾瑞克对此感到很兴奋：他认为"古巴音乐当前的发展阶段和美国爵士乐离开南方之前的阶段是遥相呼应的"。

艾瑞克和肯尼思·泰南的友谊将他带入了一个与学术世界迥然不同的圈子。1973 年 5 月，泰南邀请艾瑞克参加他在小维克剧院为女儿特蕾西举办的 21 岁生日会。客人们包括喜剧演员埃里克·莫克姆和弗兰基·豪尔德、哲学家阿尔弗雷德·艾耶尔、歌手丽莎·明尼里、电影明星彼得·塞勒斯和劳伦·白考尔、小说家埃德娜·奥布莱恩、作曲家斯蒂芬·桑德海姆和马克思主义作家罗宾·布莱克本。钢琴家以及喜剧演员达德利·摩尔、讽刺作家约翰·威尔斯和（"糟糕的"）歌舞艺人马克斯·沃尔贡献了现场表演。"一大群各色各样的人。"泰南兴高采烈地说。[284]这位著名的戏剧评论家以在剧院边厢和女儿一起喝可乐结束了这个夜晚，他的女儿在后来的回忆录中生动地记载了这次聚会，还有她父母吵吵嚷嚷的婚姻生活中互相咒骂的细节（"看着他们相处就像在看一部恐怖电影"）。[285]

XI

按照罗宾·马尔凯西的说法，他的母亲南希曾经说过自己的哥哥艾瑞克："长得那么丑，我真不明白为什么那些女人都能被他迷住！"[286] "他丑得不行"，伊莉斯·马里安斯特拉斯也这样觉得，但"他爱女人"，她们也被他所吸引：他身体健康、行动活跃，只是脸看起来寒碜了点。[287] 不管怎样，有些女人就是会被有头脑和学识的男人吸引，不管他的长相如何，而且艾瑞克还是一个很好的聆听者，对他人及其讲述的故事有着无尽的兴趣。整个 20 世纪 50 年代他都在寻求幸福婚姻和稳定感情，虽然到了 50 年代中期他已经从和缪丽尔的失败婚姻中恢复过来，但他仍未能成功寻觅到一段持久的感情。1961 年 11 月，情况发生了改变，马琳·施瓦茨走进了他的生命。[288] 马琳 1932 年生于维也纳的一个世俗犹太人家庭，是在蒂罗尔出生的纺织商人西奥多·施瓦茨的第三个孩子，他的妻子路易丝被大家叫作莉莉。马琳有两个哥哥，年长的叫维克多，最后接过了父亲的生意，次子沃尔特后来成了知名的驻外记者，为《卫报》工作。1937 年 9 月，由于比大部分人更早怀疑希特勒会入侵奥地利，西奥多举家迁往伦敦，并于次年搬到曼彻斯特。[289] 马琳成了一名避难者，其后又进了一所贵格会寄宿学校，经历了这段短暂而苦闷的时期后，她从曼彻斯特女子高中毕业。她的父亲喜爱社交，认识当时在曼彻斯特大学教书的历史学家 A.J.P. 泰勒。在艾瑞克看来，马琳诸多迷人之处之一是她能说流利的法语，并且精通法国文学与文化。她的父亲十分迷恋法国，在他的影响下，马琳 1949 年毕业后就前往法国学习法语，她在一个法国家庭当了一年互惠生。早上她在法语联盟中心上法语课。那里的一位老师让马琳和自己夫妇俩一起住，同时照顾刚出生的孩子，马琳同意了。在法国的第二年，马琳攻读了一门由法语联盟中心和索邦大学共同开办的法国文学课程，利用闲暇和朋友一起探索巴黎并提高自己的法语水平。

艾瑞克的朋友伊莉斯·马里安斯特拉斯觉得马琳"同时兼备美丽、有教养、优雅和热情的优点，但她显然是位很典型的英国女孩"。[290] 马琳在伦敦的社交生活很活跃，包括每周四晚上在家里和哥哥及客人们共度的聚会时光，他们会听着唱片，吃一点小点心。她在这些夜晚里结交过出生于维也纳的汤姆·马施勒，他当时正为出版商安德烈·多伊彻工作，后来自己也成了一名颇有声望的出版人，所以在某种程度上马琳也进入了文学和新闻的世界。到了 20 世纪 50 年代中期，她学习了许多文秘技能，这让她具备了获得第一份工作的资质，那就是在《每月布道》担任订阅及发行秘书，这是一本向神职人员提供布道参考内容的杂志。她和一个叫马里耶拉·德·萨尔扎纳的意大利女孩在帕特尼区合租房子，这个女孩邀请她到罗马去，她们在卡普里岛旅游时，马琳爱上了这个国家并决定住在那里。1955 年，马琳受聘于总部位于罗马的联合国粮食及农业组织，她在那里工作了 5 年，用假日时间和男友奥斯瓦尔多一起游览了亚平宁半岛。马里耶拉希望进入娱乐圈，并且想到好莱坞闯荡，马琳通过她认识了剧院歌手格蕾西·菲尔兹和电影明星柯克·道格拉斯，两位年轻女士从那不勒斯到罗马的火车之旅一路有他们陪伴，她们享受着道格拉斯颇有调情意味的关心。这段意大利时光结束时，马琳不仅能讲法语，还会讲非常流利的意大利语了。

1960 年 6 月刚从比利时殖民统治下获得独立的刚果（利）*爆发了一场充满暴力的严重政治危机，这让联合国最终派出了一支人数多达 2 万人的维和部队。马琳响应了支援这一行动的志愿者招募，在返回伦敦探

---

* 1960 年 6 月 30 日宣布独立后，定国名刚果共和国，简称"刚果（利）"。1964 年改国名为刚果民主共和国。1966 年首都改名金沙萨，国名简称"刚果（金）"。——编者注

望父母后，她前往利奥波德维尔（现在的金沙萨），负责为1960年7月底到达联合国部队的众多美国士兵安排福利服务和休闲活动。她的工作包括统筹书籍供应、电影放映和运动器材，以及为部队举办娱乐活动。马琳晚上和周末都会和外国记者团沟通交流。1961年，在其中一个聚会上，一个名叫约瑟夫·德西雷·蒙博托的年轻军官请马琳教他英语，蒙博托曾经是持左翼民族主义立场的刚果（利）总理帕特里斯·卢蒙巴的副官，后来被卢蒙巴任命为国民军总司令。马琳明智地拒绝了这一邀请（其实她也正准备离开），蒙博托是一个冷酷而野心勃勃的人，1960年时已经在比利时的支持下发动过一次政变，导致卢蒙巴被杀害。1965年，他建立了军事独裁政权，这个政权很快就因为腐败和残忍而臭名昭著，但一直持续到1997年才被推翻。

从暴力不断升级的动乱刚果（利）回到伦敦后，马琳获得了一份在加兰·帕特森手下任个人助理的工作，帕特森是加拿大广播公司伦敦办公室的欧洲新闻主任。这时她的哥哥沃尔特和妻子多萝西以及孩子住在汉普斯特德花园居民区，经常为朋友和熟人举办晚宴。作为一名非全日制的成年学生，多萝西在伯贝克学习历史，她的硕士论文导师正是艾瑞克，于是她在1961年邀请他参加11月的一次晚宴聚会。这次聚会办得很成功，与包括海伦在内的任何一任前女友相比，马琳与艾瑞克都有更多的共同之处：不只因为他们都在维也纳生活过而且都欣赏法国文化，还因为他们对意大利有共同的了解和热爱。虽然马琳不是共产党员，她肯定也是持左派立场的，而且艾瑞克马上就被她在联合国和刚果（利）的经历吸引住了。在当时聚会的人里面，两人都只记住了对方。在哥哥维克多长时间出国远行时，马琳和另外两个姑娘合住在他那所位于地段幽雅的曼斯菲尔德街西面尽头的宽敞公寓里。女孩们决定举办一个自己的晚宴聚会，每人邀请一位男性朋友。马琳打电话给艾瑞克邀请他。机缘巧合的是艾瑞克和其他代表乘坐的从布拉格前往古巴的飞机出现了引擎故障，不得不返航，这让他回到伦敦时面对着一间空荡荡的公寓，日程里也没有任何安排，就像他跟马琳说的那样，没东西可吃加上无事可做。他兴奋地接受了马琳的邀请。"你现在在做什么呢？"他在她打电话过来时问道，对她充满了兴趣。1962年1月从古巴回来后不久，他开始带着她去爵士乐俱乐部、古典音乐会，看戏剧和电影。很快他们就坠入了爱河。他逐渐把她介绍给自己的朋友，其中有在伦敦过着波希米亚式生活的友人，也有剑桥学术圈子里的同行，诺埃尔·安南的妻子加布埃拉后来告诉马琳他们对她很是好奇，因为他们觉得艾瑞克是个坚定的不婚主义者，而且不太可能和没有共产党背景的女子结婚：他们原以为会遇到一个严肃认真的马克思主义者，却惊喜地发现马琳并非如此。

艾瑞克此前安排了一次到巴西、阿根廷、智利、秘鲁、玻利维亚和哥伦比亚的访问，时间从1962年10月底开始，目的在于研究拉丁美洲的"原始叛乱"，由洛克菲勒基金会资助。艾瑞克的申请说服了洛克菲勒基金会给他拨款，于是他预订了10月31日飞往布宜诺斯艾利斯的航班。10月初，苏联在古巴境内部署核武器的举动引发了古巴导弹危机，美国总统约翰·F. 肯尼迪宣称在必要情况下会动用武力。两个超级大国之间爆发核战争的威胁此时到达了令人恐慌的高潮。艾瑞克和马琳一起欣赏了一场乔治·谢林的爵士乐五重奏表演，他已经答应《新政治家》为这场表演写乐评，两人还聊起了鲍勃·迪伦即将开始的英国巡演，这时他突然对马琳说："我觉得我们应该计划一下日程，在我离开之前找个时间结婚。"

马琳同意了，于是他们预约了婚姻登记服务。由于婚姻登记处要求申请人等候3个星期才能举行仪式，两人匆匆安排了一次去保加利亚旅行的婚前蜜月，他们在索菲亚市看歌剧，到黑海海滨度假地的沙滩上度过闲暇时光。回国后他们在马里波恩婚姻登记办公室登记结婚。艾瑞克的伴郎是建筑师马丁·弗莱什曼，这对新人在施瓦茨家族位于戈尔德斯格林的房子里举办了一个小型的招待宴会。艾瑞克开着马琳哥哥维克多慷慨出借的小汽车，两人前往坐落在威尔特郡的一个宁静英国乡村库姆城堡，用周末的时间度过短暂的第二次蜜月。之后他们回到城里，艾瑞克准备出发。像平时一样穿得邋邋遢遢的艾瑞克（马琳此时还没有开始打理他的着装）看上去比实际年纪要老。"您父亲要去布宜诺斯艾利斯吗？"机场海关的职员问马琳，这让她乐不可支。"如果事态不妙，美国和苏联开始打仗，"艾瑞克在与马琳分别时对她说，"你就买一张单程机票到布宜诺斯艾利斯来——我的银行账户有足够的钱，我会在那儿与你相见。"[291]

第七章

通俗作家

ERIC
HOBSBAWM

1962–1975

|

动身前往南美之前，艾瑞克已经开始尝试为学术圈子外的读者撰写严肃的史学作品。在做这件事的同时追求学术事业并不容易，就像他后来回忆的那样：

> 曾经有一段时间，英国学术圈的历史学者一想到当一名平装本作家，换句话说就是为大众撰写通俗作品，就大惊失色。两次世界大战之间那段时期，除了 G.M. 特里维廉，有声望的历史学者很少会这样做。很多人甚至压根不会出书，而是希望通过发表学术论文以及猛烈抨击一时糊涂出了书的同行来获取名声。基于同样的理由，他们也不为中学撰写历史教材，而是把这个任务留给了中小学教师，其中有两位人士以戏仿中学教材的笔法写了一本与大学历史课本截然不同的经典历史读物：塞勒和耶特曼的《1066 年及之后的英国史》（ *1066 and All That* ）。但情势现在有所改变，我这一代的历史学者，尤其是热衷解释历史和对公众进行历史普及教育的人士、马

克思主义者和其他有创新意识的学者，都对面向学术圈子和面向普通民众的写作同样充满热情。出版社从专业学者处得到越来越多的建议，并很快注意到大众的知识水平随着中学和大学教育的扩张得到了显著提升，中学六年级和大学之间的教育水平鸿沟消失了。[1]

这样的想法也体现在让艾瑞克第一次广受读者关注的作品《革命的年代》中。这本书在 1962 年 10 月出版，正是艾瑞克二婚，准备启程前往拉丁美洲之时。这本书明确针对"知识分子和受过教育的公民，阐释理论概念"，没有对公众摆架子说教，而是"让人们更加了解严肃学术观念"。[2]

《革命的年代》一书的面世要归功于乔治·韦登菲尔德的远见。这位生于维也纳的出版商构思了一个宏大的选题，计划编撰一套 40 卷的《文明的历史》，囊括全球各国以及过去各个世纪的历史。韦登菲尔德在 1949 年和奈杰尔·尼科尔森合伙组建了一个叫"韦登菲尔德和尼科尔森"的新出版社，专注出版非虚构写作的书籍。尼科尔森的父母是外交官及日记体文学作者哈罗德·尼科尔森以及小说家薇塔·萨克维尔·韦斯特。韦登菲尔德会将作品的译本授权给国外的出版商，并将其中一部分款项用于预付稿酬，这在别的出版社很少见。在现代史钦定讲席教授休·特雷弗-罗珀、哲学家以赛亚·伯林和古代史学者罗纳德·塞姆这三位牛津大学重要人物的建议下，韦登菲尔德将这 40 个主题委托给各个国家的多个历史学者撰写。在考虑 19 世纪欧洲史的作者时，韦登菲尔德首先向波兰裔的以色列历史学者雅各布·塔尔蒙约稿，这很大程度是由于伯林的建议，塔尔蒙曾在法国求学，并取得了伦敦政治经济学院的博士学位。塔尔蒙强烈反对共产主义，因撰写了上下两卷的《极权主义民主的起源》（分别出版于 1952 年和 1960 年）一书而知名，在这本书中，他认为布尔什维克的"政治救世主义"可以追溯到让-雅克·卢梭的作品。然而，几个月之后塔尔蒙放弃了这一撰稿工作，于是他们找到艾瑞克，他关于 17 世纪危机、英国工人阶级和西班牙及意大利"原始叛乱"的作品显示出他的学问之广博可以与塔尔蒙比肩。[3] 韦登菲尔德及时与艾瑞克签订了合同。这是一个大胆的举动，因为艾瑞克是一名人尽皆知的共产党员。这次约稿被证明是一个巧妙的决定。[4]

艾瑞克已经准备好了一套在伯贝克讲授现代欧洲史的教材，很快就能用来作为《革命的年代》的基础素材，在写作过程中，他又增加了在课堂上使用的其他资料。[5] 当然，他阐释的风格很大程度上来自在伯贝克教学的经验，那儿都是离开学校多年的非全日制成年学生，因此正好符合这一系列丛书面向的读者对象——受过教育的大众：

> 作为一名讲师，我知道沟通是一门表演艺术。如果我们不能使公众或者读者保持注意力，那就是在浪费每个人的时间。我通过三种方法来做到这一点：传达热情（也就是说作者相信主题是重要的），用让读者有兴趣继续读下去的方式来写作，以及适当篇幅的轻松文字和引文。我经常把我的书当作教材来试用，因为教学是考验一个历史学者能不能吸引读者的好方法。这也让作者得到了其他情况下只能够在头脑中构建的东西：一群真实的观众，我们需要对其发言，并让他们理解我们要传达的信息。然而，口语和写作是不一样的，写作需要学习，而其中最重要的是练习，就像一门乐器——文字就是作者的乐器，他的"风格"就是音乐家演奏出的声音。可能正是做报纸杂志相关的工作（比如，良好的编辑水平）让我掌握了写作的技巧，尤其是如何撰写面向非专业人士的非学术性文章，并且在规定的字数里谋篇布局。[6]

清晰、平实是最适合学术写作的风格。在这方面，现代的历史学者整体上不比他们的前辈逊色。实际上，艾瑞克认为"我们活在一个通俗化的黄金时代"。[7]

艾瑞克在《泰晤士报文学增刊》上发表过一篇题为《一种新的历史：非线性叙事的历史之网》的长文，文中解释了他采用的历史综述方法基础。像格兰特和坦珀利的标准教科书《19、20世纪的英国》那样在政治年代的基础上展开历史叙事"在今天应该被摒弃了，事实上，考虑到其中的疏漏之处——这样的历史作品也不能让人有所裨益"。由于历史写作和国家的构建之间形成了联系，那种把历史概括为各个互不相关的国家要素的做法被跨国史研究取代了。因此，完全有可能真正地着眼整个欧洲来讨论历史的发展方向。[8]

艾瑞克指出，"一战"后英国传统的保守历史写作冲击了之前主宰着历史专业领域的自由主义和左翼倾向；而到了20世纪50年代，三股反对保守派史观的潮流开始兴起，即马克思主义、年鉴学派和社会科学。"传统史学没有什么可比性，事实上没有任何真正重要的东西是来自传统史学各个分支的。"[9]

《革命的年代》是极其具有主题色彩和分析性的，而且完全抛弃了英国传统史学的政治叙事。这本书覆盖了欧洲文明全域，不但涉及了政治，还有经济、社会、文化、艺术和科学。它用一种全新的方式在更为广阔的全球史背景下书写欧洲历史，直到21世纪初"全球史"出现之前，很少有人模仿这种写法。艾瑞克认为这本书"对历史分析和历史综述的结合"直接受到了马克思主义的启发。[10]但是这本书把焦点放在了历史的"长时段"上，避开了政治叙事，并且竭力构建一种"大历史观"。这些都可能受到了年鉴学派的影响。实际上，几年之后，诺埃尔·安南称这本书"被年鉴学派认为——也不只被他们认为——在对史学的贡献上堪与布罗代尔的地中海史相比肩"。[11]

《革命的年代》不只是对1789年到1848年间的欧洲历史的一次基本概述，还是一本观点鲜明的作品，就像艾瑞克在前言中解释的那样，这本书的目的是追溯"双元革命"——1789年法国大革命以及大致同一时期的英国工业革命——对世界的影响。"如果这本书的视角是从欧洲出发的,或者更准确地说,是从法国和英国出发的,那是因为这个时期的世界——或者至少世界的大部分地区——正在以欧洲,或者说以法国和英国为基础转变。"按照艾瑞克的典型做法,他运用了在撰写其他题材时多次用过的手法,在开始撰写这本书时收集了一张词汇表,"工业""火车""自由""科学家",等等。这一时期出现的这么多新概念反映了当时的深刻变革。革命的年代见证了现代世界的奠基。事实上,"双元革命"的概念对20世纪后半叶的历史写作和教学都有着巨大影响,尤其在德国,比如这一概念促成了汉斯-乌尔里希·韦勒的巨著《德国社会史》的第二卷。[12]

这本书的结构体现了它使用的方法论的核心前提,那就是经济——或者用马克思主义的话来说——生产方式决定了一切,所以此书以介绍工业革命作为开篇。艾瑞克深刻的创新性在书的第一章已经体现得很明显。《革命的年代》采取的全球视角没有把英国工业革命归功于英国在技术或者科学上可能具备的任何优越性,而是将原因总结为英国对海权的掌握。尤其在1815年后,英国事实上已经垄断了对印度和拉丁美洲的棉制品出口。艾瑞克对法国大革命的阐述则在更多方面遵循了当时法国史学巨擘乔治·勒费弗尔主导的马克思主义标准解释。[13]法国的第三等级相当于资产阶级,"一个团结一致的社会群体",在法国王室于美国独立战争后陷入了严重经济危机、失去了封建贵族的支持之时,他们推动了政治变革。[14]"无裤党"的街头示威和叛乱加剧了革命进程,他们被称为小资产阶级,抵抗着历史的潮流。无产阶级只有在19世纪工业革命后才会出现。[15]和勒费弗尔不同的是,艾瑞克并没有赋予农民阶级任何显著的角色,从《原始的叛乱》一书中形成的观点来看,他认为这个社会群体是"未具备政治意识的"。"农民阶级对任何人来说都不是一股可选择的政治力量，"艾瑞克评论道，"他们仅仅在某些时候表现为一股不可抵挡的力量或者冥顽不灵的对象。"[16]

《革命的年代》在左派历史学者同行中得到了热情的反响，他们认识到这本书的成就是向更加广泛的读者介绍了马克思主义的阐释方式。爱德华·汤普森在给艾瑞克的祝贺信中写道"这是一本出色的作品，我应该学习你具有深度和创新性，同时又言简意赅的写作方式"（他一直没学会）。[17]奥地利的共产主义文学及艺术哲学学者厄恩斯特·费歇尔尤其赞赏书中将经济和社会、数据和事例、文化和政治不着痕迹地融合在一起。"历史就应该这么写。"他评论道。艾瑞克在引入马克思主义时并没有使用晦涩难懂的术语："一无所知的读者不知道为什么这本书这么好读，他们像品尝让人提起胃口的辣味调料一样消化了马克思主义。"[18]艾瑞克的朋友维克多·基尔南在《新左派评论》上发表长篇赏析，称赞《革命的年代》通俗易懂。"马克思主义者和其他社会主义作家往往让读者望而却步，读他们的书成了强人所难，但霍布斯鲍姆不是这样。"[19]

在主流的政治和史学研究领域，经济史学者对这本书的态度比政治史学者要更加友善。美国的经济史学者龙多·卡梅伦是法国商业史方面的专家，他称《革命的年代》是"一本真正的杰作"，虽然他对书中的"年代分叉点"有所保留，这涉及书中"发展"与"成果"两个部分的主题划分。[20]原来受到韦登菲尔德及其顾问邀请撰写此书的雅各布·塔尔蒙认为《革命的年代》受到了一些马克思主义的影响，但这是一种"修正主义"，而非官方承认的正统说法。"这本书里面大部分都是激进的自由派人士甚至是开明的保守党会提出的观点，只不过更加含蓄和有说服力。"他认为这本书最主要的问题是对作为1848年革命导火线的民族主义着墨太少。其实，上一次艾瑞克被指责对民族主义在19世纪欧洲史中的作用有所误解已经是很久之前的事情了。[21]政治史学者

G.R. 波特觉得这本书过于关注经济："书里没有提到乔治三世和乔治四世，威灵顿因为他的厨师而受到赞赏，讨论拿破仑战争的部分只有寥寥几段。"波特曾主编《新编剑桥近代史》其中一卷，《革命的年代》显然不是他熟悉的那种教科书。[22]

政治作家马克思·贝洛夫是唯一一位注意到法国史学对艾瑞克的写作产生影响的评论者，虽然他的意见是"霍布斯鲍姆缺乏法国年鉴学派那种密集并富有创造性地使用图表和地图来证明人口、经济以及文化变革的能力（或者缺乏这样的视野）"。[23] 贝洛夫还准确地指出，英国的出版社从来不在书里附上图表以方便普通读者理解。从更大范围上看，艾瑞克运用马克思主义思想写作这本书时，古巴导弹危机让冷战陷入了更严重的僵持状态，这让《革命的年代》在最为保守的评论者中引起了一些过激的反应。爱尔兰历史学者 T. 德斯蒙德·威廉姆斯认为艾瑞克"经常被自己的潜在观念所束缚"。因此他弱化了受宗教驱动的社会改革者的作用："不消说沙夫茨伯里伯爵 * 在他的书中无足轻重。"然而，这位保守党的爱尔兰教授也必须承认艾瑞克的书使历史变得鲜活起来了，这是《新编剑桥近代史》无法做到的。"这本书就像一个非常专业又自鸣得意的电视节目。"他拐弯抹角地写道。[24]

与此同时，并不是每位评论者都能被这本书的中心论点说服，即"双元革命"用不同的方式推动资产阶级掌权。阿萨·布里格斯在《泰晤士报文学增刊》上提出（按照当时的期刊规定匿名发表）："霍布斯鲍姆博士并没有说明，法国大革命和工业革命是如何相互联系的，如果两者真的有关系的话。"法国大革命并没有引起法国的工业革命，反

---

* 第七代沙夫茨伯里伯爵（1801—1885）安东尼·阿什利·库珀是一位虔诚的基督教徒，他被称为"穷人之友"，倡导了多项改善 19 世纪穷苦大众和工人阶级生活状况的社会改革，其中包括推动限制工人每日工作时长的《工厂法》的出台。——译者注

而由于制造了人数众多的独立小农阶级阻碍了革命的发生。另一方面，英国的工业革命也没有引起能够推翻当时英国政体的政治革命。这样的说法某种程度上看有偏颇之处，因为这两场革命的确同时发生在1848年，当时在英国工业革命影响下经济持续发展，与革新性的理念产生交融，成为一股具有爆发力的合流，而这些革新性的理念就包括了1789年在法国诞生，或者至少是在法国得到巨大驱动的民族主义和自由主义。[25] 当时最知名和最受欢迎的英国历史学家A.J.P.泰勒也持相似的看法：艾瑞克的书写得很精彩，但"通篇都是在耍花招"，因为工业革命使资产阶级获得经济实力和法国大革命使资产阶级在政治上掌权毫无共通之处。"罗伯斯庇尔和科布登不太可能合得来……巴尔扎克对兰开夏郡的全部认识就是那儿的女人会为爱牺牲*，这说法倒是挺有趣的，但不是那么回事。""霍布斯鲍姆先生为没有发生的革命写了一首十分强劲有力的序曲。"泰勒总结道。[26, 27]

在政治光谱的另一端，曾经是英国广播公司制作人的剑桥大学保守党思想史学者彼得·拉斯莱特对书中在他看来属于左派偏见的内容持反对态度：

> 这本书的格调令人不敢恭维。玛丽·安托瓦内特"思想软弱又不负责任"：
>
> > 我们在书中追随着她和她那愚蠢的丈夫（这本书一直用这个词形容他）直到临刑时刻。作者没有一星半点的同情，对他们的人生悲剧也不曾点评半句——在这段充满暴动、压迫、战争和狂乱的历史里，没有谁能自始至终高尚地承受苦难。所有的贵族都是蠢货，除了饱受侵占和剥削的农民和劳工，所有的英国人都是贪得无厌、

---

* 出自巴尔扎克小说《幽谷百合》中一位英国女子的自述。——译者注

好勇斗狠的商人。甚至所有的艺术家都是资产阶级意识形态的维护者……任何把这些当作文化史的人都很难称得上是学者。[28]

然而，就像奥地利的马克思主义历史学者欧内斯特·瓦格曼评论的那样，在指责这本书没有对法王路易十六和玛丽·安托瓦内特表示同情的同时，"拉斯莱特怎么就忽视了霍布斯鲍姆在书中提到的那场真正的巨大悲剧？那是成千上万的普通民众由于和以往赖以生存的传统社会断了联系而饱受摧残的悲剧"。作为一名研究哈布斯堡王朝社会文化史的学者，瓦格曼认为，在考察手工纺织工人和偏远地区穷人的命运方面，"我没看过比霍布斯鲍姆在书中对这一悲剧的描绘更加动人的历史作品"。[29]

《革命的年代》是一部成功的杰作。该书面世以后就不断重印，到最后被翻译为 18 种语言，其中包括阿拉伯语、波斯语、希伯来语和日语。书中的一些观点，比如早期的工业资本主义经历过一段利润下降期，以及将政治运动定义为社会阶级还原论的直接产品，已经显得过时了，但对这些观点清晰的阐述仍然使这本书继续成为学生、学者和普通读者等群体展开研讨时的丰富参考资料。

Ⅱ

艾瑞克得到洛克菲勒基金会资助，在 1962 年 10 月 31 日前往南美开展这一地区的"原始叛乱"研究，这个时候古巴导弹危机已经结束了。苏联舰队屈服于美国的压力，带着原本计划部署在古巴境内的导弹返回了母港。[30] 安全部门注意到了艾瑞克的离开，担心南美当地的农民运动会遭到"共产主义渗透"。[31] "美国人肯定很关心事态发展。"一位军情五处的官员语带讽刺地评论道。[32] 当然那时他们已经无法阻止艾瑞克出境,实际上军事五处在艾瑞克开始南美之旅的几个星期之后才获知他出行的信息。[33] 艾瑞克从巴西出发,前往这个国家的东北部城市累西腓,发现那里"到处都贫困不堪。每个人都像一辈子没吃过饱饭似的,面黄肌瘦,一幅病恹恹的样子"。这种情况是"动乱的征兆",不过农民组织已经学会了与他们需要的支持者沟通。"农民组织的潜力是巨大的。"和军情五处不同,艾瑞克似乎没有意识到当地农民组织的大部分活动的幕后支持者都是被视作非法组织的巴西共产党。[34]

相比之下,他觉得圣保罗"某种程度上是19世纪的芝加哥:喧闹、快节奏、活力十足又富有现代气息……高楼林立,霓虹灯闪烁迷离,上千辆汽车(大部分是国产的)用一种典型的巴西式无序状态在道路上疾驰"。这座城市势不可挡的工业化进程在拉丁美洲是独一无二的。但由于缺乏稳定并持续增长的国内外市场,巴西给人一种"像倒立金字塔一样摇摇欲坠的感觉"。这个国家的希望在于工人运动和各行业内资产阶级的日益联合,在"战胜美国帝国主义赢得独立"的并肩战斗中,民族主义精神把两个阵营联结到了一起。艾瑞克寻访了当地的音乐圈子,发现那里和伦敦的音乐界惊人地相似:"一模一样的办公室里挂着一圈照片,同样是些精光四射、看起来感情充沛又有点儿贪婪的人物,屋子里堆满了唱片以及过期的《告示牌》和《钱柜》杂志。相同的还有在酒吧里扎堆的作曲人、音乐节目主持人、记者和吉他手,他们有的吃着三明治,有的在打电话,还有的正聊着圈内事。"难怪像巴萨诺瓦这类巴西大众音乐可以在全世界流行起来,并且在美国已经成为一种商业化的跳舞音乐,虽然它在巴西国内依然是扎根于当地民众的一种"弹奏和歌唱方式。当我把美国电台为了帮助听众学会新舞步而发放的巴萨诺瓦舞蹈示意图拿给当地人看时,当地的音乐家都大笑起来。对他们而言，这不比爵士舞新奇多少"。[35]

当艾瑞克抵达秘鲁时，他发现这里更有前景。"如果说有哪个国家已经时机成熟，需要进行一场社会革命，这个国家就是秘鲁。"在基亚班巴的市场里，"一个安静、健壮的宽脸男人"介入了艾瑞克和别人的讨论，一个会说西班牙语和当地印第安语的木匠帮忙翻译了他的话："你瞧，我们这儿有两个阶级。一个什么都没有，一个什么都有：钱和权力。工人们唯一能做的就是联合起来，这也是他们在做的事情。"艾瑞克问："但你们不害怕警察和军队吗？""不害怕，现在不会害怕了，"木匠说，"我们再也不怕他们了。"在前往玻利维亚的长途火车上，艾瑞克和一个保险代理人聊天，后者抱怨地主们没有对土地进行投资，也不帮助当地原住民。"印第安人都光着脚走路，就算在庄园主人的家里也是这样，他们睡在地板上，而地主们光一个晚上的派对就能大手大脚地花掉 2 000 ~ 3 000 索尔。他们还有俱乐部：在那里打牌，喝更多的威士忌，天哪！他们根本没有意识到这种贫富差距。现在该让他们尝尝报应了。"[36]

在哥伦比亚，艾瑞克遇到了"西半球目前最大规模的农民武装动员（其中有游击队、匪徒和民兵组织）"。这里有很大可能会发生一场真正的社会革命。艾瑞克认为哥伦比亚"可以对改变拉丁美洲的未来起决定性作用，而古巴则不太可能做到这一点"，这主要是因为前者所处的战略位置决定的。艾瑞克似乎没有认识到共产党在哥伦比亚农民组织中的作用，但他还是结识了杰出的共产党员诗人巴勃罗·聂鲁达，两人后来一直有联系。[37]"拉丁美洲是世界上最重要的地区。"艾瑞克在旅程结束时这样总结道。在欧洲、非洲甚至南亚次大陆，一场真正的社会革命可能还是遥遥无期，但在拉丁美洲，"人民已经开始觉醒"。[38]

"我对这片大陆很是着迷。"到了智利不久后，艾瑞克写信给安娜·卡林，向她提出制作一系列广播短节目的建议："但是，不是那种除了让我赚点钱以外别无用处的谈话节目，我现在不太需要钱（《原始的叛乱》和《爵士乐图景》的畅销显然改善了艾瑞克的财政状况）。"[39] 艾瑞克在 1963 年 3 月回到英国后，英国广播公司采纳了他关于制作三期广播节目的提议并希望尽快落实："我们必须趁着霍布斯鲍姆对这趟旅行热情未减，抓住时机。他是一个能言善道的演讲者，文笔也很出色，颇富想象力，对文化史、政治、经济和社会学都有着充分的认识（作为一个奥匈帝国的遗民——他的英语居然不带口音！）。"[40] 最后，三期节目变成了两期。艾瑞克在第一期里提出拉丁美洲的政局是如何让欧洲人习以为常的政治范畴和定义无所适从的。[41] 在关于拉丁美洲的第二期节目里，他描述了大量移民是如何带着"欧洲中世纪的精神观念"涌入城市的，"而这些精神观念又是 16 世纪的欧洲征服者带来的"。不管如何，这片大陆仍大有希望。"旧的拉丁美洲正在崩溃。一些全新的事物会取而代之。"[42]

艾瑞克的节目没有逃过安全部门的视线。1963 年 5 月 23 日的一次会议上，一名官员（"巴克利先生"）说他感到很震惊，像艾瑞克这样的"知名共产党员"不仅得到了前往拉丁美洲访问的签证，还像他在《听众》杂志上的文章提到的那样，在英国广播电台谈论了他的美洲之行。"现在应该有人来管管这件事……英国广播公司的高层人员要配合。"[43] 事实上有关方面已经采取了行动，但最后还是不了了之。[44] 政府显然还在对这间国有广播公司继续施加压力。安全部门也可以通过安装在英国共产党伦敦总部的窃听设备了解艾瑞克的言论，1963 年 4 月 1 日，艾瑞克在那里向他的听众汇报了自己的美洲见闻，提出拉丁美洲的农民运动需要一支训练有素的革命者队伍，并效仿毛泽东在中国解放前领导的游击战把农民们组织起来。但在资本主义国家的城市里，能做的其实非常有限，人们也不能发表任何关于工人阶级的激进言论。总的来说，艾瑞克的报告在英国共产党的领导层那里没有得到什么积极的反响。[45]

艾瑞克对拉丁美洲的兴趣渐长，根据尼尔·阿舍森的说法，这是因为“拉丁美洲是一片新的领域，艾瑞克关于广泛开展争取自由的革命斗争的理念可以在那里实现，不受教条主义的桎梏，令人兴奋又充满了革命浪漫主义”。[46] 他又在1969年和1971年先后两次前往拉丁美洲，这次他的政治预测变得更为谨慎了。比如，他认为哥伦比亚的农民骚乱在1925年到1948年间到达了高潮，但此后“一场血腥的混乱内战”使其蒙上了阴影，战争带来的暴行让农民群体内部针锋相对，阻止了农民抗争运动的进一步发展。[47] 在玻利维亚，陆续登场的军事政权压制了社会变革，在这过程中，曾经参加过古巴革命的切·格瓦拉领导的游击队运动遭到挫败，格瓦拉本人也在1967年被捕并被处决，他留下的一段传奇继续激励着全世界的革命者和进步学生。[48] 艾瑞克认为拉丁美洲的游击队运动的作战效率很难提升，而且需要一个政治组织来产生真正的影响。就像一位哥伦比亚的前游击队员告诉艾瑞克的那样："在这个国家里，任何人都可以在农民中发展一支武装力量，问题是接下来该怎么办。"[49] 秘鲁的军官选择了民族主义，甚至接管了外资企业和甘蔗种植园。[50] 他们明显打算进行彻底的社会改革。[51] 然而，在没有任何“马克思主义占据支配地位的大众运动”的情况下，这场革命大体上还是自上而下的。[52]

1970年11月，由共产党人萨尔瓦多·阿连德领导的智利人民阵线政府赢得了大选，这意味着美国的忽视与剥削已经在这片大陆上激起了革命的燎原之火。[53] 阿连德显然希望智利能和平过渡到社会主义。艾瑞克认为这是一个“激动人心的前景”。但是，艾瑞克注意到极右翼阵营中“狂热的资产阶级”出现了“妄想症”："恐怖已经笼罩了这片国土，警察支持左翼分子的暗杀行为等等。"[54] 这类妄想尤其已经渗透了智利的军队高层，虽然艾瑞克没有评论这些明显的事实。早前到智利调研时，艾瑞克已经嘲讽过智利的军队，他们在一支炮兵团发起了和平抗议后无力发动武装政变（"幸好智利的将军和平民们在这方面都缺乏经验……街上连一辆装甲车都见不到的军事政变能产生什么影响？"）。这个国家的民主体制似乎足够稳固了。然而，不久之后发生的事情证明艾瑞克大错特错了。[55]

20 世纪 70 年代中期，拉丁美洲的进步发展遭遇了一连串的突然逆转。在智利，一场由美国支持的武装政变在 1973 年推翻了阿连德，并在这一过程中杀害了他，新建立的独裁政府手段残暴，毫不留情地折磨和谋杀了数以千计的反对者。秘鲁没有受到美国的直接干涉，但就像艾瑞克此前猜测的那样，该国的军政府在 1975 年转向更为保守的政策，终结了改革试验期。[56] 在阿尔弗雷多·马蒂奥达将军的领导下，一个残暴腐败的军事政权从 1954 年开始统治了发展陷入停滞的巴拉圭，到了 20 世纪 70 年代末，这种情况几乎成了拉丁美洲的常态。[57] 然而在巴西，当军队于 1964 年发动政变并掌权后，独裁政权开始出现了一些松绑的迹象，这让圣保罗州坎皮纳斯州立大学的左翼学者在 1975 年 5 月向艾瑞克发出邀请，参加这个国家自政变以来第一个有左派知识分子参与的重要会议。

和艾瑞克一同参会的还有具有左翼倾向的普林斯顿大学现代史学者阿诺·J. 迈耶、西班牙裔的耶鲁大学政治学学者胡安·林兹，以及荷兰历史学者鲁道夫·德容。根据报道，艾瑞克在会上介绍了"新的思想方法"，但他不得不十分谨慎，据说他自称马克思主义者的宣言引起了"公众的警觉"。艾瑞克发表了关于巴西千禧年运动农民运动的演讲，据说还成了大会上的明星人物，而其中最重要的原因就是他明显比其他大部分外国演讲者要更加了解巴西。这次大会无疑为巴西人民开启了文化和知识生活的大门，民众和中产阶级施加的压力日益增长，促使政府在 1979 年对政治犯施行了大赦。1985 年，巴西恢复了人民民主统治。[58] 后来在拉丁美洲各国中，艾瑞克在巴西名声最盛，这要特别归功于这次大会。

Ⅲ

艾瑞克在 1962—1963 年出国前往拉丁美洲旅行时，马琳搬进了他位于亨特利街戈登大楼的公寓，这儿离伯贝克不远。艾瑞克回国后，他们开始了正常的婚姻生活。马琳负责安排好每天的家务。"如果晚上吃意大利面，我就会先把水烧开，然后打电话给他，等他回家时面就能做好了。"[59] 几年之内他们就有了两个孩子，一个是安迪（生于 1963 年 6 月 12 日），一个是茱莉亚（生于 1964 年 8 月 15 日）。有一次艾瑞克、马琳、艾瑞克的表兄丹尼斯·普勒斯顿以及丹尼斯的妻子一起到伯贝克附近的夏洛蒂街贝托里利餐馆吃饭，马琳突然觉得安迪要出生了，丹尼斯赶紧把他们送到了医院。[60] 20 世纪 60 年代中期，父亲通常回避孩子出生现场，所以宝宝出生后马琳让产房护士去告诉艾瑞克这一好消息，她提醒护士"到走廊上去找一个在看书而不是踱来踱去的人"。[61]安迪和茱莉亚的降生给弗朗西斯·牛顿的深夜探险以及他的《新政治家》专栏画上了句号。身为父亲，艾瑞克的写作和研究进度也慢下来了。就像他在 1964 年 8 月对杰克·普拉姆说的那样："我现在结了婚，并且有了两个小孩子（一个 14 个月大，一个刚出生几星期），这极大地降低了我的工作效率。我梦想能过上维多利亚时代的安逸生活，那时丈夫们不需要干这些和妻子轮流起夜给孩子喂奶之类的事情。"[62] 虽说如此，但艾瑞克还是承担了一部分照顾幼儿的责任。

1965 年 12 月，艾瑞克和马琳搬离戈登大楼 37 号的公寓，在伦敦西南四区克拉珀姆的拉克霍尔高地 97 号安家。这是一座 19 世纪中期建成的两层别墅，带有 1 个地下室，房子的正面有 3 个窗户，各个房间的面积都很大。从街上走到地基被抬高的一楼有 9 级台阶，从街上透过窗户能看到下面还有一层位置较低的一楼空间。[63] 他们和出身诺丁汉郡的剧作家阿兰·西利托（他最出名的作品是小说《周六晚与周日晨》以及《长跑者的寂寞》，后来都改编成了卖座电影）及其妻儿一家合租这一处房子，流亡的奥地利建筑师马克斯·纽伯格为他们把房子加了隔断，分成两个公寓。地基抬高的一楼以及二楼均有一部分是属于西利托一家的，霍布斯鲍姆一家则住在位置较低的一楼以及未划给西利托一家的其余地方，两家人共享一个大花园。克拉珀姆在那个年代还没有经历街区的"士绅化改造"*，邻居们都无法理解阿兰·西利托的生活方式。"他们压根搞不懂他，因为他不外出工作。他是干什么的？他不用出去干活……他们在这个街区从来没遇到过一个作家。"马琳在一楼较低的那层为孩子们布置了一个游戏室，"人们会站在我那全是书和高尔特玩具、显得颇有中产阶级品位的游戏室窗外，有一次一位女士问：'这是什么，一所学校吗？'——她无法相信有人会仅仅为了自己的孩子买这么多木制玩具，所以这一定是所学校"。[64]

不过，克拉珀姆离马琳父母在北伦敦的家颇为遥远。与西利托一家的合租生活过得虽然相当舒畅，但艾瑞克从书籍出版中获得的收入已经足够让他申请到一笔过渡性贷款。接着在 1971 年 7 月，他贷款购买了一处维多利亚时代风格的半独立住宅，房子有 6 个卧室、3 个楼层，位于汉普斯特德的纳辛顿路 10 号，离汉普斯特德荒野公园很近。[65] 马琳着手布

---

* 英国社会学家鲁思·格拉斯（Ruth Glass）在 1964 年的著作中第一次使用"士绅化"（gentrification）一词，描述城市中心街区随着中上阶层居民和商户的涌入而出现的改造潮流，原本破败简陋的街区得到新建或翻新，出现符合中产阶级品位的各种商铺和住宅，租金和生活成本上涨，迫使原来的中下层居民搬离。——译者注

置这所房子。"马琳彻底重整了纳辛顿路的花园。"艾瑞克在 1973 年 6 月 11 日写道（他本人对园艺没什么兴趣，不过对马琳的花园未必如此）。[66] 在纳辛顿的家中，他形成了白天的学习和写作习惯，晚些时候沿着山坡行至索思恩德格林，坐 24 路公共汽车到伯贝克去上课。他经常在车上遇到工党的左派政治家迈克尔·富特，两人热烈地讨论时事新闻，然后艾瑞克在古奇街下车，留下富特继续前往威斯敏斯特。多年以来，两人都是 24 路公共汽车常客中的明星人物。[67]

与此同时，这个房子变成了东欧知识分子的朝圣地——"波兰的、捷克的、匈牙利的，"在尼尔·阿舍森的记忆里，"他们都认识艾瑞克·霍布斯鲍姆，还有那种属于知识分子阶层但'行为不太端正'或者'有怀疑情绪'的共产党员都对他很了解。"他们很可能都读过艾瑞克作品的英语或者德语译本。

> 他们觉得他是一个……修正主义者……在斯大林主义之外的指路明灯，引导他们朝向一个更加开放、缜密、言论自由……的共产主义形式……每次我提到审查的话题……在和艾瑞克的谈话中，他从来都是嗤之以鼻的。他从未支持过这种来自执政党的干涉，反而一直对反对权威的知识分子抱有同情，即使其中一些人并不像他想的那样桀骜不驯。[68]

孩子们记得家里似乎总是有络绎不绝的客人，要么来吃晚饭，要么过夜。在这个某些人眼中"北伦敦最特别的中欧知识分子沙龙"里，[69] 晚餐桌上"英国知识分子发现他们在人数上还不如在场的德国出版商、捷克历史学者和拉丁美洲小说家"。艾瑞克"从不孤独"。[70]

然而，在伊莉斯·马里安斯特拉斯的记忆中，白天的时候艾瑞克会把自己独自关在书房里，虽然房门是开着的。但"我觉得孩子们并没有因为父亲没教他们知识而感到难过"，她认为，"艾瑞克是个好爸爸"。[71]

到了 20 世纪 60 年代晚期，孩子们进入当地小学，据安迪后来回忆，艾瑞克会经常接送他们。

> 他当父亲时年纪已经比较大了。我上学的时候，他总是（肩上）挂着个书包：这个"心不在焉的教授"是我的爸爸……我还比较小的那会儿，有一段时间爸爸们都穿着运动装来接他们的小孩，这让我有点难为情……一个头发稀疏、心神恍惚，比其他爸爸要老得多的家伙混在他们中间。这段经历对我的成长有一定影响。[72]

就像安迪指出的那样，艾瑞克的孩子后来回忆起他"总是在专心致志地看书，埋头在纸堆中。他不是某个时间如此，而是一直都这样；伴随着打字机的声音，他整个人都被资料淹没了"。他的书房散发出浓郁的香烟味道。工作的时候，他总是会在结束一段思考后才回应孩子们的打扰。茱莉亚回忆起在书房里见到他的情景：

> 他坐在那里奋笔疾书，我能清晰地回想起纸张和草稿一沓沓堆起来的情形，一大堆摊开的书和笔记真真切切像海一样包围着他。然后，他会在晚上某个时间放下工作，和我们一起看……《神探酷杰克》这类肥皂剧，还有，你记得《黄金射手》之类的节目吗……他能够很好地做到劳逸结合，这样才能让他真正地放松下来。

艾瑞克在纳辛顿路的家里到处都是书，茱莉亚记得父亲每次经过都会"蹭到"这些书。"我觉得他一直不太懂得如何和很小的孩子相处。"茱莉亚补充道。有一次她生病的时候艾瑞克和她坐在一块儿，试着带她玩填字游戏，而她只想一个人待着。经济学者罗德里克·弗拉德是艾瑞克在伯贝克的同事，他觉得艾瑞克"和孩子们相处得很好，这儿指的是我们的学生，我认为他不善于和自己的孩子共处"。茱莉亚十来岁的时候，有一次"艾瑞克坐在公共汽车上，然后茱莉亚上了同一辆车……坐在他身边。他竟然根本没注意到她……完全没有察觉到自己的女儿就坐在身边"。他如同往常一样，全身心地沉浸在书本里。[73]

茱莉亚9岁的时候，艾瑞克给了她一本——

> 面向成人的学术著作《玛丽亚·特蕾莎》……他觉得这位奥匈帝国的女皇十分符合学校组织的"历史上的伟大女性"读书活动主题要求。这本书是普伦蒂斯–霍尔出版社"追寻伟人足迹"系列丛书的其中一本，和海雀出版社的儿童平装本读物完全不同。我现在还觉得气不打一处来，即使长大后，当我拿起这本当年爸爸好心好意给我的书时，还能真切地想起那时自己不知道该拿这本书怎么办的笨拙样子。[74]

在对学术没有兴趣的孩子们看来，父亲的学问的确让他们望而生畏。

> 他并不是那种强制自己的孩子读"伟大著作"的父亲——他会给我们大声读《丁丁历险记》，很喜欢像阿道克船长那样大喊："该死的臭贝壳！"我们也爱听他这样叫嚷——我想有时候他忘记了我们只是普通小孩，不是言谈高雅的学者……作为孩子我经常觉得理解不了他，没法赶上他的水平，但长大后我觉得他就是孩子最想要的那种父亲——特别酷。

同时，艾瑞克也从和孩子们的相处中吸取了经验，根据孩子们的喜好调整了阅读建议。艾瑞克和马琳会带孩子们去看展览——安迪尤其记得在白教堂美术馆看过一次卢西恩·弗洛伊德的画展。他说"这个画展给我留下了很深刻的印象"——这让他们一直都喜爱艺术。[75] 孩子们还小的时候，艾瑞克并没有引导他们喜爱爵士乐，也不怎么期望他们成为知识分子或者像自己小时候那样嗜书如命。茱莉亚注意到："他不是那种知道该怎么生活、身为父母该做些什么，又或者他的孩子该如何表现，然后比照着做出调整的父亲。他就是一边顺其自然地观察我们的行为举止，一边做出反应。"艾瑞克也没有试图对孩子的政治观点施加影响，虽然在一个左翼立场的家庭里，他们在成长过程中自然会受到左派观念的吸引。社会公平正义的重要性更加深刻地根植在他们的观念中。[76]

　　稍早一点儿的时候，也就是 1966 年，艾瑞克一家开始到斯诺登尼亚度过夏天和其他假期。他们住的布莱恩海弗莱德是一排四间农舍里的最后一间，位于富有而性情古怪的建筑师克拉夫·威廉姆斯-埃利斯建造的庄园内。威廉姆斯-埃利斯在波斯马多格附近一处通向海边的山坡南麓建起了意大利风情的波特梅里恩村。他自家的房子布隆当努庄园位于往北几公里外的克罗伊瑟山谷，那是一处 17 世纪风格的石筑大宅，带有一个精心设计的山丘花园，沿着山边种满了紫杉树丛。把这个地方介绍给艾瑞克的是他的朋友"使徒会"前成员罗宾·甘迪。甘迪说艾瑞克看起来压力不小，需要到斯诺登尼亚的偏远山谷里休整一下，于是带着他到自己在克罗伊瑟山谷租的农舍去度了几天假。这个地方在认识威廉姆斯-埃利斯及其出身于斯特雷奇家族的妻子的剑桥知识分子中已经很受欢迎了，住客包括哲学家伯特兰·罗素、科学家帕特里克·布莱克特、科学史家李约瑟以及艾瑞克的老师穆尼亚·波斯坦。艾瑞克被这里的居住体验深深吸引了，他不但喜爱当地未经人工修饰的自然风貌，也对板岩采石场留下的工业废墟很是着迷，那些废弃的采石场、巨大的矿渣堆、不再使用的窄轨铁路和荒无人烟的山地农场，都是 20

世纪早期板岩开采工业衰落后被摧毁的当地的经济基础设施。[77]

自 20 世纪 30 年代起，艾瑞克因其剑桥大学的一位朋友娶了威廉姆斯-埃利斯的女儿苏珊，间接结识了这个家族并和这一地区有了联系。[78] 因此，他写道："我们向庄园主人提出想租一处农舍，因为我妻子觉得克罗伊瑟山谷是她见过的最美丽的地方之一。我们先后住过的屋子曾经都是废墟，房主在不同时期翻修过它们，让里面可以住人。"事实上那一排农舍里还有另一间仍然是废置状态。那里只有最基本的生活配置：水和电都能供应，但没有中央供暖。艾瑞克不得不安装了一台石蜡加热器来驱除到处弥漫的湿气。天气冷的时候，他花了很多时间砍木头来给炉子添柴火。茱莉亚觉得他喜欢住在那里，因为简陋的生活条件能让他想起 20 世纪 30 年代的剑桥岁月。[79] 马琳的哥哥沃尔特带着家人加入了他们，在附近租了一间门房。爱德华·汤普森和他那同为历史学家的妻子多萝西·汤普森也在这里租了一处农舍。他们开始被人称为"威尔士的布鲁姆斯伯里圈子"。在马琳的记忆中："那会儿有个说法，在我们山谷里，敲击打字机的声音比鸟叫更要不绝于耳。"[80] 他们有时候会到海边去。在波特梅里恩村，威廉姆斯-埃利斯向这些家庭以及所有租客首先提供的就是一张免费的永久通行证，这张通行证用的是"信件的形式，有点像敬赠给客人的信和金融债券的混合体"，茱莉亚后来回忆道。[81] 但大部分时间他们都兴致勃勃地到山里徒步，沿着羊肠小道登上"斯诺登尼亚的马特洪峰"——克尼赫特山的陡坡，在山间的湖里沐浴，互相串门吃晚饭，聊天到深夜。1976 年，艾瑞克和马琳在克尼赫特山的缓坡脚下租了一间面积较大，稍微像样一点的农舍，名字叫帕克庄园，他们的农夫邻居戴·威廉姆斯养了些羊，但除此之外就没有别的动物了。[82] 就像茱莉亚后来回忆的那样：

> 爸爸会带我和哥哥安迪到俯瞰着贝德盖勒特的湖边散步，那儿

方圆几里唯一的动静就是偶尔有湖鸥俯冲到水面上，一只羊将青草卷进口中，清澈的山泉叮咚作响。我们会在岩石上停留，寻找平时常去的据点"强盗山洞"。在山洞里，爸爸会拿出巧克力：酷力冰牌是给我们的，伯恩威尔牌是留给他自己的。我们坐到一块儿，在带着潮湿霉味的静谧黑暗中打着手电筒吃巧克力，感觉没有人比我们更逍遥快活了。

茱莉亚是如此喜欢她的山洞体验，以致艾瑞克搬离克罗伊瑟山谷很久以后，她还会带着自己的孩子到那里去。

1973 年，艾瑞克和孩子们到农舍住上一周，而马琳则去参加一个暑期音乐培训班。"这是第一次……"马琳评论道，"他单独照顾孩子们一整周。"[83] 她不需要担心，就像艾瑞克向她汇报的那样：

> 带孩子的事情目前一切顺利：鸡肉很好吃，接下来我们会吃点香肠、肉排之类的。当然，孩子们今天也够饿的了。他们睡在一些可爱的铁道爱好者在附近的营地帐篷里，这些人计划和一群孩子一起重修一条从波斯马多格到贝德盖勒特的铁路（克拉夫说这是痴人说梦）。他们让孩子们帮忙洗洗刷刷，安迪负责为修建铁路收集一些旧的铁轨和螺丝之类的东西……孩子们邀请了一个 6 岁的男孩一起睡在他们的帐篷里，这个男孩想娶茱莉亚，他们帐篷就支在这个男孩父母的帐篷旁边，我觉得没问题……天气很好，但我没法调准望远镜的焦距看星星。好像我看到的更多是天空而不是星星……汤普森一家也在这里——我们今晚会去他们家吃晚饭……我们的活动不多：去了沃蒂和波特梅里恩。但是孩子们在那些铁路狂人的营地里已经够忙活的了。[84]

威廉姆斯-埃利斯在布隆当努庄园对面的山边上建了一座装饰塔

楼，修整得很像荒废了的城堡，孩子们最喜欢在那里玩游戏并沉浸在幻想中。"我们会写家庭日记，"茱莉亚回忆道，"我们把一张纸分成 4 个部分。你知道，爸爸会写'我今天砍柴了'，然后妈妈会写'是我干的'。爸爸可以说是非常非常热爱家庭，对我们也非常爱护。"[85] 实际上，艾瑞克和家人在威尔士时最为亲密，他不像在其他地方那样经常要去上课或者外出调研，而是把全部时间都放在了家人身上。

艾瑞克强烈的家庭观念也让他继续和其他亲戚保持联系，尤其是妹妹南希。此时她的丈夫维克多·马尔凯西已经在辗转多个职位后从皇家海军退役，其中包括在 19 世纪建造的著名帆船"卡蒂萨克号"，（又称"运茶快船"）上担任船长，现在这艘船停在伦敦东南部格林尼治的一个旱码头里。南希夫妇在梅诺卡岛过上了退休生活，他们的孩子也已经长大离家。南希有时还会嫉恨哥哥的才华和名声。她的儿子罗宾说："这是另一件我一直记得妈妈跟我说过的事情，那时我 15 岁，或者还要更小一点。'罗宾，如果你想当个作家，就要当个正经作家，别像你舅舅艾瑞克那样！'"[86] 堂兄罗恩很可能是和艾瑞克关系最好的亲戚，他这时从政府公职上退休了，大部分时间和家人一起在布莱克沃特河上航行，他买了一艘小游艇，停泊在埃塞克斯郡克劳奇河畔的伯纳姆。艾瑞克现在和马琳一起每年去探望他两到三次，尤其是圣诞节前夕，即使他们不参加他的水上活动。[87]

平安夜是个很特别的日子，很多年后，茱莉亚和哥哥在交谈中还记得：

> 平安夜——我们总是在平安夜找一些小乐子。我们的圣诞节是中欧传统的……有一点乱糟糟，我们会和那些无家可归的人一起过——都是些由于大英博物馆阅览室在圣诞节关门而无处可去的学者。所以我们的圣诞节是和别人很不一样的。但平安夜是属于我们

这一家子的。白天妈妈会把房子装饰好，爸爸会带我们去看展览或者电影，然后我们一家四口按照欧陆习俗打开我们的礼物。这让平安夜变得特别意义重大——你要知道，因为爸爸总是外出而不在我们身边，所以平安夜就成了一个特别重要的日子……让人很怀念。[88]

按照马琳的说法，平安夜是一年中最隆重的家庭聚会。"流浪汉们"还没有登门，家里只有外出归来的艾瑞克和孩子们，还有马琳，她会在下午一边腌制火鸡一边听着收音机里国王学院教堂的圣经诵读和颂歌。到圣诞节那天，朋友和访客纷纷上门，尤其是多年来一直登门拜访的弗朗西斯·哈斯克尔和拉丽莎·哈斯克尔夫妇，他们没有孩子，家里也没有电视机。常客还包括马琳的母亲和她的表亲葛特儿，以及阿纳尔多·莫米利亚诺，他是一位著名的古代史专家，在伦敦大学学院任教授。艾瑞克切火鸡的时候，晚餐桌上一般会有大约 14 位客人。圣诞节后的第一天，更多客人会前来吃冷餐，因为大英图书馆的阅览室还没有开门。到了 27 号，艾瑞克和马琳把剩下的食物打包，开车到威尔士去过新年。在马琳的回忆中，这是"我们家唯一一件有仪式感的事情"。[89]

往远了说，艾瑞克的家庭成员还包括他那出生于 1958 年的私生子乔斯·班纳森。艾瑞克觉得乔斯一开始就需要知道自己的生父是谁，但他的母亲玛丽安一直等到 1972 年他 14 岁时才把真相告诉儿子。乔斯坦然接受了这个本应让他大为震惊的消息，并且对自己是著名历史学教授的儿子这件事感到自豪。[90] 他和艾瑞克不常见面，但就像他后来给艾瑞克写信时说的那样，"上帝才知道我们怎么会有血缘关系，这很重要，而且这是事实，我很高兴我们是这种关系，不管我们如何定义它"。[91] 他已经能够顺畅而娴熟地给艾瑞克写信，流露出可能是遗传自父亲的反叛精神，有一次他在信里描述自己如何在 1974 年初参加了一般水平普通教育证书考试时走出校门，"作为对这场沉闷透顶的考试的抗议"。[92] 艾瑞克的婚生子女很多年后才得知这位同父异母哥哥的存在，但后来他们结下了深厚的友谊。

从 20 世纪 60 年代初开始，艾瑞克的生活进入了一种他之前从未体验过的模式。在罗德里克·弗拉德的记忆中，"马琳在维持这个家庭的正常运转方面起了非常重要的作用……艾瑞克不是一个对家务事上心的父亲，即使从现在的标准来看，他当父亲时年纪也不小了，所以我觉得在很多事情上马琳对艾瑞克来说都是至关重要的"。[93] "至于他的作品，"马琳后来回忆道，"我觉得我的确通过某种神奇的方式帮助了他，因为他在我们结婚后写出了他最好的作品。有时候他给我看一两章手稿，然后我会提一些意见，不过都是关于篇幅长度和表达清晰性的，不涉及内容……我觉得指出我不明白的或者句子过长的部分对他有所帮助。"[94] 伊莉斯·马里安斯特拉斯则表示"我不知道这段婚姻和这种稳定的生活有没有真正改变了他的人生，一开始他还是会到处旅行，像普世主义的践行者一样，但之后他做研究的时间越来越多，出的书也越来越多"。[95] 但家庭的确在很多方面改变了艾瑞克的生活，赋予他充满爱意的家人和遮风挡雨的归宿。最重要的是，他的婚姻给他带来了幸福。后来在生活中他偶然会说漏嘴，把马琳叫成缪丽尔，但她似乎并不介意；她知道缪丽尔是他的真爱，无论第一段婚姻留下的伤痕有多深。[96] 20 世纪 60 年代初期以后，在新获得的安定生活中，艾瑞克写出了他最脍炙人口的作品，并作为他那个时代最杰出的历史学家之一，建立起了国际声望。

IV

虽然在婚后，尤其是孩子出生之后，艾瑞克不再流连于苏活区的爵士俱乐部和酒吧，但每个学期里他一周总有两三个晚上不在家，在伯贝克给夜校学生上课，多年以来这一直是艾瑞克一家主要的稳定经济来源。他的大学课程理所当然地受到学生欢迎，帕特·罗宾森是艾瑞克在伯贝克的学生，她记得很多年后曾经告诉艾瑞克：

> 在政治理论课上，您的教学方式非常活泼生动……您在讲述乌托邦的课程上引用了伯尔·艾夫斯那首《巨石糖果山》来打开话题……从您在伯贝克的课堂里，我认识到历史无穷无尽的迷人之处，它涵盖了思想和事实，能够跨越所有的边界。[97]

"大部分讲师都是在精心准备的讲义基础上给我们讲课，有些教义已经是很久之前写好的，"艾伦·蒙哥马利回忆道，他在20世纪60年代初上过艾瑞克的现代欧洲史课程，"霍布斯鲍姆博士的课有一种即兴性和新鲜感，这让我们很期待他要讲的内容。"[98] 另一位曾经的学生回忆艾瑞克"将高尔夫球和网球运动的兴盛视作中产阶级崛起的标志，而埃及和亚马孙地区的古典歌剧演出证明了欧洲文化日益扩大的影响，如果我没记错的话，越来越多的利古里亚人被征召入伍也是社会变化的另一个征兆"。[99] 在一次关于"非正规经济"中的劳工状况的讨论中，艾瑞克毫不犹豫地用自己的孩子作为例子：

> 我的两个孩子都在打零工，比如给周围邻居送报纸之类，这对中产阶级的孩子来说是可以接受的，他们能赚到的零花钱比大部分父母愿意给的都要多。他们喜欢干这事，我们也不介意，在汉普斯特德（不像肯特郡的某些地方），人们也能在这些方面得到更好的服务。但孩子们得到的薪水是很微薄的（如果你考虑到他们还要上学和做作业），而且可能会引起过劳。[100]

艾瑞克在伯贝克的课程也对在伦敦大学其他学院攻读联邦历史学位的学生开放。年轻的印度历史学者罗密拉·塔帕尔上过其中一些课程，他注意到："在还是青年讲师时，艾瑞克就已经受到学生们的崇拜了。"[101]

学生们觉得他的课"精彩、丰富、启迪人心……和艾瑞克·霍布斯鲍姆共度的晚上总是令人兴奋"。爱德华·格洛弗当时已经在外交部崭露头角，在他的印象中："艾瑞克教会我如何提出问题，并且在必要的时候打破常规。简单来说，自从上了他的课以后，我解决问题的态度就是一切事情都不应该设限。"有时候艾瑞克会给学生传达一种历史现场感，比如在一堂关于俄国二月革命的课上，他告诉学生自己见过亚历山大·克伦斯基，这位 1917 年俄国临时政府的总理直到 1970 年一直在纽约过着流亡生活。"这就像我们可以透过艾瑞克·霍布斯鲍姆接触到现代史上最重要的事件之一。"[102]

艾瑞克用授课和研讨相结合的方式来进行教学。帕特·斯特劳德记得在研讨课上：

艾瑞克会跷着腿坐在讲台上，面对着学生，我们则轮流给大家大声朗读最近写的论文。他会认真地听我们读的内容，而对我们来说最有趣的是观察他在这一过程中的动作。作为一名长期的烟民，他会拿出自己的烟斗，把旧的烟丝敲进附近的垃圾桶，再拿出烟丝盒开始给烟斗装上新的烟丝。下一步他会拿出 3 个火柴盒，抬起腿在鞋底上擦着几根火柴，然后点上烟斗，再把用过的火柴一根根扔到垃圾桶里。有一次他一边讲法国大革命一边把烟斗里的烟丝倒进脚边的垃圾桶，这时垃圾桶立刻着起火来，他试着把火踩灭的时候，脚卡在了垃圾桶的窄口处，用了一小会儿才挣脱出来。在这整个过程中，他竟然还在滔滔不绝地评论着一个学生的论文。[103]

洛伊斯·温科特是一名中学教师，后来在一所教师培训学校当老师。1962 年到 1967 年，她作为非全日制学生在伯贝克攻读历史学士学位。半个多世纪后，她依然记得艾瑞克讲授早期欧洲现代史的细节，他一直都是脱稿讲课，从一开始就成功地吸引了学生的注意力：

> 开始讲三十年战争时，他就告诉我们这场战争异常血腥，立刻把我们吸引住了……然后他会讲起土耳其人围困维也纳（1683 年）的情形……奥地利女人是如何烘焙出一种半月形的……最早的羊角面包。但就是这些小细节在某种程度上让历史变得鲜活起来，让你想要了解更多。[104]

实际上，由于这些课是如此引人入胜，洛伊斯甚至忘了记笔记，因此"下课后你想复习一下，结果发现你压根没记下任何笔记！"。

1973 年，温科特重返伯贝克攻读两年制的硕士课程，专业方向是 19 世纪及 20 世纪社会经济史，这是一门艾瑞克不久前开发的独立课程。她觉得这门课非常有意思，因为"你知道你面前是一位很出色的人物，却从不让你觉得低人一等"。艾瑞克和他的硕士课程学生每周开展一次两小时的研讨，话题包括 1815 年至 1914 年的英国工人阶级，以及 1815 年到 1970 年间英国社会经济史的文献和史料编撰。彼得·阿恰德是一名在 20 世纪 80 年代初攻读这个硕士课程的社会学讲师，在他的印象中，"艾瑞克会在两小时研讨进行到一半时的休息时间里加入学生当中，和他们分享饮品，交流对时事新闻的看法。我们很享受这些时刻，可以了解到他对很多话题的想法"。[105]"在艾瑞克门下的那两年改变了我在学习和学术方面的兴趣。"他后来写道。阿恰德在阿根廷出生长大，他决定开展关于墨西哥劳工史的博士论文研究。在只带了一个背包和艾瑞克的推荐信的情况下，他前往墨西哥城拜访经济史学家恩里克·塞莫。"他对我突如其来的到访和希望在他手下工作的请求充满怀疑，直到我拿出了艾瑞克的推荐信。"[106]

多年以来，艾瑞克在伦敦大学历史研究所负责一个关于现代经济及社会史的研究生研讨班。其中一位参与者将自己在20世纪70年代早期上过的课程形容为"我一生中最为精彩的学习经历……在这些课上，历史的广度和深度以一种令人毕生难忘的方式展现在我面前"。[107] 当然，艾瑞克成名以后还指导了大量的博士论文，时间主要集中在20世纪70年代到80年代早期。1976年，杰弗里·克洛西克在艾瑞克的指导下完成了他的博士论文，在他的回忆中：

> 我刻意选择了艾瑞克作为我的论文导师——我大部分研究左派社会史的同学会选择爱德华·汤普森，但那时我知道自己想要师从一位观念更加国际化、研究方式更加系统的人物。我想成为艾瑞克而不是爱德华那样的历史学者。[108]

当时的导师还不需要对博士论文的开题工作进行逐项审查，也不会定期听取学生汇报和密切留意论文进度，于是在履行博士论文导师的常规工作方面艾瑞克采取了顺其自然的态度。根据克洛西克的回忆：

> 作为我的论文导师，艾瑞克给我的感觉是他和我只见过几次面——即使在我写论文的第一年里，我见到他的次数也寥寥无几，所以当时我完全找不到写作方向，没能真正专注于那些可以支撑论文的问题，也没法挑选出可以帮助我阐述这些问题的资料。我很努力，但需要更多指引。当我在第二年初解决了上述难点后，艾瑞克还是很少和我见面，他是一个不怎么干涉学生的导师。他花了很长时间来审阅我提交给他的每一个章节，他把我的论文终稿搁置了6

个多月才开始审核。

不过，克洛西克也承认自己花了太多时间参加反对越南战争的运动，耽搁了论文的进度。艾瑞克对此并不反对——他怎么可能反对呢？于是克洛西克最后如期获得了博士学位，之后他在一系列学术职位上取得了杰出的成就，其中包括成为伦敦大学金史密斯学院的院长。在其他博士生的印象中，艾瑞克是个要求严格的导师，克里斯·里格利在1968年开始撰写关于20世纪英国劳工运动的论文，他记得艾瑞克总是把他的文稿退回来，建议他多读一些参考书，尤其是比较研究方面的书籍。"当我把关于劳合·乔治和工人的几个章节提交给他时，艾瑞克说'你没有考虑到秘鲁农民的情况'，我回答说'是的，艾瑞克，我没有想到秘鲁农民，也不打算这么做！'"[109]

艾瑞克还吸引了来自欧洲大陆的博士生。唐纳德·萨松是一位和艾瑞克一样具有国际背景的学生，他是英国公民，在开罗出生，到巴黎和米兰上学，从伦敦和宾夕法尼亚获得学位。他在1971年联系了艾瑞克，因为他觉得

艾瑞克很认同路易·阿尔都塞的作品，而且我想做一些关于意大利共产党的研究，像葛兰西那样把共产党视作一个知识分子的有机体，于是我写信给在伯贝克教书的艾瑞克，说我想在他手下攻读博士学位……他是我可以信任的人，我对他评价很高，还说了些别的。他很快给我回了一封言简意赅的信，里面说了三点：一是他对这个课题感兴趣；二是伯贝克没有研究经费；三是他并不是无条件地认同路易·阿尔都塞的作品。[110]

"读博士不一定是枯燥的……"艾瑞克告诉萨松，"发现一些趣闻

不会对事情有什么改变，但可以对人有所启发，也能让学术变得轻松一些。"萨松是个政治活跃分子，非常热衷于欧洲共产主义的理论和实践，因此他向艾瑞克咨询是否应该加入英国共产党。艾瑞克建议他别加入，"这完全是浪费时间！你会把所有时间都用在和斯大林主义者做斗争上，（党内领导层）有五个这样的人，还有五个欧洲共产主义者。别掺和进来"。于是萨松选择了加入工党。

很多国家的左翼学生都争相投入艾瑞克门下。优素福·卡西斯就是其中一位，作为日内瓦大学的一名助教，在富裕的瑞士城市里深入研究毛泽东政治理论是前途渺茫的，因此他希望能在不那么保守的氛围中从事一些更有成果的研究。他没有采取左翼学者撰写劳工史论文的惯常做法，而是决定研究"敌人"，他提出了一个关于19世纪金融界资产阶级的选题。艾瑞克四处咨询了一轮，认为这个课题具有可行性，并向卡西斯推荐了关于英国银行家的参考文献。艾瑞克定期审阅他的文章并提出意见，卡西斯对自己的英语水平缺乏自信，决定用法语撰写这篇论文并提交给日内瓦大学，这对艾瑞克来说没有什么区别，他还是担任了卡西斯的论文导师。[111]

艾瑞克的风格和历史系主任R.R.达林顿教授那令人沮丧的古板作风形成了鲜明对比，达林顿无论从哪方面看都是个"小人物"，他主要的学术追求就是孜孜不倦地推出不同版本的中世纪编年史和各项宪章。艾瑞克曾经在伯贝克教过的一个学生回忆起和达林顿有过一次"浑身不自在的会面"，达林顿的盎格鲁-撒克逊时期英国史课程显然让他觉得索然无味：

"好了，夏普先生，鲁多克博士对你的功课很满意，戴金博士和霍布斯鲍姆博士也这么说，只有我对你能否顺利拿到学位表示怀疑"（他停顿了很长一段时间，在这过程中狠狠地吸了一口已经灭了的烟斗）。"但是我必须提醒你，我的同事对你的评价都是基于你写好的论文，而我会通过笔试来考察你。我要提醒你，你能不能拿到学位取决于你在笔试中的表现。晚安！"[112]

据说由于艾瑞克拒绝使用手抄本作为资料来源，达林顿对他的晋升百般阻挠，但这也许还存在一些政治上的敌意因素。诺埃尔·安南因为同在伦敦大学任教而认识了达林顿，他说这位教授一直"坚持系里至少有两位教授比霍布斯鲍姆水平高——虽然没有调查能证明是哪两位"。[113] 最有可能的是达林顿自己和比他年长的同僚道格拉斯·戴金，他尊敬戴金，因为后者是《外交政策档案》的编辑，那是达林顿所能理解的历史课题。戴金在现代希腊史方面也是一位杰出的专家，他曾经尝试举荐艾瑞克，但据说达林顿的回应是"除非我死了！"。

虽然艾瑞克的学术文章足以让他在 20 世纪 50 年代中期就有资格晋升为准教授*，但他在这 10 年里大部分时间依然只是一名讲师。最后，他在 1959 年 12 月晋升为准教授。英国共产党的领导层考虑是否向他发去贺信，但根据军情五处的窃听记录，约翰·高兰告诉其他党内干部这不是常规操作。[114] 艾瑞克对迟迟未能晋升并不感到奇怪，那些在 1948 年柏林空投之前有教职的共产党员保住了饭碗，但"几乎可以肯定他们 10 年内都不会得到晋升或者调动。那些之前没有教职的在那以后有 10 年时间无人问津……当然，由于明面上的歧视，同时对苏联保存警惕普遍来说又是合情合理的，马克思主义者都被尽可能地孤立了"。[115] 老一辈的大学历史学者会让自己的学生不要接触艾瑞克。在萨松的印象中：

---

* "准教授"（Reader）是英国大学的特色，因为英国大学历史悠久，教授曾经十分稀少，所以会出现一名教授下面有三至四名"准教授"的情况，牛津大学现在已经废除了这一职位。——译者注

20 世纪 60 年代我在伦敦大学学院读书的时候，上了一门英国经济史的课程，主讲的讲师（我不记得他的名字了，他应该至今也不太出名）警告我们："霍布斯鲍姆是个很出色的历史学家，但你们要小心，他是个马克思主义者……汤普森也很不错，但你们要注意，他也信奉马克思主义。"他没有再提及别的人。此前我在学校里从未听说过他们，所以，下课之后我们很多人都跑到路对面的书店去找霍布斯鲍姆和汤普森的作品，就像青少年去买黄色书籍那么兴奋。[116]

这位让萨松记不太清的历史学者很可能是几年前和艾瑞克有过激烈冲突的 W.H. 查洛纳。

由于伯贝克学院无视他日渐增长的名声，艾瑞克颇感沮丧，开始四处寻找其他机会。1965 年，他申请了剑桥大学经济史教授的职位，波斯坦退休后，这一职位出现了空缺。但中选的是戴维·乔斯林，他是一位名不见经传的人物，写过关于南美银行的研究文章，而且几年后还没推出什么重要作品就去世了。艾瑞克在 1971 年乔斯林死后再次提出申请，又遭到了拒绝，这次得到青睐的是商业史学者戴维·科尔曼，这位历史学者相当有实力，但与艾瑞克相比，也就是跟乔斯林差不多的水平。[117] 这是艾瑞克进入剑桥的最后机会，但其他机遇也在向他招手。1966 年 9 月 18 日，艾瑞克收到了诺埃尔·安南非正式的私人提议，后者当时是伦敦大学学院的教务长，他询问艾瑞克是否有兴趣担任学院的经济及社会史教授。艾瑞克给了他积极的回应：

我已经厌倦了伯贝克，一方面因为我在这里前途未卜，另一方面由于我在这里工作了很久，还有就是出于工作地点的考虑。当很多远离伦敦的学校都拒绝了我的申请时，我自然希望可以在伦敦找到工作，而且无疑很愿意转到伦敦大学学院去，现在的这所大学在你的领导下比以前更加优秀了。（这一卓越的成就不仅仅限于目前的历史系。）我之前没有认真考虑过这一可能性，因为没有职位空缺，而且我觉得科班会在意识形态方面颇为反对我。[118]

他那时已经被列入萨塞克斯大学的教职候选人，艾瑞克补充道。此前他告诉在该校任校长的维多利亚时代英国社会史著名学者阿萨·布里格斯，自己"原则上愿意到萨塞克斯去"，但"马琳和我还是更希望在伦敦找到教职……我不是很想去布莱顿，但这在我能接受的范围之内"。

最后，艾瑞克没有尝试去布莱顿，但他听从了安南的提议，申请了伦敦大学学院的法国史教授，这一职位在 1968 年阿尔弗雷德·科班去世后空了出来。当然，申请要遵循正式的预约和面试流程，而艾瑞克再一次受到了系里政治对手的阻挠，职位最终落到了道格拉斯·约翰逊头上，他是一位研究 19 世纪法国史的专家。此前一年，艾瑞克曾经申请过牛津大学的齐契利经济史教授一职，得到这个职位意味着成为万灵学院的研究员，在 H.J. 哈巴卡克成为耶稣学院院长后，这一职位出现了空缺。一个评选委员会成立起来，其中现代史钦定讲席教授休·特雷弗-罗珀是有决定作用的评委。特雷弗-罗珀尊重作为历史学家的艾瑞克，但厌恶他的共产党员身份，于是决定阻挠他。牛津大学的历史学家基思·托马斯后来回忆道："我在东门酒店的一次研讨会闭幕酒会上听到特雷弗-罗珀对一群追随者吹嘘，说自己成功阻止了艾瑞克当选齐契利经济史教授*。"成功当选的是彼得·马赛厄斯，一位剑桥

———————

* "齐契利教授"是牛津大学设立的一个荣誉头衔，得名自万灵学院的创始人、坎特伯雷大主教齐契利，可授予经济史、战争史、国际法、社会与政治理论等五个研究领域的学者。——译者注

大学王后学院的研究员，他只写过一本关于 1700 年到 1830 年英国酿酒业的书。也许是为了谨慎起见，马赛厄斯直到他撰写的《第一个工业化国家：1700—1914 年的英国》在 1969 年出版后才正式上任，那是一本清晰简明的睿智之作。对艾瑞克来说，这次失败是一件好事：即使当选了，他也可能会对万灵学院感到厌恶，这个学院和保守党关系密切，研究员群体都非常保守，学院的院长是嗜酒如命的藏书家约翰·斯派洛，这位律师因在《文汇》杂志上发表的文章而声名大噪，这篇文章批评政府对企鹅出版社违反《淫秽出版物法》发行 D.H. 劳伦斯《查泰莱夫人的情人》的指控做出了无罪判定。[119]

提姆·梅森是一名年轻的研究纳粹德国社会史的学者，也是历史工作坊*及其学术分支组织社会史研究小组的合伙发起人，在他的游说下，牛津大学圣安东尼学院的院长雷蒙德·卡尔于 1969 年写信给艾瑞克，提议他前往在自己倡议下即将成立的牛津大学社会史中心担任主任，[120]但卡尔未能筹集到成立资金。又隔了一段更长的时间后，艾瑞克终于在 1970 年 3 月晋升为伯贝克学院的社会及经济史教授，他的年薪是 4 300 英镑，比教授级别的最低年薪 3 780 英镑要高一些，还有 100 英镑的伦敦津贴，从 1970 年 1 月 1 日开始生效。这一晋升是 1969 年由伯贝克学院的院长罗纳德·特雷斯在达林顿死后不久推动的。[121]虽然这是个好消息，但教授一职同时也给艾瑞克带来了他不想承担的潜在责任。他尤其希望免于承担沉闷的大学行政管理工作，最不想当的就是系主任，这会减少他的写作时间，至少每个学期让他很难再外出旅行。达林顿死后，历史系主任一职就落到了道格拉斯·戴金头上，但戴金将于 1974 年退休，担心自己不得不接替他的职位，艾瑞克想方设法逃避这一可能。

---

* 后文将提到"历史工作坊"，这是艾瑞克的学生拉斐尔·萨缪尔创办的一个左派色彩的历史研究交流项目。——译者注

艾瑞克之前认识了一位年轻的经济史学者罗德里克·弗拉德，当时他在剑桥大学教书，并准备出版他关于 1850 年到 1914 年英国机械工业的处女作。弗拉德的父亲伯纳德在"二战"前加入了工党，并在 1964 年当选为工党议员，由于被错误怀疑为 20 世纪 30 年代牛津大学共产党员的一员，他拒绝军情五处对他进行安全审查，在 1967 年自杀。当时他的儿子作为一名雷厉风行的学术管理人员已经颇有名声，最终弗拉德成为伦敦城市大学的副校长。在罗德里克·弗拉德的记忆中：

> 我参加经济史学会的会议时，在电梯里第一次见到艾瑞克，那应该是 1973 年的事情了……我们走出电梯时他把我拉到旁边，问我有没有兴趣申请伯贝克学院的历史系主任一职……我觉得很意外，真的，因为我只有……32 岁。所以我们聊了一小会儿，然后我离开了，考虑了一阵子，印象中又和他再谈了一次，接着我就提出了申请。我觉得他是评选委员会的成员，不过他在帮助我当选这件事上发挥了很大作用。这就是我第一次见到他的情景，接着我很快意识到他让我或者别的什么人当选的动机之一，就是他不想当系主任或者承担其他职务。他自己不想干这个工作。我想这是他一直以来的性格特点，他对行政工作毫无兴趣。[122]

1975 年，弗拉德不出意外地当选为历史系主任，并带领历史系平稳地度过了接下来的动乱岁月。当他和艾瑞克都在伯贝克工作时，两人"每周有三到四次"会一起吃午饭。接下来他们通常会到艾瑞克的家里去：谈论英国和世界政治，聊学院的小道消息以及弗拉德自己的作品。"但他总是对自己的研究三缄其口，甚至让我那时觉得自己很愚蠢，因为他突然就出版了一本书，而我对此一无所知。"谈论历史到头来会变得很像工作交流。

V

出版了《革命的年代》后，艾瑞克把他关于 19 世纪英国劳工史的早期文章汇总成一本叫《劳动者》(*Labouring Men*) 的文集。和《革命的年代》一样，也交由韦登菲尔德和尼科尔森出版社出版。虽然论文集很少有畅销的，但这本书出人意料地受到报刊的广泛评论，也许因为《革命的年代》让艾瑞克为书评编辑们所熟知。持反对态度的评论者认为艾瑞克是个"精于世故又受过一点历练的马克思主义者"，"对费边社有偏见"，而且太热衷通过学术论战、无关紧要的细节和长篇大论的脚注来吸引广大读者，至少在这本书里是这样。[123] 乔治·利希海姆发表了一篇较有见地的评论，他是当时马克思主义思想的重要追随者之一。利希海姆指出文章的不足在于缺乏与欧洲大陆的比较文献，而且在他看来，艾瑞克的列宁主义倾向"不止一点"，这种观念有时候不利于他的分析，比如在如何看待工人贵族阶级*的问题上。利希海姆出生于欧洲大陆，他同意费边主义是"思想狭隘又枯燥无味的"，但认为艾瑞克没有解释清楚为什么费边主义能够影响英国的劳工运动而马克思主义做不到。费边主义者属于中产阶级这个事实并不意味着他们就不能成为社会主义者。

一个简单的事实是马克思主义运动（或者其他社会运动）只有以赢得知识分子精英的认同为开端，才能掌控整个社会。这是——正如霍布斯鲍姆熟知的——意大利共产主义的秘诀。这反过来也解

---

* 工人贵族阶级是列宁提出的概念，指那些已被资本家收买，生活方式、工资数额和整个世界观已经完全小市民化的工人阶级……是资本家阶级的工人帮办。——译者注

释了为什么英国共产党一直都毫无崛起的希望。工人不能靠自己来发动革命，列宁了解这一点，费边主义者了解这一点，霍布斯鲍姆先生也了解这一点。为什么他不能直说呢？[124]

利希海姆言之有理。尽管如此，从整体上看这本书取得了非同寻常的成功。它在劳工史研究成为学术主流时面世，开创了英国劳工史的全新研究方法，把焦点放在了整体背景而非制度的研究上，对这一课题产生了长久的影响。[125]

当一项关于教科书使用的普遍调查发布了结果后，人们才发现在英国经济和社会史方面，艾瑞克的书有着为数众多的学生读者。早在1961年6月，他已经签下了一份合同，要撰写英国经济史平装本的第三卷，出版方是企鹅出版社的非虚构品牌鹈鹕。[126] 这套丛书和当时很多类似的选题一样，都是剑桥大学历史学家杰克·普拉姆的主意，艾瑞克从20世纪50年代起就和普拉姆相识。1961年6月8日，普拉姆到蓓尔美尔街的牛津剑桥俱乐部和艾瑞克见面并共进午餐，还带上了企鹅出版社颇有责任心的编辑迪特尔·佩夫斯纳，艾瑞克上个月已经大体答应了约稿邀请，他们共同讨论了这个选题。[127] 按照计划，这本书是克里斯托弗·希尔撰写的现代早期卷的姊妹篇，然后就是穆尼亚·波斯坦负责的中世纪部分。艾瑞克原本负责的是从1750年到1900年的部分，再由别的作者完成第四卷，但最后艾瑞克几乎把书的历史跨度延伸到了当代。这本书按要求无须太长，8万字即可：在7.5%版税的基础上，艾瑞克收到一笔400英镑的预付稿费，出版商乐观地将交稿期定在了1962年12月31日。[128] 这三本书一开始都将由韦登菲尔德和尼科尔森出版社发行精装本，但显然平装书市场才是首要的，因为实际上的约稿方是企鹅出版社。[129]

由于其他任务缠身，艾瑞克无法在合同约定的紧凑期限内交稿。

1963 年 1 月 17 日，戴维·海厄姆在给艾瑞克打电话后向企鹅出版社保证"他会在年中交稿。因为洛克菲勒基金会突然给了一笔研究资助，他到国外去了一段时间，让书的进度耽搁了不少"。[130] 然而在 1963 年 7 月，艾瑞克通知他的代理人"他很不确定自己能否在 1963 年底或者 1964 年 1 月底完成这本书。他打算在休长假的时候写稿，但恐怕到了 10 月份还是无法完成"。[131] 1964 年 1 月过完后，艾瑞克的书还是不见踪影。双方同意把交稿期修改为 1964 年 7 月，企鹅出版社请杰克·普拉姆"给他写一张便笺，告诉他你是多么失望，又是多么真诚地希望他能够按照新的约定如期交稿"。[132] 但对艾瑞克施加的所有压力都徒劳无功。"现在都 7 月了，"佩夫斯纳在当月的 13 日写信给海厄姆，"我觉得自己需要得到一些确切的信息，到底霍布斯鲍姆什么时候能交稿。"[133] 他没有得到任何回应。8 月 24 日，艾瑞克写信给企鹅出版社：

> 如果您的其他作者在写书过程中有两个年幼的孩子要照顾（其中一个才出生几个星期），再加上购买并装修一处新房子时要处理的复杂事务，我希望他们效率下降的程度不会像我这么严重。为了完成贵社的稿子我已经在非常努力地工作了。只要我的生活能重新安定下来，那么再过几个月我应该能完成稿子。[134]

他也写了类似的信给普拉姆。[135] 但所有的压力都没能让出版社得到想要的效果。佩夫斯纳开始失去耐心。"我开始觉得很害怕，"他在 8 月 28 日写信给艾瑞克的代理人，"除非我们能很快收到稿子，不然我可能会对霍布斯鲍姆和所有相关人士不客气了。"[136] 这一威胁也没有奏效。交稿日再次延后，这次是 1965 年 7 月。[137]

整个暑假里艾瑞克都在奋力赶稿，终于在 1965 年 12 月底写完了这本书。[138] 但是企鹅出版社的编辑在 1966 年初读完这份手稿后对 20 世纪的部分并不满意，看上去有些仓促。考虑到艾瑞克被催促着要尽快完稿，这情况并不令人意外。2月8日，企鹅出版社的历史编辑彼得·赖特告诉艾瑞克：

> 总的来说，直到第10章我们都觉得没什么问题。然而，我们企鹅出版社的编辑认为目前全书的篇幅分布不太均衡，讨论社会个体生活水平的部分（大概50页）里有一些内容在我们看来展开得有点多，过于关注一些外延问题……我们的感觉是第11章应该展开论述一下，特别要对经济大萧条的起因等问题进行充分的解释……在我们的印象中，另外还有一点就是对1951年后各个方面（包括第10章里关于农业的部分）的讨论都非常简短。在这种情况下，我们建议要么对过去15年的历史进行尽量详尽的讨论，要么干脆以1951年作为全书的终结。[139]

彼得·赖特找了个合适的时间和艾瑞克见面并一起吃午饭，一起浏览了整部手稿。1966年10月，艾瑞克按照出版社的意见提交了经过大量修改和扩写的最后一章。[140] 10月24日，彼得·赖特告诉艾瑞克："我觉得新修改的这一章很完美，为此我要感谢你。"[141]

虽然企鹅出版社对这本书的整体看法是"19世纪部分比20世纪要写得更好一些"，但总的来说这是一本"很不错的左翼史学作品"。[142] 在这之后又出现了更多的延期，这次是和乔治·韦登菲尔德以及美国潘塞恩图书出版公司的安德烈·希夫林就精装版版权开展的复杂谈判造成的。这本书的出版过程也绝非易事。韦登菲尔德和尼科尔森出版社的茱莉亚·沙克伯勒抱怨"在霍布斯鲍姆身上花费了我们太多时间和精力了"。"过去12个月里，霍布斯鲍姆给我们的答复每次都姗姗来迟，有时还联系不上他。他的书里有52幅复杂的图片，并且（直到最近才决定）要加上 50 到 60 幅照片。"[143]

最后，这本书进入了编审和出版流程，并在 1968 年 4 月 11 日由韦登菲尔德和尼科尔森出版社以精装本的形式出版，比原定的出版时间晚了 5 年。[144]

《工业与帝国》一书有 300 多页，是一部文笔优美、内容精练的历史纵览之作。被艾瑞克称为"有史以来人类经历的最深刻变革"的工业革命是全书的中心，占据了三分之一的篇幅。因此，艾瑞克的修订其实并没有完全符合他的编辑对全书内容均衡性的要求。这本书的突出之处和创新性在于采取了一种全球性的角度来审视它的主题，将之置于一个更为广阔的语境中来讨论为什么工业革命发生在英国而不是其他国家，以往的研究过于关注英国内部的经济和社会因素。就像他在《革命的年代》提出过的那样，艾瑞克在这本书中认为大英帝国在 18 世纪的海外扩张过程中，通过攫取新的市场和压制被殖民国家的国内市场竞争，为工业革命的发生提供了基本要素，（英国）棉制品在非洲以及后来的印度都获得了大规模的销售，刺激了商业经济，降低了产品价格，使英国国内实现了快速的资本积累。[145]

《工业与帝国》在社会、政治以及经济史方面有很多有意思的论述。英国社会——艾瑞克确确实实指整个英国，包括苏格兰、威尔士、爱尔兰和英格兰——都经历了社会和经济上的变迁，在世纪之交出现了大批产业工人，为工党的崛起奠定了基础。评论者们，甚至包括那些持批评意见的人，都承认这本书最重要的观点也许是坚持了"除非从历史的角度出发，否则无法解释英国目前的困境，在缺少这一维度的情况下对英国进行剖析是薄弱而不充分的"。[146] 从这一点看来，这本书为 20 世纪 70 年代卷席政界和媒体的"英国衰落"大讨论做出了贡献。

艾瑞克由于 6 年前出版了《革命的年代》而名声大涨，足以让《工业与帝国》得到权威报刊的广泛评论。这本书显然基于艾瑞克在伯贝克的英国经济史课程，和他出版的其他作品相比也许更像一本教科书。但它的写作风格依然能让普通读者有所收获。戴维·鲁宾斯坦是一位在赫尔大学讲授经济与社会史的美国左翼学者，他对工党期刊《论坛》的读者这样介绍了《工业与帝国》的创新性：

> 经济史研究自"二战"以来一直深陷泥沼，因为这方面研究者很明显下定决心要让这个课题在普通读者面前尽量显得晦涩难懂。关注数据多于关注人，佶屈聱牙的专业术语，学者之间的论战，以及认为过去的经济主要由生产、投资和利润曲线构成的观点，都让经济史在20世纪60年代成为一门惨淡的学科。这种观念现在受到了我们之中一位杰出历史学家的挑战。虽然艾瑞克·霍布斯鲍姆的文章一向不易读懂——他的论述严格缜密又简要精练——但他从未忘记自己在书写人民的历史。[147]

鲁宾斯坦从艾瑞克的书中摘录了很多令人印象深刻的精辟论述，比如艾瑞克注意到"不管改革的风潮在别处刮得多么强劲，一旦穿过海峡到了英国，都要缓一缓"。这些片段让这部书变得通俗易读。其他人也有同感。A.J.P. 泰勒在一篇一如既往坚持己见的评论里也同意，在大部分经济史都很沉闷的时候，《工业与帝国》却另辟蹊径，把经济史交给了附录的数据，在文本中则专注阐述社会史。这一如既往地显示了泰勒并没有真正读懂他评论的书。[148] 更具批判性的意见来自哈罗德·珀金。对于同一段历史时期，他在写于1969年的《现代英国社会的起源：1780—1880》以及之后的作品中提出了和艾瑞克大相径庭的观点。珀金不同意艾瑞克关于工业革命进程中工人生活水平低下的说法，而是关注他们从1840年以后生活水准的稳定改善。艾瑞克对英国经济和社会史的描述"就像列宁在评判我们"，珀金直率地表示。[149]

对英国历史的聚焦明显限制了《工业与帝国》在全世界范围内的影响。这本书很快推出了德语译本，但艾瑞克发现这个译本的翻译在很多方面有缺陷，从"僵硬古板的翻译腔"到很多经济学术语的误译等。他仔细审阅了全部的译文手稿，做了标注，并促请出版商在付印之前找一位足以胜任的人士来把关。[150] 1969 年，该书的葡萄牙语译本在巴西发行，接下来是 1972 年出版的意大利语译本、1976 年的法语译本和其后的波斯语、土耳其语、韩语和西班牙译本。《工业与帝国》一书确立了它在专业领域的重要教科书地位，并且和艾瑞克的其他作品一样不断再版。

VI

1969 年，在《工业与帝国》之后出版的一部作品结合了艾瑞克从 20 世纪 40 年代晚期以来一直钻研的两个课题——资本主义对社会的影响以及农村地区对资本主义无组织的"原始"抵抗。这本书就是和乔治·鲁德合著的《斯温上尉》。鲁德出生于 1910 年，比艾瑞克年长几岁，因为对在 1789 年法国大革命中起了重要推动作用的民众暴乱进行过详细的分析研究而知名。1950 年，他在伦敦大学学院完成了学位论文《法国大革命中的群众》，1959 年由牛津大学出版社出版，这让他成为书写"底层历史"的先驱之一。[151] 鲁德在 20 世纪 50 年代的时候没能谋得大学教职，那是在 20 世纪 60 年代晚期大学扩招之前：他觉得自己的年纪太大，而且在读博前没拿过历史学位。他在澳大利亚的阿德莱德大学得到了一份工作，并且在申请过程中发现，他那相当保守的上级阿尔弗雷德·科班实际上帮了很大忙，虽然艾瑞克曾经指责科班因为鲁德是共产党员而阻挠他的前途。后来，鲁德被新成立的苏格兰斯特林大学委任为教授，但他的妻子多琳造访过该地区后不太满意，于是他在前往任职之前就辞掉了这份工作，在艾瑞克的提议下，加拿大蒙特利尔的康考迪亚大学向鲁德提供了一份教职，艾瑞克的前学生艾伦·亚当森是那儿的研究委员会主任。鲁德欣然接受了这一邀请。[152]

两人合作的缘起要追溯到 1962 年，在一次伦敦之行中，鲁德告诉艾瑞克他希望写一写 1830 年英国乡村的"斯温上尉"骚乱（这个名字来自信件的虚假落款，那时许多署名"斯温上尉"的信件威胁要捣毁打谷机和烧掉干草堆）。鲁德在澳大利亚发现了由于参加这次骚乱而被流放到此处的人员档案，因而接触到这个课题。"于是我们合作了。"艾瑞克后来回忆道：

> 很多年前，为了写一篇关于维多利亚时代威尔特郡历史的论文，我做了一些关于威尔特郡斯温骚乱的研究，文章好像因为被退稿而没有发表出来，于是我提出了合作的理由：我思考过这个问题，至少对一个郡有所了解，实际上还不止一个，因为我给一位论文选题是英国西南部斯温骚乱的博士当过导师。所以我们的合作是顺理成章的，他是一位理想的合作者。[153]

鲁德积极地回应了艾瑞克的提议。他同意这本书应当把时间维度延长一些，探讨边远地区的工业、不完善的法律体系和对农民暴动的镇压。"我完全赞同，"他补充道，"有必要在地图的辅助下考察这场骚乱每日蔓延的情况（勒费弗尔的《1789 年大恐慌》就是一个可借鉴的例子）。"[154]

然而，由于身处澳大利亚，鲁德只能先研究那些被流放到塔斯马尼亚的犯人档案，等到 1963 年或者 1964 年的进修假期才能去英国对其他文献进行考察。他还必须完成丰塔纳欧洲史系列的（《革命的欧洲：1783—1815》），这本书在1964年出版，之后他向艾瑞克保证："我将全力投入到1830年项目中，我一定会认真思考这个课题，并且完成我很久之前就着手撰写的澳洲犯人研究。"鲁德承担了大部分的详细研究工作（除了第九章的暴动地域分析），背景和解读的章节则由艾瑞克负责，这本书在1969年由劳伦斯与威沙特出版公司出版，在美国的出版商是潘塞恩图书出版公司的安德烈·希夫林。《斯温上尉》本质上是对暴力的研究，尤其在商品经济出现初期，暴力作为一种绝望的集体谈判的形式，由公认的受尊敬的工人领袖组织发起。在这种情况下，《斯温上尉》被列入了同时期其他左翼历史学家写的同类题材作品集合里，其中就有爱德华·汤普森这一时期关于"英国群众的道德经济"的著名论文。[155]《斯温上尉》对作者所说的"英国农场工人为反抗穷困潦倒的命运而发动的、注定失败的长期斗争中最动人的一段历史"进行了引人入胜的叙述和分析，吸引了广泛的关注，并很快由企鹅出版社推出了平装本。[156]

和很多《斯温上尉》的评论者以及作者一样，A. J. P. 泰勒赞扬了此前由自由派历史学家J. L. 和芭芭拉·哈蒙德夫妇对暴动进行过的唯一一次研究，但他指出《斯温上尉》在研究和理解水平上都远远超过了前人的作品。这是一本"百里挑一的好书"。[157] 然而杰克·普拉姆批评两位作者忽略了19世纪的民众抗议活动和农村地区实际上长期存在的暴力传统，以及小城镇激进分子对暴动的参与。他指出这样的农民暴动通常都是落后的，他们主张的是传统的既有权利而没有提出新的要求。[158]理查德·科布是研究法国大革命期间民众生活和起义的历史学者，他在《泰晤士报文学增刊》上的评论里认为这本书完美结合了鲁德在经验主义研究方面的技巧和霍布斯鲍姆"敏锐的洞察力，运用动人比喻的才华和丰富的历史想象力"。同时，科布对普拉姆强调的大部分"斯温暴动分子"与生俱来的卑下姿态表示同意，"他们不是农村的平等主义者，他们接受乡村社会既有的规则，诉求也少得可怜"。[159] 虽然出现了这些批评声音，《斯温上尉》确实是一本从经验主义的角度研究和分析英国乡村如何对资本主义和商品经济的影响做出反应的经典之作，并且和艾瑞克的其他作品一样，自面世以来不断重印。

虽然艾瑞克和鲁德选择了劳伦斯与威沙特出版社出版《斯温上尉》一书，艾瑞克此时与韦登菲尔德的联系还是很紧密的。他帮助这位出版商寻找有趣有才华，并且能用吸引大众读者的方式来写作历史题材的新作者。当基思·托马斯在1968年加入《过去与现在》的编委会时，他第一次见到艾瑞克本人，不久之后，他回忆道：

> 作为韦登菲尔德与尼科尔森出版社的"星探"，他问我愿不愿意把正在写的东西交给这间出版社，而我正好在写《巫术的兴衰》*。因为我还没开始寻找出版社，对是否有人愿意出版这本书也心存疑虑，所以我很乐意地接受了这个提议，这本书于1971年出版了。书的印刷很精美，纸张质量很好，页面加上了脚注，但书的定价是在当时看来贵得离谱的8英镑，以致《泰晤士报文学增刊》把它（说的是定价，不是书本身）作为一篇头版文章的讨论对象。如果我没记错的话，后来有一封读者来信提到更愿意把这钱花在周末带妻子到伦敦去看演出上。我不知道艾瑞克有多少收入（他一直非常关注版税，也十分注意保障自己的版权），但我得到的是一份不公平的合同，所以至今韦登菲尔德与尼科尔森出版社（现在的猎户星出版公司）仍能从企鹅的平装版本里拿到50%的版税。我那时太无知了。[160]

---

* 中文版亦作《16和17世纪英格兰大众信仰研究》。——编者注

这的确是一次不公平的交易，这本巨著立刻成了经典之作，并且多年来一直畅销。

艾瑞克在很多方面都对乔治·韦登菲尔德心怀感激，于是在1965年12月完成《斯温上尉》的同时，他答应为韦登菲尔德新推出的插图丛书"历史的盛会"写一本名为《匪徒》的小书，书的编辑是文学学者约翰·格罗斯。这一系列丛书包括通俗历史学家克里斯托弗·希伯特的《拦路强盗》、昆汀·贝尔的《布鲁姆斯伯里》、罗马史学家迈克尔·格兰特的《角斗士》和俄罗斯语言文学研究者罗纳德·欣利的《虚无主义者》。[161] 艾瑞克在完成《工业与帝国》后着手写作这本书，但他很快就产生了疑虑，在1967年11月16日写信给戴维·海厄姆：

> 目前我在给韦登菲尔德写《匪徒》一书，但我觉得很担心。这本书会作为一套丛书的其中一本，而头四本现在已经出版了。坦白说，已经出版的这几本书让我觉得很焦虑。它们看起来既廉价又差劲（我原本以为它们会像世界大学图书馆丛书那样图文并茂），丛书的名字相当糟糕，实际上这像是一个好的选题没有得到好的实施。乔治（·韦登菲尔德）说他们会对接下来几本书的封面进行修改，我希望他们能做到。现在看来，这套丛书不会成功，而且会拖累所有的分册。现在已经一起出版的这四本书主题五花八门，让情况变得更糟。因为如此，这套书已经打包给一般的"非专业"评论者，这就意味着：第一，它们会被一些门外汉评论；第二，每一本分册前面都会加上几句无关痛痒的导言。目前的情况就是这样。我不希望在明知无法成功的情况下完成这本书。如果开始的方向没有走偏的话，这本书可以卖得很好。[162]

海厄姆答应向韦登菲尔德转达艾瑞克的担忧。[163] 出版社实际上也重新设计了书的装帧，并停止四本书打包出版的做法。[164] 艾瑞克在 1968 年 10 月初提交了《匪徒》的手稿，这本书于次年便出版了。[165]

在《匪徒》一书中，艾瑞克根据《原始的叛乱》的讨论对象来组织章节，但又大范围地扩展了研究视野，把从中国到巴西的全世界匪徒现象纳入其中。这可能是艾瑞克所有著作中最轻松纯粹的作品，配有大概 50 幅精美的插图，呈现了一系列富有异国风情的信息、故事、传说和传记，是一本前所未有的书。《匪徒》集合了大量为人熟知又或鲜有人知的资料，提出一套关于匪徒现象整体的清晰论述。书中指出"社会匪徒"是农村社会的代表之一，他们生活在边缘地带，并以此为名义对财富进行重新分配，比如罗宾汉；或者因为受到冤屈而进行复仇，比如巴西的兰皮奥；又或者间歇针对国家政权进行无组织反抗的群体，比如 18 世纪在欧洲东南部反抗奥斯曼统治者的"黑盗客"。"社会匪徒"缺乏组织和意识形态，但从广义上仍能看作是一种政治行为，试图使前工业时代的穷人而不是工业时代的各阶级获得自由，和《原始的叛乱》中考察的"社会运动的无政府形式"有相似之处。

从 20 世纪 50 年代中期开始，艾瑞克的研究思路就从书写工人阶级的兴起转移到了被剥削的边缘人群，从他心目中的历史终极胜利者转移到了历史进程中的注定失败者，这样的转变是令人瞩目的。他对研究对象的同情贯穿了以目的论来统筹的研究框架。像弗朗西斯科·萨巴泰·略帕特那样，直到 20 世纪 50 年代末都在与佛朗哥政权斗争的匪徒和战士是英雄人物：悲剧性的、注定失败的英雄，但仍然是英雄。一些评论者意识到艾瑞克对研究对象的崇敬之情，指出在匪徒控制的环境中生存可能意味着暴力、谋杀和剥削，让很多普通的农村群众深受压迫。然而，艾瑞克将一群 20 世纪 70 年代墨西哥农民激进分子的称颂视为《匪徒》一书获得的最大荣誉，他们写信给他，对他所写的内容表示赞同。"这并不说明书里提出的分析是正确的，"艾瑞克在 1999 年的修订版中写道，"但这可以让读者对这本书有一些信心，这不仅仅是一本考据过时风俗或者做出学术推断的作品。即使是最传统的罗宾汉故事，在今天仍对墨西哥农民那样的人有所启发。像他们那样的人有很多。他们应该知道这些事情。"

在学术圈子里，这本书的中心概念"社会匪徒"引发了长期的讨论。荷兰人类学家安东·布洛克尔的作品《西西里乡村的黑手党》在1974年出版，（基于他的个人经历）他认为艾瑞克忽视了很多匪徒和当权者的联系。[166] 但艾瑞克完全意识到在某些情况下这种联系是很紧密的。"西西里的黑手党，"他在1964年写道，"基本是一种在谋杀行为的基础上通过剥削来建立中产阶级的方式。"黑手党在很多情况下是意大利政府获得选票的关键因素。"二战"以后，美国政府联合黑手党来反对共产主义。[167] 黑手党实际上并不是一种匪徒形式。但即使匪徒是当地农村社会的一部分，他们也会威胁和勒索当地的农村群众，让后者为他们提供资金以及掩护他们免受政府打击。也许到了最后，传说变得比现实更为重要，表达了受压迫的穷困农民出于补偿心态对抵制权威的歌颂，这是他们一直渴望但在现实中又处处受到压抑的。

《匪徒》在《观察家报》上连载，吸引了大量学术圈外的读者。[168] 这本书的成功促使美国电影制片人乔治·布鲁斯东提出购买这本书的影视版权，布鲁斯东因1957年出版了《从小说到电影》而出名。他希望制作一部纪录片。艾瑞克担心这可能会使书的内容变得低俗，"如果他们觉得把可怜的萨巴泰改成一个唱着山区小调的得克萨斯牛仔会更受欢迎，我能不能撤回我的名字（这意味着75%的编剧收入）？"[169] 艾瑞克问道。尽管如此，比起接受戴维·派拉第公司的邀请，他仍更倾向于同布鲁斯东合作，前者的老板是电视制作人及企业家戴维·福斯特。[170] 最后，这两个邀约都无果而终。但《匪徒》新增的各个译本销量都很好。一直到了2009年，距离这本书推出英文初版过了40年后，艾瑞克在巴西的固定出版商帕兹与特拉出版社还提出要购买葡萄牙语译本的版权。[171] 一本在 2015 年出版的关于拉丁美洲匪徒史的书指出："艾瑞克·霍布斯鲍姆对匪徒理论的研究作品仍有着深刻影响。"[172]

艾瑞克于 20 世纪 60 年代晚期到 70 年代早期出版的作品在同一时期掀起的英国史学革命中处于核心地位，这场革命就是社会历史学的诞生。它与克里斯托弗·希尔、罗德尼·希尔顿、维克多·基尔南、爱德华·汤普森以及其他共产党历史学者小组前成员的作品一起使英国的马克思主义历史学者赢得了国际声望。他们很快就会被视为可与年鉴学派相媲美的史学作者，引导德裔美国历史学家格奥尔格·G. 伊格尔斯所说的"欧洲史学新方向"，这也是他在 1975 年出版的一本很有影响力的作品的标题。[173] 然而，社会史仍然是一个发展不足的领域。它在大学的历史教学里没有独立的课程和教科书，至少在英国没有自己的协会（英国社会史学会在 1976 年成立，《社会史》期刊第一期于同年发行）。社会史在以往意味着"社会运动"的历史，现在取代这一认知的是维度更大的、关于整个社会的历史，艾瑞克在一篇影响巨大的文章中指出。[174] 最先关注到这一讯息的是那时年轻一代的历史学者，他们随着 20 世纪 60 年代末到 70 年代初大学的快速扩张进入了历史行业（我是这一代中的一员，在 1972 年获得博士学位并得到第一份工作）。艾瑞克的作品很快就成为全英国社会史课程的指定读物。

VII

1966 年，位于马萨诸塞州波士顿郊区剑桥镇的麻省理工学院邀请艾瑞克前去进行为期 6 个月的人文学科访问学者交流。这次美国政府做好了准备要对付他。[175] 签证部门从艾瑞克的签证申请中发现他不久前去过古巴、捷克斯洛伐克、匈牙利、民主德国、保加利亚和南斯拉夫。[176] 申请被递送到了联邦调查局，联邦调查局在1967年1月9日的报告中称"国务院认为霍布斯鲍姆不能获发美国签证，因为他从1936年开始就是英国共产党党员，并且从1953年到现在都是英苏友好文化会的成员"。他们给麻省理工学院施加了很大压力，导致学院"火烧火燎地打了很多通越洋电话"给艾瑞克，试图搞清楚状况。在一个消息不灵通的联邦调查局官员意料之中的催促下，麻省理工学院的项目负责人询问艾瑞克是否现在或者曾经是英国共产党的"主席"（很明显他们把英国共产党和历史学者小组混淆了）。艾瑞克很清醒地否认了。

最后，美国国务院的态度缓和了，艾瑞克"根据《移民与国籍法》第212章第4节第3条第1点可获发临时签证"，"虽然根据该法案第212章第1节第28条他是不得获准入境的"。根据联邦调查局的报告，"国务院强烈建议要在麻省理工学院历史系认为霍布斯鲍姆即将讲授的课程有重要教育意义的基础上才可为其颁发签证"。国务院还决定"同意申请人提交的行程表，但不得在未经华盛顿特区移民局局长事前批准的情况下对行程进行任何改动或者延长停留时间"。[177] 这最后一条规定意味着艾瑞克每次离开波士顿地区都要向麻省理工负责访问学者事务的行政人员报备。"你的意思是在没有你许可的情况我不能到纽约去？"他问那位女性行政人员。她认识到这是一条荒谬的规定，于是没有坚持这样做。虽然联邦调查局的确对艾瑞克1967年5月9日在纽约哥伦比亚大学学院俱乐部一场面向100名听众的讲座表示了强烈的关切，这场讲座由美国马克思主义研究所和"民主社会学生组织"合办，后者是一个进步运动的组织，主要活动是反对越南战争征兵。[178] 不过联邦调查局后来在回应一次问询的报告中承认艾瑞克之所以能获发签证，是因为在他的前一次美国之行里"没有记录显示他出现了任何超出计划访问以外的行动”。[179] 艾瑞克和家人一起如期抵达了波士顿，在麻省理工学院教学的一个学期倒也风平浪静。

联邦调查局在监控艾瑞克行踪的过程中压根没有注意到他还去了古巴，而且是光明正大去的。1968年，艾瑞克参加了哈瓦那文化大会，与会者还有来自70多个国家的500多人，这个大会"以一种有趣的方式象征着重返20世纪30年代那追求知识的氛围"。艾瑞克觉得这个场合让他想起1937年在共和派执政下的马德里举办的作家大会。"就像法西斯分子在20世纪30年代会团结知识分子一样，美国也在哈瓦那把他们团结到了一起。"艾瑞克指出这次大会显示了一群来自五湖四海、观念各异的知识分子是如何被动员起来，捍卫"第三世界"的解放运动和美国的民权运动。会上提出的各种观点反映了古巴政府不愿意和过去的共产主义政党有太多牵连，而是更希望和新左派联系起来。会上的研讨无疑"不仅仅是开放的，而且有时候似乎处于无政府主义的边缘"。会上的新达达主义者、信奉托洛茨基主义的超现实主义者以及讨论性高潮的政治功能的赖希*思想追随者，其他代表则"处于精神狂热的边缘，这就是左派的迷人之处"。艾瑞克对促请与会代表参与游击队运动的呼吁表示了质疑："知识分子的公众活动不能只限于舞刀弄枪。"[180] 法国的先锋理论家们是大会的主要搅局分子，"年纪较大的超现实主义者在一场艺术展的开幕式上袭击了墨西哥艺术家西凯罗斯，后者与刺杀托洛茨基的行动有关，虽然不清楚这次袭击在多大程度上是出于艺术或者政治的理念分歧"。艾瑞克在这次大会上的收获是结识了德国左派诗人和作家汉斯·马格努斯·恩岑斯贝格尔，但总的来说他对"古巴国内

---

* 威廉·赖希（1897—1957）是奥地利裔的美国心理学家，他师从弗洛伊德学习精神分析学，但在加入奥地利共产党后与弗洛伊德学派决裂，提出了"性高潮、性格结构和性革命"理论，主张用马克思主义改造弗洛伊德学说，认为真正的革命斗争是人与压抑人类本能需求之间的社会制度之间的斗争。——译者注

经济的一团糟"感到很沮丧。[181]

英国政府对艾瑞克的海外出行不如美国政府那么宽容。1968年，著名历史学家萨维帕里·戈帕尔邀请艾瑞克访问印度，印度大学每年邀请两位英国历史学者参加论坛和研讨会，并在他们访问期间提供保障，旅程产生的费用由英国文化协会承担。1967年理查德·科布和基思·托马斯参加了这个印度的项目。但戈帕尔不得不告知艾瑞克，英国文化协会因为他是一个马克思主义者而拒绝支付他的机票费用。艾瑞克说服诺埃尔·安南来支持他。安南告诉协会主任艾瑞克从未掩饰他的政治立场：

> 他是一位相当杰出的历史学家，他的作品已经取得了广泛的成功——所以麻省理工学院邀请他进行了一个学期的讲学，美国政府也给他发放了签证。他是一个饱学之士，绝非心胸狭隘又存有党派之见的人，而且他还是位爵士乐专家呢。不管他在史学界的同行是否赞同他对某些观点的强调，没有人会否认他是一位值得享有国际声望的人士。

> 英国文化协会拒绝支付霍布斯鲍姆的机票费用据说已经引起印度方面的一片哗然，实际上这让他们很是恼怒——以致他们正在考虑为霍布斯鲍姆筹款买机票。同时，戈帕尔已经告知霍布斯鲍姆，英国文化协会的官员给他的拒绝理由是霍布斯鲍姆在国外对异性行为不检点。这让艾瑞克·霍布斯鲍姆感到可笑，他认为这是对他超乎寻常的恭维，但内心深知自己正因为政治观念而受到区别对待。[182]

安南告诉英国文化协会艾瑞克"婚姻幸福"，并补充说"如果英国文化协会愿意给理查德·科布一个机会"——这位仁兄出了名嗜酒——"我觉得也不妨给霍布斯鲍姆一个机会"。安南用极具说服力的公务信件风格进行总结，他不知道"在一项与其他国家达成的协议中，当另一个国家指名邀请一位学者前来访问时，英国文化协会的政治歧视行为是否明智"。他警告说"这件事情可能会成为公众热点"，并且对协会的名声造成很大伤害。

得益于安南的支持，艾瑞克实现了印度之行，停留时间为 1968 年12 月 12 日到 1969 年 1 月 11 日。他非常惊喜地发现在机场迎接他的是昔日的剑桥同窗莫汉·库马拉曼加兰，当时是国大党党员并管理着印度航空公司。[183] 艾瑞克觉得印度莫卧儿王朝的建筑"精美得让人惊叹，但让我印象最深刻的是那些在街上一边旁若无人地走来走去，一边吃着垃圾的牛群"。这个国家的多面形象令艾瑞克感到震撼，"因为所有这些宗教、服装和颜色等混杂到了一起"，虽然他也对印度的贫困大为震惊——"我觉得你找不到比这里更穷的地方了"。他喜欢那些"迷人的人力三轮车，车上用西西里式的色彩酣畅淋漓地描绘出漂亮的印度男女神祇（也可能是当时的电影明星）。孩子们会喜欢这些车子"，在写给马琳的众多信件中，有一封这样写道。富人们的房子"按照早已离去的英国殖民地官员的郊区度假小屋来建造，在帝国里建起了小温布尔登"。他和印度总理的秘书共进午餐，与阿里格尔大学的副校长吃晚饭，那是一所曾邀请他发表演讲的穆斯林学院。[184]

艾瑞克已经为年轻一代的印度历史学者所熟知，他们都是《过去与现在》的忠实读者，对他的作品很熟悉，尤其是《匪徒》一书。印度历史学家罗密拉·塔帕尔后来回忆道：

> 对我们之中提出将社会及经济史纳入大部分印度大学课程的人来说，艾瑞克的出现很重要，现行的课程大部分都是政治和外交史。他提出的用马克思主义方法来研究历史的讨论也引起了很多人的关注，因为当时在印度，马克思主义史学只得到了个别历史学家

的正视，尚未被大学中的历史学院所接受。[185]

艾瑞克对他所认为的印度式低效率感到懊丧，但他还是很享受这段经历并且喜欢印度人民。虽然工作很辛苦，他还是抽出了时间去观光，并且对自己"在不运动还暴食暴饮的情况下没有出现肠胃问题"感到满意。[186] 他考察了奥里萨邦和科纳克的神庙，在写给马琳的信中对它们赞叹不已：

> 印度农村的女人（和男人）们都穿着漂亮的绿色、紫色还带一种鲜艳橙色的衣服，他们是一群精力充沛而又单薄瘦小的世俗人群。印度人对科纳克神庙感到有点尴尬。他们胡扯了一通，说那些塑像如何表现了人生的各个方面，但实际上80%的塑像都纯粹是色情的，包括你能想到的最有意思的性爱游戏和交媾方式，雕刻得非常精美。这让我比平常更加想你。唯一的疑问是：其中一个姿势显示了一个男人在站立的同时举着一个女人，这意味着要么这个男人很高大，要么这个女人很瘦小，或者二者兼有。总的来说，这是一种迷人的艺术形式，是真正了不起的雕塑作品。[187]

他觉得在专门为他举办的圣诞晚餐会上遇到的印度人"都有十足的英国腔调，虽然他们同时也吃印度炖饭和槟榔。这个古老帝国仍然活在他们的灵魂里，即使他们是共产党员"。艾瑞克要过很久才会重返印度，但从那时起他在南亚次大陆声名鹊起。

在英国文化协会不愿资助艾瑞克的印度之行后，很快又发生了另一件由于官方反对艾瑞克的政治立场而引起的风波。联合国教科文组织的总干事勒内·马厄找到艾瑞克，邀请他参加一个在芬兰举行的列宁100周年诞辰纪念大会，对此英国政府的海外发展部官员提出了抗议。[188]

一位官员反对艾瑞克前去参会，理由是"他是一个著名的共产党员"。他促请对总干事提出正式的抗议。后来有消息称，马厄在此前的一次会面中对艾瑞克印象深刻，所以动用了"个人职权"来邀请他。得知这一情况后，海外发展部提出了所谓的"对总干事个人的强烈抗议"，理由是这一邀请"很可能会对联合国教科文组织在英国的名声造成很大伤害"，会被视为教科文组织内部"受到共产主义人士过度影响的证据"。一个官员被派去与马厄见面，针对邀请艾瑞克一事向他本人表达抗议，但没有取得任何进展。"当我说起霍布斯鲍姆是一名英国共产党员时，"这个官员汇报，"马厄先生回答'那又怎样？'"这场风波最终在艾瑞克拒绝了邀请后才得以平息。

在英国广播公司录制电台节目时，艾瑞克的政治观点也使他麻烦不断。1972年春，他和英国广播公司第三电台（第三套节目在那时的叫法）签了一份连续主持四期《个人观点》系列广播节目的合同。[189] 艾瑞克策划的四期讲座分别为5月13日的"美国与越南"、5月27日的"恐怖主义背后的动机"、6月10日的"资本主义泛滥带来的问题"，以及6月24日的"商店导购员对资本主义有益"。[190] 最后，"资本主义泛滥带来的问题"被取消了，也许是因为英国广播公司的管理层认为这个标题太有争议性了。关于恐怖主义的节目照常播出，艾瑞克回顾了20世纪70年代早期数不清的政治暗杀和炸弹袭击。他的结论是恐怖袭击不管破坏性多大，都是"虚张声势而非目的明确的行动"。[191] 在关于商店导购员的节目里，他充分证明了工业化民主乃是一种直接参与政治的形式，尤其在议会选举的间隔期。[192]

然而，艾瑞克在这一系列中关于"为什么美国输掉了越南战争"发表的言论，对英国广播公司和节目听众来说都太有争议了。艾瑞克没有掩饰他对越南人民抗美事业的坚定支持，他曾经参加了1968年在伦敦举行的反战大游行，这场游行最后演变成在格罗夫纳广场美国大使馆前与警察的暴力冲突。"我到了那里,"《新政治家》的文学编辑克莱尔·托马林回忆,"艾瑞克在那儿,他抓起我的胳膊挽在他的手臂下面,说'来吧!'于是我们跑起来,跑得不算快,但是你要知道我们所有人都在不停地跑来跑去,这让我有一种在干一件正确的事情并且真正参与到政治当中的奇妙感觉"。[193] 艾瑞克在广播中回顾越南战争的时候,他的开场白是:"在世界政局里,很少有正义战胜邪恶的情况出现,尤其是正义的一方非常弱小,而邪恶的一方无比强大的时候。"虽然当时越战还在进行当中[并一直持续到 1975 年(今胡志明市)被解放],但美国无疑已经战败(他们想通过 1973 年 1 月签订的《巴黎协定》来掩饰这一点)。他们被自己的狂妄自大打败了,"大块头白人不相信瘦小的黄种人能击败他们",打败他们的是历任总统向全世界展示雄风以维护美国强权的愚蠢行为,打败他们的是政客们的自我欺骗与自我蒙蔽。"历史不会原谅那些让中南半岛国家在一个世纪里沦为焦土的人;那些在大国轮流主宰的游戏中驱赶、踩躏、伤害和屠杀这些国家人民的人;以及那些助纣为虐的人,不管他们是多么的无能;甚至还有那些在应当愤怒高呼时却保持缄默的人。"[194]

这是艾瑞克最有力的抨击,引起了美国大使馆的强烈反应,他们对英国广播公司施压,要求录制一个反驳艾瑞克言论的广播节目,主讲人是丹尼斯·邓肯森——一个曾经在马来亚镇压共产党员暴动行动中效力的英国情报官员。他称在北越军队的虚假宣传下艾瑞克的言论是出于无知和轻信。然而他的节目并没有达到想要的效果。邓肯森向听众指出在军事力量上北越比南越更强大,但听众必然也清楚他没有提到美军的火力远远凌驾于对手之上。他在总结时称美国并没有真的战败,但他们不可能无限期地留在越南;而且他们正在南越推行的"越南化"政府系统完整保留了市场经济和社会开放的基本机制(他没敢鼓吹南越有一套正常运作的民主体系是明智的,因为那实际上并不存在)。[195]

不过，艾瑞克和美国政府在其他方面的不愉快大多数已经化解。1969 年 6 月，他再次前往美国并停留了一周，参加美国艺术与科学院在波士顿举办的关于社会阶层化与贫困问题的学术研讨会。1970 年 10 月，他又接受了哈佛大学为在欧洲历史领域做出贡献的学者颁发的塞拉斯·马库斯·麦克文奖。1970 年 12 月，他在波士顿参加了美国历史学会的年会，数千名专业历史学者参加了此次盛会。1973 年 4 月末到 6 月末，他踏上一趟讲座和会议之旅，前往芝加哥、麦迪逊大学（威斯康星州）、罗格斯大学（新泽西州）和纽约。[196] 这些安排和接下来的行程都被联邦调查局登记在案，但没有采取特别的预防措施。连联邦调查局那时也把艾瑞克视作"著名历史学家"了。[197]

　　艾瑞克在这些行程中的感受是五味杂陈。他觉得麦迪逊大学"是一个学生的天堂，但对教授们来说就不是这么一回事了，他们在这个美丽的聚居地可能会产生一点幽闭感，这儿一点也不像美国，到处都干净整洁，有建筑物、湖泊、蓝天和红日，哪儿都能遇上你的同事"。[198] 在芝加哥，他对戴利市长治理下的贪污腐败以及各个辖区严苛的种族隔离感到惊愕而担忧。"贫民区里……被烧毁的房子空空如也，道德沦丧的程度让人难以置信。"[199] 然而，"芝加哥仍然是蓝调音乐的地盘"，在城西"一个叫马宾的地方，黑人清洁女工们组成了联谊俱乐部，乐队和歌手们在歌舞中越来越兴奋……这些蓝调音乐是多么神奇的存在啊，我光是用耳朵听就已经心醉神迷了"。他喜欢上了最新的"黑人男性时尚，那会让国王街上的人抓狂。现在流行的漂亮帽子是带有闪亮金属色带子的草帽、造型奇特的贝雷帽，甚至是女人戴的半布制草帽。紫色夹克和衬衫搭配大格子裤，用大十字架来做挂饰"。[200] 在纽约和《纽约书评》的编辑鲍勃·西尔弗斯（"一位坚定的素食主义者"）一起吃晚饭时，[201] 艾瑞克认为这个城市已经变了：

虽然他们整顿了一下时代广场，并安排了一些警察执勤，但这个地方比我印象中更差了。纽约和其他随着时间衰败的事物一样，只有当你到东区那些鲜有人知的地方，或者置身于第六大道和公园大道上那些高耸的玻璃幕墙摩天大楼之中时，才会再次感受到昔日令人激动的氛围……在曼哈顿，似乎每个人都在说西班牙语——这比以前更常见了。

事实上，纽约正在日益衰落并变得更加危险，这一趋势要直到 20 世纪 90 年代才能得以扭转。艾瑞克在 1975 年 8 月重返美国，再次前往纽约和旧金山。[202] 这个时候，他偶尔还会体验一下 20 世纪 60 年代早期经历过的美国生活，但行程的大部分时间都被学术工作填满了，与他来往的主要是中产阶级知识分子。

VII

艾瑞克在 20 世纪 60 年代和英国共产主义的接触是断断续续的，他也绝非一名活跃或者虔诚的党员。实际上他一直以来都对斯大林时代共产主义政权的行动理念持保留态度。就像以赛亚·伯林在 1972 年说的那样：

> 有一次我问艾瑞克·霍布斯鲍姆，如果从人道主义而不是从不可抗拒的宏观力量来看，他是否认为他的政党——他现在还是一名忠诚的党员，或者并不忠诚但还留在党内——应该为其造成的痛苦多于幸福，以及成就寥寥而负责任……令我吃惊的是，他同意我的

这一说法，但认为我不能认识到这代价能换得的是什么。我喜欢和艾瑞克见面。他……是个让我相处甚欢的朋友。[203]

事实上，这两人都在彼此身上看到了永不满足的求知欲、国际化的视野，以及渊博的学识，并成了朋友。

不管艾瑞克对共产党的事业怀有何种疑虑，他还是继续通过某些方式深化了对马克思和恩格斯理论及作品的研究。马克思的很多作品在20世纪60年代被重新发现及再版，其中就有《政治经济学批判》，这是马克思于19世纪50年代写下的大量笔记，作为初步思想雏形始终未发表，直到1939年才首次面世，在20世纪70年代之前也没有英文译本。这一系列笔记的一个重要主题是从封建主义到资本主义的转型，这个课题一直吸引着艾瑞克发挥想象力。从《政治经济学批判》中寻找一致而连贯的内容不是件易事，但民主德国在1952年出版过相关的摘要。1964年，劳伦斯与威沙特出版社亦推出了标题为《前资本主义的经济形态》的英文译本，在出版社的邀请下，艾瑞克为这本书撰写了长篇导读，他所强调的主要观点是，马克思并不认为历史始终沿着一条轨道直线发展到现在以至未来。这本书的阅读对象主要是马克思主义者，但却吸引了《泰晤士报文学增刊》为其刊登了一篇评论，指出艾瑞克"显然观点偏颇，但他从不让这些观点凌驾于自己的学术研究之上"。[204]

艾瑞克对这本薄薄小书的贡献让他有机会参与到一个更加宏大的项目中去。1968年，在《泰晤士报文学增刊》发表的一篇匿名文章中，他指出马克思这位伟大思想家在全球范围内的吸引力，以此庆祝马克思150周年诞辰。"他现在是真正地享誉全球了。"正因如此，一部新的马克思作品全集正在编撰当中。这是一项很有必要的艰巨任务，其相当重要的原因是那套大名鼎鼎而不可或缺的《马克思恩格斯全集》编撰到一半就"中断"了。这套全集由莫斯科的马克思恩格斯研究院负责编写，学院创办人达维德·梁赞诺夫是老牌的布尔什维克，从1927年开始承担起这个意义非凡的任务（艾瑞克没有提到编撰中断的原因是梁赞诺夫在1931年被开除出党）。梁赞诺夫的学术水平是无可挑剔的，他还发现了很多从前不为人知的作品；而民主德国的马列及斯大林主义学院（斯大林死后，学院名称变成了"马列主义学院"）编撰的第二版共有40卷，在学术性上逊色不少，与前一版本在很多方面均有差距，无法囊括马克思作品的各个版本。[205]当然，这也是因为马克思从未间断对《资本论》和其他著作的修改工作。

艾瑞克加入了这个宏大项目的编委会，1968年，项目由莫斯科的进步出版社启动，劳伦斯与威沙特出版社在1975年到2004年间出版了50卷的英语译本。[206]尼克·雅各布斯当时被委任为项目的执行编辑，并以此身份去拜访艾瑞克，邀请他加入。根据雅各布斯的回忆：

> 我走进他在伯贝克的办公室……他站在那儿，用一把拆信刀迅速地划开一封封航空信件。我觉得他并不清楚我是谁或者我为何而来。但最后当他读完了那些来自巴西或者别处的信件——我想肯定是从巴西寄来的——我们就开始谈马克思和恩格斯全集的事情了……他负责编撰其中三卷书信集。他是为了这个项目的意义在工作，不收取酬劳。他希望看到马克思和恩格斯使用的规范严密的德语和法语能在英语中找到适当的表达，他是这一方面的专家。[207]

苏联的出版社资助了整个项目，负责书籍在印刷和学术方面的支持；雅各布斯则负责编辑工作，同时与苏联方面沟通，确认翻译时需要在多大程度上进行字对字的直译。每当有一卷完成编撰后，他会骑着自行车，载着厚厚的手稿（"我们从来没有复印这些手稿，页数实在太多了，不可能再印刷一遍，我们没有足够的人力去干这件事"），到海格特西山的苏联贸易代表团那里去，把手稿放在门房那儿，再骑车回去和艾瑞克一起继续编撰下一卷。苏联编辑们坚持他们保有最终的修订权，但至少在某些问题上，英国编辑坚持了自己的想法。

艾瑞克没有参加伦敦的编委碰头会，但他的确解决了很多英国和苏联出版社以及德语原文持有者之间的问题。英文译本附有特别导读，这也成了争议的焦点之一。艾瑞克在 1969 年 11 月 7 日写信给马克思研究专家戴维·麦克莱伦："苏联人似乎还是希望能看到有'政治倾向'的导读……但我们十分坚持自己的观点，导读不应该带有倾向性。"[208] 此外，也许是由于把马克思和恩格斯的作品视为珍贵文本，苏联人坚持使用艰涩的逐字直译的方法，不在乎译文读来是否生硬难懂。马克思主义社会学家汤姆·博托莫尔的译文因此遭到了退稿。"我们不能用你的译文，"艾瑞克告诉他，"苏联人想要的那种直译会完全改变你的译文风格。最后只能是不伦不类。目前我认为他们退稿并不是因为意识形态的原因，而仅仅是在马克思的文本在翻译时能有多大的灵活性上和我们有着根本性的分歧。在这场争议中我同意你的做法。"[209] 然而总的来说，这套全集虽略有疏漏，仍不失为一项重要成果；而艾瑞克在其中发挥的作用，是他的学术生涯中最不为人所知的成就之一。

艾瑞克还深入参与了围绕着20世纪60年代到70年代初期一些后起的马克思主义研究者的论战，有时候甚至激烈地对他们进行抨击，尤其是针对法国共产主义哲学家路易·阿尔都塞的作品。阿尔都塞在20世纪70年代的马克思主义极左信徒中很受欢迎。虽然艾瑞克觉得他的观点很精彩，但并不认同。阿尔都塞试图移除黑格尔对马克思思想的影响，这实际上意味着几乎把马克思从阿尔都塞对马克思主义的定义中完全移除，"不过，阿尔都塞先生无疑总能通过一场相当漂亮的论证给自己留下大量创新的空间。这显示出马克思的伟大不是在于他自己说过什么，而是在于使阿尔都塞对他的解读成为可能"。艾瑞克也不同意他将"经验主义"和"人文主义"驳为与马克思主义理论格格不入的舶来品。如果说艾瑞克对历史的研究方法有任何与众不同之处，那这些无疑就是其中最为突出的部分。阿尔都塞的很多言论在艾瑞克看来只不过是"无稽之谈"或是"纲领上的夸夸其谈，是这类文章的一个拙劣典型"。阿尔都塞关于马克思的国家理论的讨论是"幼稚的"。阿尔都塞的"废话"只是为了让他"从小资产阶级的残余观念出发来解释马克思思想的主体，忽视掉那些他不想保留的部分"。[210] 早在爱德华·汤普森通过他那本《理论的贫困》（1978 年）对阿尔都塞进行有力地（甚至有点夸张地）抨击之前，艾瑞克就已经对路易·阿尔都塞发起了口诛笔伐。作为历史学家，这两位都无法认同阿尔都塞不尊重经验证据的研究方式。

IX

比起意大利和法国，艾瑞克觉得英国马克思主义知识分子与本国政治要疏离得多。[211] 年轻一代中只有拉斐尔·萨缪尔试图冲破制约英国左翼知识分子影响范围的文化和政治桎梏，萨缪尔曾经加入共产党历史学者小组，那时任教于工会资助的牛津大学拉斯金学院。他的第一项事业是 1958 年在伦敦苏活区的卡莱尔街创立了党人咖啡馆，他想把这里变成一个和巴黎左岸一样能进行政治和学术讨论的地方。作为萨缪尔名义上的博士论文导师，艾瑞克同意成为这个咖啡馆的一名董事。萨缪尔设法从肯尼思·泰南、多丽丝·莱辛和其他支持者那里筹集到了启动资金。但这个咖啡馆不到两年就倒闭了，艾瑞克认为这异想天开的商业尝试体现了大多数新左派的不切实际和缺乏清晰目标。[212]

萨缪尔几年后启动了他的下一个项目，而这次要成功得多。这就是诞生于 20 世纪 60 年代后期的"历史工作坊",支持该项事业的学者、学生和书写自己历史的工人们联合了起来。每年的历史工作坊都是十分热闹的盛事,每场活动都有超过 1 000 名参与者,萨缪尔那些工人阶级的成年男女学生举办的讲座、撰写的文章都颇具先锋意识。艾瑞克形容"这对激进的历史学者来说,是最像达勒姆矿工节的集会,参与者中既有职业历史学者,又有人数众多的业余爱好者。这是学术会议、政治集会、布道会和周末聚会的奇特融合"。[213] 然而艾瑞克对历史工作坊倡导的那种充满活力而包罗万象的"人民的历史"心存疑虑:

> 历史工作坊目前的优点和缺点都在于它很大程度是启发性的:重新审视我们的先辈,寻找乡村的汉普顿和沉默无名的弥尔顿*,让他们不再默默无闻。通过联系人民将历史转变为一首日常的史诗……问题是这一历史叙事……牺牲了对颂扬与共鸣的解释和分析。

艾瑞克不是唯一一位对萨缪尔的混乱低效感到沮丧的左翼历史学者。萨缪尔是一位出色的作家,但他的成就配不上他的天赋,很大原因是他的工作方式毫无章法。人们经常可以见到他待在大英博物馆阅览室里,埋首于一大堆书籍和期刊之中;每次他带着论文到研讨室里来时,通常也会带着一大堆笔记和连篇累牍的文献。1969 年听过一次萨缪尔的论文演讲后,艾瑞克给了他一些十分中肯的建议:

> 如果你为了重现过去而迷失在当时的文献中,这和我们想要抛

---

* 出自英国 18 世纪诗人托马斯·格雷的长诗《墓园挽歌》,痛惜英国农民由于贫困无法施展抱负和才华,无法成为汉普顿那样的政治家或者弥尔顿那样的大诗人。——译者注

弃的传统史学研究有什么区别（除了研究题材以外）？写文章要言之有物。你的论文演讲里其实有 80% 的引文都会让内容显得臃肿，删除这些部分，就是一篇可以发表在《过去与现在》上的好文章。你需要把想表明的结论阐述得更加清晰。请不要觉得我在给你施加压力，你是这么富有天赋，你研究的课题也很重要，朋友们都不希望看到你和你的学识被白白浪费。[214]

萨缪尔在回复中显然想要为自己辩护，他声称自己正在为出书和发表文章做准备，但需要的时间比较长，因此可能只有等到他死后才能出版了（他当时 44 岁）。针对萨缪尔的回复，艾瑞克尖刻地补充道："遗作是在作者生前写下的，只不过在他死后发表而已。如果一直推迟写作，就很可能写不完，结果就是压根没有任何作品（比如阿克顿）。"[215] 维多利亚时代晚期的历史学家阿克顿勋爵其实是位饱学之士，他那些注解写得密密麻麻、由剑桥大学保存的藏书可以证实这一点，但他一直觉得自己要学习的还有很多，所以到头来什么也没有发表过。

1976 年，萨缪尔从自己的学生和支持他的同僚那儿选取了一些富有开创性的论文，创办了《历史工作坊期刊》，而艾瑞克由于此前的原因对萨缪尔有所质疑。这份期刊很快就陷入了财务困难，当萨缪尔在 1977 年请求艾瑞克捐赠资金以维持期刊运作时，艾瑞克根本就没有理会他。他对期刊的一位编辑说起了自己筹办《过去与现在》的经验：

我一开始就觉得这本期刊无法运作下去。期刊现在的页数太多了——究竟怎样才能让一本大型期刊保持它的进步性，同时又避免像现在这样明显在凑页数。这本期刊定价太便宜，但又不太可能获得 2 500~3 000 个订阅者来解决成本方面的燃眉之急。总之，这就像是个充分体现出拉斐尔·萨缪尔典型风格的企业。我觉得这本期刊如果没有外部支持，三期之内就会倒闭，这是必然的事。[216]

拉斐尔·萨缪尔的确一直以来都在干些半途而废的事情。他（平时研究用）的参考文献中也有好些两卷本的大部头，但似乎只有第一卷被提及过。1996年，他年仅61岁就去世了，朋友们努力为他出版一套三卷的文集，取名为《记忆的剧场》，目前已经面世的只有两卷。

历史工作坊本身毫不意外地成了左翼阵营不同派别进行激烈论战的场所。工人和工会积极分子对自我历史的书写在早期集会中占了主导地位，后来随着论战的发展，他们被激进的教师和左翼学者边缘化了。20世纪90年代初，工会在撒切尔夫人的政策压制下日渐式微，历史工作坊也随之衰落并最终停止了一切活动。但即使在不被艾瑞克看好的情况下，《历史工作坊期刊》还是坚持下来了，期刊逐渐变得更加学术化，通过减少页数和订阅量的增长得到了维持运作的资金。戴维·康纳汀在一篇诙谐的评论中把历史工作坊运动的轨迹形容为"20世纪70年代最引人注目的'资产阶级化'典型"，因为它沿袭了"标新立异的《过去与现在》在早期探索出来的道路，从桀骜不驯的强烈反抗变成了不失体面的异见立场"。[217] 萨缪尔还有一次不那么成功的尝试，那就是把历史工作坊的会议转型为学术机构，在英国工商局注册一间有限公司形式的社会史工作坊中心。艾瑞克同意担任董事，但他很快就发现这个中心管理十分混乱，甚至没有申报账目，以致他和其他董事都开始收到工商局的警告信，提出要对他们处以"高额的罚款"。中心甚至拒绝了艾瑞克要退出董事会的要求。问题最后都得到了解决，但艾瑞克毫不讳言他的愤怒。[218]

艾瑞克认为新左派的其他成员在学术上也缺乏规范。比如，他觉得爱德华·汤普森是位才华横溢的作家，但"天生就缺乏自我省察的意识和清晰的目标"，所以他不能精简地表达自己的观点，总会被一些无关紧要的问题吸引。[219] 然而，在艾瑞克看来，新左派混乱的本质只是其孤立无援和成事不足的原因之一。最主要的问题是它没有组织性的表达。而且，共产党最根本的工人阶级属性仍然没有改变，党内的工人阶级仍然很难容得下知识分子。20 世纪 60 年代晚期，英国共产党为了利用当时兴起的左翼学生运动，将 22 岁的研究生马丁·雅克选为党的执行委员。但雅克发现：

> 党内的代际隔阂几乎像一堵墙一样……我在执行委员会里就像个外星人……他们会穿着英国劳工运动的旧式服装来参会。我则穿着时下的衣服，套着一件毛衣。在党员大会上我是在场唯一一个不穿套装的人。[220]

工党的情况也大同小异。新左派没有任何可以依靠的政治组织。

但新左派的影响远比艾瑞克声称的要大得多。这一情况在 1968 年变得非常明显，当时在欧洲和美国学生群体中弥漫的不满情绪爆发，形成一股大规模的示威游行浪潮，动摇了高等教育乃至政治的根基。1968 年 5 月 8 日到 10 日期间，艾瑞克在巴黎参加联合国教科文组织举办的马克思 150 周年诞辰庆祝活动。这个组织在冷战期间也一直很自然地对东欧共产主义国家的知识分子抱持着应有的敬意，大会在组织的总部巴黎举行正是出于这一原因。艾瑞克注意到：

> 拉丁区发生的事情无疑在某种程度上比大会更具影响力，马克思本人或许也会将其视为他身后影响的最佳证明。在残留路障的提醒和催泪瓦斯的持续刺激中，乌尔姆街和盖-吕萨克街上用粉笔匆匆写就的"5 月 10 日公社万岁"或者"同志们，为什么我们不联合起来呢？"等标语和涂鸦必定合乎人们对大革命的体验。[221]

艾瑞克对东欧国家参会者的古板和教条主义感到诧异，认为对马克思的分析要与时俱进这一观点更有启迪性。在提出该观点的群体中，一部分是激进学生，他们在 5 月 6 日以及 5 月 10 日分别发起了大规模的游行示威，标志着这一年动荡的真正开始。

艾瑞克注意到 1968 年的法国"事件"分为两个阶段。第一个阶段是 5 月 3 日到 11 日，学生们自发起来抗议高等教育大众化后他们不得不承受的境遇。第二个阶段是从 5 月 14 日到 27 日，学生运动和巴黎工人大罢工联合起来，再次使政府和保守派的评论员阵脚大乱，令真正的政治革命成为可能。戴高乐总统对学生运动进行了温和压制，但这导致学生采取了更加激进的行动。于是这个时候他开始动用军队的力量。不过，由于戴高乐已经重拾胆魄，而另一方的共产党员、社会党员和学生之间出现了分歧，这场革命注定要失败。学生缺少一个清晰的政治纲领，而这只能通过一个有组织的政党来实现。[222] 伊莉斯·马里安斯特拉斯注意到，共产党员对年轻人在 1968 年的巴黎街头掀起的乌托邦主义感到震惊，不知道如何利用这股力量。[223]

尼尔·阿舍森记得听过艾瑞克面向西柏林学生的一次讲座，当时正值学生骚乱的高潮时期，这股运动也横扫了这里。学生们邀请了他：

> 于是他来了，因为当学生运动在西柏林兴起时，大家必然经常提到他的名字……他对这一切的态度是相当严肃或者严苛的。我的意思是他觉得这场运动很幼稚，不会产生任何结果，因为这不是基于正确的阶级分析和其他因素，而且是草率荒唐的——中产阶级的小孩四处乱撞……每个人都想"他会对我们表示支持吗？"，结果他并没有这样做。[224]

虽然艾瑞克持怀疑态度，但阿舍森也许过于强调他对 1968 年运动的负面看法。艾瑞克那年 7 月曾评论道，没有人想到学生能掀起一场真正的革命，"但是一个月后 100 名工人举行了罢工——而且经济问题并不是主要原因。新的形势带来了革命的潜在可能性"。[225] 而这些可能性并非无法变为现实。40 年后回顾这场学生暴动时，艾瑞克承认这一经验对年轻人而言意义重大，但当时的艾瑞克已经过了那个年纪，无法参与其中。1968 年运动留下的政治影响可能不算大，但至少滋养了新一代的左翼历史学者，他们在接下来的几十年里声名鹊起。[226]

1968 年夏天，欧洲发生了另一系列的剧变，这次是在共产党执政的捷克斯洛伐克。这一年年初，该国坚决奉行斯大林主义的领导人被驱逐，亚历山大·杜布切克接管了在布拉格的捷克共产党，和他的同僚一起推动政权走向更加西式的方向。他们的改革引发了莫斯科日渐激烈的抨击，8 月 21 日，苏联军队在包括民主德国在内的其他华约国家军队的协助下挺进了捷克斯洛伐克（这激起了 30 年前该国遭受德国侵略的痛苦回忆），重新实施强硬的斯大林主义政策。艾瑞克当时完全未参与英国共产党党内围绕这次行动的激烈争论，这也体现出他与党之间的距离隔阂。10 年后，他在党内的学报《今日马克思主义》上十分明确地表示支持杜布切克的民主社会主义政权模式。[227]

因此，艾瑞克在 20 世纪 60 年代晚期到 20 世纪 70 年代早期的意识形态立场并不是非此即彼的，这在《革命者》一书中有大量体现，这是韦登菲尔德和尼科尔森出版社在 1973 年为艾瑞克出版的短篇论文集，其中大部分文章都是非学术性的。他在书中与正统共产主义立场以及新左派激进理论保持了距离。在一篇首发于 1969 年的文章中，艾瑞克对性开放和社会政治革命主义之间的联系表示异议，这种联系由威廉·赖希明确提出，赫伯特·马尔库塞也曾暗示这种联系的存在，在 20 世纪 60 年代早期面世的避孕药帮助下，1968 年的叛逆学生们兴致勃勃地把这种联系从理论变成现实。艾瑞克给该观点泼了冷水，指出大部分革命对性的态度都是十分严肃的。"罗伯斯庇尔总会战胜丹东",他在《革命的时代》中引用了一个类似的表达。学生起义开始时,性解放已经发生在资本主义社会,所以性解放与社会革命无关。[228]

《革命者》收到了很多评论。一些评论者反感艾瑞克采取的政治立场,他在这本书中表明的姿态相较于其历史作品更加公开明确。《经济学人》认为:"一旦共产党政委的咆哮冲破他那精心编排的文字,便很少有读者会买账了。"艾瑞克似乎认为学生革命者的政治观念和旧时的无政府主义运动最为相似。[229] 赫尔大学的汤姆·肯普写过一些简明而实用的法国经济史读本,他将艾瑞克斥为正统共产主义的"精明辩护者"。肯普从属于一个由格里·希利领导的托洛茨基主义极左团体,这个团体在希利长期虐待年轻女性追随者一事曝光后分裂成八九个小团体。肯普称艾瑞克是"英国斯大林主义那黯淡无光的纹章上最有价值的装饰品"。[230] 然而,美国社会学家戴维·哈雷认为:

> 艾瑞克显然把自己看作一个马克思主义者,但我们不知道他希望以此来表达怎样的意义。他排斥教条和党争,拒绝把马克思主义等同于苏联或其他共产主义国家在任何时期的政治信仰。但他暗示某种"正确的"马克思主义是存在的,判定方式则很难确定。[231]

可是,尽管艾瑞克的共产主义作为一种意识形态的确切性质难以捉摸,但正如汤姆·肯普以外其他评论者一致认为的那样,它是非常与众不同的。

长期致力反共的美国记者阿诺德·比奇曼认为艾瑞克是"那种共产党员,如果生活在苏联会被送进疯人院去忏悔,或者会去寻求以色列的政治庇护"。[232] 实际上艾瑞克后来也提出:"我没有一本书是在苏联时代的俄罗斯出版的……匈牙利出版过我的书,还有斯洛文尼亚。人们期望你写一些简单易懂的东西，而我所说的一切都与之格格不入。"[233] 牛津大学政治哲学家史蒂文·卢克斯也认为"霍布斯鲍姆的政治立场很明显是偏离正统的，而且越走越远"。[234] 马克思理论学家莱谢克·柯拉柯夫斯基从波兰归来后政治立场逐渐右倾，他认为艾瑞克这本书显示了"任何人如果试图将经典马克思主义的历史研究方法、经典列宁主义的政治忠诚态度和传统学术工作标准三者结合起来，都将陷入一个自相矛盾的境地"。[235]

X

《革命的年代》取得成功后，对艾瑞克发出约稿邀请的出版社纷至沓来，关注度的攀升令他颇为受用，于是在代理人的劝说下，艾瑞克接下了超出自己能力范围的工作。他还自己开展了一项十分费时的编辑项目。1964年，他找到韦登菲尔德，提议出版一套名为《英国大时代》的丛书，"它将收录10本书，涵盖从摄政时代到当今英国的社会史"。每本书覆盖的年代范围相对较短，而且不超过6万字，"40%的篇幅都是插图"。作者将会是"年轻的历史学者以及有天主教背景但不从事学术工作的作家"。[236] 随着艾瑞克和出版商的讨论不断深入，原定的丛书名字被放弃了，年代范围得到扩大，变成了一套名为《英国社会史》的丛书。艾瑞克花了很多时间和精力寻找作者，但最终还是回到学术圈中物色人选，这与他一开始的想法背道而驰。这套丛书包括杰弗里·贝斯特的一本成功作品《维多利亚时代中期的英国》，而关于爱德华时代的分册出现了一些棘手的情况，其作者为口述历史的年轻引领者保罗·汤普森。艾瑞克觉得书中有"太多冗长的引文"[237]——这是口述历史的通病，当时口述史的强烈倾向是盲目推崇对历史见证者进行费时费力的采访记录。出版商认为这本分册不像其他分册那么适合用来作为教科书，于是建议只出版精装本。艾瑞克对此十分生气。"我听到这个消息时大为震惊，"他在 1975 年 4 月 30 日写给乔治·韦登菲尔德的信中写道，"你的公司决定把我编辑的社会史丛书中保罗·汤普森编写的爱德华时代分册仅仅以精装本的形式发行，发行量 1 000 册，定价 10 英镑……这样的书只有少数几个图书馆会采购。"学生负担不起这个费用。以为这套书是面向学生市场的作者们正被"一个恶劣的骗局"玩弄。"除非你们撤销这个决定，"艾瑞克警告道，"否则你会让我别无选择，只得对外宣称我正式退出丛书编撰，并对那些有疑问的人解释我必须这么做的原因。"[238] 这本书最后还是以平装本的形式出版了。但就像这类项目通常出现的情况一样，计划中的分册最后只有一小部分得以发行。

1966 年，艾瑞克和韦登菲尔德签订了《革命的历史》一书的合同，收到预付稿费 4 000 英镑。[239] 但他很快就因为一个更有吸引力的约稿而搁置了这一计划，那是一本对革命进行比较研究的作品，是一套关于历史重要时期的 12 卷丛书的其中一本。[240] 这导致了一些难以解决的问题。因为发起这项选题（正如戴维·海厄姆指出的，"由一些很权威的作者编写，稿酬十分丰厚"）的美国出版社希望通过作家代理人希拉里·鲁宾斯坦将这套丛书交给乔纳森·凯普出版社在英国出版。艾瑞克询问乔治·韦登菲尔德是否同意这一安排，但海厄姆的反馈是，由于韦登菲尔德是艾瑞克的固定出版商，"乔治非常介意这件事，他对我也是这样说的，专门给我打了电话，此时此刻我们要维护这项应得的权利。"[241] 乔纳森·凯普出版社拒绝了联合出版的提议，由于这套丛书的其他分册都是由他们独立出版的，联合出版其中一本显得很突兀。韦登菲尔德接着表示"对对方缺乏合作精神感到吃惊"。在意见不合的情况下，艾瑞克退出了这套丛书的编撰，虽然他还是计划写一本时间跨度更长的探讨革命的作品（他的代理人乐观估计4年之内就能成稿）。[242]此时艾瑞克准备将这本书命名为《革命的模式》，但戴维·海厄姆1968年和他的通话记录显示，"霍布斯鲍姆不太确定是否要写这本书"。[243]

不久之后，艾瑞克接到了另一个约稿邀请，另一间美国出版社普伦蒂斯-霍尔希望艾瑞克参与一本多人合著的教科书编撰，书名叫《1500年后的欧洲》。每个部分的篇幅都像一本小册子那么长，编撰此书的目的是将四个时间跨度较大的历史时期各交给一位权威专家编撰，以保证最大限度地适用于高校教学。丛书的总编辑是斯图尔特·休斯，一位作品在学术界和大众读者中都很有影响的历史学家。他的作用是"保证这本书的各个部分构成一个整体，并在必要情况下帮助英国方面的作者和美国同行达成一致"。[244]中世纪部分的作者是理查德·萨瑟恩，他是一位著名的牛津大学中世纪史学家。[245]16世纪部分则由研究英国及欧洲大陆宗教改革的杰出历史学家A.G.狄更斯负责。另一位合著作者是莫里斯·阿什利，他曾经担任温斯顿·丘吉尔爵士的研究助理。萨瑟恩和狄更斯都已经出版过重要作品，阿什利只为教学写过一些关于英国内战的普通课件。

艾瑞克预计他负责的19世纪到20世纪部分有300到400页的篇幅，并告诉他的代理人自己需要研究协助。[246]普伦蒂斯-霍尔答应了新的稿费要求，并额外提供1 000美元为艾瑞克配备一名研究助理以"提高效率"，必要情况下这一金额可以增加。[247]但代理人在1969年8月27日通知出版社，"霍布斯鲍姆的问题是在处理普伦蒂斯-霍尔的约稿前他还有两本书要写。目前看来他无法在1973年底前交稿"。[248]然而他还是在1970年签下了这份合同，出版社告诉艾瑞克"我们对这个选题保持着无比的热情，有您作为本书的作者我们不胜荣幸"。[249]不过，艾瑞克在1970年10月访问美国后开始对这个项目产生了疑虑，他在那趟美国之行中曾前往新泽西州的恩格尔伍德克里夫斯，拜访普伦蒂斯-霍尔出版社。[250] 艾瑞克此前在哈佛遇到的同僚告诉他，1 万英镑的预付稿费比起他应得的要少得多。或者正如海厄姆所说的那样，如果艾瑞克撰写的部分能在英国独立出版，他能赚得更多，因为"这部作品本身就能大大提升他的个人名望"。海厄姆继续说：

> 现在艾瑞克并不缺钱——实际上他是个稿酬非常丰厚的学者和作家。你要知道，目前的预付稿费是以分期形式支付的。他希望普伦蒂斯-霍尔保证支付的绝大部分稿费也要在长时间后兑现。他希望出版社保证支付的稿费是 10 万美元，并且每年向他支付 1 万美元。

还有一个更难处理的问题是，"在这本书的其他作者中，"海厄姆通知普伦蒂斯-霍尔出版社，"他认为那个叫阿什利的人水平不怎么样，而那个狄更斯稍微好一点。但真正的问题是这两人已经完成了各自的部分，并且这两部分均已独立出版成书。"而此时艾瑞克的现代史部分还没开始动笔。因此，当他完稿时，这本书将由他负责的分册和其他两个已经出版成书的分册组成，这会"严重影响整本书当初预计的销量"。[251]

1971 年 2 月 22 日，普伦蒂斯-霍尔出版社把预付稿费再次提升到 3.5 万美元。[252] 艾瑞克觉得这"非常有吸引力"，有意接受。[253] 但代理人不同意。[254] 3 月 19 日，在海厄姆的建议下，艾瑞克拒绝了 3.5 万美元的预付稿费，坚持要求 5 万美元，出版社接受了这一要求，问题暂时得到了解决。[255]

除此以外，韦登菲尔德一直敦促艾瑞克写一本《革命的年代》的续集，双方也正式签订了另一份合同。1969 年 10 月，韦登菲尔德征询了《革命的年代》续篇的写作进度，艾瑞克的回复是"计划中大概有 15 章，我现在已经写了三又二分之一章，而且仍在写作当中，如果我有时间完全投入到这本书的写作上，那6个月内肯定能完稿，但在要上课的情况下，我肯定不可能在春季和秋季学期里集中时间写书"。他不得不承认自己对超期交稿并不感到内疚。[256] 尤其在搬家到纳辛顿路的耗时费力过程中，交稿期再次被延后。艾瑞克在1970年11月19日写道：

> 我的写作进展一直很顺利，直到我的妻子决定买卖或者重建房子，这是一项花时间的工程，复杂到让我不得不停笔好几个月，最近才重新开始。我还剩半本书的工作量，但到1970年底恐怕也无法完成。我还是希望能在3月完稿，但我不能保证……我怀疑这本书能不能在1971年底写完，尤其现在还没有人考虑过插图的事情。[257]

1971年8月，戴维·海厄姆的助理布鲁斯·亨特向韦登菲尔德出版社的茉莉亚·沙克伯勒保证，艾瑞克打算在年底完成手稿。[258] 但尽管亨特反复催促，没有任何迹象显示艾瑞克能在1972年完稿，亨特注意到艾瑞克已经收到了大部分预付稿费并且"应当写完一大半了"。[259] 韦登菲尔德计划在那一年出版该书，编辑人员通过戴维·海厄姆不断催稿，而艾瑞克有一段时间干脆停止回复出版社的信件。[260]

到了1971年夏天，艾瑞克显然已经分身乏术了。7月22日，戴维·海厄姆不得不告知艾瑞克"韦登菲尔德出版社的茉莉亚·沙克伯勒写信询问'他是如何做写作规划的'，以及他们何时才能收到合同约定的三本书稿"。艾瑞克手上有普伦蒂斯–霍尔出版社的约稿，然后是"政治–历史"论文集《革命者》（"必须在5月完成"，但实际上在1972年才交稿），《革命的年代》的续篇以及一本关于历次革命的概述作品（"如果您能确认这本书的交稿期，沙克伯勒和我都会很高兴"）。[261] 艾瑞克不断承受着各个出版社的催稿压力，[262] 显然他必须拿出点东西来了。最后，关于历次革命的书压根没有动笔，普伦蒂斯–霍尔出版社的书也没写成，虽然戴维·海厄姆直到 1987 年 2 月 6 日才删除了艾瑞克在 1970 年签下的这份合同。他告诉出版社："艾瑞克·霍布斯鲍姆没有任何动笔写这本书的计划，他希望永久取消这份合同。"[263] 于是这份合同就这样终止了。

早在这段时期之前，作为一名成功作家的艾瑞克已经在经济上有了完全的保障。1961 年 6 月 22 日，他收到《工业与帝国》的 200 英镑预付稿费，《劳动者》的小额预付稿费是 75 英镑，相较艾瑞克开始从《劳动者》一书收到的版税而言，这笔钱实际上少得可怜——比如，他在 1965 年 6 月收到的版税将近 200 英镑，同年 11 月又收到 234 英镑，接下来那年收到主要来自日文译本的 166 英镑，1967 年的美国版本又带来 233 英镑的收入。这本书继续保持着稳定的销量，仅 1968 年就卖出了 1 566 本，1974 年则销售了 828 本平装本；艾瑞克显然得益于这些年里劳工史教学和研究的兴起。他从《匪徒》一书中得到 150 英镑的预付稿费，并已经因为《工业与帝国》的译文版权和其他附加权利得到了可观的报酬：1969 年，在代理人抽成之前，艾瑞克在这本书发行的第一年就获得了 729 英镑的收入。这本书继续保持了良好的销量，这主要得益于在 20 世纪 60 年代和 70 年代早期，在讲英语国家相继成立的新大学纷纷将其作为经济史教材。1972 年下半年，《工业与帝国》销售了 1 万本，1975 年上半年则销售了 6837 本。作为一个成功的作家，艾瑞克收到的预付稿费相对版税有所上升，反映了出版社对他作品的销量前景充满信心。1972 年，纽约潘塞恩出版社的安德烈·希夫林为他的时评文集《革命者》支付了 2 500 美元，按照今天的标准这个数目不算多，但在 20 世纪 60 年代，这些收入加起来已经超过了 70 年代以前大学讲师的平均年薪。[264] "可以完全靠写书维生的作者，"艾瑞克在 1964 年写道，"用一个不太大的房间就能容纳了。"大部分作者不比他们手稿的打字员赚得多。他仍需要伯贝克的薪水来养家糊口。但至少从那时起他的收入得到了保障。[265]

　　总的来说，艾瑞克在 20 世纪 60 年代到 70 年代初期极其高产，出版了一系列重要作品和论文集——《革命的年代》《匪徒》《劳动者》《工业与帝国》《革命者》和《斯温上尉》，他还参与了马克思恩格斯全集和另外一套丛书的编撰。和其他英国马克思主义历史学者一样，他显然因为摆脱了英国共产主义运动的政治和学术桎梏而感到自由。和马琳的婚姻以及两个孩子的出生给了他在 20 世纪 50 年代缺失的安定感，带来了幸福和满足。他的兴趣范围明显更加广泛了，尤其体现在现代史以及拉丁美洲当代政治方面。他与马克思主义理论遗产的关系比从前更加紧密了。平生第一次，他体验到了学术研究、个人生活和经济收入三方面的成功。他和爱德华·汤普森一道，对在《罗宾斯报告》*出台后的高等教育扩张潮中进入大学的年轻一代历史学者产生了强有力的学术影响。除了没有正式退党外，他已经在各方面和英国共产党分道扬镳，这让他在政治上无所依凭，直到 20 世纪 80 年代他才再次直接参与英国政治。与日俱增的名望以及作品的影响力使艾瑞克的观点备受尊重，但他表达的讯息和英国共产党的信条相去甚远。

---

* 20 世纪 60 年代英国政府组织高等教育委员会对英国高等教育前景所进行发展规划，1961 年至 1964 年间担任委员会主席的罗宾斯勋爵在调查报告中建议扩大英国高等教育规模，增加全日制大学生数量。——译者注

第八章

思想导师

ERIC
HOBSBAWM

1975—1987

I

　　艾瑞克花了很长时间来完成承诺的《革命的年代》续篇的打字稿。即使在把稿子交给出版社后，他还继续提交了很多新增和修订的内容。韦登菲尔德和尼科尔森出版社关于这本书的档案里全都是要替换和删除的稿页，以及用铅笔或者绿色墨水笔标注出来的内容修订。艾瑞克很晚才给每一章加上引言。[1] 他的新编辑安德鲁·惠特克罗夫特希望他对前面几章进行一些修订，主要是为了减少与《革命的年代》的重复度（举个例子，在回复一份较早的手稿时，惠特克罗夫特提出："我想您能不能从第 24 页开始写这一章？"）。[2] 作者和编辑都做出了多次修改，这本书的完稿时间被反复推迟也就不足为奇了。

　　在这个过程中，书的标题也被修改了。原本的书名是《蒸汽动力的年代》，但到了 1975 年 6 月艾瑞克检查校对稿的时候，书名变成了《资本的年代》[3] 这也许反映了该书将重点放在了欧洲的繁荣与扩张时期，即从 1848 年革命失败到 1873 年经济危机及其后的持续萧条为止。1975 年 10 月，《资本的年代》终于面世，成为韦登菲尔德和尼科尔森出版社的鸿篇巨制

《文明的历史》的其中一卷。这本书一开始以精装本的形式发行 4 000 册，另外 2 000 册则由纽约的斯克里布纳出版社发行。英国版本的预付版税是 2 000 英镑，在美国、意大利、法国、德国和西班牙发行的版本则是 2 350 英镑。1977 年 10 月 20 日，这本书由斯菲尔出版社发行了平装本，艾瑞克另外获得了 500 英镑的预付款。[4] 艾瑞克得到的版税相对较高，头 4 000 册可以抽取 12.5% 的版税，达到 1 万册时版税增加到 15%，之后是 17.5%。[5] 这在当时是很优厚的合同条款，反映出《革命的年代》一书的成功。

这本新书和前作一样面向的是大众读者，学生可以从中挖掘观点，但一些评论者认为他们依然需要一本传统叙事风格的教科书来获取基础认识。[6] 密歇根大学的美国经济史学者赫伯特·基希同意这一说法：他那些中产阶级出身的美国中西部学生在毫不关心政治的文化背景下，怎么可能领悟到这本书的诸多文化暗示和深刻洞见呢？[7] 在学习这本书之前，他们需要认真阅读背景资料，理清历史事件的脉络。实际上这本书和《革命的年代》一样，有着明确的主题结构，16 个章节分为"发展"与"结果"两大部分，前面有一个导读章节叙述和分析 1848—1851 年的历史事件。和前作一样，这本书从经济入手，之后谈到社会和政治，第二部分涵盖了农村和城市生活、社会阶级、科学、文化和艺术。书中的地理范畴比以往更加广泛，反映了"双元革命"在这一时期不断扩大的影响力。[8] 正如维多利亚时代英国史的研究学者 J.F.C. 哈里森所言，这本书的关注重心是欧洲，但背景则着眼于全球。[9]

在所有的书评中，最精彩和引起争议的一篇是美国经济史学家大卫·兰德斯在《泰晤士报文学增刊》上发表的长评。兰德斯写过一本极其出色的研究专著《解除束缚的普罗米修斯》（1969 年），内容是关于技术创新及其对工业革命的影响。他的长评以一种时髦的风格开头：

我喜欢读艾瑞克·霍布斯鲍姆的书。他是如此的学识渊博，饱览群书，他把德语诗歌翻译成英语，不管他写什么，总是能说到点子上。但我也在很多方面对他不敢苟同，所以读他的书或者文章就像玩一盘壁球游戏：你虽然觉得身体劳累但精神振奋，并因为干了这件事而感觉良好。[10]

　　兰德斯认为书中有众多失之偏颇的观点。别人看来也许是进步的事件，比如工会的合法化，或者在欧洲受到宗教迫害的穷人漂洋过海到美洲大陆去，在这本书里某种程度上被解释为资本主义剥削的体现。书里没有为理想主义留有余地：在霍布斯鲍姆看来，美国内战是为了对劳工进行有效剥削以及解放各地区以发展资本主义，与消灭奴隶制或者人类自由的理想信念无关。商业利益主宰着一切。资本主义在欧洲以外的地方传播只会带来更多的剥削（兰德斯对殖民主义的经济影响持积极看法，这在今天很少有人会认同）。

　　和其他批评者一样，兰德斯发现这本书忽略或者说是低估了民族主义的力量，即使恩格斯等人都认识到了这股力量。书中用资产阶级惧怕无产阶级暴动的观点来解释1848年革命的失败，土地改革则让农民成为一股可以被发动起来的力量（实际上艾瑞克的观点经受住了时间的考验），兰德斯对此也表示异议。[11] 比较不靠谱的是，兰德斯反对书中将民族主义视为一种像社会主义或者共产主义那样的意识形态（那它还能是什么呢？）。兰德斯将工厂主视为"养活手下工人的慈父"，受雇佣的工人则是"温驯的"或者"顺从、迟钝和愚蠢的"，这一天真的想法已被无数对工人抗议、工会组织、罢工和暴动的研究所推翻，同时还揭露出很多管理层的无情恫吓和横施淫威的行为。兰德斯有他自己的偏颇之处，和艾瑞克的观点正好针锋相对：在兰德斯看来，工人的群众政治会以"恐怖的平等"作为终结，而资产阶级的政治在工厂内外只会带来"权力的不平等"。

"总的来说，"兰德斯总结道，"《资本的年代》描述了一群讨厌的家伙管理着一个讨厌的系统。"这是"一种历史还原论"，艾瑞克是"教条的受害者"。这本书存在着系统性的偏见，比如对卡尔·马克思纯粹的崇拜和对实证主义哲学家奥古斯特·孔德等其他思想家的冷嘲热讽。书里对社会的描述"囿于成规，甚至过于主观"。艾瑞克笔下的"人缺乏同情心和亲切感"。最后使这本书变得"彻底罔顾史实，甚至是反历史的"，尽管学生和"有悟性的历史门外汉"应该读一读《资本的年代》，但要"谨慎对待书中的观点"。兰德斯的评论可能正好反映了资本主义代言人对资本主义批评者的态度。然而，在这些保守的言论背后，兰德斯也发起了一些精准的抨击。就像他所提出的那样，这本书缺少关于性别、女性以及家庭的讨论。对民族主义显而易见的抵触使该书在阐述这堪称19世纪最重要的政治理念之一时显得不太令人信服。艾瑞克意识到了这一点，之后他将再一次以更系统化和更有说服力的方式来探讨这个主题。[12]

其他评论者不认同兰德斯将这本书中体现的马克思主义视作"还原论"的看法。在 J.F.C. 哈里森看来，艾瑞克对马克思主义的运用"实际上是非常少的，这本书里有很多内容是被大部分社会主义者和许多自由派人士所熟知或者接受的"。它提供了一种得到普遍认同的左翼立场，除了极其保守人士以外任何人都会同意这些观点。[13] 阿萨·布里格斯承认艾瑞克也许是一位马克思主义者，"但他不是一个武断的历史决定论者"。至于他对资产阶级缺乏同情，布里格斯指出艾瑞克对1848年之后物质文化胜利的生动描绘："即使最没经验的商业冒险者都能得到回报"——比如亨利·梅格斯*这种腐化堕落但又野心勃勃的商人会活

---

* 亨利·梅格斯（1811—1877）出生于波士顿，是一位南美铁路大亨，建造了秘鲁的高原铁路并拥有多项产业，被视为秘鲁的"实际独裁者"，他曾在旧金山犯下证券欺诈罪，因而潜逃到南美。——译者注

跃在 19 世纪混乱无序的拉丁美洲世界里。艾瑞克反问道："难道任何见过秘鲁中央铁路的人会因为梅格斯的奇思妙想可能动机不纯，就否认其带来的宏伟构思和伟大成就吗？"[14]

一本探讨的年代和范围都如此广泛的作品难免还会招来其他批评的声音。詹姆斯·乔尔是研究 19 世纪激进运动的历史学者，他对这本书丝毫不讨论宗教因素感到吃惊："艾瑞克声称'和世俗的意识形态相比，我们这个时代的宗教相对没那么受人重视，因此不值得进一步探讨'，我觉得格莱斯顿和俾斯麦都不会同意他的看法。"[15] 口述历史的开创者保罗·汤普森指出了另一个不足之处：《资本的年代》全面讨论了上层阶级的文化和艺术，但对流行文化、大众体育或者工人阶级的社交生活着笔不多。[16]

也许针对这本书最普遍的批评意见就是许多批评者所认为的"欧洲中心主义"。威尔士的左翼历史学者格温·阿尔夫·威廉姆斯认为"书中的全球视角有时候会有所动摇和遭到挤压"。[17] 艾瑞克对欧洲本身无疑有着广博和深入的了解。美国奴隶史学者大卫·布里翁·戴维斯批评艾瑞克"对美国历史的讨论很草率"。

> 霍布斯鲍姆对美国社会的探讨不仅仅是肤浅和不实的，还反映了英国人普遍倾向将 19 世纪的美国想象为一个拥挤、可怕且某种程度上带有异国风情的前殖民地——仿佛不受控制的澳大利亚或者加拿大。虽然霍布斯鲍姆有时会不太准确地引用一些最近的优秀历史作品，他还是对美国的"狂野西部"和"强盗贵族"有着刻板印象和猎奇性质的英国式迷恋。

这种对待美国历史的态度是行不通的。艾瑞克错失了研究美洲大陆资本主义发展的黄金机会，这成为《资本的年代》的一大弱点。[18] 实际上，艾瑞克显然远非目光狭隘的欧洲中心论者。他在书中讨论了印度、日本、欧洲以及拉丁美洲的情况。[19] 他对日本在19世纪借鉴吸收欧洲的经济和工业发展模式很感兴趣，[20] 并对日本社会全然接受等级制度的情形感到惋惜。[21] 他在概述类历史作品中的欧洲中心论源于他认为工业革命从欧洲发端并扩展至世界其他地区。但很多人都谈到了他对美国的反感态度。

尽管如此，《资本的年代》还是毫无意外地收到了绝大部分评论者的肯定。这本书展示了前作中已经很明显的一切优点。它巩固了艾瑞克在全世界的名声，作为一名历史学家，他将深刻的分析和鲜活的细节、高超的学术水平和吸引广大读者的文笔结合了起来。《资本的年代》很快被翻译成意大利语、法语、葡萄牙语、德语、匈牙利语、荷兰语、挪威语和西班牙语，其他外文版本如希腊语、土耳其语和阿拉伯语也陆续出版。仅在巴西发行的版本就销售了9.6万册。[22] 这本书具备艾瑞克在学术上臻于成熟的所有标志：概述清晰扼要，细节引人入胜，读起来极其通俗易懂又颇能启发思维，不时用简洁有趣的方式提出假设，内容涵盖广泛，体现了作者惊人的博学和雄辩，论证风格自成一派。和前作一样，这本续篇很快就被视为经典之作，并迅速推出了平装本。《资本的年代》从未停止重印，在第一版发行超过40年后依然在教学中被广泛使用。

‖

到20世纪70年代中叶《资本的年代》出版时，艾瑞克不仅已经取得了可观的经济收入，在学术上也得到了承认。他功成名就的标志是在

1983 年被选为伦敦蓓尔美尔街的阿西纳姆俱乐部的会员，这里是高级知识分子和教士的出没之地（据说除了梵蒂冈之外，这里每平方米平均走过的主教比世界上任何地方都要多）。过去的会员里有超过 50 名诺贝尔奖得主。女性直到 2002 年才获准加入这个组织。候选人要获得绝大多数现任会员的支持才能入选，但不像一些伦敦俱乐部那样存在着某个会员可以"一票否决"他不喜欢的候选人的情况。直到现在会员也必须穿着正装，即使吃早餐时也要如此。20 世纪 80 年代早期的时候，艾瑞克的名声已经让他能够轻松入选。牛津大学历史学家基思·托马斯曾经在那里看到让他吃惊的情形，"当我成为阿西纳姆俱乐部成员的时候，看到有个穿着黑西服的人坐在酒吧里，半张脸藏在《泰晤士报》后面"。那人正是艾瑞克。托马斯写道："他对怎样得到体制上的认可有一种强烈的直觉，有一种追名逐利的倾向，绝对是个学术上的投机分子。"[23]法国劳工史学家米歇尔·佩罗在前往剑桥拜访艾瑞克后曾敏锐地指出：艾瑞克"是一位反对社会主流制度的马克思主义者，但同时又对接纳他的英国社会的传统有着深厚的敬意"。[24]

经济学家以及工党领导层的重要顾问尼古拉斯·卡尔多提名艾瑞克成为剑桥国王学院的荣誉院士，这意味着艾瑞克得到了进一步的认可。"我们中有很多人认为他是英国最出色的经济史学家"，卡尔多写道。艾瑞克曾经不止一次在申请剑桥大学教授职位时被淘汰下来，卡尔多提出"意识形态的偏见无疑是其中的重要因素，因为当选者并不如他出色"。因此，授予艾瑞克国王学院荣誉院士将"不仅是对他杰出学术成就的某种认可，还承认了剑桥大学曾经对他的不公平对待"，卡尔多补充道。[25]国王学院的院士们接受了卡尔多的提议，艾瑞克在 1973 年当选为学院的荣誉院士。两年前他已经入选为美国艺术与科学院的外籍院士，一同当选的还有长居伦敦的历史学家阿纳尔多·莫米利亚诺以及小提琴家耶胡迪·梅纽因。[26]

1976 年，他终于获选为英国国家学术院院士，这是专为艺术、人文和社会科学而设的学术机构，而英国皇家学会则面向科学家们。现代史领域每年只有一到两名专家入选这个权威组织，诺埃尔·安南写信祝贺艾瑞克，并表示这一荣誉是他早就应得的：

我一直很欣赏你在"二战"之后被旧有体制拒之门外时的应对方式。我觉得你从未得到过剑桥的教职是件极不公正的事情，牛津和剑桥都未给你经济史教授的职位；更不公平的就是伯贝克的那个伪君子在他退休之前一直没让你晋升。你对此一笑置之，继续以平静的心态写出了令人钦佩的书和文章，这让你赢得了所有朋友的敬意。很多人都被遭遇不公的感觉折磨并摧残了身心，值得称赞的是你并非如此，而这在很大程度上要归功于你的幽默感。[27]

艾瑞克收到获选为院士的正式通知前，安南就已经给他寄去了这封官腔十足的贺信。艾瑞克热情地回复了他：

你不需要对我的过去表示同情。自 20 世纪 50 年代末以来，我已经不再觉得自己备受伤害了，因为我相信对我持积极评价的人一直很多（也许比我的自我评价还要好）：比如说你就是其中之一。我的工作得到了业内人士、学生以及其他人的欣赏。过去的六七年里我也得到了正式的认可。我相信自己最后会成为教授，并且能入选国家学术院。实际上，这些东西宜迟不宜早，这避免了人到中年意识到自己再也没有上升空间时的失望感。当然，我之所以能承受这种迟迟未获认可的感觉，主要是因为像你这样的人，可以说，给了我道义上的认同。

此外，像我这样的人不会失败。被体制拒之门外这件事，对以局外人身份而闻名的人来说是一种资本。我现在的问题是，体制正日渐把我纳入其宽广的怀抱之中——坦白说，我对这种开始有所收获的感觉还是挺沾沾自喜的——而我要如何保持作为一名老布尔什维克的真诚。在年轻的异见分子看来，这个身份现在既老套又体面。人还是不能逃避自己的命运，终究会得到丰厚的补偿……[28]

基思·托马斯说艾瑞克特别"珍惜英国国家学术院的院士身份"。[29]

重大异见和分歧很少搅动英国国家学术院及院内事务的学术宁静。但围绕撒切尔夫人 1979 年 11 月 5 日在议会上披露的事件爆发的争端也许是一次重大的例外。学术院院士兼王室藏画鉴定员安东尼·布伦特爵士是一位著名的艺术史学者，他关于普桑的专题论文至今被奉为研究标准。他在"二战"期间充当过苏联间谍，把布莱奇利庄园*破译的德军电台密码泄露给苏军，尤其当这些内容和东线战场相关时。他这样做会招致风险，比如在库尔斯克会战中使用这些密码可能会让德军有所警觉，知晓原来的密码体系已被泄露而对其进行更换，导致英国无法再获得情报内容。或许更严重的是他还招募了约翰·凯恩克罗斯干同样的事情，并且一早就知道盖伊·伯吉斯也在为苏联情报部门效力，但没有向任何人说起。1963 年，迈克尔·斯特雷特向英国安全部门揭发布伦特的苏联间谍身份。布伦特为免受起诉坦白了事实。军情五处同意保守这个秘密 15 年。

到了 1979 年保密期结束时，关于布伦特叛国的传言四起，促使撒切尔夫人在下议院发布了一份正式声明，揭露了布伦特的罪行。布伦特

---

* 布莱奇利庄园曾经是"二战"期间的密码破译中心，"二战"时期有数千名英国政府编码及加密学校的工作人员在此办公，计算机科学之父艾伦·图灵利用他设计的密码破译计算机和其他小组成员一起在这里破解了德军的"英格玛"密码机系统。——译者注

名誉扫地，藏身于他的前学生布莱恩·休厄尔家中，后来又躲到他的历史学者朋友詹姆斯·乔尔的公寓里，乔尔在这段风波中的角色被曝光后，他不得不辞去伦敦政治经济学院的教授一职。[30] 这三个人都是同性恋者，于是英国媒体一下子爆发了恐同症。艺术史学者弗朗西斯·哈斯克尔是艾瑞克的朋友，他家被怀疑他收容了布伦特的记者包围了（哈斯克尔前不久主持了一次布伦特的讲座，而且他的妻子是苏联人）。在女王的命令下，布伦特被褫夺了爵士封号，他的剑桥大学三一学院荣誉院士头衔也被剥夺了。[31] 记者把矛头指向剑桥大学使徒会，将其视为一个同性恋苏联间谍圈子。

休·特雷弗-罗珀一直对可能会出现的、他憎恶的猎巫式运动保持警觉，报纸无休无止地追踪布伦特让他腻烦。"这是毫无意义的行为。"他在《旁观者》上写道。[32] 特雷弗-罗珀的公开表态促使艾瑞克在 1980年 3 月私下写信给他。当然，他不可能在学术院内部发表自己的看法，于是在信中对特雷弗-罗珀说：

> 我这样的人是帮不上忙的了，因为结果只会适得其反，又或是被认为观点片面而无人理会，除此之外，还会被视作在替他们的过去辩护……如果学术院（还有我们）不希望继续出丑，只有靠像你这样的人物来解决问题了。我没有直接说"靠你解决"，虽然我确信你的言论很有分量，也许还能产生决定性的作用，因为你绝不可能认同布伦特过去的政治观念，而且你曾经谴责过他在学术工作之外的行为，更不用说你的政治立场是和他相悖的。[33]

特雷弗-罗珀前不久获得了格兰顿的戴克男爵头衔，成为一名保守党的终身贵族，他对艾瑞克的看法表示赞同。艾瑞克还对担任学术院院长的古典学者肯尼思·多佛爵士提出："不管如何，我们学院历史上曾经出现过开除院士的情况吗？这是需要慎重考虑的一步……考虑到开除他的原因和当初决定他当选的考核标准没有任何关系，我们更加需要谨慎行动和深思熟虑。"开除院士的唯一一条合规理由是学术不端（比如抄袭行为），因为这些是院士们一致认可的立场，他们也是基于学术立场来进行投票的。"如果我们开除了布伦特，我觉得学术院和这个国家以道德礼义著称的名声会受到损害，不管我们怎么看待他的行为。有这种想法的不止我一人。"[34]

然而，1980 年 7 月 3 日，英国国家学术院委员会在举行院士年度大会之前以微弱的得票差距（9∶8）通过了开除布伦特的动议。院士们拒绝了这一动议，以赛亚·伯林和莱昂内尔·罗宾斯建议在不开除布伦特的情况下对他进行审查。和委员会的投票结果相反，这个动议有42 票赞成，20 票反对，25 票弃权，达成了不再讨论此事的结论。8 月22 日，多佛告诉各位院士这一结果"非常坚定、清晰和果断地表明了我们拒绝从非学术性不当行为的角度来判断某位人士是否具备担任院士的资格"。[35] 持不同意见的双方都情绪激动，反对布伦特的院士威胁说如果不强制他辞去院士职位就退出学术院。杰克·普拉姆尤其直接地谴责学术院拒绝开除布伦特的行为，并和研究 19 世纪政治史的专家诺曼·加什一起策划推翻这个决定。[36] 但是，在艾瑞克看来，这次投票应该意味着风波告一段落了。他告诉多佛，是时候减小分歧，并对赞成和反对开除布伦特的院士们同时发出呼吁了，那些已经因此事退出学术院的人士也可以撤回辞呈。[37] 在回复艾瑞克的信中，多佛指出院士们的意见分歧比以往更大了：

虽然从去年 12 月开始大家就要求我"发挥有力的领导作用"（在开除布伦特这件事上）并期望我可以防止提倡开除布伦特的观点愈行愈远，但据我所知，没有一项行动的进展是向我报备过的，哪一个阶段都是如此，大家都觉得处于我这个位子就应该什么都不知道为好。[38]

　　然而，这次投票之后，多佛认为自己可以要求布伦特考虑辞职的事情了，而那位被这场风波弄得筋疲力尽的前间谍终于答应离开学术院，A.J.P. 泰勒此前宣称如果布伦特被迫辞职，他也会退出学术院，此时他履行了自己的承诺，辞去了自己的院士一职以示抗议。[39]

　　艾瑞克本人自然也像布伦特一样多年来处于安全部门的监控之下，虽然和布伦特不一样的是他从未想过充当苏联间谍，实际上他也没有机会这样做。他和布伦特相似的地方是在学术上已经取得了巨大的声望。但正因为如此他对自己在左派中的名声仍然十分敏感。20 世纪 80 年代中期，军情五处对他的监控走向了一个有趣的尾声。约翰·勒卡雷（这是戴维·康威尔的笔名，他曾于 20 世纪 50 年代末到 60 年代初在军情五处和六处从事情报工作）在 1986 年发表的小说《完美的间谍》中，第 233 页提到"一组和中央情报局交谈的英国间谍里有一个人'姓霍布斯鲍恩［Hobsbawn 和艾瑞克的姓氏霍布斯鲍姆（Hobsbawm）仅有一个字母之差］，是从英国安全部门调过来的'"。诺埃尔·安南让艾瑞克加以关注，其后艾瑞克向勒卡雷指出了这一问题，"幸好这个人在下文没有再出现，也没有对白"。但这个暗示还是很明显的：

　　　　这个名字——我可以向你保证——被误拼的程度比我知道的任何名字都要多。而且完全可以在一群非常有限的真人之中被辨认出来……我认为没有哪一个 H 先生会认为一个虚构的军情五处人员有损他的名声，不过这里涉及的是一位至少从 1942 年开始就受到安全部门关注的人（当时有位朋友告诉我至少是从那一年开始），这让我感到有点不自在……如此的话，你也许可以考虑在接下来出版的多个版本中把这个人物的名字换一换。

　　我的疑问很简单：你是如何想到这个名字的？这是一个心照不宣的玩笑，是从潜意识中浮现的东西，还是别的什么？为什么这个名字只在书中出现了一次——或者是你忘了把这个名字从书里完全删掉？身为作者的我们都会发现自己写下一些意料之外或者无意表达的东西。我多少知道自己为何这样，而探究别人的这种行为总是很有意思。[40]

艾瑞克并没有直接威胁要采取法律行动，但字里行间的意思已经很清楚了。

　　勒卡雷很快就回复了他。他说这不是第一次遇到和自己的间谍小说人物同名的人，不过艾瑞克说得很对，他的名字不管拼写正确还是错误，都是极为少见的，因此很容易被认出来。勒卡雷否认出于任何特殊意图而使用这个名字。他向艾瑞克保证：

　　我不知道为什么自己用了一个和你的名字类似的人名，尽管我从未有意识地听说过你本人或是你的名字。这不是一个故弄玄虚的玩笑……[41]

他继续解释自己仅仅出于朗朗上口或者阅读效果的缘故来选择人物的名字：使用"霍布斯鲍恩"这个名字只是为了突出人物，让读者把角色区分开来。在表达了对艾瑞克后续可能采取法律行动的担心后，勒卡雷还是提出如果艾瑞克觉得很担忧，他可以在小说今后的版本里修改人物名字，但在需要联系超过50家出版社的情况下，他提醒艾瑞克这需要"忙活一阵子"。

　　勒卡雷对这个名字的记忆完全有可能源于他在情报部门工作时看

过但却记不太清的一份档案。他可能并不完全像自己断言的那样，从未听说过艾瑞克。

艾瑞克在回复中再次重申了在小说再版或重印时删除这个人物名字的要求：

> 实际上，已经有人把我和书里的人物等同起来了（参见诺埃尔·安南在《纽约书评》上对这本书的评论文章——他也觉得这是一个隐晦的玩笑），我对今后人们会开玩笑地提起我和军情五处的假定关系而感到不快。我们永远也不会知道把某个听起来很像我的人作为安全部门人员写进你的小说里是否合适，因为这样做显得既自负又尴尬。但对于那些像我这样很早以前就作为左翼马克思主义者被记录在案的人来说，这种情况有点不太好受。而且，在我的读者里有一些拉丁美洲国家（我在大学学界比较知名）的人士，他们的复杂程度很可能是你我都不能了解的。永远不要低估某些读者揣摩文字的能力。[42]

不过，这次意见交流以积极的口吻作为终结，艾瑞克安慰了这位小说家，说自己欣赏他的作品，因此"利用这个机会写一封有时候很想动笔的书迷来信"。毋庸讳言，勒卡雷一直没有按艾瑞克的要求进行修改。

Ⅲ

艾瑞克并不是每一项荣誉都照单全收：1987 年，他回绝了在福特讲座上发言的邀请，这是一个每年在牛津大学举行的著名系列讲座，根据规定讲座内容是关于英国史的，而艾瑞克目前研究的是"比较历史"，所以他提出了拒绝。[43] 但是，他之所以受到邀请，正是由于他已经被视为最著名的英国历史学家之一，在学术界得到了广泛认可。当然，他向体制靠拢的表现不出意料地引起了一些左派人士的不满。国家学术院的秘书长彼得·布朗想起有一次他和艾瑞克到南肯辛顿的法国研究所去参加讲座的情形：

> 讲座结束后的派对上，有个人过来非常严厉地批评他，说他把自己出卖给了体制。他惊慌失措，那种情况下谁不慌乱呢？他一脸窘迫地嘟囔着一些很糟糕的理由，说改变一样事物的最好方式就是加入其中。我听了这话后不禁微微一笑，因为据我所知，在学术院和阿西纳姆俱乐部的大部分时间里，他都不曾显示出一丁点要改变什么东西的举动。[44]

艾瑞克极不情愿要手腕，以致他根本不会尝试改变自己已经加入的这个权威组织。

对他来说，有一个稳定的家庭生活和一群相亲相爱的家人比什么都重要。爱尔兰历史学家罗伊·福斯特是艾瑞克在伯贝克的同事以及这个家庭的朋友，他觉得马琳的成就在于"提振了艾瑞克的精神，在他需要的时候开一些关于他的温柔玩笑，还鼓励他享受生活——你知道，她劝艾瑞克去看一场戏剧，我记得是《崔斯坦》，那时他应该在写一本书。这是一种胜利"。[45] 克莱尔·托马林是艾瑞克夫妇在汉普斯特德的寓所的常客之一，她是一名文学传记作者，在作为《新政治家》的文学编辑向艾瑞克约稿后和他熟悉起来：

我受邀到他们在纳辛顿路的家里去，见到了马琳，我之前对艾瑞克非常尊重，他让我敬畏不已。当发现这是一个美满的中产家庭时我十分惊讶，他的家很舒适，家人非常好客，那儿全是他的朋友，不同的朋友，根本不是我以为的（那种十分严肃简朴的家庭）。我厚着脸皮……对他说，作为一名共产党员，你是如何在这个身份和你在汉普斯特德过的这种安逸生活之间取得平衡的？他的回答是"如果你登上了一艘将要沉没的船，那不妨还是选个头等舱吧"。[46]

她对艾瑞克那"维也纳人的魅力"印象深刻，"他用这种不同寻常的方式把朋友们留在身边，而且永远不会忘记他们，他总是充满温情，并把朋友们互相介绍给对方"。马琳也有这样的特点，托马林觉得他俩是"一对理想的夫妻……在一起有很多乐趣"。

我觉得她给了他某种从未有过的温暖。她总是有办法让两人找到乐子，你知道吗，她的厨艺十分了得，"啊，星期天你就过来吃饭吧"，然后我就能享受一顿丰盛的美食。房子、花园、在威尔士的度假小屋，她都打理得井井有条，她承担了全部的家庭责任，给了艾瑞克一个可以生活工作，并且感到幸福和舒适的环境。

艾瑞克是一个忠诚又贴心的朋友，他会去看克莱尔·托马林的丈夫迈克尔·弗雷恩的每一出戏，读她的每一本书，托马林对此很是感动。

登门拜访这一家子的客人络绎不绝。其中包括同事和很多来自其他国家的朋友：比如，1976—1977年来过的就有美国的卡尔·E.休斯克、尤金·吉诺维斯、伊丽莎白·福克斯-吉诺维斯、马丁·伯纳尔，以及查尔斯·蒂里；来自法国的有玛德琳·勒贝留、帕特里克·弗里丹森、米歇尔·佩罗和雅克·雷维尔；还有德国的迪特尔·格罗以及来自意大利、丹麦、奥地利、阿根廷、智利和苏联的朋友。[47] 1980 年至 1981 年，艾瑞克夫妇招待了 50 多位客人：其中包括埃马纽艾尔·勒华拉杜里（法国）、卡洛·金兹伯格（意大利）、汉斯·麦迪克（德国）、罗密拉·塔帕尔（印度）、阿诺·迈耶、伊曼纽尔·沃勒斯坦和埃里克·方纳（都来自美国）、伊凡·贝伦德（匈牙利），以及众多拉丁美洲学者。艾瑞克和马琳为这些人以及其他本地的朋友熟人举行晚宴，把他们在纳辛顿路的家变成了一个各种左翼学者的城市集会中心。晚宴之后，他的老朋友伊莉斯·马里安斯特拉斯和其他朋友都注意到艾瑞克是个笨手笨脚的人，因为每个人都进厨房帮忙（那时洗碗机还没有普及），而"他不知道怎么洗碗，但知道怎么擦干盘子"。[48] 吃饭之前他会坐在厨房里用那部小电视机看电视，"不只看新闻，还看足球和网球比赛，看着他饶有趣味地欣赏足球比赛是件有意思的事情，他懂足球，知道场上进展如何"。

到了 20 世纪 70 年代中期，艾瑞克的孩子们都进入了青春期，这通常是成长过程中的叛逆时期，而他们的孩子也有这种迹象。[49] 茱莉亚的普通中等教育考试高级水平课程（A level）的成绩不太理想，未能按照原来的志愿进入萨塞克斯大学读英语文学，于是她去了中央伦敦理工学院（现在的威斯敏斯特大学）学习现代语言学，她很不喜欢这个专业。她停学一年去为学联工作，和学联主席阿拉里克·班平坠入爱河，接着和他结了婚，再也没有回到大学校园。艾瑞克"简直被吓坏了"。[50] 茱莉亚觉得父亲在她不愿意继续求学这件事情上更多的是担忧她的前途而不是感到生气。她在电视台找到了一份研究员的工作，这让艾瑞克大大松了一口气。安迪在某种程度上更加叛逆。"我就是不喜欢学术和考试，"他记得，"我就是这样……很不开心，觉得很苦恼，而且最后我干脆很少上学了。"校方和艾瑞克夫妇见了一次面，明确提出如果他们不让安迪退学，他很可能被开除出去。艾瑞克向他的朋友加里·朗西曼寻求意见，后者建议他们把安迪送到布兰森，按照朗西曼的说法，这间学校专门招收"特立独行的学生"，校址在加拿大蒙特利尔附近。这是一所付费的寄宿学校，十分强调学生的户外运动，艾瑞克夫妇觉得这对安迪再合适不过了，结果也的确如此。为了让安迪适应环境，艾瑞克让他住在蒙特利尔附近的前学生艾伦·亚当森帮忙照看儿子，不过实际上他并不需要这样做。[51]

《革命的年代》的成功以及由此对税务产生的影响促使艾瑞克找了一位会计来管理他的财务。认真考察他的财务状况会发现，他作为自由撰稿人、作家和广播节目主持人的所得收入从1962—1963年的1 300英镑增长到1985—1986年的19 098英镑，而1989—1990年则达到91 557英镑。直到1978年之前，他的工资还是比他从自由撰稿人、作家和广播节目主持人的身份中获得的收入要多的，而且他和其他人一样受到通胀的严重影响，但他还是获得了为数不少的进账。[52]艾瑞克作为自由撰稿人获得的绝大部分收入都来自版税，主持广播节目和写书评只占了总数的很小一部分：比如，1987—1988年他从新闻时评中得到了2 000英镑多一点，从讲座中获得了2 200英镑多一点，而从书籍作品中得到的版税和预付稿费则将近1.8万英镑。

他将自己的新成就首先归功于精力充沛又头脑敏锐的代理人戴维·海厄姆。但海厄姆在1978年3月得了一场急病后去世，从那时开始接替海厄姆的布鲁斯·亨特向艾瑞克通报了这一噩耗。[53]"可怜的戴维！从此以后再也不能和他在埃图瓦勒餐厅吃饭了。"艾瑞克悲叹道。"不过他还是把自己的回忆录写出来了——如果一个作家代理人都不能按时交稿，那还有谁能做到呢？他已经把自己的工作干得尽善尽美了。海厄姆公司也没剩下几位像他那样的元老人物了吧？"[54]艾瑞克和布鲁斯·亨特的关系一开始并不融洽。1983年10月，亨特表示他打算再为艾瑞克拿下一本关于劳工史的论文集出版合同（这本书一开始的名字是《再谈劳工史》，后来改成了《劳工的世界》），艾瑞克生气地回复说自己很久以前就提过这个建议，但出版社"搁置了很久"。为什么这么长时间都没有结果？

让情况变得更糟糕的是，亨特把他关于 19 世纪史的作品归类为"经济史"。艾瑞克继续指出：

> 亲爱的布鲁斯，20 年前我还没有在学术圈出名的时候，戴维找上门来，从那时起我一直和海厄姆公司合作。我非常感激他，也不介意在你没做什么工作的情况下给你支付佣金——因为我已经很幸运地得到了许多应接不暇的机会，我也非常需要那些国外版本为我带来的版税。实际上，在过去的十多年里我发现自己一直在敦促海厄姆公司为我争取比他们原先想象中更好的合约条件。不过一位作者应该能感受到他的代理人了解并关心客户的利益。但你的信并没有显示出这一点。[55]

艾瑞克怀疑代理公司有不少比他更有赚头的客户，尤其在他有一段时间没有出版作品的情况下，所以代理公司开始不再重视他（实际上，根据布鲁斯·亨特的说法，他是海厄姆公司最重要的客户之一）。[56]出版作品的需求来自艾瑞克而非出版社。"目前我迫切需要出版更多的作品，并且研究哪些可以再版，但你办事情让我没有什么信心。"因此他也许会找一位新的代理人来更加积极地为他争取权利。针对把艾瑞克的作品视为"经济史"一事，布鲁斯·亨特很快向他道了歉，并辩解说《再谈劳工史》毫无进展是因为出版社的缘故。[57] 这些行动加上一次愉快的午餐，抚平了艾瑞克的怒气，他还是继续和海厄姆公司合作，而且最后变得非常信赖亨特。

虽然已经功成名就，但贫困的童年给艾瑞克带来的创伤一直未能愈合。"即使在作品销量已经以百万计的情况下，"罗德里克·弗拉德注意到，"我觉得他还是一直担心钱的问题。"[58] 在伊莉斯·马里安斯特拉斯的回忆中，"他非常节俭"，"把每一分钱都看得很紧"。即使在年纪非常大的时候到巴黎去，他行动不便时"完全可以坐出租车，但他还是坐了地铁"。在汉普斯特德的家中时，伊莉斯注意到马琳买了一份很贵的食品时艾瑞克会抱怨："看看这个牌子多贵啊，另一间熟食店的东西更便宜一点。"但他对经常上门小住的同事很慷慨大方，他们通常每次来时都不止一人——"三楼的两间客房总是住着人"。[59]

当然，他的会计们十分尽职尽责，给了很多如何减少收入报税的建议。直到 20 世纪 90 年代，学者们尚且没有太多机会向英国国家学术院和利弗休姆基金会等机构申请拨款来缓解教学压力、开展研究。伯贝克也缺乏足够的研究资金来资助海外研究并提供食宿保障。因此，在会计的建议下，艾瑞克申请从自由撰稿人、作家和讲师身份所得的应纳税收入中扣除研究和出国的费用。作为一名自由撰稿人，他申报了自己在电话、邮件、文具和设备耗材（比如打字机）方面的费用。此外，和很多学者一样，他还申请了在家办公、购买教学用书、雇佣研究助理和订阅图书杂志的费用免税。

自由撰稿人的身份让他得以申报一笔免于扣税的费用，这一大笔减免的金额多年来让他的总收入应扣税比例大大降低。这不仅仅因为他常常把钱花在外出调研上，还因为他定期给打字员、秘书和研究助理支付薪水。那时候的书和文章在出版之前都需要打字员整理好最后的付印版本，由于伯贝克的资源捉襟见肘，不可能让学校职员来干这个工作。1984—1985 年，艾瑞克雇用了 R. 艾弗里博士和苏珊·哈斯金斯小姐担任研究助理，而帕特·塞恩博士有时候为他代课，这些人的薪水加起来一共是 1 550 英镑。[60] 这是艾瑞克工作的通常组成部分。艾瑞克还申请把"在美国生活的费用"从报税中扣除，为此他需要保留购买食品和其他基本生活用品的收据，这是一桩耗时费力的事情，但最后还是很值得的，因为能够免于扣税的不是一笔小数目。比如，在1985—1986年报税时可以减免的就有5 885英镑。

艾瑞克平常会投资一小部分钱到建房互助协会、银行和人寿保险公司（购买人寿保险和年金保险）中去，但为了处理从国外得到的收入，他于20世纪80年代初期在法国和瑞士开设了银行账户，在1984—1985年，艾瑞克的纳税申报单首次记录了他通过瑞士银行投资的一些公司。这些投资包括魁北克水电站和三间英国公司［酿酒公司（Distillers）、M&G第二普通信托以及壳牌运输贸易公司］，那一年他从这些投资里获得了5 586英镑的收益。1989—1990年，他的收入还包括了出租房产获得的8 000英镑。他在很多公司和机构里都有持股，虽然这些基本都只相当于一种储蓄手段。艾瑞克不像马克思当年那样买卖股票或者研究股市。[61]

IV

艾瑞克时常前往国外进行学术交流。他有一个详细的记录，这样就能够确认那些可以免税的支出。1977—1978年这个纳税年度，他有52天不在国内，去巴黎参加会议（4月21日到23日）、到纽约市和纽约州北部的康奈尔大学参加讲座（4月27日到5月25日），到斯图加特、康斯坦茨和温特图尔开会（6月23日到26日），接下来又去了巴黎与出版商见面并做一些研究工作（11月2日到8日），到维也纳参加讲座和研究（11月14日到19日），在佛罗伦萨参加讲座和编辑会议（12月9日到

11日），而3月31日到4月4日，也就是这个纳税年度的最后几天，他去了南美。他在4月5日到22日期间继续待在南美的秘鲁和巴西，"开会、做研究、见出版商、签合同和参加讲座"。6月11日到14日，他到柏林开会，然后回到英国待了一小段时间，6月12日到26日又前往德国，这次是到哥廷根和法兰克福开会和约见出版商。9月15日到18日，他在都灵和热那亚处理出版事务。10月5日到7日，去汉堡开会，10月20日到22日在法兰克福参加年度书展，之后在12月1日到8日、10日到15日以及18日到22日三次前往巴黎，在法国社会科学高等研究院发表演说。2月9日到12日，他到佛罗伦萨去与出版商会面，之后在3月9日到11日再回到巴黎"和熟人见面"，完成了1978—1979年这一纳税年里共计61天的国外行程。[62] 这是非常典型的一年：那时艾瑞克的知名度已经足以让他被写进《名人录》，在那里面他把"海外学术之旅"列为自己的休闲活动。同事和朋友有可能在世界各地碰到他。艾伦·麦凯是一位杰出的伯贝克学院晶体学专家，有着丰富的国际人脉，在他的描述中：

> 1987年夏天我到首尔去度假，和一位日本朋友坐在首尔市中心的一间茶室里，这时我注意到一个外国人慢悠悠地在外面的路上走着。我看不到他的脸，但他走路的姿势很像艾瑞克·霍布斯鲍姆。我跑出去一看发现真的是他，于是他和我们一起喝了一会儿茶。他是受出版商邀请过来的，尽管他们此前未经授权就出版了他的作品。艾瑞克说如果当初布哈林的政策能够实施，苏联应该会变成今日的首尔的样子。[63]

这种无休止的旅行一直延续到他人生的最后时期。

虽然他每年都造访几次巴黎，但和海伦·贝格豪尔的关系结束后，艾瑞克到法国去的次数和时长骤减。另一方面，和马琳结婚后，由于妻子曾在意大利长居并很了解这个国家，在意大利也有很多朋友，艾瑞克对意大利的认识也更加深入，结交的朋友从数量和重要程度上都在增加。这种方向的转变同时也有政治上的原因。法国共产党仍然信奉正统的斯大林主义，这让艾瑞克觉得既无趣又反感。而意大利共产党在1968年苏联占领捷克斯洛伐克的震动下，按照布拉格提倡的共产主义自由化改革模式发展出了一套同时也被西班牙共产党吸纳的学说——在 20 世纪 70 年代被称为"欧洲共产主义"。而且和英国共产党不同的是，意大利共产党取得了成功：在 20 世纪 50 年代有 200 万人参与他们的群众运动，接下来的几十年里发动的民众人数只稍减了一点而已，他们也不赞同英国共产党那样的反智主义。[64]

《原始的叛乱》和《匪徒》由于探讨了意大利的情况而在该国引起了巨大的关注。这两本书被翻译为意大利语，"年代系列"和其他作品也紧随其后。艾瑞克的意大利出版商朱利奥·艾奥迪邀请他到都灵去，在那儿"他会带着像我这样（版税偏低的）的作者到富丽堂皇的坎比奥餐厅去吃饭，这家餐厅还保留着当年加富尔在它的餐桌上筹划将萨伏依公国转型为意大利王国时的样子"。[65] 在艾奥迪的安排下，艾瑞克出版的每一本书都在报刊上得到了深入讨论，包括意大利共产党的报刊，这让他进入了共产党员读者的视野。20 世纪 60 年代中期，他开始用意大利语为共产党的《新生》月刊撰稿，并由党报《团结报》进行报道，其中包括《英国工会的幻觉与失落》《工党：无力与失望》《威尔逊之后伦敦政府的思考》，或者单纯是《英国左翼报告》。这是他第一次活跃地评论英国政治，也因此开始产生兴趣。在采访中，他常常被问及欧洲左派的处境、爱尔兰共和军的恐怖主义行动（他因其背后的天主教和民族主义势力而极其反对这一组织）、意大利共产党的前途、英国选举以及其他更多话题。[66]

1975 年 10 月 1 日和 2 日，他对意大利共产党在文化和经济战线上的重要领导人乔治·纳波利塔诺进行了一系列采访，并在 1977 年 3 月 19 日纳波利塔诺到访伦敦时再次与他对谈，此时两人已经建立了私人友谊，直到艾瑞克晚年仍然保持着密切联系，那时纳波利塔诺已经成为后共产主义时期意大利的关键人物，并连续两届当选总统。和其他很多杰出的意大利共产党人一样，他在"二战"后期反对意大利法西斯主义时加入了共产党。从名字可以看出，他来自那不勒斯，他认为只有共产党才最有希望把意大利南部从暴力、穷困和腐败中拯救出来，实现重建和复兴。他认为要通过摧毁墨索里尼运动的大众基础来战胜意大利残留的法西斯主义，而实现手段就是一面开展土地改革，另一面掀起大规模的底层民主政治运动。[67]

意大利的共产党人参与组建了"二战"后的第一届政府，并在地方政治和政府治理中起着重要作用。[68]这种与国家政治体制的交融促使意大利共产党走向改革和渐进的方向，虽然他们在 1956 年苏联军事干预匈牙利一事上含糊其词。艾瑞克和纳波利塔诺都认为意大利的社会主义道路是一条民主道路。1973 年，智利的阿连德政府被暴力推翻，大感震惊的意大利共产党人被保守派的基督教民主主义者说服，出现了所谓的"历史性妥协"，为了意大利的民主，他们转而支持基督教民主党的政府，把人民阵线的概念往前推进了一步。让艾瑞克印象尤为深刻的是知识分子在党内的作用。意大利共产党依然和马克思主义密不可分，但在一个发动无产阶级革命的可能性微乎其微的世界里，他们谨慎地探索马克思主义理论，拒绝让其沦为教条和观念。艾瑞克的系列采访结集成了一本小册子并得以出版，这极大地提升了他在意大利共产党人中的知名度。

几年后，一场屠杀的出现让艾瑞克关于匪徒和西西里黑手党的作品突然成了焦点话题，他本人也随之受到了更多关注。敌对的西西里黑手党家族之间爆发的暴力冲突引发了屠杀，导致接下来的两年里多达400人死亡，140人"失踪"。暴力升级为对警察、法官和检察官的暗杀，主要针对那些试图通过逮捕敌对帮派带头人物来制止仇杀的人士。根据《团结报》的报道，艾瑞克在1981年3月受邀前往巴勒莫，在一场大会上发表关于匪徒和黑手党的演讲，那时：

> 他发现自己成了意料之外的关注焦点。4天的时间里……他和一群以年轻人为主的听众在一起，进行一系列从政治上看十分具有现实意义的观察……霍布斯鲍姆发现自己处于一场激烈争论的中心，其内容是关于西西里公民共存的关键问题：贩毒黑手党发起的匪徒式袭击以及黑手党与权力的新关系……这位英国历史学家意识到……西西里岛在朱利亚诺帮派出现的年代曾经被视为新罗宾汉传奇的据点，但现在这个地方已经被彻底摧毁了。他声称这是由黑手党对这个国家及其体制的严重侵蚀——这是意大利局势的总体特征——以及黑手党带来的血腥暴力所致。[69]

换句话说，艾瑞克认为只有一小部分检察官、警察和律师在努力拘捕甚至镇压黑手党：到处泛滥的腐败现象让剩下的大部分人都被黑手党掌控了。他在这一点上无疑是正确的，不过黑手党针对司法官员的持续暗杀行动最终还是引来了对杀手和帮派头目的追捕和起诉，20世纪80年代中期，数百人被捕并在一系列重要审讯中获刑。[70]

艾瑞克十分推崇安东尼奥·葛兰西的理念，后者是意大利共产党在20世纪20年代的领导人，这尤其加强了艾瑞克与意大利共产党的密切联系。葛兰西的作品在背后推动着20世纪70年代意大利共产党的政治路线调整，他曾遭到法西斯分子的监禁，由于健康原因被释放，不久后在1937年去世。在监禁期间，他写下了约有4 000页之多的理论反思，与正统的学说大相径庭，并在 1948 年到 1951 年间被结集为 6 卷意大利语版本的丛书发行。艾瑞克从 20 世纪 50 年代开始就研究他的这些作品，并承认其对自己历史研究方法的形成有重要影响。[71] 1974 年，葛兰西狱中笔记和书信集第一次发行了英语版本，这让艾瑞克有机会详细阐述葛兰西的理念。[72] 他形容葛兰西"很可能是 20 世纪西方最有创新性的共产主义思想家"。葛兰西比任何马克思主义思想家都强调知识分子在文明社会中的关键作用。他们在对统治阶级在文明社会中构建"有绝对霸权"或者"无须强制推行"的领导地位至关重要。同样地，为了推翻资本主义的统治阶级，城乡"庶民阶级"的革命运动需要自己的知识分子，不管他们是受过大学教育的专业人士还是工人阶级本身出现的"有机知识分子"。葛兰西相信共产主义需要以一种新的"民主集中制"来代替斯大林的"官僚集中制"，在他的影响下，艾瑞克也曾在 1956 年危机中对英国共产党提出过同样的要求。然而，遗憾的是意大利民众长期以来都处于消极状态，意大利共产党及其知识分子的职责就是唤醒他们、带领他们建立自己的社会主义霸权形式，以取代资产阶级统治。[73] 意大利共产党方面对葛兰西亦同样推崇，他们与艾瑞克都认为葛兰西的理念是欧洲共产主义的重要推动力。

那时，艾瑞克与意大利共产党的联系比他和英国共产党更加紧密。在意大利，他被尊为重要的知识分子，而在英国共产党内部他被视作一个尴尬人物，尽管有时候也能派上用场。但他在意大利发表的作品之所以重要，不仅仅由于它们显示了他与意大利左派的密切关系，还因为艾瑞克此前从未公开评论过英国政治，而他的新身份实际上是意大利共产党的英国通讯员，这标志着他写作生涯的一个新开始，并最终促使他直接参与到英国国内的工党政治中。

V

艾瑞克在 20 世纪 70 年代中期开始重新定期造访巴黎，让他到那儿去的不是个人或者政治原因，而是出于学术兴趣。他已经认识了年鉴学派的领军人物费尔南·布罗代尔，后者在 1973 年把艾瑞克形容为"我少有的英国朋友之一"。[74] 而在艾瑞克看来，布罗代尔的作品令他十分敬佩，尤其是他"纯粹的好奇心"：

> 历史学家必须对自己看到的一切东西都怀有好奇之心，尤其是那些不太确定的东西，那些档案或文献里没有的东西。布罗代尔是一位伟大的历史学家，他曾经告诉我，历史学家从不休假。可以说他们总是处于工作状态。他说，不管什么时候，只要我在火车上，就能学到一点东西。我觉得这很重要，因为这是"用开放心态对待新事物"的另一种说法。[75]

接下来的日子里，艾瑞克大大加强了和年鉴学派的联系。社会主义历史学者乔治·豪普特是一位纳粹大屠杀幸存者，从共产党执政的罗马尼亚流亡至国外。他提出了定期举办一系列社会史国际圆桌研讨会的想法。奥地利裔的美国经济史学家克莱门斯·海勒和布罗代尔在巴黎共同创立了"人文科学之家"，他从德国基金处为研讨会筹集资金（艾瑞克和他相熟，两人基本用德语而不是法语交谈）。[76] 这一系列研讨会的目的是鼓励自由讨论，聚焦论文成果但不打算结集出版。[77] 虽然这是一个着眼国际的学术研讨会，但至少一开始的时候只是英法之间的学术交流，艾瑞克觉得会议的首要价值是让他以及其他参会的英国历史学者（包括爱德华·汤普森和他妻子多萝西，后者是一位研究人民宪章运动的历史学者）结识研究领域中的法国学者，比如米歇尔·佩罗、帕特里克·弗里丹森、玛德琳·勒贝留以及莫里斯·阿居隆。美国历史社会学家查尔斯·蒂利，美国历史学家戴维·蒙哥马利和琼·斯科特、意大利语研究者路易丝·蒂利（查尔斯·蒂利的妻子）以及德国社会民主主义历史学者迪特尔·格罗有时候也会参加。他们中有些人不会讲法语，于是艾瑞克经常充当翻译。社会理论家皮埃尔·布迪厄对艾瑞克的参与特别兴奋，两人成了好友。米歇尔·佩罗注意到"汤普森和霍布斯鲍姆显然有不赞同对方的地方，两人之间也有一点竞争关系，艾瑞克·霍布斯鲍姆的马克思主义更加经典，而 E.P. 汤普森则更具创新性"；汤普森"觉得艾瑞克对马克思主义，尤其是对共产主义的批判态度不足"，而艾瑞克觉得汤普森"有点过于苛刻"。对佩罗来说，研讨会往往在他们二位激烈争论时达到高潮，会议的即兴气氛和随意性是最吸引她的地方。一般的座谈会要求参会者在会上朗读准备好的论文，随后有一段简短的讨论。而他们的圆桌会议与之不同，提供了真正可以畅所欲言的研讨氛围。"除了结下私人友谊外，"艾瑞克提到，"我从这些会议中获益匪浅，而且我觉得对其他大部分人来说也是如此。"[78]

　　这些会议一开始关注的是劳工史，后来拓展到中产阶级历史。有一次的主题是"工人阶级中的女性"，另外有一次是"工业化与家庭"。对艺术社会史的关注使会议引入了外部专家，比如研究 19 世纪末维也纳的美国历史学家卡尔·E. 休斯克和艾瑞克的艺术史学者朋友弗朗西斯·哈斯克尔。到了 20 世纪 70 年代末的时候，一群以哥廷根的马克斯·普朗克历史研究所为根据地的德国社会史学家在讨论中引入了社会人类学的原理，尤其是汉斯·麦迪克、达维德·塞伯伊和阿尔夫·吕特克，这吸引了杰克·古迪和玛丽莲·斯特拉森等英国人类学学者参会。到了 20 世纪 70 年代后期，随着成员们的学术地位提升、工作难度增大，这个圈子开始分裂。最后一次会议的举办地点是迪特尔·格罗所在的康

1955年，抽烟斗的艾瑞克。这幅画的作者是彼得·德弗朗西亚（1921—2012），一位法国出
生的英国艺术家，他在伦敦的日内瓦俱乐部结识了艾瑞克。德弗朗西亚是坚定的社会主义
者，他是《新左派评论》的创始人之一

艾瑞克与马琳·施瓦茨相识于1961年11月，当时她刚结束在刚果的联合国机构的工作返回伦敦。这张照片拍摄于1960年。她在刚果明智地拒绝了后来的独裁者约瑟夫·德西雷·蒙博托的邀请，他想让她教自己学英语

60 年代起，艾瑞克开始进入父亲的角色。安迪出生于 1963 年，次年茱莉亚也降生了

古巴革命家埃内斯托·切·格瓦拉（1928—1967）。1962年1月，在英国古巴委员会的支持下访问古巴期间，艾瑞克曾担任格瓦拉的翻译。关于那次讲话的内容，艾瑞克觉得没什么意思

肯尼思·赛耶斯（1927—1980），戏剧批评家，第一个在英国电视节目上说"fuck"的人。1961 年，他在苏活区的强节拍俱乐部结识艾瑞克，在美国对古巴失败的入侵之后，又和他一道组织了英国古巴委员会

多年以来，艾瑞克相信拉丁美洲比世界上其他地区有着更大的革命潜力。1971 年，他骑着这匹小马进入秘鲁的山区旅行

路易斯·伊纳西奥·卢拉·达席尔瓦（1945 年生），巴西工会领袖，2003—2010 年任巴西总统。他在工人中依然极受欢迎。他公开承认艾瑞克对其思想的影响，这促使《极端的年代》成为巴西最畅销的书籍

蒂克利亚是1971年霍布斯鲍姆一家从拉丁美洲返回时收养的一只流浪猫，直到她于15年后去世。马琳说，"她知道艾瑞克是最重要的那个，因为他对她的态度是最不挑剔的"

乔治·韦登菲尔德（1919—2016），《革命的年代》的出版人。1938 年，他是最后一个在维也纳进行学生决斗的人，通过事先隐瞒自己是左撇子的事实，击败了身材高大的纳粹对手

凝视深渊：从60年代末开始的20多年里，艾瑞克和他的家人经常来到斯诺登尼亚的克罗伊瑟山谷度假，在"威尔士的马特洪峰"克尼赫特山的陡峭山坡上享受长距离徒步

在 2011 年的海伊文学节上，面对 1 600 名观众，艾瑞克就他的新书《如何改变世界：马克思与马克思主义的传奇》进行演讲。这次活动在巴克莱银行的帐篷里举行，有点格格不入，主办方《每日电讯报》说艾瑞克的表现"绝对精彩非凡"

位于海格特公墓的艾瑞克之墓，"就在卡尔·马克思的右边"。在他的葬礼上，哀悼者们在《国际歌》的旋律中离开火葬场，那是共产主义运动的战歌

斯坦茨，研讨会走向终结的一个主要的原因是在阶级意识这一问题上，圈子内的马克思主义者和非马克思主义者显示出了不可调和的矛盾。爱德华·汤普森把米歇尔·佩罗叫到一边，问她"你觉得我们这群人之间还有什么好说的吗？"。很明显，他没有什么好说的了，她想。

大家继续举办会议的意愿也因为乔治·豪普特在1978年的突然去世而遭到了严重打击，豪普特在罗马机场突发心脏病，终年只有50岁。作为这一系列历史学术活动的中心人物，他在某种程度上是不可或缺的。在帕特里克·弗里丹森的回忆中，"乔治·豪普特去世后，我们意识到再也无法重现1975—1977年的那段时光了"。艾瑞克还是继续频繁造访巴黎，并感激"人文科学之家"为他在办公室里提供空间，这让他得以与学生见面并讨论共同感兴趣的话题。[79] 他认为这是"欧洲乃至全世界最重要的国际知识分子据点……来到'人文科学之家'的人没有不带着新想法、新项目或者结识了新朋友离开的。这就是我的体验"。[80]

艾瑞克对年鉴学派及其学者的推崇并不能阻止他对他们的一些作品提出批评。比如，他认为埃马纽埃尔·勒华拉杜里的作品《茉莉花女巫》（1987年出版了英语版本）"相对专业""情节比较简单"，显示出"仓促完成"的迹象。不过这依然是一本"引人入胜的侦探作品，并且一如既往地充满智慧和启发，可读性也很强……我是这位出色历史学家的仰慕者"，他又补充说"我喜欢在其他人留意不到的地方探寻狮子的足迹"。[81] 他对路易·阿尔都塞也一样宽容，至少在个人层面上是这样，阿尔都塞1979年短暂访问伦敦时和艾瑞克夫妇待在一起，在艾瑞克的回忆里，他表面上是来参加会议，实际是为了劝说艾瑞克参与"某个疯狂至极的计划"。有一天上午，艾瑞克和负责接待阿尔都塞的会议主办方都没空，只能让马琳来接待阿尔都塞，阿尔都塞看到霍布斯鲍姆家的立式钢琴后说自己想起来要在伦敦买一架钢琴，他让马琳找找最近的琴行在哪里，并坚持让马琳带路。他在那里买了一架非常昂贵的三角钢琴，并让职员把钢琴运到巴黎去。当主办方接待人到来后，他要求接待人带他到梅费尔的汽车行买一辆劳斯莱斯（或捷豹）汽车。主办方颇费了一番力气才让店里的职员不要处理他的订单。回到巴黎之后，阿尔都塞的精神状态继续恶化。1980年11月16日，他勒死了自己的妻子，被送进了精神病院，法庭随后裁定他不宜受审。艾瑞克称自己"对可怜的阿尔都塞感到很可惜，这个在巴黎勒死人的家伙，一个疯狂的怪老头，我原以为他会自杀而不是成为一个杀人犯"。[82]

V

1976年，康奈尔大学聘请艾瑞克为安德鲁·D. 怀特客座教授，康奈尔是一所位于纽约北部城市伊萨卡的常春藤名校。该校设立的这个客座教授席位旨在邀请多达20位世界级著名学者，在他们的两个为期三年的任期中，每期开设一周的讲座课程，以活跃校园的学术和文化生活。1977年，艾瑞克开始了他的第一次访问，他在4月末抵达纽约，接着乘坐小飞机到学校所在的伊萨卡。"我在百老汇大道的西边逛了一下，"他写道，"给自己买了一份好吃到不行的牛肉三明治来开启纽约之行。"他发现康奈尔大学"依山傍湖，风景有点像奥地利但没那么干净"。住宿被安排在一间学生旅馆里，环境"很惬意"，不过伙食"挺差的"。[83] 第一次访问期间，他告诉马琳自己工作起来很积极：和不同的人见面，在午餐时间高谈阔论，和师生们沟通往来。校园很漂亮，然而"因为学校离得相当远，平时要走挺长的一段路。幸好我在威尔士的生活经验让我翻山越岭毫无问题"。[84] 康奈尔大学像一个偏远沙漠中的文化孤岛，"与世隔绝、难以接近"，而且几乎可以"自给自足"。自杀现象在"学生和其他人当中都很常见",但艾瑞克一点也不意外。

艾瑞克和曾经在欧洲工作的美国教授们来往,也与来访的欧洲学者们一起外出:

> 他们之中的欧洲人一致同意很难理解美国人,……除了日本人以外,美国人是世界上最让他们感到陌生的人。美国人不知道他们有多么不一样,他们把自己看作英国人、法国人、意大利人等等,但天啊,他们不是那样的。最容易和我们意见一致的是纽约的犹太人(当然,他们喜欢娶家世好的南方姑娘或者新英格兰清教徒),因为他们和伍迪·艾伦一个样。[85]

除了到同样在纽约北部的宾厄姆顿去参加一个伊曼纽尔·沃勒斯坦的研讨会,艾瑞克大部分时间都待在图书馆里,"随便找点什么看看"。有人带他去看当地山里的美景,但他觉得不如威尔士那么"天然质朴"。"那些研讨会……在我的记忆中全变成了一样东西。和同事们喝酒、吃饭(在户外举行的除外)。"他对为他组织的接待会感到厌烦,都是些"站起来程式化地微笑,以及试着回忆我之前有没有在别的地方见过这些人。我觉得这样过3个星期已经够足够了"。[86] 第二次访问时,他还是觉得康奈尔大学的生活"相当无聊。伊萨卡市中心不值得一去",他在第二次访问期间给马琳的信里写道:"这里似乎比上次我来的时候变得更乡里乡气和破旧了——校园里也没有什么活动。"[87]

1981年3月再到美国来的时候,他首先在纽约停留,第一次去了大都会歌剧院("太大了,更像一个足球体育场而不是歌剧院"),觉得那里上演的《唐·卡洛》"有维多利亚时代风情,极其豪华"。他坐飞机穿越美国本土到加利福尼亚去,住进了海滩边"迷人的"拉古娜旅馆。然后忍受了"难熬的三天……无聊、烦躁,更别提那些让人抓狂的会议、讲座，和同行及学生无休止的交谈、晚餐——该死的学术圈。他们的出发点是好的，但即使在带着我到好莱坞兜风的时候，他们也在喋喋不休"。[88] 为了逃离这一切，他在朋友的推荐下去圣巴巴拉附近一间叫米拉玛的"大型汽车旅馆度假中心"订了房间，自行开车过去。"过了几天清静日子，虽然我应该不会再选这个地方，就像我不会选那些在我从赫兹公司租回来的汽车熄火时自动播放的音乐一样。"虽然加利福尼亚的春天已经够暖和了，但艾瑞克惊奇地发现"没有人在海里游泳，实际上海滩上空空如也，可以让人好好欣赏海鸟和钻油塔。人们在游泳池里游泳，里面是加热过的，所以我进去也不觉得冷，而且你可以在水里待上好几个小时。除了游泳和看彩色电视，这里无事可干"。为了乘一班北上的航班去圣克鲁兹参加讲座，他开车回到了洛杉矶，依然觉得美国是疏离的：

> 开车经过那些无趣的洛杉矶街道，全是工厂、假日旅馆、车库和一些杂七杂八的地方，在高速路上听着我不懂的体育赛事评论和平庸的摇滚音乐，就像置身于某个假面舞会。我在一个加油站停下来加油（70美分1加仑*），觉得自己就像一个试着戴上假面具的人。我第一次自己洗衬衫、袜子、裤子，有意思的是，这些活计让我感到自己是个正常人——一个不属于此地、只是到此一游的人，但也算不上短暂度假……这个奇怪的地方，这些奇怪的人们。

之后他去了旧金山，又租了一辆车，住在马林县的一间小旅馆里。他想在探寻那些巨大的红杉林之前去看悬崖下游过的鲸鱼，但未能如愿。"置身于这些巨树之间感到一种无与伦比的震撼……当你孤身一人

---

* 1加仑≈4.55升。——编者注

时这种感觉更为强烈，因为沿着一条土路行驶约 32 公里后才见到。"美国人继续让艾瑞克啧啧称奇，有一个搭他顺风车的美国男人是电视台的节目经理，他问艾瑞克伦敦"是个大城市还是个小乡镇"，而且全程都"让人不知所云"。[89]

艾瑞克觉得自己更了解拉丁美洲，但他再次造访那里的时候，看到的情况也不容乐观。1978 年 4 月初，他抵达利马参加一个会议，这趟旅程很不顺利，空中交通控制的电脑系统出现了故障，导致艾瑞克错过了转机，免税行李也被偷了。[90] 他写信给马琳：

> 利马每况愈下，城市无人管理、年久失修，到处都是肮脏和贫穷。城市中心给人的感觉糟透了，不过米拉弗洛雷斯（一个高级住宅区）看起来只是有点陈旧。街上很少看到汽车，有也是款式比较旧的，衣衫褴褛的人多了不少，新冒出了一些贫民区（棚户屋），到处弥漫着绝望的氛围。怎么会这样……我想起 1971 年时这里还是能看到一点希望的。农业档案馆（土地档案资料都存放在这里）是个寒碜得不行的地方：只剩下个房顶，窗户都是破的……城里有一间我以前经常去的老资产阶级风情餐厅，虽然还在营业，但墙面都斑驳剥落了也无人理会。人人都穷得叮当响，就算中产阶级也在艰难度日。[91]

这个刚开始从多年的军事独裁向民主政体过渡的国家遭遇了严重的通货膨胀，需要很多年才能恢复。艾瑞克发现自己"被秘鲁学生包围了，他们曾经在伦敦求学但不得不在完成论文之前回国，现在很需要他的建议"。

然而南美还有比这更糟糕的国家。阿根廷正在被一个残暴的军事独裁政府统治着，在美国的秘密支持下，成千上万涉嫌支持武装抵抗运动的人被独裁者逮捕、折磨，最后"消失"了。艾瑞克注意到利马"充斥着同病相怜的阿根廷流亡分子"。巴西的情况也好不到哪里去，军事独裁政府的统治虽然已接近尾声，但当时仍在掌权。"我从巴西来的老朋友尤拉莉亚·洛沃说她在回到里约之前打算到安第斯山（波托西省的拉巴斯）去进行一次长途旅行，我说：'到那么高的地方去短途旅行我会有点害怕。'她说：'好吧，我在监狱里受折磨的时候已经习惯了头痛，所以我想应该没问题。'显然在这片大陆上的日子里，你需要懂一点黑色幽默。"

1986 年艾瑞克又回到南美，访问哥伦比亚并住在波哥大的特科达玛酒店。他在给马琳的信里写道：

> 这间豪华酒店（以当地标准来看）刚刚接待了以色列总理阿里埃勒·沙龙，因此到处都是哥伦比亚士兵和警察，还有他们的装甲车。这里的警戒是如此森严，我敢保证没有哪个恐怖分子能钻空子，因为士兵和警察都互不相识。他离开之后住进来的是环球小姐。守卫的士兵少了一些，但男性平民的兴趣更大了。近看这些女孩时，我能说的就是她们不比我们在伦敦街头看到的漂亮多少。[92]

与酒店的安保措施形成鲜明对比的是仍在继续的街头杀戮，"发生的概率多到连哥伦比亚本地人也震惊不已"，4 年中有 57 名法官被射杀。准军事化的杀手小队肆虐街头，"杀死小偷小摸的罪犯、妓女、同性恋和左翼分子"。

艾瑞克的下一站是麦德林，他要在哥伦比亚国立大学出席一场会议。那儿的情况也好不了多少：

> 这是一个以贩毒著称的城市，杀手小队骑着摩托车到处横冲直撞，处死妓女、同性恋、乞丐，更别提他们遇到的"颠覆分子"

了……我参加的"大学周"最后一项活动是在学校兽医系组织的一个马术表演。众所周知,最积极的养马大户是这儿的大毒枭,其中一位——或者更像是他的父亲,是一个肥胖硕大的人物,看上去跟"教父"似的——由保镖簇拥着出席了这个场合。一群无愧于拉丁美洲热血男儿传统的学生在现场针对他示威。保镖抽出枪并开始射击——幸好没打中人。学生们开始扔砖头。这位"教父"说他一生中从未被这样侮辱过,并威胁要让他的马退出表演。负责学术事务的副校长擦了下额头的冷汗,试图让大家冷静下来,这二十几分钟的情势非常严峻。副校长顾全体面地在中场休息后叫停了马术表演,因为学校无法保证参会人员的安全。这和伯贝克学院真是有着天壤之别。[93]

艾瑞克从麦德林去了墨西哥,他发现那里也充满了令人恐慌的暴力:"左派右派中间派,不管什么立场的人都会被杀,尤其在大学里面。"连日来阴雨绵绵,他写自己不得不买了一把雨伞("墨西哥人看到不带伞的英国人会觉得不可思议")。他曾经和马琳以及孩子们去过那里,因此这次对他们很是想念。不过,"龙舌兰酒还是很棒的。"他向马琳汇报。[94]总的来说,与早前的体验相比,他对20世纪80年代的拉丁美洲游历要失望得多。这片大陆的局势要再过一段时期才会开始好转。

VII

漫游各国并不能阻止艾瑞克比从前更为积极地参与到英国政治中去。他的政治评论重心有所改变,这一方面是由于他为意大利共产党的报刊担任英国通讯员,另一方面则由于他与英国共产党的"理论期刊"——《今日马克思主义》大大加强了联系。20 世纪 50 年代到 60 年代，他经常为这本杂志撰稿，但大部分都是以探讨历史为主题，比如《历史与"撒旦的磨坊"》《从封建主义到资本主义》《卡尔·马克思与英国劳工运动》《资产阶级的发展：一些历史问题》，以及《劳工运动与军事政变》。[95] 然而，杂志总编一职在 1977 年由马丁·雅克接任，他希望把该杂志当作在英国共产主义阵营内部宣传欧洲共产主义的载体，但他很快就放弃了这个努力，开始把《今日马克思主义》改造为讨论英国政治的一份大众杂志。他拓宽了期刊接收的文章范围，邀请知名人士撰稿，把杂志的发行量从刚接手时的大约 2 000 册提升到 1991 年苏联解体后停刊时的 2.5 万册。

在这种情况下，雅克自然想到邀请艾瑞克为期刊撰稿，"有一天我打电话给他，"雅克回忆道，"我介绍了自己……和他在伯贝克见了面。"雅克请艾瑞克为 1968 年系列政治事件十周年撰写文章，艾瑞克写出的是一篇典型的宏大评论，从无人能及的"异常开阔的"视野来看待问题。和雅克请来的其他很多作者一样，艾瑞克并不使用标准的党内政治术语或者仅仅讨论普通的党内话题。雅克觉得他是"一位独立思考的人物，对自己作为历史学家以及作者的能力非常自信，在政治上也是如此，他不依附任何人或任何事"。他是一位思想家，不是一个活动家（"我从未听他谈论党的会议或者推销党报之类的话题"）。雅克继续向艾瑞克约稿，一直持续到 20 世纪 80 年代末。"艾瑞克是唯一一位从来不用我改稿的作者。"雅克回忆道。和大部分作者不一样，他送来的稿子总是精心修订过的。[96]

从 1958 年到 1976 年这 18 年间，艾瑞克为这本杂志写了 10 篇文章，而在接下来直至 1991 年的 14 年间，他撰写的文章不少于 30 篇。当《今日马克思主义》在 1991 年停刊时，雅克对艾瑞克说：

您写过一些非常精彩的文章……没有您，《今日马克思主义》

只能是一本三流期刊，而不是像现在这样出现在第一方阵里。当然，您也是我的导师、我的顾问、我的动力和灵感之源……我刚到伦敦的时候还不认识您，只是非常仰慕您的作品。我记得我们第一次在伯贝克吃午餐的情形，我劝说您给我们撰稿（我记得第一篇文章是在 1968 年写的？），请您加入编委会，给我们不断写东西和做采访……您真是太了不起了。[97]

艾瑞克正是通过《今日马克思主义》在英国的政治辩论中获得了一席之地，并在这一过程中使这本杂志一跃成为知名期刊。1978 年，雅克在《晨星报》（1966 年改名之前的《工人日报》）的宣传报道里"偶然发现艾瑞克的一次演讲"，标题是《工党止步不前了吗？》，于是他问艾瑞克要了演讲的稿子（实际上这是艾瑞克在 1978 年 3 月 17 日的马克思年度纪念讲座上的发言）。"我一看到这个题目就觉得这正是我要为《今日马克思主义》找的那种文章。"他回忆道。因此他询问艾瑞克是否能发表这篇文章，后者同意了。雅克知道这会引起一场争议。[98] 艾瑞克从葛兰西处得到启发，认为英国劳工运动的"工人主义"已经过时了。20 世纪 60 年代末到 70 年代初英国及其他国家的大学教育的扩张让成千上万的年轻讲师得到了新的工作，形成了一个对资本主义社会非常关键的新知识分子群体。"在英国，'一战'和'二战'期间典型的工党候选人是煤矿工人或者铁路工人，今天，他们更可能是被称为'讲师'的一群人。"这种情况的缺点是：新的知识分子可能出现一种看不起体力工人的危险倾向。但这种情况是可以纠正的。如果左翼阵营想要理解以 5 年前油价上涨为肇端的资本主义危机的本质，那无论如何他们最需要的都是知识分子。[99]

艾瑞克指出，在 19 世纪晚期，工业资本主义的持续扩张让包括英国在内的各国社会主义者相信产业工人会在人口中占绝大多数。这种信念多年来一直支持着工会和劳工运动的稳定发展。但自"二战"以来，白领工作的兴起和服务业的扩张导致产业工人阶级力量的相对减弱，结果是工会成员人数减少及工党得票率下降。"英国工人的前进步伐……从 30 年前就开始踯躅不前了。"是时候认识到这一点并采取必要的行动了。艾瑞克没有说出这一行动是什么，他的文章没有提出行动建议。但他显然暗示了一种说法：如果工人运动和工人阶级还希望重新获得力量，就必须在社会和政治上和其他群体形成战略联盟。[100]

这篇文章在读者当中引发了巨大的争议，其波及范围还远不止如此。接下来那一年工会在"不满的冬天"里相当激进，具体表现为一连串的长时间罢工，这导致他们和大部分民众产生了隔阂。中间路线的詹姆斯·卡拉汉领导下的工党政府在 1979 年 5 月 3 日的大选中被赶下台，保守党上台执政。以玛格丽特·撒切尔为首的新政府采取了截然不同的政策，减少政府对经济的干预，削减公共开支，解除对金融业的管制并遏制工会的权利。战后形成的共识被打破了，新自由主义经济学在政策制定中占据了主导地位。对卡拉汉政策的不满使工党内部急剧左倾。因此，艾瑞克的演讲在某种意义上为劳工运动中的一段深刻危机和自我反思期拉开了序幕，这从某种程度上解释了为何这篇文章产生了一石激起千层浪的效果。[101]

处于风口浪尖上，雅克安排艾瑞克对工党左派的领导人物托尼·本恩进行了一次长时间的采访。本恩听说过艾瑞克，但对他的作品不太了解，他在 1980 年 5 月 21 日的日记里写道："马丁·雅克打电话给我，说艾瑞克·霍布斯鲍姆同意采访我，采访基于伯贝克学院（他是院长）的一个研讨框架，在《今日马克思主义》上发表过。我的确很期待这次采访，受到一位著名的马克思主义哲学家的指引将是一次非常有意思又考验人的经历。"[102] 1980 年 7 月 15 日，这次采访在艾瑞克的伯贝克学院进行，当然他从没当过院长。同年 10 月访谈文字稿刊登发表，篇幅长达 9

页。谈话内容涉及了广泛的政界话题。正如艾瑞克指出的那样，英国的政治和社会秩序正处于"二战"以来不断发酵的危机之中。本恩指责工党满足于维持战后共识和福利状况，而不是以此为跳板进行更深远的改革。他认为需要发动一场草根民主运动，从整体上打破工会和议会领导层对工党的束缚，这种束缚正在妨碍工党超越战后政治继续前进。[103]

考虑到葛兰西对艾瑞克的影响以及他在马克思纪念讲座上的观点，艾瑞克的以下观点毫不令人意外：有三分之一的蓝领工人都把选票投给了撒切尔，因此不仅必须重新赢回他们的支持，还要吸引包括"中产阶级知识分子"在内的更广泛的社会群体。然而，他同意20世纪60年代的工党政府是工会成员人数下降最主要的原因。"在我看来，威尔逊政府几乎是工党最大的灾难。"他注意到威尔逊没有真正的有连贯性的政策，他的政府只是在危机中仓忙应对、步履蹒跚，其最主要的成就是罗伊·詹金斯担任内政大臣时推动的社会解放运动。必须保证下一届的工党政府与之前的完全不同。"这个国家可能发生的任何社会变革都只能通过工党，主要是通过工党政府来首先实现的。"他对本恩重复强调了这个自己从20世纪30年代中期以来一直坚持的信念。在本恩看来，社会变革只会通过权力的去中心化和关键体制的民主化来实现，但艾瑞克促请他就这些概念举几个具体的例子。"我觉得你的问题很难回答。"本恩沮丧地对艾瑞克说。但他还是提出自己推崇的是混合制经济，在这种制度下大公司"采取公有制或者由人民来管理"，依法约定的协议可以促使"百强企业"承担起公众责任。艾瑞克表示同意。

这篇采访发表不久后，工党左派在卡拉汉辞职后获得了一场大胜，迈克尔·富特在1980年11月以10票的优势险胜他的右派对手（卡拉汉最青睐的候选人）丹尼斯·希利，被选为工党党魁。1981年3月26日，以罗伊·詹金斯为首（不包括希利本人）的4位工党温和派领袖退出工党另组了新的政党——社会民主党，他们很快就在民意调查中赢得了和工党差不多的支持率。在这场危机中，工党左派在 1981 年 9 月 27 日提出推选托尼·本恩为副党魁，希利在选举中以不到 1% 的优势击败了本恩，但这进一步激发了"本恩派"的斗志。随着激进派和温和派都开始争夺政党的控制权，工党陷入了两败俱伤的内斗，而富特在一边束手无策。

1980 年接受艾瑞克采访时，本恩称英国在 20 世纪 30 年代和 20 世纪 80 年代之间的一个关键差异是"由于核武器的发展，把战争作为拯救经济崩溃的一个手段在现在看来是荒谬的，虽然这种可能性并不是完全没有"。然而，不管战争是不是经济萧条的一个解决方案，它很快为失去民心的保守党提供了一剂意想不到的解药。1982 年 4 月 2 日，莱奥波尔多·加尔铁里领导下的阿根廷军事独裁为解决国内危机，对马尔维纳斯（英国称福克兰）群岛发起了军事占领。该群岛位于阿根廷海岸线以外的南大西洋上，和距离更远的南乔治亚岛及南桑威奇群岛同被英国控制。阿根廷长期以来都声称对这些岛屿拥有主权，收回这些岛屿是人民的呼声。岛上的 1 680 名居民在总督雷克斯·亨特爵士的带领下进行了象征性的抵抗后投降。撒切尔政府立刻组织了全副武装的海军舰队开往该岛。双方在月底前交上了火，战斗机在海面上进行了激烈的缠斗，阿根廷巡洋舰"贝尔格拉诺号"和英国驱逐舰"谢菲尔德号"受创沉没，造成大量士兵伤亡。英国军队在 5 月 21 日登陆。经过一轮地面鏖战，英军重新获得了马尔维纳斯群岛的控制权，并在几天之后收复了南乔治亚岛和南桑威奇岛。交战双方的总伤亡人员超过了 900 人。

工党领袖迈克尔·富特本能地对战争表示了支持：他认为必须对这种军事独裁政权的无端挑衅进行反击，就像 1939 年必须迎击希特勒的进攻一样。撒切尔政府有意借助"二战"期间的形象来成立"战时内阁"，并且不断提到丘吉尔（或者像撒切尔夫人那样亲密地称他为"温斯顿"），富特则鲁莽地重提他在数十年前坚持反对绥靖政策时拥护的民主爱国主义口号，艾瑞克对这两种姿态都不买账。1982年末，在《今日马克思主义》策划的一档名为"向左转"的广播节目中，艾瑞克发表了一次演说，他拆穿了议会政客们的惺惺作态，提出阿根廷对位于其海岸以外的马尔维纳斯群岛提出领土主张，比数千公里以外的英国来得要更合理。引发这场危机的是撒切尔政府本身，他们此前忽视了岛上的防卫安全，以费用为理由撤回了驻守该岛的一艘军舰，又在情报部门再三警告的情况下仍未能预见阿方的行动。[104] 当然，艾瑞克也认识到包括工党左派在内的全国上下"都陷入了普遍的愤怒和羞辱之中"。但他注意到：

> 这种群情汹涌的感觉和马尔维纳斯群岛没有关系……那是一个被合恩角的浓雾包围的地方，我们对它一无所知也并不关心。这和1945年以来的英国历史有关，和20世纪60年代后期显著加剧的英国资本主义危机有关，尤其和70年代后期及80年代初的经济衰退有关……这是对我们早有预料的大英帝国的衰落的一种反应。

他引用了撒切尔夫人的谴责言论："那些骑墙派和懦夫认为英国不再是那个建立了帝国并统治过地球四分之一面积的国家"，然而"他们错了"。艾瑞克的结论是这场战争"并不能证明这一点"。在战争爆发之前和阿根廷达成协议曾是最好的解决办法，但撒切尔毫不犹豫地拒绝了这个选择。

艾瑞克也一如既往地注意到欧洲大陆对英国采取军事行动的不理解。"大部分欧洲人都不明白为何要这样大费周章。"这场战争和国际现实政治、实质事务或者战略利益都毫无关系，只能和英国内政联系起来。这场战争得到支持是因为它在惨淡的经济形势中"可以鼓舞人心"，"就像我们用枪赢得了世界杯一样"。战争带来的结果在1983年

6月9日的大选中显现出来，保守党赢得了绝大多数的选票，在下议院获得超过60%的座席。他们获得胜利的部分原因是工党在参选时发表了一份被某位议员评论为"史上最长自杀遗书"的强硬左派立场宣言，要求英国单方面核裁军，对主要工业和银行实施国有化，增加主要税收，解散上议院以及退出欧共体（后来的欧盟）。当然，这也因为撒切尔政府仍在收割"马尔维纳斯群岛效应"带来的红利，但艾瑞克指出保守党获胜是因为社会民主党获得了25%的选票，而工党的得票率为28%——反对派的支持率被分散了，这让很多保守党候选人在英国"赢者通吃"的选举制度下获得了胜利。[105]

迈克尔·富特在这次惨败后很快辞去了工党领袖的职位，1983年10月2日，年轻得多的尼尔·金诺克成为他的继任者，这是一位威尔士议员及左派人士，虽然他并不是"本恩派"的一员。中间路线的罗伊·哈特斯利当选为副党魁。艾瑞克在《今日马克思主义》上发表的《工党失去的百万选民》一文里分析了这次选举的结果，他"没有得到一丝安慰"。工党在各个社会阶层中的得票率急剧下跌，大部分工人阶级不再投票给工党。劳工运动中有很多人"忙于内讧而不是与右派做斗争……可以毫不客气地说，很多（左派）人士更支持撒切尔政府而不是走改革路线的工党政府"。撒切尔主义致力推动英国资本主义以及实际上英国政治体制的保守改革，挫败这一企图是"英国能够体面存续的一个条件"。因此，社会民主党、自由党和工党之间需要形成选举联盟，同时劳工运动也要增加其吸引力，让工党成为"超越阶级的政党"，摒弃党内派系斗争并且认识到1983年的宣言在争取大众甚至工人阶级支持的方面是失败的。按照艾瑞克的典型做法，他促请工党学习法国的例子，社会党的领袖弗朗索瓦·密特朗在1981年被选为法国总统，而西班牙社会工人党的领导人费利佩·冈萨雷斯也赢得了1982年的大选。这类新社会主义者的政党指引了一条明路，展示了与其他政党合作的重要性，意大利共产党在某种程度上也是这样。如果要遏制撒切尔的保守主义改革，就必须联合一切进步和民主的力量。[106]

艾瑞克的言论再次在劳工运动内部引发了激烈的争议。他的观点遭到了强烈的批判，马克思主义社会学家及新左派著名人士拉尔夫·米利班德对他尤其反对。1984 年 1 月，米利班德告诉艾瑞克"你对左派的攻击是很不正确的，而且会被和你立场毫不相同的人利用"。他认为艾瑞克"实际上是让左派偃旗息鼓，让右派和中间派掌控工党大权，当然，和以往一样，他们有时候也会给左派一点甜头尝尝"，艾瑞克在此时吹响"撤退号角"是十分错误的。[107] 作为回应，艾瑞克坚持自 1978 年以来他在这方面的文章和演讲产生的影响是：

1. 把左派早就应该讨论的问题带到了公开场合，因此有助于开展一次有用的辩论……我要补充说明的是，这不是因为我希望发起一场政治运动——我在 1978 年第一次发表演讲时本无此意，而整场争议就是从那时候开始——原因是那些搞小圈子的人被我的观念激怒了，并不断对我进行驳斥，这让其他的左派开始说"等一等，这个人已经触及一些实质性的问题，这会让我们很难开展工作"。我的文章的目的在于帮助动员那些没有小圈子的左派。

2. 我很欣慰自己的观点被工党"温和左派"——不是右派——的主要人物接纳，尤其是金诺克，他在 1982 年的工党大会上引用并赞同了我的观点，随后在 1983 年的大会上再次这样做。目前据我所知，我被称为"金诺克最推崇的马克思主义者"，而不是希利或者哈特斯利的。我的观点无疑是一个长期坚持左派立场的人士，其作用在于显示"左派"这个词不能被 1980—1983 年的"强硬左派"所垄断。除非你把本恩竞选副党魁摇旗呐喊的那类人（包括我在内的许多人认为这是未经深思熟虑、不必要且会造成灾难后果的）视作唯一的左派，否则我的观点不会对整个左派而只是对某一类左派造成伤害，而且我也根本没想过要呼吁大家"撤退"。相反，我的预言是工党正在走向溃败，并希望采取可以使其重新回到正轨的政策，而现实也恰恰是如此。实际上，自从金诺克被选为党魁后，这种复兴的迹象有所显现。[108]

米利班德进行反驳时把金诺克称作"哈罗德·威尔逊·马克二世"。如果本恩能赢得副党魁的席位，这至少能"加强你所乐见的党内左倾"。[109]艾瑞克方面在 2002 年回应一位博士生的提问时解释"我是支持托尼·本恩的，直到他在工党特别会议召开后的 1981 年 1 月放弃了可以领导一个团结的工党的机会，反而选择了在左派小圈子里圈地为王"。艾瑞克确实觉得自己的文章"产生了一些影响，因为我是最早预言工党会出现麻烦的人之一，同时也是一个明显长期坚持极左立场但非常反对本恩派的人，因此我的名字和作品对金诺克很有用处"。[110]

马丁·雅克从不错失机会，尤其不会错过《工党失去的百万选民》掀起的唇枪舌剑，他向工党的主席办公室提出申请，希望由艾瑞克代表《今日马克思主义》对金诺克进行采访。金诺克的新闻秘书帕特里夏·休伊特告诉金诺克这将是"阐述你的想法的绝好机会"，她还请来《卫报》为工党大会的周一开幕日发布摘要报道。[111]这次长时间的观点交流于 1984 年 9 月 3 日进行，这时离工党大会还有一个月时间，金诺克会在大会上第一次以领导人身份发表演说，艾瑞克对他的采访将在大会召开期间发布。艾瑞克注意到工党需要一个"英国具体应该是什么样子"的愿景，一套清晰的观点，而这些——就像金诺克承认的那样——还没有形成。在一连串长篇累牍的回复中，金诺克果然像传闻中那般言之无物，他反复将玛格丽特·撒切尔的政策斥为倒退和反动，以此逃避艾瑞克提问的重点。马丁·雅克当时也在场调试录音器，后来他回忆："艾瑞克和我偶尔目光相接,这会是一次非常沉闷又一无所获的采访。"[112] 艾瑞克的回应是指出撒切尔主义意味着战后共识的解体,他们想完全依靠市场的力量——"一种资产阶级的无政府主义"。艾瑞克希望了解在这位工党领袖心目中,计划、公有制和私营企业三者要如何融合。[113]

金诺克重申了工党对重要产业重新实行国有化、由中央制定经济计划以及创办一间国家投资银行的主张。艾瑞克指出这样做的问题是也许无法振兴煤炭和钢铁这类已经被撒切尔政府整垮的产业。他一如既往地建议工党政府可以借鉴其他欧洲国家,比如从法国和瑞典得到一些启发。金诺克认为其他国家并不能提供好的例子。艾瑞克询问金诺克对工党与工会,尤其是矿工工会之间关系的看法——那时矿工工会和政府发生了激烈的争端,最后以工会的彻底失败告终。金诺克很小心地避免对矿工工会提出批评意见,即使艾瑞克告诉他如果觉得这个话题很敏感可以把录音器关掉。但这位工党领袖在面对工会的激进主义时明显感到很为难,而保守党政府一直在这个问题上大做文章以达到某种效果。[114] 艾瑞克本人私下强烈批评矿工工会的领袖阿瑟·斯卡吉尔,他认为正是斯卡吉尔的顽固不化和自以为是导致了罢工的失败,给整个工会运动带来了毁灭性的打击。他的一个学生记得"1985 年 1 月 3 日,为拉斐尔·萨缪尔举办的惊喜派对接近尾声时,艾瑞克与约翰·萨维尔争吵了半小时,全程充斥着对斯卡吉尔的轻蔑之词"。[115]

整个采访都未能从金诺克那里听到任何非常具体的声明。令人注意的是,艾瑞克在采访过程中提到工党时使用了第一人称复数——"我们""我们的"。他对工党的认同似乎弥补了对共产党的遗忘。此时,艾瑞克对部分工人运动中他称之为"退回极端主义"的行为进行了全面抨击,提出他的批评者缺乏政治现实主义意识(他质疑这些批评者"也和我们一样生活在这个国家乃至这个地球吗?")。他援引了 20 世纪 30 年代法国和西班牙两国的人民阵线作为例子,声称结成政治联盟并不意味着抛弃社会主义。英国工党是时候放弃褊狭的气量了。[116]

1987 年大选前夕，艾瑞克更加明确地强调，击败以摧毁工人运动为首要目标的撒切尔主义是当前的第一要务。有必要进行策略性的投票。在自由党或者社会民主党很有可能战胜保守党人的选区，工党支持者应当把票投给他们。社会民主党是一个知识分子和专业技术人士的政党，他们本能上反对保守党，而不是工党，尤其在尼尔·金诺克正在领导工党回到中间立场的情况下。一个拥有工党核心工人阶级选民支持的社会同盟是至关重要的。中间政党若能在大选中表现出色，很可能会形成一个联合政府，致力开展经济的社会管理，改善教育，并且对英国濒临崩溃的基础设施进行现代化改造。[117] 这些观点对工党的整个未来都有着重大意义，并显示出巨大深远的影响。然而，在 1987 年，艾瑞克提出的这些意见没有引起任何重视。策略性投票未能得到广泛运用，保守党的反对力量继续呈分散态势，加上经济出现了强劲的复苏，使得撒切尔政府再一次如同 1983 年那样控制了政权。

1989 年 5 月，艾瑞克的政论文集《理性左派的政治：1977—1988》由维索出版社发行，里面集合了探讨工党及其前景的文章。罗斯·麦基宾是研究 20 世纪英国史的牛津大学学者，对工党政治的观察敏锐而富有洞见。他在为这本书撰写的长评中指出："霍布斯鲍姆观点很容易总结，那就是旧时工人阶级发挥的作用如今被受过教育的阶层取代了。"他继续在评论中按照时间顺序回顾了艾瑞克的文章，认为这本文集的观点变得越来越简明和讲究策略，书中已经没剩下多少马克思主义的东西。"似乎在他投入了大量政治和学术精力的传统劳工运动遭到挫败后，他的马克思主义暂时失去了方向。"实际上，这些文章证明了"如今霍布斯鲍姆把实践中的'社会主义'视为一种国家具有整体监管功能的混合型经济——这和凯恩斯在《就业、利息和货币通论》里设想的相差无几"。政治作家 R.W. 约翰森也提出了同样的意见，他指出"这里面没有任何可行的马克思主义分析"。然而，不管是不是马克思主义，艾瑞克的观点从长远来看被证明是正确的。在托洛茨基分子"激进倾向"下组织起来的强硬左派失败了，而金诺克劝服工党放弃了那些不得民心的政策，比如退出北约和欧共体、提高税率和放弃核武器。1987年连续第三次在大选中惨败后，工党必须彻底面对自身的问题。撒切尔夫人已经从改革英国以及在这一过程中击垮传统工党政府的行动中获得了自信。艾瑞克注意到，她已经开始不谈自己的政府，而是说起了她的"政权"。他认为这是"一种'新秩序'的提法……是奉行权力主义的一党政府的话语，他们正在系统性地为长久掌权创造条件"。挫败他们的任务比以前变得更为迫切了。[118]

但是，撒切尔政府在 1987 年大选不久后就开始陷入麻烦之中。引入"人头税"等不受欢迎的政策激起了伦敦街头的大规模示威，加重了欧洲对英国政府越发强烈的反对情绪，让工党在民意调查中遥遥领先。艾瑞克对工党的下一次大选前景变得更为乐观。[119]撒切尔反对欧洲一体化的态度越来越强硬，这使得她在 1990 年 11 月被保守党议员们赶下了台。她的继任者约翰·梅杰在 1992 年 4 月的大选中走亲民路线，而金诺克在一场过于花哨讨巧的竞选活动中做得过了头，尤其在工党风雨飘摇之际，只会让选民避而远之。在仅仅拥有微弱的多数席位的情况下，保守党得以继续执政，金诺克被迫辞职。不久之后，由托尼·布莱尔和戈登·布朗组成的工党领袖二人组将工党的形象重塑为"新工党"，扩大政党的吸引力，赢得了那些放弃支持社会民主党（现在的自由民主党）的选民，并在一系列的大选中获胜，1997 年工党开始执政，并一直持续到 2010 年。

哈罗德·威尔逊的传记作者本·平洛特总结过，"如果说'新工党'在知识分子界有元老级人物的话"，艾瑞克"肯定是其中之一"。[120]佩里·安德森是《新左派评论》的创办人之一，他认为艾瑞克给劳工运动的复杂变革进程带来的影响就是极大地挫败了工党左派。但他没有抓住重点。艾瑞克并没有导致工党左派的失败——这首先要归功于金诺克。艾瑞克的影响是促使工党进行了重新定位,在最广泛程度上吸引了知识分子、专业人士、城市中产阶级以及在手工劳动者中的传统选民。艾瑞克在这方面的影响是毋庸置疑的。在罗德里克·弗拉德的记忆中,直到 20 世纪 80 年代早期,艾瑞克"在任何意义上都算不上一个政治活动家。当然,我的意思是他一直在写作,而且现在越来越像左翼阵营各个派别的导师,如果他原来没有这种名头的话。但这就是他的政治活动范畴"。[121] 弗拉德此言不虚,但某种程度上也没有指出关键之处。艾瑞克通过他的作品发挥影响力,尤其是在《今日马克思主义》上发表的文章。就像马丁·雅克总结的那样:"艾瑞克此时被视为……工党的思想导师……他从一位共产党知识分子变成了站在左派立场上发声的知识分子。"[122]

VIII

"我会在 18 个月后退休,"艾瑞克在 1980 年 11 月这样跟他曾经的学生艾伦·亚当森说,"我觉得这会带来巨大的痛苦,经过这些年之后——虽然我并不是无事可做或者无处可去。"[123] 达到法定退休的 65 岁后,艾瑞克于 1982 年 7 月 30 日离开了伯贝克学院,并且很快被授予了经济与社会史荣誉退休教授的职务,这是一个纯粹荣誉性质而没有任何教学义务的头衔,以表彰他的学术成就以及在伯贝克长达 35 年的任教经历。[124] 艾瑞克在退休后还是会回伯贝克收邮件,和老朋友老同事见见面。但他热爱教学,对不得不放弃这一事业感到沮丧。因此,当纽约社会研究新学院的艾拉·卡茨尼尔森在1984年初向他发出任教邀请时，他非常感兴趣。新学院的进步历史可以追溯到它的创办者们——因反对美国参加"一战"而被哥伦比亚大学开除的学者。20世纪30年代时，它为被纳粹驱逐的德国社会学者提供了庇护所。这所学校由私人捐助，20世纪70年代经历了一段困难时期，幸而得到富有寡妇多萝西·希尔松的慷慨解囊（她的财富来自她与媒体大亨威廉·伦道夫·赫斯特之子的一段短暂婚姻），现在得以重振生机。

卡茨尼尔森是一位研究领域横跨政治学、社会学及历史学的社会学家，曾在芝加哥大学任职。作为院长，他的任务是创建一间跨历史与社会科学领域的院系。在他的领导下，著名的社会史学者查尔斯·蒂利和路易丝·蒂利夫妇在1984年加入了新学院，在物色其他同一水平的知名学者到纽约任教的过程中，卡茨尼尔森想到了艾瑞克，他知道艾瑞克不久前已经退休，"他到了年纪从伯贝克退休，而不是因为精力不济"。与英国不同的是，美国没有学者退休年龄的限制，因此卡茨尼尔森邀请艾瑞克前来是没有问题的。虽然他们有一位共同的熟人拉尔夫·米利班德，但两人此前并不认识对方，卡茨尼尔森也并没有因此打退堂鼓。

> 我打电话给他时多少有点唐突……我说"就是我啦！我是……的新院长"，我知道他并不是完全没听说过我，但我觉得打电话那会儿他压根不晓得我是新学院的院长，我跟他解释了这个项目的性质——希望招募一支全新的教师队伍——"不知道你是否有兴趣加入我们？"在没有询问任何合同条款或者提出"你会付薪水给我吗"这一类问题的情况下，他说"我很感兴趣"，于是我们很快就完满达成了协议，让他……定期到我们学校来。[125]

艾瑞克告诉卡茨尼尔森，他"会很享受能够继续教书的机会，尤其在一个和伯贝克有很多共同点的学校里"，其中包括特别专注于成年学生和研究生的教学。[126]

　　他同意负责每个秋季学期的硕士和博士生的教学（和英国不同，美国的硕士和博士需要上课），时间从9月初开始，圣诞节前结束。新学院为他安排了住宿公寓，虽然每年的地点都不一样：卡茨尼尔森记得艾瑞克有一年住在河边上的一栋高层公寓楼里。那栋楼名叫"河畔公寓——我记得他很喜欢里面的书房，窗子底下能看到船只穿梭……他住过的地方，通常来说，都是为停教休假的老师准备的"。1986年9月抵达纽约后，艾瑞克对河畔公寓赞叹不已，这栋大楼"富丽堂皇，可以鸟瞰东河和其他地方——有一个宜人的广场可以小坐，能看到克莱斯勒大厦和联合国总部，到处都是小孩子，还有日常用品商店等"。从那儿走路去新学院要1小时30分钟，"乘公共汽车花的时间也差不多"，但艾瑞克并不介意。[127]

　　艾瑞克被指派为两个跨学科委员会的成员，这两个委员会一个是由查尔斯·蒂利领导的社会变迁研究中心，另一个是历史研究委员会，成立目的是将新学院的历史学专业和社会学专业联结起来。他不仅仅是一位常规意义上的访问学者：

　　　　我们都清楚他是一位定期访问的学者，因此他被视为讲师队伍中的一员。他会来参加学院的会议。艾瑞克在新学院时其中一个最大的特点就是非常遵守学院的制度，就像他在伯贝克那样，他提到伯贝克和新学院有很多相似之处。他是新学院的一名出色教师……整个讲师队伍大约有70人，他刚来的时候大概是45到50人，后来增加到70多人——我们每月开一次会……讨论手头上的事务。艾瑞克只要处于访问期间，就一定会到场并且很积极地参与讨论。他还协助管理社会变迁研究中心。[128]

在可以轻松一点儿的时候，艾瑞克经常参加一个以"思考过后来一杯"为主题的周五下午工作坊，他是这个活动的热心参与者。

卡茨尼尔森注意到，艾瑞克有很多社交活动，马琳只会过来待上一段比较短的时间，她不在的时候艾瑞克尤其如此——"他很喜欢和教员还有学生一起去吃午饭——一个真正的玩家，我指的是这个词好的方面"。每年 11 月的第 4 个星期四，他和马琳会应邀前往埃里克·方纳举办的年度感恩节派对，方纳是一位哥伦比亚大学的美国历史学者，他当年在伦敦求学时曾得到艾瑞克的指导，在方纳的记忆中，他从艾瑞克的研讨课上学会了如何开展社会史研究。方纳夫妇邀请了来自国外的朋友以及住得离纽约很远的国内友人共赴一顿"原汁原味的美国晚餐——有火鸡等菜式（还点缀着一些意大利菜，以致敬他妻子的意大利血统）。艾瑞克在场自然意味着有很多有趣的政治讨论话题"。历史话题也是谈话的重要部分：方纳尤其记得有一年艾瑞克和米莉森特·霍德森聊起了女性匪徒，霍德森是一位颇有名气的编舞师和舞蹈史学者，因为重新编排了尼金斯基在斯特文斯基《春之祭》首演时的舞蹈而闻名。[129]

除了和查尔斯·蒂利很快成为朋友外——

> 艾瑞克在如何获取名声但又脚踏实地方面给学生树立了一个出色的榜样，他很少夸夸其谈，更多的是通过身体力行来展现身为大师的精益求精：如何确立高水平的学术标准，以及如何开展历史分析……他态度开明，包容立场迥然不同的各种学生……他什么都知道一些，又在很多方面都十分精通。很难找到哪个研究生或者现任教员的课题是艾瑞克不了解或是缺乏见解的。[130]

新学院那些来自拉丁美洲的学生尤其喜欢艾瑞克，他在这些学生心目中"十分平易近人"。卡茨尼尔森觉得艾瑞克"是个非常热心肠的人，对朋友很热情，关怀备至"。他喜欢重访以往去过的纽约爵士乐俱乐部和酒吧，有时自己去喝上一杯，有时候带着朋友和同事。这些地方让他缅怀过往，触动了回忆，"这些往事只能和有共同回忆的人分享，当我（越过对面的日本人或韩国人）看到另一位上了年纪的爵士乐迷独自坐在酒吧里，一边听音乐一边小酌时，就会一直想起一些人，比如我的表哥丹尼斯"。[131] 不过，他更常去的是大都会歌剧院，尤其是马琳过来陪他的时候。[132] 他经常和他的出版商安德烈·希夫林一家来往，还会不断接待到纽约来的朋友和熟人。佩里·安德森当时也在新学院任教，有一段时间和艾瑞克同住一栋公寓楼，两人时常一起吃早餐。

艾瑞克是鲍勃·西尔弗斯家中晚宴的常客，经常有文艺界的知名人士在此出现，其中很多人都为《纽约书评》撰过稿。有一次乔治·韦登菲尔德在一间纽约酒店举办派对，艾瑞克在派对结束后

> 向坐在酒吧里的约翰·普拉姆爵士打招呼，他曾经委托克里斯托弗·希尔和我为企鹅出版社写书（《工业与帝国》），现在他是一个有钱但闷闷不乐，保守又孑然一身的老同性恋，住在凯雷酒店里，和参议院丹尼尔·莫伊尼汉夫妇一起喝酒，难以置信的是参议员本人看起来没有电视上那么粗俗。但乔治看上去也很粗鄙。我们闲扯了一通，我问他为什么不能偶尔提出一点有用的建议。我们像亲密的老朋友那样跟对方告别。[133]

20世纪80年代中期的纽约仍然是一个危险的地方，社会环境还没有肃清，警察队伍中的贪腐现象还没有消除，大区的"士绅化改造"也尚未开展。就像艾瑞克注意到的那样：

> 我一直在收集更多的纽约奇闻。最离奇的一个是某人在鲍

勒·西尔弗斯的派对上告诉我的。纽约的警察似乎有这么个习惯，一旦发现一具死尸（这个案件里的死者是一名在自己公寓里去世的中产阶级老年妇女），他们就会把死者的信用卡以 50 到 100 美元的价格卖出去，然后买家会一直透支这张信用卡（这个案件里的透支金额是 700 多美元），每个人都得了好处，除了信用卡公司……我还听到过更多纽约的小逸事。公共汽车上的女人聊天："他们不能因为一个人喝醉了或打鼾就把他扔到车窗外。""对啊，他没做什么坏事。那些做坏事的人都不是醉鬼。我丈夫在布鲁克林被打劫了，那些劫匪可没喝醉。""那算什么，我就在这儿的第 20 街被打劫过。"幸好我至今还没遇到过这种事。[134]

纽约的街道要再过一段时间才会变得可以安全行走。

1988 年，艾瑞克再次回到新学院上课，虽然他不如从前那么乐在其中，这一方面是因为他身体不太好，另一方面是因为"我不能完成太多工作，抑或只是地铁站台阶上的尿骚味太刺鼻了"。在希夫林一家举办的晚宴上，他结识了年轻作家安妮·科恩-索拉尔，安德烈委托她撰写的让·保罗-萨特的传记刚刚出版。"她身材清瘦、下巴尖尖，是个非常神经质也非常聪明的北非犹太女孩，极度反对犹太复国主义，和萨特的一个情妇（也是安德烈·布勒东的情妇之一，波伏娃曾经为此十分妒忌）在纽约住了几天"。他第二天带她去了现代艺术博物馆，也许是为了享受能讲法语的早晨时光。他在哈得孙河畔安嫩代尔市的巴德学院举办了一次讲座，发现那儿"按照惯例充斥着古板的德国人、因为拿不到补助而变得更加愤世嫉俗的哈佛大学前教员和迫切想要讨论伦敦文化氛围的女教授"——一股蠢蠢欲动的气氛笼罩着他们。[135] 新学院的氛围则完全不一样。艾瑞克很喜欢在那里任教，这不仅是因为能继续教书，还因为可以在纽约这个社交场所与美国最顶尖的学者打成一片。直到 20 世纪 90 年代，他都仍然坚持到新学院去工作。

IX

这段时期里，艾瑞克一如既往地在《过去与现在》的编委会扮演着重要角色。杂志在 1952 年创刊时规定所有编委都要审阅全部投稿，这一传统如今仍在延续。这种做法是为了确保发表的文章能得到持马克思主义观点的编委和非马克思主义立场的编委的一致认可，给投稿者的作品提供广泛的批评意见。艾瑞克在稿件上的批注总是一针见血。他不喜欢那些充斥着术语的文章，就算用的是马克思主义的术语。他支持概念化，但概念要根植于能够提供充分论据的经验研究。他喜欢从比较研究的维度展开论述的文章，问题的解决方案必须是清晰而具有创新性的，其中最重要的是解决社会变革的问题，而且必须形成因果关系。艾瑞克基本上会审阅所有的投稿，包括那些不在他研究范围之内的，后来一位叫乔安娜·英尼斯的编辑表示，艾瑞克具备着"编辑的思维方式：建议某一位编委审阅某一份投稿，或者从作者的角度来考虑稿件反馈应该如何落笔"。在基思·托马斯的回忆里——

> 艾瑞克是《过去与现在》编委会的主要人物，他无所不知，对每个课题都有着明确的观点。他戴着一顶布什尔维克经常戴着的帽子，看起来就像个真正的革命家。他有种不同寻常的爱德华时代的习惯，说完一些重要的事情后会接着问"怎么样"来寻求认同，这个让我印象很深刻。

随着他的朋友弗朗西斯·哈斯克尔加入编委会，艾瑞克不再和其他人共进午餐，而是到弗朗西斯及拉丽莎夫妇在牛津沃尔顿街的房子去吃饭，但他对《过去与现在》的积极投入并没有改变。[136]

1987年，艾瑞克在70岁时和罗德尼·希尔顿一起退出了编委会，这引起了爱德华·汤普森的抗议："你就是《过去与现在》，我们可以不要其他人。你的成就是十分显著的，很难想象还有如此出色的先例……我希望这只是一次形式上的'退休'。"[137] 事情的确是这样。70岁退休这一规定在20世纪90年代开始推行，艾瑞克和规定生效之前的老编委会成员一样，一直到2000年之后还在继续参与编委会每年的夏季会议，还在议事过程中积极提出意见。退休很久之后，他依然会评论投给期刊的稿件，针对广泛的历史时期和研究课题发表自己的见解。按照惯常的做法，他提出让一篇关于医药史的文章"回炉重造"的意见，因为这篇文章对"非专业人士"而言视角不够全面。接着，他又反对发表另一篇文章，因为它"太像新闻概述……缩减一下篇幅可以发表到《展望》杂志上"（那是一本时事周刊）。他运用自己渊博的学识驳回了许多没有原创观点、新意不足或者老生常谈的文章。对于纯粹从经验主义出发的论文，他驳回的意见是文中没有提出历史问题；让他同样不屑一顾的是那些出现了后现代主义痕迹的文章（他对一篇类似文章的评语是"从研究方法论的角度来看这是毫无意义的做法"）。[138] 他会迅速敦促作者删减那些篇幅过长的文章（"最后两页对强化你的观点没什么作用"，他在评论一篇文章时写道）。从传统角度出发探讨外交史的文章总能激起他的批判本能（"这就是给关于战争罪行的研究史增加一行脚注而已。"他在评论另一篇文章时写道）。[139]

艾瑞克最有影响力的作品之一是一部修订过的论文集，内容出自《过去与现在》学会组织的一次研讨会，这个学会现在负责期刊的出版工作。期刊在这个时期也开始有了自己的系列丛书，由剑桥大学出版社负责发行。这本论文集的书名叫作《传统的发明》，由艾瑞克和在曼彻斯特工作的非洲史学者特伦斯·兰杰（另一位编委会成员）共同编撰，在期刊主编特雷弗·阿斯顿的推荐下，剑桥大学出版社理事会于1978年4月同意将这本论文集作为丛书中的一卷出版。事实上这本论文集的出版合约和艾瑞克此前签订的商业合同很不一样。如果销量未超过1 000本，出版社则不必支付版税，销量在1 000至5 000本之间支付10%的版税，超过5 000册的部分支付15%的版税，而平装本的版税是7.5%。[140] 款项直接支付给《过去与现在》协会而不是作者或编者。[141] 这本书的编撰过程十分缓慢。[142] 两人都反对出版社让他们自己编撰索引的要求。（"作为一名作者或者编者，我觉得近一个世纪以来都没人让我自己编撰作品索引。"艾瑞克评论道。不过兰杰最后还是同意在保持索引简短扼要的情况下这样做。）[143] 这份合同直到1982年4月26日才正式签订，此时1 000至5 000本销量区间的版税减少到5.5%，5 000本之后支付更高版税的条款也消失了。[144] 这本书最后在1983年出版，1984年4月发行了平装本。

艾瑞克后来回忆自己编撰《传统的发明》一书的灵感来自他在剑桥大学国王学院的求学阶段，那时他意识到著名的圣诞节圣经诵读和颂歌节目，只不过是20世纪30年代中期他抵达英国不久前才被设计出来的。[145]《传统的发明》得到了媒体的广泛评论，这对一本基于学术会议议程的学者论文集来说是不同寻常的，这要得益于其中几位作者的知名度超出了学术圈，另一方面则无疑要归功于那引人注意的书名。几乎所有的评论者都对书中的论文表示惊喜，并引用了其中的一些核心观点和事例。没有人试图推翻这本书的中心前提，只有P. N. 弗班克对书中使用的"传统"概念提出了一些质疑，他是丹尼尔·笛福的传记作者以及作品选集编辑，艾瑞克很多年前曾经引荐他进入"使徒会"。在王室发表圣诞节电台广播的例子里，艾瑞克和其他作者的确将"传统"和"风俗"的概念混淆了。苏格兰裙可能是一个更贴切的例子，这种服装样式出现在 18 世纪，现在却据称至少可以追溯至迷雾萦绕的苏格兰古代时期——休 · 特雷弗-罗珀在一篇痛斥这种假传统的考据文章里对此进行过研究。[146] 然而，这本书背后是对各个民族声称可以从遥远的历史里追根溯源的深刻怀疑。[147] 民族主义的问题在 20 世纪 80 年代早期仍然是艾瑞克的研究重点，不久之后，他会在 1985 年的怀尔斯系列讲座上对此进行更加详尽、范围更广的探讨和分析。

X

虽然艾瑞克很久之前就已不仅仅研究自己学术生涯开始时的英国劳工史了，但他还是觉得能发表一些东西，1984 年他整理了曾经收录在《劳动者》中的论文，形成了第二本名为《劳工的世界》的文集，这本书在同年出版。这本文集让评论者得以检验艾瑞克对英国劳工史的影响。罗伊 · 福斯特正确地指出"霍布斯鲍姆的作品和他涉足这一领域之前盛行的劳工史研究截然不同"，这些作品最突出的是"结合了世界主义和知性主义"。"艾瑞克之前的英国劳工史主流作者都不具备这种特质。"他们是行会社会主义者、激进的自由派或者基督教伦理学者，他们的作品——以哈蒙德夫妇的作品为例——"在分析上含糊不清并且带有情感倾向，行文色彩也是文学化的"。艾瑞克的早期作品"对这类历史研究有着强烈的影响"。他将工业革命期间的剥削和工人生活水准问题重新提上议程，阐明马克思主义为何不是斯大林教条主义的工具，而是 19 世纪中后期的产物，"不比其他大部分经济学者的招数要更加骇人听闻"。当时的工会史几乎都从法律和体制的角度阐述工会主义从维多利亚时代到目前的发展，而艾瑞克从目的论上突破了这种写法，将其与当时的英国经济联系起来，在他看来，很多方面都混乱无序的经济状态正好反映了工会去中心化的架构和根深蒂固的改革主义倾向。[148]

年轻的工会史学者阿拉斯泰尔·里德批评这本文集坚持对英国社会内部进行清晰的阶级划分已经"过时"了，但他要和福斯特一起向艾瑞克在这一课题上的影响致敬，即使这种影响"仍然未被劳工史学者完全接受，他们在劳工体制和事件的研究上显得更加守旧，因此忽略了研究对象所处的大背景"。[149] 然而更加严峻的问题是，劳工史进入危机期的迹象越来越明显——这是一场后来得到证明的终结性危机。与其他领域的历史研究相比，劳工史与特定的意识形态——社会主义——及其背后的文化和学术假说有所联系。当劳工运动的步伐停滞不前，劳工史也就不再向前发展了。[150]

这一时期的艾瑞克已经不用再担心按时交稿的事情了，他有了新的出版需求。1977 年，他告诉布鲁斯·亨特自己有一系列写书的想法，但不确定是否应该全部落实：

> 我和乔治·W 还有一本关于革命的作品合约。这之后我有个大致的计划，想把我在《原始的叛乱》和《匪徒》中讨论过的东西再归纳一遍，形成一本探讨"政治被发明出来之前的大众政治活动"的作品，但我要等一段时间才能动笔。我近期还可以再出一两本从革命分子的角度出发讨论各种历史主题的文集，但我这会儿还是不太着急。[151]

实际上，艾瑞克过于不慌不忙，以致他提到的这两本书都没有写出来，而文集也直到 1998 年才出版。他更关心的是已经出版的书卖得怎么样。他同意布鲁斯·亨特的看法，认为《工业与帝国》还能卖得动，虽然在美国不是这样。企鹅出版社每年都在英国重印这本书，德语和法语译本在市面上仍能见到，尤其是法译本，艾瑞克希望"现代英国史作为法国公立学校教师资格考试科目之一"能够促进这本书的销量。但他的愿望落空了，《工业与帝国》在法国销量不佳，很快就被弗朗索瓦·贝达里达撰写的现代英国社会史超越了，那本书非常符合法国当时盛行的历史教学风格，里面有很多地图和表格，可以说既是一本历史地理学作品又是社会史著作。[152] 而且，艾瑞克开始认识到《工业与帝国》的内容已经越来越过时，需要重新修订。他请自己以前的博士生克里斯·里格利来干这项工作，对书中的数据进行修正（这是必需的）并校审已有的篇章（结果发现不需要修订）。里格利还觉得这本书需要增加一个结尾章节，探讨最近一段时期的情况。艾瑞克和他商量要写些什么，但后来据里格利说："当他说'你来写这一章'的时候我简直吓坏了……但他读了我写的东西然后说'其实写得挺好的'，我真是喜出望外！"[153]《工业与帝国》的新版本增加了一个副标题"工业革命的诞生"，这等于承认了这本书初版时在内容上是有所侧重的。这本书许多年来一直是英国大学里的经济与社会史教材，并且一直沿用至今。

艾瑞克对《匪徒》的销量不是很满意，他认为企鹅出版社已经停止重印这本书了。他相信"这本书是有市场的，可以与从1959年开始持续小批量稳定销售的《原始的叛乱》达到同一销售水平"。他希望布鲁斯·亨特想想办法让这本书重返市场："很可惜它不是为了学生市场而写的，但这本书很通俗易懂。"除了美国版以外，《匪徒》的国外版本和《革命者》的译本一样销量不错。（实际在市面上仍能找到企鹅出版社的版本，每年能卖出2 000册，库存大约剩下6 000册左右。）[154]"最近才出版的德译本（翻译得很不好）由于大众对左翼作品的兴趣下降而销量不佳。"《资本的年代》没有被英国开放大学（英国的远程高等教育机构，有成千上万的学生）用作教科书，这让艾瑞克很是失望，但这本书的国外版本销售也很好。《资本的年代》面临的主要问题是没有美国版的平装本："这本书只有出了平装本才能卖出去，因为只有这样美国的大学才会采购它，说起来那是我在美国唯一的真正受众。"他需要找的出版商"应当和很多30—35岁之间、有兴趣买一本霍布斯鲍姆作品的进步讲师有联系"。[155] 这本书的美国版平装本最后由隶属于兰登书屋集团的古典书局出版。

艾瑞克之所以搁置了向布鲁斯提起的新项目，是由于他在两人通信期间正考虑写一本新书。1974年，韦登菲尔德的历史主编安德鲁·维特克罗夫特在《资本的年代》出版之前就已经向艾瑞克提出写一本续篇的建议：

> 《文明的历史》丛书中关于19世纪的最后三卷一直没有人写……读《资本的年代》时我印象最深刻的是它和《革命的年代》之间有一种延续性。我觉得呈现一幅整体的历史图景比不相干的研究更能帮助读者理解这一时期。于是我想您是否能考虑把从1875年到1914年的第三卷也写了。从读者的角度来看，这样做的最大卖点显然是让19世纪的研究和呈现方式在整体上有一种连贯性。从您的角度出发，在写了两部作品后，完成第三部将让您倍感自豪。这个历史时期的确精彩万分，但为之著书立说的人却相对不多。当然，对这一时期的专题研究很多，但我从未见过一本真正的通论。[156]

艾瑞克在回复维特克罗夫特时坦承："我会考虑你的提议……目前我还没想过要一直写到1914年。"[157] 但在写作《资本的年代》的过程中，"我开始认识到自己已投入到对19世纪史的全面分析性综述中去"。这本书的续篇将成为"第一本写作意图清晰的作品——《帝国的年代》"。[158]

实际上，在为韦登菲尔德《文明的历史》丛书19世纪分册挑选作者时，艾瑞克并非维特克罗夫特的第一选择。此前他曾经联系过罗伯特·罗德斯-詹姆斯，后者是一位保守党议员，写过一本关于丘吉尔的评论集。不过罗德斯-詹姆斯拒绝了这一邀请——这也许是个正确的决定，因为他对英国以外的历史和政治以外的历史知之甚少，而且作为一名保守党议员，他没有时间撰写这种篇幅的作品。[159] 艾瑞克自然是有时间的，但他此时的写作态度很从容，主要因为到了学术生涯的这个阶段，他已经对金钱没有什么迫切需求。1977 年，他告诉布鲁斯·亨特自己准备写作这本书：

> 我已经读了一些资料，正在考虑继《革命的年代》和《资本的年代》之后写关于 19 世纪的第三卷，但我不是很急着动笔。我对现在的版税收入很满意——《资本的年代》今年推出了很多国外版本——我的大部分作品在很多国家都有销售。我更愿意慢工出细活。3 年之内我就会从大学里退休，也许那时再写一本书可以增加我在退休津贴之外的收入。我知道出版商会催促你，但你可以回复他们说我正在为这本书做准备，这不是应付之词，这本书是我的下一个大计划。[160]

不过艾瑞克从一开始就觉得"写第三本 19 世纪史……其实是个让我觉得很兴奋的主意，这比写《资本的年代》要有意思"。他认为完成这本书可以让三本作品组成一套完整的合集，收录前两本的修订本（事实上他本人没有修订过这两本作品）。[161] 1980 年 5 月，艾瑞克开始写作《帝国的年代》，[162] 但这是一个缓慢的过程，从筹备阶段到完稿他花了差不多 10 年时间。1986 年，赫尔辛基的联合国世界发展经济研究所詹姆斯·S. 麦克唐纳基金会授予艾瑞克杰出大学学者的荣誉称号，他在这个研究机构主持了几次正式和非正式的研讨会，与此同时，他也完成了《帝国的年代》，并在那一年的圣诞节前夕把打字稿交给他在韦登菲尔德出版社的编辑朱丽叶·加德纳。[163]

像这一系列的头两本那样，这本书把主题分为"发展"与"结果"两部分，通过一系列有序的章节进行阐述。而从另外的角度看，书中又沿袭了从经济讲起的模式，一直延伸到广泛又异常丰富的政治、社会和文化内容。《帝国的年代》和先前两本一样，结合了艾瑞克作品中极强的可读性、深刻的分析和鲜活的细节呈现，甫一出版就被绝大部分评论者视为经典，一套20世纪的历史杰作至此大功告成。这本书的一个全新特点是包含了一章关于女性的内容。艾瑞克觉得20世纪70年代女性历史研究的出现让他不得不这样做。但正如法国女性历史研究的先驱米歇尔·佩罗所言，艾瑞克对这个研究对象终究是不太感兴趣的。实际上这"让他感到局促不安，因为他认为女权主义挑战了劳工运动和马克思主义"。[164] 在马克思主义的传统里，独立的女权主义运动对社会革命斗争造成了"资产阶级式"的干扰，而社会革命的胜利其实是实现真正男女平等的手段。艾瑞克觉得自己终究还是躲不过这个主题。[165] 研究女性史的学者觉得这是全书中较为逊色的一章。马丁·皮尤是这一领域的专家，他指出：

> 霍布斯鲍姆依然相信历史是由劳动人民创造的。对他来说，女性只有作为劳工力量的一部分，尤其是有组织的劳工力量的一部分才够资格。他最多只承认这一时期出现了一场到目前为止都是徒劳无功的中产阶级女权运动，除了少数几个成员投身到世界性的社会主义浪潮中。因此，他得出的结论是女性依然"是19世纪的局外人"。如果这么写的人是A. J. P. 泰勒，读者会理解他只是在开玩笑，但在霍布斯鲍姆教授的维多利亚时代式男性思维里，他显然真的是这么想的。[166]

即使前任工党领袖和长期的社会主义者迈克尔·富特也批评这本

书既没有深入探讨女权主义运动，也不对女性独立和自信的成长历程展开阐述："那迟来的殷勤的对新女性的介绍词仍充满尴尬。"[167] 更严厉的批评来自社会主义者以及女权主义历史学者凯瑟琳·霍尔，她认为艾瑞克忽略了近期对性别的学术研究，惋惜女性在这本书中被单独圈在一个章节里，"而男性的历史跨越了其他章节，他们征服帝国、发动革命、重新解放这个世界"。[168] 艾瑞克是"底层历史"的先驱人物，人们也许期望他从不同的角度来书写这一时期的女性角色。

艾瑞克不是第一次和女权主义历史学者产生矛盾了。写作《帝国的年代》关于女性的章节时，他在《历史工作坊期刊》上发表了一篇题为《社会主义图像中的男性和女性》的文章，其中一幅插图是带有色情意味的裸女版画，由 19 世纪比利时艺术家费里西安·罗普斯创作，这幅画后来也出现在《帝国的年代》里。艾瑞克形容这幅画的灵感来自社会主义，"深刻地"体现了"人民"的形象。但罗普斯并不是社会主义者，这让女权主义者质疑他究竟为什么要使用这幅画，而且在这些人看来，艾瑞克显然误读了这幅画。在隔了一期的《历史工作坊期刊》上，三位女权主义历史学者（其中安娜·达文和希拉·罗博瑟姆曾经是艾瑞克的研究生）提出了她们的反对意见。她们称艾瑞克在写这篇文章时根本不了解这一课题的近期文献。又过了几期之后，露丝·理查森对艾瑞克的文章提出了严厉批评，她写过一本关于 19 世纪解剖法案的重要作品，认为这篇文章让她非常愤怒：

> 罗普斯的画并不"深刻"——它可笑、淫秽、肤浅而且卑劣。霍布斯鲍姆教授的文章让我如此愤怒，因为他在文中声称对社会主义者的图像进行了不带性别歧视的审视，但恰恰相反，文章里采用了至少一张极具性别歧视意味的图画，我们很难将画中人称为社会主义者。他不仅不加鉴别地使用了这幅画，还通过评论强化了它的

性别歧视色彩。[169]

评论者们一针见血地指出了艾瑞克书中关于女性一章的不足之处及其背后的敷衍态度。归根到底，这一章和艾瑞克十分重视的马克思主义历史观背离得太远了。他没有回复理查森以及其他女权主义批评者，并在后来的作品集中依然使用了这幅画，没有进行评论或者修订。

帝国的年代同时也是帝国主义的年代，一些批评者注意到这本书没有遵循列宁或者罗莎·卢森堡提出的经典理论，即资本的生产过剩或者对原材料的迫切需求导致一个正常规模的帝国在扩张过程中"争先恐后地抢夺非洲"，同时也引起了后来欧洲与世界其他地区的关系发展。凯瑟琳·霍尔进一步指出：

> 支撑《帝国的年代》的经典马克思主义已经不像以前那么传统了……单用经济术语来将阶级概念化的时代已经过去了。《帝国的年代》中的资产阶级在高尔夫球场和网球场上强化了自身的阶级认知。他们通过共有的阶级文化特点辨认对方，而不是通过共有的生产关系。全世界的工人通过他们的共同标志——布帽子，就能团结起来。[170]

然而，研究维多利亚时期文化的保守派美国历史学者格特鲁德·希梅尔法布注意到书中"对无产阶级的着墨不多"。在"世界的工人"这一章里，大部分篇幅都用于探讨工人阶级的组织，而不是工人阶级的生活。书中对大众文化也进行了类似的处理——和《资本的年代》一样。希梅尔法布还发现书中没有对工人阶级的生活水平展开真正的讨论，这也许是因为"至少在大部分的西方国家里，书中这一时期人们的生活水平已经有了很大提高，掩饰了马克思主义理论中无产阶级'水深火热'的处境",她犀利地指出。[171]

《帝国的年代》依然把阶级结构和阶级对立视为社会变革的基本法则。但美国历史学家杰弗里·菲尔德提出这本书对工业革命前贵族精英的权力和影响讨论不足,詹姆斯·乔尔也在《纽约书评》里提出了同样的观点,艾瑞克的回复是他重点考察的是"历史中新兴势力的表现"。这就是为什么他在《帝国的年代》里对农业着墨不多,这和这一系列丛书的前两本形成了对比。[172] 其他批评者捕捉到艾瑞克对现代主义文化的敌视情绪。乔尔认为《帝国的年代》大大低估了毕加索的受欢迎程度。全世界有很多人都去过毕加索的作品展。因此艾瑞克将现代主义艺术贬低为迎合小众精英中占主流的晦涩品味是不太恰当的。[173]

历史年代划分也是另一个问题,如果说书中讨论的历史时期从1875 年开始看起来有点随心所欲,那么在一些评论者看来,把 1914 年作为这个时代的终结年也不是很站得住脚。约翰·坎贝尔是一位新入行的政治人物传记作家,后来为爱德华·希斯、玛格丽特·撒切尔和罗伊·詹金斯作了传。他认为《帝国的年代》真正隐含的结束年份是 1917年而不是 1914 年,这在书的结尾没有点明,却隐约有所指向。这本书的出版构建出"一道从一个历史高峰延伸至另一个高峰的信念弧线,跨越 19 世纪中叶的整个资产阶级平原"。

> 这本书探讨的年代结束之际,属于资产阶级的欧洲也即将面临毁灭性的灾难,这一认知使艾瑞克分析中的乐观情绪蒙上了一层令人担忧的色彩。他现在要研究的是矛盾和冲突,一个不容忽视的巨大体系出现了"裂痕",生活在"美好年代"里毫无戒备的中产阶级很快就要面临历史的反讽——霍布斯鲍姆十分相信历史的客观力量。《帝国的年代》见证着《资本的年代》里描述的骄纵社会遭遇的报应。[174]

然而只有当"资产阶级"被狭隘地定义为"高等资产阶级",而自由主义只局限于经典自由主义时，人们才能得出资产阶级自由霸权正在崩坏的结论，坎贝尔这样指出。"他（艾瑞克）建立了一个'真实'资本主义的范式，然后所有不符合这个模式的都不能算作发展，而是瓦解或者衰落。"艾瑞克给后人留下了一段"稻草人谬误"。无独有偶，大卫·坎纳丁也曾宣称："20世纪最国际主义、学力最为深厚的马克思主义历史学家实际上为维多利亚时期中叶的中产阶级自由主义写下了一首挽歌，这真是很有意思的事情。"[175]

如果坎贝尔对19世纪后期欧洲大陆的历史有更多了解，他会明白艾瑞克是正确的：左翼社会主义崛起以及右翼民族民粹主义和天主教政治出现，虽然在不同的国家里形式不尽相同，但都在1914年来临之时把自由主义的中产阶级挤出了政治权力圈，自由主义政治和文化土崩瓦解了。现代主义艺术破坏性的影响取代了现实主义在艺术上的确定性和音乐上的调性，给资产阶级文化敲响了另一声丧钟。当然，这并不意味着资产阶级完全消失或者资本主义将要被淘汰。[176] 但这的确标志着资本主义、中产阶级霸权和资产阶级文化进入一段长时间的大危机，它们在数十年之后的20世纪中叶将被彻底地改变。

《帝国的年代》的出版让人们得以审视这套欧洲历史三部曲，其年代范围是从1789年至1914年的"漫长的19世纪"，这是艾瑞克创造的又一个概念，对之后的历史研究产生了强烈的影响。在针对这套三部曲的所有评论里，佩里·安德森提出了最为精辟的观点之一。他和别的评论者一样对艾瑞克的成就心悦诚服。他在评论这三本书时写道：

> 一如既往地显示了作者惊人的复杂天赋：综述简洁干练，细节鲜活生动，从全球着眼但又敏锐地注意到地区差异；他涉猎广博又无所不通，对农业和股票市场、民族和阶级、政客和农民、科学和艺术，都能娓娓道来；对各式各样的社会主体展示了广泛的同理

心，能够娴熟地进行分析性的阐述。最重要的是，这三本作品有一种显而易见的清晰性和生动性，其特点就是即使在冷静辛辣的论述中也会出现一两处突如其来的激情比喻。这种灵光乍现的比喻显然来自他年轻时十分亲近的自然世界："宗教从如同天空一样覆盖地面万物的东西变成了云团似的事物，成为人类文明的苍穹中一个庞大而有限、永远处于变化之中的特征。"

安德森认为，虽然这三部作品中"没有理论的盔甲在当啷作响"，但他的写作手法"遵循了经典马克思主义的逻辑"，每一卷都以经济为开篇，接着是政治、社会阶级、文化和智识生活。三部曲的左翼政治立场都很清晰，"但在做出特定结论时总是能保持独立性"。[177]

然而，艾瑞克的巨大成就让人怯于提出批评意见，安德森继续评论道。他因此继续提出"有一些不太严谨的观点……在精心修饰的字里行间冒出来"。他发现三部曲的阐释力随着内容的展开而有所减弱。艾瑞克以印度帝国为例子，用创新的方式有力地解释了英国工业革命。但在接下来的一卷中关于经济的阐述变得更加泛化而缺少说服力。而且，《革命的年代》讲到1830年革命时宣称它"标志着西欧贵族阶层最终被资产阶级力量击败"，这种说法必然是不成熟的，不然"怎么会出现1848年的剧变？"。除此以外，艾瑞克声称1848年至1875年间"大部分国家的资产阶级，无论在哪种意义上都显然没有控制或者发挥政治权力"也让人费解。资本的胜利怎能离得开资产阶级在政治领域的成功呢？在安德森看来，这本书把这个大时代的重要政治剧变——诸如德国和意大利各自的统一、明治维新、美国内战等等——安排到没有关联的不同章节中，来进行一种避重就轻的解释，而引入葛兰西的"霸权"概念也无法把这些章节联系起来。在《帝国的年代》中，自由主义、资本主义和资产阶级（布尔乔亚）在分析上属于不同的范畴。资本主义不需要资产阶级的统治，资产阶级也不再呼唤自由主义了。[178]

当然，安德森的批评针对的自然是经典马克思主义理论和艾瑞克这套三部曲中的经验主义及描述性元素之间的脱节。从根本上说，他认为艾瑞克以历史学者身份描写的内容，同马克思及恩格斯作为政治理论家预言的东西并不一致。但这并不意味着艾瑞克是错的，马克思和恩格斯说的也可能不对。在艾瑞克的历史学者生涯中，他一方面被自己的共产主义信念，或者从更广泛的意义上可以说是被马克思主义信念牵引着；而在另一方面指引他的是对事实、史料以及其他历史学者的研究成果和观点的尊敬之情。在三部曲中有时前者战胜了后者，但整体上看后者还是占据了主要地位。

针对那些批评他只关注欧洲史的意见，艾瑞克进行了自我辩解："我在这套19世纪历史丛书中一直试图采取一种全球视野，而不是仅仅只看到欧洲，虽然这几本书本来就应该用大部分篇幅来讨论欧洲。"毕竟他在"二战"之前的北非游学之旅中就已经对欧洲以外的世界熟悉起来了：

> 即使在《革命的年代》里我也关注了伊斯兰势力的扩张……我的作品基本上是基于这样的假设：在大西洋沿岸的欧洲国家中首先出现的制度，渗透和主宰了世界的其他地区，并改变了它们。在这一时期，英国在经济意义上是核心国家，而欧洲以外的地区对英国必不可少，因为（在我看来）英国工业革命的独特之处恰恰在于与欧洲以外的经济体建立了前者处于优势地位或者共生的关系。[179]

更严厉的批评也许是指出艾瑞克再次对民族主义力量缺乏足够的重视。他清楚这一不足之处，在写作《帝国的年代》时已经对此进行了更深入的考量。他的思考很快就在他最有影响力的作品之一《民族与民族主义》中结出了果实。

《帝国的年代》出版的那一年，艾瑞克迎来了自己的70岁生日。在尼尔·阿舍森看来，艾瑞克"变化不大。依然是高瘦而笨拙的外表，戴着眼镜，有一大把灰白的头发，喜欢把衬衫的领子敞开着——同样没变的还有他奇特而吸引人的嗓音：像一位老派的布鲁姆斯伯里知识分子那样慢吞吞地说话，带一点中欧人士口音"。[180] 他依然笔耕不辍。从20世纪70年代中期到80年代中期出版了《资本的年代》和《帝国的年代》这两部重要作品、一本名为《劳工的世界》的论文集、影响力巨大的《传统的发明》修订本，以及众多文章，其中大部分都通俗易读而非囿于学术。在"工党止步不前"的讨论中，他成为一位重要的国内公共知识分子，而且某种程度上在意大利也是如此，他在奉行改革主义的意大利共产党那里找到了志同道合的政治归宿。他重拾了和法国的联系，虽然现在参与得更多的是学术活动而非私人行程。他从伯贝克学院退休，但继续在氛围相似的纽约新学院任教。和以往一样，他周游各国，加深了对拉丁美洲的认识并在这一过程中修正了早些年在那里旅行时产生的错觉。他和马琳以及孩子们的生活愉悦而稳定。他的经济状况有了保障，得到了学术圈和公众的认可，并进入了体制行列。但他并没有缓一缓的打算，更别提停止工作了。"他已经获得了许多特权，"他在伯贝克的同侪罗伊·福斯特回忆道，"但他喜欢当一个局外人。"[181] 在接下来的十年里，艾瑞克不止一次地由于惹恼他人、引起热议以及挑战正统而进入人们的视野。

第九章

先知耶利米

ERIC
HOBSBAWM

1987—1999

I

　　1988年，艾瑞克接受巴西《圣保罗州报》采访时热情赞扬了3年前被任命为苏共总书记的米哈伊尔·戈尔巴乔夫在苏联实施的政策。他宣称戈尔巴乔夫的开放（*glasnost*）和改革（*perestroika*）政策推翻了外界关于"苏联是极权主义国家"这一论点。苏联经历了斯大林和赫鲁晓夫时代的动荡之后，在勃列日涅夫的长期执政下终于迎来了一段人民乐见的稳定时期，但随之而来的官员腐败与发展停滞等问题让人们对改革的需求越发紧迫，戈尔巴乔夫的政策终究还是显示了共产主义体系的革新能力。[1] 然而艾瑞克的乐观情绪很快就遭受打击。在很短的时间内，由于新政无法纾解国内的经济困难，苏联彻底地改变了此前的外交政策，领导人公布了所谓的"辛纳特拉原则"，即允许苏联在东欧的那些卫星国"走自己的路"。如果它们想脱离共产主义，苏联不会反对。到了1989年初春，各个东欧国家的群众抗议运动导致共产主义政党纷纷下台。原本阻碍公民自由迁移到"铁幕"另一边的障碍也开始消除，最终在11月9日柏林墙和平开放的那天里，发生了很多德国历史上的重大事件。

随着形势的发展，人们发现这只是个开端。各国的自由选举使共产党人不再掌握政权。在东欧，市场的力量开始取代计划经济。1990年，民众的压力促使民主德国和西面的联邦德国合并。一些强硬派的共产党人试图推翻戈尔巴乔夫，却导致苏联共产党解体，鲍里斯·叶利钦成为戈尔巴乔夫的继任者。到了1991年末，苏联自身也解体了，11个新国家在它曾经的领土上诞生了。拉脱维亚、立陶宛和爱沙尼亚重新获得了独立，而南斯拉夫在迅速加剧的民族主义分离势力下最终分裂成了5个新国家。1992年，捷克斯洛伐克分裂成捷克共和国和斯洛伐克共和国。世界上的其他许多国家，从埃塞俄比亚到柬埔寨，也抛弃了原本的共产主义意识形态。这出在70多年前由1917年俄国布尔什维克革命拉开序幕的历史大戏，以惊人的速度走到了最后一幕。

在这些惊人事件上演之际，艾瑞克正在瑞典的乌普萨拉参加会议，午餐时，一些年轻的瑞典社会史学者询问他苏联的解体会带来什么后果。当时在场的法国历史学者帕特里克·弗里丹森仍然清楚地记得艾瑞克的回应及其引发的震动：

> 他们本以为崇尚思想自由的艾瑞克会对当下的局势发展表示赞赏。但艾瑞克的态度十分冷硬，我永远都忘不了他的话……他说："苏联没有解体的时候，你们还可以坐享和平。而现在，离战争已经不远了。"他继续讲了15分钟左右，这段发言对午餐时间来说是很长了。这些仰慕他的年轻的瑞典历史学者都抓狂不已，却不敢反驳他。但艾瑞克能察觉到……自己和这些瑞典学者之间的分歧越来越大。我也十分震惊……但他的话显然没错：战争确实爆发了。我们在东边的战事还为数不少。[2]

艾瑞克很快意识到"从十月革命中诞生的苏联社会主义失败了"。苏联社会主义和资本主义的全球斗争结束了：资本主义夺得了胜利。欧洲左派全面溃败。他在1990年写道："人们对于苏维埃体制早已不再心存幻想，所以比起它的崩溃，更重要的是人们眼中的噩梦看起来终于结束了。"他怀着希望宣称这是列宁主义探索的失败，却不是马克思主义的终结。[3] 但许多地方的马克思主义政党要么崩溃，要么主动转变为温和的社会民主政党。意大利共产党适应了1991年的新形势，更名为"左翼民主党"，其代价是失去很多原本立场坚定的拥护者。就像艾瑞克在2010年观察到的那样，从长远来看，意大利共产党"既失去了对过去的认同，也丧失了对未来的感知"。[4] 英国共产党已经分裂成欧洲共产主义和斯大林主义两个派别，如今名存实亡，占据了艾瑞克大半人生的党员生涯也就此终结。《今日马克思主义》随着资助组织的崩溃而停办，成为英国共产党解体的另一个牺牲品。

艾瑞克认为，在新独立的中欧和东欧国家里，政治秩序潜藏着内在的不稳定性。"这一地区自由民主的发展前景很渺茫，或者说是很不确定的。回归社会主义已经不太可能，因此这些国家很有可能走上军事独裁或者右翼道路，又或是两者兼而有之。"这可能是艾瑞克最准确的政治预测之一，尽管这个判断还要等到若干年后才能被最终验证。四分之一个世纪后，波兰和匈牙利都落入右翼的专制政权控制之中，其他国家（如捷克共和国）似乎也是如此。在过去由共产主义政权统治的地区里，"民族主义的竞争和冲突"也逐渐挑起战火，暴力纷争从波斯尼亚蔓延到乌克兰、格鲁吉亚、摩尔多瓦等东欧诸国，艾瑞克关于战争的预言最终得到证实。不过他的第三个预言就没那么精准了，或许是对于20世纪30年代和40年代初的记忆促使他认为，已成为欧洲大陆支配力量的德国对和平构成了威胁："因为德国的民族主义有一项未完成的危险事业——收复1945年被波兰和苏联控制的大片领土。"但这一可能从未实现过：德国及其国民对于恢复经济发展以外的事情毫无兴趣，这些事只会延缓他们吸收、整合民主德国经济遗产的进程。

另一方面，他担心"冒险主义"情绪"再度涌现"的中东地区会爆发冲突，而这一担忧再正确不过了：伊拉克独裁者萨达姆·侯赛因于 1990 年 8 月派军迅速入侵了富裕的石油小国科威特，以美国为首的联合部队最终在 1991 年 2 月底将其驱逐出去。[5]艾瑞克不是一个和平主义者，但他在人生的最后 20 多年中，反对西方霸权国家参与的所有战争。海湾战争让他无比绝望：

> 战争是可怕的。我能理解自 1982 年马尔维纳斯群岛战争以来，（工党的）前座议员代表们害怕自己会再度因反战立场而在竞选中落败，所以竭力避免自己的言论听起来不如执政党（保守党）爱国。（当下的可悲论调乃是"我的战争和你的一样神圣"。）然而他们还是不应当如此草率地对参战表示"我也同意"。尤其是对一场他们并不相信的战争——这场以巨大苦难为代价的战争并不能解决任何问题，另外，他们大可以用"尽量避免伤亡"的理由来拒绝战争。[6]

艾瑞克悲观地认为，在全世界范围内，更广阔的社会主义前景正在被"更糟糕的愿景与更危险的妄想"取代，"宗教极端主义、民族主义狂热、带有种族主义色彩的仇外情绪越来越普遍，似乎正在成为世纪末的大众意识形态主流"。社会主义者抛弃了长久以来激励他们前进的乌托邦理想。但社会主义或许能为 20 世纪最后 20 年里的两大世界性难题给出解决方案，第一大难题是横行肆虐、不受控制的资本主义引发的"生态危机"，第二则是全球范围内贫民和富人群体之间"急剧扩大的差距"。[7] 两年后，艾瑞克在巴西再次谈起苏联共产主义失败的后果时称，苏联的终结意味着西方的社会进步有停滞之虞。他认为，西方建设福利国家是为了应对共产主义的崛起这种论断，似乎忽视了一个确凿的重要因素，那就是两次世界大战带给西方社会的凝聚力。然而，不论苏联共产主义失败的影响究竟是什么，在艾瑞克看来都是非常可怕的。[8]

1990 年，被《星期日独立报》的记者保罗·巴克采访时，艾瑞克的观点要温和一些，没那么悲观了。按照巴克的说法，他"身材单薄，几乎是瘦骨嶙峋"，"喜欢用一句机敏的俏皮话和突然咧嘴一笑来结束一个观点的阐述"。艾瑞克说捷克和民主德国的人民是乐于见到东欧共产主义溃败的，匈牙利人的态度则有所保留。但他补充道（这又是一个精准的预判）："我不确定世界其他国家是否会乐见这些被禁锢了 70 年之久的力量被释放出来。"1918 年奥匈帝国的解体"带来的影响几乎都是负面的"。人民对苏联的崩溃或许也会有同样的感受。动乱可能会接踵而至。当被问到共产主义取得了哪些成就时，艾瑞克会坦承它或许走进了发展的死胡同，或者说走上了历史的弯路。不过对某些国家而言，共产主义促进了经济增长与国家发展。但苏联内部的社会主义就没那么理想了。"回顾过去，如果苏联人选择了其他道路，结果可能会更好。"但苏联缺乏公民社会的基础，因此"它注定要走这条道路"。当巴克请他对比讨论 1989 年至 1990 年共产主义在苏联的失败与 1848 年革命时，艾瑞克形容前者是"人民之秋，而非人民之春"。然而他怀疑苏联共产主义的失败可能会引发民族主义的崛起，后者在苏联可谓是一股"完全非理性的"反启蒙力量。[9]

被问到为何不在英国共产党解体之前尽早退党时，他告诉巴克：

> 我不喜欢和那些退党后摇身变为反党分子的人士为伍。有些社

团是我不愿加入的。我不愿背弃我的过去、我的朋友和同志，他们中有很多人已经死去，其中一些是被自己人杀害的，我钦佩他们的无私与奉献，他们在很多方面都是我的榜样。这就是我——一个在1931年与1932年的柏林受到政治启蒙的人——所持有的观点，我会永远将它铭记于心。

共产主义是"一个实现普遍自由、解放全人类、解放穷苦大众的梦想"。这样的理念吸引过很多真正的仁人志士。这个梦想值得人们为之而奋斗。如加里·朗西曼所言，艾瑞克"极不情愿"让自己"被打上失去信仰的烙印"。[10]

随着战后达成的协议被不断推翻，艾瑞克对未来越发悲观。1992年5月，他观察到：

> 世界局势似乎变得更加无望。大部分地区的人民再次陷入了饥荒和互相残杀之中，虽然此刻的我们没有受到核灾难的威胁，但也不能忘记在欧洲和亚洲各处再度出现的老一套压迫手段，会让多少人被杀害、折磨，或是迫害致死。[11]

早在1991年夏，塞尔维亚与克罗地亚之间就因为极端的民族主义领土争端——尤其是对波斯尼亚地区的领土主张，爆发了暴力冲突。随之而来的是大屠杀和"种族清洗"（这是种族灭绝的委婉说法），这些暴行一直持续到20世纪90年代结束之后。据估计，双方死亡人数超过了13万，400多万人被迫离乡背井。在后来的一次采访中，艾瑞克批评国际社会未能认识到巴尔干地区战争的危险，他声称通过武力保护波斯尼亚人免受塞尔维亚威胁在道义上是完全立得住脚的。[12]他警告历史学者"必须要抵制那些正在被人为构建起来的，关于国家、民族与其他传说的神化概念"。在艾瑞克看来，东欧和巴尔干半岛发生的事让他更加坚信民族主义从来都不是一股天然向善的力量。早在1988年5月13日，苏格兰左翼民族主义者和劳工历史学者詹姆斯·D.扬曾询问艾瑞克是否对爱尔兰民族主义持否定态度时，他就回复道：

> 我对任何地方的民族主义都抱有不欣赏、不信任、不认同以及恐惧担忧的审慎立场。与20世纪70年代时相比，现在的民族主义或许更加泛滥，但我们要认识到它的巨大力量，在可能的情况下，必须利用这股力量来推动发展。我们不能让右派独揽民族主义的大旗。有些事情可以通过凝聚民族主义情绪来实现。一些左翼政党的伟大胜利——像是在反法西斯时期，在中国以及越南战场上的胜利——如果没有调动国民的进步热情，是无法实现的。我偶尔也会欣赏一些民族，也能体会到这些人民的民族情感，但这完全取决于我的个人偏好：我会喜爱一些像是爱沙尼亚、芬兰这样的小国，我会为它们发展或是保持文化独立的努力欢呼叫好。然而，我不会成为一个民族主义者，从理论角度来看，任何马克思主义者都不应该是民族主义者。[13]

艾瑞克已经将他关于民族主义的观点加以提炼写进一本名为《民族与民族主义》的小册子里，这本书的内容主要源于他1985年在贝尔法斯特女王大学的怀尔斯讲座上的发言。他在《帝国的年代》完稿不久后就开始写作，大约是在给扬回信的时候，并于第二次就职联合国世界发展经济研究所期间，在赫尔辛基完成了这部作品。[14]

这些年来，艾瑞克对民族主义的理解，已经从一种资产阶级的政治形式演变成一种"身份政治"，这反映了阶级统一阵线断裂而非牢固的趋势。[15] 1990年的种种巨变似乎证明了他是对的，更别提随后的一系列事件了。正如艾瑞克在此书出版后不久，对他在剑桥大学出版社的编辑比尔·戴维斯所说的那样："出于历史的偶然，这本书出版之际，恰逢所有识字的人都迫切要了解那股（似乎）一夜之间使东欧和苏联翻天覆地的力量。这或许会特别有利于此书的流行和畅销。"[16] 民族国家的建立确实是20世纪90年代初的时代议题。但是，"每个民族都应该建立自己的国家"这个可以追溯至19世纪初意大利民族主义者朱塞佩·马志尼的论点，从种族语言学的角度来看是行不通的。除了几个岛屿小国，全世界能合理宣称自己在语言和种族上具有同一性的国家不超过12个。对东欧人民来说，身份政治具有一种天然的强烈吸引力，在苏联统治下的数十年里，他们没有机会接受政治教育，也缺乏政治经验，只得在一个失去方向的世界里寻找某种确定性。民族语言开始取代公民权利和宪法之类的概念。艾瑞克认为这种发展趋势可能会加剧民主受到的威胁，并且会鼓励暴力。[17] 人们必须要开始反思缺乏约束的民族主义会带来的危险，艾瑞克希望自己的书对此能有所帮助。

当然，就像艾瑞克在1991年美国人类学学会的讲座发言中承认的那样，总的来说历史学者几乎没有采取行动来阻止民族主义的崛起。与之相反，他们自始至终都是民族主义的重要推动者。"民族是历史的产物，民族间的对抗也是历史的产物，而历史学家就是制造历史的人。"问题在于，参与历史制造的历史学家是神话的虚构者而非态度严肃的历史研习者。民族主义历史学者认为种族观念可以追溯到遥远的过去，在艾瑞克看来，这是"传统的发明"的另一个例子。种族认同不一定要和民族主义联系起来（美国就是一个例子），但重点是要认识到种族认同变化不定，而非恒常不变。然而，随着苏联的解体，"民族"成了"最后的救命稻草"。"民族主义没有什么好处，"艾瑞克宣称，"不过它也持续不了多久。"[18]

艾瑞克始终批判民族主义和"身份政治"，因为他坚持"左派的政治追求应当是普世主义的"。[19] 他认为民族是人为构建的产物，并在这本书里驳斥了所有反对意见。各个国家里特定民族或者语言群体对少数民族的压迫，也显示了民族国家并不一定能最好地保障公民权利与政治权利，至少对少数族群来说是这样。自从 1919 年战后和会确立了民族自决的原则以来，这种情况在 20 世纪二三十年代欧洲构建民族国家的进程中尤为显著。[20] 在时任伦敦政治经济学院讲师的爱尔兰政治学家布兰登·奥莱利看来，艾瑞克每到谈论民族主义时就会偏离自己一贯的学术标准，这种评价并不令人惊讶。"霍布斯鲍姆教授已经清晰地表达出对民族主义的厌恶。"奥莱利在驳斥艾瑞克这一立场时提出，若是不想走上希特勒帝国这样的全球霸权道路，可行的民主国家路线要求的唯一原则就是民族自决。（建立全球霸权当然是一个错误选择：最成功的超国家机构并不会彻底抹除国家主权，而是像 19 世纪的欧洲协同体或 20 世纪的欧盟那样分享权力。）

因此，民族的概念是一个现代发明，并不一定依赖于过去的种族纽带。它在社会和政治现代化进程中发挥了重要作用。艾瑞克借鉴了米罗斯拉夫·赫洛奇关于欧洲小国民族主义的研究著作，从更宏观的角度继续审视民族构建的进程，他将之分为三个阶段：文学运动、历史运动和民俗运动，种族身份的政治化，以及赢得大众的支持。19 世纪的自由主义者将其视为实现公民权利、建立议会制度的捷径，尤其是在面临专制帝国压迫或是区域性专制政权阻碍的时候。然而，只有体量大的民族国家才有可能存续，在这一点上艾瑞克完全赞同约翰·斯图亚特·穆勒等自由主义者的看法，这实际上也与马克思、恩格斯的观点一致。[21]

从历史唯物主义的角度很难解释民族主义，任何简单的阶级分析在这个话题上都不太行得通，这是马克思主义者面对民族主义时的根本难题。奥地利的马克思主义者奥托·鲍威尔试图调和这些理论，但收效甚微。美国政治哲学家迈克尔·沃尔泽认为《民族与民族主义》也没能解决这个理论问题。这本书没有详细地对作者的观点展开论证，也没有对任何民族主义运动进行深入分析，书里的"例子就像一场审讯中的证人，被传唤到法庭上作证，在回答了几个问题后就仓促地退场了——他们似乎都不能为自己多辩解几句。这是一种为论战服务的历史研究。霍布斯鲍姆想让我们确信民族主义是一项错误的事业，它虚构了危险的神话，它的真相是丑陋的"。例如，为什么霍布斯鲍姆会认为民族主义的出现"填补了现实中的人类共同体……衰退或是解体后留下的情感空白"？他并没有明示这些真正的人类共同体指的是什么，也没有解释假使它们真的被瓦解了，这是如何以及为何发生的。这本书最后提出，所有的共同体都是通过"想象"被人为构建起来的，如此描述民族国家也不为过。这部作品通过对神话的消解，使民族主义现象越发令人费解。

意大利统一之后，一位意大利政治家声称："我们已经创造出意大利，现在我们必须要塑造意大利人。"于是沃尔泽提出疑问，为什么意大利可以把托斯卡纳人、西西里人以及亚平宁半岛上其他那些甚至不会讲意大利语的居民整合为一个民族国家，却不能把利比亚人和埃塞俄比亚人变成意大利人？（这个问题失之偏颇，因为它忽略了意大利人和其他欧洲白种人一样，都对黑皮肤的非洲人抱有种族歧视：实际上意大利人除了将殖民地人民视作可奴役的对象之外，对他们没有任何兴趣。）[22] 沃尔泽继续质疑这本书将民族主义和沙文主义等同起来，但这也是一个错误的指责：艾瑞克很了解19世纪的欧洲史，能清楚认识到其自由和包容的一面。毕竟，正是因为欧洲史的这一面，沙文主义这个词才会被创造出来以区分民族主义和仇外情绪。此外，虽然这本书只讨论欧洲的情况，但艾瑞克肯定已经注意到印度或印度尼西亚等欧洲殖民地的解放运动本身，首先是基于民族主义理念的。《民族与民族主义》一书并不像沃尔泽和其他人认为的那样，对民族主义抱有强烈的敌意。艾瑞克再次显示了自己是如何从历史的角度，引发人们关于当代话题的讨论，这本书作为历史相对主义的重要宣言、当代历史核心问题的史学方法论，跻身于相关领域的重要作品之列。[23]

按照怀尔斯讲座的惯例，《民族与民族主义》由剑桥大学出版社出版，这部作品并没有给艾瑞克带来太多收益，却不断重印并很快被翻译成法语，由伽利玛出版社发行。艾瑞克抱怨过出版社的合约条款"有些苛刻，在这件事情上我觉得其他法国出版商也是同样的做派。想必在伽利玛出版社看来，能在他们那里出书是一种荣誉，这荣誉足以弥补他们的吝啬"。[24] 但艾瑞克也没有主动争取更丰厚的出版合约，1992年1月，这本书在法国出版。然而，一家德国的独立学术出版机构——坎普斯出版社为此书的德语版提出的报价还要低得多，如同剑桥大学出版社的版权经理克里斯汀·奥拉姆对这家出版社回复的那样，"对于如此杰出的作者，以及我们授权其他语言译本的版税水平"，坎普斯的报价简直"低得离谱"。于是坎普斯相应地提高了版税，在1992年秋天推出了德译本。[25] 此时意大利语译本也已出版，书里还附上了媒体对艾瑞克的宣传采访内容。[26] 这本书还在西班牙（1991年），印度尼西亚（1992年），克罗地亚（1993年），芬兰、希腊、韩国、瑞典（1994年），阿尔巴尼亚和保加利亚（1996年），匈牙利、摩尔多瓦和中国台湾（1997年）出版。1998年推出葡萄牙语译本，1999年有了阿拉伯语译本，2000年则新增了捷克语和简体中文译本，日语和荷兰语版本在2001年推出，2006年又有了希伯来语译本，还有一个土耳其语的版本（出版日期不详）。《民族和民族主义》是艾瑞克最具影响力、被讨论得最多的作品之一，不管人们什么时候讲授或讨论民族主义话题，这本书都是该领域的核心文献。

‖

　　在构思和写作《民族与民族主义》期间，艾瑞克在个人生活中也遭遇了民族主义。20世纪80年代激进的威尔士民族主义以斯诺登尼亚讲威尔士语的地区为中心兴起。艾瑞克的家人在那里租下了一处农舍，这种形势对那些在当地有空置房屋的人来讲非常不利，霍布斯鲍姆家便是如此。尽管这些房子若是一直空置无人居住，很可能会随着当地经济的持续衰退而变得破败不堪，但极端民族主义者还是声称这些度假小屋的存在使年轻人无法找到价格低廉的适宜居所，正在摧毁本土社区。其中最激进的"格林德之子"秘密组织，其名称来自15世纪初威尔士反抗英格兰起义的领袖，他们对那些长期不在威尔士的英格兰人购买或租赁的度假小屋实施了一系列纵火破坏。从1979年到1991年的12年间，大概228间度假小屋遭此厄运，其中大部分位于威尔士北面海岸的安格尔西岛和斯诺登尼亚。传闻当地的警察同情这些破坏者。可以确定的是，在这一系列破坏事件中，仅有一个人被逮捕过。[27]

　　艾瑞克和马琳对这种情况深感忧虑，加上房东理查德·威廉姆斯-埃利斯的审慎态度，他已经开始尽量把房产租给讲威尔士语的人了，这也给艾瑞克一家带来了压力，最终促使他们离开克罗伊瑟山谷，另觅更安全的地方。1991年，他们终止了已有15年之久的帕克庄园租约，利用艾瑞克下一本书的预付稿费购买了另一处名为霍利布什的村舍别墅。这里更靠南，位于瓦伊河谷埃鲁德镇格文杜尔的小村庄，距离海伊镇不远，镇上每年都会举办文学节，吸引了不少作家远道而来。正如莱坊地产经纪公司的中介人乔纳森·洛夫格罗夫-菲尔登在信中对艾瑞克坦言的那样："从您的角度考虑，这里的民族主义情绪没那么高涨，可以说是一处较为安全的家庭别业！"[28]新的度假屋周围山势平缓，通行条件比崎岖不平的克尼赫特山区要好一些，总的来说比起帕克庄园，设施也更加齐全、舒适，门窗不会漏风，还有集中供暖系统。从那时起，艾瑞克和马琳每年都会参加海伊镇的文学节，一年中也总会抽出些时间在这处新房子里小住。随着时间推移，艾瑞克成了文学节的固定嘉宾，也会和马琳一起在度假农舍里为特邀的客人举办晚宴。文学节的总监彼得·弗洛伦斯在 2012 年回忆道：

> 海伊文学节上有他参加的环节总是非常精彩，尤其是他和克里斯托弗·希钦斯以及西蒙·沙马之间妙语连珠的唇枪舌剑。他和尼尔·弗格森之间关于维也纳会议遗留影响的辩论引人入胜，相当于史学界的菲舍尔和斯帕斯基之战 *。他的西班牙语讲得和西班牙的塞哥维亚人一样好，意大利语水平堪比意大利的曼托瓦人，葡萄牙语也十分地道。他和家人在埃鲁德扎根，这促使他和海伊文学节建立起了长久的联系，正是艾瑞克让我们开始和拉丁美洲密切来往，也是他间接推动了海伊文学节在哥伦比亚和墨西哥举办，接下来两年我们还会把文学节拓展到智利和秘鲁。[29]

最后，弗洛伦斯委任艾瑞克为文学节主席，这大体上是一个荣誉性职位，既是对艾瑞克长期密切参与文学节的感谢，也是向他在文学及史学界的卓越声望致敬。

艾瑞克对每年 7 月最后一个星期六举行的格文杜尔农业展很感兴趣，人们经常看到他"和农夫们坐在帐篷里，一起喝啤酒"。[30] 1997 年，

---

* 被誉为天才的美国国际象棋棋手鲍比·菲舍尔（1943—2008）于 1972 年向当时的世界冠军鲍里斯·斯帕斯基（1937— ）发起挑战并胜出，打破了苏联垄断国际象棋世界冠军 24 年的局面，这次对弈被称为"世纪之战"。——译者注

艾瑞克在格文杜尔庆祝他的 80 岁诞辰（他在很多不同的地方都举行过庆祝活动，这是其中的一次）。他的邻居拉思伯恩回忆道：

> 庆祝现场还有一个名叫温斯顿、头脑务实的农民，他和艾瑞克简直不像是同一个世界的人，但他俩在曾属于伯特爵士和伯特夫人珍妮的房子里一起庆祝生日。两人一起站在阳台上，艾瑞克发表了一大段关于寿命、长时段理论和人生的讲话，温斯顿的发言则很简短。但他俩非常亲密，是真正的好朋友。[31]

伯贝克学院则举办了一场为期一天的会议，我、罗伊·福斯特，以及历史系的所有成员（不论退休与否）都参加了，大家在会上研读了艾瑞克多年以来用功颇多的课题论文。1992 年，艾瑞克向学院历史系提出请求，想要申请一个办公室和一些辅助设备，以便于处理与日俱增的往来书信、邮寄及复印等工作。学院院长特莎·布莱克斯通是一位工党的终身贵族，她同意了艾瑞克的要求，但据她的说法，条件是"他要给系里的年轻人传授经验"。她其实不需要在协议里附上这个条件，1998 年加入伯贝克学院的弗兰克·特伦特曼是一位年轻的经济史学者，他回忆道：

> 他的办公室大门总是开着，不管多大的邮包，都装满了来自世界各地的名贵邀请函、信件、书籍和选刊……只要你认真对待历史，艾瑞克不会在乎你只是青年学者或是学生。对他而言，历史研究是一项使命而非工作，他不会让自己的名声成为研究历史的阻碍……即使在退休很久后，如果有学生请他到场发言，他也会欣然前往。因为历史辩论就如同历史本身，永远不会停息。和艾瑞克一起散步聊天仿佛是被历史的精神之风推着走，因为他的思维

比车流移动得都要快，他的围巾常常会被这股风吹起来，有时还会被风吹走。[32]

2002 年，艾瑞克被委任为伯贝克学院的院长，这是对他多年真诚奉献的认可，这个荣誉职位的职责包括在每年的毕业典礼上为毕业生颁发学位证书。

在此前一年的 9 月，艾瑞克在意大利庆祝了他的 80 岁生日，当时他身处"热那亚拥挤的卡尔洛·费利切剧院"，和乔治·纳波利塔诺等人一同参加一个夜间论坛。辩论的焦点是全球化等话题，艾瑞克称全球化是不可避免的，但不一定要在新自由派的主持下推进。他还认为意大利北部的分离主义运动缺乏历史基础，可以说和苏格兰民族主义运动毫无相似之处。[33] 英国报刊上也有人撰文向他的 80 岁诞辰致意。基思·托马斯在《卫报》上称艾瑞克"可能是在世的英国历史学家中最知名的一位，他的作品无疑拥有最多译本"。他绝不是"埋首故纸堆的老学究"，而是"我们时代最有影响力的头脑之一"，他"有一种可以构建和宣扬新概念的罕见能力，在历史写作领域中留下了恒久的印记"。他本身"就是自己深刻剖析的资产阶级文化的绝佳例子"。[34] 奥兰多·费吉斯是一名年轻的俄罗斯现代史学者，即将去伯贝克担任教授，他从更为保守的立场出发，同意艾瑞克"可能是在世的历史学家中最出名的"，他的读者"数以百万计"，马克思本人也会欣赏他的"博学多才"以及"精彩而深刻的分析"。但费吉斯认为艾瑞克有些观点"让人很难理解"，是"完全错误的"，比如，他提出俄国布尔什维克在 1917 年 10 月除了发动革命没别的选择，又为他们在之后数月内掀起的有争议的活动辩护，称其具有历史必然性。不过费吉斯还是很钦佩艾瑞克那令人惊叹的涉猎范畴，并同意他对后现代相对主义的否定态度，这种思潮在当时的大学人文学科中影响正盛。[35]

艾瑞克80岁生日前的一周,托尼·布莱尔领导的新工党在大选中获得了压倒性的胜利。不久之后,唐纳德·萨松、尼娜·费舍曼(艾瑞克的另一位博士生)及她的意大利丈夫在艾瑞克位于纳辛顿路的家中共进晚餐。"我们举杯庆祝托尼·布莱尔的胜利,"萨松回忆,"但他没有举杯……不记得是我还是尼娜说了一句:'还是庆祝一下吧,毕竟保守党当政这么多年后总算被击败了。''唉,你们喝吧。'他说。我们都为保守党政府长期掌权的终结感到欣慰,但艾瑞克不为所动。"[36]但布莱尔显然很感谢艾瑞克,因为他帮助新工党打下了理论基础,这位英国最具国际声望、最有影响力、作品被广为传阅的历史学家是时候收到官方对他成就的一些认可了,而这种认可在保守党执政期间是绝无可能的。基思·托马斯在1993年到1997年间担任英国国家学术院主席,也是提议授予艾瑞克骑士爵位的高层人物之一。托尼·布莱尔知道这个头衔会让艾瑞克很为难,因此身为首相的他还为艾瑞克提供了另一个选择,那就是授予他荣誉勋爵。这是一项设立于1917年的制度,旨在奖励那些英国及其他英联邦国家里,在艺术、科学、政治、产业或宗教领域中有杰出贡献的人士,截至当时有50人获此殊荣。艾瑞克接受了荣誉勋爵,理由是他的母亲会希望他这么做。同时,杰克·琼斯接受荣誉勋爵的事也让艾瑞克印象深刻,那是一位在西班牙内战期间加入了国际纵队的左翼工会成员。"我不能接受爵位册封,"艾瑞克有一次对我说,"那样我将永远羞于面对我的老战友,而荣誉勋爵是为我们这些处境尴尬的人准备的。杰克·琼斯能获得的奖章对我来说已经足够好了。"在白金汉宫的授勋仪式上,很多人注意到一个颇有象征意味的小插曲:当艾瑞克半跪在脚凳上,等待女王把荣誉勋爵的勋章绶带挂到他脖子上时,一片石膏从天花板掉落到了地板上。[37]

这一嘉奖毫不意外地在右派政治阵营中激起了怒声抗议，安德鲁·吉姆森是不久前退休的《每日电讯报》"议院速写员"*，他在保罗·约翰逊的儿子丹尼尔主编的《观点》杂志上撰文称艾瑞克应得的是"不荣誉勋爵"。[38] 同样直言不讳的还有阿尔弗雷德·谢尔曼，他是艾瑞克最鄙视的那一类政界人士，这些人曾经投身共产主义事业——谢尔曼也在西班牙内战期间加入过国际纵队——后来却转向了令人作呕的反动保守主义（谢尔曼曾经是玛格丽特·撒切尔的顾问，凭借为撒切尔政府的服务获封爵士）。1983 年，谢尔曼由于其种族主义立场和糟糕的行为举止，被右翼阵营的重要智库"政策研究中心"开除。在 20 世纪 90 年代的整个十年间，他成为在巴尔干半岛战争中替塞尔维亚方辩护的知名人士。[39] 他怒斥对艾瑞克的表彰"已经引起了震惊和愤恨……霍布斯鲍姆讲的都是些过时的口号"。[40] 在左派阵营里，艾瑞克无疑又遭到了指责，说他向当权者献媚。詹姆斯·D. 扬称艾瑞克接受嘉奖的做法和他"以欧洲白人为中心的斯大林主义"是完全相符的，从另一方面证明了他从根本上依附于体制力量且抗拒任何"无序"的反抗与叛乱。在一篇全面批判艾瑞克作品的长文中，扬毫不避讳地彰显出极左分子历来的反犹主义立场，每次提到艾瑞克的国籍时，都会把"英国人"一词用引号标注出来。[41]

---

* 议院速写是 18 世纪早期发展起来的一项英国政治生活传统，当时对下议院日常运作和事务讨论的披露受到严格限制，议院对公众开放的区域也十分有限，因此一些人为议员起了化名，并通过发表虚构报道的方式向公众委婉地透露消息。这些报道的文风很快变得幽默有趣，被称为"议院速写"，虽然现在已经可以从电视直播上了解现代议院，但这项传统仍在《泰晤士报》《卫报》《每日电讯报》等报刊上以专栏的形式延续。——译者注

Ⅲ

20 世纪 80 年代末，艾瑞克开始构思写一本关于 20 世纪的史学作品。这是一个"有史以来最具革命性的时代"，但像他一样生活在这个时代的人却"恰恰完全不能理解，或者是无法充分理解（如果政治家们可以的话）他们正在经历的一切"。从历史研究以及真正的全球视角出发来理解这一时期是有重要意义的。任何书写这段历史的人都要从物质生活的生产模式谈起（"当然也可以试试从其他问题谈起，看看会得出什么结论"）。[42] 艾瑞克的版权代理人布鲁斯·亨特认为，艾瑞克完全应当将历史写作范畴从 1789 年至 1914 年这一时段拓展到"短暂的 20 世纪"。[43] 乔治·韦登菲尔德早前已经了解到这个写作计划，他在 1987 年对艾瑞克说：

> 我们希望您能认真考虑动笔完成这部巨著，以您博学睿智的视角，对 100 多年以来"我们所处时代"的文化、社会和政治进行评述。虽然此刻还不必预设或描述这本书的内容提纲，但我相信这样一本书会在全世界范围内取得巨大成功，为了表明我对此的信心，只要此书的篇幅和主旨落定，我便会预付您 10 万英镑的全球版权费。[44]

接下来的几个月里，艾瑞克着手准备这本新书的写作大纲，并在 1988 年 4 月 28 日寄给他的代理人。[45]

然而，布鲁斯·亨特并不打算只和韦登菲尔德的出版社商谈，因为这本书显然有大获成功的潜质，在征得艾瑞克同意后，他决定让更多出版商来竞标。他把艾瑞克的大纲寄给了其中的几家：

（我）告诉他们这是一次竞价……哈米什·汉密尔顿出版社不会参与，因为他们已经委托诺曼·斯通撰写一本20世纪史，这本书的风格和你的显然不同，他们担心自己没办法对两本同类书一碗水端平，我觉得他们的想法很正确。想要参与竞价的出版商包括：凯普、西蒙与舒斯特、柯林斯、西奇威克与杰克逊、海尼曼、迈克尔·约瑟夫以及世纪哈钦森。我给这些出版社都寄去了大纲和评论。[46]

这一举动使韦登菲尔德和尼科尔森出版社大为震惊。亨特告知艾瑞克，该出版社的历史编辑"朱丽叶·加德纳似乎对我们试探市场的行为很不高兴，并且暗示说我们不可能找到比他们报价更高的出版社了"。[47]乔治·韦登菲尔德告诉布鲁斯·亨特"他宁愿退出也不会参与竞价"。[48]他在电话里愤怒地对亨特说："这本书就是个错误。历史学者没有资格写当代发生的事情。他是个历史学者，应该只写那些他熟知的历史！"[49]

不过，韦登菲尔德还是参加了竞价，虽然过往与艾瑞克的长久合作，让他有种遭到抛弃的背叛感。亨特和斯图亚特·普罗菲特洽谈过，他认为对方是这本书的理想编辑，但普罗菲特当时为鲁珀特·默多克的哈珀·柯林斯出版社工作。"由鲁珀特·默多克来出版艾瑞克的书，光是想想都觉得绝无可能。"10万英镑是凯普、哈珀·柯林斯和海尼曼的出价上限，虽然世纪哈钦森把出价提高到了12.5万英镑。[50]不过这和其他出版社的报价一样都包括了新书的全球版权，而这一时期的艾瑞克在很多国家都十分出名，这些国家的出版商很可能愿意支付丰厚的译本版权费。从这个角度看，最有优势的是迈克尔·约瑟夫及其自有的平装本出版社斯菲尔，他们为单独购买英国市场的版权开出6.5万英镑的报价，戴维·海厄姆代理公司可以自行与其他各国接洽译本版权业务。因此，亨特提出把英国和英联邦国家的发行版权拿出来重新竞价。[51]

迈克尔·约瑟夫把报价提高到9万英镑。乔治·韦登菲尔德开不出这么高的价格，因为他没有下属的平装本出版社，无法为平装版付清版权，总之，他拒绝了艾瑞克方面提出的仅出售英国和英联邦国家发行版权的要求。[52]

这次竞价的结局是艾瑞克与迈克尔·约瑟夫在1988年12月签下了合同。这不仅因为这间出版社的报价最有优势，同时还因为享特对即将负责艾瑞克新书的编辑苏珊·瓦特很是尊敬，她的丈夫是被称为"知识分子记者"的戴维·瓦特，除此之外——"她至少很理解艾瑞克的重要地位，也了解他的作品"。[53]由于艾瑞克年事已高，出版商出于谨慎坚持加入了"亡故条款"，为万一出现艾瑞克未能完成这部作品的情况做好安排。艾瑞克认为"不能让马琳陷入突然要退回几千英镑预付版税的处境。这个事情要处理好。我觉得要考虑找一位在我无法履约的时候能够替代我的作者"。他在1988年12月5日签订了合同。同时，他坚持这本书的美国版本由好友安德烈·希夫林的潘塞恩出版社发行，事实也的确如此。[54]

众所周知，为自己经历过的时代书写历史不是件容易的事情。"对历史的基本认识恰恰在于你要和历史保持距离。"1994年11月1日，艾瑞克在接受英国广播公司第三电台采访时说道。因此如果你写的是自己经历过的时代，"你就离它太近了"，"你会发现很难脱离自己当时的行为和思想……如果你写的是自己的人生，你就会在情感上太过投入"。[55]艾瑞克在伦敦大学标志性的历史讲座上阐述了这些观点，这个讲座以维多利亚时代的伦敦主教曼德尔·克赖顿命名，并由他的遗孀提供资助，克赖顿本人也是一位著名的历史学者。1993年，在伦敦大学最大的礼堂贝弗里奇厅，艾瑞克面向满场听众发表了题为《作为历史的现在：书写我们时代的历史》的演说。他告诉听众自己在学术写作中刻意与20世纪保持距离，虽然他在时政评论中并非如此。他从一个特殊的角度切入 20 世纪——20 世纪 20 年代的维也纳和 30 年代的柏林及剑桥，他在这些时期的丰富经历塑造了他的整个世界观。1940 年，当艾瑞克还是一个普通士兵时，曾在收音机旁聆听过丘吉尔号召英国人民抵抗德国侵略的演讲，"那个时刻有一种平实的庄严感"。个人的经验和记忆影响历史判断的情况只会发生在我们经历过的时代。[56]

伦敦大学通常会向主讲人支付 300 英镑，作为学校保留克赖顿讲座内容版权和独家出版权的报酬。[57] 艾瑞克对这样的条件不太满意。1993 年 11 月 13 日，他写信给伦敦大学校长，坚持保留自己演讲内容的版权，并补充道："如果学校不接受我的请求，我自然会把酬劳送还。在这件事情上，请原谅我是站在专业作者和演讲者的立场，而不是以一名伦敦大学的退休教师的身份来写这封信。我两者均是，但我现在只能靠其中一项来谋生。"[58] 这实际上是这个讲座自 1907 年开办以来第一次有人提出版权的问题。[59] 学校的回复是艾瑞克有权利在他认为适当之时重新出版讲座内容，学校不会对此进行阻挠，这让艾瑞克放下心来。[60]

像之前撰写 19 世纪史时一样，艾瑞克在新书中坚决采取一种专题化的分析方式。他没有采用另一种按照年代结构的叙述模式，这种模式出现在马丁·吉尔伯特爵士的《二十世纪世界史》中，在 1997 年由哈珀·柯林斯出版社发行。艾瑞克总结道："不管'事实'有多么不充分，至少它们都发生在离我们不远的年代，它们需要得到概括和解释。"[61] 在着手构思自己这本 20 世纪史的内容结构时，艾瑞克最初想把 20 世纪以 1945 年为分水岭，划分为两个部分，以"一种双联画的形式"呈现多灾多难的上半叶和接下来蒸蒸日上、和平繁荣的下半叶。但这样写了几年后，他在 20 世纪 80 年代末改变了想法，1989 年苏联解体的影响促使他从一个更为悲观的角度来看待 1973 年后的历史事件。[62] 他把书里的时期划分修改为三部分，从 1914 年到 1945 年的"大灾难的年代"是第一部分，然后是 1945 年到 1973 年的"黄金时代"，最后是 1973 年到

1991年的"天崩地裂"，那时产油国主导的全球石油价格飙升引起了严峻的经济衰退，接下来"全世界都迷失了方向"。

为了书稿的修改工作能够顺利进行，艾瑞克招募了莉泽·格兰德，她曾在巴勒斯坦解放组织的一个分支机构工作过，从1992年开始在纽约社会研究新学院攻读硕士学位。她是他的最后一位助理，没有报酬但充满热情。在她后来的回忆中：

> 他让我干两件事。他会派我出差，寻找、确认一些他写书要用到的数据和文献，他会吩咐我干这事儿，对我说"搞清楚1920年印度穆斯林运动的情况"之类的话……接着他还会说"我想在一个星期之内看到结果"。于是我就开始在一个自己完全不擅长的领域里忙活起来……[63]

格兰德开始工作时，艾瑞克让她不要问任何问题（"现在别烦我"），在为艾瑞克工作的3年里，莉泽·格兰德的确没有提出过疑问：他需要一个研究助理，不是一个合著者。她觉得和艾瑞克一起工作在很多方面都充满挑战。那时革新了信息搜索方式的互联网和万维网还没有出现，事实和数据必须从书本和文章中查找，而且经常不够清晰，也比较难获得。

除此以外，她发现艾瑞克觉得重新思考自己对20世纪的认识是一个十分艰难的过程：

> 我们共用一个办公室——一个小小的、空间很窄的地方……里面有一张长桌，是吃饭用的长餐桌，我坐在嵌进墙里的那头，他坐在这儿打字。他烦躁不安的时候会把稿纸展开然后揉成一团。接着，他会把纸团扔进垃圾桶里，而这十有八九会误扔到我身上！我

会转向他，看到他一边向后歪着头一边用手指敲着桌面……我的意思是，他就是这样暴躁易怒的人。

和绝大部分认识艾瑞克的人一样，格兰德也对他的交游广泛印象很深。有一次他让她出去找一些波兰移民的数据，"他自然是不会告诉你怎么去找的"，所以她去了纽约公共图书馆的斯拉夫、波罗的海及东欧资料区。

> 我找到了档案管理员，一起花了很多个小时梳理档案，找到了想要的资料，艾瑞克一直非常焦躁，他对我说："你一拿到资料就马上给我带过来。"所以我去了他的公寓，到了那儿的时候大概是晚上 9 点了，房间里有客人在，是一位长得很有魅力的男子。我把档案拿出来，艾瑞克说"好的，谢谢你"，然后这个挺吸引人的男子说"留下来喝杯咖啡吧"，我看了一下艾瑞克，他明显不想我留下来，于是我说"不不，不用了，谢谢，晚安"。第二天我问艾瑞克"那是谁？"他说那是加西亚·马尔克斯。[64]

格兰德的三年助理工作结束时，艾瑞克给了她一张 1 000 英镑的支票，并在这本书的致谢页中毫不吝啬对"杰出的格兰德小姐"的赞美。"即使有人告诉我艾瑞克对我有这样的评价，他本人也不会对我透露半句。"不过莉泽·格兰德没有从事学术工作，而是接受了联合国的邀请到巴勒斯坦工作。她问艾瑞克自己的决定是否正确。"他说的是：'你当不了一个很好的历史学者……你还不错，但你不会很出色，所以我建议你还是去那儿工作吧。'"她在刚果（金）、安哥拉、南苏丹和其他动乱地区工作过，担任的职位越来越高，并在联合国伊拉克援助任务中做过首席副特别代表。她依然和艾瑞克保持着联系，从世界不同的地方给他写长信，回到伦敦的时候也会到艾瑞克家中做客。

为了更好地完成这本 20 世纪史，艾瑞克在新学院开设了一门 20 世纪史课程，莉泽·格兰德上过这门课：

> 他那时显然在重新思考两个很宏大的问题，某种意义上他利用这个课程来深化他的反思。使他全身心投入的其中一个问题是为何 20 世纪以一种如此野蛮的方式结束，为什么人民再次饱受煎熬，为什么硝烟四起满目疮痍，为什么谋杀乃至大屠杀可以横行无忌……他还反思了社会主义在现实中是如何遭遇挫折的……这门课程围绕的就是这些主题……当然他什么都会讲一点，但那些问题才是他真正关注的……他的道德感让他对这些情况感到失望，并且在某种程度上对局势完全朝错误的方向发展感到愤怒……这不是一门中立的课程——要知道，他从来都不和稀泥——他讲课的时候并不采取中立的态度，他意见尖锐，经常处于愤怒之中，还带有一点失望的情绪。我记得，其他教授和我都记得他因为自己的教学内容而心烦意乱……另外，他要求自己的学生要立场鲜明，你要对自己诚实，作为一名享受了高等教育的人士，你有责任选择正确的立场。他就是这么充满斗争精神。他是个脾气古怪、勇于斗争又性格坚定的人。

对于某些国家的政府重新使用此前已经禁止的不人道手段，格兰德能感受到艾瑞克出于道义的真切愤怒。"这些情况不应该是司空见惯的，但所有国家都干这种坏事，大家可以预料得到，我们一直以来都这样互相伤害之类的说法让他觉得受到了侮辱。"

她觉得和艾瑞克一起工作以及参加他的研讨课程对自己后来的职业生涯颇有帮助。他让她学会理解"意识形态是如何运作的，它都意味着什么。如果没当过艾瑞克的学生，我永远也不会懂得这些"。没有这些经验积淀，她可能无法从容应对眼前的内战和暴力，指挥救援车队穿越冲突区域：

> 你看，这个混乱不堪，看起来没有秩序的世界——实际上并不混乱。它是可以被理解的。这就是成为艾瑞克的学生后你获得的巨大自信……你审视这个世界，并且能够洞察它。这需要系统地运用你的知识体系、思想和观点。只要你是他的学生，他就会把这些传授给你。这是了不起的馈赠……随着我年岁渐长，开始意识到他是多么坚强，充满了道义感和热情，即使他已经是一位行至暮年的老者，他一生为之而奋斗的事业也正在遭遇曲折。和艾瑞克一起工作有种强烈的心酸感，因为他失败了，他所在的阵营未能如愿胜利。

然而，他在克赖顿讲座上用一句话彻底辩驳了"历史由胜利者书写"这句粗浅傲慢但又流传甚广的主张，那就是"失败者才是最好的历史学家"。[65]

1993 年结束之际，艾瑞克完成了最后的修订。布鲁斯·亨特认为"这本书非常好"，但不太确定该取什么样的书名。他建议用《动乱的年代》或者《分裂的年代》作为标题，而且觉得无论如何都要有一个副标题"20 世纪简史：1914—1991"。[66] 但最后保留的书名是《极端的年代》。1994 年初，出版商把书交给了一位编辑。为了让这本书能按时在 10 月出版，赶上在圣诞节时投放书籍销售市场，艾瑞克要求迈克尔·约瑟夫增加人手处理这本书的出版事宜，尤其在他认为出版商选择的插图数量不足并且需要修订的情况下。[67] 这部作品最后如期出版了。

《极端的年代》得到的评论也许比艾瑞克任何一部作品都要多，他对这些评论密密麻麻地写了 8 页纸的总结。[68] 他从前的学生尼尔·阿舍森多次赞扬称，这本书展现的庞大知识体系令人惊叹，大部分读者必定深有同感。60年前，艾瑞克的博学曾让他的大学同辈折服；现在他得到的是充满敬意的评论，就像阿舍森在《星期日独立报》上写的那样：

> 在以英语写作的历史学者中，霍布斯鲍姆对事实和史料的高超驾驭水平无人能及。这里的关键词是"驾驭"。他保存和提炼细节的能力现在已经达到了团队管理的大档案馆的级别。恰好出生在亚历山大城的他，本人就是一座行走的亚历山大图书馆，在19世纪史方面尤其如此。而且，他的作品里丝毫没有迂腐的学究气。艾瑞克·霍布斯鲍姆惊人且令人痴迷的史料概括能力只会随着年月而增长。他是个历史学家，不是小说家，但他那瘦削脑袋里装着一台像劳斯莱斯那么华丽精美的想象机器。[69]

此时，艾瑞克的名声已经远远超出史学界，进入了更广泛的大众阅读领域。因此，《极端的年代》得到了一系列知名公共知识分子的评论，其中最引人注目的也许是爱德华·萨义德，他是在纽约哥伦比亚大学任教的巴勒斯坦学者，1978年出版的《东方学》使他成了后殖民时代研究的奠基人。萨义德认为《极端的年代》有着文学性著作的风范。然而，意料之中的是他觉得这本书的研究方法过于以欧洲为中心，把世界其他地区的政治发展视作对欧洲的模仿。他指出这本书忽略或者无视欧洲以外的思想者。由于该书采取的视角很狭隘，《极端的年代》似乎无法揭示"一个特殊时代的内驱力或者推动力"，也不能从"内部的角度"表达那些历史的亲历者、受到压迫或损害的群体、种族或社会歧视的受害者，以及秉持宗教纲领的抵抗运动发起者（比如伊斯兰运动的发起人）的观点。这本书对文化的处理遵循还原论，仅仅将其视作政治和经济的产物，而不是相对独立于这两者。艾瑞克认为现代主义不过是"一幅讽刺漫画"。虽然萨义德指出了这些不足，但总体而言他认为这本书是一部杰作。[70]

萨义德的评论长文显示出这本书的每处细节都受到了左翼作者和思想家的严格审视。《新左派评论》中超过 40 页的篇幅皆在讨论此书。瑞典马克思主义社会学家戈兰·瑟伯恩赞扬了这本书令人惊叹的宏大内容，但批评它低估了民族主义在捍卫民主时所发挥的力量，例如两次世界大战之间的西班牙、战时的挪威和其他国家。书中对社会变革的分析有些华而不实（"艾瑞克出色的叙事才华在这一方面失灵了"），最后，瑟伯恩同样指出这本书带着根深蒂固的欧洲中心主义。从事政治社会学比较研究的迈克尔·曼撰写了一篇更有批判性的评论。他认为这本书写得十分精彩（"相较之下，其他 20 世纪通史显得单调乏味、缺乏系统、过于观念化"），但如果艾瑞克能把个人经历更多地融入历史全景，这部作品会更加饱满。《极端的年代》用于讨论民主社会主义的篇幅也少得可怜，并且未能从性别的角度充分探讨法西斯主义，坦白说，法西斯主义可以被视作男性力量在不满累积后的爆发。曼认为艾瑞克在讨论苏联时对布尔什维克革命及其直接后果采取了一种过于乐观的态度。和很多评论者一样，艾瑞克对未来的悲观预测让曼大感震惊："他和 20 世纪都在变老，他不喜欢这样。"最后，他觉得这本书的时代划分用处不大，也不能令人信服："霍布斯鲍姆也许陷入了历史学家喜欢用隐喻给年代定下基调的怪圈。"[71]

凯文·戴维在英国工党左翼杂志《论坛》上也对这本书的"文化保守主义"提出了批评，书里批判了战后的诗歌、绘画和音乐，为"高雅文学艺术中古典流派的衰落"感到痛惜。"他笨拙和十分传统的阐述还是有几分在理的，艺术可以预示接下来的社会崩溃"，但这绝不能反映历史的全貌。[72] 苏格兰左翼作家和编辑安格斯·考尔德也同样认为"霍布斯鲍姆对摇滚乐、电视和 1945 年之后的绘画和文学不以为然的态度"

背后是"不可抑制的怀旧情绪，他怀念那个现实主义小说和交响乐作为文明根本要素的年代"。考尔德表示："一个过去能把爵士乐写得那么精彩的人，居然宣称西姆农是唯一一个作品能跻身严肃文学之列的侦探作家，这让我感到失望——难道雷蒙德·钱德勒和切斯特·海因斯就不够格了？"他和其他评论者一样，很轻易就能指出艾瑞克这本书内容上的漏洞——这里他提到的是"马普福莫的音乐和瑟罗特的诗歌 *"。然而这或许并非遗漏，大概每个人都会想到将他们挑选出来特别讨论。[73]

罗斯·麦基宾发表在《泰晤士报文学增刊》上的文章特别指出，艾瑞克作为共产党员已经远离了早年的理念。"这本书没有马克思主义目的论，至少没有采用辩证法。"但从根本上看，把内容凝聚在一起的还是马克思主义的研究手段，使这本书成为一部"全面的历史"，其中所有的事物都是有内在联系的，并且最终在"资本主义及其可怕的活力"的引领下回归历史。"全书的结构已经预设了框架，虽然这框架并不一定取决于社会的物质基础。"立场更左的佩里·安德森同意"《极端的年代》是霍布斯鲍姆的杰作"。这本书和此前的 19 世纪三部曲的区别尤其体现在"完全没有提及资产阶级——不像国际象棋、毒品或者足球——甚至没有列入索引条目中。难道这个阶级在 1914 年 8 月之后就消失了吗？"安德森提出了诘问。带着这个疑问，安德森继续探讨这本书的年代划分，他注意到《极端的年代》的三个时间段基本是以经济关系来划分的，第一个时间段的标志是供不应求，第二个是供求平衡，第三个是供大于求。安德森没有从根本上质疑这种三分法，但他认为这

---

* 托马斯·马普福莫（1945— ）是具有政治影响力的津巴布韦音乐家，被他的同胞称为"津巴布韦之狮"；蒙甘·瑟罗特（1944— ）是南非诗人及作家，因反对种族隔离遭到过囚禁。——译者注

种划分只适用于世界上的某些地区，比如中国的情况就不是这样，西方人很容易提出所谓的"黄金时代"（1945—1973 年）在中国对应的是一段曲折的探索期。并且中国在 20 世纪 70 年代初以后的数十年里并没有陷入发展停滞，反而出现了空前的经济增长。20 世纪 50 年代到 70 年代，朝鲜半岛、越南、中东、印度尼西亚和非洲的战争和国内冲突导致大概 3 500 万人遇难。"艾瑞克书中的第三个时间段，也就是'天崩地裂'期间，全球的（战争中的）死亡率急剧下降"，数量大约是 500 万人。他"立足于……维也纳、柏林和伦敦的视角"导致了对东亚的忽视，这可算该书的一大损失。[74]

考虑到这本书基本采取的是欧洲视角，安德森还认为艾瑞克忽略了 20 世纪的美国史，这由于书中避开了对整个西方社会的横向分析而显得更加明显，尤其在压根不提及西方资产阶级的情况下。"苏联的索引条目是美国的两倍，但实际上内容的不均衡更能说明这一问题"，安德森之所以这样说是因为书里对苏联进行了三次全面的分析，但对美国一次都没有。因此，在艾瑞克的 20 世纪史中，"以失败者为中心的写法让胜利者的相对边缘化更加突出"。由于忽视了资产阶级，尤其是美国的资产阶级，"《极端的年代》对当代社会的描写是残缺不全的"。此外，书中对年代最近的全球历史的负面看法，导致艾瑞克忽略了全球民主化带来的积极发展，从 1973 年到 2000 年，全世界的民主国家数量增长了一倍以上，尤其是在拉丁美洲。艾瑞克写《极端的年代》时正好处于这一进程当中，他至少应该停笔思考一下。艾瑞克在作品中详细记录了两次世界大战之间的民主崩溃和各种极权主义的兴起，但他没能对战后的民主重建和传播进行同样深入的讨论。[75]

在更为中立和偏右的阵营里，美国记者克里斯托弗·考德威尔把这本书纳入了 A.J.P. 泰勒和 E.P. 汤普森等学者奠定的史学传统。"霍布斯鲍姆是其中一位杰出的历史学家，他为了辩论和提出指引意见而写作。这是一种风格，"考德威尔继续说，"这种风格与其说是启发性的倒不如说更像一种鼓舞，需要的不只是耐心的关注，还有谨慎的参与——霍布斯鲍姆的 20 世纪史就是继承了这一伟大传统的最后一批重要作品之一。"[76] 艾瑞克的老朋友尤金·D. 吉诺维斯在美国杂志《新共和》上撰写了长篇评论，赞扬艾瑞克是"我们这个世纪少数几个真正伟大的历史学家"。吉诺维斯赞同艾瑞克对"现代社会个人自由泛滥"的抨击，这反映了他日渐保守的政治立场。吉诺维斯认为艾瑞克的书逐个摧毁了左派的陈腐观点，包括"非理性的激进女权主义理论以及相关的许多伪装成激进社会理念的噱头"。但矛盾的是，吉诺维斯指出的这些方面都让这本书显得相当保守。[77]

也许最激烈的批评来自托尼·朱特，他是研究 20 世纪法国社会主义的专家。朱特认为："艾瑞克·霍布斯鲍姆的 20 世纪史是一个关于文明衰落的故事，这部世界史展示了 19 世纪的物质和文化潜力在 20 世纪既实现了全面繁荣，又背叛了过去的承诺……霍布斯鲍姆的书里有很多内容都营造出一种先知耶利米预言厄运即将到来的氛围。"[78] 艾瑞克在书中多处承认自己曾对事件判断失误，朱特对此表示敬意，但对于一些大问题的看法，艾瑞克似乎从 20 世纪 30 年代以来就从未改变过。他形容西班牙内战中的共和派抵抗斗争是目的纯粹且不带其他企图的，但忽视了共产党人在其中的负面作用削弱了抵抗力量。他坚持 1917 年的俄国十月革命是一场大规模的人民起义。他忽略了革命的质量乃至法西斯主义对革命的影响，尤其是在战争年代。在这本 600 页的书里，他只用了 6 页来讨论"二战"后东欧"真正运作起来的社会主义"，只有一个段落是关于 20 世纪 50 年代苏联公开审讯的。朱特最后指出，艾瑞克在书中对斯大林在 20 世纪 30 年代的一些有争议的做法轻描淡写，总的来说，艾瑞克"那对历史进行无情审视的眼光使他的 19 世纪史成为一本不可或缺的作品，但这种眼光在他的 20 世纪史里是缺失的"。

尼尔·弗格森对左派能推出一本这么精彩的史书，而自己明确支持的右派阵营却没能拿出与之抗衡的作品感到遗憾（"我们的 20 世纪史在哪里？我们的霍布斯鲍姆在哪里？"）。[79] 另一个没那么宽厚的英国右翼历史学家及传记作者安德鲁·罗伯茨认为这本书充斥着偏见，"对大众读者毫无益处"，是"极端分子"写的一本一无是处的"垃圾"。即使《每日电讯报》的读者也认为这种骂骂咧咧的评论过于粗俗了。[80] 另一位撒切尔时代的新保守主义者丹尼尔·约翰逊用同样坚决有力的词语形容这本书是基于"大量诡辩"的"片面之词"。他希望丘吉尔的官方传记作者马丁·吉尔伯特能够写出一本意识形态色彩没那么强烈的 20 世纪史，虽然吉尔伯特的书就像艾瑞克在评论时指出的那样，到头来变成了一部编年记录而非史学作品。[81] 加拿大的后现代主义保守派莫德里斯·埃克斯坦斯批评：

> 霍布斯鲍姆最刻薄的评论不是针对大屠杀凶手希特勒，也不是针对斯大林或者波尔布特的，而是针对约翰·F. 肯尼迪（"很大程度上名过其实"）、亨利·基辛格（"冷酷虚伪"）、理查德·尼克松（"很没礼貌"）等人以及整个美国。美国不出意料地需要为冷战负责，为接下来世界各地的政治动乱负责，为环境恶化负责，为前所未有的庸俗文化负责：霍布斯鲍姆要说的似乎是，如果我们身处的年代有一个邪恶帝国，那就是美国——现代资本主义的老巢。[82]

站在专业的作家代理人角度，布鲁斯·亨特认为这些攻击性的评论并非完全是坏事：一本书掀起的公众争议往往可以创造销量奇迹。[83]

在回应这些批评的时候，艾瑞克坚持这本书"试图反思我一生中提出过的观点，而不是证实它们。把这本书从根本上或者在某种意义上视作对共产主义立场的辩护，又或者更荒谬地认为我采取了亲苏立场，都是对这本书突兀而近乎不可理喻的误解"。这类一概而论的武断说法是对文本的故意误读造成的。艾瑞克为书中斯大林的苏联拯救了西方的说法辩护，提出"二战"中的结盟只是暂时的。大部分读者都接受了这个观点。至于有人提出艾瑞克对奥斯威辛的讨论不够充分，他辩称这是因为他觉得那样的惨状已经超出了想象。艾瑞克承认，"如果用更多的篇幅来批判希特勒，可能会让这本书的内容更加充实"，尤其在不久前有研究显示普通德国人参与了大屠杀的情况下。[84]

不管评论是如何毁誉参半，作品出版前艾瑞克在广播节目和电视上的宣传使这本书很快就取得了商业成功。[85]在读者看来，这部作品能让他们理解一个令人困惑又混乱不堪的时代。《星期日独立报》提前连载了内容摘要，各读书俱乐部也为这本书支付了1万英镑的版权费用。艾瑞克甚至敏锐地感知到即将来临的新技术，他咨询布鲁斯·亨特能否"可以在互联网上给这本书打广告或者发布摘要"——他刚学习了一门如何使用互联网及怎样收发电子邮件的课程。[86] 1994年10月12日，艾瑞克告诉布鲁斯·亨特"这本书在英国的预售情况比我期望的要好"。[87]迈克尔·约瑟夫出版社组织了一次午餐酒会，邀请的客人包括一群政治立场各异的历史学者和知识分子、记者、电台节目主持人以及资深的左翼人士。[88]在1994年10月27日出版后的几天之内，《极端的年代》在《星期日泰晤士报》的畅销书排行榜上位列第6。[89] 1994年11月28日，图书业行内杂志《书商》的官方排行榜将这本书列为第14位。[90]《极端的年代》获得了非虚构作品类别的银笔奖，艾瑞克还在1997年因为写过的所有作品获得了沃尔夫森基金会的历史奖，他是该奖项设立以来第7位获奖的人士（评审团主席基思·托马斯在游说有最后决定权的基金会主席伦纳德·沃尔夫森时遇到了困难，因为霍布斯鲍姆的政治理念和沃尔夫森的完全相反，但托马斯最后还是成功说服了后者。[91]

几年之内，《极端的年代》就被翻译成超过 30 种语言。艾瑞克仔细校审了意大利语译本，并向出版商提供了一张长长的勘误表。[92] 他还检查了德译本，这个译本得到了更广泛的评论，而且篇幅比英语版在内的其他版本都要长，超过十几个德国广播电台节目讨论了这部作品。[93] 很多德国评论者都对这本书的悲观基调感到吃惊，在一个不久前统一并且从 20 世纪 50 年代以来都一直走在和平繁荣道路上的国家里，这本书显得格格不入。[94] 另外一些评论家注意到，书中的马克思主义色彩比艾瑞克早期的很多作品都要少得多。弗兰齐斯卡·奥格施泰因指出："艾瑞克在《极端的年代》里已经抛弃了他一生中一直在思考的理论体系，因此在描述 21 世纪时他并没有使用'阶级'这个范畴……因此有社会和文化理论支持的阶级斗争理念在他这本新书里也几乎不见踪影。"[95] 德语译本在 1996 年 1 月发行，当月就销售了 1.1 万册，接下来的数月里，销量继续成千上万地增长。[96]

不过，《极端的年代》在巴西取得了最大成功。从 20 世纪 80 年代末开始，艾瑞克和巴西的联系就变得非常紧密。1988 年，艾瑞克受邀出席巴西摄政伊莎贝尔公主解放奴隶一百周年纪念大会*，他在巴西声名日盛，尤其在 1985 年巴西恢复民主体制后更是如此，1988 年 6 月 8 日他抵达巴西的消息还登上了巴西报纸《圣保罗页报》的头版。在马琳的陪伴下，他访问了里约热内卢和圣保罗，发表了关于 19 世纪种族主义和工人运动的演讲（《极端的年代》1988 年 8 月在巴西发行）。艾瑞克住在他的巴西出版商马库斯·加斯帕林位于圣保罗的家中，加斯帕林记得有一次他载着艾瑞克和马琳到圣保罗州的巴拉-杜塞海滩去，途

---

* 伊莎贝尔公主（1846—1921）的祖父佩德罗是因为战乱逃到巴西的葡萄牙王室后裔，1822 年自立为巴西皇帝佩德罗一世。1888 年，伊莎贝尔公主在父亲佩德罗二世支持下以摄政王身份签署了废奴法令，也得罪了支持君主制的地主，其后共和派发动的政变废除了帝制，伊莎贝尔的家族也因此被赶回葡萄牙。——译者注

中一个警察在没有特别原因的情况下拦下了他们，而他又没有带驾照。不过，他手头有一张当天的《圣保罗页报》，封面上是艾瑞克的大幅照片。他对警察解释艾瑞克的身份，而警察比照了一下艾瑞克那特征鲜明的容貌，没再说什么就放行了。艾瑞克评价这是作为历史学家的自己头一次从警察那儿得到一点便利。

1992 年他再次来到巴西，结识了社会主义工会领袖以及后来的巴西总统卢拉·达席尔瓦。[97] 这两人很快就建立了亲密的友谊，只要艾瑞克的书推出了葡萄牙语译本，卢拉都会购买和阅读。艾瑞克结识的另一位朋友是费尔南多·恩里克·卡多佐，他是一位历史社会学家兼公共知识分子，20 世纪 60 年代后期曾担任法国社会科学高等研究院的研究副主任。"我记得曾经和艾瑞克还有阿兰·图雷纳一起，"卡多佐在一次采访中提到，"1968 年 5 月，我们在巴黎街头的'路障'之间穿行（当时联合国教科文组织举办了一个马克思纪念大会，我们都参加了）。"1994 年，获得大部分选民支持的卡多佐当选为巴西总统，他邀请艾瑞克参加一个在首都巴西利亚举行的研讨会。[98] 1995 年，他还邀请艾瑞克参加了他的就职仪式，后来卡多佐作为英国女王的贵宾在白金汉宫做客时也带上了艾瑞克，他在牛津的谢尔登剧院接受荣誉学位时艾瑞克也在场。卡多佐说艾瑞克对他的思想有重要影响，几年后他的继任者（卢拉·达席尔瓦）也公开表达过这一点。[99]

1995 年，《极端的年代》巴西版的发行商们为艾瑞克和马琳安排了一次巴西之行，希望"可以让这本书在当地取得巨大成功"。[100] 有了总统的公开背书，成功是必然的。《极端的年代》登上了 1995 年的巴西畅销书排行榜榜首，不仅在非虚构作品中，在全品类的书中也独占鳌头。这本书在巴西的销量达到了 26.5 万册，艾瑞克此前在巴西的所有作品销量大约是 60 万册。这部作品在巴西非同寻常的成功使艾瑞克每次访问这个国家都得到了名人般的待遇。[101] 根据彼得·弗洛伦斯的回忆，几年后他造访巴西时：

> 我到亚马孙雨林河岸的帕拉蒂去为有名的布鲁姆斯伯里出版商莉斯·考尔德筹办帕拉蒂国际文学节。我走进一间当地书店，用带游客口音、结结巴巴的葡萄牙语询问谁是巴西最畅销的英语作者。书店店员咧嘴一笑，说"艾瑞克·霍布斯鲍姆"。我没搞懂他为什么这么说，于是说"不，我不是这个意思"，显然是我用错了词。"不好意思，我问的是谁的书在巴西最畅销。"店员给了我同样的笑容，同样的回答。我很惊讶，但也挺高兴……巴西读者对艾瑞克很是着迷。于是我在镇里的一间网吧里给他发了电子邮件，说起我在哪里，并邀请他前来。总统指派他的文化部部长吉尔伯托·吉尔来欢迎艾瑞克，巴西所有知名媒体都派人参加了文学节的开幕式。活动期间有音乐，有演讲，还有意见交流。艾瑞克这种超级巨星般的地位让文学节得以顺利举办，也影响了很多人。[102]

总的来说，《极端的年代》是艾瑞克最成功的作品，也是最能提升他全球声望的作品。在他的所有著作中，这本书理所当然地拥有最多译本。艾瑞克在西欧各国已经很知名，因此这些国家的译本应当是第一批推出的，但法语译本却不在其中，这种情况不久后将在法国及其他国家掀起一场重大的公开争议。

IV

这场争议某种程度上发端于美国而不是法国。1989年纪念法国大革命200周年之际，艾瑞克在新泽西州的罗格斯大学举行了三场系列讲座。他把讲座的内容扩展为一本书，书名叫《马赛曲的回响》，并在第二年出版。艾瑞克在书中为传统马克思主义对法国大革命的诠释进行了充满激情的辩护。他指出大革命的记忆及其带来的遗产不只左右了 19 世纪的欧洲政治，还影响了整个世界。[103] 托洛茨基的布尔什维克革命史显示 1917 年的俄国革命充满了与之相似之处。无论人们试图避免或者效仿雅各宾派在 1793—1794 年制造的恐怖、热月政变以及拿破仑的军事独裁，都对后续革命参与者的政治行为产生了实质性的影响。[104] 在乔治·勒费弗尔那一代的法国历史学者看来，反法西斯斗争、针对纳粹占领和维希政权的抵抗行动，还有争取民主的斗争都从对 1789 年革命的歌颂中汲取了力量。[105]

曾经是共产党员的弗朗索瓦·傅勒等20世纪八九十年代的历史作家反对艾瑞克提到的这种传统。傅勒从 20 世纪 70 年代开始就已经发表了一系列作品，反对所谓的"革命教义问答"，也就是马克思主义者和新雅各宾派对大革命的标准解读，认为大革命具有长期的社会和经济根源，从阶级斗争的角度看待大革命，赞扬了驱动革命发展的人民起义。傅勒认为1793—1794年的革命恐怖时期并不意味着早期革命偏离了方向，反而是革命造成的必然后果。这场革命使法国的经济和社会倒退了几十年。如果说它到目前为止有什么长期效应，那也是负面影响占绝大多数。艾瑞克在《马赛曲的回响》中提出了批判："把大革命仅仅视为法国历史漫长缓慢进程中的一次挫败，这种看法是荒谬可笑的。"[106] "二战"结束以后，法国的经济现代化摧毁了后革命时代的社会生活，使新一代的历史学者不再关心 1789 年革命。勒费弗尔那样的历史学者出身社会底层，他们的根基仍然深植于一个"未经重构的、遥远的、前技术时代的法国"，其历史可追溯到 18 世纪及之前。与之相反的是，修正主义者代表着由经济现代化缔造的新上层中产阶级，难怪他们会抗拒 1789 年的革命思想，更倾向精英主义和新自由主义。[107]

法国的大革命 200 周年纪念活动依然十分盛大隆重，但随着共产主义的衰落，革命本身不像从前那么意义重大了，这个事实已经很难掩盖了。而且，艾瑞克认为傅勒抗拒的不只是 1789 年的法国大革命，还有 1917 年的俄国革命。他这个想法很快就得到了证实，因为傅勒在 1995 年发表了一本对共产主义进行全面攻击的作品：《幻象的消亡：20 世纪的共产主义理念》（这本书的英译本由芝加哥大学出版社在 1999 年发行）。这本书刚一出版，皮埃尔·诺拉就邀请艾瑞克参与《争鸣》杂志上关于这本书中心论点的讨论，诺拉从 1977 年以来就在法国年鉴学派的大本营法国社会科学高等研究院担任主任，也是法国记忆史研究 * 的创始人之一，几年前他在巴黎的一个研讨会上结识了艾瑞克。

艾瑞克此时还没有读过傅勒的书，对参与这场书面讨论的其他人也有些怀疑，其中包括恩斯特·诺尔特和伦佐·德·费利切，在艾瑞克看来，这两位都是极度保守的"法西斯主义拥护者"，他建议在名单中加入几位"自由派人士"。但"原则上我同意参加这场讨论"，艾瑞克告诉诺拉。[108] 艾瑞克的确给傅勒写了一篇评论文章，发表在第 89 期的《争鸣》杂志上。他说傅勒试图把共产主义和法西斯主义等同起来，但他此前已经多次详细驳斥过这种观点，因此在这篇回复中可说的不多。在反法西斯主义的问题上，他指出傅勒的批判忽略了 20 世纪 30 年代和 40 年代早期，法西斯分子实实在在的威胁迫使左派和自由派的中间人士联合起来，并为共产党带来了成千上万的新成员，因为共产党

---

* 记忆史研究是法国"二战"之后兴起的史学新潮流，法国社会学家莫里斯·哈布瓦赫最先提出了"集体记忆"的概念，指在一个群体里或现代社会中人们所共享、传承以及一起建构的事物。——译者注

当时是法西斯主义最坚定、最积极的对手。他坦承"共产主义运动确实基于一种不切实际的幻想",但这不能抹杀它在 20 世纪 30 年代建立反法西斯人民阵线的成就。[109]

诺拉在伽利玛出版社的职位使他成为当时法国历史独立出版机构最重要的人物。把《极端的年代》法译本纳入他主编的"社会学丛书"或"历史丛书"都是顺理成章的,这两套丛书已经有多本翻译作品,其中一些篇幅相当长。诺拉已经组织了《民族与民族主义》法语译本的出版。艾瑞克对诺拉宣称《极端的年代》在英国收到(甚至包括保守派报刊在内)的热烈反响("坦白说,我对以'这本出色作品'为开头的评论有点不习惯"),他还提出这本书已经拥有所有欧盟国家的译本了,而法语译本的版权仍未售出,因此,他让他的代理人给诺拉寄去一本《极端的年代》,纯粹作为"给友人的礼物",但他显然希望诺拉可以安排法译本的出版事宜。[110] 诺拉收到书后在 1995 年 5 月和 7 月两次写信给艾瑞克,告诉他自己以"极大的兴趣和欣赏之情"在阅读这本书,虽然"翻译这本书不是件容易的事",但他觉得当时没有与之相仿的法语著作,因此这部作品是肯定有机会进入法国市场的。[111] 但他没有亲自跟进这件事情。几个月的杳无音讯之后,艾瑞克开始失去了耐心。他拒绝了法国共产党的帮助("我觉得在出书方面我最不需要的就是得到共产党的正式认可")。但到了 1996 年 1 月,他抱怨"诺拉还在吊我的胃口。他前几天打电话过来,和马琳聊了很久,说一些这本书的出版会多么困难,一推出就会受到评论家的猛烈抨击,他们会没法收回成本之类的话……我们等着瞧吧,看他能不能鼓起勇气正式拒绝出版这本书,我还挺怀疑他那样做时会不会感到内疚"。[112]

诺拉的确拒绝了这本书。根据他在 1996 年 1 月 24 日给出的解释,虽然这本书质量很高,他很愿意翻译和出版它,但两个重大障碍阻止了这一目标的达成。第一个是翻译费用会抬高这本书的价格,使它变得很难销售。第二个是意识形态的问题。"你可能会遭遇来自左派本身的恶评，因为在共产党员看来，人们没能在你的书里看到时代的要旨。"诺拉不忌讳历史学者的批评，但他对那些政治观念和艾瑞克相近的人提出批判意见有所忌惮。也许艾瑞克可以和傅勒在《争鸣》上展开讨论。[113] 然而艾瑞克拒绝了这个建议。"我希望不惜一切地避免我的书……在这样的安排下仅仅被视作对傅勒的反驳。无论如何，我的书远非一部为共产主义辩护的作品……"[114] 与此同时，《极端的年代》接二连三地遭到法国出版商的拒绝。阿尔班·米歇尔出版社没有接受这本书，因为他们已经和马克·费罗签约，他是重要的年鉴学派现代史学者，准备为出版社撰写一本 20 世纪史（压根没有出版）。[115] 出版商们提出《革命的年代》在法国销量惨淡，总共只卖出 3 700 本。其他人也出现过像艾瑞克这种情况，但艾瑞克遭到的拒绝里有"意识形态分歧"的因素。[116] 20 世纪 90 年代时候大屠杀已经成为公共文化记忆的中心，但正如诺拉（他也是犹太人）对伊莉斯·马里安斯特拉斯所说，《极端的年代》只提到了一次奥斯威辛。伊莉斯认为，在艾瑞克这种着眼全球、观念全面的人看来，犹太人只是一群在战争中有超过 2 000 万人被杀害的族群而已。[117]

法亚尔出版社也拒绝了这本书。比起诺拉的行为，这间出版社的做法让艾瑞克更加恼怒："他们在很长一段时间里拒绝（以书面形式）写明任何决定，"艾瑞克在 1999 年写道，"甚至不愿意承认他们做出了决定，我们现在得到的是两个同样让人难以置信的解释。"其中一个说法来自一位匿名编辑，"几乎没有读过这本书的英语版本"就得出"这本书写得不好"的结论；另一个说法来自出版社主任，他宣称翻译费用太高，即使有人愿意负担这笔支出，这本书出版后还是会亏本。"根据出版社给出的数字，"艾瑞克指出，"我算了一下只要他们多卖出 400 本就能填补预计中的赤字。"[118]

代理艾瑞克版权的戴维·海厄姆公司派出阿尼娅·科利斯到巴黎

和法亚尔出版社的二号人物奥利维耶·贝图内商议出版事宜，她在汇报里说贝图内"很为难"，但还是坚持提出这本书的翻译和印刷费用的确太高了。[119]虽然法亚尔出版过艾瑞克之前的作品，但贝图内和总编辑丹尼斯·马拉瓦尔都没有接受《极端的年代》，这让一位评论者提出此事可能和傅勒有关。[120]这也难怪艾瑞克会感到愤怒。他在信里相当直接地以质问的方式拒绝了诺拉让他和傅勒进行辩论的建议："在《争鸣》上介绍和讨论一本读者没有机会读到法语译本的书，你不觉得有点荒谬么，虽然这本书推出了英语、德语、意大利语、西班牙语、葡萄牙语、荷兰语、丹麦语、瑞典语、希腊语、中文、日语、韩语和俄语版本，还有个阿尔巴尼亚语译本。"[121]

《争鸣》月刊最后还是组织了一场辩论，但并没有直接围绕艾瑞克的作品：在1996年3—4月刊和1997年1—2月刊里，艾瑞克总结了《极端的年代》的中心观点，而傅勒提出了反对意见，认为纳粹主义和斯大林主义的相同之处比两者之间的差异要更多。在1997年专题讨论会上提交的文章中，诺拉提出财务困难是这本书无法在法国出版的原因，虽然这也是由于法国知识分子认为艾瑞克在"革命事业"上的偏见令他们难堪，因此他们最后选择忽略他的书。这场争议蔓延到了法国出版界。拥有多个外语版本的左翼月刊《世界外交论衡月刊》尤为直接地谴责了法国的出版业。"想要了解不同政见的人不得不学习英语，或是其他19种尚未被编辑业内的麦卡锡主义污染的语言。"这本月刊宣称。艾瑞克对法国出版商也语带讽刺。"他们收起了吊桥，"他评论道，"想象自己处于文明的中心，四面受敌。通过不翻译我的书来显示法语的独特性。"[122]

最后联合出版社签下了这本书的出版合同，这是一间位于布鲁塞尔的小型独立出版社，专注于历史和文学作品。[123]出版社主任安德烈·凡尔赛"听说了巴黎的流言，但丝毫没有犹豫"。有人问他为什么法国人拒绝出版这本书，他的回答是：

> 这本书不是由于受到审查而未能出版，我更倾向于这是因为巴黎文化圈追求传统意义上的政治正确，所以他们普遍有一种过时的偏执。实际上，这件事的问题在于人们是否认同一个人在当今世界里既可以是马克思主义者，也能成为历史学家。而与这件事相关的法国编辑给出的回复是马克思主义已经不合时宜了。假如我们置身于他们的环境中，我们会给出更恰当的说法！但看到这一小撮知识分子精英替法国民众决定他们的喜好，我还是有一点吃惊。[124]

长居巴黎的意大利历史学家恩佐·特拉韦尔索指出，"不受时代氛围左右"也是出版商必须承担的责任：如果不是这样，潘塞恩出版商就不会在20世纪50年代初出版批评麦卡锡主义的作品，艾诺蒂出版社就会在法西斯主义者统治意大利期间保持缄默，德国流亡人士也就不能在1933年到1945年之间出版任何东西。[125] 批评家菲利普-让·卡汀希在《世界报》上撰文，称这本书实际上成了"抵抗（法国出版界）意识形态影响的象征，这种影响的化身就是伽利玛出版社的编辑和《争鸣》的主编皮埃尔·诺拉"。[126] 此外，诺拉这样做也和他与傅勒是连襟兄弟有关。记者罗伯特·维尔杜森注意到《极端的年代》的确对共产主义持宽容态度，从这方面看，这本书的批评者并没有错，但这种态度和书中对资本主义及消费主义的分析有着出乎意料的关联性，单就这点而言，这本书也值得一读。[127]

经过艾瑞克的仔细校审，《世界外交论衡月刊》也为这本书提供了一部分补贴，《极端的年代》法译本终于在1999年10月面世。[128] 10月底，艾瑞克参与的广播和电视节目经精心制作后在巴黎亮相，节目中他和马克·费罗以及阿兰·芬基尔克罗等知名的法国知识分子进行了公开讨论，还和皮埃尔·诺拉展开了一场以后者名义组织的辩论。[129] 10月29日，《世界外交论衡月刊》在索邦大学的大讲堂举办了《极端的年代》法译本的正式发布仪式，根据布鲁斯·亨特的回忆，艾瑞克面对众多听众发表了感言，他的法语一直讲得很流利，虽然现在"已经显得相当老派，不过还是优美得体、简单易懂"。他在发表感言时猛烈抨击了法国的知识分子体制。[130] 他宣称自己的作品：

> 已经在某一国以外的所有欧盟国家出版了译本，还被翻译为中欧和东欧一些曾经实行过共产主义的国家的语言：波兰语、捷克语、匈牙利语、罗马尼亚语、斯洛文尼亚语、塞尔维亚-克罗地亚语和阿尔巴尼亚语。但直到今天之前，这部作品都没有法语译本。和立陶宛（人口 370 万）、摩尔多瓦（人口 430 万）以及冰岛（人口 27 万）的编辑相比，法国（人口 6 000 万）的编辑似乎觉得这本书不可能或者不适合被翻译成他们的语言。[131]

但是，艾瑞克指出他之前的很多作品都已经被翻译成法语，而且有一些还以平装本的方式发行。为什么这本书不可以？诺拉声称反共主义目前在法国是大势所趋，因为法国共产党坚持斯大林主义的时间比其他国家的同类政党都要久，艾瑞克斥责了这种说法。他否认自己对共产主义事业的忠诚与当前时代的氛围已经格格不入。就像他曾经徒劳地澄清过的那样，他撰写《极端的年代》不是为了给共产主义辩护，这是一本 20 世纪史。最后，艾瑞克毫不掩饰地感谢了他的出版商和译者，以及"他在巴黎的朋友们"，"过去几年里，正是他们证明了不是所有法国知识分子都会带着敌意去审视这一事实——自己的同胞可能会阅读那些不受 20 世纪 90 年代主流青睐的作者的作品"。[132]

这场风波引起的议论已经远超出了法国，[133] 这当然和钱没有关系，和比利时的出版社签订出版合同后，他这样告诉一家意大利报社。"这本书会占领巴黎的书店……带来的收益和英国、德国或者意大利出版商所得的应该差不多，也就是说，他们会赚得盆满钵满。这场争议听起来像冷战时代才会发生的故事，"他充满疑惑地补充道，"但却发生在这个世纪将要终结之时。"[134] 实际上，在这样一场旷日持久的公开争议发生后——有家报社不无讽刺地称艾瑞克为"麻烦的霍布斯鲍恩［原文如此］"[135]——这本书在出版前就已经产生了极高的知名度，注定会在法国大获成功，5 000 人参与《世界外交论衡月刊》的预售登记更加证明了这一点。这部作品迅速登上了畅销书排行榜，几个星期之内加印了三次，到 11 月中旬时销量已有 4 万本，促使艾瑞克的比利时出版商委托翻译了他的其他作品。[136]

这本书收到了意料之中的大量抨击，其中大部分都是颇有攻击意味甚至是语带轻蔑的。有评论批评艾瑞克只不过写了一篇为自己的共产党员身份辩护的长文，并形容他对傅勒和诺拉的抨击是"文化恐怖主义"，让人想起了 20 世纪 50 年代的公开审讯。[137] 另一篇评论宣称所有共产主义政党都是莫斯科的工具，建议读者们"以带着嘲讽的宽容来看待现在和过去的激进分子，这是他们那乏善可陈的辩白应得的回应"。[138] 不过，也有一些评论者提出了比较正面的意见，最重要的是，艾瑞克的出版商设法说服了几家报社和期刊，让他们刊登了书里的选段。[139] 然而几年之后，法译本又陷入了另一场风波，安德烈·凡尔赛离开联合出版社成立了自己的公司，并在联合出版社不再销售《极端的年代》的情况下带走了这本书的版权。阿尼娅·科利斯在 2008 年 6 月指责凡尔赛把这本书的版权转移到新公司的行为一开始就让她受到了"随意违约"的法律指控：联合出版社从 2000 年以来就没有支付过版税，但现在他们要求艾瑞克本人赔偿损失，因为他同意把这本书的版权转到新的出版社去。"在我看来,"阿尼娅在给联合出版社的信中很不客气地写道,"你们不应该要求作者赔偿,反而是联合出版社要支付作者应得的收益。"最后,凡尔赛解决了科利斯所说的"荒唐状况",十分慷慨地向艾瑞克支付了他未收到的版税。[140]

V

《极端的年代》在英国出版后,艾瑞克得到了在两个公共广播上亮相的机会,这无疑是出版商的安排。第一个是从 1942 年播出以来就广受听众喜爱的《荒岛唱片》系列广播节目,这个节目要求受邀的名人想象自己被放逐到荒岛上,身边有一台唱片机和 8 张唱片。他们可以自由选择心仪的 8 张唱片,还可以带上一本书(《圣经》和莎士比亚作品除外,因为节目预设这位流亡人士已经带了这些书)和一件消遣物品。在选择的过程中,主持人会围绕他们的人生经历和作品展开采访。艾瑞克在 1995 年 1 月 24 日参加了该节目的录制,同年 3 月 5 日节目播出,正好和他的新书发布日是同一天。艾瑞克选了 3 张爵士唱片——查理·帕克的《帕克心情》、比莉·霍利戴的《他那样很有趣》以及肯尼·巴伦三重奏的一张碟。他还选了 5 张古典音乐唱片:巴赫的第 80 号康塔塔套曲《我们的上帝是坚固的堡垒》,艾瑞克觉得这首乐曲传达了斗志昂扬、奋发向上的情绪;舒伯特《C 大调五重奏》的第一乐章;奥芬巴赫的轻歌剧《地狱中的奥菲欧》最后一幕的小步舞曲;贝里尼的歌剧《诺尔玛》中的咏叹调《圣洁的女神》;以及马勒的《大地之歌》。艾瑞克要求在节目中播放《大地之歌》的最后一个乐章,乐曲结束时的男低音逐渐消散在无穷的虚空中。[141]爵士乐对他依然很重要,但也和以往一样，在他的音乐生活中只占据了一个不大的位置。至于消遣物品他选的是一个用来观鸟的双筒望远镜，书则选了巴勃罗·聂鲁达的西班牙语诗歌集，许多年前他在智利结识了这位诗人。

在节目中采访艾瑞克的是广播节目主持人苏·罗利，她首先关注的是艾瑞克的政治理念，客气地称他为"霍布斯鲍姆教授"，并且只字不提他作为历史学家撰写过的作品。她锲而不舍地追问艾瑞克的政治意见，把节目变成了一次拷问。如果有机会实现共产主义的乌托邦世界，是否牺牲数百万人的生命也在所不惜？她问艾瑞克。是的，他毫不犹豫地回答，这就像在"二战"中只要为了战胜希特勒，牺牲几百万人的生命也是值得的。很明显，艾瑞克的政治理想并未成功，但这并不影响他对共产主义的信仰，这就是为什么在 1956 年之后他还是留在党内的原因。一向温和的罗利此时提出越来越尖锐的问题，艾瑞克只能打起十足精神作答，他在介绍唱片时回忆了自己在巴黎和意大利的岁月，但谈话的气氛变得冷淡起来，听众并不能从节目中了解到多少艾瑞克和他的人生。"这次采访太糟糕了，"经济史学者马克辛·伯格告诉艾瑞克，"这个节目……对你和你的作品并不感兴趣，对你的政治立场却提问太多。"[142] 到头来听众必定会产生疑惑，究竟为何艾瑞克会受邀参与这个节目。

几个月之前，艾瑞克还接受了加拿大作家兼公共知识分子叶礼庭（Michael Ignatieff）长时间的电视采访。他又一次几乎要承认自己仍然认为共产主义乌托邦值得数百万人为之失去生命。这段采访需要仔细阅读，分清艾瑞克哪些话说了，哪些话没说：

> 叶礼庭：据说数百万人在 1934 年的改革试验中死去，如果你当时得知这一情况，你的政治信仰以及你的共产党员身份会不会有所不同？

霍布斯鲍姆：……很可能不会。

叶礼庭：为什么？

霍布斯鲍姆：因为，你设想一下，在一个大屠杀和集体受难绝对是全球普遍现象的时期，从巨大苦难中诞生出一个新世界的机会还是值得肯定的……人们做出了巨大的牺牲，从任何标准来看这种代价都过于惨重和惊人了。但现在回顾这段时期，我会说因为苏联到头来并不是世界革命的开端。假如它是的话，我就不能确定了。

叶礼庭：如果说共产主义真的创造了一个光明的未来，那么1 500万、2 000万人失去生命也是可以接受的？

霍布斯鲍姆：是的。

不过，艾瑞克还是承认这个光明未来并没有被创造出来，这只是基于一种假设的说法，并不是建立在已经发生的事实上。[143]

艾瑞克觉得叶礼庭对他的电视采访"充满了敌意"。[144] 节目的制作人戴维·赫尔曼也是这样想的，他向艾瑞克道歉，说他"为最后播出的节目比原来的采访更有挑衅意味感到抱歉"。《泰晤士报》评论这是一次难熬的采访，但艾瑞克保持了风度。当然，节目编辑会挑出那些更吸引眼球的内容，换句话说，从原本时间长得多的谈话中选取最针锋相对的部分，以达到最好的播出效果。艾瑞克写信给赫尔曼："这个节目本不该像斗牛表演一样，即使是像牛平静下来的那种场面也不应该出现。我觉得这对叶礼庭和我都不公平，更别提对我那本表面上是讨论主题的书了。"他继续补充道："不过，看过这个节目的人多得令我意外，一些人买了这本书，所以我觉得应该感谢你们颇有成效的宣传。追求知名度的人是要付出一点代价的。"[145]

这两次采访反映了冷战之后有越来越多的记者对共产主义事业产生了新的抵触情绪，而且由于共产主义面临的挫折，对其进行批评变得稀松平常。"我现在经常要接受采访，"艾瑞克在 1997 年 6 月抱怨道，"以致我已经患上了'采访疲劳症'。"[146] 然而他在罗利和叶礼庭等采访者面前始终保持风度，捍卫自己毕生的政治信仰——共产主义的原理（而不是共产主义的实践）。他承认自己怀有共产主义事业的信念，因此不太愿意对其进行批评：

> 我希望自己从未写过或说过任何针对苏联并且会令我感到内疚的言辞，同时我也有意避免直接接触这一话题，因为我知道如果我这样做了，就不得不写一些对共产党员来说难以启齿的东西，而且免不了会影响我的政治活动和同志们的感受。这也是为什么我选择成为一名 19 世纪史的研究者，而不是研究 20 世纪史。所以我不愿意掺和到争议当中，这种争议要么会让我转投另一方的阵营，要么让我和自己的学术良心相抵触。[147]

但他坦白称苏联人民曾承受的苦难"只能说是可耻且不容粉饰的，更不可能为之辩解"。尤其在苏联共产主义构想的乌托邦并没有实现，似乎未来也很难实现的情况下：

> 我从来没有试图淡化在苏联发生的情况，虽然并不存在极端的大屠杀……我们很早就知道新世界是从血泪与恐怖中诞生的：革命、内战、饥荒——我们也了解 20 世纪二三十年代出现的伏尔加流域大饥荒。但是由于西方体制的崩溃，我们产生了错觉，以为这样粗暴的试验性体制比西方更加管用。除了走苏联的道路我们别无选择。

这的确是一种错觉。但人们需要设身处地思考 20 世纪 30 年代那段黑暗年月，人们面前只有共产主义或者法西斯主义这两种越发明显的选择，在那样的情况下，凡是能够理性思考的人都不会选择后者。

VI

完成《极端的年代》后，艾瑞克把自己在新学院教授的课程从 20 世纪史调整为其他主题。1993 年秋季学期，他开设了一门叫"关于革命的史料编撰与历史实践：历史学者的目的及方法"的课程，课程助教是奥尔多·劳里亚-圣地亚哥。这门课程的目标是研究历史学者如何解释 17 世纪以来欧洲和拉丁美洲各种类型的革命并将其概念化——这个主题本应出现在他曾承诺要写的一本关于革命的书上。学生需要为指定作品撰写评论以及更为详尽的史学分析论文。他还和路易丝·蒂利一起讲授一门关于历史认识论和方法论的课程，让学生阅读 E.H. 卡尔、马克斯·韦伯、费尔南·布罗代尔、乔治·勒费弗尔及其他作者就马克思主义分析方法、历史社会学、认识论、劳工史、家庭史等课题撰写的著作。在 1—5 分的课程评分范围内，10 名学生针对这门课程提交的评价远高于一般的 3 分，平均达到 4 分，并称他们愿意把这门课推荐给同学。有人提出这门课过于碎片化，虽然"讲师都是很出色的学者"（意思是他们的水平非常高）。[148] 1994 年，他和科学史学者玛格丽特·雅各布共同讲授了由这两门课合成的新课程。[149]

他还和"查克"查尔斯·蒂利一起在社会变迁研究中心主持一个每周举行的研讨会。他的研究助理莉泽·格兰德经常参加这个研讨会，在她的回忆中：

很多人到新学院来都是为了和艾瑞克一起共事。所以在研讨会上有一些人被我们嘲笑为"纽约大学教出来的家伙（他们都是些历史社会学学者）"，这些人都围绕在查克身边。杰夫·古德温（纽约大学社会学学者）在那儿，西达·索科普尔（哈佛大学社会学学者）会从剑桥（马萨诸塞州）过来参会，所以那儿聚集了这样一群人士。还有很多来自秘鲁甚至马拉维的左翼学生，他们都是来向艾瑞克学习的。还有一些教职员是人类学家，他们全身心投入到后现代主义和能指符号之类的研究中。艾瑞克觉得这十分可笑。如果他们中有谁申请加入艾瑞克的研讨会，他会说"如果你是认真的，想探讨一些有意义的事情，你就可以加入"。所以这些人都不敢过来了，但他真正要与之斗争的是查克·蒂利所代表的那种过于关注体制的中立社会学——他无比尊敬查克，但他觉得那是一种对当今世界重大问题的贬损……参加这个研讨会真是获益匪浅。[150]

"所以很多人想参加，"她回忆道，"研讨会上总是挤满了人。"艾瑞克的要求出了名的高：他不能迁就愚钝的人，对他认为达不到要求的学生会很严厉，但是他又花了很多工夫来帮助后进的学生。"你能看到他通过付出这种非同寻常的努力来维持一个很高的公开标准，以及与你每天共事的这个人身上的宽容与善意。"

1995 年，艾瑞克提出再坚持一个学期就停止在新学校授课的打算。[151]"近来，在新学院待上一整个学期对我而言压力不小——尤其对马琳来说更是如此，她不能丢下工作到纽约来住上四个月。我现在已经 78 岁了，医生告诉我必须减少一点工作量。所以我也打算这样做。"[152]学院院长朱迪思·弗里德兰德提出将艾瑞克的教学时间减少到秋季学期的三至四周，为期三年，每年举办一次公开讲座和一个面向研究生的研讨会，并为此一共额外支付艾瑞克两万美元的薪酬。[153]艾瑞克同意了。[154]

那一年他在新学院讲授一门叫"全球视野下的西方"的课程，课时有所削减。接下来的两年里，他继续回到新学院上同一门课，之后终于彻底退休。[155]

艾瑞克在纽约时继续保持着活跃的社交生活。墨西哥作家卡洛斯·富恩特斯在 1998 年 11 月 11 日为庆祝 70 岁生日举行的晚宴让他尤为尽兴。在场客人包括批评家和散文作家苏珊·桑塔格、历史学家弗里茨·斯特恩、剧作家阿瑟·米勒和政治学学者理查德·桑内特。[156] 20世纪 30 年代末在剑桥时就与艾瑞克相识的小阿瑟·施莱辛格也在现场，他在日记中写道：

> 周一晚上，我们共度了很愉快的晚宴时光——卡洛斯·富恩特斯……西尔维娅、艾德娜·奥布莱恩、默里·肯普顿、芭芭拉·爱泼斯坦、阿巴·埃班和苏西·埃班夫妻、艾瑞克·霍布斯鲍姆、布莱恩·厄克特和西德尼·厄克特夫妻，以及罗纳德·德沃金和贝琪·德沃金夫妻。这是一场无比成功的宴会。大家一起讨论得比较多的是埃班关于以色列和巴勒斯坦人的话题，"光明的终点出现了一条狭隘的通道"……艾瑞克这样形容 20 世纪分别在 1918 年、1945年和 1989 年发生的三次体制崩溃，声称其中最糟糕的一次发生在1989 年。他似乎将工业产出作为衡量标准，提出两次世界大战之后的工业生产比现在要恢复得更快一些。我说 1918 年那次对人们的心理冲击要更大——欧洲的自信被摧毁了，人民对民主越发怀疑，法西斯主义和共产主义崛起。艾瑞克仍然坚持 1989 年那次是最糟糕的。默里·肯普顿小声对我说"他是个负隅顽抗的斯大林主义者"。此话不假，但我还是挺喜欢艾瑞克的。[157]

不过，此时艾瑞克在新学院的授课生涯也接近尾声了。除了年事已高，还有别的原因让他不打算在 1998 年后续约。

首先，他觉得自己不再适应学术圈的氛围，至少在美国是这样。朱迪思·弗里德兰德注意到艾瑞克"对政治正确十分不耐烦，他不会咬文嚼字"。[158] 这会给他带来麻烦。有个学生向弗里德兰德投诉（不用说肯定是匿名的），认为艾瑞克在讲授"民族主义、种族统一性和国家"这门课程时"开带有种族主义色彩的玩笑"——"现在我们聊一下黑佬们（艾瑞克用的是"spade"这个词，但很可能并没有别的意思），我希望你们不要介意我这个小玩笑，但说到美国黑人……"投诉人对此大感震惊，觉得"十分可怕"，认为这是"知识分子赤裸裸地滥用自己的特权和合理性"。他讲了几句之后又发表了更多这样的言论（"有种族侮辱意味的言谈"），但是投诉人没能提供更多例子。[159] 然而，很难说用了"spade"这个词就意味着种族侮辱，因为 20 世纪 50 年代的爵士乐圈子会用这种说法，而艾瑞克正是从中学到这个词的。这次投诉（最后不了了之）显示人们在 20 世纪 90 年代美国种族政治的雷区中必须小心翼翼。受到这种困扰的不只是艾瑞克。在弗里德兰德的回忆里，"他从阶级分析的角度看待世界历史的信念在'文化相对主义'日渐占据支配地位的本质论中炸开了一道口子。在那些愚蠢到接纳这种观念的人看来，艾瑞克的做法挡了他们的道"。[160]

到了 1997—1998 学年，艾瑞克觉得新学院已经不复他十年前加入时的样子了。20 世纪 90 年代中期，新学院经历了一些财务困难，不得不削减开支。管理层把历史系委员会从一处破旧但舒适的场所转移到一栋限时出入的丑陋大楼里去。查尔斯·蒂利的妻子说他"对社会变迁研究中心和历史系委员会缺少支持感到很生气，因此在 1996 年提出辞职并去哥伦比亚大学任教了。玛格丽特·雅各布也离开新学院到宾夕法尼亚大学去了。这让历史系委员会的主席路易丝·蒂利急切希望找到任课讲师。[161] 实际上她告诉艾瑞克"委员会的规模被大大削减了，虽然我还会有一小笔预算，但额度基本已经减半了"。"显然历史系的讲师资源并不如我们预想中那么充足。"[162] 而且其中一位教员的突然离世，让教职工的短缺状况更是雪上加霜。1996 年初，路易丝向艾瑞克提出希望他至少能填补一部分空缺，他同意了院长的正式请求，继续在新学院任教。[163]

但一向忠于朋友的艾瑞克对这些改变感到十分恼怒。1997 年，新学院为庆祝艾瑞克的 80 岁生日举办了一个派对，乔纳森·范东和朱迪思·弗里德兰德分别作为学院的主席和院长发表了向艾瑞克致敬的简短致辞。弗里德兰德赞扬艾瑞克"总是直言不讳，拒绝循规蹈矩"，这话也许说得有点欠缺考虑。而在艾瑞克看来，他刚好可以展现一下这个优点。"我讲完之后，"弗里德兰德回忆道：

> 艾瑞克站起来，猛烈批评乔纳森和我毁了历史系，并把他的挚友查尔斯·蒂利赶出新学院……在一个正式组织里，这个场合并不适合讨论查克那令人失望的辞职，更不用说查克做出这一决定时的情况比艾瑞克的指控要复杂得多……艾瑞克，忠诚的艾瑞克听了查克的一面之词而没向我或乔纳森求证，而是在他的 80 岁生日会上让我们知道了他的感受。[164]

查尔斯·蒂利的动机其实并不那么简单，撇开别的不说，他转投哥伦比亚大学有一部分原因是他决定离婚，这样和妻子在同一个院系里继续共事很不方便。事实上历史系委员会并没有被撤销，系里当时一共 9 人的讲师团队也保留下来了，还有人数众多的特约讲师。

艾瑞克和美国马克思主义历史学家尤金·D. 吉诺维斯的持久友谊也体现了他对朋友的忠诚。吉诺维斯从葛兰西的理论角度针对南北战争前的奴隶制度撰写过精彩的研究论文，虽然他此时已经突然转向右派阵营甚至受洗成为天主教徒了。对吉诺维斯的立场转变有关键影响的是一场激烈的争议，他的妻子"贝齐"伊丽莎白·福克斯-吉诺维斯也牵涉其中。她也是一位历史学者，经历过相似的转变后，最后也许成了美国重要的"保守女权主义者"。1992年，她被埃默里大学解雇，不能再担任其妇女研究项目领头人，而她是这一项目的创办者。尤金批评这个项目被"那些政治正确的人"接管了。[165] 听到埃默里大学不再支持福克斯-吉诺维斯的消息，艾瑞克十分愤怒：

> 我原本希望：第一，即使不赞同贝齐的女权主义者也可以欣赏她做出的贡献，更不用说她是一位出色的学者。第二，埃默里大学敢于对将政治正确奉为圭臬的极端分子说不。女权主义的问题，或者当前女权主义主流思潮的问题在于没有人——不管左派还是右派——愿意在民主体制中站在半数选民的对立面。不管那些女权主义者宣扬的观点有多么荒谬——我在政界认识的所有明智之士私底下都认为这些观念大部分都相当愚蠢——但可以说没人希望成为女性公敌……你也可以说，在现实中大部分女人都不会投票赞成女同性恋者成为合法单亲母亲，或者同意女权主义的其他诉求，我也是这么提醒自己要把握好分寸的（但我把握得不够好，以致成了众所周知的"反女权主义者"）。然而，即使在一些民主参与程度素来不高的国家……疯狂的女权主义者也是令人惧怕的对象，因为这些人可能会掌握大量能起决定作用的选票……这些都让贝齐的遭遇变得完全难以容忍，我十分同情她的处境。[166]

归根到底艾瑞克认为贝齐的批评者所代表那种女权主义是1968年产生的后果之一，传统的左翼运动很可惜地被新的社会运动（"女权主义、环保主义、彩虹联盟、男/女同性恋等"）取代了，这些都是"马克思主义的对立面"，因为它们倡导的是"激进而缺乏思考的自由主义，而且说白了往往是个人主义的（换句话说，反社会的）"，"1968年的激进运动没有为进步政治打下基础"，他总结道。[167] 这是艾瑞克决定不再在新学院任教的另一个原因。

VII

回到英国后，艾瑞克继续过着一种规律的生活。他大部分时间都用来写作，这样一直保持到80岁以后。1997年，他在回应美国马歇尔大学威廉·帕尔默教授的咨询时讲述了自己写作和研究的过程，帕尔默当时正在撰写《参与过去："二战"年代的历史学家》，这本书在2001年出版。伦敦的优秀图书馆尤其多，艾瑞克告诉帕尔默，但出国举办讲座或者参加会议时他也时常能接触到很好的图书馆资源——这显示了他在国外如何度过闲暇时光，考虑到他出行的频繁次数，如果他要写书，旅途中的图书馆是必不可少的。截稿日期让他在创作时保持紧迫感，而且有时候他可以依靠研究助手。"我的很多书都基于我的课程，其中大部分是面向学生的。"

> 虽然我生在人们还在使用检索卡的年代，但我从来不觉得检索卡好用。为了做研究，我会为特定的课题建立一套综合文档，直到最近，为这些文档精心编排的索引笔记本都是我的记忆好帮手。要写书的时候，我会从原有的研究文档中抽取相关的笔记，进行大量专题阅读，在大堆书籍和笔记的环绕下开始写作。我会很早动笔，再通过阅读来弥补知识或论证上的缺失。最后的成书

章节顺序敲定后，我很少再做修改，而我撰写这些章节的顺序则不尽相同。[168]

写作过程中会有很多删减和修改。"从大学时代开始，每次在打字机上码字时，我习惯一开始写很多页，然后中途又撕掉——这是我经常干的事儿。"

他在很多年前担任校刊编辑时就积累了写新闻稿件的经验，这让他对如何根据篇幅要求来调整写作内容有一种天然的直觉。

> 控制篇幅对写出好文章很有帮助。勤写多练是基本要求。而在我看来，你要记住自己在努力让读者理解你的意思，而这些读者并不都是专家。让其他学者对你写的东西有印象不是件难事，我经常这样做。但你一旦确立了学术地位，就再也没有这样做的必要了。

艾瑞克表示过钦佩的历史学家大部分都是法国人——马克·布洛赫、乔治·杜比、乔治·勒费弗尔、费尔南·布罗代尔——但他也承认英国法律史学者 F.W. 梅特兰的杰出之处。不过他坦白："我自己散文化的写作风格并不是通过阅读其他历史学家的作品形成的，虽然英国有一些非常有特色的历史学者。在知识分子的散文写作方面，我一直奉萧伯纳为楷模：为了写博士论文，我读了他的所有作品。"他觉得自己能在伯贝克工作很幸运，那儿的教学任务是晚上6点到9点，这让他在白天里有时间写作和研究。

> 图书馆或者档案室一开放我就去看书，身边一有书我也会拿起来看，但晚上我通常觉得很累，不想写什么东西。早上是我精力最充沛的时段，但我不是一个早起的人，所以这也很麻烦。不过我需

要几个星期的时间来投入一本书的写作中。一旦我开始全力以赴，那就很可能是唯一一段我可以笔耕不辍直至夜晚的时期。我以前写作时会抽烟斗，但这个习惯已经戒掉很多年了。文思枯竭的时候我会出去散步，到图书馆去逛逛，或者停笔直到第二天。

夜晚是艾瑞克的社交时间，他可以看电视放松一下或者读一本书，抑或和马琳定期在纳辛顿路的家中举办晚宴。

艾瑞克在 20 世纪 60 年代出生的一对儿女安迪和茱莉亚现在已经长大，两人都有了自己的事业和生活。1993 年，在电视台担任过研究员的茱莉亚和老同学莎拉·麦考利共同创办了一间公关公司，名叫霍布斯鲍姆与麦考利传播，[169] 客户主要来自左翼，包括工党、《新政治家》和几个工会组织。莎拉在工作中结识了工党政治家戈登·布朗，并成了他的伴侣。布朗在 20 世纪 90 年代的大部分时间里都是影子财政大臣，随着工党在 1997 年赢得大选，他成为英国财政大臣。莎拉和布朗也因此进入了艾瑞克和马琳的社交圈。某天晚上，艾瑞克从前在新学院的学生和研究助理莉泽·格兰德从塔吉克斯坦回国，她在那里为联合国工作，赶到艾瑞克在纳辛顿路的家中赴宴时已经迟到了。她加入了饭桌上关于《马斯特里赫特条约》（1992 年）的热烈讨论，这一条约为欧洲的进一步融合奠定了基础，包括创建一个货币同盟。参与讨论的其中一位客人来自苏格兰，大家都叫他戈登，他颇有见地的出色言谈让格兰德尤为佩服：

> 他谈起欧元和货币之类的话题，我听得津津有味，于是最后我说："天啊，你讲得实在太棒了，我之前一直搞不明白这些事情。你是干什么职业的，戈登？"包括艾瑞克在内的所有人都大笑起来……戈登·布朗说："我是财政大臣。"艾瑞克巧妙地回应道：

"行了，这么多年来也许是头一回有人说财政大臣太棒了！"[170]

莎拉·麦考利和戈登·布朗在 2000 年结婚，布朗一直担任财政大臣，直到 2007 年接任托尼·布莱尔成为首相。茱莉亚后来又创办了知识网络公司"社论智库"。

安迪·霍布斯鲍姆毕业后组过一支乐队，接着在一家杂志出版社工作，后来他进入数字媒体行业，并在 1995 年成立了一家名为"魔力在线"的公司，这间公司被数字营销公司 Agency.com 收购后，他为新雇主工作，担任欧洲地区的运营总监，过了一段时间后，他又和伙伴共同创立了非营利性的环境可持续项目"绿色事业"和一间叫作"Everything"的物联网软件公司。早在 1990 年初，艾瑞克就用 3 万英镑为安迪买了一间公寓，并设法减少这份礼物带来的税费，也许可以把它当作"一笔无息贷款，再每年以法律允许获得的馈赠金额逐步减免"。[171] 安迪每个月还艾瑞克 100 英镑，虽然在新事业取得成功之前，他有时还是会向艾瑞克要钱支付税单。[172] 安迪和茱莉亚都写过书，安迪曾经做过《金融时报》的新媒体通讯员，茱莉亚则分别写过 3 本关于生活工作平衡术、公关传播和社交联系的书。

与此同时，艾瑞克和玛丽安·班纳森的儿子乔斯高中毕业后进入萨塞克斯大学攻读美国研究的学士学位，之后他去费城学习表演，再回到英国担任戏剧表演教师。他是一位成功的戏剧制作人和教育工作者，和在校学生有着紧密合作，在伦敦东区尤为知名，在那儿创办了"戏剧实验室"并且成立了名为"此时此刻"的公司。[173] 取得这些成就之前，乔斯是个不安分的少年。他在 14 岁的时候得知艾瑞克是他的生父，这件事让他一度偏离了正常的生活轨迹。16 岁时他搬出去和同龄女友珍妮·科里克同居，两人在 1976 年结婚。虽然艾瑞克强烈建议他们晚一点要孩子，因为这可能会影响他们的学业，但两人还是生下了女儿艾拉和儿子马赛厄斯。这段婚姻没能持续下去，最后以离婚告终。1991年，乔斯写信给艾瑞克，告知自己已经在某种程度上对孩子透露了祖父的身份："马蒂和艾拉问我知不知道我的生父是谁，所以我把事情告诉了他们。我知道您以前希望见见他俩，我也知道自己像我的母亲一样，担心他们会注意到我们的相似之处。"他们是艾瑞克的第一对孙辈，现在已经没有什么可以阻挡艾瑞克和他们联系了，虽然他并不需要在任何方面对他们负责，孩子们也不需要换一位祖父。"他们明白，"乔斯补充道，"您的孩子不知道我和他们的存在，也知道这是为什么。"[174]

他继续写道：

> 有点讽刺的是，他们得知事实的年纪和我当时差不多。不过，对他们而言，这一信息已经不如我当年得知时那么意义重大了。我是在反复思考并和珍妮多次讨论后告诉他们的，我决定这样做的原因有很多。一想到他们会意外发现这件事我就无比害怕。简而言之，他们也应当知道我的身世，就像我们都了解我们父母的童年和经历一样。还有一部分原因是为了我自己，隐瞒和保密让我怀有负罪感和羞耻感，我花了很多年时间才克服了这种情绪。（这种感受是缺乏理性的，但这不是重点。当然，妈妈和爸爸并不希望我变成这样。您也显然不应该对此负责。）告诉艾拉和马蒂是我疗愈自己的一部分，我对这个事实没有什么可羞愧的。就像我对他们说的那样，他们应该想想，在与祖父母的特殊关系中有什么是他们能做得更多的。

乔斯·班纳森在2014年因癌症去世，年仅56岁，他在戏剧教育领域留下了深远的影响，他的作品《戏剧制作：为一筹莫展的戏剧教师而写的策划指南》（2013 年）尤其体现了这一点。[175]

艾瑞克的妹妹南希及她的丈夫维克多很多年前就搬到了英国西南部，南希当过彼得·沃克的秘书，沃克是一位保守党议员，担任过一段时间的政府大臣。后来他们又搬到了梅诺卡岛，在那里度过退休时光。[176] 南希抽烟抽得很凶，有段时间肺部出现过问题，并在 1990 年染上重病。维克多把他们的女儿安妮叫回来照顾她，但她的情况持续恶化，几个月后就去世了。他们的儿子罗宾记得打电话告诉艾瑞克这一噩耗的情形。"我被派去告诉他我母亲去世的消息，"罗宾说，"他哭了，我记得自己走出电话亭时感到很意外，'我打电话来是为了告诉您，妈妈去世了'，他听后痛哭起来。""我们恰好坐同一班飞机去参加葬礼，不过他坐在头等舱……我们到了帕尔马时有几个小时的休息时间，我对他说'艾瑞克，你坐的是头等舱'，他回答我说'我买不到经济舱的机票'"。当时正值复活节假期，经济舱的机票都被订光了。他们抵达时，安妮感谢艾瑞克能过来。"我必须和她道别。"他说。虽然人生轨迹极为不同，但艾瑞克和南希依然被他们的童年以及父母早逝所铸就的情感纽带联结在一起。[177]

VIII

艾瑞克以一种最合适不过的方式来庆祝他的 80 岁生日，那就是给《共产党宣言》新版本撰写导读长文，维索出版社"新左派丛书"为纪念这本小册子的第一版面世 150 周年发行了这个新版本。但这不是一次寻常的再版。这本书出乎意料很快吸引了大量关注，并在纽约格林尼治村地区杂志《村声》的畅销书排行榜上位列第三，原因也许是这本书被包装成了"时髦的新版本"，目的在于"让卡尔·马克思和弗里德里希·恩格斯成为最新的潮流象征"。书的封面用黑色亚光纸张印刷，带有光泽的红旗图案占据了大部分空间，标题、作者和编辑（艾瑞克）则用优雅的白色字体印在封面下方。[178] 美联社向250多家美国报刊发出了一份字字讽刺的新闻稿，指出这本书已经印刷了2万册，意在充分利用"华尔街好景不长"的情绪：

> "加上一个把手，这本书就能成为设计师礼服的时髦配饰，"巴尼百货公司的创意总监西蒙·杜南说，"女人可以穿着这条裙子自信地迈向新千年，马克思和恩格斯在19世纪写下的文字为她增添光彩。"杜南半开玩笑地提出把《共产党宣言》和唇膏放在一起的想法——摆在百货公司橱窗里，作为一种"概念艺术"。他的助理在挑选合适的唇膏——最好起个听起来有俄罗斯风情的名字。随着共产主义在全世界的快速传播，"把这本书看作一股'坎普'*风潮也不为过"，他说。在资本主义的大本营华尔街，鲍德斯书店的世贸中心分店打算把这本书放在中心位置展示，巴诺书店也打算将《共产党宣言》作为"特别推荐"放在它的483个门店里面。新版本的设计者是两位生于苏联的纽约新锐设计师科马尔和梅拉米德，有着深红色的页边和一根同样颜色的丝带书签。"把这本书放在咖啡桌上会显得很有品位。"维索出版社的科林·罗宾逊说。虽然这并不是《共产党宣言》的作者们关心的事情。[179]

罗宾逊告诉另一位记者"这本小册子薄得能塞进一条唐娜·卡兰

---

* 坎普是一种西方流行艺术类别，源自法语俚语"se camper"，意为"以夸张的方式展现"。——译者注

牌的裙子口袋，'不会让衣服起褶皱'"。《全世界的消费者，团结起来！》是报道的标题："我们没什么可失去的，除了我们的信用卡"。[180]
"卡尔·马克思成了用来取乐、怀旧和讽刺的对象，变得亲切可爱、矫揉造作和无伤大雅"，就像切·格瓦拉的头像曾经在学校的墙上到处可见，现在和别的东西一起被用来推销斯沃琪手表和滑雪板之类的商品。[181]

左翼评论者十分不悦。他们批评新版本把革命理念变得商业化，是对革命理念的贬损，并在这一过程中削弱了它的进步性。芭芭拉·埃伦赖希是罗莎·卢森堡的传记作者，她指责纽约的"享乐阶级带着他们的设计师版本招摇过市"。她称《共产党宣言》已经成了"一道配饰、一份圣诞礼物、体现资本家完美魅力的一枚徽章"。她还说："这本书只有 96 页，你可以把它看作一张问候卡，甚至一本名言警句集，送给你人生中的特别人物——比如你的老板。"[182] 也有人提出为何左派不能利用现代商业环境来宣传它的理念。"马克思并没有打破什么人的枷锁，而是被塞进书店地下室的政治学书架，夹在赫伯特·马尔库塞和查尔斯·墨菲的作品中间。但可恶的是，他的学说即使蒙尘也不失庄严。"也许是时候把马克思从故纸堆里请出来，让他重新在观点的市场里流通。[183] 实际上，评论家对这本书在当代收到的反响也大感意外：

> 《共产党宣言》里描述的就是这样的世界：有电子资金转账和墨西哥出口加工厂；银行兼并；印尼血汗工厂生产的耐克球鞋被运到洛杉矶的范奈斯；国际货币基金组织迫使韩国解雇本国工人；梅赛德斯奔驰的管理层把工厂搬迁到成本更便宜的地方，迫使德国降低工资水平。简而言之，它描述的就是 1998 年的世界。[184]

或者换句话说，在柏林墙倒塌后全球化浪潮如火如荼之际，如果

《共产党宣言》的原理可以根据全球资本主义的新结构而有所调整（这不是什么难事），它会与当今世界产生一种不容否认的新关联。[185]

新版本得到的广泛知名度促使《萨克拉门托蜜蜂报》觉得有必要推出一张《关于马克思的 19 个谬误》的列表，其中第一项显然就是"马克思是俄国人"的普遍认知，接下来是"马克思派间谍引发了俄国革命"之类的错误观念。[186] 随着维索出版社与美国大出版商诺顿出版集团达成新协议，《共产党宣言》的再版提升了维索的收益，并和维索出版的切·格瓦拉《摩托日记》一道登上了畅销书排行榜。[187] 也许在购买这本书的人当中，有些真的会读一读它，并且思考它提出的理念，而不仅仅是把它半塞在古驰手提包里故意让人看见。"马克思的作品在面世 150 周年之际再次流行起来。"《纽约时报》称。[188]《共产党宣言》发表 150 周年引起的关注和这本书的再版充分强调了马克思对资本主义的分析与 20 世纪 90 年代的关联性，也许还助长了人们在世纪终结之际的焦虑情绪。"马克思关于自由企业的观点现在正得到很多企业家的共鸣，而他们是宁愿挨一顿揍也不想被贴上马克思主义者的标签的。"一位评论者说。[189]

这本书在英国和美国都取得了巨大成功。但是这个版本发行超过 12 年后，艾瑞克的代理人发现维索出版社没有向艾瑞克支付任何报酬。维索推出的书没有哪一本是能带来丰厚收入的，所以这也许只是一次疏忽。"维索每推出一本畅销书，作者都会蒙受损失，你们似乎对这种不好的习惯已经习以为常。"戴维·海厄姆公司对出版社说。2011 年 6 月，出版社颇为窘迫地回复了艾瑞克的代理公司，承认"这绝对是维索出版社的大失误，我们迫切希望弥补这个过错。相关的金额有 20 678.19 英镑之多，但很抱歉的是我们目前不能全额支付"。他们希望艾瑞克能够接受 1 万英镑的首期付款，剩下的金额以分期方式支付。艾瑞克的代理人对此表示怀疑，告诉艾瑞克："他们像往常一样哭诉，提出无法一次付清这么一大笔费用。"但艾瑞克深知维索的财务困难，建议他们分4次支付版税，每次5 000英镑，出版社如释重负，接受了这一提议。[190]

艾瑞克还出版了一本名为《论历史》的文集，由21篇讨论史学问题的文章组成——他在新学院最后讲授的课程内容正是这本书的基础素材之一。他和过去合作过的韦登菲尔德和尼科尔森出版社签下了这本书的出版合同，不过平装本的版权交给了利特尔布朗集团下属的阿巴克斯出版社。这本文集涵盖了一系列关于马克思主义与历史、年鉴学派、"身份认同的历史"和后现代主义的讨论。艾瑞克的老冤家——当时已经80多岁的休·特雷弗-罗珀为这本文集撰写了一篇详尽而深刻的评论。他不但向艾瑞克的学识和才华致敬，还赞扬了马克思对所有历史学者的影响：

> 他为我们的学科带来了一种新的系统哲学，而且这种支援是在我们最迫切需要的时候给予的：当史料已经汗牛充栋而从前的历史哲学理论又不能有所启发的时候。他的影响是巨大又卓有成效的：一些思想十分活跃的现代史学者都以直接或间接的方式回应了他的学说。[191]

当然，特雷弗-罗珀也补充指出，马克思虽然了解但在某些方面也曲解了德国历史和哲学思想的大潮流，年鉴学派实际上也是这样，《论历史》很实在地承认了这一点，但托克维尔和韦伯之类的思想家却没有这样的宽宏气量。而且，虽然苏联共产主义把马克思主义传统固化为僵化的官方学说，但"马克思主义在西方得到了自由传播，和其他思潮融合，成为一股博采众长的潮流"。最后，特雷弗-罗珀认为应该把艾瑞克的共产主义思想和他的马克思主义思想分开来看，其中的后者"作为对历史哲学的贡献"，可以"在继续发展和修订中丰富我们的学科研究"。

中世纪史学者约翰·阿诺德针对《论历史》在历史研究和写作方面采用的理论和实践方法进行了更进一步的分析。他指出艾瑞克在这本书中"无心打出的文字可以杀人于无形"的说法（讨论为了编造民族主义神话和发动侵略而歪曲历史的行为）正是后现代主义者声称语言可以构建现实的一个例子，艾瑞克在这本书的其他地方对这种观念大加嘲讽。[192] 实际上，艾瑞克毕生对文字的痴迷、在接触新领域时收集的术语表，以及将民族语言的发明视为形成民族意识的工具的分析，全都指向一个事实：他对基于话语的历史写作提出批评时，把后现代主义的极端形式与温和形式混为一谈：作为一名历史学家，他的工作一再表明了语言可以构建现实，即使它并不能取代现实。

这本书被翻译为 15 种语言。于尔根·科卡在评论德语版本时提出"作为一名历史学家，霍布斯鲍姆远离了共产党人的那种党派马克思主义，人们很难在他的作品里找到教条主义的痕迹"，他很久之前就摒弃了"经济基础-上层建筑"的理论框架，将之视为"马克思主义庸俗化"——很多评论者都认同科卡的观点。英国历史学者保罗·史密斯在《泰晤士报文学增刊》上发表的书评标题就是《对马克思主义庸俗化说不》。[193] 科卡指出，艾瑞克对文化史太过着迷，这让他无法采取生硬的经济决定论来评判历史。他一直保持着对事实的敬畏，但后现代主义超相对主义的出现引起了一场变革：早期对历史因为拘泥于事实而遭到批判的观点渐渐落伍，取而代之的是 20 世纪 90 年代的新趋势，认为历史证据必须成为历史研究的基础。[194]

这些观点也出现在《非凡小人物》（1998 年）里，这本书是艾瑞克为《革命者》（1973 年）筹备已久的续篇，由韦登菲尔德和尼科尔森出版社出版，而平装本的版权再次交给了阿巴克斯出版社。艾瑞克的第二本通俗文集再次显示了他对 1968 年学生反抗运动的疏离态度。他反对年轻激进分子对性的沉迷，抗拒甲壳虫乐队出现之后的大众文化发展。[195] 这本书没有真正统一的主题，收纳的内容也十分广泛，因此反响并不如他之前的作品，只有五六个外语译本，但这个数量还是比英国出版的绝大部分史学著作的译本要多。在都柏林从事研究的法国现代史学者约翰·霍恩指出，这本书取名为《非凡小人物》是"向一本经典的英国劳工史作品致敬，但同时又体现了差异"（霍恩说的是 G.D.H. 科尔和雷蒙德·波斯特盖特写于 1938 年的《普通人》）。艾瑞克的新书重新表述了一个传统的中心观点——普通民众和人民运动是英国历史的主角。

艾瑞克在文集中对先锋艺术和音乐的抵触态度使很多评论者震惊，他在 1998 年的沃尔特·诺伊拉特纪念讲座上也表达了同样的看法，宣称 20 世纪先锋派已经衰落。他在讲座上指出现代绘画已经迷失了方向，因为它和传统的生产方式密不可分，尤其是那种一幅作品只由一位艺术家创造的观点，而真正的艺术革命来自大众广告和电影。"在真实的世界里，人们每一个清醒的时刻都被混乱无序的声音、图像、标志以及共同经验形成的假设所淹没，这让艺术作为一项特殊活动日渐衰败"。他宣称两次世界大战之间最有原创性的作品是伦敦地下铁的线路图。[196] 这次讲座发言显示出艾瑞克的精神和情感世界里有一个顽固的盲点，这个盲点从他把毕加索视为伟大的艺术家之时起就变得越发明显。

《非凡小人物》出版之时，20 世纪已经接近尾声。1999 年 1 月，记者安东尼奥·波利托邀请艾瑞克用意大利语接受一次长时间的采访，或者以系列采访的形式进行也可以，主题是"世纪之末"。[197] 采访在不久之后进行，并在第二年以《新世纪》为标题发布了英语版本的采访录。艾瑞克用这个机会对日益加剧的社会不公、全球机构的弱点、政治意识的薄弱、环境恶化、左派的迷惘、去政治化、青年一代、社会凝聚力消失带来的孤立感以及其他一系列问题大加鞭挞。"公共领域的未来,"他总结道,"是难以清晰预见的。这就是为什么我无法在世纪末的时候对未来抱有特别乐观的情绪。"

艾瑞克当时是否依然从马克思主义的角度思考问题呢?当波利托问艾瑞克什么是马克思主义时,艾瑞克的回答是它首先"告诉我们,在明白任何特定历史阶段都不可能永远存在的情况下,人类社会由于可以自我革新而成为一种行之有效的组织结构,因此现在并不是它的终点"。诺埃尔·马尔科姆在发表于《星期日电讯报》的长评里很中肯地指出:"大部分读者都会觉得这样的回答令人意外,要么是因为他说的事情显而易见,要么是觉得他说了等于没说。"阶级斗争发生了什么改变?经济决定论又出现了什么变化?马尔科姆问道。但按照《新世纪》的描述,驱动历史的首先是意识形态的力量。马尔科姆提出,如果艾瑞克批评美国是帝国主义强权,并将之归咎于《独立宣言》中革命意识形态的长期影响,那就是"从一个非马克思主义的角度"得出了一个马克思主义的结论,美国在 21 世纪实施的政策并非出自"资本主义高级阶段的经济需求",而是源于"18 世纪 70 年代诸位戴着假发的绅士头脑中萦绕的想法"。艾瑞克似乎"在意识形态方面迷失了方向……因此,人们不禁怀疑他实际上还能对即将到来的新世纪提供多少指导意见"。[198] 实际上,这本书的回顾历史部分和展望未来部分旗鼓相当,前者甚至篇幅更长。他不得不再次针对他毕生坚持的共产主义理念发表一套折中的说辞:

> 和很多共产党员一样,我从不赞同苏联政权统治下发生过的一些有争议的事情。但你想一想,共产主义比那些落后国家的历史更为伟大,而共产党又掌握了这些国家的政权,那么就没有理由因为某段历史抛弃这个已被选中的事业。我后悔成为一名共产党员吗?

不，我不后悔。[199]

　　多年来，艾瑞克一直在作品和媒体采访中为他的政治选择辩护，随着 20 世纪走到了尾声，艾瑞克觉得是时候更为详尽地回顾自己的人生和职业。在朋友和同行的促请下，他开始撰写自己的传记。

第十章

国家瑰宝

ERIC
HOBSBAWM

1999—2012

|

　　20 世纪 90 年代末，艾瑞克在一次巴黎之行中告诉伊莉斯·马里安斯特拉斯："我的编辑始终坚持我应该写一本自传，所以好吧，我会写的，虽然我也不知道怎么下笔。"[1] 不过他还是起草了一份大纲并发给了布鲁斯·亨特。经过多番谈判，艾瑞克的回忆录出版合同交给了迈克尔·约瑟夫出版社，这间出版社从 1985 年以来就是企鹅出版集团的下属机构，他们向艾瑞克预付了 9 万英镑的稿酬。迈克尔·约瑟夫已经出版过《极端的年代》，让韦登菲尔德出版社大为光火，而这本书大获成功，于是现在他们迫切想要得到艾瑞克的回忆录版权。乔治·韦登菲尔德再次尝试挽回艾瑞克，但最后布鲁斯·亨特告诉艾瑞克："韦登菲尔德还是觉得他们没办法和迈克尔·约瑟夫竞争。"[2] 这实际上意味着艾瑞克结束了和乔治·韦登菲尔德的长期合作。作为一位作家，艾瑞克在 20 世纪 90 年代获得的名声让他已经不再受限于一家出版社。

　　出版合同如期起草，但到了 2000 年 5 月，布鲁斯·亨特告诉艾瑞克："迈克尔·约瑟夫出版社现在让我们另觅合适的出版商。"尽管这家出版社继续向市场推出回忆录类图书，但他们现在更加关注演艺圈和体育界那些更有商业价值的明星。艾瑞克并没有因这个决定而不快，他从前的编辑苏珊·瓦特是《极端的年代》取得成功的幕后推手，但她不再为迈克尔·约瑟夫工作，而艾瑞克不想和资历尚浅的编辑合作。此外，有位编辑不久前成了媒体焦点并让艾瑞克欣赏不已：他就是现在任职于企鹅出版社的斯图亚特·普罗菲特。实际上，亨特之前曾将普罗菲特视为《极端的年代》一书的理想编辑。但普罗菲特当时在默多克的哈珀·柯林斯出版集团工作，亨特只能作罢。不过，到了1998年，30多岁的普罗菲特从哈珀·柯林斯辞职，原因是默多克私下迫使出版社阻挠香港最后一任总督彭定康的回忆录出版，理由（未经承认）是这本书对中国的批评过多，而默多克希望得到中国的支持。普罗菲特是彭定康的编辑，他认为默多克这样做是背信弃义，于是愤而提出公开辞职，在媒体上掀起了轩然大波。他很快接受了艾瑞克的邀请，成为他的回忆录编辑。这是一个颇有眼光的选择。普罗菲特是一位严谨认真的编辑，在接下来的数月里，他和艾瑞克进行了一系列长时间的会面和书信往来，花费大量精力来完善这本书。

艾瑞克完成第一稿的速度相对较快，因为此时他已经没有教学任务了，也可以从很多其他事务中抽身，在他此前的职业生涯中，这些事务曾经拖慢了他的写作进度。这本自传不需要太多资料搜集工作，大部分时候艾瑞克都能凭回忆写作，他从前的日记和档案也可以提供补充。而且，他毕竟刚刚完成《极端的年代》，这本书和他的回忆录年代跨度一致，并且基于广泛的阅读和研究，因此艾瑞克手头拥有足够的参考资料，无须进行更新。尽管很快完稿，艾瑞克还是觉得这本回忆录是"最难写的书。怎么能让读者对我那平淡无奇的学者生涯产生兴趣呢？"。因此，他把希望了解"历史上最为风云激荡的世纪"的年轻人视为目标读者，同时也兼顾"那些上了年纪的读者，他们经历过这个世纪的激情、希望、幻灭和梦想"。[3]

不出意料的是，斯图亚特·普罗菲特认为第一稿"某种程度上是站在个人角度把《极端的年代》重写了一遍"。[4] 他觉得这本回忆录对艾瑞克的个人想法、情感和经历着墨太少。"这是一本观察外部而不是观照内心的书。"作为艾瑞克的编辑，普罗菲特认为自己的任务是"让他进行更多的自我审视"。这本书写的是"一位公众人物的公众生活，所以我试着让他多写一点少有人知的事情，但不过于暴露隐私……和艾瑞克深入交谈不容易，一点儿也不容易"。[5] 普罗菲特觉得第一稿也未能让读者清晰地了解艾瑞克为什么终生坚持共产党员的身份。"为什么社会主义，以及实际上的共产主义，是最好的社会组织形式？"他问艾瑞克。"这是你充分阐述意识形态理念的机会：你比大部分人都有资格发表意见，而你的自传则是最合适不过的地方。"普罗菲特觉得艾瑞克过于谨慎地捍卫自己的理念，他需要做出"一次重要的正面声明……在这种情况下，进攻就是最好的防御"。[6] 普罗菲特促使艾瑞克承认自己对共产主义的终生信仰更多是出于一种"部落性行为"。他在少年时代就对十月革命的信念坚信不疑，并且一辈子都保持了这种忠诚。"我觉得自己此时终于触及了他的内心，"普罗菲特总结道，"他谈论起自己的人生追求，这显然是他的信念核心，我希望这本书可以呈现出这一点。"

此外，普罗菲特针对那些他认为需要进一步解释的地方给艾瑞克发去了无数的问询信件，要求后者进行说明，对读起来像"自我吹嘘"的文字也是如此处理——因为他觉得这在法国可能行得通，但在英国，谦逊的态度才可赢得尊重。他要求艾瑞克对马琳的背景多写几句，告诉艾瑞克把一次晚餐形容为"令人心满意足"，这"会让你听起来像罗伊·詹金斯[*]！"。在要求艾瑞克提供更多个人隐私后，他

---

[*] 罗伊·詹金斯（1920—2003）曾在 20 世纪 60 年代后期担任英国内政大臣，他本人生活丰富多彩，喜爱美食和醇酒。——译者注

又在艾瑞克坦承自己"向马琳介绍过避孕环和避孕药"时改变了主意——"难道读者想知道这些吗？"他理直气壮地反问。普罗菲特对艾瑞克提及自己的私生子乔斯·班纳森也感到不安："我的直觉是你要么压根别提，要么就全盘托出。这件事可能只会引发猜疑或者惹来媒体的打听。"书中有些地方需要"压缩"甚至删减，但另一方面他又要求艾瑞克多谈谈美国及其目前的政策，尤其在有迹象显示乔治·W. 布什总统要攻打伊拉克的情况下（2003 年 3 月 20 日，美国的确和英国一起攻打了伊拉克）。他还希望艾瑞克重新调整某些章节的结构，并让他大幅删减涉及家庭和亲戚的内容（最后，关于这部分内容的整个章节都被删除了）。普罗菲特指出艾瑞克经常显得"易怒"而心怀不满，尤其对"二战"期间被英国当局边缘化的经历耿耿于怀，这不会给读者留下好印象。在涉及一些特定时刻时，他也需要艾瑞克更清晰地表明对"党的方针"所采取的态度。普罗菲特最大胆的提议是把第一稿的终章移到开篇，因为这一章说的是读者为什么应该读这本书，放在结尾不太合理（"如果读者已经读到这里，你也无须多此一举了"）。[7] 艾瑞克听从了他的建议。

在书的封面设计和图片选择上，艾瑞克让普罗菲特很是头痛。出版商希望在自传封面印上作者的照片，但艾瑞克最初否决了出版社给他选的所有照片，因为他觉得这些照片都把他拍得很难看（他对自己外貌的不自信从年少时期的日记里就可见端倪，并一直持续到老）。艾瑞克提出用保罗·克利的一幅画作为封面，而这幅画似乎和这本书的主题毫无关系，普罗菲特拒绝了这一建议。最后，他选择了艾瑞克晚年的一张黑白照片并告诉艾瑞克："在我们看过的所有照片中，这张是大家公认最好的。我们在法兰克福书展的展位上展示过这张照片（尺寸很大！），得到了非常多的好评。我特别喜欢这种半边阴影的效果，还有你的脸侧向一边的感觉。我觉得整体效果非常棒。"他承认艾瑞克并不想让自己的照片出现在封面上,但他坚持"这能让我们在出版和销售这本书时达到最好的效果"。⁸ 在这类问题上,最后说了算的通常是出版商。而且,这本书和所有提及了在世之人的书一样,出版商有权出于法律原因删除某些内容。企鹅出版社的法务部门此时官司缠身,否认大屠杀的戴维·欧文指控出版社对他造谣中伤,因此他们比往常更加担心可能惹上诽谤诉讼,并且检查了这本书涉及的众多人士有哪些仍然在世。手稿中提到肯尼迪家族和黑帮有牵连以及芝加哥市长戴利涉嫌贪污腐败(还暗示了他那也当了市长的儿子同流合污),律师们对此提出了质疑,并建议在书的结尾提到入侵伊拉克时增加一些模棱两可的词语(比如加上"似乎"这类词)。不过,总的来说,他们觉得可能引起争议的地方不多,因为法律原因而需要做出的修改也是少之又少。⁹

这本回忆录在 2002 年出版,取名为《趣味横生的时光》——这个书名是艾瑞克在出版过程后期加上去的,¹⁰ 其出处据说是一句用来骂人的中国古话"祝你活在一个有趣的时代"(英文为 May you live in interesting times。20 世纪 30 年代的英国驻华大使头一次提到这种说法,但此前无论在中国抑或别处都没有任何资料记载过这个说法)。自传的德语版本删除了这个带有讽刺意味的书名,用《危险时代》取而代之。¹¹ 自传里的章节一开始是按时间排序的,各个章节的标题分别是"一位窘迫的英国人的画像(伦敦 1933—1936)""乏味的战争""书写历史:声名鹊起及个中原委""受人尊敬的教授(20 世纪 70 年代)"以及 20 世纪 80 年代至 90 年代的"纽约暂住客"。关于不同国家的内容则融入这些章节中去:"法国及法国人(放在 20 世纪 50 年代的部分进行概述)""寻找原始的叛乱:意大利和西班牙(1951—1960)",诸如此类。¹² 然而,在这本书即将出版之际,艾瑞克改变了主意,他将回忆录的最后一部分按主题重新划分,在各个章节中讲述并分析了他所了解的不同国家,这是按年代排序的方式可能无法实现的。

普罗菲特很满意这本书的结构，认为它会大获成功。出版社全力以赴地推销这本书。2002 年 10 月 1 日，企鹅出版社在他们位于斯特兰德街 10 号高层的偌大办事处里举办了这本自传的发布仪式，作者和编辑上台发言，众多友人、支持者和报刊记者参加了仪式。10 天之后，艾瑞克在切尔滕纳姆文学节上介绍了这本书。10 月 16 日，他在伦敦南岸的珀赛尔音乐厅和彼得·亨尼西对谈时再次提起了自己的这本传记。10 月 24 日，他到剑桥的赫弗书店推广新书，英国广播公司二台的《晚间新闻》、广播第三频道的《夜之声》、广播第四频道、广播第二频道和国际频道都对他进行了采访。[13] 截至 2002 年 12 月 5 日，这本书加印了数次，精装本卖出了 1.3 万册。[14] 回忆录被翻译成 16 种语言，其中最畅销的一如既往是巴西版本，售出超过 2.7 万册。[15]

由于《极端的年代》所取得的成功使艾瑞克声名大噪，《趣味横生的时光》在报刊媒体上获得了广泛的评论。[16] 书中相对客观的叙事口吻是议论的焦点，斯图亚特·普罗菲特曾经承认未能让这本书更有私人色彩，到头来他还真是说对了。回忆艾瑞克童年和少年时代的章节是最具真情实感的，而到了讲述剑桥岁月的部分他又不像之前那样袒露心扉了，尤其在谈论自己的共产党员身份时。佩里·安德森在一篇精辟的书评中指出，艾瑞克倾向用"我们"来代替"我"，这意味着"对主观性的抑制"，显示他深信某种"内部联合体"。当然也会有人提出共产主义是一场集体运动，在为党及其事业奉献的过程中，人的独立性必然得到了升华，因此"我们"一词更多地出现在这一阶段的叙事中也就不足为奇了。[17] 不过安德森的说法还是有道理的。

托尼·朱特把艾瑞克视作一位浪漫主义者，他所有关于共产主义的著作，即使是讨论死气沉沉的民主德国，都蒙上了对魏玛时期柏林共产主义运动热潮的怀念之情。朱特钦佩艾瑞克能够一直留在共产党内，但他觉得这不是没有代价的，"最明显的就是影响了他的写作风格"。每当霍布斯鲍姆涉足敏感的政治领域时，他就退而求其次地使用一种遮遮掩掩的刻板语言，让人联想起英国共产党。朱特继续指出艾瑞克的信仰损害了他的历史判断。比如，他称赫鲁晓夫在 1956 年的演讲"毫不留情地谴责了斯大林的错误"，同时又认为这些错误本身并不严重。朱特批评"霍布斯鲍姆拒绝直面现实并指认其性质，他从未与斯大林及其作品留下的道德和政治影响进行过斗争"。

艾瑞克认识朱特，20 世纪 80 年代末到 90 年代两人都在纽约工作过（朱特是纽约大学的教授）。他们欣赏对方的作品，虽然艾瑞克认为朱特是个"彪悍的学术斗士"，是一位充满激情的急先锋而非冷静的学者。[18] 不过朱特对艾瑞克的尖刻训诫中，有一种让他要么承认错误要么接受谴责的盘问意味。研究"英国状况问题"*的老前辈安东尼·桑普森的评价则更为中肯一些："霍布斯鲍姆的自省给这本书带来了持续的新鲜感和活力，让它成为一本出色的政治回忆录。"[19] 实际上，我们可以从《极端的年代》和《趣味横生的时光》里看到一幅令人动容的画面：一位终生坚持信仰的共产党员在晚年的内心挣扎，他试图接受共产主义事业在政治上遭遇的曲折，而他为这一事业献出过最好的年华，他还希望理解其原因以及带来的影响。

在针对这本自传的评论中，艾瑞克察觉到冷战思维自 20 世纪 90 年代中期以来再次抬头。这很大程度上要归咎于 2001 年 9 月 11 日国际恐怖分子摧毁纽约双子塔后流行起来的"建立在绝对善恶基础上的道德话语"：

---

* "英国状况问题"是 19 世纪英国文学和社会批评中的一个关键词，具体指 19 世纪三四十年代英国工业化进程中出现的社会问题，恩格斯、狄更斯等人都在作品中对此进行过讨论。——译者注

几年前，即使保守派也认为我为"短暂的 20 世纪"所撰写的历史作品并非政治宣传或者在为意识形态站台——在法国之外均是如此。但今时不同往日。在过去的几个星期里，有人从我的自传中得出"艾瑞克·霍布斯鲍姆之流让我们十分不齿（约翰·哈里在《独立报》周日版上撰文）"的结论……把我描述为维护邪恶的惯犯："比如，艾瑞克·霍布斯鲍姆煞费苦心地为数百万人死于他深信的共产主义理念进行了合理化辩护"（《泰晤士报》第二版，2003 年 1 月 13 日）。我不会评论这些意见，这真切表明了某种言论的死灰复燃：把共产主义和与之有关的一切都视为绝对的邪恶，凡是对其表示同情理解的人要么就是故意作恶，背弃上帝选择了撒旦的事业；要么就是过于自负或者愚笨而无法分清青红皂白，这样的人不是无赖就是蠢货。[20]

但有些评论还是经过深思熟虑的。理查德·韦南是一位伦敦大学的教授，一开始研究的是法国史，后来转而撰写英国现代史。他对艾瑞克以"由于政治观点而在职业生涯中遭到排挤的边缘人"自称提出质疑，艾瑞克暗指的是未能获得牛津或剑桥的教职，但实际上艾瑞克从 1947 年起就在伯贝克学院拥有一份全职工作直至退休，虽然在那几十年里，给一间夜校的非全日制学生上课算不上是学术圈的主流。但韦南指出："20 世纪的英国历史研究被体制外的学者个体主宰着，最好的历史学家——比如刘易斯·纳米尔（在职业生涯的早期）、A.J.P. 泰勒（在职业生涯的晚期）以及 E.P. 汤普森（在绝大部分时候）——甚至曾经连大学教职也得不到。"当然这是一份特意筛选过的名单，有人指出体制内也有很多同样出色的历史学家，比如克里斯托弗·希尔就是牛津大学贝利奥尔学院的院长。牛津大学历史学者阿德里安·格雷戈里看待这一问题的角度略有不同，他称艾瑞克"对身处边缘地带怡然自得，他并不完全置身事外，甚至离体制也不算太远，而是保持一种自己标榜的距离"，格雷戈里认为这是一位历史学者所处的最理想位置。[21]

不过，韦南的说法也有几分道理，他认为艾瑞克"一直是体制中人，他的成年时代几乎都在大学中度过。他是第一批得到博士学位的英国当代重要历史学者，而且坚持不懈地参加各种学术会议"。韦南继续提出艾瑞克"从某种奇怪的角度看是典型的英国人"，他是使徒会、国家学术院和阿西纳姆俱乐部等体面团体的成员：

> 即使霍布斯鲍姆自己引以为豪的世界主义也能和他的英国身份相得益彰。英国的体制对这一类人十分包容——比如霍布斯鲍姆的朋友以赛亚·伯林，他用优美的英式文风表达外来的概念。霍布斯鲍姆对英国中产阶级的吸引力在于他充满自信的主张、信手拈来的渊博学识以及对欧陆异国文化的重现——这样的吸引力可与伊丽莎白·戴维媲美，这种说法并不全是玩笑之言。

这种可比性是显而易见的：伊丽莎白·戴维通过一系列文笔优美、原汁原味（而且完全可以实现）的食谱将法国和意大利的烹饪方法引入战后的英国，这些食谱以正宗的异国佳肴和有时难以取得的原材料见长，在某种程度上可以被称为艾瑞克历史作品的烹饪版本。

韦南还指出商业出版社比大学出版社更早认识到艾瑞克的价值。作为一名作家，他很快就声名远播，在汤姆·沃尔夫的电影《虚荣的篝火》（改编自一部对 20 世纪 80 年代纽约大加讽刺的小说）里，一个角色甚至引用了"原始的叛乱"一词来形容一位纽约的民权运动领袖。韦南认为"在逃避政治史可能会提出的尴尬问题时，霍布斯鲍姆被动地和社会史发生了有趣的联系"。但韦南注意到"正是英国共产党的无足轻重让霍布斯鲍姆变得举足轻重"，这时他的看法也许又变得摇摆不定了。英国共产党认为"知识分子不是唯一真正有影响力的群体"，按照韦南的说法，英国共产党实际上鄙视知识分子，艾瑞克与他的党的关系始终比较尴尬。最后，由于政治是贯穿整本书的红线，艾瑞克的个人和情感生活中的许多内容被遗漏也就不足为奇了。不过马琳并未感到不快。"没写的部分总是最美好的。"某个结婚纪念日里，她在给身处纽约的艾瑞克的明信片上这样写道。[22]

‖

新世纪伊始，艾瑞克的生活早已进入了固定模式。他大部分时间都在家中工作，和以往一样不知疲倦地阅读，持续不断地撰写文章和时评。2008 年，《卫报》周六版杂志的"作家书斋"每周专题展示了一张艾瑞克的书房照片，拍摄者是埃蒙·麦凯布，配以艾瑞克自撰的解释文字。这个房间从上到下密密麻麻摞着的都是书，除了一个地方空出来放了一张比莉·霍利戴的照片。到处都是成叠堆放的文稿，他用来写作的笔记本电脑被挤到了桌子的角落，上头罩着一盏可调节的台灯。这里没有什么能够打扰他的东西，艾瑞克对埃蒙说，虽然房间里有一台唱片机，"我基本不怎么听，音乐太让人分神了"。

> 我现在工作的房间曾经属于我们的儿子安迪，这儿是汉普斯特德一栋半独立住宅的顶层。由于使用者从青少年变成了老年人，这个房间的变动很大，但也一如既往的混乱，只是表现方式不一样而已。实际上这里面大部分是研究笔记、复印件、文稿、未回复的信件、钱财和新到的书籍，我凭自己那已经不太灵光的记忆来

翻找这些东西。因为我是一个手头需要很多参考文章才能工作的历史学家，所以它们往往就堆在我的两张桌子上，包围了我的笔记本电脑，20世纪80年代末在纽约的时候，学生们的计算机技术让我自愧弗如，于是我开始学习使用计算机，现在我的工作已离不开它。

这是一个不折不扣的工作室，没有社交的空间。桌子后面书架上挨挨挤挤的大部分书都是他的作品译本，这些书"在我灰心丧气的时候，提醒我这个见过很多世面的老家伙，这50年来向全世界的读者介绍历史的努力并不是完全徒劳的。同时也鼓励我只要情况允许就把这项事业继续下去"。[23]

艾瑞克和马琳继续举办他们已经大名鼎鼎的纳辛顿路晚宴。"他会给我们开门，"尼克·雅各布斯回忆道，"同时还拿着一杯金汤力和一根搅拌棒，一边搅拌一边迎接我们，他是个热情的主人……马琳负责做饭，艾瑞克则帮忙四处招呼客人，他好像一直都是饭后洗碗的那个人，咖啡也总是让他来沏，他干的都是男人通常负责的家务活，把餐具上的残渣冲洗干净后放进洗碗机里。"[24] 有些客人会对艾瑞克和马琳之间十分传统的分工大惊小怪，觉得这是地地道道的"日耳曼作风"。[25]但艾瑞克对女性的态度并不像德国人，他的母亲当过独立作家和翻译，她带给他的早年影响也反对那样。他在爵士乐圈子里的经历更有可能塑造了他对女性的态度，那时他已不再追求一段洋溢着革命情谊的婚姻，正是那种想法让他和缪丽尔·西曼的感情破裂。爵士乐的圈子是一个女人被叫作"妞儿"的世界，她们是乐手（"男士们"）的附属物，没有平等地位。但不管怎么说，除了美貌、魅力和聪慧，马琳一开始能吸引艾瑞克并不是因为她和自己的职业圈子没有交集，而是由于她有广泛的文化兴趣，见闻丰富，会说法语和意大利语，有过在刚果（利）为联合国工作的新奇经历。至于在晚宴上的分工，艾瑞克的笨手笨脚是一辈子出了名的，这让他幸运地免于做饭或者摆盘。

按照尼克·雅各布斯的说法，晚餐桌上的谈话主要围绕"政坛的小道消息"，"我觉得艾瑞克不想在晚宴上讨论一些严肃话题"。[26] 但艾瑞克在企鹅出版社的编辑斯图亚特·普罗菲特也参加过这些晚宴，他认为：

> 艾瑞克很少闲聊……他会用 20 秒跟我们寒暄一下，然后就是讨论"面对这乌烟瘴气的时局我们的出路何在？"。他希望我们能直奔主题，谈论当前的国内政局、世界政治。即使年纪已经很大，他还是会留意全世界发生的事情——他到 93、94 岁时也必定如此——他很清楚当今世界的情况。我的意思是，他就像一个经济学人智库，这是非常非常了不起的。他也期望你能够立刻跟上他的节奏，所以，你要知道，和他一起吃饭一点儿也不轻松！[27]

罗伊·福斯特的说法有一点儿不同：谈话倾向于"八卦消息……不是社会花边新闻或性丑闻，也不是普鲁斯特笔下那种社交闲聊，而是文学界的一些小道消息，有人收到的恶评等等……谈论的是都市生活和文艺……一个典型的伦敦北部风格，但又带有一种国际化的感觉"。[28] 在印度历史学家罗密拉·塔帕尔的记忆中，"他们家成了全世界有进步思想的人们聚集的中心"——他们怀有一种旧时的激进观念，通常是带有马克思主义色彩的。"每个晚上都不会沉闷。"[29] 罗伊·福斯特记得"大约是圣诞节前后的一次盛宴上，马琳走进客厅，或者可能是餐厅，对聚在那里的大伙儿说'我再也不想和那些幻灭的英国共产党员待在一起了！我想聊点别的！'所以显然有一群意志消沉的共产党员待在另一个房间里，而她想找一些没那么古板的自由派人士，我想我们就是她要找的那种人"。[30]

这个时候，艾瑞克开始比同辈人更加长寿了。"我这些日子以来干的唯一事情就是参加追悼仪式。"他曾经在那段时间对我说。2002 年 6 月 19 日，艾瑞克告诉法国历史学者道格拉斯·约翰逊："我开始觉得自己像一座历史纪念碑。"罗德尼·希尔顿在那一年的 6 月 7 日去世，让他尤为难过。"的确，20 世纪 30 年代的马克思主义历史学者都活得很久，但至今尚在人世的越来越少了。"艾瑞克指出。爱德华·汤普森于 1993 年去世，克里斯托弗·希尔 10 年后也撒手人寰。艾瑞克的朋友及艺术史学者弗朗西斯·哈斯克尔在 2000 年去世。维克多·基尔南比艾瑞克要年长一些，尽管已经算高寿，他亦于 2009 年去世，终年 95 岁。拉斐尔·萨缪尔在 1996 年就因癌症英年早逝。艾瑞克的表兄、著名的唱片制作人丹尼斯·普勒斯顿于 1979 年 10 月 21 日在布莱顿过世，这已经是多年前的事情了，同时也为一段建立在爵士乐共同爱好上的终生友谊画上了句号。[31] 另一位堂兄罗恩·霍布斯鲍姆在 2004 年去世，他在 20 世纪 90 年代搬回伦敦，住在艾瑞克和马琳家附近，两个家庭重拾旧谊，比以前更频繁地来往。[32] 从某种程度上看，艾瑞克的年轻朋友以及他们的伴侣填补了旧友离去后留下的情感缺口，他们是莱斯利·贝瑟尔、罗德里克·弗拉德、罗伊·福斯特、马丁·雅克、尼克·雅各布斯、斯图亚特·普罗菲特，以及理查德·拉思伯恩等人。

也许令人意外的是，他和尼尔·弗格森保持着友好关系（"一个右翼分子，但遗憾的是他并非一个笨蛋"——艾瑞克这样形容他）。[33] "他是一个天才，写过极其精彩的作品，但总是忍不住要当个煽动者。"艾瑞克在另一个场合曾经这样写道。艾瑞克认为弗格森不久前的作品《世界大战：仇恨的历史岁月》（2006 年）是"令人反感的"，尤其是书中"对社会生物学一知半解的危险论调"。"我觉得很遗憾，"他补充道，"因为他聪明又有魅力，而且我们很谈得来。"[34] 弗格森对经济决定论很是着迷，这是他和艾瑞克的共同之处。在艾瑞克的随身日记里，其中有一条记录了 2004 年 6 月 23 日和弗格森的一次晚餐。[35]长驻伦敦的非洲史学者理查德·拉思伯恩是艾瑞克住在威尔士时的邻居，艾瑞克与弗格森的相互欣赏令他大感意外，并将之归结于艾瑞克对弗格森盛赞他作品的感激之情。让拉思伯恩更加惊讶的是艾瑞克由于查尔斯王子的慈善工作而对他做出了积极评价，还说君主制是他心目中最适合英国的体制。艾瑞克赞赏保守党的实用主义以及他们的实干态度。"他表面冠冕堂皇，但时不时也会露出马脚。"作为一名坚定的左翼分子，拉思伯恩不无讽刺地评论道。[36]

艾瑞克和马琳继续每年到他们的威尔士小屋住上两三回，每次一个星期，他们也一直参加海伊文学节。文学节期间，他们会在小屋举办年度午餐会。"宴请那些过来参加活动的作者——阿马蒂亚·森和艾玛·罗斯柴尔德、克莱尔·托马林和迈克尔·弗莱恩、约翰·马多克斯爵士和他的作家妻子布伦达·马多克斯，"茱莉亚后来回忆道，"还有汤姆·斯托帕德，他的戏剧《摇滚》中有一个信奉共产主义的剑桥大学教师，显然是以我爸爸为原型的。"[37]艾瑞克最后把他的选民归属地转移到了布雷肯和拉德诺郡选区，他在格文杜尔的小屋位于这一选区内。2005 年的时候，他告诉弗里茨·拉斯蒂格："这是一个'摇摆选区'，但保守党的反对者一定会将票投给自由民主党，所以任何情况下我都无须再为托尼·布莱尔投票。"马琳在汉普斯特德投给格伦达·杰克逊是没有问题的：格伦达没有支持伊拉克战争之类的行为。汉普斯特德选区当时是工党的囊中之物，并不需要艾瑞克锦上添花。[38]艾瑞克的投票权放在布雷肯和拉德诺郡选区会更有分量。事实上，这个在 1992 年把票投给了保守党的选区果然在 5 年后落到了自由民主党手中。[39]

艾瑞克的这些行动意味着他早已对托尼·布莱尔领导的新工党不抱期望，实际上，他从一开始就对其实施的激进改革持怀疑态度。他在

2005 年写道：布莱尔"正在有计划地让政府走右倾路线，换句话说就是朝市场经济的社会发展……大部分党内人员都更赞同布朗，他代表着一个让社会更加民主化的传统，但他的力量很弱小"。[40] 艾瑞克有一次对我说布莱尔是"穿裤子的撒切尔"。他在 2007 年接受了一次采访，与他早有私交的戈登·布朗不久前接替托尼·布莱尔担任首相，他在采访里对政局表现出不同寻常的乐观：

> 布莱尔最大的错误就是卷入了伊拉克战争。这位一开始直觉敏锐并赢得了大选的政治家，在某个阶段突然发现他肩负着通过武装入侵来拯救世界的使命，甚至在和美国人联系前他就已经有了这种自觉。第二个错误是他完全忘记了政府的使命是为普罗大众谋福利。把能够在自由市场中抓住机遇从而变得富有、出名和受人尊重作为唯一标准，而且将社会价值构建在这上面——我觉得这是布莱尔的过失，也许他没有意识到自己走了歪路。戈登·布朗会带来巨大的改善，至少对我们这些在布莱尔执政时期无法苟同工党的人来说是这样。布朗了解劳工运动的传统，而且最重要的是他支持社会的公正和公平。[41]

然而，布朗的政策选择受到了全球化的制约。从前社会民主党或者工党政府在与世界其他地区联系较少的情况下实施的经济和社会政策不再可行。"戈登和其他人面临的真正问题正是，如何使这种全球化与完全自由而且注定会陷入巨大困境的资本主义脱钩。"

随着年纪越来越大，艾瑞克开始拒绝采访邀请，也许苏·罗利和叶礼庭在 20 世纪 90 年代的采访揭开了他的旧伤疤，不过后来他为宣传《趣味横生的时光》而接受的访谈进行得很顺畅。2007 年，英国广播公司邀请艾瑞克参与一个叫作《访谈录》的节目，内容为半小时的一对一问答。尽管这个节目此前的嘉宾包括联合国秘书长科菲·安南、音乐家丹尼尔·巴伦博伊姆和小说家托尼·莫里森等国际知名人物，但艾瑞克还是称自己太忙无法参加。[42] 相反的是，他很愿意在犹太读书周上讨论卡尔·马克思，马克思不久前被第四频道的听众选为有史以来最受喜爱的哲学家。[43] 艾瑞克针对他心目中的英国政坛和国际政治重要议题，仍然会发表自己的意见。此前他曾经和佩里·安德森以及拉斐尔·萨缪尔访问约旦河西岸的巴勒斯坦比尔泽特大学，这所大学的所在地拉姆安拉从1967年的"六日战争"以来一直被以色列占领。在军事占领下生活是一次发人深思的经历，艾瑞克写道。背着枪的以色列士兵和移居者随处可见，"枪……是统治者的标识"。到处都是霸权和恐惧。天黑之后街上空无一人。学生遭到逮捕后不经审讯就被秘密关押，教师有时候也会受到这种对待。"巴勒斯坦武装分子的持续滋扰可以说是专横统治下的日常小事。"以色列政权甚至没有"向巴勒斯坦人提供任何保障，除了征敛他们的土地、迫使他们离乡背井或者服从统治"。更令人沮丧的是移居者中那些狂热的以色列极端宗教分子，他们认为以色列的扩张和驱逐阿拉伯人是神的旨意。几年后，艾瑞克在和我的一次交谈中用了"初级阶段的种族清洗"来形容1948年以来的以巴局势。[44]

艾瑞克历来对犹太复国主义持怀疑态度，最主要的原因是他将之视作一种民族主义的表现。犹太复国主义并非仅靠自己的努力成功的。"如果不是希特勒，以色列人很可能无法建立一个独立国家。"他在1987年写道。[45] 2003年2月13日，艾瑞克在写给《泰晤士报文学增刊》的信中批评了阿里尔·沙龙领导的以色列右翼政府。他认为"那些不是复国主义者的犹太人必须公开发声，提出归属我们的族群并不意味着支持以色列的政策以及这些政策背后的民族主义观念"。[46] 两年之后他和其他74名学者一起在一封写给《卫报》的信上署名，谴责"以色列对巴勒斯坦长期的野蛮侵占"及其在约旦河西岸"侵犯学术自由"的行为。签名人士虽不反对巴勒斯坦学者抵制以色列高等教育的提议，但认为这"需要更加谨慎的考虑"。联名信最后呼吁向巴勒斯坦学者提供帮助，并要求"以色列学术界在这种情况下发挥应有的作用"。[47]

然而，艾瑞克并不是不分青红皂白地反对以色列。"他既是一位犀利的批评者，"艾拉·卡茨尼尔森认为，"也有自己的忠诚，其中一部分是属于犹太人的。"

> 在他提出的所有批评中蕴含着一种同情心：巴以地区是一个救赎之地，那时很少有地方像这里一样。所以我觉得他心中所理解的巴勒斯坦-以色列是这样的，并且认为那些对生活在这片土地上的族群持否认态度的人一定是某种——当然他不会用这个词——道德白痴。他以一种不同的方式和这些族群中的一部分人有限地共享同一段历史记忆。[48]

2008年末，阿拉伯世界与以色列在加沙地带的冲突再次升级为战争，哈马斯组织持续对边境另一边的民用目标实施密集的火箭炮袭击，以色列则以轰炸加沙地带和派出地面部队扫荡火箭炮发射基地作为报复。由此造成的"附带性破坏"不可避免地殃及平民百姓。艾瑞克和其他左翼人士共同谴责以色列军队的"野蛮行径"。他认为这样的局势让双方比以前更难提出一个持久的解决方案，而且会造成难以预料的后果：

> 加沙的形势让以色列的未来变得暗淡起来，也让900万离散的犹太人面临着灰暗前景。我就不转弯抹角了：批评以色列并不意味着反犹主义，但以色列政府的行为比其他任何事情都让犹太人蒙羞，并激起了当今社会的反犹情绪。1945年以来，以色列国内和国

外的犹太人都大大得益于良知有愧的西方诸国，它们在20世纪30年代时拒绝接纳犹太人，并在其后要么犯下了大屠杀的罪行，要么就是未能奋起反抗。这种内疚之情在过去60年里把西方的反犹主义消除殆尽，并为流散的犹太人创造了一个黄金时代，如今，这样的情感还剩下多少呢？[49]

以犹太人的身份在中东问题上坦率而公开地发声，这不是艾瑞克的惯常作风。但正如伊莉斯·马里安斯特拉斯指出的那样："他从不掩饰自己是犹太人的事实。这对他来说很正常，是他人生的一部分，与此同时，犹太人的身份对他而言只是他有一对犹太人父母，以及他在维也纳和柏林度过了一个犹太小孩的童年。"他的大多数朋友都是犹太人，她补充道，但犹太人的特点只是他身份认同的一部分，就像其他人作为一名天主教徒或者新教教徒成长起来一样，到头来可能并不那么重要。她认为艾瑞克不太在意民族或宗教上的少数族群，实际上也不关心意第绪语等小语种的存亡，而她和丈夫都由于自己来自东欧而觉得应当支持这种语言的存续。"意第绪语消失的后果会很严重吗？"他反问伊莉斯，"很多小语种都在消失，这很正常。"她觉得艾瑞克关心的是阶级而不是民族或宗教——创造一个人人平等的公平社会才是紧要任务。[50]

Ⅲ

艾瑞克继续在伦敦过着活跃的文化生活。虽然他是个公认的爵士乐迷，但他也喜欢歌剧，尤其是意大利歌剧：罗伊·福斯特记得他"声情

648　第十章 国家瑰宝

并茂地描述自己在意大利时从露台上听到《圣洁的女神》的情形"。他和钢琴家阿尔弗雷德·布伦德尔住得很近，福斯特记得"霍布斯鲍姆一家经常去听布伦德尔的音乐会，有时候会在音乐会结束后到布伦德尔家里去"。艾瑞克和伟大的摄影家亨利·卡蒂埃-布列松因对视觉艺术的爱好而结缘，他们于 20 世纪 50 年代在巴黎相识。他的日程表里记录了他和马琳经常前往伦敦最好的威格摩尔音乐厅，而且实际上比去罗尼·斯科特的爵士乐俱乐部和考文特花园的皇家歌剧院要更频繁，一直持续到 2011 年 1 月。2010 年 3 月 9 日，他去小维克剧院看了一场戏；2008 年 10 月 27 日，到泰特美术馆看展览；2006 年 2 月 22 日，在皇家节日音乐厅欣赏音乐会。[51] 但这类活动对艾瑞克来说已经感到厌倦。2005 年，尼克·雅各布斯在艾瑞克家做客，他一时兴起，问艾瑞克有没有兴趣和他一块儿到格林尼治的国家海军博物馆看一个关于拿破仑和威灵顿的展览：

> 我觉得他那时不会在无人陪伴的情况下外出，他说"我觉得不是很感兴趣"……马琳对他说："可你是个历史学家，不是应该去看看吗？"于是艾瑞克说："那好吧。"我们坐船到那儿去，他似乎十分享受这趟水上之旅，被这个精彩的展览深深吸引住了。展览上有一套军装——神气的蓝色军装——是拿破仑在马伦戈会战中曾经穿过的。这套军装太好看了。它一定被干洗过，我敢打包票！然后艾瑞克说："好吧，我觉得我看够了。"我觉得他指的是自己的身体而不是精神。于是我们坐船回去。这是非常美好的一天，我觉得和艾瑞克一起很愉快。[52]

艾瑞克继续参加《伦敦书评》的圣诞节派对，2010 年，他最后一次莅临这一场合，在熙熙攘攘的伦敦书评书店里，他像个大人物那样坐在角落的一张椅子上，与众多来访者攀谈。

艾瑞克仍然间或到国外去，但大部分都是短途旅行了，行程最多也就几天。他还是经常去巴黎，但那时总是和马琳同行了，一般住在雅各街上的英格兰酒店，2000 年 3 月和 10 月、2003 年 6 月和 2004 年 11 月他都在那里待过。年老体衰并不能阻止他远行，而出行的目的一般是讲课：2000 年 5 月他去了都灵，同年 8 月参加萨尔斯堡艺术节，9 月去了曼图亚。他 2002 年 1 月去了洛桑，5 月在纽约待了一个星期，11 月在意大利停留了 5 天。接下来一年的 3 月到 4 月，他再次回到意大利，待的时间稍长一点；这一年的 2 月他在威尼斯，4 月在西班牙，7 月返回意大利，10 月去了布鲁塞尔，11 月则在慕尼黑和柏林。2004 年 1 月他在比萨，紧跟着又到洛杉矶待了两个星期。但他在 2005 年 6 月 14 日对布鲁斯·亨特抱怨"年纪大了，我到国外讲课的机会也受到了很大限制"。[53] 这尤其体现在越洋旅行上。2005 年 5 月，他对出生在加拿大的德国历史学家及爵士音乐家迈克尔·卡特尔说："随着我年纪越来越大（6 月份满 88 岁），即使还算不上完全深居简出，我也正在逐渐减少越洋旅行的次数。"[54]

2004 年 12 月，艾瑞克前往印度，这是他的最后一次越洋旅行。"一个你能想象到的最为迷人又最为悲惨的国家。"贫富差距比原来更加明显。"同时，现在的政府还是能让人看到盼头的（我想起新总理 20 世纪 50 年代到剑桥求学时我曾审阅他的经济史论文）。"[55] 他讲了几次课，12 月 14 日又在印度国际中心一个由罗密拉·塔帕尔主持的论坛上和印度历史学者们交流意见。在沙希德·阿明的记忆中，"在场的中年历史学者有很多都是在企鹅出版社和克里斯托弗·希尔、艾瑞克·霍布斯鲍姆、爱德华·汤普森的影响下成长起来的"。[56] 艾瑞克在法国的最后一次公开露面对任何历史学者来说都是一种荣耀，更别说他是一位英国学者了——2008 年 9 月 22 日，他受邀在法国参议院发表题为《欧洲：

历史、神话与现实》的演说。[57] 这次演讲取得了巨大成功，全场与会者都起立为他热烈鼓掌。[58] 他的发言经过编辑后出现在第二天的法国《世界报》上。

2005 年，他到都灵参加一个由米哈伊尔·戈尔巴乔夫发起的资深政治家聚会。从 3 月 4 日到 6 日，超过 100 名已经退休的各国领导人和政治家齐聚一堂。"我从未有过这样的经历，"艾瑞克宣称，"历史学家很少有机会和他们的研究对象面对面，反之亦然……这是令我意想不到的场面，就像参观杜莎夫人蜡像馆却发现蜡像被本人代替了。"[59] 这个月快结束的时候，他去了波茨坦，然后到萨尔斯堡再次出席艺术节，接下来是 10 月的威尼斯和 11 月的罗马，他最后一次出国是 2010 年 11 月 18 日到 21 日的罗马之行。他和马琳有几次去巴黎住了两三天，通常是圣诞节期间，先是拜访莫里斯·艾马尔一家，后来是伊莉斯·马里安斯特拉斯夫妇。他乘坐"欧洲之星"列车取道英吉利海峡隧道，这对他来说比飞机更为方便和舒适，2002 年 12 月 13 日到 15 日、2005 年 12 月 21 日到 25 日以及 2007 年 12 月 7 日到 11 日艾瑞克旅居巴黎，大部分时光都和马里安斯特拉斯夫妇共度。[60] "我们是一家人，"伊莉斯回忆道，"就我们 4 个……很像一个家庭。逐渐老去的感觉，走过漫漫人生路的感觉，长久以来互相熟识和彼此之间给予对方温暖的感觉……很美好。"[61]

有马琳陪伴的艾瑞克也享受着成为小朋友们的祖父这一新角色，"我们和这些小孩子一起的时候很快乐。"他在 2005 年 7 月写道。[62] 茱莉亚记得：

> 他关心我们所有人的生活，他的 2 个儿子和 1 个女儿，他的 9 个孙辈，还有年幼的曾孙女。他总是很关切地问我："业务现在怎么样？"每次我去看他的时候，他都对我来自资本主义第一线的奇闻

逸事很感兴趣。他祝贺我在事业上取得的每一次进步，但总是有一点儿焦虑，他会在电话留言中说："我是爸爸，只是想问问你最近过得怎么样，别太累了，亲一下。"我的爸爸是历史学者和一位左派的大人物，而我是他大学没毕业、能接受各种政治观念并且喜欢做生意的女儿。

2007 年 6 月，艾瑞克庆祝了自己的 90 岁生日。作为各界争先邀请的焦点人物，他想起不久前有一次在希思罗机场看到出发告示牌上出现了"航班延误"时自己松了一口气了，而当告示牌最后显示"航班取消"时他更是如释重负。奥地利驻英国大使馆举办了一场向他致敬的音乐会，一支弦乐四重奏乐团为他演奏了莫扎特、海顿、门德尔松、舒伯特、格里格和肖斯塔科维奇的作品。[63]

2012 年 6 月，艾瑞克庆祝了他的 95 岁生日，这也是他的最后一个生日，当时在场的克莱尔·托马林回忆："他对我们说了很多热情洋溢又风趣俏皮的话，身体的病痛并没有使他精神消沉。他开玩笑说要活着看到资本主义消亡那一天，我看了下周围，觉得在大家心目中他已经成为英国权力体制的一部分，我想'艾瑞克真是个神奇的人物'。"[64]伊莉斯·马里安斯特拉斯觉得当时的他"身体已经非常虚弱"。"他在现场好像一位国王，坐在轮椅里被推着到处走，人们需要排队去拥抱他。"生日宴会在位于波特兰的英国皇家建筑师学会总部举行。"里面的每张桌子都有个取自歌剧的名字，进入房间之前要在座席安排表上寻找自己的位置。"宴席十分奢华。但"大家都知道艾瑞克已经接近生命的终点，于是人们以这种方式对他致以崇高的敬意，这是件很有意思的事情"。[65]

荣誉和嘉奖纷至沓来。艾瑞克得到了德国外交部长约施卡·菲舍尔的高度赞扬（由德国大使向艾瑞克转达，称菲舍尔"非常喜欢您的作品"）。[66] 2008 年，他被选为劳工史研究学会的荣誉会员，爱德华·汤普森去世后他一直是这个学会的主席。[67] 2006 年，他当选皇家文学院院士，这是个姗姗来迟的荣誉。2000 年，路德维希港市授予他恩斯特·布洛赫奖，这是一个表彰对欧洲文化有杰出贡献之人士的奖项。2008 年，维也纳授予他荣誉市民称号，这一年他还获得了经济与社会史方面的波鸿历史奖。很多大学都向艾瑞克颁发了荣誉学位，例如蒙得维的亚大学和布拉格大学。也许最有分量的是他在 2003 年获得的巴尔扎恩奖，该奖项颁发给对欧洲历史做出出色贡献的人士。基思·托马斯记得：

> 我是艾瑞克获得巴尔扎恩奖的推荐人之一。这是一个富有巨大争议的决定，一些评审会委员一直不同意把奖颁给他，那些对民主德国记忆犹新的人尤其恼怒，而艾瑞克为民主德国说过一些好话。他因为身体原因不能亲自到场，由茱莉亚替他到伯尔尼来，她穿了一双很显眼的亮红色鞋子，这让反对者们感到更加不快。[68]

巴尔扎恩奖的奖金是 75 万瑞士法郎，其中一半须捐赠给一个研究计划：他选择的是"战后短期内的重建：对 1945—1950 年欧洲的比较研究"，该项目设在伯贝克学院，奖金用于支付两位博士后研究员的工资和四个工作坊或者是会议的费用。艾瑞克对这个项目的指导必然是很有限的，但项目进展顺利，接下来的几年里发表了一系列重要成果。[69]

IV

《趣味横生的时光》是在艾瑞克 85 岁时出版的，这是艾瑞克的最后一本著作。"我没法再写书了，"当时他对我说，"我的精力不够做学问了。"不管有没有精力，他在这个年纪已经无法保持长时间的思考，而这是搜集资料以及撰写长篇作品所需要的，当你接近90岁时，一本书往往需要5年甚至更长的时间来完成。随着艾瑞克将满百岁，他"明显迟钝了很多，虽然我还是写一些讲义、文章和评论之类的东西"。他在2006年6月告诉维克多·基尔南："我没有精力再写一本书了，但我希望把发表过的和未经发表的各种短文以及可能没有以书面形式记录过的发言都收集到一本文集中去。"[70] 作为一名多产的学术和时评作者，艾瑞克积累了大量篇幅较短的文章，那时他决定要集中精力以丛书的方式来重新发表这些作品。事实上，迈入90岁这道坎儿，艾瑞克觉得自己已经时日无多了，他希望这些文集在他去世后能一直流传下去。他原本想请尼克·雅各布斯和克里斯·里格利一起担任他的遗稿管理人，但现在他觉得自己需要一位可以处理出版事宜的人士，于是他找了布鲁斯·亨特，后者同意了。亨特觉得："里格利可以发挥他在历史和编辑方面的才能，而我会让他不用着急，这样可以在每本书之间留下足够的销售时间，我知道应该如何安排出版的先后顺序，并鼓励他只提炼最好的内容来出版，而不是觉得所有东西都要发表。"[71] 艾瑞克同意他的看法："你的信让我如释重负，马琳和我都非常感激你。"[72]

里格利表示，出版一系列文集的想法让艾瑞克精神大振：

> 他有十分宏大的丛书计划，我觉得他希望出版9到11卷文集，不管对他多么忠心耿耿，我还是被吓住了。我想7卷已经可以了，但布鲁斯可能觉得5卷就行……我读了所有文稿……包括没有发表过的，还做了一张列表……不过我很快在几天之内就干完了这事儿，很明显能看出文稿中的重复内容，我确实觉得有些艾瑞克本人很喜欢的文章可能不太适合再次出版。[73]

艾瑞克最后 10 年里出版的一系列文集证实了里格利的观察与亨特的忧虑：这些文章的质量参差不齐，而且经常缺乏真正的连贯性；而另一方面，这里面也不乏真正的杰作，其中一些从未发表过。艾瑞克此前的论文集，包括《论历史》和《非凡小人物》都是由韦登菲尔德和尼科尔森出版社出的，而这些后期的文集则交给了利特尔布朗，其主要原因是这间公司旗下的阿巴克斯出版社可以发行文集的平装本，布鲁斯·亨特无须像代理之前的作品那样另寻平装本出版商。[74]

这一系列新文集的第一册是《霍布斯鲍姆看 21 世纪》（2007 年），重印的大部分是艾瑞克近期的作品，包括一些没有发表的课程讲义，他在书中批评全球化不仅加剧了不平等，而且提出的人权和民主主张也华而不实，误导大众，经常成为掩盖美国外交政策狂妄自大的遮羞布。跨国资本主义和全球媒体的快速传播对民族国家形成了前所未有的挑战，民主自由化也许肃清了 20 世纪下半叶盛行的军事独裁（至少在非洲和拉丁美洲是这样），但它无法抵御全球化的力量。[75] 虽然内容是匆匆拼凑在一起的，这本书还是很快被翻译成了 11 种语言，其中巴西版本一如既往销量最高。

2008 年，《论帝国：美国、战争和全球霸权》由新新出版社出版发行，这是一家由艾瑞克的朋友安德烈·希夫林在 20 世纪 90 年代早期创办的非营利出版社，此前他被潘塞恩出版社解雇，理由据说是他未能让出版社达到盈利目标。这本书只有 100 页不到，是艾瑞克晚年文集中篇幅最少的一本，里面只收录了 10 篇文章，全部写于 2000 年到 2006年。这本书再次聚焦民主的衰落，民选的机制正在被失控的全球资本主义消解，传统的机制在这种情况下无计可施。"当今西方公共话语中出现的更多是关于民主的毫无理性和意义的胡说八道，尤其鼓吹人数上占优势的选民群体从相互竞争的政党中选出的政府有化腐朽为神奇的效用，其他言论或政治概念都少得可怜。"[76] 比如苏联解体后的乌克兰和冲突四起的哥伦比亚都建立了民主政府，但两国的人民生活或文明秩序都没有明显的改善。[77] 晚年的霍布斯鲍姆在这本书里表现得十分悲观，认为未来毫无希望。[78]

艾瑞克生前出版的最后一本书是《如何改变世界：1840—2011年的马克思和马克思主义》，收录了他过去数十年在这一领域的文章，出版商还是利特尔布朗。最早提议出版这本书的人是格里高利·艾略特，他曾撰文分析艾瑞克的政治思想，并向资深的马克思主义者以及维索出版社的主管塔里克·阿里提出了这个想法。塔里克告诉艾瑞克，维索出版社全体员工"都对这个提议感到很兴奋，明年是柏林墙倒塌二十周年，资本主义世界必定会出现一场扬扬自得的胜利狂欢（由欧盟及其文化机构精心组织），这本书会成为一个强有力的回应"。[79] 然而，尽管据说艾瑞克"很感兴趣"，维索能给的报酬却"远远低于可以接受的范围"。这家出版社资金过于窘迫，难以和更加商业化的同行竞争（事实上，这家公司当时请求作者们放弃版税以帮助它维持运营）。[80] 这本书最后由利特尔布朗在 2011 年出版，原来的副标题是"马克思与马克思主义的传奇"，但艾瑞克不喜欢这种说法，他的代理人说"他从不喜欢'传奇'这种有编造嫌疑的表述"。[81]

这本文集迟迟未能出版，部分归咎于原稿交到出版商手上时的状态。艾瑞克在利特尔布朗的编辑理查德·贝斯威克抱怨："原稿由发表在各种不同出版物上的文章影印版和电子版组成，印刷错漏百出，上面有手写的修改，很多页数缺失，每个章节的脚注格式不一，有些脚注语焉不详，有些地方需要增加脚注，还有一些别的问题。"[82] 排版费用中几乎有一半是因为艾瑞克在编辑的审定稿上进行了大量修订和最后校对。艾瑞克同意为额外增加的成本支付 740 英镑的费用，这在当时算是一种合理的妥协。[83] 有个美国出版商认为"靠《如何改变世界》这本书在美国重新推介艾瑞克并非易事"。[84] 艾瑞克觉得这本书在美国的读者"应该只限于大学圈内"。[85] 美国的基础图书出版社、公共事务出版社、潘塞恩出版社和西蒙与舒斯特出版社都拒绝了这本书，最后接手的是耶鲁大学出版社，他们愿意向艾瑞克预付一笔不太丰厚的稿酬，金额为 1 万美元。[86]

然而，这本书在 2010 年面世时，塔里克·阿里当初设想的形势已经发生了彻底的变化。2008 年 9 月 15 日起，美国雷曼兄弟公司的破产引发了大规模的全球经济衰退。没人再记得 1989 年末欢呼柏林墙倒塌的胜利情形。在全球经济和金融危机的背景下，艾瑞克宣称是时候再次认真思考马克思主义了。但这本书的标题也许会误导读者。"任何希望寻求指引以煽动革命的人，或者想知道下一次该把票投给谁的人，不会在这本书里找到答案。"哲学家艾伦·瑞安指出。[87] 不过这本书还是提出了一些重要的问题。马克思对资本主义的衰落成因分析是否被最后证实了？由一位全球知名而且读者众多的历史学者所撰写的新书也许能给出一些回答。事实上，很多人也抱着这样的想法：2011 年 1 月，这本书在《卫报》的畅销书排行榜上高居榜首，把安德烈娅·利维的小说《小岛》挤到了第十位。[88]

就在 95 岁生日前的几个月里，艾瑞克还在撰写两部作品，分别是《海啸来袭：西方文化究竟怎么了？》和《政治出现之前的政治》，后一本文集需要把一些用德语写的文章翻译成英语，艾瑞克不是很乐意做这些事。前一本探讨欧洲的资产阶级文化，艾瑞克认为这种文化在 20 世纪已经消亡，书名后来改成了《断裂的年代》。《政治出现之前的政治》则计划将关于"原始的叛乱"的更多研究文章收录其中。[89] 艾瑞克努力准备着第一本书，把第二本的计划暂搁一边，虽然他已经像自己在 2012 年 3 月写的那样因病入院。这本书最后于 2013 年出版。[90] 在这本书里，艾瑞克不但回顾了他年轻时的文化世界，还重新拾起了对犹太传统的浓厚兴趣。他此前写过一些关于犹太人在中欧政治文化中所扮演角色的文章，这部作品和他晚年其他文集一样质量参差不齐，但其中最精彩的篇章显然展示了艾瑞克对 19 世纪及 20 世纪早期中欧犹太文化的深厚了解和感情。[91] 艾瑞克在书中最为推崇的是奥地利讽刺作家卡尔·克劳斯，也提及了很多其他人士。他认为民主化、技术革命以及消费主义的出现削弱了资产阶级文化；希特勒对犹太人的灭绝政策也破坏了这种文化，因为犹太人在 19 世纪获得政治和社会解放的过程中对创造资产阶级文化发挥过中心作用。《断裂的年代》因而很大程度上是一首向已经消逝的年代致意的安魂曲。

接下来的几年里，艾瑞克的其他文集陆续面世，[92] 但有本书没有最终出版。汉斯-乌尔里希·奥布里斯特是一位瑞士艺术史学者兼伦敦蛇形画廊的艺术总监，他在 2006 年至 2012 年间对艾瑞克进行过一系列访谈。这些访谈归属于一个面向重要文化人物的采访项目，其采访对象包括建筑师扎哈·哈迪德、歌手兼画家小野洋子等等。一些访谈以书籍的形式出版，另一些发表在柏林文化杂志《032c》上。奥布里斯特表示希望把对艾瑞克的采访内容结集成书，但克里斯·里格利通读了所有的采访的文字稿后兴致不高。他的说法是："开篇读起来轻松愉快，很像和艾瑞克一起共进晚餐，对话十分精彩。"但开头部分之后的内容"越来越乏味"，有太多重复的内容，很多观点艾瑞克在别的地方更好地表达过。"从 48 页开始就缺乏让公众感兴趣的内容，而且我认为出版这些采访稿对纪念艾瑞克没有好处。"这篇 2.5 万字的采访稿被要求删掉一半。他还建议布鲁斯·亨特拒绝维索的出版建议。最后，一个经过大幅删减的版本发表在《032c》上。[93]

V

艾瑞克在 20 世纪 90 年代一直身体健朗，虽然他不得不在 1994 年 6

月写信给《标准晚报》提出投诉："你们的报道（来自 6 月 10 日关于伦敦企业 400 强的文章）称茱莉亚·霍布斯鲍姆是'已故历史学家艾瑞克的女儿'，如果这话没错，那这封证实人死可以复生的来信应该成为你们的头条新闻。"[94] 这篇报道的责任编辑艾玛·索姆斯立刻回复了艾瑞克，告诉他"我们对谋杀了您感到十分抱歉"。[95] 不过他的健康在生命最后的十几年里每况愈下。马琳告诉我这是"一段在医院里消磨的时光"。他在 2001 年开始生病，分别于 9 月 6 日和 11 月 2 日在汉普斯特德的皇家自由医院进行了两次手术，切除了左脚下部一个正在扩散的癌症肿瘤。[96] 手术很成功，但他的前列腺也开始出现问题，病情得到了控制但还是叫人担心。[97] 接下来的那几年他从病痛中恢复过来，精神也乐观起来。"我们以各种方式考验着国民医疗服务体系（NHS）的水平，"他在 2005 年 7 月写道，"但这个体系很好地通过了测试——从整体上看，虽然我年纪越来越大，但身体还算硬朗。"[98] 然而，他在 2007 年得了慢性淋巴细胞白血病，这是一种需要通过化疗来控制的慢性血液疾病。"不过面对化疗我的状态保持得还不错。"他在 2007 年 6 月写道。[99] 这种治疗方式持续了很长一段时间。"我的病情又控制住了，"他在 2009 年 6 月写道，"今年的头几个月里，医生对我这种慢性但总体上是可控的白血病采取的治疗方案效果不佳，但现在病情已经稳定下来，未来的情况也算得上乐观，虽然我更不能像以往那样进行出国旅行之类的活动了，这让我最近有点沮丧，但我也觉得没什么可抱怨的。"[100]

然而，艾瑞克现在开始考虑自己死后剩下的大量资料会何去何从。他保存了自己写过的全部文稿，他家里的顶楼被一堆盒子、文件夹、档案盒、笔记本和活页簿塞得满满当当，人在房间里走动都很困难。2006 年，艾瑞克向布鲁斯·亨特寻求处理这些文档的意见。他在信中写道："如果这些文件价格不菲，我倾向于捐赠出去以抵消或者减少遗产税……"他又继续补充，"同时，我已经做好安排，根据我出版过的所有文稿编制一本全面的作品目录。"[101] 亨特认为关键是把所有文稿收集到一起，和他的个人收藏与所有书籍作品都存在一个地方。"如果资料不完整，这些档案和收藏的价值就会大打折扣。"此外，他还建议艾瑞克：

> 尽可能长久地保存所有文档。如果这些资料放在某个机构里，不管捐赠者或者卖家当初提过什么条件，都不可能完全避免窥探的目光，你应当避免任何学者接触这些资料，直到经过授权的传记作者完成工作后再对外部研究人员开放。我想起你曾告诉我，在你或马琳去世之前，你都不希望有人给你写传记。[102]

这是艾瑞克对自己妻子少有的几次误解之一。马琳知道艾瑞克生活的每一个细节，而且她无论如何也不会因为这些文稿或是某个传记作者披露的事情而感到震惊。

艾瑞克把这个问题搁置了一段时间，直到他 2010 年再次病重时才重新思考处理方法。但他在戴维·海厄姆代理公司的直接联系人不再是布鲁斯·亨特。2010 年 10 月，亨特告诉艾瑞克他会在 2011 年 1 月退休。艾瑞克在回复中写道："虽然对你的信已有心理准备，但我还是有点意外……毕竟我们一起合作了这么长时间，我不仅会想念你的协商技巧和经验，而且最忘不了的是你的判断力和给我的建议，尤其是在我将来的作品出版事务方面……"[103] 亨特推荐了安德鲁·戈登作为他的继任者，戈登曾在利特尔布朗工作，这家公司现在是艾瑞克作品的主要出版商，他后来又担任过西蒙与舒斯特出版社非虚构作品部门的负责人，不久前才加入了戴维·海厄姆公司。[104] 与此同时，艾瑞克决定把自己的文稿捐赠给华威大学现代档案中心。那里保存着一些重要工会和工会会员的档案。中心同意接收艾瑞克按批次送过来的资料，如果这样做能减免税金，这些材料就会在适当的时候被转化为捐赠品。[105] 艾瑞克希望生前继续持有这些材料，因为他还会用到其中的一些。[106] 2010 年11 月 4 日，他告诉戈登自己需要一个编制资料目录的人，戈登推荐了欧文·琼斯，这是一位年轻的左翼记者，为《卫报》撰稿。艾瑞克同意了，于是琼斯承担起这项任务。[107] 他开始给文稿分类，逐渐把纳辛顿路住宅顶楼那些乱糟糟的资料整理得井井有条，虽然还有很多文件尚未梳理完毕。到了 2016 年，大部分资料都送到了华威大学，由档案管理员进行更细致的整理。

2010 年 2 月，艾瑞克因为肺炎病倒了，对一位高龄老人来说这种病很危险。茱莉亚回忆起自己在 2 月 12 日把父亲从纳辛顿路的住处接出来送到医院去的情形：

> 他看起来毫无生气，我知道他已经感觉到自己快不行了。"你觉得怎么样？"我问他。"我很不舒服。"他回答我。我们费了好大力气才把他弄下楼，但到了楼下他坚持要等一等。他颤颤巍巍地走到前厅最高的架子边，从他的爵士乐唱片上取下一本书。这本紧急情况下他还要读的书只有口袋大小，外面用红色皮革装帧，字体印刷得很紧密也很漂亮。这是他亲爱的"妈妈"送给他的，当时他还是个住在维也纳的小男孩，而这已经是 80 年前的事情了。这次住院期间，他打了抗生素之后有一段时间好转了很多。我打了他的手机，问他情况怎么样，需不需要我带些东西给他。他很爱吃甜食，所以我以为他会要一些他最爱的水果软糖，或者一点黑巧克力。"我带了一本很沉闷的书过来，"他语带抱歉地说，"你能不能给我带点好看的书？"原来他离家前拿的那本作为自己临终陪伴的书是《卡拉马佐夫兄弟》的德语译本，这场危机过后，这本书不再对他的胃口。我知道他迷恋悬疑小说——家里有一面书墙，上面排满了企鹅

版犯罪小说的绿色平装本、以前买的埃德·麦克贝恩作品和最近的埃尔莫尔·莱昂纳茨——我给他带了斯蒂格·拉森的《龙文身的女孩》。这帮助他度过了住院的沉闷时光，甚至激发他饶有兴味地讨论起书里有多少粗暴的床笫情节。"性描写太多了。"他说。[108]

他康复了，并于 3 月 3 日出院。

但这次生病使艾瑞克变得虚弱，此时他需要两根拐杖才能走路了。2010 年 6 月 22 日，他前往伦敦北部的惠廷顿医院，接受了物理治疗和各种健康测试。4 月的头一个星期，他的身体状况有所好转，他可以到威尔士去，并在新年时又去了一次，他甚至在 11 月 18 日到 21 日到罗马待了几天。[109] 2010 年 8 月，他觉得自己已经有精力接受邀请，访问最近在卡塔尔首都多哈新开的伊斯兰艺术博物馆。埃及作家及社会评论员阿达夫·索埃弗两年前创办了巴勒斯坦文学节，他邀请几位著名的知识分子访问这间博物馆，并撰写关于这座建筑或者馆藏画作、珍宝等其他物件的文章，这些文章会由布鲁姆斯伯里文化圈结集出版。这是一次需要 7 小时的旅程，而且那里的天气会很炎热。布鲁斯·亨特认为："如果有妻子马琳陪同，我觉得他会乐意前往。不久前他坐火车到巴黎去讲了一次课。今年冬天他曾冒着雪从自己位于汉普斯特德高坡上的家里出发，坐公共汽车到伦敦图书馆去。"[110] 于是艾瑞克和马琳启程了，他们乘坐卡塔尔航空的头等舱，像其他客人那样由空调车载着四处观光以及待在空调房里来避开炎热的天气。

虽然每个人都觉得艾瑞克的身体越来越差，但他自己也许不这么认为。他热切希望实现一个长久以来的愿望：到伊朗的伊斯法罕去欣赏伊斯兰艺术中无与伦比的珍宝，这是他所喜爱的，而且他认识一些伊朗学者（他是个相识遍天下的人）可以带他到处游览。但马琳觉得他已经虚弱到无法站立，这让他既失望又恼怒。此时他去医院的次数更频繁了，茱莉亚后来写道：

2010 年和 2011 年的大部分时间里，我一直在低落的情绪中准备面对他的"临终时刻"，但 2012 年我松了一口气，他好转过来了，他和妈妈的精神力量以及现代医学让他继续活了下来。但我隐约有一丝不祥的预感，知道痛苦会重新降临，知道他无可避免地会死去，而我只能在一旁束手无策地等待。[111]

艾瑞克在 2011 年 3 月摔倒了一次，从此即使借助拐杖他的左脚也无法支撑他的身体了。10 年前的手术在他左腿上留下的伤疤破裂，并且开始溃烂。2011 年 5 月 5 日他住院了，其间深静脉血管发生了血栓，这对他的左脸造成了一些损害。他在住院过程中依然继续写作。[112] 5 月 10 日他出院，又在 13 日接受了一次血管成形手术，扩张了左腿的血管，这让他的健康有了一点改善。[113] 到了 2011 年 7 月，艾瑞克不得不在走路时使用助行架，"因为靠两根拐杖走（这是我通常的行动方式）走远一点的距离实在是太慢了"，纳辛顿路的家里也必须安装一个座椅式升降器来帮助他下到一楼，茱莉亚的丈夫阿拉里克从顶楼书房里收拾出必要的文稿和书籍放到一楼，这样艾瑞克可以在那里继续工作。[114] 虽然健康不断恶化，艾瑞克依然在 2011 年 11 月 16 日到考文特花园的歌剧院去欣赏了马克-安东尼·特内奇的歌剧《安娜·妮可》，但这是他最后一次在外参加文化活动。[115]

他几乎到生命的最后阶段仍在坚持参加海伊文学节，他享受着作为文学节荣誉主席的地位，并因为受邀面向一大群听众演讲而感到精神振奋。在茱莉亚的记忆中：

他在临终前有过一次很愉快的时光。在巴克莱银行赞助的海伊文学节现场讲座上，他在 1 000 多名听众面前演讲，妈妈和我则负责确保他的身体能坚持下来，要知道他真的已经很虚弱了。他站了起来——当时特里斯特兰·亨特正在和他对谈，现场挤满了听众，有1 000多人——在这个巴克莱银行的冠名显得格格不入的讲座上。我觉得这个情形有点儿不可思议——他好像又回到了45岁的样子，站在我们面前的讲台上。他的这次演讲十分精彩，得到了热烈的回应。他在海伊文学节上真的是备受爱戴。[116]

在伯贝克学院，艾瑞克坚持出席毕业学位授予仪式，他就座于教育研究院罗根大厅的讲台上，和毕业生们逐一握手。当琼·贝克维尔被提名为艾瑞克的继任者时，校方向艾瑞克介绍了她，作为"一次对继任者的审查，他们想知道艾瑞克是否满意我这位人选"，贝克维尔回忆道。贝克维尔在大学时期曾是艾瑞克的学生，但他们打那之后没有再见过面。[117]

理查德·拉思伯恩回忆起艾瑞克从来都是开香槟的能手。2011年或2012年的某天，他到纳辛顿路的艾瑞克家中吃晚饭：

> 香槟的气泡吱吱作响，不过我觉得马琳这次给他倒的是金汤力。他在马琳的耳边小声说自己累了，要上楼去，在坐着仕腾达座椅升降器到楼上去之前，他说想送我们一本书，于是马琳从书架上抽了某本书出来。我不记得那是《帝国的年代》还是别的书——不管怎样，这相当于临终礼物……但我们后来又去了一次他家，他又这样做了一遍，这次给我们的是他写的一本很深奥的小册子，我不太能看懂……不过他无疑已经有了一种将要离去的预感。[118]

在茱莉亚的记忆中，艾瑞克对知识的渴望持续到他生命的最后一刻。他一生都手不释卷，即使在病入膏肓的时候也从未停止阅读。有次去医院的时候他一本书也没带，那可怎么打发时间呢？茱莉亚后来想起：

> 我刚把埃德蒙·德瓦尔的《琥珀眼睛的兔子》下载到 iPad 上。于是我教他怎么使用触控屏，他瘦长的手指划过屏幕上的文字，嘴里仿佛发出了轻声的惊叹：对这位来自过去的"外星人"来说，现代世界已经变得奇怪而陌生。他临终前那些星期天我们会去看他，我像走私那样给他带去"右翼阵营"的报纸：《星期日电讯报》《星期日泰晤士报》和《旁观者》。孩子们在花园里玩摇摆球时，他把《旁观者》打开，如饥似渴地读起来，尽情释放他对右翼政治的不满，而且经常轻蔑地用尖刻的评价来形容戴维·卡梅伦："他就是个小人物。"

他总是热衷于了解对手的新动向。

2012 年 7 月，莉泽·格兰德拜访了艾瑞克。此时他即将不久于人世，但他的好奇心并没有消减。格兰德不久前被任命为联合国人道主义行动在印度的负责人，当她告诉艾瑞克这一消息时，他"饶有兴趣地谈论起印度人民院的作用和南亚次大陆的新闻，以及印度的现代性等话题"。[119] 他继续干劲满满地撰写《断裂的年代》，但到了 2012 年夏末，他显然已经时日无多了。他在 2012 年 8 月写信给从前的学生蒂瑞尔·马里斯，后者曾在 60 多年前带他经历了一次难忘的西班牙航行之旅，这也是他写的最后一封信："我现在基本已经动不了了，就连去法国看看教堂这类活动也没法实现，实际上，大部分需要动起来的事情我都做不到了。"[120]

2012 年 9 月 24 日，马琳陪他去皇家自由医院接受常规的白血病输血治疗——这种治疗让他感到舒服，因为他可以在输血过程中看书，而且过后感觉会好一点儿。她一般会在 6 点左右过来接他，而他那时状态会好一些，但这次她突然有种预感，于是在午餐时间过来瞧一眼，而他的情况似乎有所恶化。一名护士说："我真觉得你今天不应该带他回家了，他情况很不好——需要留在这里过夜。"马琳留下来陪他，待在病房旁的一个隔间里，但第二天他的医生没有像平常一样露面，显然他将要被送往临终关怀病房了。马琳回忆道：

> 医生说："我们会尽量让他觉得舒服一点，看看接下来情况怎么样。"我在病房里打电话给安迪和茉莉亚，告诉他们爸爸快不行了。然后我打给他最喜欢的家庭看护本妮，她是一位同时信仰共产主义和基督的印度女士。她给他刮了胡子（护士们没有时间干这个）。他继续弥留了 6 天，看起来还不错。他不是很舒服，但也并没有什么疼痛——医院想尽办法减少他的痛苦。孙儿们当然也过来了，我还给一些朋友打了电话，尽可能安排他们过来探望。幸运的是，他的好友、住在里约热内卢的莱斯利·贝瑟尔当时正在伦敦。他们的探望对他来说是好事：他一直是清醒的，而且没什么异常。他于 2012 年 10 月 1 日在医院去世。

"他走得很安详，"马琳写道，"一直到最后他都是神志清醒的。但我知道人们往往心存侥幸，这对我们仨来说是个彻头彻尾的打击。"[121]

艾瑞克辞世当天，世界各地很多国家的主要电台和电视新闻都报道了这一消息。一段时间以来他不仅是备受英国人尊重的公共知识分子，还是世界上最著名的历史学家，拥有众多读者。各地报刊都登载了悼念他的长篇文章，他逝世的消息占据了英国广播公司的主要新闻频道，并登上了伦敦《泰晤士报》的头条。工党领袖埃德·米利班德在党内大会的发言中向艾瑞克致敬。塞浦路斯总统发来了正式的唁电："哪里都能读到他影响巨大的作品，他的书即使在最简陋的人家里也占有一席之地，值得自豪，正如他天生就能亲近和指点世界各地各行各业的人们那样。"[122] 英国媒体把焦点放在他终生的共产主义信仰和传说中对共产主义无悔的认同上，电台和电视节目尤其如此，这实际上忽略了他的史学作品。一小撮冥顽不灵的冷战斗士在艾瑞克去世后对他进行了刻薄的抨击，这些人一直狂热地为想象中的西方事业而战，现在他们没有真正能造成威胁的敌人了。作家 A.N. 威尔逊在不加思考而且缺乏任何证据的情况下，和往常一样兴冲冲地宣称艾瑞克"痛恨英国"，并暗示他是苏联间谍。他的书只不过是意识形态宣传，将来不会有人阅读，他的名望会"消失得无影无踪"。[123]

严肃的历史学者则对艾瑞克的史学作品以及他对历史所做的贡献给予了恰当的评价，发声的包括右派及左派学者。"和很多欧洲大陆的左派学者不一样，"尼尔·弗格森写道，"作为历史学者的霍布斯鲍姆从不被马克思列宁主义的教条所禁锢，他最好的作品体现出十分广博的知识、流畅清晰的分析、对'普通人'的理解和对阐述细节的热忱。"他的"年代四部曲"是 20 世纪最伟大的史学作品之一，弗格森说。一些保守党政治家也对他表示了敬意。父亲去世后，朱莉亚记得：

> 收到了鲍里斯·约翰逊寄来的一封充满慰问之情的手写信。他在信里回忆起不久前在海伊文学节现场的休息室里与爸爸的交谈。鲍里斯说我父亲在轮椅上抬起头，"像睿智的猫头鹰"那样看着他。我清楚记得这次交谈，因为是我介绍他们认识的。爸爸直截了当地问鲍里斯是否觉得"这么久以来"得罪了"这么多党内人士"还挺有意思，让这位保守党的伦敦市长感到有点羞赧。我觉得我父亲看重的是鲍里斯对书籍的热爱，甚至可能包括他的政治立场。[124]

茱莉亚打电话给《泰晤士报》刊登讣告时，"在电话里做记录的年轻人声音听起来很紧张，他让我重复了几遍信用卡号码，突然对我说他在大学里读的是历史专业，很喜欢我父亲的书"。艾瑞克从前的学生从世界各地打电话过来：马琳连续几个星期都电话接个不停，纳辛顿路的家宅也收到上千封吊唁信。这家人外出的时候，一个邮递员在门前留下了一张打印好的字条，解释自己未能投递邮件，还手写了一张便条，说自己"喜欢艾瑞克的作品，希望表达慰问之情"。

拉丁美洲裔的记者理查德·戈特评论艾瑞克是"一位'墙内开花墙外香'的预言家……在世界的很多地方，他的听众可以让一个体育场座无虚席，但在英国，听众能坐满一个大讲堂他就应当很满足了。比起伦敦的报刊专栏，他的文章在欧洲和美洲报刊（北美和南美）的通俗文艺栏目里更加常见；比起英国广播公司，意大利电台对他的观点关注更多"。作为畅销书《极端的年代》的作者，艾瑞克在巴西获得的名声让他后来出版的作品同样创下销量高峰，其中文集《论历史》（1997年）高居榜首，销售了40 700册；接下来是《趣味横生的时光》和《新世纪》，销量均为27 200册；《霍布斯鲍姆看21世纪》27 000册，《如何改变世界》13 000册，《断裂的年代》10 000册，以及《马赛曲的回响》6 000册。[125] 茱莉亚说"巴西的大学生挂出了'永远的霍布斯鲍姆'的横幅"。[126] 巴西前总统卢拉·达席尔瓦给马琳寄来了吊唁信：

> 收到您的丈夫、我的挚友艾瑞克·霍布斯鲍姆去世的消息，我的心情十分沉痛。他是20世纪最清醒、最睿智以及最有勇气的知识分子之一。我多年前与他结识，从他那里得到了无穷的鼓励，他也愿意我把他视作信心之源，这促使我将巴西工人共享国家繁荣昌盛作为布政施策的目标……能够和艾瑞克身处同一时代，并且和他有过交集，不仅是我得到的优待，更是一种莫大的荣幸。[127]

立场已经转移到右翼的巴西新闻杂志《观察周刊》正在参与一场社会运动，反对巴西大学校园受到他们口中的"马克思主义灌输"，这份杂志认为艾瑞克给斯大林辩护，因而批评他是"道德白痴"。这一指责引来巴西历史学者协会的严正声明，称艾瑞克"为那些不知道如何表达的人们发声，这些人无法想象他们的罢工、抗议甚至党派都能成为历史的一部分"。协会称艾瑞克"是 20 世纪最重要的人物之一"。[128]

艾瑞克辞世成为印度报刊的头版新闻。罗密拉·塔帕尔此时已是印度的一位资深历史学者，在他的记忆中：

> 对不同年龄和学派的印度历史学者而言，艾瑞克是一位标志性的人物。这有部分是因为他的作品成了课堂上的必读书目，同时还由于他评论过包括印度变革在内的世界大事……当我们谈论起将历史纳入社会科学范畴的必要性时，往往会去拜读艾瑞克的作品。这是印度史学的一个重大转变，因为印度历史在殖民时代被视作印度学的一部分，其关注点在于收集资料而不是进行分析。[129]

事实上，艾瑞克在印度享有巨大的声望，影响力远超出了历史专业学术圈子的范围。莉泽·格兰德在最后一次探望艾瑞克后就直接去了印度。一开始，她很难接触到那些最有影响力的政治人物和高级官员，尽管她是联合国人道主义行动在印度的负责人。但当对方发现她认识艾瑞克，情况发生了彻底的改变，仅仅提到她是艾瑞克的关门弟子就足以让所有人（包括印度总理在内）对她打开欢迎之门。她很快认识到这个名字的分量。"我对某些人说的第一句话就是'我是艾瑞克的学生'，然后，一切畅通无阻。"她在德里成立联合国人类发展国际中心时得到了诺贝尔经济学奖获得者阿马蒂亚·森的支持，森在中心的开幕仪式上说："我之所以在这里……是因为她认识艾瑞克。"当莉泽受邀与主导南部喀拉拉邦的印度共产党地方负责人共进晚餐时，对方开始谈起自己认识的著名共产党人，在不知道莉泽是艾瑞克学生的情况下，他告诉客人们：

> "我去伦敦的时候曾到纳辛顿路 10 号朝圣，"于是我转过去看着他，他说，"我站在门外，因为我想看看艾瑞克·霍布斯鲍姆住的地方。"真有意思。他不知道我是谁。这只是一桩他对在场客人、这些围坐桌旁的同志讲述的逸事。然后我说："不瞒您说，我其实在那儿吃过晚饭，我认识他。"[130]

同样的事情也发生在其他很多国家里。

2009 年 11 月 23 日，艾瑞克写好了自己对葬礼仪式的要求，他提出"这些想法并不是为了规定我的家人要干些什么"。他希望这是一个私密的葬礼，包括尼克·雅各布斯、克里斯·里格利和莱斯利·贝瑟尔在内的几位密友会得到通知，还有在英国和智利的亲人，以及玛丽安·班纳森、乔斯和他的孩子们。他的讣告会刊登在《卫报》上，同时也可以在《泰晤士报》上发布，而且"为了知会那些仍然在世的老共产党人，登在《晨星报》上也不是不可以"。（当时的《晨星报》由英国共产党的继承组织发行。）至于殡仪服务，艾瑞克觉得 70 多年前"贝尔塞斯公园的勒沃顿殡仪馆把葛蕾特的葬礼办得挺好"，实际上这家殡仪馆从 1789 年开张至今依然在营业，而 1789 年刚好就是法国大革命爆发的年份。他要求承办人在戈德斯格林火葬场举行葬礼仪式，这是一个 1902 年开业的非宗教机构，仪式结束后，他的骨灰会埋在马琳在海格特公墓买下的墓址里。葬礼仪式应该是"非宗教性的，但我希望有人在仪式上念犹太教祈祷文，据说犹太人去世时要这样做。艾拉·卡茨尼尔森显然是合适的人选"。在生命走到尽头之际，艾瑞克再次承认他身上仍留有许多犹太身份认同。他不希望自己的葬礼上有太多致辞。"为求简单起见，我想孩子们的其中一个出来发言就可以了，这件事应该让安迪来做。我也希望尼克·雅各布斯可以发言，又或者是艾玛·罗斯柴尔德？我觉得马琳不太想在这种场合里公开发言。"仪式必须使用世俗音乐：来自莫扎特歌剧《女人心》的令人心醉的三重唱《唯愿风儿轻轻吹》——"愿你的航程微风轻拂，海浪平静，愿万事万物都能遂你所愿"；以及舒伯特弦乐五重奏的慢板节选，同样也是一段动人而庄严的乐章。两段音乐叙述的都是爱与失去，饱含着告别的情绪，莫扎特的咏叹调表现了两位女主角在爱人（自称）要上战场时与他们道别的情形，而舒伯特的曲子则是这位病重濒死的作曲家对生命本身的告别。与之形成鲜明对比的是艾瑞克提出："我希望在我的遗体移出灵堂时播放《国际歌》。"这是他终生政治信仰的最后回响。[131]

2012年10月10日，艾瑞克的葬礼在伦敦北部的戈德斯格林火葬场举行。追悼仪式从罗伊·福斯特的致词开始，接着是贝多芬作品97号，即被称为"大公三重奏"的小提琴、大提琴与钢琴三重奏选段录音，代替舒伯特的弦乐五重奏。尼克·雅各布斯朗诵了布莱希特的《致后代》，诗篇的第一句是"确实，我生活在黑暗的时代"，而"我们的目标／远远地竖立在前方／它清晰可见／尽管我自己不大可能抵达它"*一句则流露出遗憾。艾瑞克的外孙罗曼·霍布斯鲍姆·班平朗读了《趣味横生的时光》的一个选段，接着是《女人心》中的三重唱和安迪的生动演讲。海伦娜·肯尼迪是一位苏格兰的左翼律师和有贵族封号的工党成员，和马琳有姻亲关系，她念了一段艾瑞克在2010年回忆自己20世纪50年代爵士乐通讯员岁月的文字。为了向艾瑞克对爵士乐的热爱致意，

---

* 本诗引用黄灿然的翻译版本。——编者注

朗诵结束后播放了肯尼·巴伦三重奏的《慢摇》，这是艾瑞克曾经在《荒岛唱片》节目上选出来的曲子。[132] 艾拉·卡茨尼尔森记起他最后走向艾瑞克的棺木。"'现在我准备诵读传统的犹太教祈祷文，这是艾瑞克的要求。'我说。于是，大家都能看到我深深吸了一口气，开始诵读。"[133] 葬礼流程表上已经写了这个环节，所以大家都没有表现得很意外，但人们可能会对艾瑞克坚持以非宗教形式举行的葬礼上出现犹太教祈祷文感到疑惑。祈祷文是用希伯来语念给神明听的，虽然艾瑞克葬礼上的要随意一些，文中还包括乞求神将他的慈悲广施给"所有亚当的子孙"的内容。早在 2007 年开始安排后事的时候，艾瑞克就希望卡茨尼尔森为自己念祈祷文。"我当时自然是既感动万分，又深感荣幸和意外，因为我一直没想到他会把这个仪式放在自己的葬礼上。"卡茨尼尔森回忆道。这是为了纪念他的母亲，多年前她曾告诫他永远别说或做一些会让自己对犹太人身份感到羞愧的事情。"于是，刚从曼哈顿的航班上下来、顾不上休息的艾拉在葬礼尾声诵读了对犹太人最重要的祈祷文，我知道这就是我的爸爸，虽然他一生从未遵从犹太信仰，但他现在能够忠于他母亲的心愿和记忆，而这也许是最需要他这样做的时刻。"[134]

参加葬礼的人中有艾瑞克曾经的女友乔，他们在 20 世纪 60 年代中叶重新取得了联系，乔已经安定下来，并有了自己的家庭。她这些年来多次到克拉珀姆和汉普斯特德拜访艾瑞克和马琳，艾瑞克在经济上资助她，尤其是在圣诞节的时候，因为她总是囊中羞涩。对爵士乐的共同爱好是维系他们友谊的纽带。"她从不自怨自艾，总是乐呵呵的。她一直是位好朋友，对安迪和茱莉亚也很亲切，孩子们本身也和她的家庭有了联系。艾瑞克去世的消息是茱莉亚告诉她的。"马琳回忆道。[135] 家人和来客陆续离开后，在《国际歌》的旋律中，艾瑞克的遗体被送入火化的烈焰，之后骨灰交还给家属安葬。

几天之后，家属和客人来到海格特公墓，在茱莉亚的回忆中：

正如我丈夫阿拉里克后来不无戏谑指出的那样，墓址"就在卡尔·马克思的右边"，刚刚才挖好。我们被人领着，沿一条由于阴雨连绵而变得湿滑泥泞的羊肠小道行走……我妈妈马琳几年前出于一份慷慨大方的爱意买下了这处昂贵的墓地……我爸爸对自己会被安葬于此感到很满意。在海格特公墓的东翼长眠的全是离经叛道的知识分子。我能想象他把眼镜推到前额上方，目光锐利地盯着"海格特公墓信托之友"编制的公墓历史指南的样子：他通读了里面的文字，用一种简洁精要的方式为我们提炼重点，他说："对了，你们看，这里真正有趣的地方在于……"他会因为方才读到的内容而兴致勃勃，就像刚被注入了能量一样……之前在给他购买放在墓前的一小束鲜花时，我突然感到一股无法抑制的冲动，想给我的父亲最后再带一本书，就像他还有可能从中获取些什么想法一样。我买了一本《伦敦书评》，他生前经常为这本杂志撰稿，而且上面恰好登载了他的朋友卡尔·米勒为他撰写的讣告。我们把这本崭新的杂志折叠好，放在他的骨灰盒上，让它伴着爸爸进入另一个世界。[136]

终章

    "我一直觉得艾瑞克活得'很完整'，"马琳后来写道，"这是我最想念他的地方，还有他可爱的嗓音。经历了他的去世和葬礼这一连串变故后，这种感觉更强烈了——即使我能够接受独自一人住在这所可以感受到他存在的房子里。"[1]与此同时，艾瑞克身后的事务亟待处理安排。他"一直很清楚自己比马琳年长得多"，罗德里克·弗拉德注意到，"因此他有责任处理好自己的事务，这样马琳可以得到很好的照顾"。[2]他在1962年立下了一份遗嘱，"在我本人即将与马琳·施瓦茨缔结婚姻的情况下"，将所有遗产留给马琳，并指定她为唯一的遗嘱执行人。[3]然而，半个世纪之后，时日无多的艾瑞克在2012年6月27日写下了一份新的临终遗嘱，比第一份考虑得更加周到细致。他指定马琳以及她的表亲帕齐·布莱尔为遗嘱执行人，还加上了他的朋友加里·朗西曼，他在很久之前的1995年就向朗西曼提出了请求。在朗西曼的回忆中，艾瑞克夫妇当时和他们一家在伯克郡的乡村小聚，"突然他对我说：'你愿不愿意……'"。朗西曼很吃惊，但他回答说"如果你希望我来干这件事，我欣然从命"。朗西曼是一位世袭贵族，曾在后来的英国金融服务管理局工作，也是2001年到2005年间的国家学术院主席。朗西曼是个"有社会经验的人，了解这个世界是怎么样的"，艾瑞克觉得他"是个可靠的人，可以委托他和律师、会计们打交道"。[4] 布鲁斯·亨特和克里斯·里格利则被确认为艾瑞克的遗作托管人。

艾瑞克把大部分遗产都留给了马琳，她去世后则由他们的孩子继承。另外还有小部分遗产：一个日式塑像留给了玛丽安·班纳森；卡尔·克劳斯的《人类的末日》第一版原本是艾瑞克母亲送给他的，现在赠予了尼克·雅各布斯；还有一点东西给了乔。和埃斯拉·班纳森讨论过后，艾瑞克和他一起为乔斯·班纳森及他的孩子们立下了一份共同遗嘱。他在威尔士的度假农舍居住时一直是格文杜尔农业展的常客，也因此被选为了农业展的荣誉主席，而恰恰在他当选的那一年（希望真的是巧合），安迪的女儿伊芙被选为 6 个月以下的最美婴儿。出于这段渊源，农业展的主办方从艾瑞克的遗产中得到一些资金来维持运营。[5]

艾瑞克也预料他的朋友们会为他举行追悼仪式，于是他定下了一些指引：

> 务必以非宗教的形式举行，可以咨询一下伯贝克学院，他们应该会做点什么，学院的公共关系部应该会帮得上忙。但是千万不要在伯贝克学院里举行追悼仪式！因为那儿没有合适的地方。如果国王学院希望为我举办追悼仪式，我可以接受，但我不太喜欢学院的教堂。你们可以找罗伊·福斯特商量这件事。仪式上的发言者可以是尼尔·阿舍森，基思·托马斯也行，或许伊恩·克肖（爵士）也行，要不就特里斯特拉姆·亨特？如果戈登·布朗愿意说几句或捎个信来也不错。

最后，艾瑞克的追悼仪式于 2013 年 4 月 24 日在伦敦大学的议事大厅举行。他的家人和朋友在仪式上致词，其中包括罗德里克·弗拉德、莱斯利·贝瑟尔、尼尔·阿舍森、唐纳德·萨松、克莱尔·托马林、西蒙·沙玛、弗兰克·特伦特曼和马丁·雅克，乔治·纳波利塔诺捎来了致词录音。2013年10月25日下午4时至6时，纽约新学院组织了另一场追悼仪式。在伯贝克，艾瑞克的朋友和从前的同事筹集资金成立了一个以他的名字命名的研究生奖学金，并在2014年4月29日至5月1日期间组织了一个大型国际会议来评估他留下的成果：其中一些论文结集成册，以大会主题"后霍布斯鲍姆时代的历史"作为书名，由剑桥大学出版社在2017年出版。这本文集由约翰·阿诺德、马修·希尔顿和简·鲁格共同编辑，探讨了艾瑞克作品本身的性质和影响——杰夫·伊雷以此为主题写了一篇思想深刻的文章，还讨论了21世纪的历史学者应当具备的各项技能。在艾瑞克这里，历史通常都是连接过去、现在和未来的桥梁。

在评价艾瑞克作为历史学者的影响的性质和重要性时，很少有分析能像艾瑞克晚年对自己的评论那么真实中肯。正如他在90岁生日前不久对自己的一生回顾的那样，他感到：

> 能跻身于全世界同代历史学者之列非常幸运，从20世纪30年代到对历史学有重要意义的70年代，这一代历史学者改变了历史写作的方式，其中最重要的做法就是在历史和社会科学之间建立新联系。他们并不属于同一个意识形态派别，只是共同投入到史学"现代性"与旧有的"兰克史学"的历史观念的斗争中，不管他们打着经济史研究的旗号，抑或是年鉴学派的法国社会学与地理研究还是马克思主义或马克斯·韦伯。为什么还没有人对马克思主义者在英国的重要作用做出阐释？然而他们创办的期刊《过去与现在》所做出的贡献和影响可与法国年鉴学派以及德国社会科学史领域的"比勒费尔德学派"媲美，他们都是互相支持的盟友。我参加过旧时恩师穆尼亚·波斯坦的经济史学会，加入过著名的共产主义历史学者

小组，还是《过去与现在》的共同创办人，1950年起我就已经是法国人发起的国际历史科学大会社会史分部的成员了，我的史学观就是在这些经历中发展起来的。作为历史学者，我的工作根植于这些志同道合的组织，我做出的贡献，比如推动了所谓的社会史或者社会科学史兴起，与这些团体是分不开的。[6]

艾瑞克认为他本人的成就首先在于他能够通过作品让自己被很多国家的非专业历史学者所熟知。"我觉得我很可能是全世界最有名的历史学家了，至少从阿诺德·汤因比以后开始算起"，他自豪地说：

　　我很乐意将自己描述为一名游击队员式的历史学者，我不是直接冲向文献炮火线后的目标，而是从侧翼小树林里端着思想的自动步枪找机会切入。我基本算是一个有好奇心或者问题导向的历史学者，尝试通过提出新问题或打开新领域来为旧的论题带来与以往不同的视角。我有时能成功实现这一点，即使我大部分论点都未能占得上风，比如我关于社会匪徒的作品引出了大量讨论文章而其中大部分都是批评意味的。我凭直觉接触历史而没有进行太多规划，这一点对我有所帮助。因为这样可以让我有时候本能地意识到某些问题到了即将出现在历史学日程上的时刻，然后我在某些时候可以用一种措辞来形容它。这就是为什么我关于社会叛乱的作品出版后几乎立刻在年轻一代的历史学学者、社会学学者和人类学学者中间建立了国际声誉。也是为什么我提出的"传统的发明"这一说法以及由此而生的作品今天仍有人讨论，以及我那本《民族与民族主义》的小册子即使有明显错误但还是被翻译成了24种语言。[7]

艾瑞克不无骄傲地指出，他自20世纪50年代以来出版的所有作品仍在各地不断重印。然而，他并不在乎这些作品能流传多久。"过时是历史学家不可避免的宿命。"只有写出在文学领域占有一席之地的作品才能历久弥新，比如吉本、麦考利或者米什莱，艾瑞克认为自己不属于这个行列，不过这谁都说不准，"只有未来才能说了算"。[8]

他的知识中难免有一些盲区。除了他大学论文的研究对象阿尔及利亚和突尼斯，以及种族隔离时期的南非，他对非洲了解不多而且也并不关心，更别提撒哈拉以南的地区了。莉泽·格兰德注意到，每次她对艾瑞克说起自己在南苏丹的工作和撒哈拉以南非洲地区的联合国人道主义行动时，"他都不是很感兴趣……他不觉得这些是重要的地区……'行吧，你想，世界上不是所有地区都同样重要的。有些地方显然就不太重要……'而他所说的就是非洲"。[9] 艾瑞克对文化的态度主要来自他成长环境中的中欧尤其是奥地利上层文化传统。他对 19 世纪和 20 世纪史的研究里很少涉及流行文化，更别提大部分时期内与欧洲民众密切相连的民间文化了。他多次明显表示出对流行音乐以及 1968 年之后青年文化的厌恶。他对现代先锋艺术，而且实际上是对整个现代主义都抱有难以掩饰的抵触情绪。虽然他在文章中（包括在萨尔斯堡艺术节上一次言辞颇为激烈的讲座）将古典音乐贬为晦涩难懂和无关紧要的艺术形式，但实际上他收藏了大量古典音乐的唱片，而且经常去听歌剧和古典音乐会。美术是他一生的灵感来源，从青少年时期开始，他就探访了伦敦各大博物馆和画廊，但他的审美趣味似乎停留在了 20 世纪 20 年代。艾瑞克的第三个知识盲区是女性史，这首先要归结于马克思主义对他的思想影响，因此他认为阶级优先于性别，并且把女权主义视作社会革命斗争中一个影响不大的路线偏离，因为社会革命本身就能带来性别的平等。虽然他试图补救这一缺陷，尤其是在《帝国的年代》一书中，但他也只是稍微努力一下而已，而且他在处理这个主题时也不那么胸有成竹。

艾瑞克在20世纪30年代早期的柏林接触了马克思主义理论和共产主义理念，在他那一代年轻人看来，柏林的共产党掌握着击败纳粹主义和建立新世界的唯一希望。置身于一场伟大的群众运动之中，其参与者被共同的信念紧密地团结到一起，艾瑞克在当中感受到的激情让他产生了一种长久且发自内心的归属感，使他在破碎的家庭之外找到了另一处归宿。在此之前，童子军活动在短时期内也起过相同的作用。这种激情在他其后的人生里从不曾消减，深植于他的灵魂之中。"二战"结束后的几年里，这种情感驱动了他的学术工作，将重新阐述历史潮流推动下不断前进的劳工运动作为研究方向。但是，随着艾瑞克对现实中的共产主义感到幻灭，和第一位妻子缪丽尔·西曼理想中的革命伴侣婚姻结束之后，他的研究对象以及个人生活都转向了处于社会边缘、不拘常规的人群。在寻找某个能像家庭一样提供情感慰藉的群体时，他进入了爵士乐的世界，但他最后还是对这个圈子失去了兴趣。也就是在这时，他开始了和马琳·施瓦茨的第二段婚姻，和她一起建立了真正稳定而又能在情感上支持他的家庭。这种新获得的坚固又持久的情感基础支撑着他转向范围广泛的历史综合课题，并因此声名鹊起。

艾瑞克在其后的人生中一直有意留在左翼知识分子的全球阵营中，并逐渐把这一身份与他在经济和社会方面的成功形象以及进入英国体制行列结合起来。他很早就树立起一名共产主义知识分子的自我形象，而不是共产主义激进分子或者活动家，因为比起在德国的宏大规模，英国的共产主义运动处于一个边缘地位，这让艾瑞克感到心灰意冷。共产主义作为广泛的全球群众运动的一部分，其目标是建立一个公正平等的社会，艾瑞克终生都坚持着这个信念。但他在成年时期很少遵循英国共产党的路线，而是主要从20世纪50年代的巴黎吸收了反主流和非传统形式的马克思主义，甚至在1956年脱离英国共产党的正统之前就已经对其进行过驳斥。他直到去世之前一直都留在党内，这主要是因为党员身份对他来说是少年时期形成的身份认同的核心部分。而在现实政治中，他一直和英国工党走得更近，即使在他把自己形式上的政治忠诚从英国共产党转而投向意大利共产党之后也是如此。他从来不是斯大林主义者，而且他坚信左翼必须承认斯大林主义的错误，这是他1956年和英国共产党从意识形态上分裂的一个核心因素。随着年纪增长，他的马克思主义意识变得淡薄，但从未完全消失，而是从他的剑桥大学时代开始，与他的历史学者生涯中接受的其他很多观念融合为一体，成为一种独特的综合思想。

艾瑞克首先是一名作家，他在选择历史研究作为职业之前早已掌握了写作的技巧。他的日记、书信、散文和短篇故事里都有一些十分生动的文字描写。他从文学中开始接触历史写作，读过好几种不同语言的大量经典诗歌和小说，这无疑是他能够吸引全世界读者的主要原因。他还具备渊博的学问，能够结合当下的逸闻妙句将历史论证娓娓道来，在进行简洁精练的概括和提出令人印象深刻的说法方面独具天赋。这些才能和其他方面一样，是他的作品能够流传不衰的原因。

在伯贝克学院为庆祝他的80岁生日举行的大会上，艾瑞克提出从来没有"霍布斯鲍姆主义"这样的概念或者"霍布斯鲍姆主义分子"之类的群体，他身边也不曾聚集着某个具体学派的历史学者。"他不同寻常地将理论的清晰性、对大量文本的概括能力和发现细节信息的锐利眼光结合在一起；加上他的研究维度广得惊人，涵盖了多个国家、多个大洲和数个世纪，而且能够引用多种语言的大量文献资料——所有这些都使他成为后人难以企及的标杆人物。"[10] 艾瑞克的朋友、美国历史学家尤金·D. 吉诺维斯好些年前曾这样指出，他比艾瑞克早几天去世。然而，"的确有一批与霍布斯鲍姆同时代的近代史研究学者不可否认地受到了他的影响"，托尼·朱特如是说，他们读过艾瑞克写的所有作品，讨论和领会它们，围绕它们开展辩论，并从中获益匪浅。[11] 因此，我们很难对艾瑞克的影响力做出精确的评估，因为他的影响十分广泛，还传播到了很多其他领域。这就是为什么今天还有很多人在阅读和讨论他的书籍和文章，而且在长远的未来仍将如此。

名词缩写表

BBC WAG 英国广播公司档案中心（卡弗舍姆）

BULSC 布里斯托尔大学图书馆特殊馆藏室

CCAC 丘吉尔学院档案中心（剑桥大学）

CH 荣誉勋爵

CP 共产党

CPGB 英国共产党

CUL 剑桥大学图书馆

DHAA 戴维·海厄姆公司联合档案室（伦敦）

EJH 艾瑞克·J. 霍布斯鲍姆

FLA 弗里茨·卢斯蒂格档案馆（伦敦）

FLN 民族解放阵线

HFA 霍布斯鲍姆家族档案馆（伦敦）

HRC 哈里·兰塞姆档案中心（得克萨斯大学，奥斯汀）

IT《趣味横生的时光》

KCAC 国王学院档案中心（剑桥大学）

LBA 利特尔布朗出版社档案室（伦敦）

LHA 人民历史博物馆劳工史档案研究中心（曼彻斯特）

LSE 伦敦政治经济学院

MRC 现代档案中心（华威大学）

OAS 秘密军事组织

PBA 企鹅出版社档案馆（伦敦）

RJE 理查德·J. 埃文斯

TB 德语日记

TNA 英国国家档案馆

UMA 曼彻斯特大学档案馆

UNESCO 联合国教科文组织

WNA 韦登菲尔德和尼科尔森出版社档案室

注 释

序言

1　EJH, *Interesting Times. A Twentieth-Century Life* (Penguin/Allen Lane, 2002, hereinafter *IT*), pp. xii, xiv.

2　Entretien entre Elise Marienstras et Charlotte Faucher, 27.6.2016 à Paris.

3　MRC 937/8/2/35: Stefan Collini, 'The saga of Eric The Red', *Independent* magazine, 14.9.02.

4　*IT,* p. xiii.

5　MRC 937/7/8/1: 'Rathaus/history', Jan, 2008.

第一章　英国男孩

1　Jerry White, *London in the Nineteenth Century: 'A Human Awful Wonder of God'* (London,2007), p. 154. For the appalling conditions of life in Poland at this time, see David Vital, *A People Apart: The Jews in Europe, 1789-1939* (Oxford,1999), pp. 299-309.

2　Interview with Robin Marchesi, 6.12.2016.

3　EJH, *The Age of Empire 1875-1914* (London, 1987), pp. 2-3.

4　HFA: *Daily Telegraph,* 1 July 2005. 1874 年出生的那位菲利普的另一个儿子叫鲁宾·奥斯本，他写了一本书名为《弗洛伊德与马克思》的开创性研究作品，由左派丛书俱乐部于 1937 年出版。艾瑞克在《趣味横生的时光》中曾经用了一个章节来交代他父母的家族，但编辑普罗菲劝他删除，因为"这样会让内容过于冗长"。他在这一章的详细叙述，原本是考虑到他的家族成员会阅读这本书，这个章节一直没有被纳入已出版的书里。这章的标题为"两个家族"，手稿共计 62 页，现保存在霍布斯鲍姆家族档案馆。

5　MRC 937/1/6/7: EJH to Brian Ryder, 29.4.96. HFA:' Family Tree', also for the following.

6　MRC 937/1/6/7: EJH to Brian Ryder, 29.4.96.

7　EJH, *The Age of Empire*, p. 2, also for the following; ' Two Families', p.35.

8   HFA: Extract from 1901 census.

9   For the background, see David Feldman, *Englishmen and Jeaus: Social Relations and Political Culture, 1840-1914* (London, 1994).

10   HFA: 'Family Tree'; Lanver Mak, *The British in Egypt* (London, 2012).

11   HFA: Reifezeugnis Nelly Grün, with other school reports.

12   EJH, *The Age of Empire*, p. 2; HFA:' Family Tree'; *IT*, pp. 2-4, 37-40; MRC 937/7/1/8: letter from (indecipherable) to EJH, 23.11 .2001; Archiv der israelitischen Kultusgemeinde, Wien: Geburts-Buch für die Israelitsche Kultusgemeinde in Wien, p. 101, Nr. 1006.

13   MRC 937/7/1/2: Nelly Grün (Hobsbaum) letters, 16.4.15 and 20.4.15; Archiv der israelitischen Kultusgemeinde, Wien: Geburts-Anzeige Nancy Hobsbawm, Nr. 2238; MRC 937/7/1/1: copy of a marriage certificate of Moritz Grün and Ernestine Friedmann, issued 9.4.15 for the wedding of Percy Hobsbaum and Nelly Grün, and Certified Copy of an Entry of Marriage, District of British Consulate-General, at Zurich, Switzerland, 1.5.1917.

14   MRC 937/7/1/2: 8.5.15; Nelly to sisters, 9.5.15.

15   *IT*, p. 2: MRC 1215/17: TB 8.6.35: 'Today's my birthday'. See also MRC 937/1/6/6: Eric's son Andy Hobsbawm to EJH, with birthday wishes, 9.6.1995: 安迪在 1995 年 6 月 9 日给艾瑞克的生日贺信中写道："我知道晚了一天，但今年我就按照你对外公开的出生日期来祝贺你吧，按那个说法你是 6 月 9 日出生的！"大部分关于艾瑞克生平的文章和简介，包括我自己给他写的小传（'Eric John Ernest Hobsbawm', *Biographical Memoirs of Fellows of the British Academy*, XIV (2015), pp. 207–60 ）在内，都把他的出生日期记成了 6 月 9 日。

16   感谢罗恩的女儿安吉拉·霍布斯鲍姆为我展示了她父亲在学校的姓名牌。艾瑞克的出生证明上，他父母姓氏中的 "u" 也被写成了 "w"，不过珀西那份早在 "一战" 之前就正式登记了的出生证明却没有拼写错误，见 HFA: Certified copy of an entry of birth within the district of the British Consul-General at Alexandria, Egypt。

17   *IT*, p. 3.

18   MRC 937/7 /1/3: Nelly to parents, n.d. (May 1919).

19   'Stories my country told me: On the Pressburgerbahn', *Arena* (1996).

20   *IT*, pp. 3-7. 戈尔德一家在 1930 年前往伊朗，弗兰茨·戈尔德是国家银行工作，因此躲过了纳粹的迫害。他们在 "二战" 后回到维也纳，戈尔德家的 4 个孩子都从事演艺事业。See MRC 937/7/8/1: Melitta Arnemann to EJH, 8.12.2000.

21   MRC 937/7/1/3: Nelly to Gretl, 17.4.31.

22   Archiv der israelitischen Kultusgemeinde Wien: Geburts-Buch für die isr.Kultusgemeinde in Wien, Nr. 2463; ibid, Trauungsbuch für die israelitische Kultusgemeinde in Wien, I. Bezirk (Innere Stadt), 228.

23   TNA KV2/3980, 14a: Metropolitan Police, 17.8.42.

24   *IT*, p. 11.

25   Archiv der israelitischen Kultusgemeinde Wien: Geburts-Buch für die isr.Kultusgemeinde in Wien, Nr. 407.

26   *IT*, p. 15.

27   Archiv der israelitischen Kultusgemeinde, Wien: Geburts-Anzeige Nancy Hobsbawm, Nr. 2238.

28 MRC 937/7/8/1: 2003 年 5 月，艾瑞克在维也纳市向他颁发勋章的仪式上发言时说："我的口音很重，20 世纪 90 年代后期，我用德语接受《奥地利历史研究月刊》一次主题为'历史学科的现状和未来'的集体采访时发现了这一点。"See 'Die Verteidigung der Geschichte.Ein Gespr äch zwischen Richard Evans, Eric Hobsbawm und Albert Müller', *Österreichische Zeitschrift fur Geschichtwissenschaften*, Vol. 9, No.1, (April 1998), pp. 108-23. 尼尔·阿舍森 1968 年在柏林听过他的一次演讲后也惊奇地发现他"有着浓重的奥地利口音"(interview with Neal Ascherson, 26.7.2016)。

29 *IT*, pp. 9-11. For Nancy's date of birth, see also TNA KV2/3980, 14a, Metropolitan Police, 17.8.42.

30 Archiv der Fichtnergasse-Schule. Wien. Hauptkataloge der Jahrgänge 1927/28 und 1928/29.

31 *IT*, pp. 20-5.

32 IT, pp. 12-25. See Peter Pulzer, The Rise of Political Anti-Semitism in Germany and Austria (London, 1964).

33 MRC 937/7/1/3: Nelly to Gretl, 13.8.24, 19.9.24.

34 Ibid: Nelly to Gretl, 23.3.25.

35 MRC 937/7/1/2: Nelly to Gretl, 7.3.25 and 18.3.25.

36 *IT*, p. 3, quoting Nelly to Gretl, 5.12.28.

37 *IT*, p. 31.

38 *IT*, pp. 30-1; Peter Eigner and Andrea Helige, Österreichische Wirtschafts-und Sozialgeschichte im 19. und 20. Jahrhundert (Vienna, 1999).

39 See for example Martha Ostenso, *Die tollen Carees. Roman* (Deutsch von Nelly Hobsbaum (Wien, 1928)). 这部小说在前一年出了英文版本《疯狂的卡鲁》。内莉的译本截止到 1928 年底已经售出了 1 万册。

40 *IT*, p. 27; Wiener Stadt-und Landesarchiv, BG Hietzing, A4/1-IA: (Leopold) Percy Hobsbaum. Nr. 3543040320: Meldezettel für Haupt (Jahres und Monats) wohnparteien, date stamp 13.5.26.

41 *IT*, p. 14.

42 *IT*, p. 9.

43 *IT*, pp. 30-1.

44 MRC 937/7/1/3: Nelly to Gretl, 11.1.29.

45 *IT*, p. 15. 也许正因为这样，艾瑞克一生都保存着这本地图册。

46 MRC 937/7/1/3: Nelly to Gretl, 5.2.29.

47 Archiv der Fichtnergasse-Schule, Wien: Bundesgymnasium und Bundesrealgymnasium Wien 13, Hauptkataloge der Jahrgänge 1927/28 und 1928/29. 他在学校的报告上显示他的名字为 "Erich Hobsbawn"。See also: Landesgymnasium in Wien, 13. Bezirk. Jahreszeugnis Schuljahr 1927/29: Hobsbawn, Erich.

48 MRC 937/1/5/2: EJH to Christhard Hoffmann, 18.7.88.

49 Archiv der Fichtnergasse-Schule. Wien: Bundesgymnasium und Bundesrealgymnasium Wien 13: Hauptkataloge der Jahrgänge 1927/28 und 1928/29.

50 *IT*, p. 34.

51 *IT*, p. 2.

52 *IT*, pp. 26-31: MRC 937/7/1/8: Merkbuch fur Bekenntnisse.

53 *IT*, pp. 26-9.

54   *IT*, p. 28.

55   Ibid, notes; Nelly to Gretl, 5.2.29, 1.3.29.

56   MRC 937/7/1/2: Nelly to Gretl, 5.2.29.

57   *IT*, p. 27; Wiener Stadt-und Landesarchiv, BG Hietzing, A4/1-1A: (Leopold) Percy Hobsbaum, Nr. 3543040320: Meldezettel für Haupt (Jahres und Monats) wohnparteien, date stamp 13.5.26.

58   Interview with Robin Marchesi, 6.12.16.

59   MRC 1215/15: TB 28.11.34.

60   Archiv der israelitischen Kultusgemeinde Wien: Matrikenamt der IKG Wien, Sterbe-Buch über die in Wien bei der israelitischen Kultusgemeinde vorkommenden Todesfalle, Fol. 173, Nr. 392.

61   MRC 937/7/1/2: Nelly to Gretl, 15.2.29.

62   Ibid: Nelly to Sidney, 13.3.29.

63   Ibid: Nelly to Gretl, 24.3.29.

64   Wiener Stadt-und Landesarchiv MA 8: BG Hietzing A4/1-1A: (Leopold) Percy Hobsbaum, gest. 8.2.1929: Meldezettel für Haupt (Jahres-und Monats) wohnparteien, date stamp 13.5.26.

65   MRC 937/7/1/2: Nelly to Gretl, undated.

66   *IT*, pp. 31-2.

67   MRC 937/7/1/2: Nelly to Gretl, 28.4.29; EJH to Sidney, 26.4.29. 奥托和沃特是艾瑞克的两个表哥，住在柏林。

68   Ibid: Nelly to Gretl, undated; EJH to Gretl, undated (both June 1929).

69   MRC 937/7/1/3: Nelly to Gretl, 24.5.29; MRC 937/7/1/2: Nelly to Gretl, 1.3.29.

70   MRC 1215/21: TB 24.6.40.

71   TNA KV2/3980, 14a: Metropolitan Police, 20.8.42, p. 2.

72   HFA: EJH, speech at funeral service for Roland Matthew Hobsbaum, n.d.

73   *IT*, p. 35.

74   MRC 937/7/1/2: Nelly to Gretl, 21.7.29. 这本日记和艾瑞克 1934 年写的其他日记一样，都没能保存下来。

75   Ibid: Nelly to Gretl, 5.8.29.

76   *IT*, p. 35.

77   MRC 937/7/1/3: Nelly to Gretl, 24.2.30.

78   Ibid: Nelly to Gretl, 15.5.29.

79   MRC 937/7/1/2: Nelly to Gretl, 6.11.29; MRC 937/7/1/3: Nelly to Gretl, 3.5.29; *IT*, pp. 31-2.

80   MRC 937/7/1/2: Nelly to Gretl, 6.11.29.

81   Ibid: Nelly to Gretl, 9.4.30, 15.4.30, 23.4.30.

82   MRC 937/7/1/3; Nelly to Gretl, 17.1.30.

83   Ibid: 2.3.30, 5.5.30.

84   Ibid: 9.4.30, 11.4.30, 25.4.30.

85   Ibid: 18.4.30.

86   *IT,* p. 33.

87   MRC 937/7/1/3; Nelly to Gretl: 28.4.30, 5.5.30.

88   *IT,* p. 13.

89   Ibid: 5.9.30.

90   MRC 937/7/1/2: Nelly to Mimi, 14.9.30.

91   Ibid: Nelly to Mimi, 28.9.30.

92   Ibid: Nelly to Gretl, 19.9.30, 23.9.30; MRC 937/7/1/3: Nelly to Gretl, 17.1.30.

93   MRC 937/7/1/2: Nelly to Sidney, 11.9.30.

94   Ibid: Nelly to Nancy, 3.11.30.

95   *IT,* pp. 35-7. See also MRC 937/7/1/2: Nelly to Gretl, 20.4.21 (misdated, date uncertain); ibid: Nelly to Gretl, 19.3.31, for Nancy's move to Berlin; MRC 937/7/1/3: Nelly to Gretl, 30.8.30.

96   http://adresscomptoir. twoday. net/stories/498219618/ accessed 2.11.2015.

97   *IT,* p. 36.

98   MRC 937/7/1/3: Nelly to Gretl, 19.9.30.

99   MRC 937/7/1/2: Eric to Gretl and Sidney, 6.2.31.

100   Ibid: Nelly to Gretl, 24.11.30.

101   *IT,* p. 42.

102   MRC 937/7/1/2: Nelly to Gretl, 27.10.30; MRC 937/7/3: Nelly to Gretl, 20.10.30, 27.11.30.

103   Ibid: Nelly to Gretl, 12.12.30.

104   Ibid: Nelly to Gretl, 4.12.30.

105   Ibid: Nelly to Gretl, 12.12.30.

106   Ibid: Nelly to Gretl, 20.12.30.

107   Ibid: Nelly to Gretl, 20.12.30.

108   Ibid: Nelly to Gret, 20.10.30.

109   *IT,* p. 36.

110   MRC 937/7/1/2: Nelly to Gretl, 1.1.31: MRC 937/7/1/3: Nelly to Gretl, 20.12.30.

111   Ibid: Nelly to Sidney and family, 24.4.31.

112   MRC 937/7/1/3: Nelly to Gretl and Sidney, 6.5.31.

113   *IT,* p. 37.

114   Archiv der israelitschen Kultusgemeinde Wien: Matrikenamt der IKG Wien, Sterbe-buch über die in St.Polten bei der israelitschen Kultusgemeinde vorkommenden Todesfälle, Fol.24, Nr 145. 在葬礼的正式记录中，内莉的去世日期被误记为 7 月 16 日，艾瑞克则错记成 7 月 12 日。

115   *IT,* pp. 26-34, 37-41.

116   MRC 937/7/1/4, *passim.*

117   *IT,* pp. 39-40.

118   MRC 1215/16: TB 13.4.35.

119   *IT,* p. 39.

120 MRC 1215/16: TB 2.5.35; *IT.* p. 39.

121 MRC 1215/17: TB 4.6.35.

122 Ibid: TB 12.7.35.

123 *IT,* p. 41.

124 Wiener Stadt-und Landesarchiv, BG Landstrasse, A4/4/4A: Nelly Hobsbawm, gest. 15.7.1931, Nr.
     8066691950: Todesfallaufnahme, 24.7.31. 很明显，登记官员只是根据艾瑞克的姓保留了内莉的婚后姓
     氏（但并没有去查她的原姓）。See also ibid: BG Hietzing, A4/1-1A: Leopold (Percy) Hobsbaum, gest.
     8.2.1929.Nr. 3543040320: Meldezettel für Unterparteien, date stamped 16.11.30. 这份文件中出人意料地记
     录了艾瑞克的正确出生日期。

125 HFA: EJH, 'Two Families', p. 58.

126 Wiener Stadt-und Landesarchiv: BG Hietzing, A4/1-1A: Leopold (Percy) Hobsbaum, gest. 8.2.1929, Nr.
     3543040320: Meldezettel für Unterparteien, date stamped 16.11.30.

127 *IT,* pp. 33-5, 51; MRC 937/7/1.2: Nelly to Sidney, 4.3.31.

128 *IT,* p. 48.

129 *IT,* p. 59.

130 *IT,* pp. 49-55.

131 Fritz Lustig Archive (FLA): Fritz Lustig memoirs: 'The Prinz-Heinrichs-Gymnasium'.

132 Ibid.

133 *IT,* p.54. 艾瑞克在自传里说他们并没有"教授"的头衔。当有人指出他记错了的时候，艾瑞克对弗里
     茨·卢斯蒂格说："这件事说明只凭脑子记事情是靠不住的。" See FLA: EJH to Fritz Lustig, 5.3.2003;
     and *IT*, p54.

134 Fritz Lustig, 'PHG-Erinnerungen', *Prinz-Heinrichs-Gymnasium Vereinigung ehemaliger Schüler*, Rundbrief Nr. 45,
     August 1982, pp. 12-18, at p. 17; FLA Fritz Lustig, memoirs: 'The Prinz-Heinrichs-Gymnasium'.

135 'Karl-Günther von Hase', *Prinz-Heinrichs-Gymnasium Vereinigung ehemaliger Schüler*, Rundbrief Nr. 49,
     Feb.1982, pp. 2-12, at p.7 (reprint of Hase's contribution to Rudolf Pörtner (ed.), *Mein Elternhaus: ein deutsches
     Familienalbum* (Berlin, 1984). See also *IT,* p. 49.

136 *IT,* p. 55.

137 Ibid.

138 Lustig, 'PHG-Erinnerungen', p. 17.

139 Ibid, pp. 13-14.

140 Margret Kraul, *Das deutsche Gymnasium 1780-1980* (Frankfurt, 1984), pp.127-44.

141 Interview with Fritz Lustig, 30.5.2016.

142 Interview with Fritz Lustig, 30.5.2016; Heinz Stallmann, *Das Priz-Heinrichs-Gymnasium zu Schöneberg 1890-
     1945: Geschichte einer Schule* (privately printed, Berlin 1965), pp. 44-55; *IT,* pp. 49-54. 艾瑞克此时及其后很
     长一段时间里都没发现夏布伦实际上是社会民主党党员（参见 FLA: EJH to Fritz Lustig, 5.3.2003）。
     我十分感谢弗里茨·卢斯蒂格向我提供了由施塔尔曼编写的校史，以及他收藏的已出版和未出版的
     资料。

143   MRC 937/1/3/11: *Extract from the memoirs of Theodore H (Ted) Lustig (1912-2001)* [privately printed], pp. 47-8.

144   Interview with Fritz Lustig, 30.5.2016.

145   Lustig, 'PHG-Erinnerungen', p. 13.

146   MRC 1215/17: TB 12.7.35.

147   MRC 1215/21: TB 16.3.40.

148   *IT* p. 52: Lustig, 'PHG-Erinnerungen', p. 18.

149   MRC 937/1/3/11: *Extract from the memoirs of Theodore H ('Ted') Lustig (1912-2001)* [privately printed], pp. 32-6.

150   FLA: Fritz Lustig to EJH, 24.4.95.

151   FLA: Fritz Lustig to EJH, 26.2.2003.

152   Lustig, 'PHG-Erinnerungen', p. 16.

153   FLA: Fritz Lustig memoirs: 'The Prinz-Heinrichs-Gymnasium'.

154   *IT*, p. 53; N. Blumental (ed.), *Dokumenty i materialy*, Vol. 1, *Obozy* (Lodz, 1946), p. 117; Martin Loffler. 'PHG-Lehrer: Jüngere Generation', *Prinz-Heinrichs-Gymnasium Vereinigung ehemaliger Schüler*, Rundbrief 47 (September 1983), pp. 17-19. Another Jewish teacher, Rubensohn, emigrated: Stallmann, *Das Prinz Heinrichs-Gymnasium*, pp. 131-5.

155   'Karl-Günther von Hase', p.7; interview with Fritz Lustig, 30.5.2016.

156   *IT*, p.52. 这个名叫威廉·库柏的勃兰登堡省党部头目在"二战"期间掌管沦陷后的白俄罗斯，1943年被伪装成清洁女佣混入他家的游击队员安装在他床下的炸弹炸死。 See Ernst Klee, *Das Personenlexikon zum Dritten Reich* (Frankfurt, 2005), p.346.

157   *IT*, pp. 56-7.

158   Fritz Lustig to EJH, 26.2.2003 (also in MRC 937/1/3/11); FLA:EJH to Fritz Lustig, 5.3.2003; *IT*, pp. 56-7.

159   *IT*, p.57.

160   Richard J. Evans, *The Coming of the Third Reich* (London,2003), for details.

161   Klaus-Michael Mallmann, *Kommunisten in der Weimarer Republik. Sozialgeschichte einer reoolutionären Bewegung* (Darmstadt,1996), pp.94-106. More generally, see Eric D. Weitz, *Creating German Communism, 1890-1990: From Popular Protests to Socialist State* (Princeton, NJ,1997), pp.100-87; and Eve Rosenhaft, *Beating the Fascists? The German Communists and Political Violence, 1929-1939* (Cambridge,1983).

162   Evans, *The Coming of the Third Reich*.

163   Nicolau Sevcenko,'Hobsbawm chega com "A Era dos Impérios"', *Fotha de Sõo Paulo*, 8.4.1988.

164   *IT*, p.54.

165   *IT*, p.54.

166   *IT*, p.47.

167   *IT*, p.62.

168   *IT*, pp. 56-65.

169   Karl Corino,'DDR-Schriftsteller Stephan Hermlin hat seinen Lebensmythos erlogen. Dichtung in eigener Sache', *Die Zcit*, 4 October 1996; Karl Corino, *Aussen Marmor, innen Gips. Die Legenden des Stephan Hermlin* (Düsseldorf, 1996); Stephan Hermlin, 'Schlusswort,' *Freibeuter* 70(1996); Christoph Dieckmann, 'Das Hirn

will Heimat. DDR im Abendlicht-Blick zurück nach vorn. Ein aktueller Sermon wider die Kampfgruppen der Selbstgerechtigkeit', *Die zeit,* 25 October 1996, p.57; Fritz J. Raddatz,'Der Mann ohne Goldhelm. Ein Nachwort zum Fall Stephan Hermlin', *Die ZEit,* 18 October 1996, p. 63.

170 *IT,* p.64; MRC 937/1/5/2: EJH to Stephan Hermlin, n.d; MRC 937/7/8/1: Stephan Hermlin to EJH, 16.3.65.

171 MRC 937/1/5/2: Karl Corino to EJH, 28.6.2007.

172 Among many useful surveys, see Archie Brown, *The Rise and Fall of Communism*(London,2009), pp.56-100, and David Priestland, *The Red Flag: Communism and the Making of the Modern World*(London,2009), pp.103-81.

173 *IT,* p.42.

174 *IT,* p.60.

175 *IT,* p.58; MRC 1215/15: TB 27.11.34. See also Felix Krolikowski, 'Erinnerungen: Kommunistische Schülerbewegung in der Weimarer Republik', copy in MRC 937/7/8/1, and Knud Andersen, 'Kommunistische Politik an hoheren Schulen: Der Sozialistische Schülerbund 1926-1932', *Internationale Wissenschgfiliche Korespondenz zur Geschichte der deutschen Arbeiterbewegung* 42(2006), 2/3, pp. 237-55.

176 MRC 937/1/3/11: *Extract from the rnemois of Theodore H ('Ted') Lustig (1912-2001)* [privately printed], pp. 52-3.

177 MRC 937/1/6/2; EJH to Bergmann, n.d.

178 MRC 937/6/1/1: *Der Schulkampf,* Oct.1932. 编辑为 12 月的期刊约了稿，但这篇文章是否刊登出来了令人怀疑。

179 *IT,* p. 59.

180 IT, p. 60. 这次罢工是德国共产党和纳粹之间一次众所周知的战略合作。For a concise narrative see Herinch August Winkler, *Der Weg in Die Katastrophe. Arberiter und Arbeiterbewegung in der Weimarer Republik 1930-1933* (Bonn, 1990), pp. 765-73.

181 *IT,* p. 60.

182 MRC 1215/17: TB 9.5.35.

183 Annemarie Lange, *Berlin in der Weimarer Republik* (East Berlin,1987), pp. 1064-7.

184 Quoted in Hermann Weber et al.(eds), *Deutschland, Russland, Komintern: Nach der Archioreolution: Neuerschlossene Qyellen zu der Geschichte der KPD und den deutsch-russischen Bexichungen* (Berlin,2014), pp.912-13. For another account of the two demonstrations, see Ronald Friedmann, *Die Zentrale Geschichte des Berliner Kar. Licbknecht-Hauses* (Berlin,2011), pp. 71-83.

185 *IT,* pp. 73-4.

186 "当我告诉我的美国学生，我还记得希特勒在柏林当选德国总理那天的情形时，他们看着我的表情就像林肯总统 1865 年在福特剧院被刺杀时我也在场一样。这两个事件对他们来说都太久远了。但对我而言，1933 年 1 月 30 日是历史的一部分，也是我人生的一部分。" (EJH, 'The time of my life', *New Stateman,* 21.10.94, p. 30). See also EJH, 'Dairy', *London Review of Books,* 24.1.2008.

187 Ben Fowkes, *Communism in Germany under the Weimar Republic* (London,1984), pp. 168-9.

188 MRC 937/4/3/4/1: 'I do not know about Chicago', unpublished short story, also for the following paragraphs below.

189 *IT,* pp. 75-7.

190　MRC 1215/13: TB, 24.7.34.

191　Interview with Robin Marchesi, 6.12.2016.

192　Fowkes, *Communism*, pp. 169-70.

193　'Diary', *London Review of Books*, 24.1.2008.

194　Quoted in Hermann Weber, *Die Wandlung des deutschen Kommunismus. Die Stalinisierung der XPD in der Weimarer Republik* (Frankfurt, 1969), pp. 265-6.

195　'The Guru Who Retains Neil Kinnock's Ear', *Observer*, 9 September 1985.

196　*IT*, pp. 65-75.

197　有一种典型的误解，就是艾瑞克不同于大部分"德国犹太人"，"在希特勒掌权时非常幸运地获得了英国签证"，而真实情况可参见 Richard Grunberger, 'War's aftermath in academe', *Association of Jewish Refugees Informnation*, September 1997, copy in MRC 937/1/6/11。Grunberger 也是一名犹太人，他生于维也纳，通过"儿童运输"（Kindertransport）来到英国，这是一个在"二战"前夕将犹太儿童送出纳粹统治下的德国和奥地利的计划的一部分。艾瑞克后来在剑桥国王学院的学生尼尔·阿舍森也有相同的误解，他在一篇人物小传中错误地称艾瑞克"被送到英国以逃离希特勒的统治"（MAC 937/8/2/22/2：Neal Ascherson, 'The Age of Hobsbawm', *Independent on Sunday*, 2.10.94, p.21）。艾瑞克在剑桥的大学友人诺埃尔·安南也误以为他是"逃离希特勒的难民"〔Noel Annan, *Our Age. Portrait of a Gennetation* (London, 1990), p. 267〕。尤其有误导性的记录可参见 MRC 937/8/2/35: Richard Gott, 'Living throught an age of extremes', *New Stateman*, 23.9.02, pp. 48-50。

198　HFA: 'Two Families', p. 57.

第二章　头脑灵光的丑家伙

1　TNA KV2/3980, 14a: Metropolitan Police, 20.8.42, p.2.

2　HMC 937/7/8/1: EJH, speech to the Old Philologians, October 2007.艾奇韦尔在马里波恩以北几公里处，上诺伍德在更远一点的东南边，需要穿过泰晤士河。

3　在校刊 *The Philologian* 上，每一次提到他的名字都把 w 误拼成了 u。

4　Interview with Angela Hobsbaum, 30.3.17.

5　HFA: EJH, 'Two Families', p. 53.

6　MRC 937/7/8/1: EJH, speech to the Old Philologians, October 2007, also for the following.

7　MCC是马里波恩板球俱乐部（Marylebone Cricket Club）的简称，现代板球比赛规则正是在它的总部劳德板球场形成的。板球场上的后野球员站在击球手身后的球场界线上，除了偶尔用球拍或是徒手把越过击球手和后捕手的球截住并带回边界内，这个位置的球员要做的事情不多。在学校的板球比赛里，这个位置通常会留给不擅长运动且对板球没什么兴趣的男学童，我读书时就担任过无数次后野球员。

8　HFA: certificates.

9　MRC 1215/13: TB 14.5.34.

10　Ibid: TB 27.7.34.

11   MRC 1215/14: TB 5.8.34.

12   MRC 1215/15: TB 26/28.10.34; the book Eric read was Eliot's *Selected Essays 1917-1932* (1932).

13   MRC 1215/13: TB 10.4.34,23.6.34. 在学校里教我英语的是利维斯的后辈学生盖伊·迪顿，20 世纪 60 年代中期，我读了完全相同的书，最后也读了 D.H. 劳伦斯。For a useful recent biography of Leavis, see Richard Storer, *F.R. Leavis*(London,2010). For Deaton, see the memoir by my fellow-pupil, the military historian Richard Holmes, 'My Mentor', *Guandian*, 26 August 2006(online).

14   MRC 1215/15: TB 18-23.11.34.

15   *The Philologian*, Vol.7, No.1(Autumn Term,1934), pp. 25-6.

16   *The Philolagian*, Vol.8, No.1(Autumn Term,1935), p. 22, for Eric's membership of the committee.

17   HFA: EJH, address at the funeral of Roland Matthew Hobsbaum, n.d.

18   'Debating Society', *The Philologian*, Vol.6, No.2 (Spring Term,1934), p. 56.

19   *The Philologian*, Vol.7, No.2(Spring Term,1935), p. 57.

20   See Jonathan Haslam, *The Soviet Union and the Struggle for Collective Security in Europe, 1933-1939* (London,1984), p. 66.

21   MRC 1215/18: TB 12.9.35.

22   *The Philologian*, Vol.8, No.1 (Autumn Term,1935), p. 21.

23   *The Philologian*, Vol.8, No.3 (Summer Term,I936), p. 83.

24   MRC 1215/16: TB 12.7.35.

25   MRC 937/4/3/5/1/1: *The Philologian* Vol.8, No.2(Spring Term 1935), pp. 46-7. J. 多佛·威尔逊撰过一部经典版本的莎士比亚戏剧集，A.C. 布莱德利发表于 1904 年的《莎士比亚悲剧》在 30 年后仍被视作最出色的莎士比亚戏剧评论；"培根学派"认为莎士比亚戏剧其实是由伊丽莎白一世时代的大学者弗朗西斯·培根托名撰写的。在《麦克白》一剧中，莎士比亚透露麦克白夫人有过一个孩子，但没说这个孩子多大，也没说她是否还有别的孩子。

26   MRC 937/4/3/5/1/1: *The Philologian*, Vol.7, No.2(Spring Term,1935), p.62; see his report in *The Philologian*, Vol.8, No.1 (Autumn Term, 1935), p. 24, 艾瑞克的报告非常简洁，说明他对内容的漠不关心；另一篇他写的文章只有 5 行［*The Philologian*, Vol.8, No.3 (Summer Term,1936), p. 85］。

27   MRC 937/4/3/5/1/2: *The Philologian*, Vol.8, No.3(Summer Term,1936), p. 89.

28   MRC 1215/16: TB 22.6.35.

29   MRC 937/7/8/2: EJH, speech to the Old Philologians, October 2007.

30   Miriam Gross, 'An Interview with Eric Hobsbawm', *Time and Tide*, Autumn 1985.

31   MRC 937/7/8/2: EJH, speech to the Old Philologians, October 2007.

32   Ibid; obituary of Llewellyn Smith in *The Philologian*, 1975/77, pp. 43-6; MRC 937/1/1/4: EIH to James D. Young, 13.5.88.

33   MRC 937/7/8/1: EJH, speech to the Old Philologians, October 2007. 《历史系男孩》(*The History Boys*) 是阿伦·班尼特的一出戏剧，于 2004 年上演，剧中有一个同性恋的历史教师。这部剧在 2006 年被改编为电影，由理查德·格里菲斯主演。

34   *IT*, p. xiii.

35 MRC 1215/14: TB 8-10.11.34.

36 MRC 1215/13: TB 4.10.34.

37 MRC 937/8/1: second interview with *Radical History Review*, typescript. See also ibid: Rathaus/history, Jan 2008. 艾瑞克在采访中说自己读了《共产党宣言》之后就想当一名历史学者，但我们可以看到这一声明省略了他在 1946 年成为历史学者之前的许多人生波折。

38 MRC 1215/15: TB 14/17.1.35.

39 MRC 1215/16: TB 18/20.1.35.

40 Ibid.

41 MRC 937/7/8/2: EJH, speech to the Old Philologians, October 2007.

42 MRC 1215/13: TB 29/30.7.34; MRC 1215/15: TB 29.11.34.

43 MRC 1215/13: TB 15.4.34. The book was Laurence Sterne's *The Life and Opinions of Tristram Shandy, Gentleman* (London,1759-67).

44 MRC 1215/13: TB 27.5.34.《安妮号拖轮》是一部 1933 年上映的美国喜剧片，由玛丽·杜丝勒和华莱士·比里主演。

45 Ibid: TB 20.6.34.

46 Ibid: TB 12.4.34.

47 Ibid: TB 27.11.34,15.4.34; MRC 1215/15:29.11.34; MRC 1215/16:5.5.35; MRC 1215/17:17.5.35.

48 MRC 1215/13: TB 10.4.34.

49 'Eric Hobsbawm's *Interesting Times*: An interview with David Howell', *Socialist History* 24(2003), pp.1-15.

50 MRC 1215/13: TB 15.6.34.

51 Ibid: TB 23 and 27.6.34.

52 Ibid: TB 1.7.34.

53 Ibid: TB 14.4.34.

54 MRC 1215/14: TB 9.7.34.

55 Ibid: TB 29.8.34.

56 MRC 1215/13: TB 9.5.34.

57 Ibid: TB 17.4.34.

58 Ibid: TB 14.4.34, 28.5.34.

59 MRC 1215/14: TB 5.9.34.

60 MRC 1215/15: TB 23.10.34. 原文中有下划线。Dies irae, dies illa 引自一首拉丁文安魂曲：指的是审判日，也就是"愤怒之日"。

61 Ibid: TB 12/17.11.34.

62 在各种关于马克思主义传统的大量文献中，George Lichtheim 的 *Marxism*(London, 1961) 是比较明智的论述，而 David McLellan 的 *Marxism after Marx*(London, 1979) 也是比较有用的一本。

63 MRC 1215/13: TB 15.5.34.

64 MRC 1215/14: TB 15/16.7.34.

65 MRC 1215/13: TB 28.6.34.

66 Ibid: TB 26.5.34.

67 Ibid: TB 14.4.34.

68 MRC 1215/15: TB 8.12.34.

69 MRC 1215/13: TB 23.5.34.

70 MRC 1215/14: TB 27.7.34. See Sally J.Taylor, *Satlin's Aplogist: Walter Duranty: The New York Time's Man in Moscow* (New York, 1990). 据说杜兰蒂秘密写信给莫斯科的英国大使馆，声称有 1 000 万人死于饥荒（一个严重夸大的数字，尤其是在这一数字来自杜兰蒂的情况下）。后来有人提出要收回他的普利策奖。关于饥荒的真正情况，参见 Robert Conquest, *The Harvest of Sorrow: Soviet Collectivization and the Terror-femine*, (Oxford, 1986)。

71 MRC 1215/13: TB 23.1.34.

72 MRC 1215/17: TB 21.9.35.

73 MRC 1215/15: TB 12.11.34.

74 MRC 1215/13: TB 21.4.34: TB 12.5.34: TB 28.4.34.

75 MRC 937/7/8/: second interview with *Radical History Review* (typescript), p.4.《左翼评论》是一份由国际笔会英国分部在 1934 年成立的文化期刊，其组织受到共产国际资助，期刊在 1938 年停刊。

76 MRC 1215/18: TB 25.9.35.

77 MRC 937/4/3/5/1/2: *The Philologian*, Vol.8, No.3(Summer Term,1936), pp. 68-9.

78 Ibid, pp. 74-5.

79 MRC 1215/18: TB 27.8.35.

80 MRC 1215/14: TB 6.9.34.

81 http://www. themillforestgreen. co. uk/memory-lane. Accessed 22.4.2016.

82 Interview with Angela Hobsbaum, 30.3.17.

83 Angela Hobsbaum to RJE, 5.5.17.

84 MRC 1215/15: TB 5.1.35.

85 Interview with Angela Hobsbaum, 30.3.17.

86 HFA: JH, address at the funeral of Roland Matthew Hobsbaum, n.d.

87 'In Camp', *The Philologian*, Vol.7, No.3 (Summer Term,1935), pp. 82-3.

88 HFA: EJH, address at the funeral of Roland Matthew Hobsbaum, n.d.

89 'Devon Fishing', *The Philologian*, Vol.7, No.1 (Autumn Term,1934), pp. 7-9.

90 MRC 1215/16: TB 18/20.1.1935.

91 See Christine L. Corton, *London Fog: The Biography* (London,2015).

92 MRC 1215/15: TB 18-23.11.34. 在希腊神话中，尼俄柏由于吹嘘自己儿女众多而且聪慧被阿尔忒弥斯变成了石头。伊克西翁是一个杀害了自己岳父的国王，他的罪行使他发了疯，宙斯怜悯他，把他带到了奥林匹斯山，但他在那里劣性不改，追求宙斯的妻子赫拉（在罗马神话中又名朱诺），因此宙斯把一朵云变成赫拉的样子，诱惑伊克西翁与之交欢，并生下了半人半马的怪物，伊克西翁被逐出奥林匹斯山，并被永远地绑在一个火轮里。沧龙是一种长达 17 米的水生恐龙。格罗夫纳和多尔切斯特是两间大酒店的名字。

93   MRC 1215/13: TB 29.7.34.

94   MRC 1215/15: TB 23.10.34.

95   MRC 1215/16: TB 28.11.34.

96   MRC 1215/13: TB 10.4.34.

97   Ibid: TB 23.6.34; MRC 1215/15: 28.11.34, 30.11.34.

98   MRC 1215/13: TB 15.4.34, 15.6.34; MRC 1215/15: 28.10.34.

99   MRC 1215/13: TB 28.5.34.

100   Ibid: TB 21.4.34.

101   Ibid: TB 20.7.34.

102   MRC 1215/15: TB30.4.34, 28.11.34.

103   Ibid: TB 3.12.34. 威廉·斯坦利·杰文斯（1835—1882）提出了劳动价值的边际效用理论，是马克思劳动价值论之外的另一种说法。

104   MRC 1215/13: TB 10.4.34. 关于当时和之前英国共产主义的情况，参见 Henry Pelling, *The British Communist Party. A Historical Profile* (London, 1958), pp. 1-72。

105   MRC 1215/13: TB 21.4.34.

106   Ibid: TB 30.4.34.

107   Ibid: TB 5.5.34.

108   Ibid: TB 30.4.34.

109   Ibid: TB 15.5.34.

110   Ibid: TB 30.5.34. For the Olympia Rally, see Stephen Dorrill, *Black Shirt. Sir Oswald Mosley and British Fascism* (London, 2006), pp. 295-7.

111   MRC 1215/15: TB 28.11.34.

112   For the letter, see MRC 1215/16: TB 7.4.35.

113   MRC 1215/13: TB 5.5.34.

114   Ibid: TB 14.4.34.

115   Ibid: TB 29.5.34.

116   Ibid: TB 13.4.34.

117   Ibid: TB l.6.34.

118   Ibid: TB 31.5.34.

119   Ibid: TB 3l.5.34.

120   Ibid: TB 1.6.34, underlining in original.

121   Ibid: TB 31.5.34.

122   Ibid: TB 1/64,1.6.34.

123   Ibid: TB 15.6.34.

124   Ibid: TB 31.5.34.

125   Ibid: TB 1.6.34.

126   Ibid: TB 2/3.6.34.

127　Ibid: TB 1.6.34.

128　Ibid: TB 9.6.34.

129　MRC 1215/15: TB 3.12.34.

130　MRC 1215/16: TB 7.4.35.

131　MRC 1215/14: TB 26.9.34.

132　MRC 1215/15: TB 26-28.10.34.

133　MRC 1215/13: TB 9.5.34.

134　MRC 1215/15: TB 29.10.34-1.11.34.

135　MRC 1215/14: TB 30.10.1934.

136　Alan Willis and John Woollard, *Twentieth Century Local Election Results, Volume 2: Election Results For London Metropolitan Boroughs* (1931-1962)(Plymouth: Local Government Chronicde Elections Centre, 2000).

137　MRC 1215/13: TB 5.5.34.

138　Ibid: TB 18.6.34.

139　MRC 1215/15: TB 30.8.34.

140　MRC 1215/17: TB 18.6.35.

141　Ibid: TB 24.7.35.

142　*IT,* p. 42.

143　MRC 1215/15: TB 12.10.34.

144　Stefan Slater, 'Prostitutes and Popular History: Notes on the "Underworld" 1918-1939', *Crime, History and Societies*, Vol.13, No.1(2009), pp. 25-48; *Julia Laite, Common Prostitutes and Ordinary Citizens: Commercial Sex in London, 1885-1960* (London,2012), p. 255n. 95.

145　MRC 1215/16: TB 27.3.35, at midnight.

146　"青涩的岁月是多么哀伤啊。"

147　Ibid: TB 27.3.35, also for the following.

148　Ibid: TB 28.3.35.

149　MRC 1215/15: TB 12.10.34.

150　Ibid: TB 27/28.11.34.

151　MRC 1215/13: TB 1.7.34, 3.7.34.

152　MRC 1215/14: TB 8/9.10.34.

153　MRC 1215/15: TB 5.1.35.

154　MRC 1215/16: TB 6/7.1.35.

155　Ibid: TB 8/11.1.35.

156　Ibid: TB 14/17.1.35.

157　Ibid: TB 23/28.1.35.

158　Ibid: TB 1-14.2.35, 15-17.2.35, 28-14.2.35.

159　Ibid: TB 18-24.2.35.

160　Ibid:TB 22.1.35. See also ibid: TB 2-6.2.35. 保罗·维诺格拉多夫爵士是一位出生于俄国的历史学家，因

进步观点被沙皇放逐，他来到英国，成为研究英国中世纪农业史的一位重要专家。

161   Ibid: TB 31.1/4.2.35.

162   Ibid, also for the following.

163   EJH, 'How to Plot Your Takeover', *New York Review of Books*, 21.8.69.

164   MRC 1215/16: TB 18.2-3.3.35.

165   Ibid: TB 13.3.35.

166   Ibid: TB 16.3.35.

167   Ibid: TB 7.5.35.

168   Ibid: TB 13.3.35.

169   Ibid: 29/30.1.35. See Virginia Spencer Carr, *Dos Passos: A Lie* (Chicago, 2004), p. 289, for this quotation; also John
       Dos Passos, *In All Countries* (New York, 1934), a volume that included a favourable account of the Soviet Union.

170   MRC 1215/16: TB 7.4.35, also for the following.

171   MRC 1215/17: TB 29.5.35.

172   MRC 1215/16: TB 31.3.35.

173   Ibid: TB 13.4.35.

174   HFA: EJH, address at the funeral of Roland Matthew Hobsbaum, n.d.

175   MRC 1215/16: TB 21-28.4.35.

176   MRC 1215/17: TB 7.8.35.

177   Interview with Robin Marchesi, 6.12.2016.

178   MRC 1215/17: TB 7.8.35, also for the following.

179   TNA KV2/3980, 14A: Metropolitan Police, 20.8.42.

180   MRC 1215/16: TB 5.5.35.

181   MRC 1215/17: TB 4.6.35.

182   Ibid: TB 24.7.35.

183   MRC 1215/18: TB 20.9.35.

184   HFA: copy in the possession of Angela Hobsbaum.

185   Quoted in Angela Hobsbaum to RJE, 31.3.17.

186   MRC1215/10: 'Listening to the blues'; Val Wilmer, 'Denis Preston' in H.C.G. Matthew and Brian Harrison (eds),
       Oxford Dictionary of National Biography, 45 (Oxford, 2004), pp. 255-6.

187   MRC 1215/15: TB 29.11.34.

188   MRC 1215/17: TB 4.6.35.

189   HFA: Richard Preston to Marlene Hobsbawm, 25.4.2016 (email).

190   MRC 1215/18: TB 25.9.35.

191   Ibid: TB 8.11.35.

192   A.H. Lawrence, *Duke Ellington and his World. A Biography* (London, 2001), pp. 206-25.

193   MRC 1215/10: 'Listening to the blues'.

194   MRC 1215/16: TB 24/28.1.35.

195　MRC 1215/17: TB 10/11.5.35.

196　Ibid: TB 10/11.5.35, 20.5.35.

197　Ibid: TB 20.5.35, 23.5.35, 29.5.35, 8.6.35.

198　Ibid: TB 4.6.35.

199　Ibid: TB 3.7.35.

200　Ibid: TB 12.7.35.

201　Ibid: TB 20.7.35.

202　Ibid: TB 24.7.35.

203　MRC 1215/18: TB 18.8.35.

204　Ibid: TB 13.9.35.

205　Ibid: TB 18.11.35.

206　Ibid: TB 24.11.35.

207　MRC 1215/15: TB 3.12.34.

208　Ibid: TB 4.12.34.

209　HFA: 伦敦大学，高中文凭考试。

210　EJH, speech to the Old Philologians, October 2007. 这位探险家就是斯文·赫定，他写了好几本关于西藏之行的作品（其中包括 *Abenteuer in Tibet*, Leipzig, 1904 ）。

211　MRC 1215/18: TB 6.11.35.

212　MRC 1215/17: TB 3.8.35.

213　MRC 1215/18: TB 25.9.35.

214　HFA: 'Eric Hobsbawm's Interesting Times', p. 3.

215　MRC 1215/18: TB 25.9.35.

216　Ibid: 'Es kann losgehen.'

217　MRC 937/7/8/1: 'Scholarships at Cambridge'(newspaper clipping); *IT*, pp. 106-7.

218　MRC 1215/18: TB 29.9.35.

219　Ibid: TB 6.10.35.

220　MRC 1215/19: TB 9.1.36, also for the following.

221　Ibid: TB 9.1.36.

222　MRC 1215/18: TB 25.8.35.

223　Ibid: TB 2-8.9.35.

224　*The Philologian*, Vol.8, No.1(Autumn Term,1935), p. 10, also for the following.

225　MRC 1215/18: TB 2-8.9.35, also for the following.

226　*IT*, p. 83.

227　MRC 1215/1: EJH to Ron Hobsbaum, 5.7.36, and for the following paragraphs below.

228　Ibid: EJH to Ron Hobsbawm, 13.7.36, also for the following paragragh below. 欧内斯特·台尔曼是魏玛共和国时期备受欢迎的德国共产党领袖，他在 1933 年被投入集中营，"二战"结束前夕被纳粹杀害。《卡马尼奥拉》是一首伴有舞蹈的法国革命歌曲，讽刺大革命前的法国政权，"Ça ira（会好起来的）"是另一首出现在 18 世纪 90 年代的歌曲，后来被重新编排以鼓励人们"把资产阶级吊死在灯杆子上"。

229 Ibid: EJH to Ron Hobsbaum, 20.7.36, also for the following paragraphs.

230 Ibid: EJH to Ron Hobsbaum, 20.7.36 and 25.7.36.

231 Ibid: EJH to Ron Hobsbaum, 5.8.36, also for the following paragraphs.

232 Ibid, also Alfred H. Barr (ed.), *Fantastic Art, Dada, Surrealism* (New York, 1936), and the entry on Oelze in Martin Wiehle (ed.), *Magdeburger Persönlichkeiten*(Magdeburg, 1993). There is a sharply delineated character sketch of the artist in Wieland Schmied, 'Schweigende Bilder', *Die Zeit*, 13.6.80, also online. 在 Botho Strauss 的戏剧（*Trilogie des Widersehens*, 1976）里，其中一位人物执着地想要举办一次厄尔策的作品展，但未曾成功。以上这些写过厄尔策的作者都没有提到他酗酒或者吸毒成瘾。

233 Ibid: EJH to Ron Hobsbaum, 5.8.36.

234 MRC 1215/10: 'I always wanted to go to the South of France', and MRC 1215/1: EJH to Ron Hobsbaum, late August 1936. 艾瑞克还用法语和德语对这次旅行进行了简短叙述，可见于同一文件的不同版本。以下各段是根据英文版本编写的。

235 皮尔酒是一种用红酒、葡萄甜酒和奎宁混合而成的芬芳开胃酒；塔布是这个村庄的名字。

236 *IT*, p. 234.

237 MRC 1215/10: 'I always wanted to go to the South of France'.

238 Ibid, and HFA Miscellaneous I:22.1.43.

239 MRC 1215/10: 'I always wanted to go to the South of France'.

240 *IT*, pp. 338-42.

241 MRC 1215/1: EJH to Ron Hobsbaum, late August 1936, also for the rest of this paragraph.

242 Hugh Thomas, *The Spanish Civil War* (London,1986 edition), p. 653, for the legend; Paul Preston, *The Spanish Holocaust: Inquisition and Extermination in Twentieth-Century Spain*(London,2012), pp. 399-400, for the real story.

243 MRC 1215/1: EJH to Ron Hobsbaum, late August 1936.

244 Ibid: EJH to Ron Hobsbaum,12.9.36.

245 *IT*, p. 133.

246 MRC 1215/1: EJH to Ron Hobsbaum, 12.9.36.

247 *IT*, p. 105.

第三章 什么都懂的大一新生

1 MRC 1215/1: EJH to Ron Hobsbaum,21.10.36, also for the rest of the paragraph.

2 *IT*, pp. 103-5.

3 MRC 937/7/8/1: EJH to Hiroshi Mizuta, n.d.(March 1998), also for the following.

4 Noel Annan, *Our Age. Portrait of a Generation* (London,1990), p.174; Thomas E.B. Howarth, *Cambridge Between Two Wars* (London,1978), pp. 156-8.

5 MRC 937/7/8/1: 'Private Lives'(typescript): published version in 'Tinker, tailor, soldier, don,' *Obserer*, 21.10.1979;

MRC 1215/1: EJH to Ron Hobsbaum,21.10.36; *IT*, pp. 108-9.

6   *IT*, pp. 102-3. "gyp room" 是学生宿舍里的一个储藏食物的小房间，由被称为"铺床者"的学院帮佣打理，这些帮佣负责整理学生的床铺和清扫房间。

7   KCAC: fiftheth anniversary toast by Stuart Lyon CBE, 2012. "吉布斯" 是一栋宏伟的 18 世纪建筑，得名于它的建筑师詹姆斯·吉布斯。这栋建筑在国王学院教堂旁边的右转角处。

8   KCAC: information from Dr Patricia Mcuire. "下水道" 在 20 世纪 60 年代被样子丑陋的现代风格建筑凯恩斯大楼取代。

9   MRC 937/1/1/5: EJH to Diana Rice, 23.8.2002.

10   For the memories of a contemporary at Cambridge, see Ralph Russell, *Findings, Keepings: Life, Communism and Everything* (London,2001), pp. 115-16.

11   TNA KV2/3980: cover sheet and file number 73a, 'Extract from Army Paper'(1940). 部队把艾瑞克的体格状况登记为 "A1"。

12   Annan, *Our Age*, p.267.

13   *IT*, p. 112; Henry Stanley Ferns, *Reading from Left to Right: One Man's Political History* (Toronto, 1983), p. 101.

14   Pieter Keuneman, 'Eric Hobsbawm: A Cambridge Profile 1939', reprinted in Raphael Samuel and Gareth Stedman Jones (eds), *Culture, Ideolog y and Politics. Essays for Eric Hobsbawm* (History Workshop Series, London, 1982), pp. 366–8, at p. 366 (originally Pieter Keuneman, 'In Obscurity', *The Granta May Week Number*, 7.6.39). 用 "默默无闻" 一词作标题为《格兰塔》前任编辑们撰写小传，是为了与杂志报道剑桥知名人物的特色形成戏谑的对比（*IT*, p. 106）。剑桥联合会创建于 1815 年，是世界上最古老的辩论社团。

15   Keuneman, 'Eric Hobsbawm', p.367.

16   HFA TB 1.8.40.

17   MRC 937/4/3/1/5: EJH 'Mr. Rylands Lectures', *The Granla*, 10.11.37.

18   HFA TB 11.7.40. For a more sympathetic sketch, see Noel Annan, *The Dons.Mentors, Eccentrics and Geniuses* (London,1999), pp.170-82.

19   KCAC NGA/5/1/452: Noel Annan to EJH,21.5.76.

20   Annan, *Our Age*, p.189.

21   MRC 937/4/3/1/5: Keuneman, 'Eric Hobsbawm'.

22   MRC 937/1/1/4: Noel Annan to EJH and Marlene Hobsbawm, 6.2.87. 克拉彭，经济史教授兼时任国王学院副院长。

23   Annan, *Our Age*, p. 189.

24   MRC 1215/1: EJH to Ron Hobsbaum, 5.5.37, also for the following.

25   Ibid: EJH to Ron Hobsbaum, 3.2.37.

26   For Eric's admiration of the Byzantinist Steven Runciman, see Minoo Dinshaw, *Outlandish Knight: The Byzantine Life of Steven Runciman* (London, 2016), pp. 85–6 and 592. 朗西曼是三一学院的一位院士，但在 1938 年继承了一大笔遗产后辞职。他继续撰写了三卷本的十字军东征史，这是 20 世纪最出色的历史作品之一。他的父亲沃尔特·朗西曼曾任英国贸易局的主席。

27 Howarth, *Cambridge Between Two Wars*, p. 141.

28 MRC 1215/1: EJH to Ron Hobsbaum, 3.2.37.

29 MRC 937/4/3/1/5: EJH: 'Mr. Willey Lectures', *The Granta*, 17.11.37, p. 113.

30 *IT*, pp. 106-7; Noel Annan, 'Obituary: Christopher Morris', *Independent*, 1.3.93.

31 *IT*, p. 107. For Saltmarsh as lecturer, see Ferns, *Reading from Left to Right*, p.122.

32 MRC 937/1/8/1:EJH to Hiroshi Mizuta, n.d.(March 1998).

33 *IT*, p. 107. 表示学位课程与考试的"Tripos"一词来自中世纪大学生进行口试时坐的三角凳。课程和考试分为两个部分而非三部分，因此"双星一等荣誉学位"意味着每个部分都取得了"一星荣誉"。

34 Maxine Berg, *A Woman in History: Eileen Power, 1889-1940* (Cambridge,1996), pp. 187-90.

35 Howarth, *Cambridge Between Two Wars*, p. 200.

36 MRC 937/8/2/35: EJH, 'Old Marxist still sorting out global fact from fiction', *Times Higher Education Supplement*, 10/2(12.7.02).

37 MRC 1215/1: EJH to Ron Hobsbaum, 3.2.37.

38 Ibid: FJH to Ron Hobsbaum, 5.5.37.

39 Ibid: EJH to Ron Hobsbaum, 20.8.40.

40 MRC 937/1/1/3: EJH to Thomas E.B. Howarth, n.d.(1978).

41 Quoted in Howarth, *Cambridge Between Two Wars*, p. 200.

42 M[ichael] M. Postan, *Fact and Relevance. Essays on Historical Method* (Cambridge,1971), p. ix, and for his critical but informed view of Marx more generally, ibid, pp.154-68.

43 MRC 937/8/2/35: EJH, 'Old Marxist still sorting out global fact from fiction', *Times Higher Education Saupplemcnt*, 10/2(12.7.02); 'Panel Discussion: Conversations with Eric Hobsbawm', *India Centre Iaternational Quarterly* 34/1 (Spring, 2005), pp. 101-25.

44 MRC 937/1/3/11: EJH to Victor Kiernan, 29.3.2003.

45 Ibid: Victor Kiernan to EJH,26.2.2003. 基尔南在 1933 年被盖伊·伯吉斯招募进英国共产党。关于他的教学情况可参见 Ferns, *Reading from the Left to Righ,* pp. 76-8。库马拉曼加兰也担任过剑桥联合会的主席。

46 MRC 937/1/3/11: EIH to Victor Kiernan, 29.3.2003.

47 Isaiah Berlin to Noel Annan, 13.1.54, in Isaiah Berlin, *Enlightening: Letters 1946-1960*, ed. Henry Hardy and Jennifer Holmes(London, 2009), p. 422.

48 Carole Fink, *Marc Bloch: A Life in History* (Cambridge, 1989), pp. 103 and 179.

49 Berg, *A Woman in History*, pp. 210-15; Stuart Clark (ed.), *The Annales.School: Critical Assessments* (London, 1999); Peter Burke, *The French Historical Reoolution: The Annales School, 1929-1989* (Stanford, CA, 1990).

50 MRC 937/4/3/1/5: EJH, 'Prof Treveyan Lectures', *The Granta*, 27.10.37. 当时三十多岁的乔治·基特森·克拉克在剑桥讲授 19 世纪英国史，不久后成为一名因研究谷物法而出名的修正主义历史学者。

51 MRC 937/4/3/1/5: 'E.J.H. Observes', *The Granta*, 17.11.37.

52 MRC 1215/1: RJH to Ron Hobsbaum, 21.10.36.

53 MRC 937/4/3/1/5: 'Union United', *The Grenta*, 9.6.37, p. 486.

54   *IT*, p. 111.

55   MRC 1215/1: RJH to Ron Hobsbaum, 21.10.36.

56   Kevin Morgan, Gidon Cohen and Andrew Flinn, *Communists and British Society 1920-1991* (London,2007), pp. 80-3; Kenneth Newton, *The Sociology of British Communism* (London, 1968), p. 76. "驴夹克" 指的是当时的工人穿的一种带皮革护肩的羊毛夹克。See Raphael Samuel, *The Lost World of British Communism* (London, 2006), pp. 203-14.

57   Newton, *The Sociology of British Communism*, pp.67-76; Pelling, *The British Communist Party*, p. 81; Andrew Thorpe, The British *Communist Party and Mascow*, 1920-43 (Manchester, 2000), p. 231; C. Fleay and M. Sanders, 'The Labour Spain Committee: Labour Party Policy and the Spanish Civil War', *Historical Journal*, Vol.28(1985), pp. 187-97.

58   MRC 937/1/3/11: EJH to Victor Kiernan, 29.3.2003.

59   EJH, 'War of Ideas', *Guardian* Saturday Review section, 17.2.07, pp.1-6, also for the following.

60   HFA: copy in possession of Angela Hobsbaum.

61   MRC 1215/21: TB 21.6.40.

62   Ibid. See also Martin Kettle, 'Jon Vickers', *Guardian*, 23. June 2008.

63   MRC 937/1/1/4: EJH to Ms Wells, n. d.; 'Cambridge Communism in the 1930s and 1940s', *Socialist History* 24(2003), pp. 40-78. 克里斯托弗·希尔和罗德尼·希尔顿在 20 世纪 30 年代时在牛津。

64   MRC 937/1/6/3: EJH to Brian Simon, n. d. (November 1993); see also *IT*, p. 112.

65   MRC 937/7/8/1: EJH to Jason Heppell, 30.6.97.

66   *IT*, p. 122.

67   TNA KV2/3981, 136b; Extract, 20.5.49.

68   See David Margolies and Maroula Joannou (eds), *Heart of the Heartless World: Essays in Cultural Resistance in Memory of Margot Heinemann* (London,2002). Eric's contribution to the volume is on pp.216-19. For Bernal, see EJH, 'Red Science', *London Review of Books*, 9.3.2006.

69   Geoff Andrews, *The Shadow Man. At the Heart of the Cambridge Sty Circle* (London, 2015), pp. 74-9.

70   Vasily Mitrokhin and Christopher Andrew, *The Mitrokhin Archive*, Vol.I(London, 1999), pp. 82-5; *IT*, pp. 122-4.

71   *IT*, pp. 100-114.

72   Ian Buruma, 'The Weird Success of Guy Burgess', *New York Review of Books*, LXIII/20,22.12-2016, pp. 77-9.

73   *IT*, pp. 100-114. 坊间大量关于"剑桥间谍"的作品经常都是耸人听闻的，第一部信息可靠的作品应该是 Christopher Andrew 那本权威性的 *The Defence of the Realm. The Authorized History of MI5,* (London, 2009)。

74   艾瑞克的职位由杰克·加拉格尔接替，杰克后来成为一名有影响力的研究英国帝国主义的历史学家。

75   MRC 937/6/1/2: *Cambridge University Socialist Club (CUSC) Buletin*, 30.11.37; MRC 937/6/1/3: EJH to Brian Simon, n.d. (November 1993); *IT*, pp. 112-13.

76   MRC 937/6/1/2: *Cambridge University Socialist Club (CUSC) Buletin*, 18.1.38.

77   Ibid, 1.2.38.

78   MRC 937/6/1/2: *Cambridge University Socialist Club (CUSC) Bulletin*: 'How about films?', by EJH.

79   Ibid,22.2.38: 'The fight about realism in art'.

80   Ferns, *Reading from Left to Right*, pp. 109-10.

81   MRC 1215/21: TB 22.3.40. For the reading group, see Ferns, *Reading from Left to Right*, pp. 102-3.

82   MRC 1215/1: JH to Ron Hobsbaum, n.d. (October 1937).

83   Ferns, *Reading from Left to Right*, p. 114.

84   MRC 937/4/3/1/5: Pieter Keunernan, 'Eric Hobsbawm'.

85   Ibid: 'Cambridge Cameos-Another Local Figure', *The Granta*, 3. 3.37, p. 3: EJH to Diana Rice, 18.8.2002. 在我看来, 艾瑞克在他的回忆录中不公平地贬低了他那个时代的《格兰塔》(IT, p. 113)。

86   R.E. Swartwout, *It Might Have Happened.A sketch of the later career of Rupert Lister Audenard, First Earl of Slype, etc.*(Cambridge, 1934).

87   MRC 937/4/3/1/5: 'Cambridge Cameos: The Oldest Inhabitant', *The Granta*, 10.3.37 (clipping).

88   Ibid: 'Cambridge Cameos: Nothing Over Sixpence: Woolworth's', *The Granta*, 21.4.37, p. 351.

89   Ibid: 'Cambridge Cameos: Ties With a Past: Ryder and Amies', *The Granta*, 26.5.37, p. 438.

90   Ibid: Pieter Keuneman, 'In Obscurity', *The Granta May Week. Number*, 7.6.39.

91   Ibid: EJH, 'New Writing and a New Theatre: Christopher Isher wood', *The Granta*, 17.11.39, p. 121. 库里小巷是剑桥镇中心一条破旧并且有点声名狼藉的街道。

92   Ibid: EJH, 'The Stars Look Down, I. Professor Laski', *The Granta*, 26.1.38, p. 215, also for the following lines. Eric returned to the subject of Harold Laski many years later, in ' The Left's Megaphone', *London Review of Books*, Vol.15, No.13(8.7.93), pp. 12-13. See Michael Newman, *Harold Laski: A Political Biography* (London, 1993).

93   Nigel Nicolson (ed.), *The Harold Nicolson Diaries 1907-1963* (rev.edn, London, 2004).

94   MRC 937/4/3/1/5: EJH, 'The Stars Look Down ,II. Harold Nicolson', *The Granta*, 2.2.38.

95   Ibid: JH, 'The Stars Look Down, Ill. Herbert Morrison' , The Granta,9.2.38, also for the following part of this paragraph. 乔治·罗比是一名著名的音乐厅歌手和喜剧演员。

96   Ibid: EJH , 'The Stars Look Down, IV.J.B.S. Haldane', *The Granta*, 23.2.38, p.285, also for the remainder of this paragraph.

97   MRC 1215/1: EJH to Ron Hobsbaum, 3.2.37.

98   *IT*, p. 113.

99   MRC 937/4/3/1/5: EJH, Crime et Châtiment', *The Granta*, 19.10.38, p. 33.

100   Ibid: EJH, 'The Film Editor Speaks: Guitry', *The Granta*, 2.11.38, p. 69.

101   Ibid: EJH, 'The Film Editor Speaks: Fritz Lang', *The Granta*, 9.11.38, p. 89; and 'The Marx Brothers', *The Granta*, 18.11.38.

102   Ibid: EJH, 'The Year of Films', *The Granta*, 30.11.38, p. 157.

103   Ibid: EJH(ed.), *The Granta New Statesman and Nation: The Weekend Review*.

104   Ibid: EJH(ed.), 'Fifty Years On-Perhaps *The National Granta*: *For a Pure Cambridge*', 8.3.1989(ie.1939). See also 'Leaves from the Nazigranta', 26.4.39.

105   Ibid: *CUSC Baulletin*, 14.10.38, 18.10.38.

106 Ibid: leaflet dated October 1938.

107 Ibid: *CUSC Buledin*, 14 and 18.10.38.

108 Ibid: *CUSC Bulesin*, 1.11.38.

109 The classic account remains Robert Conquest, *The Great Terror: Stalin's Purges of the 1930s* (London, 1968). For further evidence, see the same author's *The Great Terror: A Reassessment* (Oxford,1990).

110 Joseph E. Davies, *Mission to Moscow* (Garden City, NJ, 1941).

111 See Vadim Z. Rogovin, *1937: Stalin's Year of Terror* (Oak Park, MI, 1998).

112 Joseph Redman [i.e. Brian Pearce], 'The British Stalinists and the Moscow Trials', *Labour Review*, Vol.3, No.2(March-April 1958), pp. 44-53; Thorpe, *The British Communist Party and Moscow*, p.237. See more generally Giles Udy, *Labour and the Gulag. Russia and the seduction of the British Left* (London, 2018).

113 MRC 1215/1: EJH to Ron Hobsbaum,3.2.37, also for the following. 斯大林在基洛夫被谋杀后，发动了"肃反"运动。

114 See Sidney and Beatrice Webb, *Soviet Communism: A. New Civilisation?* (2 vols, New York,1936), and, for accounts by British Communists who also accepted the validity of the confessions, Saville, *Memoirs from the Left*, pp.34-6; Russell, *Findings, Keepings*, pp. 145-8; and Claud Cockburn, *I, Claud* (London, 1957, rev.edn 1967), pp. 2624.

115 MRC 1215/1: EJH to Ron Hobsbaum, 5.5.37; Chris Wrigley, 'May Day in Britain', in Abbey Paterson and Herbert Reiter (eds), *The Ritual of May Day in Western Europe: Past, Present and Future* (London,2016), pp. 133-59, at p. 148.

116 MRC 1215/1: EJH to Ron Hobsbaum, 5.5.37.

117 MRC 937/4/3/4/1: 'A Non-Political Affair'(typescript), also for the following.

118 Ibid: 'Passport, Love', by J. Share (EJH), also for the following.

119 Ibid. 这个女孩的真名叫作泽尼娅（HFA Diary Note: In German, 'Interim Report', 12.11.50, p.2）。艾瑞克1950年8月到巴黎去的时候试图寻找她，但无果而终（"这是多么唐突啊，"他写道，"在人人都去度假的8月里到巴黎找人。"）。亦可参见 MRC 1215/10, notes on the south of France。

120 MRC 937/7/2/1, passim, also for the following.

121 MRC 1215/1: EJH to Ron Hobsbaum,22.8.37, also for the remainder of this paragraph.

122 MRC 937/6/1/4: 世界学生协会国际会议。

123 See Julian Jackson, *Popular Front in France: Defending Democracy 1934-1938* (Cambridge, 1988).

124 MRC 1215/1: EJH to Ron Hobsbaum, n.d. (October 1937).

125 MRC 937/4/3/4/1L: 'The Defeatist' by J. Share (EJH), and for the following, below.

126 *IT*, p. 315.

127 'The Defeatist'.

128 KCAC: information from Dr Patricia McGuire.

129 Interview with Angela Hobsbaum, 30.3.17.

130 MRC 1215/1: EJH to Ron Hobsbaum, n.d. (October 1937), also for the following.

131 Ibid: EJH to Ron Hobsbaum, 6.12.37.

132 关于牛津大学学生的共产主义活动，与艾瑞克他们在剑桥的很类似，see Denis Healey, *The Time of My Life* (London, 1989), pp. 32-8.

133 MRC 1215/1: EJH to Ron Hobsbaum, 6.12.37.

134 Ibid: EJH to Ron Hobsbaum, 28.1.38, also for the following. 这里的日期一定是错了，因为艾登是 2 月份才辞职的，这封信的日期应该是 2 月，不是 1 月。

135 IT, pp. 121-2. 埃利亚斯当时和德国社会主义流亡分子弗朗西斯·加斯滕住在一起，后者在"二战"期间为政治冲突管理委员会工作，后来成为一名著名的历史学者。"二战"结束后，加斯滕应埃利亚斯的邀请拜访了这家瑞士的出版商，他告诉我在那儿的书架上排满了埃利亚斯的书，一本也没卖出去。

136 MRC 1215/1: EJH to Ron Hobsbaum, 28.1.38 [i.e.28.2.38].

137 Ibid: EJH to Ron Hobsbaum, 29.4.38.

138 Ibid: EJH to Ron Hobsbaum, 13.6.38.

139 Centre des Archives Diplomatiques de Nantes, 1 TU/701, Service des Renseignements Généraux de Tunisie, Dossiers Nominatifs, numéro 96: Hobsbawm, Eric Ernest, 24754, also for the following. 我非常感谢 Daniel Lee 博士给我提供了这份文件。

140 MRC 1215/1: FJH to Ron Hobsbaum, 3.9.38, also for the following.

141 安德莉·维奥利斯是一名非共产党的女权主义记者，也是诗人路易斯·阿拉贡领导下的共产主义报刊《今日晚报》的编委会成员。

142 哈马马特是突尼斯海岸南部的一个小镇。

143 MRC 1215/1: EJH to Ron Hobsbaum, 9.9.38 (postcard).

144 TNA KV2/3980, cover sheet and file 20x: Eric to D[epartment] E[ducational] Office, 8.11.42.

145 MRC 937/7/4/1: 'Land and Colonisation in North Africa.A Paper read to the Political Society, King's College, on November 28th,1938. By E.J. Hobsbawm, King's College'.

146 Ibid, p. 16.

147 Ibid, pp. 22-3.

148 Ibid, p. 23.

149 MRC 937/7/4/1: 'Report on a Journey to Tunisia and Algeria made under the Political Science Travel Grant: Some notes of French administration in North Africa'(1938), pp. 1-2.

150 Ibid, p. 22.

151 Ibid, p. 36.

152 For the text, see Max Domarus (ed.), Hitler: Speeches and Proclamations 1932-1945. The Chronicle of a Dictatorship, II: The Years 1935-1938(London,1992), pp. 1183-94.

153 MRC 937/7/2/2: TB 2.7.40.

154 Ibid: CPGB 'Political Letter to the Communist Party Membership', 25.4.39.

155 HFA 'Family Tree'; interview with Robin Marchesi, 6.12.2016.

156 MRC 1215/1: EJH to Ron Hobsbaum, 12.6.36.

157 Ibid: EJH to Ron Hobsbaum, 1.7.40.

158 Ibid: EJH to Ron Hobsbaum, 7.4.41.

159 MRC 937/7/8/1: EJH, 'As usual drring a World Crisis, Asuperb day'. 罗纳德·赛尔后来成了一位著名的

漫画家。

160　MRC 1215/1: EJH to Ron Hobsbaum, n.d. [12 June 1939], also for the following.

161　Wiener Stadt-und Landesarchiv: Bez. Ger. Hietzing Abt.1 P 52/1929, dated 24.7.41.

162　MRC 937/6/4/6: Eric to Brian Simon,15.1.79. 艾丽丝·默多克是一名牛津大学的学生共产党员，后来
　　　成为哲学讲师和著名小说家。

163　Peter J. Conradi, *Iris Murdoch:A Life* (London,2001), p.98.

164　MRC 937/6/1/6: Communist Student Party School 1939: Eric Hobsbawm.

165　HFA: Degree Certificate.

166　*IT*, pp. 119-21.

167　MRC 937/6/1/5/1-2: Third International Conference of the World Student Association on Democracy and Nation,
　　　Paris,15-19 August 1939; MRC 1215/1: FEJH to Ron Hobsbaum, 12.8.39.

168　MRC 937/1/6/3: EJH to Brian Simon, n.d.(November 1993); MRC 937/7/8/1: 'As usual drring a World
　　　Crisis, Asuperb day'. P.N. 哈卡萨曾在伦敦政治经济学院求学，印度独立后他加入了印度外交部，先
　　　后成为印度驻奥地利大使和尼日利亚大使，之后担任印度总理英迪拉·甘地的秘书长以及贾瓦哈拉
　　　尔·尼赫鲁大学的第一任副校长。可参见他的回忆录 *One More Life* (1990)。

169　MRC 937/7/8/1: 'As usual during a World Grisis,a superb day'.

170　*IT*, pp. 117-25(quote on p.124).

171　MRC 1215/1: EJH to Ron Hobsbaum, n.d. (postcard, postmarked 31.7.39).

172　Ibid: EJH to Ron Hobsbaum, 28.8.39.

173　Ibid: EJH to Ron Hobsbaum, 28.8.39.

174　Ibid: EJH to Ron Hobsbaum, 8.9.39.

175　HFA Miscellaneous I: 1.9.42.

176　MRC 937/7/8/1: 'As usual during a World Crisis,a superb day'. 艾瑞克可能把别人错认是小说家及钢琴家
　　　温德姆·刘易斯了，因为根据刘易斯的传记，他当时不在法国，而是和妻子一起买了船票，在 1939
　　　年 9 月 2 日从南安普顿前往魁北克。Paul O'Keeffe, *Some Sort of Genius: A Life of Wyndham Leawis*(London,
　　　2000), p. 400.

177　*IT*, p. 126.

178　HFA Miscellaneous I: 10.9.42, also for the following.

179　MRC 1215/1: EJH to Ron Hobsbaum, 8.9.39, and for the following.

180　人们普遍认为《凡尔赛和约》对德国施加的惩罚性条款导致了纳粹的兴起和胜利。

181　关于《苏德互不侵犯条约》在英国共产党内引起的争论，参见 Francis Beckett, *Enemy Within. The Rise
　　　and Fall of the British Communist Party* (London, 1995), chapter 6。

182　Quoted in Neil Redfern, *Class or Nation. Communists, Imperialdism and Tieo World Wars* (London,2005), p. 97.

183　关于英共党内高层的争论与分歧，参见 Francis King and George Matthews (eds), *About Turn. The British
　　　Communist Party and the Second World War. The Verbatim Record of the Central Committee Meetings of 25 September
　　　and 2-3 October 1939* (London,1990); 以及 John Attfield and Stephen Williams (eds), *1939: The Communist
　　　Party of Great Britain and the War. Proceedings of a Conference held on 21 April 1979, Organised by the Communist*

Party History Group (London, 1984)，尤其是附录文件。关于莫斯科在剧变中扮演的角色，参见 Thorpe,
The British Communist Party and Moscow, pp. 246-9, 256-60。

184   See Robert Edwards, *White Death: Russia's War on Finland 1939-40* (London, 2006).

185   *IT*, p. 154; Raymond Williams, *Politics and Letters: Interviews with. New Left Review* (London, 1979), p. 43.

186   MRC 937/6/1/2: *War on the USSR?* Produced by the University Socialist Club, Cambridge. Published by the University Labour Federation.

187   *IT*, pp. 152-3.

第四章　英军内的左翼知识分子

1   See Roger Broad, *Conscription in Britain 1939-1963: The Militarization of a Generation* (London, 2006).

2   TNA KV2/3980: cover sheet and file number 73a: Extract from Army Paper.

3   MRC 1215/28: Introduction to British Army, Cambridge, February 1940, also for the following.

4   Ibid. Slope Arms.

5   MRC 1215/21: TB 6.3.40, 8.3.40.

6   Ibid: TB 12.3.40.

7   Ibid: TB 15.3.40. 艾瑞克的剑桥同学拉夫·罗素来自英国农村，出身于地位较低的阶级，他指出："武器训练的过程充满了猥亵的性暗示。"（Russell, *Findings, keeping*, p. 171）。

8   MRC 1215/21: TB 10.3.40.

9   Ibid: TB 14.3.40.

10   Ibid: TB 15.3.40.

11   Ibid: TB 18/19.3.40.

12   Ibid: TB 8.3.40.

13   Ibid: TB 6.3.40.

14   Ibid: TB 6.7.40.

15   Ibid: TB 29.4.40.

16   Ibid: TB 6.3.40.

17   Ibid: TB 10.3.40, 24.3.40.

18   Ibid: TB 8.3.40.

19   Ibid: TB 8.3.40.

20   Ibid: TB 15.3.40.

21   Ibid: TB 6.3.40.

22   MRC 1215/28: May-June 1940, numbers 12-14.

23   MRC 1215/21: TB 8.3.40.

24   Ibid: TB 12.3.40, 14.3.40,8.4.40

25   Ibid: TB 16.4.40; MRC 1215/22: TB 26.2.41.

26   Ibid: TB 11.2.41, 26.2.41.

27   Ibid: TB 19.2.41.

28   Ibid: TB 20.2.41.

29   MRC 1215/28: 军队用语笔记。Notts 是 Nottinghamshire（诺丁汉郡）的简称。

30   Ibid: 这些都是押韵的俚语。

31   Ibid: 其他俚语表达。

32   Ibid: 现在公司里的通用说法。

33   Ibid: 淫秽的俚语表达。

34   MRC 1215/21: TB 9-12.4.40.

35   Ibid: TB 15.3.40.

36   MRC 1215/22: TB 12.2.41. "影子"是沃尔特·吉布森虚构的一个美国侦探，这个人物出现在 20 世纪
      30 年代一个很受欢迎的广播连续剧里，由奥尔森·威尔斯旁述，并成为 1940 年到 1942 年间一套漫画
      书的故事基础，由于纸张短缺，这套书在 1942 年停止了印刷。See Thomas J. Shimfield, *Walter B. Gibson
      and The Shadow* (Jeffrson, NC, 2003).

37   MRC 1215/21: TB 20.4.40.

38   Ibid: TB 20/21.3.40.

39   Ibid: TB 25.3.40.

40   Ibid: TB 23.3.40.

41   Ibid: TB 2.4.40.

42   Ibid: TB 3.4.40.

43   Ibid: TB 3.4.40.

44   Ibid: TB 4-7.4.40.

45   Ibid: TB 6.3.40.

46   Ibid: TB 23.3.40.

47   Ibid: TB 29.4.40.

48   Ibid: TB 27.3.40.

49   Ibid: TB 31.3.40.

50   Ibid: TB 16.3.40.

51   Ibid: TB 11.3.40. William L. Trotter, *The Winter War: The Russo-Finnish War of 1940* (5th edn, Stanford, CA, 2002),
      pp.235-9. For the 'Party line' at this time, see Neil Redfern, *Class or Nation: Communists, Imperialism and Two
      World Wars* (London, 2005), pp. 95-9, and Thorpe, *The British Communist Party and Moscow*, pp. 159-61.

52   MRC 1215/21: TB 11.3.40; similar, much briefer remarks in TB 29.3.40.

53   Ibid: TB 12.3.40.

54   Ibid: TB 9.4.40.

55   Ibid: TB 29.4.40.

56   Ibid: TB 9-12.4.40.

57   Ibid: TB 29.4.40.

58   Ibid: TB 9-12.4.40.

59   MRC 1215/22: TB 11.2.41.

60   MRC 1215/21: TB 16.4.40.

61   Ibid: TB 17-18.4.40.

62   Ibid: TB 19.4.40.

63   Ibid: TB 22-28.4.40.

64   MRC 1215/22: TB 12.2.41.

65   部队里通常用锡制容器而不是瓷器盘子来盛食物。

66   MRC 1215/21: TB 2-3.5.40.

67   Ibid. 艾瑞克后来称自己因为共产党员的身份而不能加入情报部门，但其他的共产党员尤其是艾瑞克同辈的历史学者克里斯托弗·希尔很轻松地得到了情报部队的职位（FLA: Fritz Lustig to EJH, 11.6.2003）。

68   *IT,* p. 111.

69   MRC 1215/21: TB2-3.5.40, 3-9.5.40; see also TB 17.5.40.

70   Ibid: TB 5.5.40.

71   Ibid: TB 10.5.40.

72   MRC 1215/1: EJH to Ron Hobsbaum, n.d. (late September 1940).

73   Ibid: EJH to Ron Hobsbaum, n.d. ('Monday evening').

74   MRC 1215/21: TB 11.5.40.

75   Ibid: TB 25.5.40.

76   Ibid: TB 17.5.40, 25.5.40.

77   MRC 937/4/3/4/1: 这一段引文来自未经发表的红色字体打印手稿，没有标明日期，但里面提到了沼泽、堤防等事物，可以看出地点是诺福克，因此这段手稿应该写于 1940 年。

78   MRC 1215/1: EJH to Ron Hobsbaum, n.d. ('Monday evening').

79   MRC 1215/21: TB 17.5.40.

80   Ibid: TB 17.5.40; *IT,* pp. 159-60.

81   MRC 1215/28: 'Very often one doesn't notice' (typescript).

82   *IT,* pp. 159-60; MRC 1215/21: TB 17.5.40.

83   Ibid: TB 15.6.40, 24.7.40.

84   MRC 1215/1: EJH to Ron Hobsbaum, 10.6.40.

85   MRC 1215/21: TB 17.6.40.

86   MRC 1215/1: FJH to Ron Hobsbaum, 10.6.40.

87   MRC 1215/21: TB 15.6.40, 17.6.40.

88   Ibid: TB 17.6.40.

89   MRC 1215/1: EJH to Ron Hobsbaum, 1.7.40, also for the following.

90   Thorpe, *The British Communist Party and Moscow*, pp. 265-7.

91   MRC 937/8/2/22/2: Martin Walker, 'Old comrades never say die', *Guardian*, 15.10.94, p. 29.

92   MRC 1215/1: EJH to Ron Hobsbaum, 1.7.40.

93   MRC 937/7/2/2: TB 26.6.40.

94   Ibid: TB 2.7.40.

95   See Richard. J. Evans, *The Third Reich at War* (London,2008), pp. 231-4.

96   MRC 937/7/2/2: TB 24.6.40.

97   MRC 1215/1: EJH to Ron Hobsbaum, 1.7.40.

98   MRC 937/7/2/2: TB 6.7.40.

99   Ibid: TB 2.7.40.

100   Ibid: TB 6.7.40.

101   Ibid: TB 26.6.40.

102   Ibid: TB 2.7.40, 8.7.40, 4.8.40.

103   Ibid: TB 4.8.40.

104   MRC 1215/1: EJH to Ron Hobsbaum, 20.8.40. 赫尔曼·戈林是德国空军的司令。

105   MRC 1215/21: TB 1.4.40.

106   Ibid: 12-14.4.40.

107   MRC 1215/23: TB 22.1.43.

108   MRC 937/7/2/2: TB 2.7.40.

109   MRC 1215/28: TB 15.3.41 and MRC 937/4/3/4/1: 'On the same side of the road he saw Taylor' 是一个未发表的短篇故事，描写了一个受伤并被毁容的士兵；'A Very Dishonest Guy' 未发表，故事由紧凑的对话组成，结尾揭穿了一个士兵枕边照片里的三个漂亮姑娘其实是他的姐妹，而不是像营房里的其他士兵以为的那样是他的女友们；'The Armed Guard' 也没有发表而且写得相当零乱，讲述一个没有得到批准擅自离开的士兵的故事；'Ted' 是一篇没有完成的故事，讲的是一个装病以逃脱兵役的骗子，稿子似乎是从艾瑞克 1941 年的日记（pp.55-71 and 143-9）里撕下来的；'The Letter'，是写在日记纸上的一份较为流畅的手稿，总的来说是一封家书；还有这个时期创作的另一份手稿 'Guard in Winter'，描述了站岗的无聊沉闷；这些全是杂乱无章的草稿。

110   MRC 1215/29: 'Pause im Krieg'; 'Kriegspause II'; 'Ritter Tod und Teufel, oder Die Unmilitärischen'.（'43'）—"在我们面前，胆怯的、神经质的人，披挂着一套勇者的彩色制服，他们常常强迫我们穿上……我们很渺小，时代很伟大"。

111   MRC 1215/29: 'Pause im Krieg' I and II (April 1942).

112   Ibid: 'Bedingtes Gedicht'; 'Anfang 1942'('Die Zukunft rettet uns'); 'Halb Weiss halb rot', 24.1.43; 'Uebergang'.

113   Ibid: 'Theorie ohne Praxis' 和 'Predigt'，他在这两篇中幻想着理论与实践的统一。

114   Ibid: 'On the First of May/Red carnations in our buttonholes/The witnesses of birth and death/the first and last array'('Die Strasse'); in 'Lie'('Song') he wrote of the 'doubtful peace' to come, while 'hard times begin'.

115   Ibid: 'Nazis im Fruehjahr'.

116   MRC 937/7/2/2: TB 11.7.40.

117   MRC 1215/1: EJH to Ron Hobsbaum, 1.2.41.

118   Ibid: EJH to Ron Hobsbaum,7.4.41; MRC 1215/22: TB 15.2.41.

119   MRC 1215/1: EJH to Ron Hobsbaum, 6.11.40.

120 Ibid: EJH to Ron Hobsbaum, 1.2.41.

121 MRC 1215/22: TB 10.2.41.

122 Ibid: TB 11.2.41.

123 Ibid: TB 4.341.

124 MRC 1215/1: EJH to Ron Hobsbaum, n.d. (March 1941, with addendum 7.4.41).

125 MRC 1215/22: TB 8.3.41, 11.3.41, 12.3.41, 14.3.41.

126 Ibid: TB 10.2.41.

127 Ibid: TB 20.2.41.

128 Ibid: TB 27.2.41.

129 Ibid: TB 25.2.41.

130 Ibid: TB 17.3.41, 21.3.41,22.3.41, 23.3.41,25.3.41, 7.4.41 and MRC 1215/1: FJH to Ron Hobsbaum, n.d. (March 1941, with addendum 7.4.41). 这些小说都不太容易读懂。也许这时候他已经读完了《战争与和平》。

131 MRC 1215/22: TB 23.2.41,1.3.41.

132 Ibid: TB 18.2.41.

133 Ibid: TB 19.2.41.

134 Ibid: TB 22.2.41.

135 Ibid: TB 23.2.41.

136 Ibid: TB 7.4.41.

137 Ibid: TB 19.2.41, 20.2.41.

138 Ibid: TB 22.2.41.

139 MRC 1215/1: EJH to Ron Hobsbaum, n.d. (March 191, with addendum 7.4.41).

140 MRC 1215/22: TB 23.2.41.

141 MRC 1215/1: H to Ron Hobsbaum, n.d. (March 1941,with addendum7.4.41): John Macleod, *River of Fire: The Clydebank Blitz* (London, 2010).

142 MRC 1215/22: TB 12.3.41.

143 MRC 1215/1: EJH to Ron Hobsbaum, n.d. (March 1941,with addendum 7.4.41)and 25.4.41.

144 Ibid: EJH to Ron Hobsbaum, n.d. (May 1941,headed '560 Field Coy Reg, Croxteth Hall, West Derby, Liverpool 12').

145 Richard Whittington-Egan, *The Great Liverpool Blitz* (Liverpool, 1987).

146 MRC 1215/1:EJH to Ron Hobsbaum, n.d. (May 1941,headed '560 Field Coy Reg, Croxteth Hall, West Derby, Liverpool 12'), also for the following.

147 Ibid: EJH to Ron Hobsbaum, 8.7.41.

148 MRC 937/1/1/4: EJH to Tom Pocock, 14.7.81.

149 MRC 1215/1: EJH to Ron Hobsbaum, 8.7.41, also for the following.

150 Richard Bennet (ed.), *The Bedside Lilliput* (London, 1950), contains an anthology of contributions from the years 1937-49.

151 EJH, 'Battle Prospects', *Lilliput*, 1 January 1942, pp. 43-4.

152   EJH, 'It Never Comes Off', *Lilliput*, 1 March 1942, p. 212-14.

153   MRC 1215/1: EJH to Ron Hobsbaum, 13.8.41.

154   MRC 1215/23: TB 1.9.42.

155   *IT*, pp. 156-7.

156   MRC 1215/1: EJH to Ron Hobsbaum, n.d.(March 1941,with addendum 7.4.41).

157   Ibid: EJH to Ron Hobsbaum, 18.9.41, also for the following. Archie White,*The Story of Army Education, 1643-1963*
      (London, 1963). For White himself, see *IT*, p. 164.

158   MRC 1215/1: EJH to Ron Hobsbaum, 18.9.41.

159   Ibid: EJH to Ron Hobsbaum, 18.9.41. 艾斯特福德节（eisteddfod）是威尔士的文化节日，尤其以音乐和
      诗歌比赛为特色，"二战"时期的英国军队中十分流行举办这种节日，我父亲 1945 年在意大利南部
      的皇家空军部队服役，曾在部队举行的一次艾斯特福德节上获得吟游诗人的头衔。

160   Ibid: EJH to Harry Hobsbaum, 27.9.42.

161   See Helen Fry, *The King's Most Loyal Enemy Aliens: Germans Who Fought for Britain in the Second World War*
      (Stroud, 2013), which also includes an interview with Fritz Lustig.

162   Interview with Fritz Lustig,30.5.2016.

163   Ibid. See also MRC 937/1/6/6: Fritz Lustig to EJH, 24.4.95, and EJH to Fritz Lustig, 30.4.95, also for the
      following.

164   'The Germans who bugged for Britain', *Jewish Chronicle*, 10.5.2012.

165   MRC 937/6/4.2: *Dieppe and the Don* (London, August 1942); *The Second Front: Six Objections answered by the
      Daily Worker* (London, 1942).

166   TNA KV2/3980, 12a: Eric to John(Gollan), 3.8.42, also for the following.

167   MRC 1215/1: EJH to Harry Hobsbaum, 27.9.42.

168   See S.P. Mackenzie, 'Vox populi: British army newspapers in the Second World War', *Journal of Contemporary
      History*, Vol. 24(1989), pp. 665-82; and MRC 1215/18, 31: 'Wall-Newspapers. By Sgt. Inst. E. Hobsbawm.A.E.C.',
      这是一份关于墙报的调查，并就它们应该如何组合和呈现提供了建议。

169   TNA KV2/3980, 11a: Col. Alexander to Special Branch, 17.7.42.

170   Ibid: 8a, Complaints against Instructors A.E.C., 10.7.42.

171   Ibid: 65: 'Note on the Case of No.2003227 Sgt. Eric John HOBSBAWM, A.E.C. The acronym I.A.E.C.' 其中提
      到了陆军文教队的其他教官。

172   Ibid: 12a, Eric to John(Alexander?), 3.8.42, also for the following.

173   Ibid: 65: 'Note on the Case of No.2003227 Sgt. Eric John HOBSBAWM, A.E.C.'; also 73a: Extract from Army
      Paper, and 8a: Complaints against Instructors A.E.C.

174   Ibid: 16x: Extract Y Box 2128,24.8.42, also for the following.

175   TNA KV2/3980:65: 'Note on the Case of No.2003227 Sgt. Eric John HOBSBAWM,A.E.C.'

176   MRC 1215/23: TB 30.8.42.

177   Ibid: TB 10.9.42.

178   Ibid: TB 12.9.42, also for the following.

179　费利克斯·捷尔任斯基是苏联政治警察组织"契卡"（全俄肃反委员会）的第一任主席。

180　TNA KV2/3980: 25a,30.9.42.

181　MRC 1215/1: EJH to Ron Hobsbaum,10.10.42.

182　Andrew, *The Defence of the Realm*, p. 173. 关于对社会态度和情报机构的假设进行的评估，参见 Hugh Trevor-Roper, *The Philby Affair: Espionage, Treason, and Secret Services* (London, 1968)。

183　TNA KV2/3980: 21/22,13.9.42.

184　MRC 1215/1: EJH to Ron Hobsbaum,13.8.41.

185　TNA KV2/3980: 23a,16.9.42.

186　Ibid: 31a, 14.12.42.

187　Ibid: 20x: Eric to D[epartment] E[ducational] O[ffice],8.11.42.

188　Ibid: 34, 12.2.43, p.2.

189　Ibid: 29y, 23.11.42 and 39z, 25.11.42.

190　Ibid: 33, 20.12.42.

191　MRC1215/28: Wartime Notes:'Very often we don't notice'(typescript)．"开普坦"是一种很受欢迎的便宜香烟，尼古丁含量极高。

192　MRC 1215/23: TB 22.1.43.

193　MRC 1215/1: EJH to Ron Hobsbaum,9.1.43, also for the following.

194　Ibid: FJH to Ron Hobsbaum,21.2.43; HFA: Degree Certificate, 6.2.43. See also TNA KV2/3981, 149b: Gonfidential report,22.11.50.

195　TNA KV2/3980:371, Extract from file number PF 211, 764, 19.3.43. 杰克是戴维（丹尼）·吉本斯的别名，他是一位苏格兰共产党员和西班牙内战老兵，此前一年被指派组织部队内部的党务工作。

196　Ibid, p.2.

197　MRC 1215/1: EJH to Ron Hobsbaum, 18.4.43.

198　TNA KV2/3980:65: 'Note on the Case of No.2003227 Sgt. Eric John HOBSBAWM, A.E.C.'

199　MRC 1215/1: EJH to Ron Hobsbaum, 18.4.43.

200　Ibid: FJH to Ron Hobsbaum, 21.2.43.

201　Beckett, *Enemy Within*, pp. 94-5.

202　Copies in MRC 937/6/1/2; also MRC 1215/1: EJH to Ron Hobsbaum, 30.6.43.

203　http://www.andrewwhitehead.net/blog/category/ram-nahum; *IT*, p.112; Sally Vickers,'I felt he wasn't my real daughter', *Guardian*, Family Saction, 12 November 2012. 弗蕾迪曾经在女儿莎拉年少的时候将这段婚外情讲给她听，导致莎拉认为自己实际上是兰姆·内厄姆的女儿，但其实她并不是。"老鼠"在2008年去世。这次轰炸的目击情况可参见 Theodor Prager, *Bekenntnisse eines Revisionisten* (Vienna, 1975), pp. 56-8。

204　TNA KV2/3981,152a: Special Branch, 5.12.51.

205　*IT*, pp. 166,176-7.

206　MRC 1215/23: TB 31.1.43.

207　MRC 1215/23: 1.9.42.

208   Ibid: 2.9.42.

209   Ibid: 7.9.42,p.2.

210   MRC 1215/23: TB 29.11.42.

211   MRC 1215/1: EJH to Ron Hobsbaum,21.2.43.

212   MRC 1215/29: Poems: 'Lied'.

213   Ibid: Poems: 'Du bist wie eine blanke schwarze Strasse'(Mitte July 43).

214   Ibid: Poems: 'Das Mädchen'(7/42).

215   Ibid: Poems: 'Im Frieden' ('At Peace'): 'Only between our close bodies lay, numbing and aroused like fresh hay,
       peace, memory, the future.'

216   MRC 1215/23: TB 23.2.43.

217   Ibid: TB 7.7.43 [correct date:7.5.43], also for the following.

218   MRC 1215/1:EJH to Ron Hobsbaum, 18.4.43.

219   TNA KV2/3980:73a: Extract from Army Paper.

220   MRC 1215/1: FJH to Ron Hobsbaum, 4.5.43.

221   Ibid: EJH to Ron Hobsbaum, 30.6.43.

222   Interview with Angela Hobsbaum, 30.3.17; HFA Angela Hobsbaum, 'RM Hobsbaum Naval Career'(typescript).

223   MRC 1215/1: EJH to Ron Hobsbaum, 30.6.43.

224   Ibid: EJH to Ron Hobsbaum, 7.8.43.

225   TNA KV2/3980:65: 'Note on the Case of No.2003227 Sgt. Eric John HOBSBAWM, A.E.C.'

226   Ibid: 47a: Secret and Personal, 1.5.44.

227   Ibid: 50a: Sgt. Instructor Eric. John Ernest HOBSBAWM.

228   MRC 1215/1:EJH to Ron Hobsbaum, 30.6.43.

229   MRC 1215/29: 'Verne Citadel, Portland, 1943'. 维恩要塞位于波特兰岛的最高处，其上部署了大炮用于
       防御。

230   Ibid:65: 'Note on the Case of No.2003227 Sgt. Eric, John HOBSBAWM, A.E.C.'

231   Ibid: 43d: From Col. R. E. Pickering, Commander IOW Sub-District, 31 May 1944.

232   TNA KV2/3980: 78/79, 8/12.1.45.

233   Ibid: 55d: Holborn 4079. 29.8.44.

234   Ibid: 43d, Holborn 4071, 2.7.44.

235   MRC 1215/28: 'The foreigner', pp. 1-2.

236   Ibid, pp. 4-5, also for the following.

237   Ibid, pp. 6-7.

238   TNA KV2/3980: 61. 17.11.44.

239   Ibid: 61a, Milne report, 17.11.4. 共产党人和托洛茨基分子在开罗武装议会中起到重要作用，他们投
       票赞成在"二战"后采取多项社会主义政策，其中包括银行的国有化。See Andy Baker, *The Cario
       Parliament, 1943-4: An Experiment in Military Democracy* (Leigh-on-Sea, Essex, 1989).

240   TNA KV2/3980: 62, 18.11.44.

241   Ibid: 67, 24.11.44.

242   Ibid: 69, 4.12.44.

243   Ibid: 94, phone tapping report of the Labour Research Department, 31.5.45.

244   Ibid: 78/79,8/12.1.45.

245   Keith Jeffery, MI6. *The History of the Secret Inteligence Service 1909-1949* (London, 2010), p. 561.

246   MRC 937/1/1/4: EJH to Tom Pocock, 14.7.81. 摩斯·泰勒-塞缪尔从一位多年来一直连任的保守党议员手中赢得了席位，并在1957年去世之前连续三届连任；直到保守党在1970年赢得大选之前，工党一直保有这一选区的席位。我父亲曾经驻扎在意大利，他坚持说士兵们是出于愤怒才投票给工党，因为他们未能在战争结束时马上复员。

247   LHA CP/IND/MISC/12/1: Papers of Christopher Meredith: EJH to Meredith, 23.8.45. 13.12.45, also for the following.

248   CUL UA BOGS 1/1951. File 123: W.J. Sartain to EJH, 8.12.45.

249   Ibid: Morris to Sartain, 26.12.45.

250   Ibid: Postan to Sartain, 22.12.45.

251   HFA: Certificate of Transfer to the Army Reserve, 3.4.46.

252   TNA KV2/3981, 115a, 16.1.46, 117a, 28.1.46 and handwritten letter from George Cholmondley, Commander, 10 Civil Resettlement Unit, to Bailey,6.1.46; CUL. UA BOGS 1/1951, File 123: EJH to the Secretary, Board of Research Studies, Univ. of Cambridge, 15.1.46.

第五章　社会运动的局外人

1   MRC 937/7/8/1: 'Paperback Writer' (typescript, 2003), p. 1.

2   MRC 937/1/1/4L. EJH to Graziano, 1.12.80, also for the following.

3   'Panel Discussion: Conversations with Eric Hobsbawm', *India Centre International Quarterly* 34/1 (Spring, 2005), pp. 101-25.

4   EJH, interview with Pat Thane and Elizabeth Lunbeck, in Visions of History (Mid-Atlantic Radical Historians' Organization, New York, 1983), pp. 29-44.

5   *IT*, p. 121.

6   CUL. UA BOGS 1/1951, File 123: Postan to W.J. Sartain, 29.1.46; Eric Hobsbawm, 'Fabianism and the Fabians 1884-1914' (University of Cambridge Ph.D., 1950), Preface.

7   Ibid, p.2.

8   Ibid, p. 1.

9   Ibid, p. 7.

10   Ibid, p. 166.

11   Ibid, p. 103.

12   Ibid, pp. 109, 112-14, 155-7.

13   Ibid, pp. 43, 168.

14   CUL. UA BOGS 1/1951, File 123: EJH to W. Sartain, Secretary of the Board of Research Studies, 15.1.50, also for the following.

15   Ibid: W.J. Sartain to EJH, 24.12.49.

16   Ibid: Postan to Sartain, 8.3.50.

17   Ibid: W.J. Sartain, Secretary of Board of Research Studies, to EJH, 3.4.50; EJH to Sartain, 1.4.50.

18   Ibid: Examiners' Reports on thesis submitted for the degree of Ph.D. entitled 'Fabianism and the Fabians, 1884-1914', by E.J. E. Hobsbawm, 24.11.50: (1): By Mr. R. C. K. Ensor.

19   Ibid: (2): By Professor D. W. Brogan.

20   Ibid: Brogan and Ensor report, n.d. 布罗根和恩索尔随后都因为他们对学术的巨大贡献而被封爵。

21   Ibid: Recommendation by Degree Committee, 1.12.50.

22   HFA: Degree Certificate, 27.1.51.

23   CUL. UA BOGS 1/1951, File 123: Sartain to R.J. L. Kingsford, Cambridge University Press, 18.12.50: Kingsford to Sartain, 16.12.50.

24   LSE Library, Tawney papers, 6/11. See Lawrence Goldman, *The Life of R. H. azcney: Socialism and History* (London, 2013), pp. 280-1.

25   Goldman, *The Life of R. H. Tawney*, pp. 276-7.

26   MRC 1215/21: TB 22.3.40.

27   KCAC NGA/5/1/452: Note by Noel Annan on Eric Hobsbawm.

28   MRC 937/7/8/1: 'Rathaus/history', Jan. 2008, pp. 3-4.

29   KCAC/4/11/1/Hobsbawm.

30   KCAC/4/11/2/8/3-5: Professor R. H. Tawney's and Professor T. S. Ashton's Reports on Mr. E.J. E. Hobsbawm's Dissertation 1949 'Studies in the "New" Trade Unionism (1889-1914)': Professor Tawney's Report, also for the following.

31   MRC 937//2/11: Herbert Kisch, ' Hobsbawm and *The Age of Capital* ', *Journal of Economic Issues*, XVI/1 (March 1982), pp. 107-30, at p. 107, recalling the lecture, which the author had attended 'as a freshman and as a veteran just back from the war'.

32   KCAC/4/11/2/8/3-5: Professor Ashton's Report.

33   EJH, 'Trends in the British Labor Movement since 1850', *Science and Society*, XIII1/4 (Fall, 1949), pp. 289-312.

34   John Saville (ed.), *Democracy and the Labour Movement. Essays in Honour of Dona Torr* (London, 1954), pp. 201-39.

35   EJH, 'The Labour Aristocracy: Twenty-Five Years After', *Bulletin of the Society for the Study of Labour Histoy*, Vol. 40 (1980), revised and expanded in EJH, 'Debating the Labour Aristocracy', in his *Worlds of Labour: Further Studies in the History of Labour* (London, 1984), pp. 214-26; also 'The Aristocracy of Labour Reconsidere", ibid, pp. 227-51, and 'Artisans and Labour Aristocrats', ibid, pp. 252-72.

36   MRC 937/1/6/1: Tawney to EJH, 4.11.49: EJH to Tawney, 8.11.49.

37   MRC 937/1/3/11: EJH to Victor Kiernan, 19.3.2003.

38   KCAC/39/1/17: Minute Book of the Cambridge Conversazione Society, 11.11.39.

39   MRC 937/7/8/1: 'Apostles' (typescript).

40   William C. Lubenow, *The Cambridge Apostles, 1820-1914: Imagination and Friendship in British Intellectual and Professional Life* (Cambridge, 1998).

41   KCAC/39/1/17: Minute Book of the Cambridge Conversazione Society, 11.3.39, 17.7.43.

42   MRC 937/1/6/5: EJH to Miranda Carter, 11.7.94, in response to Miranda Carter to EJH, 5.794. See Miranda Carter, *Anthony Blunt: His Lives* (London,2001): MRC 937/7/8/1: 'Apostles'(typescript).

43   Annan, *Our Age*, p. 236.

44   MRC 937/7/8/1: 'Apostles' (typescript), also for the following.

45   *IT*, pp. 186-90.

46   Annan, *Our Age*, p. 236.

47   MRC 937/7/8/1: 'Apostles' (typescript, undated).

48   KCAC/39/1/17: Minute Book of the Cambridge Conversazione Society, 29.6.46, 21.10.46, 4.11.46, n.d., 2.12.46, 3.2.47, 17.2.47; *IT*, pp. 186-90; MRC 937/7/8/1: 'Apostles' (typescript, undated).

49   KCAC NGA/5/1/452: EJH to Noel Annan, n.d. (February 1948).

50   HFA: 'Two Families' (unpublished typescript), pp. 23-651.

51   *IT*, pp. 177-8.

52   International Tracing Service (ITS) archive, US Holocaust Memorial Museum TID 525.312-3: Ministère des Anciens Combattants et Victimes de la Guerre, Bureau des Déportés to ITS (Bad Arolsen), 9.1.59: Viktor Moritz Friedmann, Elsa Friedmann; Serge Klarsfeld, 'Memorial to the Jews Deported from France 1942-1944, Convoy 62, November 20, 1943'; Etan Dror to ITS,26.7.57; Serge Klarsfeld, *Memorial to the Jews Deported from France, 1942-1944* (Paris, 1983), 'Convoy 62, November 20, 1943'; EJH, 'Two Families', pp. 23-5.

53   MRC 937/1/1/1: Gertruda Albrechtová to EJH, 29.3.64; MRC 937/1/5/2: Gertruda Albrechtová to EIH. 10.10.64.

54   Val Wilmer. 'Denis Preston' in H. C. G. Matthew and Brian Harrison (eds), *Oxford Dictionary of National Biography*, 45 (Oxford, 2004), pp. 255-6: HFA: Richard Preston to Marlene Hobsbawm, 14.9.2016 (email).

55   Interview with Robin Marchesi, 6.12.2016; 'Captain Victor Marchesi', *Daily Telgraph*, 13.2.2007.

56   Interview with Robin Marchesi, 6.12.2016, also for the following. See Stephen Haddesley (with Alan Carroll), *Operation Tabarin. Britain's Secret Wartime Expedition to Antarctica 1944-46* (London, 2014). 战争结束后，维克多继续在生物战领域工作了一段时间（ibid, p. 227）。

57   Communication from Jeremy Marchesi, 21.11.2016.

58   John L. Gaddis, *The Cold War: A. New History* (London, 2005).

59   TNA KV2/3981: Walter Wallich to EJH, 4.7.45.

60   BBC WAC RCONT 1: EJH to Far Eastern Talks Dept, 1.8.47.

61   *IT*, pp. 174-9.

62   TNA KV2/3981, 129: 12.7.48.

63   MRC 937/1/1/4: EJH to Arno Mayer, n.d. (Nov. 1987/Jan. 1988), also for the following. Eugen Kogon's *Der SS-Staat. Das System der deutschen Konzentrationslager* (Munich, 1946), translated into English as *The Theory and Practice of Hell* (New York, 1950). 科贡的书是第一本探讨集中营的重要作品，结合了个人经历和历史研究。艾瑞克显然读过这本书。

64   MRC 1215/1: EJH to Ron Hobsbaum, 7.4.41.

65   TNA KV2/3980: 94a, E. Shelmerdine to Mr Sams, MI5, 2.5.45.

66   Ibid: 94a, 12.5.45. For the position, see E. Shelmerdine, Head of Staff Administration, BBC, to MI5, 26.4.45, filed under the same number.

67   Ibid: 89, D. Osborne to Miss Shelmerdine (BBC), 23.4.45.

68   Ibid: cover sheet number 93, 8.5.45.

69   BBC WAC RCONT 15: note: 'Please keep this on top'.

70   BBC WAC RCONT 1: EJH to Director of Talks, Third Programme, 11.12.46.

71   Asa Briggs, Sound and Vision: The History of Broadcasting in the United Kingdom IV (Oxford,1979), pp. 65-7.

72   Isaiah Berlin (ed. Henry Hardy and Jennifer Holmes), *Enlightening. Letters 1946-1960* (London, 2009), p. 794. 阿萨·布里格斯在英国广播公司的官方历史中没有提到卡林。

73   BBC WAC RCONT 1: Talks Booking Requisition (Anna Kallin to A. A.Talks, 13.1.47).

74   Ibid: EJH to Anna Kallin, 13.2.47.

75   Ibid: Anna Kallin to EJH, 20.2.47, also for the following.

76   Ibid: N. G. Luker to EJH, 9.7.47.

77   Ibid: Anna Kallin to EJH, 20.2.47.

78   Ibid: Talks Booking Requisition, Anna Kallin to A. A. Talks, 17.3.47.

79   Ibid: EJH to Anna Kallin, n.d.; Anna Kallin to EJH, 14.5.47; EJH to Anna Kallin, n.d. June 1947).

80   Ibid: Talks (Live or Recorded) Retrospective, 25.11.47.

81   Ibid: Lionel Millard to Mr Boswell, Talks Booking Manager, 15.5.48.

82   Ibid: Ronald Boswell to EJH, 10.6.47.

83   Ibid: EJH to Anna Kallin, n.d. July 1947).

84   *IT*, p. 424 n.11.

85   House of Lords Debates, 29 March 1950, vol. 166 cc607-61. at 611-12.

86   BBC WAC RCONT 1: Talks Booking Requisition: Mr Steedman to Eur. Prog. Ex., 20.1.53. 遗憾的是，这篇演讲没有以书面或录音的形式保留下来。

87   Ibid: Michael Stephens to EJH, 4.2.53; Talks Booking Requisition, Michael Stephens to Talks Booking Manager, 26.2.53.

88   Ibid: Mary Somerville to Michael Stephens, 16.2.53.

89   Ibid: Michael Stephens to EJH, 17.2.53.

90   Ibid: Lorna Moore to C. T. 'Confidential', 10.3.53.

91   Ibid: Anna Kallin to EJH, 6.10.53.

92   Ibid: J.C. Thornton note D. S. W. 22.3.54, also for the following.

93   Ibid: Anna Kallin to EJH, 26.3.54.

94   Ibid: Ronald Boswell to EJH, 30.3.54.

95   Ibid: EJH to Anna Kallin, 8.4.54.

96   Ibid: Ronald Boswell to Talks Booking Manager, Talks Booking Requisition, 30.9.54. 这些访谈通常是在直播

广播剧的间歇录制的。艾瑞克从与内斯特罗伊的对谈中得到了 20 几尼的酬金（Ronald Boswell to EJH, 27.1.55）。

97 MRC 937/4/3/1/8: EJH, 'The Viennese Popular Theatre', *Times Literary Supplement*, 11.2.55, pp. 81-2.

98 Ibid: EJH, 'Little Man on Guard', *Times Literary Supplement*, 27.4.51.

99 *IT*, p. 176; for life in Gloucester Crescent in the 1980s, essentially unchanged except for the personnel, see Nina Stibbe, *Love, Nina: Despatches from Family Life* (London, 2013).

100 BBC WAC RCONT 1: EJH to Anna Kallin, n. d; Anna Kallin to EJH,14.5.47 (I hope you and your wife have settled down in your beautiful house); FLP: EJH to Fritz Lustig, 30.4.95; KCAC NGA/5/1/452: EJH to Noel Annan, n.d. (February 1948).

101 Eric Hobsbawm, 'Portrait of a Neighbourhood', *Lilliput*, 1.4.47, pp. 310-16. LNER 为伦敦东北铁路，LMS 为伦敦、米德兰和苏格兰铁路。

102 Ibid. 艾瑞克在战后为杂志撰写的另一篇文章是关于摄政时代政治家 "人道迪克" ——迪克·马丁的人物小传，他是倡议出台反对虐待动物法的先驱（EJH, 'Dumb Friends' Friend', Lilliput, 1.5.48, pp.64-5）。"spiv" 是当时用来形容表面衣冠楚楚但从事黑市交易或者偷窃财物的人。

103 TNA KV2/3981, 148a: Cambridge.

104 *IT*, pp. 181-2: EJH, 'Red Science', *London Review of Books*, 9.3.2006.

105 CUL UA BOGS 1/1951, File 123: EJH to Sartain, n.d. (August 1947); Sartain to EJH, 21.7.47.

106 Ibid: Sartain to EJH, 8.10.47.

107 Ibid: Postan to Sartain, 29.10.47.

108 Ibid: Oakeshott to Sartain, 26.11.47; Sartain to EJH, 8.10.47; EJH to Sartain 19.10.47; Sartain to EJH, 22.10.47; Sartain to Postan. 22.10.47; Postan to Sartain, 29.10.47; EJH to Sartain, n. a. [November 1947].

109 HFA Diary Notes: in German, 13.1.51, also for the following.

110 Ibid: 'Interim Report', 12.11.50, p. 2; Marlene Hobsbawm email, 4.7.17. 艾瑞克并没有在他的 "临时报告" 里提起缪丽尔的流产，这很可能是因为当时一旦被发现，他和缪丽尔都会遭到起诉。

111 HFA Diary Notes: in German, 'Interim Report', 12.11.50, p. 3, also for the following.

112 MRC 937/1/3/11: Evelyn Pear to EJH, 21.1.2003.

113 Ibid: EJH to Evelyn Pear, 29.1.2003.

114 *The Great Soviet Encyclopedia* (Moscow, 1979), entry on 'Historical Congresses: International'.

115 MRC 937/8/2/35: EJH, 'Old Marxist still sorting out global fact from fiction', *Times Higher Education Supplement*, 10/2 (12.7.02).

116 HFA Diary Notes: in German, 'Interim Report', 12.11.50, p. 4.

117 HFA Diary Notes: in German, 14.12.50, also for the following.

118 Ibid, 16.12.50.

119 KCAC: information from Dr Patricia McGuire.感谢这个套间现在的住户詹姆斯·特里维西克先生带我参观了整个房间，并为我解说战后那些年房间里面的样子。

120 HFA Diary Notes: in German, 14.12.50, also for the following. 院长是约翰·特里斯达·谢泼德爵士，他是一位古典学学者，1954 年从职位上退休，艾瑞克非常鄙视他（"我一生中少有的几个真正痛恨的人之一", *IT*, p. 108);唐纳德指唐纳德·比维斯,他是法语讲师,"通过在假期和朋友们开着他的宾利汽车四处寻觅法国餐厅(ibid)"来保持与法国的联系;斯科菲尔德的全名是阿尔文·费伯·斯科菲尔德,他是剑桥大学图书馆的退休馆长;约翰·索尔特马什是一位著名的中世纪经济及社会史学者;阿瑟·塞西尔·皮古在 20 世纪 50 年代的时候已经由于健康原因从经济学的教职上退休了,据说他后来成了一名隐士。这些人全都未婚而且住在学院内。

121 HFA Diary Notes: in German, 28.12.50.

122 Neil O'Connor, 'Tizard, Jack', *Oxford Dictionary of National Biography*.

123 HFA Diary Notes: in German, 31.12.50, p. 3.

124 Augustine of Hippo, *The City of God*, Part V, Chapter 18.

125 HFA Diary Notes: in German, 30.12.50, p. 1.

126 Alan Rusbridger, 'Hedi Stadlen. From political activism in Colombo to new insights on Beethoven', *Guardian*, 29.1.2004.

127 HFA Diary Notes: in German, 6.1.51.

128 Ibid, 2.1.51, p. 1; ibid, 3.1.51, p. 2. 我的父母订阅过《每日电讯报》,我还记得自己为斯塔德伦文章中的睿智所折服。

129 Ibid, pp. 2-3, also for the following. J.D. 伯纳尔是一位活跃的共产党人,在伯贝克学院从事晶体学的教学和研究;莫里斯·多布是剑桥大学的一名共产主义经济学者。

130 Ibid, 12.1.51, pp. 1-2.

131 Ibid, 11.1.51, p. 1.

132 Interview with Robin Marchesi, 6.12.2016.

133 HFA Diary Notes: in German, 12.1.51, p. 2.

134 TNA KV2/3981, 163: report on Eric HOBSBAWM 23.5.51.

135 TNA KV2/3981, 165a: Extract from file PF 211.764. 这本杂志的正式名字包括了"民族"一词,曾经有段时间出现在封面上,但人们通常把这本杂志叫作《新政治家》。

136 MRC 937/7/2/3. Spanish notebook, pp. 1-2.

137 Ibid, pp. 9-10.

138 Ibid, p. 11.

139 Ibid, 20.3.51, 25.3.51 (bullfight), 27.3.51 (beggars, Boy Scouts).

140 Ibid, 20.3.51.

141 Ibid, 21.3.51.

142 Ibid, 22.3.51.

143 Ibid, 23.3.51.

144 Ibid, 27.3.51.

145 Ibid, 24.3.51.

146 Michael Richards, 'Falange. Autarky and Crisis: The Barcelona General Strike of 1951', *European History Quarterly*, Vol. 29 (1999), No. 4, pp. 543 85.

147 TNA KV2/3983: Extract from S.B. report re Winifred Thelme VENESS, suspected Communist sympathiser, 1953,

mentioning HOBSBAWM.

148 Archivio della Scuola Normale di Pisa: EJH to Delio Cantimori, 27.6.51 (in French). See EJH, 'Obituary: Delio Cantimori 1904-1966', *Past & Present*, No.35 (Dec. 1966), pp. 157-8.

149 Archivio della Scuola Normale di Pisa: EJH to Delio Cantimori, 4.8.51.

150 Ibid: EJH to Delio Cantimori, 12.9.51.

151 EJH Wartime Notes: 'The foreigner'(typescript), p. 3.

152 *IT,* p.346. 文档里把这次意大利之行记成了 1951 年，但从艾瑞克与坎蒂摩里的通信中可以看出这次旅行发生在前一年。

153 HFA: Muriel Hobsbawm to EJH, 12.6.52.

154 Victoria Brittain, 'Jack Gaster', *Guardian*, 13 March 2007.

155 HFA: EJH to Jack Gaster, n.d. (June 1952).

156 TNA KV2/3982: intercepted copy of letter from Gaster to EJH, 6.1.53. M15, as so often, was not quite up with the situation, reporting in October 1953 that 'the indications are that Mrs. HOBSBAWM is no longer in sympathy with Communism' (TNA KV2/3982: David H. Whyte, copy of report on Thistlethwaite, 19.10.53).

157 HFA: Certificate of making Decree Nisi Absolute (Divorce), 9.3.53.

158 Maya Jaggi, 'A Question of Faith', *Guardian*, 20 September 2002. 大部分记录都把他们离婚的时间写成了 1951 年。

159 Tyrrell G. Marris, 'Letter: Peter Marris', *Guardian*, 21.7.2007.

160 MRC 937/1/6/23: EJH to Tyrrell Marris, n.d. (August 2012, Eric's last known letter before his death), and Tyrrell Marris to EJH, 4 and 17.8.2012.

161 MRC 937/4/3/4/1: 'On the river' (English typescript, on blue paper), also for the following paragraphs, below.

162 这次航行是艾瑞克以故事形式写下的回忆录之一，他修改了一些细节，包括其中一些人物的名字，这可能是考虑到人们会在他留下的文件里找到这些记录，又或者是出于将来某个时刻的出版需要，但人们可以通过仔细辨认来确定事情发生的顺序和细节。还可以参见艾瑞克为了这个故事积攒的一系列旅行日记，他在里面用玛丽和莎卢德来称呼两个女孩，但却称两个西班牙男孩为帕科和安东尼奥 (MRC 1215/25: Seville)。

163 路易斯-安东尼·德·布干维尔是一位出生于 18 世纪早期的法国航海家和探险家，他于 1767 年登陆大溪地，并称其为法国的领土。他在关于大溪地的记录中把这个岛屿描述为高贵的化外之民栖身的自然天堂。

164 MRC 937/1/6/23: E]H to Tyrrell Marris, n.d., and Tyrrell Marris to EJH.4 and 17.8.2012; MRC 1215/25, 'Segelfahrt' and diary notes（笔记的标题为《基罗斯》，但很明显指的是莎卢德工作的妓院，艾瑞克和男孩们并没有去过远在内陆阿斯图里亚斯的基罗斯）。

165 Marlene Hobsbawm email, 4.7.2017.

166 'Eric John Ernest Hobsbawm', *King's College, Cambridge, Annual Report* 2015, pp. 81-6.

167 TNA KV2/3983: 'Lascar': Meeting of the National Student Working Committee, 3.4.56 (transcript of monitored conversation at Communist Party headquarters).

168 MRC 937/4/3/1/7: EJH, 'The New Threat to History', *New York Review of Books,* 16.12.93, pp. 624.

169　'Eric John Ernest Hobsbawm', *king's College, Cambridge, Annual Report* 2015, pp. 81-6.

170　Interview with Joan Bakewell, 22.7.16, also for the following.

171　MRC 937/1/1/6: Tam Dalyell to EJH, 14.4.2005. See also Tam Dalyell, *The Importance of Being Awkward: The Autobiography of Tam Dabell* (London, 2011). 戴利埃尔后来成了一位知名的工党议员。

172　Nicholas Wroe, 'Romantic Nationalist', *Guardian*, 12 April 2003.

173　Interview with Neal Ascherson, 26.7.2016, also for the following.

174　See Tom Wels, *Wild Man: The Life and Times of Daniel Ellsberg* (London, 2001).

175　'The SRB Interview: Neal Ascherson', *Scottish Review of Books*, 3.8.2014.

176　Interview with Neal Ascherson, 26.7.2016, also for the following.

177　MRC 937/1/3/11: EJH to Ivan Avakumovic, 21.1.2004.

178　Ibid. See the brilliant obituary essay by David Cannadine, 'John Harold Plumb, 1911-2001', *Proceedings of the British Academy* 124, *Biographical Memoirs of Fellows* III (2005).

179　Interview with Sir Geoffrey Lloyd, 22.3.17, also for the following.

180　Interview with Neal Ascherson, 26.7.2016.

181　MRC 937/7/8/1: 'Apostles' (typescript, undated).

182　Ibid: *Guardian* 'Diary' 7.5.85; ibid, 'Apostles' (typescript, undated).

183　*IT*, p. 101.

184　TNA KV2/3981, 181: report on Dr E. HOBSBAWM.

185　Ibid, 152a.

186　Ibid, 87: Ext. from B.L.F. source report, 20.6.52.

187　TNA KV2/3982: General Headquarters Middle East Land Headquarters. 'Extract' 19.10.53. For May, see his entry in the *Oxford Dictionary of National Biography*. 军情五处的报告提到一位叫"费思"的女士，称她为"艾瑞克的女友"，实际上这位费思·亨利她是帕特南出版集团旗下科沃德–麦卡恩出版社的文学星探，为出版社争取到的作品包括约翰·勒卡雷的《冷战谍魂》(1963年)，她当时30多岁、魅力四射，但她和艾瑞克的几次会面都未能争取到他任何作品的版权。透过她的亲朋好友进一步了解情况时也没有任何迹象显示她和艾瑞克之间有过性关系，艾瑞克也没有在任何作品中提起过她(2016年7月26日对布鲁斯·亨特的采访)。这是军情五处做出的草率结论之一。军情五处在另一份报告里称艾瑞克是"荷兰裔犹太人"。(TNA KV2/3982: 'Secret … from an established and reliable source', 16.12.52).

188　TNA KV2/3981, 152b: B.1, 28.12.50.

189　HFA Diary Notes: in German, 14.12.50.

190　*IT*, p. 183 and n.10.

191　MRC 937/7/8/1: EJH to David Howell, 25 April 2003, and enclosure. 一名伪装成租客的军情五处情报人员潜入艾瑞克家中，窃取了他的党员自传(军情五处应该通过类似方式获得了很多其他党员的自传)，这是"活跃政党情报收录"的一部分，这份自传可以在军情五处为艾瑞克建立的档案中找到。see Andrew, *The Defence of the Realm*, pp. 400–1.

192　TNA KV2/3981, 140a: Extract, 28.9.49.

193　HFA Diary Notes: in German, 28.12.50.

194   *IT*, pp. 191-6.

195   MRC 937/4/6/: *Listener*, 27.1.49.

196   Interview with Neal Ascherson, 26.7.2016; interview with Sir Geoffrey Lloyd,22.3.2017.

197   Gioietta Kuo, *A Himalayan Odyssey* (Milton Keynes, 2002); interview with Gioietta Kuo, 28.7.2018.

198   TNA KV2/3982:J. H. Money to D. N. Whyte (copy), 19.10.53.

199   Doris Lessing, *Walking in the Shade* (London, 1997), p. 23.

200   TNA KV2/3981, 127a: Extract, 5.5.48.

201   Ibid, 180: Extract from file PF 211764, 29.5.52.

202   *IT*, p. 190.

203   MRC 937/4/6/1: Letter to *Manchester Guardian*, 29.7.1950, and letter to Arthur Clegg (draft), 8.5.1953; letter to *The Times*, 21.5.1960.

204   TNA KV2/3982: N. Dabell to Miss N. E. Wadeley (copy), 14.4.53.

205   TNA KV2/3981, 128c, 27.9.48.

206   Ibid, 130a, 5.1.49, and 128d, 8.12.48.

207   Ibid, 152b: B.1, 28.12.50 and 144a, Extract P.F.211764, 18.4.50.

208   Ibid, 166a: EJH to Dorothy Diamond, 23.6.51.

209   Ibid, 172a: J. L. Vernon to Col. M. F. Allan, 3.1.52.

210   Ibid, Vernon to Allan, 10.6.52.

211   *IT*, p. 101.

212   Straight, *After Long Silence*, pp. 102-7, 229-30.《史密斯法案》更正式的名称是 1949 年通过的《外侨登记法》。这一法案主张将推翻美国政府认定为刑事罪行，基于该法案，11 名重要的美国共产党员在 1949 年遭到起诉和监禁。法案后来被废除，其中一些罪名被最高法院认定为违宪。See Richard W. Steele, *Free Speech in the Good War* (New York, 1999).

213   TNA KV2/3981, 146: Extract P.F.211763, 26.7.50. 以赛亚·伯林也和迈克尔·斯特雷特有过冲突，他认为后者是个极其恶毒的谣言散布者："他愧对斯特雷特这个姓氏（'斯特雷特'是'Straight'的音译，有'正直'的意思）"。

214   *IT*, pp. 192-4.

215   MRC 937/8/2/23/1: Didier Eribon, 'Ma passion du X Xe siècle', *Le Nowel Observateur*, 22-27/10/99, pp. 136-8 [interview with EJH].

216   LHA CP/CENT/CULT/05/11: Committee minute book 1946-51: minute 10.4.48.

217   John Saville, Christopher Hill, George Thomson and Maurice Dobb (eds), *Democracy and the Labour Movement. Essays in honour of Dona Torr* (London, 1954).

218   MRC 937/1/3/11: EJH to Susan Edwards, 12.12.2003.

219   Ibid, also Dokumentationsarchiv des österreichischen Widerstandes, 50120: Korrespondenz Steiner: Hobsbawm, Eric, 1957-1994: EJH to Herbert Steiner 6.3.57.

220   Antony Howe, 'Dona Torr', *Oxford Dictionary of National Biography*, for further details on Torr.

221   MRC 937/6/2/1: Lines of Development: Statement and discussion on the Content of the History Course in the

Secondary School (1948).

222   MRC 937/6/2/2: The Communist Party Historians' Group–a statement on the present position (January 1952), also for the rest of this paragraph.

223   LHA CP/CENT/CULT/05/11: Committee minute book 1946-1951: minute of 26.9.47.

224   MRC 937/1/6/6: EJH to Raphael Samuel,n.d.(August 1994). See also Saville, *Memoirs from the Left*, pp.87-9.

225   Ibid: Historian's [sic] Group.16th and 17th Century Section,8.9.48.

226   MRC 937/6/2/2: Historians' Group (19th Cent.) Conference to be held at Marx House Sunday, June 6th,1948; FJH 'A Note on Kuczynski's Statistics'and covering letter, undated, to Dona Torr. Jürgen Kuczynski published *A Short History of Labour Conditions under Capialism in Great Britain* in 1946.

227   MRC 937/6/2/1: Notes for Discussion on 'A People's History of England', p.18.

228   MRC 937/6/2/2: three sets of typescript notes on 'Reformism and Empire' and 'Suggestion for Conference on "Labour and Empire"'. 他对 19 世纪激进主义的关注促成了 1953 年 6 月 28 日在伯明翰举行的一次特别会忆（MRC 937/6/2/2: 'Discussion on Radicalism'）。

229   LHA CP/CENT/CULT/05/11: Committee minute book 1946-1951: minute of 14.1.50.

230   Ibid: minute of 3.9.52.

231   Ibid: minutes of14.11.54and 20.2.55.

232   LHA CP/CENT/CULT/08/02: Report on the work of the Historians' Group, December 1954.

233   MRC937/6/2/3: 'Introduction–he General Law of Capitalist Development', p. 1; and additions; full text, typed with handwritten notes.

234   MRC 937/6/2/3: Section XI: Changing Character of the empire after 1880.Discussion. See also, in the same file, and EJH handwritten notes, 'Period 1830-1880', discussion on 'Nature and Character of Bourgeoisie'.

235   Ibid: Session Thirteen: Concluding report and discussion (Friday afternoon, 16th July,1954). Further copies of the lectures by EJH in LHA CP/CENT/CUL.T/10/0l: Papers of Bill Moore.

236   MRC 937/1/2/12: Edward Thompson to EJH,23.11. no year(1963).

237   Ibid: Edward Thompson to EJH,25.10.(1975). See David Parker (ed.), *Ideology, Absolutism and the English Revolution: Debates of the British Communist Historians, 1940-1956* (London,2008); FJH, 'The Historians' Group of the Communist Party', in Maurice Cornforth (ed.), *Rebels and their Causes*(London, 1978); Harvey J. Kaye, *The Education of Desire: Marxists and the Writing of History* (London, 1992); Raphael Samuel, 'British Marxist Historians', *New Left Review* 120 (1980), pp. 21-96.

238   TNA KV2/3982: Pierre Vilar to EJH,18.10.52 (copy of intercepted letter).

239   Archivio della Scuola Normale di Pisa: EJH to Delio Cantimori, 13.7.52.

240   TNA KV2/3982: 'Note', 12.11.53.

241   LHA CP/CEN T/CULT/05/11: Committee minute book 1946-1951: minute of 29.8.54.

242   MRC 1215/26: Moscow Diary. 艾瑞克在回忆录里反而强调斯大林体型瘦小，惊叹一个如此单薄的人竟然有如此大的威力。

243   *IT*, pp. 197-201; TNA KV2/3983: 'British Historians in Moscow', Extract from Summary of World Broadcasts–Part I–USSR.

244 HFA Diary Notes: in German,6.1.50.

245 I am indebted to Mr Andrew Morris for this information.

246 EJH, Christopher Hill and Rodney Hilton, 'Past & Present: Origins and Early Years', Past & Present 100(August 1983), pp.3-14, also for the following.

247 Archivio della Scuola Normale di Pisa: EJH to Delio Cantimori,31.1.52.

248 Ibid:EJH to Delio Cantimori,8.1.52; see also TNA KV2/3982: Cantimori to EJH, 18.11.52 (copy of intercepted letter).

249 Archivio della Scuola Normale di Pisa: EJH to Delio Cantimori, August 1955.

250 MRC937/7/8/1: EJH to unnamed correspondent, n.d.

251 HFA Diary Notes: in German, 16.12.50.

252 MRC 937/8/2/23/1: Didier Eribon, 'Ma passion du X Xe siècle', Le Nouvel Obserwateur, 22-27/10/99, pp.136-8. See also 'Panel Discussion: Conversations with Eric Hobsbawm', India Centre International Quarterb, 34/1(March 2005). 艾瑞克形容年鉴学派是英国马克思主义历史学者小组的法国版本。

253 'Introduction', Past & Present 1(February 1952), p.i.

254 MRC 937/8/2/23/1: Pierre Goubert, 'Marxiste à l'anglaise', Le Monde, 28.10.99,p.32.

255 Jacques Le Goff, 'Past & Present: Later History', Past & Present 100(August 1983), pp.14-28.

256 MRC 937/7/8/1: EJH to unnamed correspondent, n. d., pp. 3-4.

257 EJH, 'The Machine Breakers', Past & Present 1 (February 1952), pp. 57-70.

258 MRC 937/6/2/2: Communist Party Historians' Group, Sixteenth and Seventeenth Centuries Section, 8.3.52. 艾瑞克不属于共产党历史学者小组的 16、17 世纪研究组，但他有时会参加这个分组的会议。

259 EJH, 'The General Crisis of the European Economy in the 17th Century', Past & Present 5 (May 1954), pp. 33-53, and 6(November 1954), pp. 44-65.

260 MRC 937/8/2/1: Frederic Mauro, 'Sur la "crise" du XVIIe siècle', Annales ESC, XIV/1(1959), pp. 181-5. 这促使年鉴学派在巴黎的大本营法国社会科学高等研究院邀请艾瑞克前来介绍一篇题为《英格兰：工业革命与大众阶层生活水平》的论文，这篇文章随后发表在年鉴学派的期刊上。

261 H.R. Trevor-Roper, 'The General Crisis of the 17th Century', Past & Present 16 (November 1959), pp.31-64; Trevor Aston (ed.) Crisis in Europe 1560-1660: Essays from Past & Present (Oxford, 1965); Geoffrey Parker and Lesley Smith (eds), The General Crisis of the Seventeenth Century (London, 1978).

262 MRC 937/7/8/1: 'The Cold War and the Universities' (typescript, New York,13.11.97), p. 4.

263 Postan to Tawney, 3.1.51, quoted in Goldman, The Life of R.H. Tauwney, p. 280.

264 EJH, Christopher Hill and Rodney Hilton, Past & Present: Origins and Early Years', Past & Present 100 (August 1983), pp. 3-14.

265 MRC 937/8/2/22/2: Neal Ascherson, 'The Age of Hobsbawm', Independent on Sunday, 2.10.94, p.21.

266 HFA: Troup Horne to JH, 16.2.50.

第六章　危险角色

1 The Great Soviet Encyclopedia (Moscow, 1979), entry on 'Historical Congresses: International'.

2   Archivio della Scuola Normale di Pisa: EJH to Delio Cantimori, l6.II.54.

3   Maxine Berg, 'East-West Dialogues: Economic Historians, the Cold War, and Détente', *Journal of Modern History*, Vol.87, No.1 (March 2015), pp. 36-71.

4   EJH, 'George Rudé: Marxist Historian', *Socialist History Occasional Pamphlets* 2(1993), pp. 5-11, at p.11.

5   Archivio della Scuola Normale di Pisa: EJH to Delio Cantimori, Summer 1955. 信上的日期被手动改为 1952 年。但 1952 年艾瑞克住在剑桥大学国王学院，而不是信上的地址戈登大楼。直到 1954 年夏末，他在国王学院的研究员生涯结束后，他才搬到那里。

6   Interview with Robin Marchesi, 6.12.2016, also for the following.

7   Interview with Angela Hobsbaum, 30.3.17.

8   Val Wilmer, 'Denis Preston' in H.C.G. Matthew and Brian Harrison (eds), *Oxford Dictionary of National Biography*, 45(Oxford,2004), pp. 255-6. 我记得 20 世纪 50 年代早期我还是个小孩的时候老师让我们去读这本书。

9   TNA KV2/3983: Extract from Special Branch Report on Louis Frank MARKS; *IT*, p.219.

10   Ibid: 伦敦警察局档案里记录了艾瑞克离境前往法国（"我们注意到他的护照里有几次共产主义国家的签证"）。

11   *IT*, p. 329.

12   MRC 937/1/2/10: Hélène Berghauer to FJH, 18 May (no year, probably 1953).

13   Dan Ferrand-Bechmann, 'Àpropos de Henri Lefebvre et Henri Raymond: Témoignage pour l' histoire de sociologie', *Socio-logos*, put online on 28 March 2007, consulted 30 May 2017, http://socio-logos. revues. org/902/2007; Jack Robertson, *Twentieth-Century Artists on Art: An Index to Writings, Statements, and Interviews by Artists, Architects, and Designers* (2nd edn, London, 1996), p. 110.

14   Entretien entre Elise Marienstras et Charlotte Faucher, 27.7.2016.

15   *IT*, pp. 328-9. 吕西安·戈德曼是一位法国出生的罗马尼亚社会学家，他寻求一种更加灵活、不那么僵化的意识形态，为他认为的 20 世纪 50 年代马克思主义危机寻找出路。罗兰·巴特是文艺理论家，当时正在为一本巴黎杂志撰写关于法国流行文化的专栏文章，这些文章收集在他 1957 年出版的文集《神话学》中，1960 年，他和埃德加·莫兰共同创办了一个传播研究中心，莫兰也是一位社会学家和哲学家，他参与了战时法国的抵抗运动，其间与他原本信奉的马克思主义学说渐行渐远。

16   Entretien entre Maurice Aymard et Charlotte Faucher, 27.7.2016; Entretien entre Michelle Perrot et Charlotte Faucher, 20.9.2016; Patrick Fridenson, notes on Eric's French publications by Charlotte Faucher.

17   Francis Newton, 'St.-Germain Soprano', *New Stalesman*, 15.9.56, p. 310.

18   Francis Newton, 'Parisian Jazz', *New Statesman*, 12.7.58, p. 44.

19   Interview with Robin Marchesi, 6.12.16.

20   *IT*, pp. 328-30; Entretien entre Elise Marienstras et Charlotte Faucher, 27.7.2016.

21   MRC 937/1/2/9: Hélène to EJH,16.3.56; note headed 'Paris,23'.

22   Ibid: Helene to EJH, 25.11.54.

23   Ibid: Helene to FJH, 9.11.56, 例如雷蒙德夫妇的一次伦敦之行。郭久亦在 2018 年 7 月 38 日接受采访时说记得在国王学院的艾瑞克宿舍里见过这对夫妇。

24   TNAKV2/3982: copy of intercepted letter from Hélène to EJH, 27.11.52.

25   Ibid: copy of intercepted letter from Hélène to EJH, 14.10.52.

26   MRC 937/1/2/9: Les Amants', H. Raymond.

27   Ibid: Helene to FJH, 14.5.53. The sonnet continues: 'I love thee to the depth and breadth and height/My soul can reach'.

28   Ibid: Hélène to EJH, 26.7.52.

29   Ibid: Hélène to EJH, 28.3.57.

30   Ibid: Hélènee to EJH, 5.5.58.

31   Ibid: Hélène to EJH, 5.5.58.

32   Ibid: Hélène to EJH, 19.7.60.

33   Ibid: Hélène to EJH, n.d, headed ' lundi 4.

34   Entretien entre Elise Marienstras et Charlotte Faucher, 27.7.2016. 当被问到对这段关系是否知情时，海伦的兄弟亨利·贝格豪尔说他有几次见到艾瑞克和海伦在一起，但并不知道他们有私情，由于此时采访者并没有告知亨利·贝格豪尔这段婚外情，因此他实际上是知道这件事的。

35   Jim House and Neil MacMaster, *Paris 1961: Algerians, State Terror, and Memory* (Oxford,2006).

36   Interview with Neal Ascherson, 26.7.2016.

37   *IT*, pp. 329-30.

38   MRC 937/1/2/10: Hélène to EJH, 24.1.62.

39   Ibid: Hélène to EJH, n. d. ('Le 12 Mai').

40   Ibid: Hélène to EJH, 15.2.65.

41   MRC 937/1/2/9: Hélène to EJH, 17.10.85.

42   MRC 937/2/6/3: Henri to EJH, 15.7.92.

43   *IT* , pp. 328.

44   MRC 937/1/3/1: Summary of correspondence between EJH and Hutchinson; 'The Rise of the Wage-Worker' (synopsis).

45   Ibid: Ruth Klauber to EJH, 18.11.53.

46   Ibid: 'Summary of Correspondence between EJH and Hutchinsons', Letter from Cole, 28.11.53.

47   Ibid: EJH to Cole, undated; Cole to EJH, 7.12.53; JH to Cole, undated; Hutchinson to EJH, 21.1.54, with contract.

48   Ibid: EJH to Ruth Klauber, 7.8.55.

49   Ibid: 'Summary of Correspondence between EJH and Hutchinsons', Letter from Cole, 25.10.55.

50   *IT*, pp. 184-5.

51   MRC 937/1/3/1: EJH to Jack Gaster, 26.10.55.

52   Ibid: FJH to Ruth Klauber (draft, undated).

53   Ibid: 'Summary of Correspondence between EJH and Hutchinsons'.

54   Ibid: EJH to Ruth Klauber, undated, probably December 1955.

55   Ibid: EJH to Ruth Klauber, 9.3.56.

56 Ibid: 'Some Hutchinson's University Library Books'.

57 Ibid: 'Statement by the author', also for the following.

58 Ibid: EJH to Ruth Klauber, 22.3.56, also for the following.

59 Ibid: Birkbeck & Co. to Gaster and Turner, 17.4.56.

60 Ibid: Jack Gaster to EJH, 25.4.56.

61 *IT*, p. 184.

62 MRC 937/1/3/1: EJH to W.H. Chaloner, undated.

63 Edwin Chadwick, *Report on the Sanitary Condition of the Labouring Population of Great Britain* (London, 1832, reprinted with a Foreword by Michael W. Flinn , Edinburgh, 1972); John L. and Barbara Hammond, *The Town Labourer 1760-1832: The New Civilisation* (London, 1917).

64 John Harold Clapham, *An Economic History of Modern Britain* (3 vols, Cambridge, 1926-8); Thomas S. Ashton, *The Industrial Revolution, 1760-1830* (The Home University Library, London, 1948).

65 EJH, 'The British Standard of Living, 1790-1850', *Economic History Review* X (1957-58), reprinted with additions in his *Labouring Men: Studies in the History of Labour* (London, 1964), pp. 64-104; 'The Standard of Living During the Industrial Revolution: A Discussion', *Economic History Review* XVI (1963-4), pp. 119-34, followed by a response from Hartwell on pp. 397-416; see also *Labouring Men*, pp. 120-57.

66 Arthur J. Taylor (ed.), *The Standard of Living in Britain in the Industrial Revolution* (London, 1975), including a 'Postscript' by EJH on pp. 179-88.

67 MRC 937/1/2/12: Edward Thompson to EH, 23.11. no year (1963), also for the following.

68 EJH, 'Organised Orphans', *New Statesman*, 29.11.63.

69 罗德里克·弗拉德用健康和营养数据支持艾瑞克的论点,〔*Height, Health and History: Nutritional Status in the United Kingdom, 1750-1980* (Cambridge, 1990)〕。然而, 即使到了 21 世纪, 这种争论仍然存在。

70 对这种宗派主义的共产主义者的生动描写, 参见 David Aaronovitch, *Party Animals: My Family and Other Communists* (London, 2016)。

71 *IT*, pp. 201-4.

72 Beckett, *Enemy Within*, pp. 130-3.

73 MRC 937/6/2/2: Implications of 20th Congress for Historians, 8.4.56; Reply from Harry Pollitt, 13.4.56; Resolutions passed at the quarterly committee meeting of the Historians Group, held at the Party Centre on 6th April 1956; LHA CP/CENT/CULT/05/11: Committee minute book 1946-1951: minute of 8.4.56.

74 Harry Pollitt, 'The 20th Congress of the C.P.C.U.—and the role of Stalin', *World News*, Vol. 3, No.18 (5.5.56), pp. 278-81,285.

75 John Saville, 'Problems of the Communist Party', *World. News*, Vol. 3, No. 20(19.5.56), p. 314.

76 LHA CP/CENT/CULT/05/11: Committee minute book 1946-1951: minute of 27.5.56.

77 TNA KV2/3983: EJH, 'Labour Unity', *World. News*, 16.6.56.

78 Ibid: 'Lascar' phone tap 18.6.56.

79 MRC 937/6/4/3: undated draft.

80 TNA KV2/3983: 'Lascar: Top Secret', n.d, Temple Bar 2151 wiretap 21.6.56; 'Lascar' 21.6.56 wiretap, also for the

following.

81   Ibid: 'Extract' transcript of bugged conversation at Party headquarters, 22.6.56.

82   Ibid: EJH, 'Communists and Elections', cutting from *Daily Worker*, 30.7.56.

83   Edward Thompson, 'Winter Wheat in Omsk', *World News*, Vol. 3, No.26 (30 June 1956), pp. 408-9.

84   George Matthews, 'A Caricature of Our Party', *World News*, Vol. 3, No.26 (30 June 1956), pp. 409-10.

85   Quoted in Pelling, *The British Communist Party*, p.171; see also Matthews, *The Shadow Man*, pp. 189-99.

86   Pelling, *The British Communist Party*, p. 173.

87   LHA CP/CENT/CULT/0511: Committee minute book 1946-1951: minute of 7.7.56.

88   Ibid: Committee minute book 1946-1951: minute of 8.7.56; see also LHA CP/CENT/CULT/11/02: EJH to Alf
      Jenkin, 1.7.56.

89   James Klugmann, *History of the Communist Party of Great Britain*, I: *Formation and Early Years, 1919-1924*
      (London: Lawrence and Wishart, 1969) and II: *The General Strike 1925-1927* (London: Lawrence and Wishart,
      1969). Eric savaged these volumes in 'Problems of Communist History', EJH, *Revolutionaries: Contemporary Essays*
      (London, 1973), pp. 3-10. For the background, see Andrews, *The Shadow Man*, pp. 197-9.

90   'Statement by the Executive Committee of the Communist Party on "*The Reasoner*"', *World News*, Vol. 3, No. 46
      (17 November 1956), p. 726.

91   *IT*, pp. 205-14; Paul Lendvai, *One Day That Shook the Communist World: The 1956 Hungarian Uprising and Its
      Legacy* (Princeton, NJ, 2008); György Litván, *The Hungarian Revolution of 1956: Reform, Revolt and Repression,
      1953-1963* (Harlow, 1996).

92   EJH, 'Could it have been different?', *London Review of Books*, 16.11.2006.

93   Editorial, *World News*, Vol. 3, No. 45 (10 November 1956), p. 713.

94   MRC 937/6/4/3 Communist Party 1956: Cutting from 'Daily Worker', 9.11.56 (EJH: 'Suppressing facts').

95   *IT*, p. 205.

96   'Rally Round the Party', *World News*, Vol. 3, No.47 (24 November 1956), p. 756.

97   Pelling, *The British Communist Party*, p. 175.

98   Saville, *Memoirs*, from the Left, p. 116.

99   TNA KV2/3983: Betty Grant to Edwin Payne, 12.11.56 (copy of intercepted letter).

100   Ibid: Extract from T/C on TR END o/g call from PETER to RALPH at CHQ 7535, 15.11.56.

101   *New Satesman*, 18.11.56 (correspondence column); TNA KV2/3983 Copy of Telecheck on Temple Bar 2151,
      Communist Party H.Q.

102   MRC 937/6/4/3: EJH, Improving Party Democracy', *World News*, 13.10.56.

103   TNA KV2/3983: Secret: Temple Bar 2151, Communist Party H.Q. Incoming: 22 November 1956 (wiretap).

104   Ibid: 'Lascar' Extract, 4.12.56. 此后不久，鲁本·福尔伯被任命为英国共产党的总书记助理，他定期从
      苏联大使馆收到一箱箱的现金 (Leonard Goldman, 'Reuben Falber', *Guardian*, 6.6.2006)。

105   LHA CP/CENT/CULT/05/l1: Committee minute book 1946-1951: minute of 25.11.56.

106   TNA KV2/3983: Betty Grant to W. E. Payne, 3.12.56, copy of intercepted letter, also for the following.

107   LHA CP/CENT/ORG/18/06: Fractional Activity, 1956-1957: memo of 7.12.56. 希蒙·阿布拉姆斯基出生

于明斯克，是一位犹太古籍专家并且十分热衷收集这类书籍，他也是一名严谨的马克思主义学者，和亨利·柯林斯一起出版了《卡尔·马克思与英国劳工运动》。他由于姻亲关系成了拉斐尔·萨缪尔的姨父。阿布拉姆斯基最后在 1958 年退出英国共产党，开始从事犹太研究的教学工作。详情可参见萨沙·阿布拉姆斯基（希蒙是他的祖父）充满怀缅之情的传记 The House of Twenty Thousand Books（New York，2015）。

108　LHA CP/CENT/CULT/05/11: Committee minute book 1946-1951: minute of 9.12.56.

109　MRC 937/6/4/3 Communist Party 1956: EJH to George Matthews, 10.12.56.

110　Ibid: Matthews to EJH, 19.12.56.

111　LHA CP/CENT/ORG/18/06: Fractional Activity, 1956-1957: memo of 7.12.56.

112　George Matthews, 'Lessons of a Letter', *World News*, Vol. 4, No.2 (12 January 1957), pp. 24-6,32.

113　EJH: 'Three Alternatives Face Us', *World News*, Vol. 4, No.4 (26 January 1957), pp. 61-2 (the illiterate heading was inserted by a sub-editor; Eric would never have spoken of 'three alternatives').

114　Joan Simon, 'Communist Criticism and the Intellectual', *World News*, Vol. 4, No.8 (23 February 1957), pp. 125-6.

115　TNA KV2/2886: Joseph Peter Astbury ('Lascar'): Discussions after National University Staffs Committee AGM, held 26/27 Jan. 1957. 阿斯特伯里是艾瑞克的剑桥同窗，也是一位"使徒"，他在 1936 年加入共产党，通过线人将英国的核机密泄露给苏联。阿诺德·凯特尔是一名教授英语文学的大学教师（参见 Martin Kettle, 'What MI5's records on my father tell us about the uses of surveillance', *Guadian*, 27.7.2011），罗恩·贝拉米是全职党务工作人员，布莱恩·西蒙是位教育家。

116　Beckett, *Enemy Within*, pp. 135-8.

117　Pelling, The British Communist Party, pp. 169-86.

118　LHA CP/CENT/ORG/18/06: Fractional Activity, 1956-1957: memo of 7.12.56.

119　EJH, 'Some Notes about the *Universities and Left Review*', report to Communist Party Executive Meeting, 10-11.5.1958, in LHA CP/CENT/EC/05/08, cited in Andrews, *The Shadow Man*, p. 203.

120　Andrews, *The Shadow Man*, p. 205.

121　LHA CP/CENT/ORG/18/06: Fractional Activity, 1956-1957: memo of 7.12.56.

122　TNA KV2/3985: 'Lascar' Extract 12.11.58 (conversation recorded by listening device at CPGB headquarters).

123　Ibid: 13.11.58.

124　Ibid: 15.12.58.

125　Ibid: 2.1.59.

126　Ibid: 31.3.59.

127　Ibid: 5.5.59.

128　Ibid: 5.5.59.

129　Ibid: 3.6.59.

130　Ibid: 9.6.59.

131　Ibid: 2.6.59, p. 20.

132　Ibid: 5.6.59.

133　Ibid: 10.6.59 (352a and 357a).

134 Ibid: 'Lascar', 5.8.59. 显然军情五处的官员们在 1959 年仍然觉得，即使是在一份印着"绝密"的报告中，把脏话"该死的"写上去也是不得体的。

135 Ibid: 9.11.59.

136 Ibid: 4.1.60.

137 Ibid: 1.2.60.

138 Ibid: 13.5.60.

139 TNA KV2/3986: 'Lascar', monitored conversation, 15.1.62.

140 TNA KV2/3985: PA. in P.F. 211,764, HOBSBAWM, signed P.F. Stewart, 24.3.60.

141 Ibid: Copy of minute on P.F.74.102, by R. Thistlethwaite, 24.3.60.

142 MRC 937/6/4/6: EJH to Brian Simon, 15.1.79.

143 *IT*, p. 202.

144 TNA KV2/3986: 'Lascar', monitored conversation, 18.11.60.

145 MRC 937/1/2/1: Marion Bennathan to Eric, 1 July (no year, probably 1964).

146 Ibid: Marion to Eric, 'Birmingham, 13th March' (1960).

147 Ibid: Marion to Eric, from Queen Elizabeth Hospital, Tuesday, no date (3.4.58).

148 Ibid: Marion Bennathan to Eric, undated (1957).

149 Ibid: Marion Bennathan to Eric, undated (1958).

150 Ibid: Marion to Eric, postmarked 1959.

151 Ibid: Marion to Eric, 13.5.60; 还有一封未注明日期的打字信，其中提到了企鹅出版社因出版 D.H. 劳伦斯的《查泰莱夫人的情人》而受到淫秽审判一事，审判发生在 1960 年 9 月下旬至 10 月上旬。

152 *IT*, p. 221.

153 Ibid, p. 81.

154 EJH, 'Diary', *London Review of Books*, Vol. 32, No.10 (27.5.2010), p. 41.

155 Martin Niederauer, 'Kein Manifest! Hobsbawm an die Frage von Herrschaft und Befreiung im Jazz', in Andreas Linsenmann and Thorsten Hindrichs (eds) *Hobsbawm, Newton und jazz, Zum Verhältnis von Musik und Geschichtsschreibung* (Paderborn, 2016), pp. 111-30. See also Christian Brocking's essay in the same volume, 'Distinktion, Kanon, Transgression: Wie Musik den Wunsch nach gesellschafticher Veränderung ausdrücken, implizieren und bewirken kann', pp. 131-50. The charge, in the same volume, by Daniel Schläppi, 'Hobsbawm reloaded. Oder wie sich Francis Newton der improvisierten Musik des beginnenden 21. Jahrhunderts hätte annähern können', pp. 151-200, 在评判埃林顿公爵和康特·巴锡这些爵士乐领袖人物时，艾瑞克持有一种对待天才的传统保守观念和崇拜，这让他无视爵士乐是一种集体演奏的性质，因此缺乏说服力。他赞扬埃林顿公爵"和他的音乐家之间有一种奇特而不太受控的共生关系"，这种关系"催生出来的音乐既是演奏者的产物，也完全是由作曲家创造的"（Francis Newton, 'The Duke', *New Stateman*, 11.10.58, p. 488）。艾瑞克使用弗朗西斯·牛顿的笔名撰写爵士乐评。

156 Francis Newton, 'Requiem for an Art', *New Statesman*, 11.8.61, p. 192, also for the following.

157 Francis Newton, 'On the Assembly Line', *New Statesman*, 1.9.61, p. 281, 这是当时艾瑞克在文化批评方面最出色的文章之一。

158   Francis Newton, 'No Red Squares', *New Statesman*, 16.3.62, p.390.

159   Timothy W. Ryback, *Rock Around the Bloc: A History of Rock Music in Eastern Europe and the Soviet Union* (Oxford, 1990);, Josef Skvorecky, *Talkin' Moscow Blues* (London, 1989); David Caute, *The Dancer Defects. The Struggle for Cultural Supremacy during the Cold War* (Oxford, 2003), pp. 441-67.

160   Quoted in Kevin Morgan, 'King Street Blues:, Jazz and the Left in Britain in the 1930s-1940s', in Andy Croft (ed), *A Weapon in the Struggle. The Cultural History of the Communist Party in Britain* (London, 1998), pp.123-41, at p.148.

161   Sam Aaronovitch, 'The American Threat to British Culture', *Arena: A Magazine of Modern Literature*, Vol. 2 (June July 1951), No.8, p.4, cited in Philip Bounds, 'From Folk to Jazz: Eric Hobsbawm, British Communism and Cultural Studies', *Critique: Journal of Socialist Theory*, 40 (2012) 4, pp. 575-93.

162   Francis Newton, 'Traditional', *New Statesman*, 24.10.59, pp. 538-40. "沼地人"自 17 世纪开始就有"威斯贝奇之虎"的称号，他们激烈反对排干东盎格鲁乡镇周边的沼泽地。威斯贝奇是诺福克沼泽地区中部的一个镇。

163   Morgan, 'King Street Blues', p.148.

164   TNA KV2/3985: monitored conversation, 27.5.59.

165   TNA KV2/3983: 'Eric John HOBSBAWM', 239b, 126.1.55.

166   BBC WAC RCONT 1: Anna Kallin, Talks Booking Requisition, to Talks Booking Manager, 2.12.55.

167   Ibid: EJH to Anna Kallin, 17.3.55.

168   Ibid: EJH to Anna Kallin, 3.3.55.

169   BBC WAC RCONT 1: Leslie Stokes quoting Thomas Crowe, 'Announcer's Comment', 26.2.56.

170   Ibid: EJH to Anna Kallin, 19.2.56.

171   Ibid: Anna Kallin to EJH, 19.3.56.

172   Ibid: EJH to Anna Kallin, 27.3.56.

173   Ibid: Anna Kallin to Talks Booking Manager, Talks Booking Requisition, 10.1 .57. 这个节目引来了英国广播公司唱片部门的抗议，认为应该事先咨询他们 (ibid, Donald Maclean to Anna Kallin, 23.5.57)。

174   Ibid: Talks Booking Requisition, Anna Kallin's secretary to Talks Booking Manager, 21.5.62; EJH to Anna Kallin, 16.4.62; Anna Kallin to EJH, 13.4.62, adding that she wanted to meet Bloch 'in my private capacity to pay tribute to a great man'.

175   Ibid: 'Talks (Live or Recorded)P. T. T. —Talks Meeting', n.d.

176   *IT*, p. 225; EJH, 'Diary', *London Review of Books*, Vol. 32, No. 10 (27.5.2010), p. 41.

177   *IT*, p. 225.

178   MRC 937/8/2/3: 'Dr Hobsbawm is Mr Newton', unattributed clipping.

179   Chris Wrigley, *A.J. P. Taylor. Radical Historian of Europe* (London, 2006), pp. 233-8.

180   Francis Newton, 'Band Discord', *New Statesman*, 25.1.58, pp. 102-3.

181   Francis Newton, 'Significant Sims', *New Statesman*, 17.11.61, p. 757.

182   科林·麦金尼斯的《初生之犊》在 1986 年被拍成电影，由戴维·鲍伊、帕斯蒂·肯西特、史蒂夫·伯克夫和曼迪·莱斯-戴维斯出演。这部电影遭到影评人的激烈抨击，票房惨败，导致原来很成功的英国电影公司金冠电影破产。

183   MacInnes, *Absolute Beginners*, p. 173.

184   EJH, 'Diary', *London Review of Books*, Vol. 32, No. 10 (27.5.2010), p.41, also for the following.

185   HFA: membership card, expiry date 31.12.64. See Sophie Parkin, *The Colony Room Club* (London, 2013).

186   *IT*, pp.226-7; EJH, 'Diary', *London Review of Books*, Vol. 32, No.10 (27.5.2010), p.41. 有关俱乐部及其成员的描述，参见 Daniel Farson, *Soho in the Fifties* (London, 1987)。

187   Francis Newton, 'The Wild Side', *New Statesman*, 8.4.62, p. 500.

188   Francis Newton, 'How about Playing, Gypsy?' *New Statesman*, 3.2.61, p. 191, also for the following.

189   Francis Newton, 'Basie', *New Statesman*, 6.4.57, p. 438.

190   Francis Newton, 'God', *New Statesman* 17.5.63, p. 768.

191   Francis Newton, 'After Armstrong', *New Statesman*, 30.6.56, p. 760.

192   Francis Newton, 'No Time for Thrushes', *New Statesman*, 13.2.60, p. 218.

193   Francis Newton, 'Mahalia', *New Statesman*, 14.4.61, p.598; 'Annie Ross', *New Statesman*, 17.1.64, p. 90.

194   Francis Newton, 'The Uncommercials', *New Statesman*, 17.8.57, p. 198; 'Atoms for the, Juke Box', *New Statesman*, 22.3.58, pp. 374-5; 'Masked Man', *New Statesman*, 24.11.61, p. 807.

195   Francis Newton, 'Too Cool', *New Statesman*, 16.1.60, p. 68.

196   Francis Newton, 'The Quiet Americans', *New Statesman*, 7.12.57, p.774; 'MJQ', *New Statesman*, 6.10.61, p. 487; and 'Three plus Basie', *New Statesman*, 13.4.62, pp. 539-40. "现代爵士四重奏" 是一支有名的四人乐队，由钢琴、电颤琴、爵士鼓和低音提琴组成，演奏一种受到节奏蓝调影响、冷静克制的音乐。

197   Francis Newton, 'Hornrimmed Jazz', *New Statesman*, 1.3.58, p. 266. Dave Brubeck wore horn-rimmed spectacles; also 'Masked Man', *New Statesman*, 24.11.61, p. 806.

198   Francis Newton, 'Miles Away', *New Statesman*, 21.5.60; again in 'Jazz and Folk Records', *New Statesman*, 17.3.61, p. 447.

199   Francis Newton, 'Reluctant Monk', *New Statesman*, 5.5.61, pp. 725-6.

200   Francis Newton, 'Errol Garner', *New Statesman*, 1.6.62, p. 807.

201   Francis Newton, 'Band Call', *New Statesman*, 23.8.58, pp. 220-1.

202   Francis Newton, 'Manhattan Solo', *New Statesman*, 2.7.60, pp. 12-14, also for the following.

203   Francis Newton, 'Back to Grassroots', *New Statesman*, 23.5.59, p. 723.

204   Logie Barrow, 'Anatomising Methuselah' (unpubl. typescript).

205   Francis Newton, 'Mr Acker Requests', *New Statesman*, 17.11.60, p. 736.

206   Francis Newton, 'Too Much Jazz?', *New Statesman*, 12.10.57, pp. 458-9.

207   Francis Newton, 'Band Discord', *New Statesman*, 25.1.58, pp. 102-3.

208   Francis Newton, 'Nothing is for Nothing', *New Statesman*, 5.12.59, pp. 796-7.

209   Francis Newton, 'Mr Granz Makes Music', *New Statesman*, 10.5.58, pp. 600-1. See also 'News from everywhere', *New Statesman*, 3.12.60, p. 876, for a review of a 'Jazz at the Philharmonic' event at London's Festival Hall.

210   EJH, 'Diary', *London Review of Books*, Vol. 32, No.10 (27.5.2010), p. 41; David Kynaston, *Modernity Britain: Opening the Box, 1957-59* (London, 2013), pp. 169-82.

211   EJH, 'Diary', *London Review of Books*, Vol. 32, No.10 (27.5.2010), p. 41. 克莉欧·连恩成为了一名著名的爵士歌手，并嫁给了乐队指挥约翰·丹克沃斯。

212   Francis Newton, 'Denmark Street Crusaders', *New Statesman*, 27.9.58, p. 409.

213   Francis Newton, 'The Trend Guessers', *New Statesman*, 21.12.57, pp. 852-3.

214   Francis Newton, 'Pied Pipers', *New Statesman*, 16.2.57, p. 202.

215   Francis Newton, 'Beatles and Before', *New Statesman*, 8.11.63, p. 673, and 'Stan Getz', *New Statesman*, 20.3.64, p. 465.

216   Francis Newton, 'Bob Dylan', *New Statesman*, 22.5.64, p. 818.《读者文摘》是一本美国家庭杂志，其典型内容是一些平淡温馨的小说和"人性"故事。鲍勃·迪伦在 2016 年获得诺贝尔文学奖。

217   Francis Newton, 'The Cats in Italy', *New Statesman*, 28.9.57, pp. 378-80.

218   Francis Newton, 'Palm Court', *New Statesman*, 31.1.64, p. 180.

219   MRC: 'Popular Culture and Personal Responsibility. Verbatim Report of a Conference held at Church House, Westminster, 26th-28th October, 1960' (typescript), pp. 124-5.

220   Francis Newton, 'Bix', *New Statesman*, 11.8.56, p. 160.

221   Francis Newton, 'Post-mortem', *New Statesman*, 27.7.57, pp. 112-14.

222   Francis Newton, 'People's Heroin', *New Statesman*, 3.3.61, pp. 358-9.

223   Francis Newton, 'Travellin' All Alone', *New Statesman*, 15.8.59, p. 191.

224   MRC 937/1/4/2: Joseph Losey to EJH, 24.8.59.

225   Frank Mort, *Capital Affairs: London and the Making of the Permissive Society* (New Haven, 2010); Paul Willetts, *Members Only: The Life and Times of Paul Raymond* (London, 2010).

226   Francis Newton, 'Any Chick Can Do It', *New Statesman*, 24.3.61, p. 436, also for the following.

227   MRC 927/1/4/2: EJH to Bill Randle, 3.9.61.

228   Francis Newton, 'New Thing', *New Statesman*, 28.5.65, p. 85; 'The Man and the Boys', *New Statesman*, 25.3.66 (Eric's last article for the *New Statesman* as 'Francis Newton').

229   Francis Newton, 'Duke', *New Statesman*, 21.2.64, p. 308; 'Ellington and Ella', *New Statesman*, 18.2.66 (reprinted in the issue of 25.4.2013, p.141, under Eric's own name).

230   Francis Newton, 'New Thing', *New Statesman*, 28.5.65, p. 855.

231   Francis Newton, 'Doldrums', *New Statesman*, 29.3.63, p. 469,

232   EJH, *The Jazz Scene*, 1989 edition, Introduction, pp. vii, 22.

233   *IT*, p. 226.

234   BULSC DM 1107/5190: Tom Maschler to Reg Davis-Poynter, Managing Director, MacGibbon & Kee, 13.10.58.

235   EJH (Francis Newton), *The Jazz Scene* (London, 1989 [1959]), pp. v, 275-80.

236   EJH, *The Jazz Scene*, pp. 239-40, 271-4. See also Francis Newton, 'Lonely Hipsters', *New Statesman*, 23.11.62, p. 754. 艾瑞克在专栏文章中认为英国的爵士乐迷"主要是工人阶级"。

237   EJH, *The Jazz Scene*, pp. 256-7.

238   MRC 937/8/2/3: Ramsden Greig, 'The Jazz Bohemians are missing', *Evening Standard*, 26.5.59.

239   Francis Newton, 'The Cautious Critics', *New Statesman*, 9.11.57, p. 604.

240   MRC 937/8/2/3: Benedict Osuch, 'Jazz Scene: a must!', *Jazz Today*, undated clipping, p. 12.

241   Ibid: Clancy Segal, 'That Remarkable Noise', *New Statesman*, 30.5.59, p. 768.

242   BULSC DM 1107/5190: John White to Penguin Books, 10.7.69; Peter Wright to John White, 15.7.69.

243   Francis Newton, 'Status Seeking', *New Statesman*, 26.9.59, p. 392.

244   DHAA BH 2009: Payment advice, 4.12.08.

245   Tony Coe,'Hobsbawm andJazz', in Raphael Samuel and Gareth Stedman Jones (eds), *Culrure, Ideology and Politics. Essays for Eric Hobsbawm* (History Workshop Series, London, 1982), pp. 149-57.

246   HFA: Folder 11: Diaries/Autobiographical Writings: Notes re JM (1962), also for the following.

247   'Gamine' is waif-like; 'frech' is cheeky.

248   Interview with Lois Wincott, 20.9.2016.

249   Entretien entre Elise Marienstras et Charlotte Faucher, 27.7.2016.

250   MRC 1215/5: Interview notes: Catania.

251   Anna Maria Rao, 'Transizioni. Hobsbawm nella modernistica italiana', *Studi storici* 4, ottobre-dicembre 2013, p. 768.

252   MRC 937/7/8/1: 'Rathaus/history', Jan. 2008, pp. 4-5.

253   UMA USC/63/1/3: minutes of meeting of University Press Committee, 13.2.58, also for the following.

254   MRC 937/4/3/1/8: EJH, 'Voices of the South', *Times Literary Supplement*, 21.10.55, pp. 613-14. 维托里奥·德·西卡的经典电影《奥尔高索洛的强盗》(1960 年)以这个村庄为故事背景。

255   For the Mafia, see also ibid: EJH, 'Transatlantic Racket', *Times Literary Supplement*, 21.9.62.

256   *Visions of History* (New York, 1983), pp. 3-44, at p. 33.

257   MRC 937/8/2/2: John Roberts, 'The Losers', *Observer*, 3.5.59.

258   Ibid: Denis Mack Smith, 'The Meaning of Bandits' [clipping, no attribution], also for the following.

259   MRC 937/1/3/7: EJH to 'Mr Yoken and friends', n.d. (1995?).

260   HRC B39: David Higham Associates, 387-388: David Higham to EJH, 24.11.59.

261   Interview with Bruce Hunter, 26.7.2016.

262   TNA KV2/3983: EJH, 'Marx as Historian', *New Statesman*, 20.8.55, and typescript copy of EJH letter 24.9.55.

263   Isaiah Berlin to the editor of the *New Statesman*, 25.9.55, in Isaiah Berlin, *Enlightening: Letters 1946-1960*, ed. Henry Hardy and Jennifer Holmes (London, 2009), pp. 499-500.

264   Adam Sisman, *Hugh Trevor Roper. The Biography* (London, 2010), pp. 263-6. For the controversy, see *New Statesman*, 6, 20 and 27 August, 10 and 24 September, 1, 8, 15, 22 and 29 October 1955. For the visa, *IT*, pp. 389-90.

265   TNA KV2/3985: EJH to Joan Simon, 10.5.60 (intercepted letter).

266   Ibid: Ext. from T/C on Tom McWHINNIE, 16.5.60.

267   TNA KV2/3985: John Lawrence to H. G. M. Stone, British Embassy, Washington, 20.5.60.

268   EJH, 'The Economics of the Gangster', *Quarterly Review*, 604 (April 1955), pp. 243-56.

269   *IT*, pp. 397-402, also for the following.

270   Francis Newton, 'The Sound of Religion', *New Statesman*, 8.10.60, pp. 522-4.

271   *IT*, Chapter 22, *passim*.

272   EJH, 'Cuban Prospects', *New Statesman*, 22. 10.60, reprinted in Leslie Bethell (ed.), *Viva la Revolución! Eric Hobsbawm on Latin America* (London, 2016), pp. 29-33, and 'Introduction', pp. 2-3. 对卡斯特罗政权在 1959 年至 1970 年间处决人数的估计差异很大，但没有低于 200 人的。*When the State Kills: The Death Penalty v. Human Rights,* Amnesty International Publications (London, 1989), 这本书中给出的 1959 年至 1987 年的数字略高于 200 人。See more generally Jonathan C. Brown, *Cuba's Revolutionary World* (Cambridge, Mass., 2018).

273   TNA KV2/3986: 'Report: International Affairs Committee', 1.11.60（这是关于艾瑞克发言的完整报告，在场的军情五处情报人员觉得这次发言"很精彩"）。

274   MRC 937/4/6/1: *The Times*, 23.4.61; also *New Statesman*, 21.7.61.

275   Kenneth Tynan to David Astor, 1.4.61, in Kathleen Tynan (ed.), *Kenneth Tynan: Letters* (London, 1994), p. 264.

276   MRC 937/1/6/5: EJH to Andrew Weale, 21.4.94. 军情五处的报告提到一场计划在特拉法加广场进行的游行被取消了。

277   TNA KV2/3986: 9.5.61.

278   MRC 937/1/6/5: EJH to Andrew Weale, 21.4.94.

279   TNA KV2/3986: 'Lascar'—Note for file, pp. 211, 764 HOBSBAWM, no. 394a. For Arnold Kettle, see Martin Kettle, 'What MI5's records on my father tell us about the uses of surveillance', *Guardian*, 28.7.2011.

280   TNA KV2/3986: monitoring transcript 9.2.62.

281   *IT*, pp.255-6.

282   TNA KV2/3986: Extract from MI6 report, 2.3.62.

283   Francis Newton, 'Rumba Patriotica', *New Statesman*, 26.1.62, pp. 138-9, also for the following.

284   John Lahr (ed.), *The Diaries of Kenneth Tynan* (London, 2001), p. 137.

285   Tracy Tynan, *Wear and Tear: The Threads of My Life* (New York, 2016). 泰南越来越沉迷色欲，开始遭到激烈抨击，针对泰南厌恶女性的指控，对朋友忠诚的艾瑞克后来固执地为他进行过辩护（MRC 937/4/6/1: letter to *The Times*, 6.2.1976）。

286   Interview with Robin Marchesi, 6.12.16.

287   Entretien entre Elise Marienstras et Charlotte Faucher, 27.6.2016.

288   Interview with Marlene Hobsbawm, 6.6.2013, email Marlene Hobsbawm to RJE, 30.12.2016, and associated notes by Marlene.

289   MRC 937/1/3/11: EJH to Richard Koenig, 19.1 1.2004; Marlene Hobsbawm notes, and interview 6.6.2013 and 30.12.2016, also for the following; Walter Schwarz, *The Ideal Occupation* (London, 2011), pp. 9-11, and Marlene Hobsbawm, *Conversations with Lilly* (Canterbury, 1998), pp. 37-8.

290   Entretien entre Elise Marienstras et Charlotte Faucher, 27.6.2016.

291   Interview with Marlene Hobsbawm, 6.6.2013, and emails Marlene Hobsbawm to RJE, 30.12.2016 and 6.8.2017, and notes.

第七章　通俗作家

1   MRC 937/7/8/1: 'Paperback Writer' (typescript, 2003), p. 3. Walter Carruthers Sellar and Robert Julian

Yeatman, *1066 and all That: A memorable history of England, comprising all the parts you can remember, including 103 good things, 5 bad kings, and 2 genuine dates* (London, 1930)，这本书讽刺了传统英国历史教科书过时的说教以及对事件和日期的过度强调。

2   MRC 937/7/8/1: 'Paperback Writer' (typescript, 2003), pp. 3-4 (the pagination differs between the two copies in the file).

3   Ibid: 'Rathaus/history' Jan.2008, pp. 5-6.

4   George Weidenfeld, *Remembering My Good Friends. An Autobiography* (London, 1994), pp.243-5; *IT*, p. 185.

5   MRC 937/7/8/1: 'Rathaus/history/' Jan. 2008, p. 6.

6   Ibid: 'Paperback Writer' (typescript, 2003), pp. 4-6.

7   MRC 937/4/3/1/8: EJH, 'The Language of Scholarship', *Times Literary Supplement*, 17.8.56, p. viii.

8   Ibid: 'A New Sort of History: Not a Thread but a Web', *Times Literary Supplement*, 13.10.61, pp. 698-9.

9   EJH, 'Where are British Historians Going?', *Marxist Quarterly*, 2/1 (January 1955), pp. 27-36.

10   MRC 937/7/8/1: second interview with *Radical History Review* (typescript), p. 4.

11   Annan, *Our Age*, p. 267.

12   Hans-Ulrich Wehler, *Deutsche Cesellschaftsgeschichte 1815-1845/49: Von der Reformära bis zur industriellen und politischen 'Doppelrevolution'* (Munich, 1987)，这本书阐述了"德国工业和政治的双元革命"，这个概念对很多国家的大学历史课程都有所启发。

13   Georges Lefebvre, *1789* (Paris, 1939); *La Révolution Francaise* (2 vols, Paris, 1951 and 1957).

14   EJH, *The Age of Revolution: Europe 1789-1848* (London, 1962), p. 82.

15   Ibid, p. 84.

16   Ibid, p. 84.

17   MRC 937/1/2/12: Edward Thompson to EJH, 23.11 (1962).

18   MRC 937/1/5/2: Ernst Fischer to EJH, 20.6.63.

19   Victor Kiernan, 'Revolution and Reaction 1789-1848', *New Left Review* 19 (April 1963), pp. 69-78.

20   MRC 937/1/1/1: Rondo Cameron to EJH, 20.11.62.

21   MRC 937/8/2/4: J. L. Talmon, 'The Age of Revolution', *Encounter*, September 1963, pp. 11-18.

22   Ibid: Prof. G. R. Potter, 'Monarchy under the microscope, *Sheffield Telegraph*, 29.12.62. For similar remarks on Wellington, see the sarcastic review (in the same file) by the philosopher Anthony Quinton, later a Conservative peer, 'Fixing the Blame for Social Evil', *Sunday Telegraph*, 18.11.62.

23   Ibid: Max Beloff, 'Progress through Upheaval', *Daily Telegraph*, 25.1.63.

24   Ibid: T. Desmond Williams, 'The Barricade Mind', *Spectator*, 28.12.62.

25   Ibid: 'Freeing the Middle Class', *Times Literary Supplement*, 11.1.63.

26   Ibid: A.J. P. Taylor, 'Umbrella Men, or The Two Revolutions', *New Statesman*, 30.11.62.

27   Ibid: A.J. P. Taylor, *Observer*, 23.12.62.

28   Ibid: Peter Laslett, 'The new revolutionism', *Guardian*, 30.11.62, also for the following.

29   Ibid: Ernst Wangermann, 'The Age of Revolution', *Marxism Today*, March 1983, pp. 89-92.

30   Dokumentationsarchiv des österreichischen Widerstandes, 50120: Korrespondenz Steiner: Hobsbawm, Eric, 1957-

1994: EJH to Herbert Steiner, 29.10.62, for the departure date.

31   TNA KV2/3987: 'Top Secret' 020/1/E1/N10, dated 18.1.63.

32   Ibid: letter to H. M. Gee, 22.1.63.

33   Bethell (ed.), *Viva la Revolución!*, pp. 45. 这本书中转载了后面几页中提到的几篇文章。

34   MRC 937/7/8/1: EJH 'South American Journey', *Labour Monthly*, July 1963, pp. 329-32, also in *Viva la Revolución!*, pp. 34-9.

35   Francis Newton, 'Bossa Nova', *New Statesman*, 21.12.63, pp. 910-11.《告示牌》和《钱柜》是两本美国音乐流行杂志。

36   MRC 937/7/8/1: EJH, 'South American Journey', *Labour Monthly*, July 1963, pp. 329-32.

37   MRC 937/1/5/4: Pablo Neruda to EJH, 10.6.65.

38   MRC 937/4/3/1/6: EJH, 'Latin America: The Most Critical Area in the World', *Listener*, 2.5.63, also in *Viva la Revolución!*, pp. 43-50.

39   BBC WAC RCONT 1: EJH (from Santiago de Chile) to Anna Kallin, 6.12.62.

40   BBC WAC RCONT 12: Note appended to EJH to Anna Kallin, enclosing synopsis, n.d.

41   EJH, 'Latin America: The Most Critical Area in the World'.

42   MRC 937/4/3/1/6: EJH, 'Social Developments in Latin America', *Listener*, 9.5.63, pp. 778-9, 806, also in *Viva la Revolución!*, pp. 51-8.

43   TNA KV2/3987: 'Mr Hobsbawm's Visit to Latin America', 23.5.63.

44   Ibid: '3. Mr Eric Hobsbawm'.

45   Ibid: 'Lascar': IDRIS COX and JACK WODDIS with Visitor (Eric HOBSBAWM), 1.4.63.

46   Interview with Neal Ascherson, 26.7.2016.

47   EJH, 'Peasant Movements in Colombia' (1969), in *Les Mouvements Paysans dans le Monde Contemporain*, ed. Commission Internationale d'Histoire des Mouvements Sociaux et des Structures Sociales, 3 vols, Naples, 1976, Vol. III, pp. 166 86, also in *Viva la Revolución!*, pp. 196-221.

48   EJH, 'A Hard Man: Che Guevara', *New Society*, 4.4.1968, also in *Viva la Revolución!*, pp. 264–70. 左翼分子 J.J. 托雷斯领导了其中一个短暂的军事政权，他本人于 1971 年被推翻：我记得他政府中的前学生成员在牛津大学圣安东尼学院举行过一次派对，人们在派对上一次次唱起歌颂格瓦拉永垂不朽的《永远的指挥官》。

49   EJH, 'Guerrillas in Latin America', in Ralph Miliband and John Saville (eds), *The Socialist Register 1970* (London, 1970), pp. 51-63, and 'Latin American Guerrillas: A Survey', *Latin American Review of Books*, Vol. 1 (1973), pp.79-88, also in *Viva la Revolución!*, pp. 271-95.

50   EJH, 'What's New in Peru', *New York Review of Books*, 21.5.70. See also EJH, 'Generals as Revolutionaries', *New Society*, 20.11.69.

51   EJH, 'A Case of Neo-Feudalism: La Convención, Peru', *Journal of Latin American Studies*, Vol. I (1969), No.1, pp. 31-50; EJH, 'Peasant Land Occupations: The Case of Peru', *Past & Present* 62 (February 1974).

52   EJH, 'Peru: The Peculiar "Revolution"', *New York Review of Books*, 16.12.71. See also the exchange on Peruvian 'Indians', *New York Review of Books*, 15.6.72.

53   EJH, 'Latin America as US Empire Cracks', *New York Review of Books*, 25.3.71.

54   EJH, 'A Special Supplement: Chile; Year One', *New York Review of Books*, 23.9.71.

55   HFA: EJH to Marlene, 22.10.1969.

56   These lengthy articles are reprinted in *Viva la Revolución!* along with other pieces noted above.

57   EJH, 'Dictatorship with Charm', *New York Review of Books*, 2.10.1975.

58   'Preste atenção em Campinas', *VEJA*, 4.6.1975; Luiz Sugimoto, 'Sobre Hobsbawm, que veio à Unicamp duas vezes', Unicamp news release, 1.10.2012; MRC 1215/4: notebooks on Latin America 1969 and 1975.

59   Marlene Hobsbawm notes.

60   HFA: Richard Preston to Marlene Hobsbawm, 25.4.2016. 丹尼斯后来在一次去西班牙的短暂出差时把艾瑞克也带上了，在和西班牙的音乐人进行业务谈判时，艾瑞克充当了翻译。丹尼斯的儿子理查德觉得"这其实是两人一起出游的机会，他们可以小酌几杯，谈天说地"。

61   Julia Hobsbawm, 'Remembering Dad', *Financial Times*, 19.8.2013.

62   BULSC DM1107/A898: EJH to Plumb, 24.8.64.

63   http://www.britishlistedbuildings.co.uk/101115734-97-larkhall-rise-sw8-clapham-town-ward; HRC B-40: David Higham Associates 806: change of address notice.

64   Interview with Marlene Hobsbawm, 16. 10.2016.

65   WNA 'The Age of Capital': 'Accounts', 31.7.71; WNA 'The Age of Capital': change of address notice, 30.7.71.

66   MRC 937/1/1/3: EJH to Elizabeth Whitcombe, 11.6.73.

67   Marlene Hobsbawm to RJE, 9.9.2017 (email). 我记得 20 世纪 90 年代的时候有一次在公共汽车上遇见迈克尔·富特，他看上去很瘦弱，乘客们都跟他招呼，售票员也对他特别关照。

68   Interview with Neal Ascherson, 26.7.2016.

69   MRC 927/1/1/2: Marlene Hobsbawm to Lubomir Doruska, 23.5.73.

70   Interview with Richard Rathbone, 15.12.2016.

71   Charlotte Faucher, entretien avec Elise Marienstras, 27.7.2016.

72   Interview with Andy and Julia Hobsbawm, 11.7.2016, also for the following.

73   Interview with Roderick Floud, 14.9.2016.

74   Julia Hobsbawm, 'Remembering Dad', *Financial Times*, 19.4.2013, also for the following.

75   MRC 937/1/6/3: Andy Hobsbawm to EJH, n.d. (1993).

76   Interview with Andy and, Julia Hobsbawm, 11.7.2016.

77   *IT*, pp. 233-9. 我的祖父是一名石板打磨工人，在这个地区的采石场里切割板岩，打磨成屋顶的石板瓦。我记得自己寻访过 20 世纪 50 年代盛极一时的采石业遗址以及已经废弃的科里斯窄轨铁路。

78   Interview with Robin Marchesi, 6.12.2016; interview with Andy and Julia Hobsbawm, 11.7.2016.

79   MRC 937/1/1/3: EJH to H. Morris-Jones, n.d. (May 1975).

80   HFA: Marlene Hobsbawm notes; Marlene to RJE, 6.9.2018.

81   Julia Hobsbawm, *Fully Connected: Surviving and Thrivng in an Age of Overload* (London, 2017), pp. 109-10, also for the following.

82   HFA: 'Welsh Cottage: Parc Correspondence', copy of lease.

83   MRC 937/1/1/3: Marlene Hobsbawm to Christian Rasmussen, 4.7.73.

84   HFA: EJH to Marlene, n.d. (1973). 这里的铁路指的是直到 2011 年才重新开放的威尔士高地窄轨铁路。

85   Interview with Andy and Julia Hobsbawm, 11.7.2016.

86   Interview with Robin Marchesi, 6.12.2016.

87   Interview with Angela Hobsbaum, 30.3.2017.

88   Interview with Andy and, Julia Hobsbawm, 11.7.2016, amended 8.9.2018.

89   Marlene Hobsbawm to RJE, 9.9.2017 (email).

90   MRC 937/1/2/2: Joss Bennathan to EJH, 30 July 1973; MRC 937/1/6/3: Joss Bennathan to EJH, 29.10.91.

91   MRC 937/1/6/3: Joss Bennathan to EJH, 29.10.91.

92   Ibid: Joss to Eric, 25.1.74.

93   Interview with Roderick Floud, 14.9.2016.

94   Marlene Hobsbawm notes.

95   Charlotte Faucher, entretien avec Elise Marienstras, 27.7.2016.

96   Interview notes: Charlotte Faucher and Marie-Louise Heller, 28.8.2016.

97   MRC 937/1/1/5: Pat Robinson to EJH, 19.1.2001. "巨石糖果山" 是一个可以随心所欲吃喝而且不需要工作的梦想之地。

98   Alan E. Montgomery to RJE, 26.3.2013.

99   MRC 937/1/1/5: Alan Webb to EJH, 14.9.2002.

100   MRC 937/1/1/4: EJH to Graeme Shankland, n.d. (1984).

101   Romila Thapar, unpublished reminiscences of EJH.

102   John Arnold to RJE, 18.3.2013, and enclosures (including notes by Edward Glover).

103   Pat Stroud to RJE, 25.3.2013 and 11.6.2016.

104   Interview with Lois Wincott, 20.9.2016, also for the following.

105   Peter Archard to RJE, 7.6.2016, and enclosures (including analysis of frequency of topics set for examinations in the course).

106   Peter Archard, 'A world of connections', *BBK Cornet*, August 2001, p.5.

107   MRC 927/1/1/6: John Person to EJH, 7.5.2008.

108   Geoffrey Crossick to RJE, email, 5.9.2017.

109   Interview with Chris Wrigley, 5.10.2016, also for the following.

110   Interview with Donald Sassoon, 20.10.2016, also for the following.

111   Youssef Cassis, interview with Grazia Schiacchitano, n.d.

112   MRC 937/7/8/1: Pip Sharpe to EJH, 28.3.2007.

113   Annan, *Our Age*, p. 267 (footnote).

114   TNA KV2/3985: 'Lascar', monitored conversation 8.12.59.

115   MRC 937/7/8/1: 'The Cold War and the Universities' (typescript, NY, 13.11.97), pp. 3-4.

116   Donald Sassoon, 'Eric Hobsbawm, 1917-2012', *New Lift Review*, 77, Sept.-Oct. 2012. 我记得那时有个牛津大学的老师告诉我汤普森的《英国工人阶级的兴起》很可能使英国历史的发展倒退了 20 年。

117 See the long and detailed history by Negley Harte, 'The Economic History Society 1926-2001', http://www.history.ac.uk/ makinghistory/resources/articles/EHS.html, accessed 30.1.2018.

118 KCAC: NGA/5/1/452: EJH to Noel Annan, 18.9.66, also for the following；还要感谢剑桥大学圣凯瑟琳学院的约翰·汤普森博士，他在 20 世纪 60 年代曾在伦敦大学学院担任历史学讲师。法国历史学家阿尔弗雷德·科班是坚定的反马克思主义者。艾瑞克在 20 世纪 70 年代还拒绝了哈佛、耶鲁、伯克利和斯坦福大学的邀请，理由是他和家人实在离不开伦敦。

119 Keith Thomas, typescript notes on EJH. 1980 年，我在哥伦比亚大学教书的时候，刚结束在万灵学院的访问学者项目回到美国的斯蒂芬·高斯告诉我，有一次他看到一个万灵学院的人在研究晚宴客人名单后把管家叫过来，对他说："我看到晚宴客人里有个女的，我今晚要在自己房间里用餐！"万灵学院后来成功完成了迈入 20 世纪的转型。

120 MRC 937/1/1/2: Raymond Carr to EJH, 18.12.69.

121 Ibid: Michael Flinn to EJH, 6.5.70; HFA: Ronald Tress to EJH, 23.3.70 and accompanying documents.

122 Interview with Roderick Floud, 14.9.2016, also for the following.

123 MRC 937/8/2/5: A.F. Thompson, 'Ingenious Marxman', unattributed clipping; Margaret Cole, 'So unfair to the Fabians', *Tribune*, 8.1.65; A.J. P. Taylor, 'Men of Labour', *New Statesman*, 27.11.64; Asa Briggs, 'Mapping the world of labour', *Listener*, 3.12.64, pp. 893-4; Lionel Munby, 'Caviar to the working man', *Daily Worker*, 5.11.64.

124 MRC 8/2/5: George Lichtheim, 'Hobsbawm's Choice', *Encounter*, March 1965, pp. 70-4. 利希海姆是一位自由学者，与知名的德国历史学家弗朗西斯·卡斯滕一起住在伦敦。完成一系列关于马克思主义和社会主义理论的深刻研究成果后，他觉得自己已经没有什么可写，不顾人们认为他的学术水平正值高峰状态的恳求，在 61 岁那年自杀，他带有一种"罗马式的对议论的无动于衷"。

125 For a positive appreciation of its contribution to labour history, see E. P. Thompson's review in the *Times Literary Supplement*, 31.12.1964.

126 BULSC DM1107/A898: Memorandum of Agreement, 21.6.61.

127 Ibid: Plumb to Pevsner, 16.5.61; Plumb to Pevsner, 12.5.61.

128 Ibid: Pevsner memo, 26.5.61.

129 Ibid: Jacqueline Korn (David Higham Associates) to Pevsner, 15.8.61, and Pevsner to Higham, 9.8.61.

130 Ibid: Korn to David Duguid, 17.1.63.

131 Ibid: Korn to Pevsner, 1.7.63.

132 Ibid: Pevsner to Plumb, 13.12.63.

133 Ibid: Pevsner to Higham, 13.7.64.

134 HRC B-42 David Higham Associates 722: EJH to Miss Korn, 24.8.64.

135 BULSC DM1107/A898: EJH to Plumb, 24.8.64.

136 Ibid: Pevsner to Korn, 28.8.64.

137 Ibid: Peter Wright (history editor, Penguin) to EJH, 21.5.65.

138 Ibid: Bruce Hunter to Dieter Pevsner, 29.12.65.

139 Ibid: Peter Wright to EJH, 8.2.66.

140 Ibid: Peter Wright to Anthony Burton (Weidenfeld & Nicolson), 2.11.66.

141　Ibid: Peter Wright to EJH, 24.10.66. 文件中还包括与克里斯托弗·希尔的通信，内容是他自己对该系列的贡献。

142　Ibid: Briefing Notes, 26.11.66.

143　Ibid:, Julian Shuckburgh to Peter Wright, 16.11.67.

144　Ibid: Julian Shuckburgh to Peter Wright, 26.1 .68; Dieter Pevsner to David Higham, 9.4.68.

145　MRC 937/8/2/7: E. P. Thompson, 'In orbit over the Empire', *Times Literary Supplement*, 27.2.69, p. 202，文中指出这种说法只是重复了前一本书的论点，尽管增加了一些细节。

146　Ibid. See also the review by Asa Briggs, 'What Was, What Is', *New York Times Book Review*, 3.1.66, in the same file.

147　Ibid: David Rubinstein, 'History which makes sense', *Tribune*, 14.6.68, also for the following. 维多利亚时代作家托马斯·卡莱尔用"惨淡的学科"来形容经济学，尤其因为人口学家托马斯·马尔萨斯的悲观预测。

148　Ibid: A.J. P. Taylor, 'Greatness and after', *Observer*, 25.5.68.

149　Ibid: Harold Perkin, 'As Lenin sees us', *Guardian*, 19.4.68. 珀金是位独特的保守党历史学者，他来参加社会史会议时总是穿着熨烫得笔直的西装，而我们其他人都穿牛仔裤和 T 恤衫。

150　Ibid: typescript letter from EJH to Frau Harder (Suhrkamp Verlag, his German publishers), 3.12.68.

151　For an (overwhelmingly positive) assessment, see EJH, 'The Rioting Crowd', *New York Review of Books*, 22.4.65.

152　MRC 937/1/3/11: Olwen Hufton to EJH, n.d. January 2003); EJH to Olwen Hufton, 15.1.2003; also Judith Adamson to RJE, 28.6.2017.

153　MRC 937/1/6/6: EJH to. James Friguglietti, 10.2.94; see also EJH's contribution to the memorial for Rudé, 'George Rude: Marxist Historian: Memorial Tributes', *Socialist History Occasional Pamphlet* 2 (1993), pp. 5-11.

154　MRC 937/1/1/1: Rudé to EJH, 22 March 1962, also for the following. 勒费弗尔的经典研究关注 1789 年的"大恐慌"，法国农民在这一事件中攻击庄园主的城堡，很多情况下都将其付之一炬。

155　First published in 1971 and reprinted in Edward Thompson, *Customs in Common* (London, 1991), pp. 185-258.

156　Eric Hobsbawm and George Rudé, *Captain Swing* (London, 1973 [1969]), esp. pp. xi-xvi, xxii (also for a reply to criticisms by the many reviewers of the book).

157　A. J. P. Taylor, 'Revolt of the secret people', *Observer*, 9.2.69. See also John Lawrence Hammond and Barbara Hammond, *The Village Labourer 1760-1832: a study in the government of England before the Reform Bill* (London, 1911).

158　MRC 937/8/2/9: J. H. Plumb, 'Farmers in Arms', *New York Review of Books*, 19.6.69, pp. 36-7.

159　Richard Cobb, 'A very English rising', *Times Literary Supplement*, No.33, 524 (11.9.69), pp. 989-92.

160　Keith Thomas, typescript notes on EJH.《巫术的兴衰》也在企鹅出版社旗下的佩里格林以平装本形式出版。

161　HRC B-40 David Higham Associates 806: David Higham to EJH, 10.12.65.

162　HRC B-41 David Higham Associates 1028: EJH to David Higham, 16.11.67.

163　Ibid: David Higham Associates 1043: David Higham to EJH, 20.11.67.

164　Ibid: David Higham to EJH, 30.11.67.

165　Ibid: David Higham to EJH, 14.10.68.

166 MRC 937/8/2/8: Anton Blok, 'The Peasant and the Brigand: Social Banditry Reconsidered', *Comparative Studies in Society and History*, 14/4 (September 1972), pp. 494-503.

167 EJH, 'Armed Business', *New Statesman*, 12.6.64, p. 917.

168 HRC B-41 David Higham Associates 1117: Bruce Hunter to EJH, 14.8.69.

169 Ibid 84: EJH to Hilton Ambler, 7.3.70.

170 Ibid: Hilton Ambler to J. S. Stutter, 23.12.69.

171 DHAA BH 2009: Jessica Purdue to Marigold Atkey, 25.6.09 (email printout).

172 Pascale Baker, *Revolutionaries, Rebel's and Robbers. The Golden Age of Banditry in Mexico, Latin America and the Chicano American Southwest, 1850-1950* (London, 2015), p. 4.

173 该书由康涅狄格州米德尔顿的卫斯理大学出版社出版。

174 EJH, 'From Social History to the History of Society', *Daedalus* 100 (1971), 1, pp. 20-45; also in EJH, *On History* (London, 1997), pp. 20-45, and Felix Gilbert and Stephen Graubard (eds), *Historical Studies Today* (New York, 1972).

175 US Department of Justice: Federal Bureau of Investigation (Washington, DC): 105-161920: Eric, John Ernest Hobsbawm, memorandum of 7.4.67.

176 Ibid: US Immigration Visa 7.10.66: Applicant at London.

177 Ibid: Assistant Commissioner Adjudications, 9.1.67.

178 Ibid: Eric John Ernest Hobsbawm, 7.9.67; *IT*, pp. 388-91.

179 Ibid: L. Patrick Gray III (Acting Director, FBI) letter of 8.8.72.

180 MRC 937/4/3/1/8: EJH, 'The Cultural Congress of Havana', *Times Literary Supplement*, 25.1.68, pp. 79-80 (signed article).

181 *IT*, pp. 256-7.

182 KCAC NGA/5/1/452: Annan to Sir John Henniker-Major, 22 October 1968, also for the following. 我在圣安东尼学院读研究生的时候就认识了温文尔雅、衣冠楚楚的萨维帕利 · 戈帕尔，讽刺的是，他本人因为 "和女性关系不检点" 而声名狼藉。

183 *IT*, p. 365. 莫汉加入了甘地夫人的政府，但 1973 年不幸死于空难。

184 HFA: EJH to Marlene, n.d.

185 Romila Thapar, unpublished reminiscences of EJH.

186 HEA: EJH to Marlene, 21.12.68.

187 Ibid: EH to Marlene, 26.12.68, and for the following.

188 TNA FCO 61/581, *passim*: there is an online blog summary of these documents at http://blog.nationalarchives.gov.uk/ blog/hobsbawm-unesco-and-notorious-communists/, accessed 1.8.2017.

189 BBC WAC R51/1213/1: 'Personal View', 4.1.72 [misdated, as sometimes happens in early January, to the previous year]; ibid, Adrian, Johnson to Ed. D.T. P. (R), 19.1.72.

190 BBC WAC: Scripts card index.

191 MRC 937/4/3/1/6: EJH, 'Terrorism', *Listener*, 22.6.72.

192 Ibid: EH, 'Shop Stewards', *Listener*, 27.7.72.

193   Interview with Claire Tomalin, 8.3.2017.

194   MRC 937/3/4/1/6: 'Why America Lost the Vietnam War', *Listener*, 18.5.72, pp. 639-41.

195   Ibid:《听众》节目不久前推出了两篇关于越南战争的文章——分别由艾瑞克和安东尼·刘易斯撰写。第三电台委托丹尼斯·邓肯森主持这个节目，部分原因是为了回应艾瑞克在广播中的发言。

196   US Department of Justice: Federal Bureau of Investigation (Washington, DC): 105-161920: memoranda of 19.5.69, 18.9.70, 26.10.70, 19.1.71, 3.12.70, 3.4.73.

197   Ibid: Memo of 18.9.70.

198   HFA: EJH to Marlene, 4.5.73.

199   Ibid: EJH to Marlene, 6.5.73.

200   Ibid: EJH to Marlene, 13.5.73.

201   Ibid: EJH to Marlene, n.d, also for the following.

202   Ibid: EJH to Marlene, 27.8.1975.

203   Isaiah Berlin, *Building. Letters 1960-1975* (ed. Henry Hardy and Mark Pottle, London, 2013), p. 47 (Berlin to Robert Silvers, 9 February 1972). 伯林此前明确表示他尊敬作为历史学家的艾瑞克，即使他不同意艾瑞克的政治观念。

204   MRC 937/8/2/6: 'Marx and Sons', *Times Literary Supplement*, 18.2.65.

205   MRC 937/4/3/1/8: EJH, 'Marx in Print', *Times Literary Supplement*, 9.5.68.

206   MRC 935/1/3/4: 'Marx: summary of talks between LW and Progress re edition of Marx and Engels'; *Marx/Engels Collected Works*, 50 vols, London, 1975-2004 and various foreign-language editions.

207   Interview with Nick Jacobs, 16.8.2016 amended 8.9.2018.

208   MRC 935/1/3/4: EJH to David McLellan, 7.11.69, and for the following.

209   Ibid: Eric to Tom Bottomore, 8.11.72. 国际社会史研究所是一个位于阿姆斯特丹的档案馆，收藏了马克思和恩格斯的作品和很多其他社会主义者尤其是德国社会主义者的档案，1989—1990年共产主义遭遇挫折后，这个机构接管了《马克思恩格斯全集》的编撰任务，艾瑞克为机构的持续运作筹集资金。莫斯科的编辑团队和新成立的丹麦、法国、日本以及美国编辑小组联系。艾瑞克继续留在编委会。

210   MRC 937/4/3/1/8: EJH, 'Marxism without Marx', *Times Literary Supplement*, 3.12.71, reviewing Louis Althusser, *Lenin and Philosophy and Other Essays* (London, 1971).

211   EJH, 'A Difficult Hope', *New Statesman*, 1.3.74.

212   *IT*, pp. 211-15.

213   EJH, 'In Search of People's History', *London Review of Books*, 19.3.1981, also for the following.

214   MRC 937/1/6/1: Eric to Raph Samuel, 13.5.69.

215   Ibid: EH to Samuel, 22.5.69.

216   MRC 937 l/1/4: EH to Stan Shipley, n.d. (c.1977).

217   David Cannadine, 'Down and Out in London', *London Review of Books*, Vol. 3, No.13 (16 July 1981), pp. 20-1.

218   MRC 937/1/6/2: EJH to, Joanna Innes, 11.6.1991; MRC 937/1/6/3: EJH to P. Sweeney, Prosecution Section, Companies House, n.d. (1991).

219   *IT*, pp. 215-17.

220   Quoted in Beckett, *Enemy Within*, p. 167.

221   'Comrades if the whole people did as we do?'; MRC 937/4/3/1/8: EJH, 'Commentary', *Times Literary Supplement*, 16.5.68, p. 511.

222   EJH, 'Birthday Party', *New York Review of Books*, 22.5.69.

223   Entretien entre Elise Marienstras et Charlotte Faucher, 27.6.2016 à Paris.

224   Interview with Neal Ascherson, 26.7.2016.

225   MRC 927/1/1/1: EJH to Truman, 22.7.68.

226   EJH, '1968: Humanity's Last Rage', *New Statesman*, 12.5.2008, p. 33.

227   Reuben Falber, 'The 1968 Czechoslovak Crisis: Inside the British Communist Party', http://www. socialisthistorysociety.co.uk/czechoslovak-crisis/; EJH, '1968: A Retrospect', *Marxism Today*, May 1978, pp. 130-6.

228   EJH, *Revolutionaries: Contemporary Essays* (London, 1973), pp. 216-19.

229   MRC 937/8/2/10: 'Bending the bars', *The Economist*, 1.9.73, p. 93.《经济学人》的这篇评论标题和文章开头呼应，把艾瑞克描绘成一只受困于马克思主义牢笼中的鸟儿："即使他有时候把栅栏折弯，从外面的地上摘一朵花，这个牢笼依然存在。"

230   Ibid: Tom Kemp, 'Mr Hobsbawn [*sic*]: the sophisticated apologist', *Workers Press*, 2.7.73, pp. 8-9. 加里·希利的托洛茨基小团体因成员包括女演员凡妮莎·雷德格雷夫及其兄长科林而知名。

231   Ibid: David Halle: 'Spent Revolutionaries', *Congress Bi Weekly*, 21.6.74, pp. 18-19.

232   Ibid: Arnold Beichman, 'Political', *Christian Science Monitor*, 28.11.73. 这个时期的苏联会把异见分子送到精神病院或者让他们移居国外，如果他们是犹太人就送回以色列。

233   'Post-mortem on a bloody century', *Financial Times*, 9.10.94.

234   MRC 937/8/2/ lo: Steven Lukes, 'Keeping Left', *Observer*, 22.7.71, p.31.

235   WNA, 'The Age of Capital': copy of Leszek Kolakowski, 'Hobsbawm's Choice', *New Statesman*, 27 July 1973.

236   MRC 937/1/3/2: 'Epochs of England, 13.10.64'.

237   Ibid: Eric to Paul Thompson, undated (1974).

238   Ibid: EJH to George Weidenfeld, 30.4.1975.

239   WNA, 'The Age of Capital': George Weidenfeld to David Higham, 23.3.66.

240   HRC B-41 David Higham Associates 186: notes 'Hobsbawm' (yellow paper), n.d. (1971/72).

241   Ibid: David Higham Associates 1043: Note on a Book on Revolution by E.J. Hobsbawm.

242   Ibid: Tom Maschler to Hilary Rubinstein, 2.7.68; David Higham to EJH, 19.7.68; and David Higham to Hilary Rubinstein, 9.9.68.

243   Ibid: David Higham, Note of a phone conversation re Eric Hobsbawm, 1968.

244   Ibid: David Higham Associates 117: Harold Ober Associates to Bruce Hunter, 12.8.69.

245   Ibid: EJH to Robert F. Fenyo, 23.3.69; Robert F. Fenyo to EJH, 3.12.68.

246   HRC B-41 David Higham Associates 1117: EJH to Robert F. Fenyo, 23.3.69.

247   Ibid: Robert F. Fenyo to EJH, 22.4.69.

248   Ibid: EJH to Bruce Hunter, 25.8.69.

249   HRC B-39 David Higham Associates 387-388: Robert P. Fenyo to EJH, 4.11.70.

250   US Department of Justice: Federal Bureau of Investigation 105-161920: Memo of 18.10.70.

251   HRC B-39 David Higham Associates 387-388: David Higham to Ivan Van Auw, Jr, 25.11.70.

252   Ibid 387-388: Telegram, 22.2.71, et seq.

253   HRC B-41 David Higham Associates 1117: EJH to David Higham, 10.2.69.

254   Ibid: David Higham to EJH, 13.19.69.

255   Ibid. David Higham Associates 338: David Higham to Ivan Van Auw, 19.3.71.

256   Ibid: EJH to David Higham, 1.10.69.

257   WNA, 'The Age of Capital': EJH to Julian Shuckburgh, 19.11.70.

258   Ibid: Bruce Hunter to Julian Shuckburgh, 12.8.71.

259   HRC B-39: Higham and Associates 387-388: 'Hobsbawm' (notes), 1972 and following correspondence.

260   Ibid: David Higham to EJH, 3.1.72, 3.2.72, 25.2.72, 6.7.72, etc.

261   HRC B-41: David Higham Associates 121: David Higham to EJH, 22.7.71 and 19.4.71.

262   Ibid: David Higham Associates 186: David Higham to EJH, 12.12.72.

263   HRC B-43: David Higham Associates 1437: Bruce Hunter to Prentice-Hall, 6.2.87.

264   MRC 937/7/5/2/2: Royalty statements 1961-69; MRC 937/7/5/2/3: Royalty statements 1970-75. 1972 年我开
       始在大学任教时的年薪是税前 1760 英镑。

265   MRC 937/4/3/1/8: EJH, 'Pop Goes the Artist', *Times Literary Supplement*, 17.12.64.

第八章　思想导师

1   WNA, 'The Age of Capital': 'Retyped pages'; see also Susan Loden to EJH, 17.2.76, and EJH to Susan Loden,
       24.2.76, 25.2.76, and subsequent correspondence, in WNA, file on 'Permission Letters'.

2   WNA, 'The Age of Capital': Andrew Wheatcroft to EJH, 3.6.74.

3   HRC B-39 Higham and Associates 387-388: Notes from 1971 (?) stamped XDH: 'Sequel to the Age of Revolution
       contract att. (working title)'.

4   WNA, 'The Age of Capital': Susan Loden to Philip Gatrell, 27.7.77.

5   Ibid: Editorial Production, 28.1.75 and picture research letters.

6   MRC 937/2/11: J. F. C. Harrison, *Victorian Studies*, Summer, 1977, pp. 423-5.

7   Ibid: Herbert Kisch, 'Hobsbawm and *The Age of Capital*', *Journal of Economic Issues*, XVI/1 (March 1982), pp. 107-
       30, at pp. 126-7; see also James J. Sheehan, 'When the world bowed to the power of capital', *Chicago Daily News*,
       20.3.76.

8   MRC 937/2/11: David Goodway, 'Victors and Victims', unattributed, undated clipping.

9   Ibid:J. F. C. Harrison, review in *Victorian Studies*, Summer, 1977, pp. 423-5.

10   Ibid: David Landes, 'The ubiquitous bourgeoisie', *Times Literary Supplement*, 4.6.76, pp. 662-6, also for the
       following.

11   See my *The Pursuit of Power: Europe 1815-1914* (London, 2016).

12   For Eric's generous review of Landes' own next book, *Revolution in Time: Clocks* and the *Making of the Modern*

World (Cambridge, MA, 1983), see EJH, 'On the Watch', *New York Review of Books*, 8.12.1983.

13   MRC 937/8/2/11:J. F. C. Harrison, in *Victorian Studies*, Summer, 1977, pp. 423-5.

14   WNA, Permission Letters; Asa Briggs, 'Around the world in 300 pages', *Books and Bookmen*, March 1976, pp. 13-14.

15   MRC 937/8/2/11: James Joll, 'Charms of the Bourgeoisie', *New Statesman*, 21.11.75, pp. 645-6.

16   Ibid: Paul Thompson, 'Progress at a price', *New Society*, 6.11.75, pp. 328-9.

17   Ibid: Gwyn A. Williams, 'Passepartout', *Guardian*, 13.11.75.

18   Ibid: David Brion Davis, 'The Age of Capital', *New York Times Book Review*, 9.5.76, pp. 27-9.

19   MRC 937/4/3/1/7: EJH, 'The Lowest Depths', *New York Review of Books*, 15.4.82, pp. 15-16.

20   Ibid: EJH, 'Vulnerable Japan', *New York Review of Books*, 17.7.75, pp. 27-31.

21   Ibid: EJH, 'The Lowest Depths', *New York Review of Books*, 15.4.82.

22   巴西的销量由马库斯·加斯帕林提供，他运营艾瑞克在巴西出版商的帕兹与特拉出版社。

23   Keith Thomas, unpublished typescript on EJH.

24   Entretien entre Michelle Perrot et Charlotte Faucher, 20.9.2016.

25   KCAC NK 4/ 18/5: Nicholas K aldor to David Landes, 7.11.73.

26   HFA: American Academy of Arts and Sciences: New Members Elected, May 12, 1971.

27   KCAC NGA/5/1/452: Noel Annan to EJH, 21.5.76. "伪君子" 指 R.R. 达灵顿，他是中世纪史教授以及伯贝克学院的历史系主任。这封信还有一个副本（MRC 937/1/1/3）。

28   KCAC NGA/5/1/452: EJH to Noel Annan, 22.5.76.

29   Keith Thomas, unpublished typescript on EJH.

30   Michael Howard, 'Professor James Joll', *Independent*, 18.7.1994.

31   Miranda Carter, *Anthony Blunt: His Lives* (London, 2001).

32   Hugh Trevor Roper, 'Blunt Censured, Nothing Gained', *Spectator*, 25.11.1979. p. 11.

33   EJH to Trevor-Roper, n.d. (March 1980), quoted in Sisman, *Hugh Trevor Roper*, p.450.

34   MRC 937/1/2/5: British Academy Anthony Blunt: EJH to Kenneth Dover, n.d.

35   Ibid: Kenneth Dover circular, 22.8.1980.

36   Carter, *Anthony Blunt*, pp. 491-3; Kenneth Dover, *Marginal Comment: A Memoir* (London, 1994), pp. 212-20.

37   MRC 937/1/2/5: EJH to Dover, n.d. [August 1980].

38   Ibid: Dover to EJH, 2.9.1980.

39   Kathleen Burk, *Troublemaker. The Life and History of A. J. P. Taylor* (London, 2000), pp. 339-43.

40   MRC 937/1/1/4: EJH to David Cornwell (John le Carré), n.d. (May 1986).

41   Ibid: David Cornwell (John le Carré) to EJH, 27.5.86.

42   Ibid: EJH to David Cornwell (John le Carré), 5.6.86, also for the following.

43   Ibid: EJH to C. H. Lloyd, Secretary to the Board of Electors to the Ford Lectureship, 10.7.87.

44   Peter Brown to RJE, 14.9.2014 (email).

45   Interview with Roy Foster, 5.10.2016.

46   Interview with Claire Tomalin, 3.3.2017, also for the following.

47   MRC 937/7/5/1/2: Income and expenditure details, 1976-7.

48   Entretien entre Elise Marienstras et Charlotte Faucher, 27.7.2016, also for the following.

49   Interview with Andy and Julia Hobsbawm, 11.7.2016, also for the following.

50   Interview with Roderick Floud, 14.9.2016.

51   Correspondence kindly supplied by Judith Adamson.

52   MRC 937/7/5/1/1, also for the following.

53   HRC B-42 David Higham Associates 531: Bruce Hunter to EJH, 31.3.78.

54   Ibid, David Higham Associates 602: EJH to Bruce Hunter, 7.6.78. 戴维·海厄姆的回忆录《文学先生》
      (*Literary Gent*) 在接下来那一年出版。

55   HRC B1-3 David Higham Associates 1141: EJH to Bruce Hunter, 14.10.83, also for the following.

56   Interview with Bruce Hunter, 26.7.2016.

57   HRC B1-3 David Higham Associates 1141: Bruce Hunter to EJH, 20.10.83.

58   Interview with Roderick Floud, 14.9.2016.

59   Entretien entre Elise Marienstras et Charlotte Faucher, 27.7.2016.

60   MRC 937/7/5/1/2: Travel and expenses 1984-5.

61   HFA: Share certfcates. 艾瑞克作为自由作家的收入虽然也很可观，但还是压根比不上 A.J.P. 泰勒，后
      者在 20 世纪 70 年代的收入是艾瑞克的 3 倍以上。

62   MRC 937/7/5/1/2: accounts for 1977-8 and 1978-9 in response to letter from Dawn & Co., Accountants, 8.12.
      1980, and for the following, annual statements to the accountants.

63   Alan Mackay to RJE, 23.3.2013. 尼古拉·布哈林是 20 世纪 20 年代苏联共产党的"右派分子"，他支
      持允许少量私营企业存在的新经济政策。他在 1938 年以"叛国罪"被处决。See Stephen F. Cohen,
      Bukharin and the Bolshevik Revolution (Oxford, 1980).

64   EJH, 'Poker Face', *London Review of Books*, 8.4.2010.

65   EJH, 'An Assembly of Ghosts', *London Review of Books*, 21.4.2005.

66   Mario Ronchi, 'Storia politica ideologia:"I Rielli"', *L'Unità*, 26.10.1966; 'Illusioni e delusion: dei sindicati
      Britannic', *L'Unità*, 22.9.1967; 'Labour Party: impotenza e delusione', *L'Unità*, 13.10.1967; 'Londra pensa al dopo
      Wilson', *L'Unità*, 31.5.1968; 'Le radici dell'utopia', *L'Unità*, 11.7.1968; 'Rapporto sulla sinistra inglese', *L'Unità*,
      3.1.1969; 'Lettera da Londra', *L'Unità*, 4.1.1970; 'Perché Wilson ha perso la partita', *L'Unità*, 26.6. 1970; Enzo
      Santarelli,'Vecchio e nuovo anarchismo', *L'Unità*, 1972 (on 1968); Fausto Ibba, 'Intervista: lo storico inglese Eric J.
      Hobsbawm parla dell'attualità', *L'Unità*, 31.5.1984. 这些都是共产党月刊《复兴》(*Rinascita*) 上艾瑞克的长
      文摘要。另外，该报还刊登了艾瑞克的书的书评。

67   EJH, *The Italian Road to Socialism: An Interview by Eric Hobsbawm with Giorgio Napolitano of the Italian
      Communist Party* (translated by, John Cammett and Victoria DeGrazia, New York, 1977), also for the following.

68   参见乔凡尼·瓜雷斯基的系列漫画作品，主人公是一位乡村教士唐·卡米洛和他在当地的死对头、
      信奉共产主义的市长佩庞，两人象征着"二战"后意大利本土基督教民主党和共产党的共存状态
      [*The Little World of Don Camillo* (New York, 1950)]。

69   'Quattro giorni di incontri e viaggi con lo storico Eric Hobsbawm', *L'Unità*, 26.3.1981, p. 5. 朱利亚诺是"二
      战"结束不久后出现的一名西西里匪徒。《原始的叛乱》一书提到了这个人物。

70   For an overview of the 'Second Mafia War', see John Dickie, *Cosa Nostra. A History of the Italian Mafia* (London, 2004).

71   EJH, in *La Repubblica*, 27.4.2007.

72   EJH, 'The Great Gramsci', *New York Review of Books*, 4.4. 1974, reviewing Quintin Hoare and Geoffrey Nowell Smith (ed. and trans.), *Selections from the Prison Notebooks of Antonio Gramsci* (London, 1971), and Lynne Lawner (ed. and trans), *Letters from Prison by Antonio Gramsci* (London, 1973), also for the following. See also EJH, 'Gramsci and Political Theory', *Marxism Today*, July 1977, pp. 205-12.

73   See also EJH, 'Should the Poor Organize?' *New York Review of Books*, 23.3.1978.

74   Archives Fondation Maison des Sciences de l'Homme, Paris: Fonds Fernand Braudel, correspondence active générale: Fernand Braudel to EJH, 19.11.1973.

75   'Panel Discussion: Conversations with Eric Hobsbawm', *India International Centre Quarterly* 31/4 (Spring, 2005), pp. 101-25 (corrected).

76   Interview notes: Charlotte Faucher and Marie-Louise Heller, 28.8.2016.

77   Entretien entre Michelle Perrot et Charlotte Faucher, 20.9.2016, also for the following.

78   MRC 937/7/7/4/6: Personal experience at the MSH: by E. J. Hobsbawm FBA (n.d., late 1980s).

79   CUL Press 3/1/5/989 Hobsbawm: EH to William Davies, 22.12.81.

80   MRC 937/7/7/4/6: Personal experience at the MSH: by E. J. Hobsbawm FBA (n.d., late 1980s).帕特里克·弗里丹森在采访中提到当时将近 80 岁的布罗代尔已经不再参加"人文科学之家"的会议，会议探讨的主题也和他的兴趣大相径庭了，但他还是经常私底下和参会者见面，并支持历史工作坊的运作。

81   MRC 937/1/1/4: EH to Mr Price, n.d. (1986/7).

82   EJH to Alan Adamson, 25.1.1981 (courtesy of Judith Adamson); Elisabeth Roudinesco, 'Louis Althusser: the murder scene', in eadem, *Philosophy in Turbulent Times* (New York, 2008), p. 113; *IT*, pp. 215-16.

83   HFA: EJH to Marlene, 28.4.1977.

84   HFA: EJH to Marlene, Cornell, 6.5.1977.

85   HFA: EJH to Marlene, Cornell, 1.5.1977.

86   HFA: EJH to Marlene, Cornell, 8.5.1977.

87   HFA: EJH to Marlene, 20.9. n.d.

88   HFA: EJH to Marlene, 1.4.1981.

89   HFA: EJH to Marlene, n.d. (from Thunderbird Lodge, Chico).

90   HFA: EJH to Marlene, 2.4.1978.

91   HFA: EJH to Marlene, 5.4.1978, also for the following.

92   HFA: EJH to Marlene, 23.9.1986, also for the following.

93   HFA: EJH to Marlene, 30.9.1986 (year given by mention of the new airport at Medellín, which was completed in 1985).

94   HFA: EJH to Marlene, 26 July (year uncertain).

95   Respectively, in *Marxism Today* May 1958, pp.132-9; August 1962, pp. 253-6; June 1968, pp. 166-72; August 1967, pp. 239-43; and October 1974, pp. 302-8.

96   Interview with Martin Jacques, 16.8.2016.

97   MRC 937/1/6/3: Martin Jacques to EJH, 29.2.91.

98   Interview with Martin Jacques, 16.8.2016.

99   EJH, 'Intellectuals, society and the left', *New Society*, 23.11.78, reprinted in *New Statesman*, 16.4.2007, p. 62, to mark Eric's ninetieth birthday.

100   EJH, 'The Forward March of Labour Halted?' *Marxism Today*, September 1978, pp. 279-86.

101   EJH, 'Past Imperfect, Future Tense', *Marxism Today*, October 1986, pp. 12-19.

102   Ruth Winstone (ed.), *Tony Benn: Conflicts of Interest. Diaries 1977-80* (London, 1990), p. 596.

103   'Eric Hobsbawm interviews Tony Benn', *Marxism Today*, October 1980, pp. 5-13, also for the following.

104   EJH, 'Falklands Fallout', *Marxism Today*, January 1983, pp. 13-19, also for the following. 最好的短篇研究是由英国官方战争史的作者 Lawrence Freedman 和 Virginia Gamba-Stonehouse 从阿根廷角度撰写的：*Signals of War: Falklands Conflict 1982* (2nd edn, London, 1991)。

105   David Butler et al., *The British General Election of 1983* (London, 1984); EJH, 'Labour's Lost Millions', *Marxism Today*, October 1983, pp. 7-13, also for the following.

106   See also EJH, 'The State of the Left in Western Europe', *Marxism Today*, October 1982, pp. 8-15.

107   MRC 937/1/1/4: Ralph Miliband to EJH, 3.1 .84. Miliband put forward his arguments in public in his article 'The New Revisionism in Britain', *New Left Review*, 1/15, March-April 1985.

108   MRC 937/1/1/4: EJH to Ralph Miliband, 9.1.84.

109   Ibid: Ralph Miliband to EJH, 19.1.84; also EJH, 'Labour: Rump or Rebirth?' *Marxism Today*, March 1984, pp. 8-12.

110   MRC 937 8/2/18: EJH to Tzu-chen Yang, 28.2.02. See also Ruth Winstone (ed), *Tony Benn: Free at Last: Diaries 1991-2001* (London, 2002), p. 130 (18.8.1992), for an example of Neil Kinnock quoting Eric.

111   CCAC/KNNK 17/25: Patricia Hewitt to Neil Kinnock, n.d., 'RE: *Marxism Today* interview with Eric Hobsbawm'. See Eric Hobsbawm, 'The Face of Labour's Future', *Marxism Today*, 28/10, October 1984, pp. 8-15.

112   Interview with Martin Jacques, 16.8.2016.

113   CCAC/KNNK 17/25: Sidekicks Services to the Media: Neil Kinnock Interview, Full Transcript, pp. 1-12. For the published version, see EJH, 'The Face of Labour's Future: Eric Hobsbawm interviews Neil Kinnock', *Marxism Today*, October 1984, pp. 8-15.

114   CCAC/KNNK 17/25: Sidekicks Services to the Media: Neil Kinnock Interview, Full Transcript, pp. 13-33.

115   Logie Barrow, 'Anatomising Methuselah', unpublished typescript. 萨缪尔的 50 岁生日是 1984 年 12 月 26 日。

116   EJH, 'The Retreat into Extremism', *Marxism Today*, April 1985, p. 7.

117   EJH, 'Snatching Victory From Defeat', *Marxism Today*, May 1987, pp. 14-17; and EJH, 'Out of the Wilderness', Marxism Today, October 1987, pp. 12-19, also for the following.

118   EJH, 'No Sense of Mission', *Marxism Today*, April 1988, pp. 14-17; EJH, 'Ostpolitik Reborn', *Marxism Today*, August 1987, pp. 14-19 (interview with the leading German Social Democrat Peter Glotz).

119   EJH, 'Another Forward March Halted', *Marxism Today*, October 1989, pp. 14-19.

120   MRC 937/8/2/29: Ben Pimlott, 'Marx of weakness, Marx of woe', *Independent on Sunday*, 29.6.97, pp. 28-9.

121   Interview with Roderick Floud, 14.9.2016.

122 Interview with Martin Jacques, 16.8.2016.

123 EJH to Alan Adamson, 18.11.1980 (copy courtesy ofJudith Adamson).

124 HFA:J. R. Stewart to EJH, 30.7.82. 1985 年 10 月，艾瑞克被选为伯贝克学院的荣誉院士（HFA: George Overend to EJH, 30.10.85）。

125 Interview with Ira Katznelson, 23.8.2016, also for the following.

126 Ira Katznelson, 'Hobsbawm's 20th Century. A Memorial Event', The New School, 25.10.2013 (typescript).

127 HFA: EJH to Marlene, 22.9. [1987].

128 Interview with Ira Katznelson, 23.8.2016, also for the following.

129 Eric Foner to RJE, 29.7.2016 (email).

130 Interview with Ira Katznelson, 23.8.2016, also for the following.

131 HFA: EJH to Marlene, 18.11.1987.

132 HFA: EJH to Marlene, 16.9.1986.

133 HFA: EJH to Marlene, n.d. 纽约州参议员丹尼尔·莫伊尼汉曾为肯尼迪和尼克松两届政府效力。

134 HFA: EJH to Marlene, 23.11.1986.

135 HFA: EJH to Marlene, 12.11. [1988].

136 Joanna Innes, 'Eric Hobsbawm as *Past & Present Editor*', unpublished paper for 'After Hobsbawm' conference, 1.5.14; Keith Thomas, unpublished typescript on EJH.

137 MRC 937/1/2/12: Edward Thompson to EJH, 4.7.87.

138 MRC 937/1/1/4: EJH to Paul [no surname], 23.12.86.

139 All comments collected in MRC 937/7/4/11.

140 CUL, Press 3/1/5/989 Hobsbawm: William Davies to EJH, 25.4.78.

141 Ibid: Memorandum of Agreement, 26.4.82.

142 Ibid: Terence Ranger to William Davies, 24.12.81.

143 Ibid: EJH to William Davies, 22.12.81.

144 Ibid: Memorandum of Agreement, 26.4.82.

145 *IT*, p. 103.

146 MRC 937/8/2/13: P. N. Furbank, 'The kilt was invented by a Quaker in 1730', *Listener*, 1.3.84.

147 Ibid: Colin McArthur, 'Culture as Power: A New Analysis', *Cencrastoas*, 16 (1984).

148 MRC 937/8/2/ I4: Roy Foster, 'Master of Exceptions', *New York Review of Books*, 5.12.85, pp. 44-6.

149 Ibid: Alastair Reid, 'Class and Organization', *Historical Journal*, 30/1 (1987), unpaginated proof.

150 Ibid: Jeffrey Cox, 'Labor History and the Labor Movement', *Journal of British Studies*, 25/2 (April 1986), pp. 234-41.

151 HRC David Higham Associates 531: EJH to Bruce Hunter, 30.11.77.

152 Interview with Patrick Fridenson, n.d. Bédarida's excellent book was translated into English and updated in 1991 as *A Social History of England 1851-1990*.

153 Interview with Chris Wrigley, 5.10.2016.

154 HRC B-42 David Higham Associates 602: Penny Bruce to EJH, 28.6.78.

155 Ibid: EJH to Bruce Hunter, 7.6.78.

156   WNA, 'The Age of Capital': Andrew Wheatcroft to EJH, 15.11.74.

157   Ibid: EJH to Andrew Wheatcroft, 21.11.74.

158   MRC 937/7/8/1: 'Rathaus/history', Jan. 2008, p.6.

159   WNA, 'The Age of Capital: Andrew Wheatcroft to EJH, 28.11.74.

160   HRC B-42 David Higham Associates 531: EJH to Bruce Hunter, 30.11.77.

161   MRC 937/1/6/24: page from undated letter.

162   HRC B-42 David Higham Associates 843: Penelope Bruce to EJH, 8.5.80.

163   HRC B-43 David Higham Associates 1335: Bruce Hunter to EJH, 22.12.86.

164   Entretien entre Michelle Perrot et Charlotte Faucher, 20.9.2016.

165   See Richard J. Evans, *Comrades and Sisters: Feminism, Socialism and Pacifism in Europe, 1870-1945* (London, 1987).

166   MRC 937/8/2/15: Martin Pugh, 'Imperial motives, unattributed clipping, 3.11.87.

167   Ibid: Michael Foot, 'A new world', *Guardian*, 23.10.87,p. 15.

168   Ibid: Catherine Hall, 'Twilight hour', *New Statesman*, 20.11.87.

169   EJH, 'Man and Woman in Socialist Iconography', *History Workshop Journal*, No.6 (Autumn, 1978), pp. 121-38;
        Ruth Richardson, '"In the Posture of a Whore"? A Reply to Eric Hobsbawm', *History Workshop Journal*, No.14
        (Autumn, 1982), pp. 132-7; other articles in *History Workshop Journal*, No.8.

170   MRC 937/8/2/15: Catherine Hall, 'Twilight hour', *New Statesman*, 20.11.87.

171   Ibid: Gertrude Himmelfarb, 'The Death of the Middle Class', *Wall Street Journal*, 14.3.88, p. 24.

172   Ibid: Geofrey Field, 'The Longest Century', *Nation*, 20.2.1988, pp. 238-41; James, Joll, 'Goodbye to All That', *New
        York Review of Books*, 14.4.1988, pp. 3-4; EJH response in Nicolau Sevcenko, 'Hobsbawm chega com "A Era dos
        imperios"', *Folha de S. Paulo*, 4.6.1988.

173   Joll, 'Goodbye to All That', pp. 3-4.

174   MRC 937/8/2/ I5: John Campbell, 'Towards the great decision', *Times Literary Supplement*, 12-18.2.1988, p. 154,
        also for the following.

175   Ibid: David Cannadine, 'The strange death of liberal Europe', *New Society*, 27.10.87, pp. 267.

176   Ibid: F. M. L. Thompson, 'Going down with the band playing and the rich in evening dress', *London Review of
        Books*, 7.7.1988, pp. 12–13; H.G. 皮特在《忠于马克思主义》一文中用更加通俗的方式肯定了资本主义
        会延续下去: "从威斯敏斯特迈着轻快的步子穿过海德公园到皮卡迪利广场吃一顿价格不菲的午餐,
        这让人不再担心会有什么即将到来的大地震。"

177   MRC 937/8/2/22/1: Perry Anderson, 'Confronting Defeat', *London Review of Books*, 17 October 2002, pp. 10-17,
        also for the following.

178   Ibid, pp. 10-11.

179   MRC 937/1/6/1: EJH letter, 16.5.86.

180   MRC 937/8/2/22/2: Neal Ascherson, 'The age of Hobsbawm', *Independent on Sunday*, 2 October 1994.

181   Interview with Roy Foster, 5.10.2016.

第九章 先知耶利米

1   Paulo Sérgio Pinheiro, 'Eric Hobsbawm: Espelho de um mundo em mutação', *Estado de São Paulo*, 12.6.1988, pp. 80-1.

2   Interview with Patrick Friedenson, n.d. (2016).

3   'The End of the Affair, A Roundtable Discussion', *Marxism Today*, January 1990, pp. 40-5.

4   EJH, 'Splitting Image', *Marxism Today*, February 1990, pp. 14-19; EJH, 'Poker Face', *London Review of Books*, 8.4.2010.

5   EJH, 'Goodbye To All That, *Marxism Today*, October 1990, pp. 18-23.

6   MRC 937/1/6/2: EJH to Chris Wrigley, 4.2.1991.

7   EJH, 'Lost horizons', *New Statesman*, 14.9.1990, pp. 16-18.

8   'Fimda URSS ameaca conquistas sociais', *Folha de S. Paulo*, 11.12.1992; 'Hobsbawm revê socialismos "apos a queda"', *Folha de S. Paulo*, 10.12. 1992.

9   Paul Barker, 'Waking from History's Great Dream', *Independent on Sunday*, 4.2.90, also for the following.

10   Interview with Garry Runciman, 26.7.2016.

11   MRC 937/1/6/3: EJH to Vicente Girbau León, 14.5.92.

12   MRC 937/8/2/25: 'Gerechter Krieg', *Frankfurter Allgemeine Zeitung*, 27.7.95.

13   EJH to James D. Young, 13.5.88, quoted in 'Eric J. Hobsbawm: "Communist" Historian, Companion of Honour and Socialism's Ghosts', from *New Interventions*, Vol. 10, Nos 3-4 (2001) online at https://www. marxists.org/history/etol/writers/ young/ hobsbawm/index.htm. 詹姆斯・D. 扬的政治立场不断在各个苏格兰极左党派之间摇摆，20 世纪 70 年代我和他曾在斯特灵大学共事，那时他是个身材结实、脸色红润、看起来怒气冲冲的光头小个子男人，经常称自己是 "系里的布尔什维克"，实际上他对布尔什维克知之甚少。

14   MRC 937/1/1/4: EJH to UNU/WIDER, 9.4.87.

15   John Breuilly, 'Eric Hobsbawm: nationalism and revolution', *Nations and Nationalism*, 21/4 (2015), pp. 630-57.

16   CUL, Press 3/1/5/989 Hobsbawm: EJH to William Davies, 20.1.90.

17   EJH, 'Dangerous exit from a stormy world', *New Statesman*, 8.11.1991, pp. 16-17.

18   EJH, 'Whose fault-line is it anyway?', *New Statesman*, 24.4.1992, pp. 23-6, reprinted from *Anthropology Today*, February 1992.

19   EJH, 'The nation is Labour's for the taking', *New Statesman*, 3.5.1996, pp. 14-15.

20   MRC 937/8/2/20: Eugen Weber, 'Imagined communities, *Times Literary Supplement*, 26.10-1.11.1990 p. 1149.

21   Ibid: Brendan O'Leary, 'Hobsbawm's Choice', *Times Higher Education Supplement*, 19.10.1990.

22   Ibid: Michael Walzer, 'Only Connect', *New Republic*, 13.8.90, pp. 32-4.

23   Ibid: Car Levy, in *Labour History Review*, 56/3 (1991).

24   CUL, Press 3/1/5/989: Hobsbawm: EJH to Christine Oram, 24.4.90. 剑桥大学持有这本书的全球版权，怀尔斯讲座的文稿一向如此，但艾瑞克的代理人通过合同协商获得了国外译本版权，之后又把版权转给了伽利玛出版社。

25   Ibid: Hobsbawm: Christine Oram to Frank Schwoerer, 8.6.90.

26   'Lldisoreine organizzato. Intervista con lo storico Hobsbawm. Ll future del mondo: Balcanizzazione globale?', *L'Unità*, 14.4.1991.

27   http://www.bbc co.uk/news/ uk-wales-39281345, accessed 2.12.2017.

28   HFA: Welsh cottage; Parc correspondence: Lovegrove-Fielden to EJH, 5.7.91.

29   Peter Florence, 'Eric Hobsbawm turned history into an art', *Daily Telegraph*, 5.10.2012. 那时该报正资助海伊文学节。

30   Marlene Hobsbawm to RJE, email, 1.6.2018.

31   Interview with Richard Rathbone, 15.12.2016. John Birt was Director-General of the BBC from 1992 to 2000. 在场的其他人说艾瑞克的发言一点儿也不冗长。

32   Frank Trentmann, 'Living history', *BBK: Birkbeck Magazine*, issue 31 (2012), pp. 8-9.

33   MRC 937/7/6/1-2: 'Festa a Genova per gli 80 anni del grande storico inglese'.

34   MRC 937/8/2/29: Keith Thomas, 'Myth breaker', *Guardian* review section, 10.7.97, p. 16.

35   Ibid: Orlando Figes, 'Revolution in the head', *The Times*, 5.6.97, p. 41.

36   Interview with Donald Sassoon, 20.10.2016. 1998 年 6 月，艾瑞克告诉托尼 · 本恩："布莱尔和社会主义毫无关系，他不知道什么是社会主义，他只关心权力。"［Ruth Winstone (ed.), *Tony Benn: Free at Last: Diaries 1991-2001* (London, 2002), pp. 487-8, 21.6.98)］。

37   Interview with Garry Runciman, 26.7.2016; Keith Thomas, unpublished typescript on EJH.

38   Andrew Gimson, 'Eric Hobsbawm: Companion of Dishonour, *Standpoint*, November 2012 (http://www.sandpointmag.co.uk/node/ 4691/full).

39   'Sir Alfred Sherman', Obituary, *Daily Telegraph*, 28.8.06.

40   Alfred Sherman, 'Last year's slogans', *Spectator,* 25.7.98, and for the following.

41   Young, 'Eric, J. Hobsbawm' (as in note 13 above).

42   MRC 937/4/3/1/8: 'The Missing History—A Symposium', *Times Literary Supplement*, 23-29.6.89, p. 690.

43   MRC 937/7/8/1: 'Rathaus/history',Jan.2008, p. 6.

44   MRC 937/1/1/4: George Weidenfeld to EJH, 21.4.87.

45   HRC B-43 David Higham Associates 1528-1529: EJH to Bruce Hunter, 28.4.88.

46   Ibid: Hunter to EJH, 24.5.88. 斯通一直没把这本承诺了的书写出来。亨特显然找了人给艾瑞克的作品大纲写评论。

47   Ibid: Bruce Hunter to EJH, 10.6.88.

48   Ibid: Bruce Hunter pencil note, 14.6.88.

49   Interview with Bruce Hunter, 26.7.2016, also for the following.

50   HRC B-43 David Higham Associates 1528-1529: Bruce Hunter to EJH, 10.6.88.

51   Ibid: Bruce Hunter to EJH, 17.6.88.

52   Ibid: Bruce Hunter to EJH, 27.6.88.

53   Interview with Bruce Hunter, 26.7.2016.

54   HRC B-43 David Higham Associates 1528-1529: A. Goff to EJH, 1.12.88; reply 5.12.88.

55 'Eric Hobsbawm: A Historian Living Through History', *Socialist History*, 1995, pp. 54-64 (transcript of interview on BBC Radio 3 'Nightwaves', 1.11.1994).

56 Virginia Berridge, 'The present as history: writing the history of one's own time, Eric Hobsbawm (1993)', in David Bates et al. (eds), *The Creighton Century, 1907-2007* (Institute of Historical Research, London, 2009), pp. 277-94. The lecture was summarised in Eric's artice 'The time of my life', *New Statesman*, 21 October 1994, pp. 29-33.

57 MRC 937/1/6/3: Peter Holwell to EJH, 1.11.93.

58 Ibid: EJH to the Principal, University of London, 13.11.93.

59 Ibid: Peter Holwell to EJH, 16.11.93.

60 Ibid: Pet er Holwell to EJH, 17.12.93.

61 EJH, 'Facts are not enough', *New Statesman*, 8.8.97, pp. 48-9. 马丁·吉尔伯特是我在牛津大学的 20 世纪欧洲史导师，他主要帮助我提升写作能力，一点也不关心我的文章论点（"反正写到最后你都会改变主意的"）。

62 MRC 937/8/2/22/2: EJH, 'The time of my life', *New Statesman*, 21.10.94, pp. 29-33.

63 Interview with Lise Grande, 15.12.2016, also for the following.

64 小说家，1982 年诺贝尔文学奖得主。

65 我参加了这次讲座，他说这话时我感到特别震撼。

66 HRC B-44 David Higham Associates 2289: Bruce Hunter to EJH, 5.1.94.

67 Ibid: EJH to Susan Watt (Michael, Joseph) 21.3.94 (copied to Bruce Hunter), and Bruce Hunter to EJH, 24.3.94.

68 MRC 937/8/2/22/2: 'Crits' (handwritten notes).

69 Ibid: Neal Ascherson, 'The Age of Hobsbawm', *Independent on Sunday*, 2.10.94, p.21.

70 Ibid: Edward Said, 'Contra Mundum', *London Review of Books*, 9.3.95, pp. 22-3.

71 MRC 937/8/2/22/1: Göran Therborn, 'The Autobiography of the Twentieth Century', *New Left Review* 214 (November/ December 1995), pp. 81-90; Tom Nairn, 'Breakwaters of 2000 From Ethnic to Civic Nationalism', ibid, pp. 91-103; Michael Mann, 'As the Twentieth Century Ages', ibid, pp. 104-25.

72 Ibid: Kevin Davey, 'Age of Conservatism', *Tribune*, 16.12.94.

73 Ibid: Angus Calder, 'Angry account of a century ending in chaos', *Scotland on Sunday*, 30 October 1994.

74 Ibid: review by Ross McKibbin, *Times Literary Supplement*, 24.10.94; Perry Anderson, 'Confronting Defeat', *London Review of Books*, 17 October 2002, pp. 10-17, at pp. 12-13; also MRC 937/8/2/36: Stephen Kotkin, 'Left behind', *New Yorker*, 29.9.03.

75 Ibid: pp. 13-14. Similar points in MRC 937/8/2/22/1: Michael Barratt Brown, 'In Extremis: The Forward March of Hobsbawm Halted', *Spokesman* (1995), pp. 95-102. 长居伦敦的记者托马斯·诺沃特尼觉得这本书的悲观论调显然不像马克思主义的观点 (review in *Österreichische Zeitschrift für Geschichtswissenschaft* 2/99, no pages given: copy in MRC 937/8/2/29)。

76 MRC 937/8/2/22/1: Christopher Caldwell, in *American Spectator*, June 1995, pp. 58-61. 尼尔·阿舍森注意到这本书颠覆了对这一时期的传统描述（MRC (937/8/2/22/2: Neal Ascherson, 'The age of Hobsbawm', *Independent on Sunday*. 2.10.94, p.21）。

77 MRC 937/8/2/22/1: Eugene D. Genovese, 'The Squandered Century', *New Republic*, 17 April 1995, pp. 38-43.

78 Ibid: Tony Judt, 'Downhill All the Way', *New York Review of Books*, 25.5.1995, pp. 20-5, also for the following.

79 MRC 937/8/2/22/2: Niall Ferguson, 'How Stalin saved the West', *Sunday Telegraph*, 23.10.94.

80 Ibid: Andrew Roberts, 'An inadvertent history lesson', *Daily Telegraph*, 29.10.94.

81 Ibid: Daniel Johnson, 'History man who plays with extremes', *The Times*, 15. 10.94. 除了约翰逊，思想史学者迈克尔·比迪斯注意到这本书把20世纪划分为三个阶段并以预测衰落作为终结，与斯宾格勒的《西方的没落》观点一致 [MRC 937/8/2/22/2: Michael Biddiss, 'Four Ages of Modern Man', *Government and Opposition*, 30/3 (1995), pp. 404-11]。

82 Ibid: Modris Eksteins, 'Hobsbawm's book on 20th century extraordinary', *Toronto Globe and Mail*, 29.4.95, C25.

83 Interview with Bruce Hunter, 26.7.2016.

84 MRC 937/8/2/23/2: EJH 'Comments on discussion of Eric Hobsbawm: The Age of Extremes' (typescript); MRC 937/8/2/22/2: Freedman review and Hobsbawm response, typescripts. Eric was probably referring to Christopher Browning's book *Ordinary Men: Reserve Police Battalion 101 and the Final Solution in Poland* (New York, 1993), when he mentioned 'recent research'.

85 HRC B-44 David Higham Associates 2289: Bruce Hunter to EJH, 25.10.94.

86 Ibid: Telephone message re. *Age of Extremes*, EH to Bruce Hunter. 在那不久前我曾遇到艾瑞克，当时他正从伯贝克学院出来，去上计算机课。

87 Ibid: EJH to Bruce Hunter, 12.10.94 and 11.8.94, and Ali Groves to EJH, 25.8.94.

88 Ibid: Marlene Hobsbawm, invitation list, 23.9.1994.

89 Ibid: Ali Groves to EH, 7.11.94.

90 Ibid: Ali Groves to EJH, 28.11.94.

91 HRC B-45 David Higham Associates 180: Catherine Rutherford to William Miller, 7.3.95, and my own recollection of the event.

92 Ibid: EJH to Ania Corless, 28.3.95 and attached pages.

93 MRC 937/1/6/9: Eginhard Hora (Hanser Verlag) to EJH, 2.2.96.

94 See among many examples MRC 937/8/2/25: Ludger Heidbrink, 'Die Alternative ist Finsternis', *Siiddeutsche Zeitung*, 17.3.76.

95 Ibid: Franziska Augstein, 'Mann ohne Club: Hobsbawm und seine Epoche', unattributed and undated article, 18.1.93.

96 MR C 937/1/6/9: Eginhard Hora (Hanser Verlag) to EJH, 2.2.96.

97 MRC 1215/7: 'Lula'.

98 MRC 937/1/6/6: EJH report, 8.2.95.

99 Email interview via his grandson, Pedro Cardoso Zylbersztajn. Alain Touraine was Director of Research at the EHESS.

100 HRC B-45 David Higham Associates 180: Luiz Schwarz to Ania Corless, 23.2.95.

101 销售数字来自艾瑞克的巴西出版商文学出版社以及马库斯·加斯帕林，他是艾瑞克在巴西的第一位出版商的儿子，管理着帕兹与特拉出版社。

102 Peter Florence, 'Eric Hobsbawm turned history into an art', *Daily Telegraph*, 5.10.2012. FLIP, 帕拉蒂国际文

学节迄今为止仍是巴西规模最大的文学节。

103 EJH, *Echoes of the Marseillaise: Two Centuries Look Back on the French Revolution* (London, 1990), pp.1-31.

104 Ibid, pp. 33-66.

105 Ibid, pp. 67-90.

106 Ibid, p. 92.

107 Ibid, pp. 91-113.

108 HRC B-45 David Higham Associates 180: EJH to Pierre Nora, 1.3.95, EJH to Ania Corless, 1.5.95; MRC 937/1/6/7: Pierre Nora to EJH, 24.3.95. 伦佐·费利切写过一系列墨索里尼的传记，很多评论者认为他过于维护后者。恩斯特·诺尔特在很多场合辩称纳粹主义是可以理解的，甚至提到这某种程度上是对共产主义威胁的合理反应。

109 MRC 937/4/3/2/1: EJH 'History and Illusion' typescript. See also Furet, 'Sur Illusion communiste', proof article, same file.

110 HRC B-45 David Higham Associates 180: EJH to Pierre Nora, 1.3.95.

111 Ibid: EJH to Ania Corless, 1.5.95; MRC 937/1/6/6: Pierre Nora to EJH, 11.7.95.

112 MRC 937/1/6/9: EJH to Ania Corless, 11.1.96.

113 MRC 937/1/6/8: Pierre Nora to EJH, 24.1.96.

114 MRC 937/1/3/13: EJH to Pierre Nora, 5.2.96.

115 MRC 937/1/3/12: Richard Figuier letter to David Higham Associates, 4.4.97.

116 MRC 937/8/2/23/1: Philippe-Jean Catinchi, Décapant et polémique, le XXe siècle d'Eric Hobsbawm est publié en français', *Le Monde Diplomatique*, 28.10.99, p. 32.

117 Entretien entre Elise Marienstras et Charlotte Faucher, 27.6.2016 à Paris.

118 MRC 937/8/2/23/1: EJH, 'Damned before they published', *New Statesman*, 18.10.99, p. 41.

119 MRC 937/1/3/12: Ania Corless to EJH, 10.6.97; Olivier Bétourné to Boris Hoffman, 3.6. 97.

120 MRC 937/8/2/23/1: Philippe-Jean Catinchi, 'Décapant et polémique, le XXe siècle d'Eric Hobsbawm est publié en français', *Le Monde*, 28.10.99, p. 32.

121 MRC 937/1/3/13: EJH to Pierre Nora, 5.2.96.

122 MRC 937/8/2/23/1: 'Communisme et fascisme au xxe siècle', *Le Débat*, March-April 1996; 'Sur l'histoire du xxe siècle', *Le Débat*, January-February 1997; and see especially Pierre Nora, 'Traduire: nécessité et dificultés', pp. 93-5 in the latter issue. Brief commentary in MRC 937/8/2/22/2: 'Furet vs Hobsbawm, *Newsletter—Committee on Intellectual Correspondence*, Fall/ Winter 1997/98, p. 10, and Adam Shatz, 'Chunnel Vision', *Lingua Franca*, November 1997, pp. 22-4. See also Ruggiero Romano, 'Une Étrange Anomalie', *Revue européenne des sciences sociales*, XXXV (1997), 109, pp. 176-9; Thierry Denoël, 'Le livre interdit', *Le Vif/L'Express*, 22.10.99, pp. 36-7.

123 MRC 937/1/3/12: EJH to André Versaille, 24.1.99.

124 MRC 937/8/2/23/1: Thierry Denoël, 'Le livre interdit'.

125 Ibid: Enzo Traverso, 'Des livres, du marché et de l'air du temps', *Quinzaine Littéraire*, 8.99, pp. 13-14.

126 Ibid: Philippe-Jean Catinchi, 'Décapant et polemique' (as in note 120 above).

127 Ibid: Robert Verdussen, 'Hobsbawm et son XXe siècle', *La Libre Culture* [Belgium], 3.11.99, p. 3.

128 MRC 937/1/3/12: EJH to André Versaille, 29.7.99; Gabrielle Gelber to EJH (fax), 16.7.99.

129 Ibid: 'PARIS: Lancement de *l'Age des Extrêmes:* PLANNING'; MRC 937/8/2/23/1: 'Lancement de l'Age des Extrêmes: AGENDA' Eric's speech at the Sorbonne repeated his Creighton Lecture ('le siècle des extrêmes', ibid, *Res Publica* 23); MRC 937/2/117 for the typescript) with additional remarks on the French publishing scene; HRC B-44 David Higham 68 R 15382 (3rd acquisition): Ania Corless to André Versaille, 9.9.99.

130 Interview with Bruce Hunter, 26.7.2016.

131 MRC 937/8/2/23/1: EJH, '"L'Age des extrêmes" échappe à ses censeurs', *Le Monde* Diplomatique, 9.99, pp. 28-9, also for the rest of this paragraph.

132 Ibid.

133 Ibid: Ismael Saz, 'Dos autores y un destino. Furet, Hobsbawm y el malhadado siglo XX', *Eutopias 2a época: Documentos de trabajo*, Vol. 135 (Valencia, 1996); 'Historikerstreit: Hobsbawm gegen Furet', *Frankfurter Allgemeine Zeitung Feuilleton*, 13.7.95; Bernado Valli, 'Eric Hobsbawm la Francia lo mette all'indice', *La Repubblica*, 8.4.97; further selection of French and other reviews, and extracts in the press, in MRC 937/8/2/24.

134 Ibid: 'Hobsbawm: perche i francesi mi hanno ritutato', *L'Unità*, 12.9.1999.

135 MRC 937/8/2/23/1: 'l'affairette Hobsbawn', *Livres hebdo*, 8.10.99. See also MRC 937/8/3/34: 'L'affaire Hobsbawn', *Libération*, 9.9.99.

136 MRC 937/8/2/23/1: 'Top Livres Hebdo', *Le, Journal de Dimanche*, 14.11.99（《极端的年代》在非虚构作品排行榜上位居第二，仅次于一本描述法国腐化堕落的公众生活的作品）。See also other bestseller lists in the same file (the book was at number four on 'Les Stars du Marché' in *Le Soir*, 10-11.11.99); Antoine Frodefond, 'Le 20ème siècle vu par Eric Hobsbawm: un livre dérangeant en France', *La Dépêche du midi (Dimanche Quinzaine Littéraire)*, 11.11.99; HRC B-44 David Higham Associates 68 R 15382 (3rd acquisition): Ania Corless to Agence Hofiman, 10.11.99.

137 MRC 937/8/2/23/1: Jacques Nobécourt, 'Un Marxist recompose le XXe siècle'.

138 Ibid: Jean-Pierre Casanova, 'Les habits neufs du progressisisme. Une étrange interpretation du XXe siècle, selon Eric J. Hobsbawm'.

139 See the various publications in MRC 937/8/2/23/1.

140 DHAA Trans 2009 2/2: Ania Corless to Jeanine Windey, 15.5.08, and to George Hoffman, 17.6.08.

141 MRC 937/1/6/7: BBC—Desert Island Discs: Prof Eric Hobsbawm.

142 Ibid: Maxine Berg to EJH, 7.3.95.

143 *The Late Show*, BBC Television, 24 October 1994.

144 MRC 937/1/1/6: EJH to Ivan Avakumovic, 30.3.2007.

145 MRC 937/1/6/5: David Herman to EJH, 25.10.94; EJH to David Herman, 29.10.94.

146 MRC 937/7/8/1: EJH to Jason Heppell, 30.6.97.

147 Eric Hobsbawm (in conversation with Antonio Polito), *The New Century* (translated from the Italian by Allan Cameron, London, Little, Brown, 2000 [1999]), pp. 158-9.

148 MRC 937/7/4/8: Fall 1988 Student Course Evaluation.

149 Ibid: course outlines.

150   Interview with Lise Grande, 15.12.2016, also for the following.

151   MRC 937/1/6/6: Judith Friedlander to EJH, 13.1.94.

152   Ibid: EJH to Judith Friedlander, 15.6.95.

153   MRC 937/7/4/8: Judith Friedlander to EJH, 11.6.96.

154   Ibid: EJH to Judith Friedlander, 4.3.96.

155   Ibid: Michael Hanagan to EJH, 9.5.96.

156   Ibid: note by EJH, 11.11.1998.

157   Arthur M. Schlesinger, Jr, *Journals 1952-2000* (London, 2008), pp. 807-8. 卡洛斯·富恩特斯是一位著名的墨西哥小说家，他的作品被翻译成多国文字；埃德娜·奥布莱恩是一位知名的爱尔兰小说家；罗纳德·德沃金是一位美国的法律哲学家，在牛津大学任教；布莱恩·厄克特是一名退役的英国军官以及联合国副秘书长，也是联合国维和部队浅蓝色头盔的设计者；阿巴·埃班曾经是以色列外交部长；默里·肯普顿是获得过普利策文学奖的美国记者，和《纽约书评》的联合创始人及编辑芭芭拉·爱泼斯坦同居。

158   Judith Friedlander to RJE, 2.8.2016 (email).

159   MRC 937/1/6/4: 'A concerned student' to EJH, the Dean and the Head of Department, 11.10.94.

160   Judith Friedlander to RJE, 2.8.2016 (email).

161   MRC 937/7/4/8: Louise Tilly to EJH, 2.4.96; Judith Friedlander to RJE, 2.8.2016.

162   Ibid: Louise Tilly to EJH, 4.5.96.

163   Ibid: EJH to Judith Friedlander, 4.3.96.

164   Judith Friedlander to RJE, 2.8.2016 (email).

165   MRC 937/1/6/3: Eugene D. Genovese to EJH, 3.6.92.

166   Ibid: EJH to Eugene D. Genovese, n.d. (1992).

167   Ibid: Eugene D. Genovese was the author of, among other books, *Roll, Jordan, Roll: The World the Slaves Made* (New York, 1974) and Elizabeth Fox-Genovese of *Within the Plantation Household: Black and White Women of the Old South* (London, 1988).

168   MRC 937/7/8/1: EJH to Bill Palmer, n.d. (July 1997), also for the following.

169   MRC 937/8/2/37: David Rosenthal, 'Why the Left is right', *Scotsman*, 7.7.07.

170   Interview with Lise Grande, 15.12.2016.

171   MRC 937/1/6/2: EJH to Poole, Gasters, Solicitors, 13.2.1990.

172   MRC 937/1/6/3: Andy Hobsbawm to EH, n.d. (1993).

173   Joan Walker, 'Joss Bennathan: Obituary', *Guardian*, 9 December 2014.

174   MRC 937/1/6/3: Joss Bennathan to EJH, 29.10.91, also for the following.

175   Joan Walker, 'Joss Bennathan: Obituary', *Guardian*, 9 December 2014. 2018 年初，患有阿尔茨海默病的玛丽安·班纳森去世。

176   Interview with Robin Marchesi, 6.12.16, and for the following.

177   Information from Anne Marchesi and Marlene Hobsbawm.

178   MRC 937/8/2/32: Anna Davis to EJH, 18.12.97; Ania Corless to EJH, 19.12.97; EJH to Daniela Bernardelle,

19.1.98; *Village Voice Literary Supplement*, July/August 1998.

179 Ibid: Verena Dobnik, '"Communist Manifesto"is making its Marx again', *Associated Press*, 24.3.98.

180 Ibid: Lyle Stewart, in *Hour* magazine (Montreal), week of 26.2.99. 据说概念艺术家维塔利·科马尔和艾利克斯·梅拉米德宣称："我们不只是艺术家，我们掀起了一场运动。" See Carter Ratliff, *Komar and Melamid* (New York, 1988). 唐娜·卡兰的裙子在 1984 年面世，其设计理念是开启一种充满活力、色彩明亮的着装风格，她后来创立了一个叫"都市禅"的"生活方式品牌"。巴尼百货是专售设计师服装和奢侈品配饰的百货公司。

181 MRC 937/8/2/32: James K. Glassman, 'The Invisible Hand of Karl Marx', *Washington Post*, 31.3.98.

182 Ibid: Barbara Ehrenreich, 'Communism on your coffee table', *Salon Online*, 30.4.98.

183 Ibid: James Poniewozik, 'No irony please–we're leftists', *Salon Media Circus*, 13.5.98.

184 Ibid: Harold Meyerson, 'All Left, Half Right', *LA Weekly*, 14.5.98. 墨西哥出口加工厂是一种利用低关税进口原材料用于生产，然后再把成品出口到原材料国的企业。范奈斯是洛杉矶的一片大型休闲度假区，耐克是一个运动服装品牌，查尔斯·墨菲是一位神学家。

185 Ibid: Scott Shane, 'Communist Manifesto 150 Years Old', *Hartford, CT, Press Courant*, 1.5.98, among many others.

186 Ibid: David Barton, '10 myths about Marx', *Sacramento Bee*, 20.4.98.

187 Ibid: Calvin Reid: 'Verso: Sales Up: Marketing Marx', *Publishers Weekly*, 2.2.98.

188 Ibid: Paul Lewis, 'Marx's Stock Resurges on a 150-Year Tip', *New York Times*, 27.6.98, Arts pp. 1-2.

189 Ibid:, John Cassidy, 'The Return of Karl Marx', *New Yorker*, 27.10.97.

190 DHAA AMG 2011: Tom Penn to Andrew Gordon, 20.6.11 (email printout); Andrew Gordon to Tom Penn, 21.6.2011 (email printout); Tom Penn to Andrew Gordon, 22.6.2011 (email printout); Andrew Gordon to EJH, 20.6.2011.

191 MRC 937/8/2/29: Hugh Trevor-Roper, 'Marxism without regrets', *Sunday Telegraph*, 15.6.97, review section, p.13, also for the following.

192 Ibid: John Arnold, 'Igniting Marx with pomo sparks', *Times Higher Education Supplement*, 28.11.97, p.26.

193 Ibid: Paul Smith, 'No vulgar Marxist', *Times Literary Supplement*, 27.6.99, p. 31.

194 Ibid: Jürgen Kocka, 'Marx lebt! Bei Eric Hobsbawm wird die Aufklärung weise', *Die Welt*, 5.12.98 p.14. 这本书在 1998 年出版了德文版，书名为 *Wieviel Geschichte braucht die Zukunft*, 出版社是汉泽尔；并获得了广泛的评论，大多数都比较相似。

195 MRC 937/8/2/35: Richard Gott, 'Living through an age of extremes', *New Statesman*, 23.9.02, pp. 48-50.

196 EJH, *Behind the Times: The Decline and Fall of the Twentieth Century Avant-Gardes* (London, 1998) [a pamphlet with the text of a single lecture].

197 HRC B-44 David Higham Associates 68 R15382 (3rd acquisition): Giuseppe Laterza to EJH, 18.1.99.

198 MRC 937/2/33: Noel Malcolm, 'What a difference a century makes', *Sunday Telegraph*, 26.3.2000.

199 Ibid: Max Wilkinson, 'Confessions of an unrepentant communist', *Financial Times*, 20/21.5.2000, p. v, also for the following.

第十章 国家瑰宝

1   Entretien entre Elise Marienstras et Charlotte Faucher, 27.6.2016 à Paris.

2   HRC B-45 David Higham Associates 461: Bruce Hunter to EJH, 24.4.96.

3   MRC 937/7/8/1: 'Paperback Writer' (typescript, 2003), pp. 67.

4   PBA: *Interesting Times*: Stuart Proffitt to Bryan Appleyard, 27.6.2002 (phrase repeated in numerous letters to other potential reviewers).

5   Interview with Stuart Proffitt at Penguin Books, also for the following.

6   PBA: *Interesting Times*: Stuart Proffitt to EJH, 25.9.2001.

7   Ibid: Stuart Proffitt, notes on chapters 16 to 24.

8   Ibid: Stuart Proffitt to EJH, 13.11.2001.

9   Ibid: Lisa Graham to Stuart Proffitt, 5.8.2002 and 9.8.2002.

10 Ibid: Bruce Hunter to Helen Fraser, 2.5.2000; Helen Fraser to Bruce Hunter, 16.5.2000.

11 Ibid: Publisher's blurb.

12 HC B-45 David Higham Associates 133: Eric Hobsbawm: 'AUTOBIOGRAPHY' (typed list of twenty-four chapters).

13 PBA: *Interesting Times*: Louise Ball to Stuart Proffitt, 6.9.2002.

14 Ibid: Stuart Proffitt to EJH, 5.12.2002.

15 数据来自艾瑞克的巴西出版商文学出版商。

16 See John Callaghan, 'Looking Back in Amazement: *Interesting Times* and the reviewers', *Socialist History*, 24 (2003), pp. 19-25.

17 MRC 937/8/2/35: Perry Anderson, 'The Age of EJH', *London Review of Books*, 3.20.2002, pp. 3-7, also for the following. For similar observations on the impersonal nature of large stretches of the book, see Volker Depkat, 'Die Fortsetzung von Historiographie mit autobiographischen Mitteln', on the website *H-Soz-u-Kult*, 3.11.2003; also the remarks quoted in the Preface, above.

18 EJH, 'After the Cold War', *London Review of Books*. 26.4.2012, 艾瑞克在朱特不幸因运动神经元病早早离世后写下的对他的赞赏。

19 MRC 937/8/2/35: Anthony Sampson, 'An extraordinary life', *Guardian*, 12.10.2002.

20 Ibid: EJH: 'Cheltenham 2' (typescript), pp. 9-10.

21 Ibid: Adrian Gregory, 'A key witness finally testifies on the 20th century', *BBC History Magazine*, 1.10.2002.

22 MRC 937/1/6/3: Marlene Hobsbawm to EJH, n.d. (Postcard 'Wedding Reception at Home, New York City, 1926').

23 EJH, 'Writers' rooms', *Guardian* Saturday Review, 12.1.2008, p. 3, in LBA: file on *Uncommon People*.

24 Interview with Nick Jacobs, 16.8.2016.

25 Interview with Garry Runciman, 26.7.2016, added comments by Ruth Runciman.

26 Interview with Nick Jacobs, 16.8.2016.

27 Interview with Stuart Proffitt, at Penguin Books.

28 Interview with Roy Foster, 5.10.2016.

29   Romila Thapar, unpublished reminiscences of EJH, 2016.

30   Interview with Roy Foster, 5.10.2016.

31   Val Wilmer, 'Denis Preston' in H. C. G. Matthew and Brian Harrison (eds), *Oxford Dictionary of National Biography*, 45 (Oxford, 2004), pp. 255-6.

32   Interview with Angela Hobsbaum, 30.3.2017.

33   MRC 937/1/1/5: EJH to David Sullivan, n.d. (Nov./Dec. 2004).

34   MRC l/5/2: EJH to Franziska Augstein, 19.10.2006. Augstein published an extremely hostile review of the book: 'In deutschen Genpool baden gehen. Reisserische Thesen, nichts dahinter: Niall Fergusons Geschichte der Gewalt im 20. Jahrhundert', *Süddeutsche Zeitung* 228 (4.10.2006), p. 25.

35   MRC 937/7/3/43.

36   Interview with Richard Rathbone, 15.12.2016.

37   Julia Hobsbawm, 'Remembering Dad', *Financial Times*, 20 April 2013. 阿马蒂亚·森是一位研究发展经济学的诺贝尔奖得主，曾经担任剑桥大学三一学院的院长，艾玛·罗斯柴尔德是他的妻子，也是一位经济史学者。约翰·马多克斯是科学作家及编辑，布伦达·马多克斯是一位传记作者。迈克尔·弗莱恩和汤姆·斯托帕德都是剧作家。

38   FLP: EJH to Fritz Lustig, 27.4.2005.

39   MRC937/4/6/1: *Guardian*, 30.4.87.

40   MRC 937/1/2/8: EJH to János Jemnitz, 26.1.2005.

41   MRC 937/8/2/37: David Rosenthal, 'Why the Left is right', *Scotsman*, 7.7.07, also for the following.

42   DHAA BH 2005: Alice Wilson to Kirsten Lass (email printout, 28.10.05; Kirsten Lass to Alice Wilson, 27.10.05 (email printout).

43   Ibid: EJH to Bruce Hunter, 18.7.05 (email printout) and attachments.

44   MRC 1215/6: typescript, 'On the West Bank', undated.

45   MRC 937/4/6/1: EJH to the *Times Higher Education Supplement*, 10.4.1987.

46   MRC 937/1/4/1: EJH to Bernard Samuels, 19.2.2003.

47   MRC 937/4/6/1: *Guardian*, 19.4.05.

48   Interview with Ira Katznelson, 23.8.2016.

49   EJH, 'Responses to the War in Gaza', *London Review of Books*, 29.1.2009.

50   Entretien entre Elise Marienstras et Charlotte Faucher, 27.6.2016 à Paris.

51   MRC 937/7/3/39-49: visits to the Wigmore Hall on 7.10, 13.10 and 16.10.2010 and 14.11.2011 for example.

52   Interview with Nick Jacobs, 16.8.2016.

53   DHAA BH 2005: EJH to Bruce Hunter, 14.6.05 (email printout).

54   MRC 937/1/1/6: EJH to Michael Kater ?.5.2005.

55   MRC 937/1/1/6: EJH to Ivan Berend, n.d. (Jan. 2005). 这位新总理是曼莫汉·辛格，他于 1957 年从剑桥大学经济系毕业，从 2004 年开始担任国大党执政的印度政府总理长达 10 年之久。

56   'Panel Discussion: Conversations with Eric Hobsbawm', *India International Centre Quarterly* 31/4 (Spring, 2005), pp. 101-25.

57　DHAA BH/AW 2008: Bruce Hunter to Hannah Whitaker, 25.09.08 (email printout), EJH to Bruce Hunter, 25.09.2008 (email printout) and invitation card.

58　Entretien entre Elise Marienstras et Charlotte Faucher, 27.7.2016 à Paris.

59　EJH, 'An Assembly of Ghosts', *London Review of Books*, 21.4.2005.

60　MRC 937/7/3 39-46 (pocket diaries, 2000-2007).

61　Entretien entre Elise Marienstras et Charlotte Faucher, 27.6.2016 à Paris.

62　MRC 937/1/1/6: EJH to Michael Kater, 4.5.2005; EH to Debbie Valenze, 1.7.2005.

63　Julia Hobsbawm, 'Remembering Dad', *Financial Times*, 20 April 2013; information from Marlene Hobsbawm; speeches and congratulations in MRC 937/7/6/3-4. 这些文件中包括他在奥地利大使馆宴会上的讲话。

64　Interview with Claire Tomalin, 8.3.2017.

65　Entretien entre Elise Marienstras et Charlotte Faucher, 27.7.2016.

66　MRC 937/1/1/6: Thomas Matussek to EJH, 6.7.2005.

67　Ibid: Malcolm Chase to EJH, 19.11.2007.

68　Keith Thomas, unpublished manuscript on EJH. 2004 年 6 月 16 日，艾瑞克于苏黎世大学举办的巴尔扎恩奖颁奖大会上发表了讲话（MRC937/7/7/21）。

69　http://www.balzan.org/en/prizewinners/eric hobsbawm/research-project-hobsbawm.

70　MRC 937/1/1/6: EJH to Victor Kiernan, 9.6.2006.

71　DHAA BH/MA 2010: 'Eric Hobsbawm meeting with AMG, 04/11/2010'.

72　Ibid: EJH to Bruce Hunter, 5.10.10 (email printout).

73　Interview with Chris Wrigley, 5.10.2016.

74　Interview with Bruce Hunter, 26.7.2016.

75　EJH, 'Democracy can be bad for you', *New Statesman*, 5.3.2001, pp.25-7, originally delivered as the Athenaeum Lecture in London.

76　Quoted in MRC 937/8/2/37: Bill McSweeney, 'A constant communist', *Irish Times*, 21.7.07.

77　Ibid: John Moore, 'A weak-kneed theory', *Morning Star*, 23.7.2007.

78　Ibid: Noel Malcolm, 'If there are two conflicting ways of putting America in the dock, Hobsbawm will happily go for both of them', *Sunday Telegraph*, 1.7.2007; he thought the essays were full of contradictions.

79　DHAA BH/MA 2008: Tariq Ali to EJH, 30.7.2008.

80　DHAA BH/MA 2006: Tariq Ali to EJH, 2.7.2008; EJH to Bruce Hunter, 2.7.2008; Sebastian Budgen to Bruce Hunter, 16.7.2008 (email printout), and Bruce Hunter to Sebastian Budgen, 15.7.2008 (email printout). 作为一名维索的作者，那时我和其他许多人一样同意放弃版税。

81　DHAA AMG 2011: Andrew Gordon to William Frucht, 20.4.2011 (email printout).

82　DHAA BH/MA 2010: Richard Beswick to Bruce Hunter, 10.11.2010 (email printout).

83　Ibid: Bruce Hunter to Richard Beswick, 15.11.2010 (email printout).

84　Ibid: Clive Priddle to Bruce Hunter, 22.10.2010 (email printout).

85　Ibid: EJH to Marigold Atkey, 6.9.2010 (email printout).

86　DHAA AMG 2011: Bruce Hunter to EJH, 23.11.2010 (email printout).

87 MRC 937/8/2/40: Alan Ryan, 'Kalr's Way', *Literary Review*, March 2011.

88 Ibid: 'Little, Brown: Bestsellers', 29.1.11.

89 DHAA BH/MA 2010: 'Eric Hobsbawm meeting with AMG', 04.11.2010.

90 DHAA AMG 2012: EJH to Andrew Gordon, 9.3.12 (email printout).

91 EJH, 'Homesickness', *London Review of Books*, 8.4.1993.

92 在剑桥大学拉丁美洲学者戴维·布雷丁的建议下，艾瑞克早在 2008 年就开始计划出版关于拉丁美洲的文集，这本文集在艾瑞克去世后的 2016 年出版，编辑是莱斯利·贝瑟尔，书名为《革命万岁！——艾瑞克·霍布斯鲍姆谈拉丁美洲》(*Viva la Revolución! Eric Hobsbawm on Latin America*)。

93 DHAA AMG 2012: Chris Wrigley to Bruce Hunter, 7.12.12.

94 MRC 937/1/6/6 *Evening Standard*, 14.6.94 (clipping sent by Julia Hobsbawm).

95 Ibid: Emma Soames to EJH, 13.6.94.

96 MRC 937/7/3/40: pocket diary for 2001.

97 Ibid.

98 MRC 937/1/1/6: EJH to Debbie Valenze, 1.7.2005.

99 FLA: EJH to Fritz Lustig, 20.6.2007.

100 Ibid: EJH to Fritz Lustig, 15.6.2009.

101 DHAA BH/AW 2006: EJH to Bruce Hunter, 5.10.06. 这本作品目录是查询艾瑞克已发表作品的珍贵指引，由基思·马里兰编撰。

102 Ibid: Bruce Hunter to EJH, 29.09.06.

103 DHAA BH/MA 2010: EJH to Bruce Hunter, 1.10.10 (email printout),

104 Ibid: Bruce Hunter to EJH, 30.9.2010.

105 Ibid: Bruce Hunter to EJH, 4.10.10 (email printout).

106 Ibid: 'Eric Hobsbawm: Papers', 19.3.10.

107 Ibid: 'Eric Hobsbawm meeting with AMG', 04.11.2010.

108 Julia Hobsbawm, 'Remembering Dad', *Financial Times*, 20 April 2013.

109 MRC 937/7/3/48: pocket diary for 2010.

110 DHAA BH/MA 2010: Bruce Hunter to Kathy Rooney, 23.8.10 (email printout).

111 Julia Hobsbawm, 'Remembering Dad', *Financial Times*, 20 April 2013.

112 DHAA BH/MA 2010: EH to Marigold Atkey, 3.5.10 (email printout); EJH to Bruce Hunter, 17.2.10 (email printout).

113 HFA: 'Brohi': Karim Brohi to EJH, 14.5.2011.

114 FLA: EJH to Fritz Lustig, 1.7.2011.

115 HFA: Brohi: Julia Hobsbawm to EJH, Marlene, Andy, 26.4.2011 (email); MRC 937/7/3/49: pocket diary for 2011.

116 Interview with Julia and Andy Hobsbawm, 11.7.2016.

117 Interview with Joan Bakewell, 22.7.2016.

118 Interview with Richard Rathbone, 15.12.2016.

119 Interview with Lise Grande, 15.12.2016.

120 MRC 937/1/6/23: EJH to Tyrrell Marris, n.d. (between 5 and 16 August 2012).

121 HFA: 'Brohi': Marlene to Karim Brohi, 23.1.13; Marlene Hobsbawm to RJE, 31.8.2018.

122 DHAA AMG 2012: Demetris Christofias to Marlene Hobsbawm, 1.10.12.

123 A. N. Wilson, 'He hated Britain and excused Stalin's genocide. But was the hero of the BBC and the Guardian a TRAITOR too?', *Daily Mail*, 2.10.2012.

124 Julia Hobsbawm, 'Remembering Dad', *Financial Times*, 20.4.2013.

125 销售数字来自艾瑞克的巴西出版商文学出版社以及马库斯·加斯帕林，他是艾瑞克在巴西的第一位出版商的儿子，管理着帕兹与特拉出版社。

126 Julia Hobsbawm, 'Remembering Dad', *Financial Times*, 20.4.2013.

127 'Foi uma honra ser contemporâneo e ter convivido com Eric Hobsbawm', diz Lula em mensagem à viúva do historiador. INSTITUTO LULA, October 1st 2012. 在卢拉继任者的左翼政府也被推翻后，卢拉被判犯有贪污罪，但他依然是巴西工人的英雄。

128 'A imperdoável cegueira moral de Eric Hobsbawm', *VEJA*, 4.10.2012: http://veja.abril.com.br/entretenimento/a-imperdoavel-cegueira-ideologica-de-eric-hobsbawm/. For the rejoinder of the Association of Brazilian Historians, see 'Historiadores repudiam matéria da Revista Veja sobre Eric Hobsbawm', http://www.revistaforum.com.br/2012/10/10/historiadores-repudiam-materia-da-revista-veja-sobre-eric-hobsbawm/.

129 Romila Thapar, unpublished reminiscences of EJH, 2016.

130 Interview with Lise Grande, 15.12.2016.

131 MRC 937/7/8/8: Provisional Notes on My Funeral; also for the following paragraph.

132 Interview with Ira K atznelson, 23.8.2016.

133 Ibid: Funeral pr ogramme.

134 Julia Hobsbawm, 'Remembering Dad', *Financial Times*, 20.4.2013.

135 Marlene Hobsbawm to RJE, 9.9.2017 (email).

136 Julia Hobsbawm, 'Remembering Dad', *Financial Times*, 20 April 2013.

终章

1 FLP: Marlene Hobsbawm to Fritz Lustig, 10.12.2012.

2 Interview with Roderick Floud, 14.9.2016.

3 HFA: certificates.

4 Interview with Garry Runciman, 26.7.2016, also for the following.

5 HFA: Instructions for funeral and memorial, also for the following.

6 MRC 937/7/8/1: 'Rathaus/history',Jan. 2008, pp. 7-8.

7 Ibid, p. 10.

8 Ibid, p. 11.

9 Interview with Lise Grande, 15.12.2016.

10 See Eugene D. Genovese, 'Squandered Century', *New Republic*, 17.4.1995.

11 Tony Judt, 'Dowhill All the Way', *New York Review of Books*, 25.5.1995.